一九色鹿一

FAITH AND CUSTOM

Taoism in Tang Dynasty from the Perspective of
Social and Cultural History

信仰
与
习俗

社会文化史视野下的
唐代道教

王永平　著

社会科学文献出版社

SOCIAL SCIENCES ACADEMIC PRESS (CHINA)

引 言

道教是中国本土诞生的一种宗教。它孕育于中国传统文化的母体，其源流非常复杂。近代著名学者刘咸炘就说："道教之远源，古之巫、医、阴阳家、道家也。"[1] 故究其实，道教依托早期的鬼神崇拜，利用和改造了先秦道家思想，神化老子并尊其为教主，同时又吸收了民间巫术和战国秦汉以来的神仙方术，糅合了儒家谶纬神秘学说、阴阳五行理论，甚至采纳了墨家和兵家的一些思想成分，同时还受到外来佛教的影响，逐渐形成了一种多神崇拜体系。它以"道"为最高宗教信仰，以修炼长生不死、得道成仙为终极目的。

道教是一个重要的社会文化历史现象，它对中

1　刘咸炘：《道教征略》，浙江古籍出版社，2012，第5页。

国古代社会产生了深刻的影响。日本著名学者酒井忠夫说：

> 道教同儒教一样，是中国固有的传统文化的代表，是中国文化各种要素和领域的复合体。道教内容随着时代的发展而变化，作为中国人或中国民众的一般文化，道教比儒教更具代表性。因此，道教是理解中国人以及中国文化，特别是理解中国民众文化的关键。[1]

唐代是中国古代社会的鼎盛时期，也是道教发展的黄金时期。因此，从社会文化史的视角来考察唐代道教具有重要的学术价值与理论意义。

李唐王朝尊道教教主老子为祖，在政治上极力尊崇道教，在社会上大力提倡道教，在文化上尽力发展道教，使道教成为与儒学、佛教并称的三大教之一。[2]

李唐王朝与道教的结缘始于隋末唐初革故鼎新之际，社会上广泛流传"李氏将兴""老君子孙当治世"的政治谶言，这类谶言多出于方士道徒的造作与宣扬。[3]谢贵安指出："在许多重大的历史转折关头，都有一些僧人和道士出来活动，传播着有关未来命运的谶谣预言。……使历史事件的因果之间，蒙上了一件朦朦胧胧的神秘外衣。"[4]如大业十一年（615），方士安伽陀就对隋炀帝说"李氏当为天子"，劝其尽诛海内凡李姓者。[5]

隋末群雄起兵反隋时大多利用了这类政治谶言，李密因参加杨玄感叛乱失败后到处流亡，当时就有"今人皆云'杨氏将灭，李氏将兴'"之说。正好有个从东都逃来的神秘人物李玄英求访李密，他

1　〔日〕福井康顺等监修，朱越利译《道教》第1卷，上海古籍出版社，1990，序言，第1页。
2　学术界有将儒学与佛教、道教并称为中国古代的三大传统宗教的观点，笔者虽然不赞同将儒学当作宗教，但在行文中仍遵从学术界的惯例，称儒、释、道为三教。
3　关于谶纬与道教的关系，钟肇鹏曾有专门论述，他指出："谶纬产生于道教之前，中国古代的神仙方术为谶纬所吸收，谶纬中的一些内容，又为后来的道教所吸取。"见氏著《谶纬论略》，辽宁教育出版社，1991，第197~203页。
4　谢贵安：《中国谶谣文化研究》，海南出版社，1998，第76页。
5　《资治通鉴》卷182，隋炀帝大业十一年二月条，中华书局，1956，第5695页。

说"斯人当代隋家"。有人问其原因，李玄英答："比来民间谣歌，有《桃李章》曰：'桃李子，皇后绕扬州，宛转花园里。勿浪语，谁道许！''桃李子'谓逃亡者李氏之子也；皇与后，皆君也；'宛转花园里'，谓天子在扬州无还日，将转于沟壑也；'莫浪语，谁道许'者，密也。"[1] 李玄英看起来就很像是一个道教徒的名字。隋炀帝还因为"李氏当王"之谶，"又有桃李之歌，谓密应于符谶，故不敢西顾，尤加惮之"。[2] 后来，有一个泰山道士徐洪客还"献书于密"，劝他"乘进取之机，因士马之锐，沿流东指，直向江都，执取独夫，号令天下"。[3] 李密虽然称赞其想法，但未能实行。

　　割据武威、自称"大凉皇帝"的李轨也利用了"李氏当王"的政治谶言。大业末，武威姑臧（今甘肃武威）人李轨，与同郡曹珍、安修仁等，"乃谋共举兵，皆相让，莫肯为主。曹珍曰：'常闻图谶云"李氏当王"。今轨在谋中，岂非天命也？'遂拜贺之，推以为主"。[4] 看来"李氏当王"的预言，不仅有谶，还有图，故称图谶。

　　李渊在晋阳起兵和建立唐王朝的过程中也充分利用这类谶言大造政治舆论，道教在其中就发挥了不可估量的作用。大业十二年（616），李渊出任太原道安抚大使时，"以太原黎庶，陶唐旧民，奉使安抚，不逾本封，因私喜此行，以为天授"。李渊在受到隋炀帝猜忌

1　《资治通鉴》卷183，隋炀帝大业十二年十月条，中华书局，1956，第5708~5709页。按，《隋书》卷22《五行志》（中华书局，1973，第639页）也载："大业中，童谣曰：'桃李子，鸿鹄绕阳山，宛转花林里。莫浪语，谁道许。'其后李密坐杨玄感之逆，为吏所拘，在路逃叛。潜结群盗，自阳城山而来，袭破洛口仓，后复屯兵苑内。'莫浪语'，密也。宇文化及自号许国，寻亦破灭。谁道许者，盖惊疑之辞也。"据此可知，这首《桃李子歌》与《通鉴》所载稍有不同，解释也不太一样；又宇文化及亦曾利用此谶，自号"许"国，以应"谁道许"之谶。又宋代佚名小说《迷楼记》也载有另一版本的"李氏代杨"谶谣曰："大业九年，帝将再幸江都。有迷楼宫人静夜抗歌云：'河南杨柳谢，河北李花荣。杨花飞去落何处？李花结果自然成。'帝闻其歌，披衣起听，召宫女问之云：'孰使汝歌也？汝自歌之耶？'宫女曰：'臣有弟，民间得此歌，曰"道途儿童多唱此歌"。'帝默然久之，曰：'天启之也，人启之也！'……后帝幸江都。唐帝提兵号令入京……前谣前诗皆见矣。方知世代兴亡，非偶然也。"载王洪延、周济人选注《五代宋小说选》，中州书画社，1983，第28~33页。
2　（唐）温大雅：《大唐创业起居注》卷2，李季平、李锡厚点校，上海古籍出版社，1983，第24页。
3　《资治通鉴》卷184，隋恭帝义宁元年九月条，中华书局，1956，第5753页。
4　《旧唐书》卷55《李轨传》，中华书局，1975，第2248~2249页。

时说，"帝自以姓名著于图箓，太原王者所在，虑被猜忌，因而祸及，颇有所晦"。他曾对次子李世民说："隋历将尽，吾家继膺符命。"李渊在晋阳起兵前，也利用了那首著名的《桃李子歌》："桃李子，莫浪语，黄鹄绕山飞，宛转花园里。"他解释说："李为国姓，桃当作'陶'，若言'陶唐'也；配李而言，故云桃花园，'宛转'属旌幡。"此《桃李子歌》与李玄英所说的《桃李章》在语句上稍有不同，解释也是根据各自的政治需要而不太一样。但是，"汾晋老幼，讴歌在耳。忽睹灵验，不胜欢跃"。李渊笑曰："花园可尔，不知黄鹄如何。吾当一举千里，以符冥谶。"当李渊向突厥借兵，突厥派康鞘利等抵达晋阳后，驻扎在城东兴国玄坛（即兴国观），"鞘利见老君尊容，皆拜"。道士贾昂说："突厥来诣唐公，而先谒老君，可谓不失尊卑之次，非天所遣，此辈宁知礼乎？"[1] 道士借突厥拜老君事大肆宣扬，已有将李渊家族与老子相联系的意思。

李渊开始与老子扯上亲戚关系，当与楼观道士岐晖的政治预言和宣传有关。楼观是终南山的一座著名道观，相传为关令尹喜故宅，有老子讲经旧址，所以又称楼观台，为当时供奉老子的主要道教宫观之一。当时岐晖为楼观观主，他在大业七年（611）就对弟子说："天道将改，吾犹及见之，不过数岁矣，或问曰不知来者若何，曰当有'老君子孙治世'，此后吾教大兴，但恐微躯不能久保耳。"后数年，隋朝果然大乱。当李渊晋阳起兵的消息传来时，岐晖表现得非常兴奋，他认为李渊就是他所预言的那个"老君子孙"，所以他称李渊为"真主""真君"。他除了将道观中的粮食物资全部捐助给李渊的女儿平阳公主的军队外，还改名为"岐平定"以表示响应，并派八十多名道士前往蒲津关接应渡河的李渊大军。[2] 他如道士王远知，

1　（唐）温大雅：《大唐创业起居注》卷 1，李季平、李锡厚点校，上海古籍出版社，1983，第 1、4、11、13 页。

2　（宋）谢守灏编《混元圣纪》卷 8，载《道藏》第 17 册，文物出版社、上海书店、天津古籍出版社，1988 年影印本，第 854 页。

"高祖之龙潜也，远知尝密传符命"。[1]又如李淳风也称：大业十三年（617），老君显圣于终南山，对他说"唐公当受天命"。[2]不过，李渊这时正在率领大军进军关中途中，他是否听说过岐晖的这个预言，并有意利用为己造势，尚不得而知，估计这种造作还只是道教方的一厢情愿，李渊与老子的结缘还有待于当事人的认可与积极配合。

李唐王朝真正攀附上太上老君并以其为始祖，应当是在唐王朝建立和巩固过程中通过霍山神话与羊角山神话的不断造作和层累的结果。关于霍山神话，《旧唐书·高祖纪》载：李渊在晋阳起兵后，率军迅速南下，时值七月雨季，受阻于灵石（今山西灵石）一带，粮运不给，军心浮动。这时有"白衣老父诣军门曰：'余为霍山神使，谒唐皇帝曰："八月雨止，路出霍邑东南，吾当济师。"'高祖曰：'此神不欺赵无恤，岂负我哉！'八月辛巳，高祖引师趋霍邑，斩宋老生，平霍邑"。[3]此事在《大唐创业起居注》中也有类似的记载，称有白衣野老，自云霍太山遣来曰："某事山祠，山中闻语：'遣语大唐皇帝云：若往霍邑，宜东南傍山取路，八月初雨止，我当为帝破之，可为吾立祠庙也。'"李渊曰："此神不欺赵襄子，亦应无负于孤。"[4]此应为这个神话的最初版本，即自称"霍山神使"的白衣野老（老父），向李渊传达了霍山神谕，而霍山神只不过是民间奉祀的一个山神而已。李渊还提到"此神不欺赵襄子"的典故，赵襄子（赵无恤）为春秋末年晋国大夫，显然此山神早在道教形成之前即已受到民间奉祀。但后世的道教典籍中却把"白衣野老"直接改成了霍山神，并且增加了受太上老君命告李渊的情节。唐末道士杜光庭在《历代崇道记》中就说："皇朝高祖神尧大圣大光孝皇帝（即唐高祖李渊），于隋末大业十三年，感

1　《旧唐书》卷192《隐逸·王远知传》，中华书局，1975，第515页。《新唐书》卷204《方技·王远知传》作："高祖尚微，远知密传天命。"中华书局，1975，第5804页。

2　（宋）谢守灏编《混元圣纪》卷8，载《道藏》第17册，文物出版社、上海书店、天津古籍出版社，1988年影印本，第854页。

3　《旧唐书》卷1《高祖纪》，中华书局，1975，第3页。

4　（唐）温大雅：《大唐创业起居注》卷2，李季平、李锡厚点校，上海古籍出版社，1983，第23页。

霍山神，称奉太上老君命，告唐公：'汝当来，必得天下。'"[1] 到宋代编撰的《混元圣纪》中更是直接说，有白衣老父诣军门曰："余为霍山神，大（太）上老君使谒唐公曰：'八月雨止，路出霍邑东南，吾当济师。'"[2] 道教在改造这个神话的过程中，将其核心内容霍山神使白衣老父告命的情节，直接改造成了太上老君使霍山神告命，但太上老君与李渊究竟是什么关系，却还没有点明，直到羊角山神话才真正使李唐王朝与老子结成了亲缘关系。

关于羊角山神话，范祖禹《唐鉴》记载："（武德）三年五月，晋州人吉善行自言于羊角山见白衣老父，谓善行曰：'为吾语唐天子，吾为老君，吾而（尔）祖也。'诏于其地立庙。"范氏评价说："唐之出于老子，由妖人之言而谄谀者附会之，高祖启其原，高宗、明皇扇其风，又用方士诡诞之说，跻老子于上帝。卑天诬祖，悖道甚矣。"[3] 范氏此语乃不谙李唐王朝寻求"君权神授"理论依据之意。此事在《唐会要》卷50《尊崇道教》中也有较详细的记载："武德三年五月，晋州人吉善行于羊角山，见一老叟，乘白马朱鬣，仪容甚伟，曰：'谓（为）吾语唐天子，吾汝祖也。今年平贼后，子孙享国千岁。'高祖异之，乃立庙于其地。"[4] 后世道教典籍《历代崇道记》《混元圣纪》等对此事都有大肆渲染。此事发生的背景乃是在秦王李世民率军反击从代北南下对唐王朝形成威胁的刘武周、宋金刚集团之时。

从霍山神话到羊角山神话，都可以看到有李世民的影子，二者无疑应是一脉相承的。霍山神话塑造了一个"白衣老父"告命的形象，到羊角山神话老子更是直接以白衣老叟的形象出现，并正式确立了老子为李唐皇室始祖的地位。后来，当秦王李世民与太子李建成为争夺皇位斗争日趋激烈时，这个神秘的白衣老人又一次显圣告命。武德

1　（唐）杜光庭：《历代崇道记》，载罗争鸣辑校《杜光庭记传十种辑校》，中华书局，2013，第361页。

2　（宋）谢守灏编《混元圣纪》卷8，载《道藏》第17册，文物出版社、上海书店、天津古籍出版社，1988年影印本，第854页中栏。

3　（宋）范祖禹：《唐鉴》卷1，上海古籍出版社，1984年影印本，第13页。

4　《唐会要》卷50《尊崇道教》，上海古籍出版社，1991，第1013页。

八年（625），李世民拜中书令，"尝夜于嘉猷门侧，见一神人，长数丈，素衣冠，呼太宗进而言曰：'我当令汝作天子。'太宗再拜，忽因不见"。[1] 这三个有关白衣老人的神话如出一辙，都与李世民有关，显然都是唐王朝借用道教教主老子之名反复造作的"君权神授"理论依据。这样就使得李唐王朝与道教结下了不解之缘。

从此以后，在唐王朝的历史上，太上老君经常在关键时刻以"白衣老父"的形象显圣，或预告国家之休咎，或帮助国家讨贼平叛，唐王朝也不失时机地掀起一波又一波的尊老崇老高潮。武德七年（624）十月，唐高祖亲自到楼观，"谒老子祠"；乾封元年（666）二月，唐高宗与武则天驾临老子故里亳州谷阳县（今河南鹿邑），拜谒老君庙，并改谷阳县为真源县；开元十年（722），唐玄宗下令在全国各地普建老子庙；到天宝二年（743）又下令西京老君庙改称为太清宫，东京老君庙改称为太微宫，天下诸郡老君庙改称为紫极宫，并在宫内供奉唐朝历代帝后，同时确立了太清宫朝献制度，这样就使得太清宫具有了李唐皇室家庙的性质。唐王朝也不断给老子加封尊号（见表0-1）。

表0-1　唐朝加封老子尊号

帝号	时间	册号	出处	订误
高宗	乾封元年三月二十日	太上玄元皇帝	《唐会要》卷50《尊崇道教》	《混元圣纪》作"二月二十八日"，从《唐会要》。《历代崇道记》作"混元皇帝"，误
玄宗	天宝二年正月十五日	大圣祖玄元皇帝	《唐会要》卷50《尊崇道教》	《历代崇道记》作"大圣祖混元皇帝"，误
	天宝八载六月十五日	大圣祖大道玄元皇帝	《唐会要》卷50《尊崇道教》	《册府元龟》作"闰六月丙寅"，《混元圣纪》误作"七载闰六月丙寅"
	天宝十三载二月七日	大圣祖高上大道金阙玄元天皇大帝	《册府元龟》卷54《帝王部·尚黄老二》	《唐会要》作"大圣高上大道金阙玄元皇帝"，《历代崇道记》作"正月"，"大圣祖高上大道金阙混元天皇上帝"，皆误，从《册府元龟》

---

[1] 《册府元龟》卷21《帝王部·征应》，中华书局，1960年影印本，第226页下栏。

在不断给老子加封尊号的同时，唐高宗又规定《老子》为上经，令王公百官及科举士子都得熟读，并作为科举考试的内容；到唐玄宗时，更是将老子《道德经》奉为众经之首，并亲自进行了注解，颁行天下，令士庶之家必须都得收藏御注《老子》一本，同时设崇玄学（后改为崇玄馆），习《老》《庄》《文》《列》四子书，置"道举科"取士。这样，经过唐王朝与道教的共同包装与不断神化，老子终于由先秦道家的创始人成为道教教主和李唐王朝的始祖。

唐王朝在尊道教教主老子为始祖的同时，还在政治上极力尊崇道教，抬高道教的社会政治地位。首先，唐王朝确立道先佛后的宗教政策。武德八年（625），唐高祖颁布《先老后释诏》说：

> 老教、孔教，此土先宗，释教后兴，宜崇客礼。令老先，次孔，末后释宗。[1]

此诏明确规定了道教在儒、释之上的地位。佛教徒不服，沙门慧乘在唐高祖驾幸国学统集三教时乘机发难，高祖又下诏责问："道能生佛，佛由道成，道是佛之师父，佛乃道之弟子……若以此验，道大佛小，于事可知。"[2]唐高祖之所以认为道大佛小，乃由于佛教是从道教所产生的，道教是佛教的师父，佛教是道教的弟子。这种认识是从本土文化优先于外来文化的角度来理解的。唐太宗即位以后，进一步强化了"道先佛后"的宗教政策，并赋予了尊祖崇道的政治意义。他在贞观十一年（637）二月所下的《道士女冠在僧尼之上诏》中说：

1　（唐）道宣：《续高僧传》卷25《释慧乘传》，郭绍林点校，中华书局，2018，第940页。清陆心源收入《唐文拾遗》卷1，载《全唐文》，中华书局，1983年影印本，第10373页上栏。

2　（唐）道宣撰，刘林魁校注《集古今佛道论衡校注》卷丙《高祖幸国学，统集三教，问道是佛师事》，中华书局，2018，第181~182页。清人陆心源收入《唐文拾遗》卷1，题名作《问慧乘诏》，载《全唐文》，中华书局，1983年影印本，第10372页下栏。

老君垂范，义在于清虚；释迦遗文，理存于因果。详其教也，汲引之迹殊途；永其宗也，弘益之风齐致。然则大道之行，肇于遂古，源出无名之始，事高有外之形。迈两仪而运行，包万物而亭育，故能经邦致治，迫朴还淳。至如佛法之兴，基于西域，爰自东汉，方被中华……泊乎近世，崇信滋深……遂使殊方之典，郁为众妙之先；诸华之教，翻居一乘之后。流遁忘反，于兹累代……况朕之本系，起自柱下。鼎祚克昌，既凭上德之庆；天下大定，亦赖无为之功。宜有改张，阐兹玄化。自今以后，斋供行立、至于称谓，道士、女冠可在僧尼之前。庶敦本之俗，畅于九有；尊祖之风，贻诸万叶。[1]

太宗在诏令中明确指出，他崇道的目的是"敦本"、"尊祖"和经邦致治。另外，他又强调了道教是"诸华之教"，属于本土文化，而佛教则是来自于西域，属于外来文化，他不能容忍"殊方之典"反居"众妙之先"，因此他才要发扬道教，返本还源。

唐初道先佛后政策的实行，引发了道佛之间激烈的斗争。到唐高宗时期，对这一政策做了调整，"上元元年（674）八月二十四日辛丑，诏公私斋会及参集之处，道士、女冠在东，僧、尼在西，不须更为先后"。[2] 即让佛、道二教平起平坐，不分先后。

到武周时，因释教"开革命之阶"，于是武则天在天授二年（691）三月下《释教在道法之上制》曰："自今已后，释教宜在道法之上，缁服处黄冠之前。"[3] 此举改变了从唐初以来形成的道佛排位次序，自然引起了道教徒的不满，也再次加剧了本已裂罅颇深的佛道之争。于是到万岁通天元年（696），她又对这一政策进行了调整，下了一道《僧道并重敕》曰：

1 （宋）宋敏求编《唐大诏令集》卷113，洪丕谟等点校，学林出版社，1992，第537页。
2 《唐会要》卷49《僧道立位》，上海古籍出版社，1991，第1005~1006页。
3 （宋）宋敏求编《唐大诏令集》卷113，洪丕谟等点校，学林出版社，1992，第538页。

　　道能方便设教，佛本因道而生。老释既自元同，道佛亦合齐重。[1]

　　武则天此举意在调和道释矛盾，所以提出老释同源、道佛齐重的宗教新政策，但她又赞扬道教能方便设教、佛教本因道而生，暗含道先释后之意。到圣历元年（698）正月，她又下了一道《条流佛道二教制》曰："佛道二教，同归于善，无为究竟，皆是一宗……自今僧及道士敢毁谤佛道者，先决杖，即令还俗。"[2]此诏进一步强调了佛道一家、殊途而同归、达于至善的意图，可以说是对前诏更加深入的诠释。

　　中宗复唐以后，继续执行武则天晚年以来调和佛道的政策，他在神龙元年（705）九月十四日下敕曰："朕叨居宝位，惟新阐政，再安宗社，展恭禋之大礼，降雷雨之鸿恩，爰及缁黄，兼申惩劝。"[3]表明了他平衡佛道二教、调节其争端的态度。到唐睿宗时，他基于武则天晚年以来所形成的处理佛道二教关系的新认识，最终将二教排位调整为"齐行并进"的新常态（见表0-2）。他在景云二年（711）所下的《僧道齐行并进敕》中说：

　　朕闻释及玄宗，理均迹异，拯人救俗，教别功齐。岂有于其中间，妄生彼我？……自今每缘法事集会，僧尼、道士女冠等，宜齐行并进。[4]

　　从此以后，除了像武宗会昌灭佛这样一些特殊事件外，不管是尊道还是崇佛的皇帝，基本上是以"佛道并重"作为唐王朝的一项国策而遵行不悖的。

1　《全唐文》卷96，中华书局，1983年影印本，第990页下栏~991页上栏。
2　（宋）宋敏求编《唐大诏令集》卷113，洪丕谟等点校，学林出版社，1992，第538页。
3　（宋）赞宁：《宋高僧传》卷17《法明传》，范祥雍点校，中华书局，1987，第415页。
4　（宋）宋敏求编《唐大诏令集》卷113，洪丕谟等点校，学林出版社，1992，第538页。

表 0-2 唐代佛道排位次序变化

帝号	时间	排位次序	出处及互证
高祖	武德八年	老先，次孔，末后释宗	《续高僧传·慧乘传》，《集古今佛道论衡校注》卷丙
太宗	贞观十一年二月	道士、女冠可在僧尼之前	《唐大诏令集》卷 113，《唐会要》卷 49《僧道立位》作"正月十五日"
高宗	上元元年八月二十四日	公私斋会及参集之处，道士、女冠在东，僧尼在西，不须更为先后	《唐会要》卷 49《僧道立位》
武则天	天授二年三月	释教在道法之上，缁服处黄冠之前	《唐大诏令集》卷 113。按：《旧唐书·则天皇后本纪》作"四月"，《资治通鉴》卷 204 作"四月癸卯"，《唐会要》卷 49《僧道立位》作"四月二日"
	万岁通天元年	僧道并重	《全唐文》卷 96
睿宗	景云二年四月八日	僧尼、道士女冠等，宜齐行并进	《唐会要》卷 49《僧道立位》，《唐大诏令集》卷 113 作"四月"

虽然唐王朝的宗教政策经历了一个从道先释后，到佛道并重的调整过程，但由于唐王朝尊道教教主老子为祖，与道教结下了亲戚关系，所以道教在唐朝的大部分时期仍然受到特殊的尊崇和礼遇，从而享有类似于国家宗教的荣宠。唐高宗曾下令道士归宗正寺管理。[1] 宗正寺是掌管皇室宗亲的中央机构，《新唐书·百官志》载：宗正寺，"掌天子族亲属籍，以别昭穆"。此举类似于确认道士为李唐皇室本家。到唐玄宗开元二十五年（737），再次确认"道士、女冠宜隶宗正寺"，此前中书门下在奏章中曾说：

---

1 杜光庭《历代崇道记》载："乾封初，帝东封，礼毕，回銮亳州，亲谒太上，谨上尊号为'混元皇帝'，圣母为'先天太后'，仍改谷阳县为真源县。又为太宗及文德皇后造东明观于京师。又敕道士宜隶宗正寺，仍立位在亲王之次。"载罗争鸣辑校《杜光庭记传十种辑校》，中华书局，2013，第 362 页。北宋道士贾善翔在《犹龙传》卷 5 中记载：仪凤四年戊寅五月一日，东都北邙山老君庙发生老君显圣降临的神异事件，高宗敕"道士自今后宜隶宗正寺，所有行立，可在诸王之次"。南宋道士谢守灏《混元圣纪》卷 8 中则记作"仪凤三年"。据时人员半千在《大唐故宗圣观主银青光禄大夫天水尹尊师（文操）碑并序》中所记，老君显圣事件应发生在仪凤四年。

　　臣等商量，缘老子至流沙，化胡成佛法。本西方兴教，使同客礼，割属鸿胪。自尔已久，因循积久。圣心以玄元本系，移就宗正。诚如天旨，非愚虑所及。伏望过元日后，承春令便宣，其道僧等既缘改革，亦望此时同处分。[1]

　　此奏章明确指出唐玄宗之所以要将道教移归宗正寺管理，就是因为太上玄元皇帝老子为李唐王朝的本家祖先，而佛法是老子西涉流沙时才化胡而成的，佛教为西方外来之教，故宜依从客礼，归属管理外交事务的鸿胪寺。所以从表面上看起来，唐玄宗似乎继承了武则天晚年以来所确立的"佛道并重"的宗教政策，并没有刻意对佛道位次进行改变，但他此举，无疑是在客观上确认了"道优于佛"的状况。为了更好地管理道教事务，唐玄宗还在宗正寺下专门设立了一个管理道教的机构崇玄署，"掌京都诸观名数与道士帐籍、斋醮之事"。[2]此举进一步提高了道教的社会政治地位。唐代后妃、公主之所以入道成风，与这种政策不无关系。因为在此制度之下，她们即使出家了，也可以保有皇室宗亲的身份和尊贵地位，并且享有相应的特殊待遇。

　　正是在唐王朝的大力倡导之下，道教得到了迅速发展，其势力也日益壮大起来，社会上求仙学道之风盛行。唐代诸帝迷恋金丹服饵，在中国历代王朝中都是最为抢眼的现象；上流社会也蔓延服食之风，当时王公贵族、官僚士大夫、文人学士竞相以服食为时尚，甚至还有些人不惜辞官入道以求长生；唐代妇女受神仙道教的影响也很大，尤其是后宫妃嫔公主、官僚贵戚女眷入道成风，也成为历史上颇为引人注目的一道社会风景。神仙道教的大流行，对唐代社会产生了深刻的影响，炼丹合药除了造成巨大的社会财富的损失与浪费外，还产生了非常严重的社会后果，许多人为此付出了

1 《唐会要》卷 49《僧尼所隶》，上海古籍出版社，1991，第 1006 页。
2 《新唐书》卷 48《百官志三》，中华书局，1975，第 1252 页。

沉重的生命代价，但后继者仍然络绎不绝，令许多有识之士扼腕
叹息。

　　道教初创时，借鉴和吸收了许多民间方术与巫术的方法和内容，
逐渐发展出了一套非常复杂的道教法术。这些法术最常见的主要有
符箓、禁咒、占卜、斋醮、祈禳等。葛兆光指出："道教的仪式与方
法——主要是斋醮、祝咒、符箓——正是从祀神、诅咒、符箓的巫术
中衍生出来的。"[1] 道教法术是道士在学道和修行过程中必须掌握的道
教功课。道教在进行宗教活动时，道术都是必不可少的仪式内容，道
士修炼、作法、行道、设斋时都要施行道术。道术与民俗之间有着非
常紧密的联系，人们在延请道士做道场、做法事时，经常会用到道
术，民间祈福禳灾、求神问药、算命占禄、乞寿延年，也多会借助于
道术。道术甚至还出现在国家祀典和政府祭礼中，在为国家帝后苍生
祈福行道、皇帝诞节行道、国忌日行道、泰山行道、天下名山大川岳
镇河渎投龙行道、祈雨行道等朝廷和地方各级政府所举行的宗教活动
中，都要指派道士，或在道观，或巡行天下，通过一系列的道教法术
来完成其仪式与典礼。

　　道教作为一种宗教信仰，在长期的发展过程中形成了非常庞大的
神仙系统。道教的神仙崇拜与民间信仰之间有着千丝万缕的联系，这
主要体现在道教所崇拜的神仙是通过收容和整合民间信仰的神灵而得
到源源不断的补充。由于道教是中国本土诞生的宗教，这就决定了它
的神仙系统与民间信仰之间必然存在着一种纠缠不清的紧密联系。道
教依托民间信仰极大地夯实了自己的信仰基础，它所崇拜的许多重要
神祇，如玉皇、城隍、灶神、钟馗、文昌梓潼帝君、二郎神等，都是
在接纳和改造民间神灵的基础上形成的。这些神明在经过道教的重新
包装和形塑后，反过来又提高了他们在更广范围内和更多人群中的
传播速度和接受程度，从而进一步巩固和强化了他们在民间信仰中
的"大神"地位和巨大影响。这样就形成了道教神仙与民间神灵之间

1　葛兆光：《道教与中国文化》，上海人民出版社，1987，第 81 页。

"你中有我、我中有你"的交融状态。

道教对中古时期岁时节俗的影响也是非常巨大的。唐代是中国传统节日发展定型的重要时期，前代传承下来的各种节日，如春节、上巳、寒食、端午、七夕、重阳、除夕等，从内涵到形式都得到了进一步的充实，同时还形成了一批新兴的节日，如元宵、中和、清明、中秋、诞节等，增加和扩充了传统节日的队列。唐代也是各种宗教和民间信仰发展的重要时期，尤其是佛教的中国化和道教的世俗化进程的不断加快，对传统节日的渗透和影响也更加巨大。由于道教是本土产生的宗教信仰，在与民俗节庆结合的过程中就更加如鱼得水。唐代的各种节日民俗活动，因受道教神仙传说、道教观念以及道教斋醮仪式的影响，大都深刻地打上了道教的印记。道教因素对唐代节日的渗透是全方位的、综合性的，无论是从时令选择、祝节内容，还是从信仰特色、祭祀程式，抑或是从娱乐形式、饮食特色等一系列节日活动来看，都或多或少地有所体现，有些风俗甚至还一直流传下来，延续至今。道教对岁时节俗的影响，除了在传统节俗活动中不断增添宗教性内容外，还对这些岁时节俗做出了有利于道教的宗教性诠释，从而传统节日中留下了明显受道教浸润过的痕迹。

唐代道教的发展还与儒、释之间的互动和融合有关。唐代统治者采取了三教并重的文化政策，在思想文化领域形成了儒、释、道三家鼎立的格局。三家各有自己的一套宗旨和理论体系，都想争取更多的思想文化阵地，所以在理论上和利益上必然会发生摩擦，加之佛教是外来宗教，与儒、道之间又多了一层中外文化冲突的色彩。另外，宗教势力与国家政权在政治利益和经济利益上也会经常产生摩擦。这样就使得三教之间的对立和冲突不可避免。道教虽然侥幸与李唐皇室攀上了亲戚关系，格外受到统治者的恩宠，几乎被尊为国教，可是从其实际发展势力而言，却远不如儒、释两家发达。这是因为儒学在经过魏晋南北朝的发展，到隋唐时期重新被统治者奉为正宗思想；佛教尽管不时受到来自儒、道两方面的攻击与诘难，甚至经常面临被统治者禁毁的威胁，却异常兴旺发达。面对从理论到实践两方面都比自己有着深厚传统和强大势力的儒、释两家，道教一方面与它们进行顽强的对抗，另一方面也积极吸纳儒、释两家的思想精华，以利于自己的理论化建设。由于道教在和王权政治尽力保持一致方面，与儒、释两家都具有共同点，加之它们之间在理论上也有一些相通之处，所以三教之间的相互融合就成为时代社会文化思潮发展的主流。

综上所述，道教是唐代历史中的一个重要的社会文化现象，对民众的日常生活产生了深刻的影响。黄信阳道长就曾说："道教既是一种宗教，又是一种文化，道教文化是中华民族传统文化的重要组成部分，道教生活乃道教文化的生动体现。"[1]因此要很好地理解和把握唐代历史，就应该对道教在当时社会生活中的作用做一番认真的研究。社会文化史是将社会和文化作为一个整体来进行考察的方法，它强调将普通民众日常生活的具体事实进行文化的阐释，以此来探求各个社会因素之间的互动过程。因此本书选取了神仙道教与唐代社会、道教与唐代妇女、道士的宗教世俗生活、道教法术与民间习俗、道教神仙与民间信仰、岁时节俗中的道教印记以及道教与儒、释之间的互动和融合等几个方面进行剖析，试图从社会文化史的角度来分析唐代道教，以期对道教在唐代社会中的影响做出较为客观的评价。

1　参见周高德《道教文化与生活》，宗教文化出版社，1999，序，第1页。

第一章　神仙道教与唐代社会

　　唐代是神仙道教的大流行时期，其表现为道教金丹术（或称外丹）的发展臻于极盛。当时社会上的求仙学道之风盛行，上自帝王将相，下至普通百姓，对道教服饵养生术怀有浓厚兴趣者大有人在。他们除热心支持方士道徒们的炼丹活动外，还有相当一批人亲自实践炼丹合药，希望通过服食仙丹，延年益寿，长生不老，为此而殒命者比比皆是，造成了很大的社会影响。李斌城先生曾指出："唐人喜神仙，不少人、事抹上神仙的色彩……有唐一代神仙信仰广被社会，深入人心，成为鲜明的时代风尚。"[1] 在这股弥漫于唐代社会的求仙学道高潮中，有两个显著的特点：其一，神仙道教在唐代

1　李斌城：《唐人的神仙信仰》，中国唐史学会第五届年会论文，1992。

社会上层的影响远远大于下层；其二，神仙道教对唐代妇女的影响巨大。

第一节　金丹服饵术与唐代诸帝

神仙道教对唐代社会上层的影响是多方面的，其中以金丹服饵术的影响尤为巨大，唐代诸帝对服饵养生普遍怀有浓厚的兴趣。

一　金丹服饵术的发展

服饵术，又称服食术，为道教的重要方术。一般认为，服饵主要包括服丹（金丹）和服药饵（草木药）两大类。有人认为还应包括服气、服符、饮食，甚至辟谷（一种特殊的服食法门）等。[1]服饵最早应起源于药食，古人认为通过服用某些药物或食物，可以祛病养生，并在此基础上发展出了炼丹术。炼丹术是道教诸术中影响最大的一种神仙方术，容志毅指出：

> 炼丹术包括了金丹术和黄白术，后因要与兴起的道家内丹术相区别，故炼丹术亦称之为外丹术。"金丹"是泛指在古代神仙传说与求仙活动的基础上，希冀借金石药物之炼制获取"服食成仙"的"长生药"，即神仙术士们人工炼制的还丹、仙丹、灵丹之类，而制取这些丹药的方技称"金丹术"。……黄白者，实指由药剂之点化，使铜、铅、锡等贱金属变成的"黄金（药金）"或"白银（药银）"，而获取这些"黄金""白银"的方技就称之为"黄白术"。[2]

1　黄永锋：《道教服食技术研究》，东方出版社，2008，第15~23页。
2　容志毅：《中国炼丹术考略》，上海三联书店，1998，第1页。

　　道教宣扬长生不老、得道成仙，服饵是修炼成仙的主要途径。

　　服饵的兴起与神仙思想的出现有关。早在先秦时期，人们就萌生了对鬼神的崇拜，夏商时人观念中的"帝"、"天帝"或"皇（昊）天上帝"，就是主宰宇宙万物的至高无上之神。到战国时期，神仙思想已很流行，有关"不死之乡""不死之药""长生不死""昆仑仙山""王母瑶池""海上神山""嫦娥飞升"之类的神仙传说逐渐多了起来。尤其是《庄子·逍遥游》中还对神仙进行了较为详细的描述："藐姑射之山，有神人居焉。肌肤若冰雪，淖约若处子；不食五谷，吸风饮露；乘云气，御飞龙，而游乎四海之外。其神凝，使物不疵疠而年谷熟。"[1]在庄子的笔下，神仙不但肌肤若冰雪、淖约若处子，而且不食五谷、吸风饮露，乘云驾龙，遨游四海。他们精神专注，不生疾病，可以使万物免遭灾害，使谷稼丰熟。

　　随着神仙思想的流行，在燕、齐一带沿海地区，出现了一批鼓吹神仙不死之药的方士。陈国符先生认为："我国之金丹术与黄白术，可溯源至战国时代燕齐方士之神仙传说与求神仙仙药。盖战国时代先有神仙传说与求神仙奇药，及前汉始有金丹术与黄白术之发端也。"[2]《史记·封禅书》记载："宋毋忌、正伯侨、充尚、羡门高最后皆燕人，为方仙道，形解销化，依于鬼神之事。"在他们的鼓动下，齐威王、齐宣王、燕昭王还进行了一系列的求仙访药活动，"自威、宣、燕昭使人入海求蓬莱、方丈、瀛洲。此三神山者，其传在勃（渤）海中……诸仙人及不死之药皆在焉。其物禽兽尽白，而黄金银为宫阙"。方士们声称海上不但有仙山，而且还有仙人和不死之药。神仙的住所都是用黄金白银建造的，所有的东西包括飞禽走兽都是银白色的。这真是一个令人向往的神仙世界，难怪秦始皇一生求仙不已，不断到东部沿海一带巡幸，数次望海而兴叹，还派遣方士徐福率三千童男女入海求仙

1　陈鼓应注译《庄子今注今译》，中华书局，2016，第 24 页。
2　陈国符：《中国外丹黄白术考论略稿》，载氏著《道藏源流考》下册，中华书局，1963，第 371 页。

药而一去不返。[1]

炼丹术真正兴起于西汉时期。据《册府元龟》卷928《总录部·好丹术》载：

> 丹术之兴，始于西汉。风流寝远，好尚滋多。或以黄金之可成，或以长生之可致。贵向才士，读诵秘书，佩服灵符，炼饵神药，以至谢免爵位，高蹈岩穴。徇其所尚，代有人焉。[2]

汉武帝时，有方士李少君、栾大等人还曾进行炼丹活动。李少君进言说："祠灶则致物，致物而丹沙可化为黄金，黄金成以为饮食器则益寿，益寿而海中蓬莱仙者乃可见，见之以封禅则不死，黄帝是也。臣尝游海上，见安期生，安期生食巨枣，大如瓜。安期生仙者，通蓬莱中，合则见人，不合则隐。"于是汉武帝亲自祠灶，"遣方士入海求蓬莱安期生之属，而事化丹沙诸药齐为黄金矣"。后来，栾大又骗汉武帝说："臣尝往来海中，见安期、羡门之属。"又说："黄金可成……不死之药可得，仙人可致也。"[3]这是最早有关炼丹术的记载。

安期生为传说中的著名神仙，实为齐鲁方士。相传西汉人刘向所撰的《列仙传》中称其为琅琊阜乡人，师从河上丈人，学黄老之术，卖药于东海边，时人称"千岁翁"。传说秦始皇东巡，曾见安期生，与他交谈三日三夜，赐金璧数千万。临别，安期生留言说"后数年求我于蓬莱山"。[4]安期生还精通服饵术，是早期道家药食的实践者，他常食用大枣养生。大枣被《神农本草经》列为果品中的"上药"，其性"味甘，平。主心腹邪气，安中养脾。助十二经，平胃气，通九窍。补少气，少津液，身中不足，大惊，四肢重，和百药。久服轻

---

1 《史记》卷28《封禅书》，中华书局，1982，第1369~1370页。

2 《册府元龟》卷928《总录部·好丹术》，中华书局，1960年影印本，第10949页下栏。

3 《史记》卷28《封禅书》，中华书局，1982，第1385~1390页。

4 王叔岷：《列仙传校笺》卷上《安期先生》，中华书局，2007，第70页。

身，长年"。[1] 道教养生术中有"服食大枣辟谷法"，《神仙绝谷食气经》载："诸欲绝谷行气法，食日减一口，十日后可不食，二日、三日腹中或悄悄若饥，取好枣九枚，若方寸术饼九枚，食之……口中恒含枣核，令人爱气且生津液故也。"[2] 所以枣被道士称为"神仙粮"。

刘向在《列仙传》中还记载了许多修炼服饵术成仙的例子，见表 1-1。

表 1-1　刘向《列仙传》记载服饵成仙者

仙人	时代	服饵	结果
赤松子	神农时	服水玉（晶）以教神农	能入火自烧，常至昆仑山上，止西王母石室中，随风雨上下
赤将子舆	黄帝时	不食五谷，而噉百花草	能随风雨上下
偓佺	尧时	槐山采药父，好食松实	能飞行逐走马
方回	尧时	炼食云母	隐于五祚山中
关令尹	周	服巨胜实	不知所终
涓子，齐国人	春秋战国	好饵术，接食其精	至三百年，能致风雨
吕尚	周	服泽芝地髓	寿二百年而逝
师门	夏代	食桃李葩	夏孔甲杀之而埋野外，一旦，风雨迎之，成仙而去
务光	夏商	服蒲韭根	自匿。后四百余岁，武丁复见
仇生	商代	常食松脂	老而更壮，灼灼容颜
彭祖	殷	常食桂芝，善导引行气	寿八百岁
邛疏	周	能行气炼形，煮石髓而服之，谓之石钟乳	至数百年，往来入太室山中
陆通，传说为楚狂接舆	春秋楚国	好养生，食橐庐木实及芜菁子	游诸名山，在蜀峨眉山上，世世见之，历数百年去
葛由，羌人	周成王时	得绥山一桃，虽不能仙，亦足以豪	入绥山成仙道

1　（魏）吴普等述，（清）孙星衍、孙冯翼撰《神农本草经》卷 1《上经》，戴铭等点校，广西科学技术出版社，2016，第 62 页。

2　（宋）张君房编《云笈七签》卷 59《诸家气法》，李永晟点校，中华书局，2003，第 1301 页。

续表

仙人	时代	服饵	结果
范蠡，字少伯，徐国人	春秋越国	好服桂，饮水	后兰陵卖药，世世识见之
寇先，宋国人	战国	好种荔枝，食其葩实焉	宋景公杀之，传为尸解
安期生，琅琊阜乡人	先秦	卖药于东海，食巨枣，大如瓜	居蓬莱山
桂父者，象林人	秦	常服桂及葵，以龟脑和之，千丸十斤桂，累世见之	今荆州之南尚有桂丸焉
瑕丘仲，宁人	秦汉	卖药于宁百余年	后为夫余胡王驿使，北方人谓之谪仙人
任光，上蔡人	汉代	善饵丹，卖于都市里间	积八十九年，如数十岁面颜。常在桓梯山上，三世不知所在。晋人常服其丹也
修羊公，魏人	汉景帝时	取黄精食之	
崔文子，太山人	汉代	世好黄老事，居潜山下，后作黄散赤丸，卖药都市，自言三百岁	后有疫气，民死者万计，文拥朱幡，系黄散以徇人门。饮散者即愈，所活者万计。后去，在蜀卖黄散。故世宝崔文子赤丸黄散，实近于神焉
赤须子，丰人	春秋秦国	好食松实、天门冬、石脂	齿落更生，发堕再出，服霞绝后
东方朔，平原厌次人	汉武帝时	卖药五湖	智者疑其岁星精也
犊子，邺人	汉代	采松子、茯苓，饵而服之	且数百年，时人乃知其仙人也
主柱	汉代	与道士采丹砂，三年得神砂飞雪，服之	五年能飞行，遂与道士俱仙去
园客，济阴人	汉代	常种五色香草，积数十年，食其实	成仙
鹿皮公，淄川人	汉代	食芝草，饮神泉	且七十年。后百余年，卖药于市
昌容，常山道人，自称殷商王子	汉代	食蓬根	往来上下，见之者二百余年，而颜色如二十许人

续表

仙人	时代	服饵	结果
溪父，南郡 埠人	汉代	有仙人教之炼瓜子，与桂 附子、芷实共藏，而对分 食之	二十余年，能飞走，升山入水。 后百余年，居绝山顶，呼溪下 父老，与道平生时事
山图，陇西人	汉代	山中道人教令服地黄、 当归、羌活（独活）、苦 参散	服之一岁，而不嗜食，病愈身 轻。道人自言五岳使，山图追 随之六十余年，莫知所之
毛女，字玉姜	秦汉	在华阴山中，形体生毛， 自言秦始皇宫人，秦亡， 入山避难，遇道士谷春， 教食松叶	遂不饥寒，身轻如飞，百七十 余年
文宾，太丘 乡人	汉代	服菊花、地肤、桑上寄 生、松子，取以益气	成仙
商邱子胥， 高邑人	汉代	食术、菖蒲根，饮水	不饥不老，传世见之，三百 余年
赤斧，巴戎人	汉代	能作水澒炼丹，与硝石服 之	三十年反如童子，毛发生皆赤。 后数十年，上华山，取禹余粮 饵，卖之于苍梧、湘江间
负局先生，燕、 代间人	汉代	有疾苦者，辄出紫丸药以 与之，得者莫不愈	如此数十年。后大疫病，家至 户到与药，活者万计
朱璜，广陵人	汉武帝时	少病毒瘕，就睢山上道士 阮丘。丘怜之，与璜七物 药，日服九丸	百日，病下如肝脾者数斗。养 之数十日，肥健，心意日更 开朗
黄阮丘，睢山 上道士	汉代	于山上种葱薤百余年。时 下卖药，朱璜发明之，乃 知其神人也	神仙
陵阳子明	汉代	钓得白鱼，腹中有书，教 服食法。遂上黄山，采五 石脂，沸水而服之	三年，龙来迎去，止陵阳山上 百余年
邗子，自言 蜀人	汉代	走入山穴，见故妇洗鱼， 与邗子符一函并药	成仙
玄俗，自言河 间人	汉代	饵巴豆，卖药都市，七丸 一钱，治百病	常山下见之

　　《列仙传》所记虽然大都是神话传说，但从表1-1可知，早期神仙家们的确相信通过服食可以得道成仙。这些早期服饵事例，既有服丹药丸散矿物，如水晶、云母、钟乳、丹砂、五石脂、硝石、丹药、黄精散、苦参散等，也有食用果木花草药物，如百花草、五色香草、桃李花、松子、松脂、松叶、巨胜（胡麻）、泽芝（荷花）、地黄、巴豆、术、菖蒲根（蒲韭根）、桂芝（灵芝）、桂花、橐庐木实、芜菁子、桃、荔枝、天门冬、茯苓、芝草、蓬根、桂附子、芡实、瓜子、当归、羌活（独活）、菊花、地肤、桑上寄生（桑耳）以及一些不知名的药草等。可以说后代道教所提倡的诸种服食方法在汉代已皆具雏形。

　　东晋时期的葛洪在继承早期神仙理论的基础之上，又进行了全面改造和提高。他在《抱朴子内篇》的《金丹》《仙药》《黄白》三篇中，系统总结了晋以前的炼丹服药成就，记载了许多金丹、药物的烧炼和服食方法。他在《金丹》篇中说：

　　　　余考览养性之书，鸠集久视之方，曾所披涉篇卷，以千计矣，莫不皆以还丹金液为大要者焉。然则此二事，盖仙道之极也……金丹之为物，烧之愈久，变化愈妙。黄金入火，百炼不消，埋之，毕天不朽。服此二物，炼人身体，故能令人不老不死。[1]

　　葛洪所论述的金丹术，又称炼丹术。道教金丹可分为内丹和外丹，外丹就是用丹砂、硫磺、铅、汞等矿物原料烧炼而成的丹药，道教认为服食之后可以使人长生成仙，故称"金丹"或"仙丹"，唐以前的金丹术多指外丹。道士通过炼丹术，烧炼成药金，故又称黄白术。葛洪在《黄白》篇中说：

---

[1]　王明：《抱朴子内篇校释》卷4《金丹》，中华书局，1985，第70~71页。

《神仙经》黄白之方二十五卷，千有余首。黄者，金也；白者，银也。古人秘重其道，不欲指斥，故隐之云尔。或题篇云庚辛，庚辛亦金也。然率多深微难知，其可解分明者少许尔……余昔从郑公受九丹及《金银液经》，因复求受《黄白中经》五卷……与金丹神仙药无异也。[1]

他还记载了几种烧炼药金的方法，如"金楼先生所从青林子受作黄金法""角里先生从稷丘子所授化黄金法""小儿作黄金法"等。他又在《仙药》篇中说：

上药令人身安命延，升为天神，遨游上下，使役万灵，体生毛羽，行厨立至……五芝及饵丹砂、玉札、曾青、雄黄、雌黄、云母、太乙禹余粮，各可单服之，皆令人飞行长生……中药养性，下药除病，能令毒虫不加，猛兽不犯，恶气不行，众妖并辟……椒姜御湿，菖蒲益聪，巨胜延年，威喜辟兵……仙药之上者丹砂，次则黄金，次则白银，次则诸芝，次则五玉，次则云母，次则明珠，次则雄黄，次则太乙禹余粮，次则石中黄子，次则石桂，次则石英，次则石脑，次则石硫黄，次则石饴，次则曾青，次则松柏脂、茯苓、地黄、麦门冬、木巨胜、重楼、黄连、石韦、楮实、象柴，一名托卢是也。或云仙人杖，或云西王母杖，或名天精，或名却老，或名地骨，或名苟（枸）杞也。天门冬，或名地门冬，或名莚门冬，或名颠棘，或名淫羊食，或名管松……服之百日，皆丁壮倍驶于术及黄精也……黄精，一名兔竹，一名救穷，一名垂珠……服黄精仅十年，乃可大得其益耳。俱以断谷不及术，术饵令人肥健，可以负重涉险，但不及黄精甘美易食，凶年可以与老小休粮，人不能别之，谓为米脯也。[2]

1　王明：《抱朴子内篇校释》卷16《黄白》，中华书局，1985，第283页。

2　王明：《抱朴子内篇校释》卷11《仙药》，中华书局，1985，第196~197页。

他还提到"五芝"，即石芝、木芝、草芝、肉芝、菌芝，每种又各有百余种。他还著有《神仙传》和《高士传》，其中记载了许多服食成仙的事迹。他的理论对隋唐时期炼丹术的发展产生了重大影响。

到唐代，道士们一方面大力宣传金丹服饵，同时又继续强调服食草木药和金石单味药。他们不但撰写了许多服食养生著作，论证和发展了"神仙可学"理论，而且亲自实践炼丹服药，鼓吹服饵成仙之道，这样就使服食之风大盛，迅速在社会各阶层中蔓延开来，尤其是对社会上层产生了巨大的影响。

二　唐代诸帝多饵丹药

关于唐代诸帝迷恋金丹服饵现象，有许多学者曾予以关注。清代著名学者赵翼在《廿二史札记》卷19《唐诸帝多饵丹药》中就指出：

> 古诗云："服食求神仙，多为药所误。"自秦皇、汉武之后，固共知服食金石之误人矣。及唐诸帝，又惑于其说，而以身试之……统计唐代服丹药者六君，穆、敬昏愚，其被惑固无足怪，太、宪、武、宣皆英主，何为甘以身殉之？实由贪生之心太甚，而转以速其死耳……惟武后时，张昌宗兄弟亦曾为之合丹药，萧至忠谓其有功于圣体，则武后之饵之可知，然寿至八十一。岂女体本阴，可服燥烈之药，男体则以火助火，必至水竭而身槁耶？[1]

赵翼注意到唐代有太宗、武则天、宪宗、武宗、穆宗、敬宗、宣宗等7位帝王服食过丹药，并将其归因于贪生怕死之心太甚。他还在开篇引古诗十九首之《驱车上东门》句，以此来说明早在东汉末年，人们已经注意到服食求仙而被药误的惨痛历史教训。

著名学者李斌城先生也注意到唐代诸帝炼丹服药现象，他在《唐

1　（清）赵翼著，王树民校证《廿二史札记校证》卷19，中华书局，1984，第398~399页。

人的神仙信仰》一文中，专门分析了"皇帝的神仙信仰"，将唐代诸帝炼丹服药的特点总结为四个方面：一是大多为政治上有所作为者；二是大多是执政后期好神仙；三是未获长生，反得早死；四是死不悔悟。[1]此外，在许多中外学者的有关论著中，也有大量关于唐代诸帝迷恋金丹服饵术的论述。如美国学者迈克尔·多尔比就指出："李氏家族的弱点是炼药求长生。"[2]

唐代诸帝迷恋金丹服饵术，可以说是中古史上一个特别引人注目的社会文化现象。据笔者统计，在唐代的 21 帝中，并不是只有赵翼提到的以上 7 位帝王迷恋金丹服饵养生，而是至少 14 位帝王（见表 1-2）。

表 1-2　唐代诸帝迷恋炼丹服饵者

序号	帝号	炼丹服食情况	炼丹者	终年（岁）
1	唐高祖	唐师市奴，方术人。高祖武德中，合金银并成。帝异之，以示侍臣。封德彝进曰："汉代方士及刘安等，皆学术，唯黄白不成，金银为食器，可得不死。"	师市奴	70
2	唐太宗	贞观二十一年（647）正月，已饵食金石；二十二年五月，中天竺方士那罗迩娑婆造延年药，历年而成，服之，于二十三年五月病死	中天竺方士那罗迩娑婆	50
3	唐高宗	总章元年（668），婆罗门僧卢伽阿逸多受诏合长年药，高宗将饵之，为大臣谏止；道士刘道合进丹药，开耀元年（681）闰七月服，弘道元年（683）十二月病死	婆罗门僧卢伽阿逸多、道士等	55
4	武则天	方士武什方、道士胡超等都曾为其炼丹，三年乃成，久视元年（700）服；长安四年（704）张昌宗、张易之兄弟所合神丹成，服之，次年病死	方士、道士、胡僧、内宠等	82
5	唐玄宗	玄宗曾亲自合药，道士也为他炼丹，后因不茹荤，辟谷，病死	道士	77

1　李斌城：《唐人的神仙信仰》，中国唐史学会第五届年会论文，1992。
2　参见〔英〕崔瑞德，中国社会科学院历史研究所西方汉学研究课题组译《剑桥中国隋唐史（589~906）》，中国社会科学出版社，1990，第 610 页。

续表

序号	帝号	炼丹服食情况	炼丹者	终年（岁）
6	唐德宗	大臣吕颂在德宗诞节敬献长生不老药，他在《降诞日进光明砂等状》中说："恭惟降诞之辰，实启乾坤之祚。普天称庆，率土同欢……前件光明砂等，金丹上品，著在仙经。愿因不朽之姿，永固长生之寿。"又在《降诞日进光明砂丹等状》中说："臣伏以上元降圣之时，皇帝出震之日……人竭欢心，愿南山而为寿。前件光明砂等，管内所出，服饵所尚。生依仙谷，诚有验于仙方；贡自蛮夷，幸得充于御府。臣藩守有限，不获称庆阙庭。"	大臣吕颂	64
7	唐宪宗	元和十三年（818），山人柳泌、僧大通等合金丹，次年十月服，出现明显中毒症状，日加燥渴，性情暴戾，左右近侍多被杀。十五年正月，宦官发动政变，杀害宪宗	山人柳泌、僧大通等	42
8	唐穆宗	僧惟贤、道士赵归真劝穆宗服金石，善炼丹者郑注也受到信任。长庆四年（824）正月服食，中毒死	僧惟贤、道士赵归真、士人郑注等	29
9	唐敬宗	僧惟贞、道士赵归真、术士王信等为上求访仙药，山人杜景先为上迎请隐士周息元。宝历二年（826）十二月死于宫廷政变	僧惟贞、道士赵归真、术士王信、山人杜景先、隐士周息元等	18
10	唐文宗	太和七年（833），服郑注炼丹药，颇验。开成五年（840）正月病死	士人郑注	31
11	唐武宗	会昌五年（845），服道士赵归真等丹药，次年三月中毒病死	道士赵归真	32
12	唐宣宗	大中十二年（858），服医官李玄伯、山人王岳、道士卢紫芝所炼伏火丹砂，次年八月中毒身亡	医官李玄伯、山人王岳、道士卢紫芝等	49
13	唐懿宗	懿宗曾命修合辟暑丹，服食后有神效，夏日衣裳无炎气	道士	40
14	唐僖宗	光启元年（885），幸蜀前，梦神人教食云母粉可得轻身不死，因饵之。光启四年（888）病死	道士	26

从表 1-2 可知，在这 14 位帝王中，除武则天、唐玄宗在"人生七十古来稀"的唐代，属于高寿而终者外，太宗、高宗、德宗、宪宗、宣宗、懿宗五帝，都属于中年去世，而穆、敬、文、武、僖五帝，则为青年天折，令人惋惜。老年人重视养生保健，所以武则天、唐玄宗迷恋服饵长生术，本不足怪；中年人体质正处于下降阶段，也需要调摄，所以太、高、宪、宣、懿五帝也迷信服饵养生术，还在情理之中；唯有穆、敬、文、武、僖五帝，年纪轻轻，却也迷恋金丹术，殊为令人费解。

传统观点普遍认为，唐代诸帝服食丹药的主要原因是迷信道教的神仙之说，妄图祈求长生不老，但这种观点很难解释唐代诸帝明知神仙虚妄，却不吸取先辈教训，沉湎于金丹服饵术的现象，甚至有的帝王年纪轻轻就为此而送掉了宝贵的生命。另外，唐代为诸帝炼丹的，不仅有道士，还有方士、隐士、山人、太医、大臣，甚至和尚和从外国来的胡僧，身份非常复杂。所以，把诱使诸帝服食和迷恋金丹的责任完全推到道教和道士身上，也是不公平的。

其实，唐代诸帝迷恋金丹服饵术的原因是很复杂的，由于诸帝的品行、气质、信仰以及炼丹者和服食时的情况不同，这就决定了诸帝服食丹药的动因以及后果也有所差别。

三　李唐家族病"风疾"与服饵养生

唐代诸帝迷恋金丹服饵术的原因是相当复杂的，而身体健康以及唐帝室中有可能遗传的一种家族病"风疾"，也是导致唐代诸帝迷恋金丹术的重要原因。[1]

唐朝诸帝大都自幼生长于深宫，锦衣玉食，过着奢华富贵的生活，体质本来不很健壮，及至登基以后，更少了约束，内宠成群，加之政事杂务以及恶劣的情绪和不良的生活方式，都会导致诸帝的体质

1　参阅拙作《试释唐代诸帝多饵丹药之谜》，《历史研究》1999 年第 4 期。

更加虚弱，患上疾病。其中有一种被称为"风疾"的病症，在唐诸帝中广为流传，可能是诸帝迷恋金丹术的一个诱因（见表1-3）。

表 1-3　唐代诸帝得"风疾"者

序号	帝号	得病情况	病症	终年（岁）
1	唐高祖	贞观八年（634）秋，得风疾，次年病死	风疾	70
2	唐太宗	贞观六年（632），太宗曾说"朕有气疾"。二十一年（647），又说得风疾，二十三年五月病死	风疾	50
3	唐高宗	显庆五年（660），上初苦风眩头痛，目不能视	风疾	55
4	武则天	神龙元年正月诏曰："顷日以来，微加风疢（疹）。"（《唐大诏令集》卷30《则天太后命皇太子监国制》）《唐王同皎墓志》曰："时则天皇帝春秋高，加有风疾。张易之及弟昌宗共利颠颐，俱承先比，居中专制，朝右慑伏。"	风疢（疹）、风疾	82
5	唐顺宗	贞元二十年（804）九月，太子始得风疾，不能言	风疾	45
6	唐穆宗	长庆二年（822）十一月庚辰，上与宦官击毬于禁中，有宦者坠马，上惊，因得风疾，不能履地	风疾	29
7	唐文宗	大和七年（833）十二月庚子，上始得风疾，不能言	风疾	31
8	唐宣宗	宣宗自幼寡言，视瞻特异，宫中以为不慧。十余岁时，曾遇重疾沈缀，乳媪以为心疾。大中九年（855），尝苦不能食，晚年苦风毒	风毒	49

除了以上提到的8位帝王罹患"风疾"外，还有一些皇室成员也患有此病。如唐高祖的亲妹妹同安大长公主，《册府元龟》卷39《帝王部·睦亲》载："（贞观）十八年三月甲午，幸同安大长公主第。帝以主春秋高，尝有风疾，故亲加省视，赐绢五百匹。"[1] 又如唐太宗的女儿临川郡长公主，《大唐故临川郡长公主墓志铭》载："公主自届边陲，增动风疾。"[2] 再如唐太宗曾孙、吴王李恪之孙嗣吴王李祗则得有

1　《册府元龟》卷39《帝王部·睦亲》，中华书局，1960年影印本，第437页上栏。
2　周绍良主编《唐代墓志汇编》永淳025，上海古籍出版社，1992，第703页。

"风瘵"，李白《为吴王谢责赴行在迟滞表》曰："臣年过耳顺，风瘵日加。"[1]"风瘵"应为外感风寒咳嗽引起的肺结核病。瘵，多指肺痨病。唐高宗与武则天的长子李弘就是死于此病，[2]《旧唐书·孝敬皇帝弘传》载："上元二年，太子从幸合璧宫，寻薨，年二十四。制曰：'皇太子弘……沉瘵婴身……遽永诀于千古。"[3]《新唐书·孝敬皇帝弘传》也称："太子婴沈瘵，朕须其痊复，将逊于位。弘性仁厚，既承命，因感结，疾日以加。"[4]"沉（沈）瘵"，指沉疴，积久难治之病。显然李弘大概很早就患有"瘵"疾，即肺结核病。这种病在唐朝是无法治愈的，加上他长期监国，劳累过度，最终不治身亡。

"风疾"是中古时期十分常见的一类疾病，古人对此类疾病的认识非常复杂。古人早就认识到"风邪"是引发疾病的首要因素，《黄帝内经·素问·风论》曰："风者，百病之长也，至其变化乃生他病也。"又《素问·骨空论》亦曰："风者，百病之始也。"[5]故"风"被传统医学病因观列为"六淫"（风、寒、暑、湿、燥、火）之首。中古医家对"诸风"的认识包含若干种疾病，如隋代名医巢元方在《诸病源候论》中就说："凡风病，有四百四种。"[6]他认为疾病大多是由"风"所引起：

> 夫病之生，多从风起……风起之由，皆是冷热交通，流于五脏，彻入骨中……论其所犯，多因用力过度，饮食相违，行房太过，毛孔既开，冷热风入五脏，积于寒热，寒热之风，交过通彻，流行诸脉，急者即患，缓者稍远。[7]

---

1 （唐）李白著，瞿蜕园、朱金城校注《李白集校注》卷 26，上海古籍出版社，1980，第 1509 页。

2 关于李弘暴亡原因，前人一直怀疑是武则天毒死的，如《新唐书》卷 81《三宗诸子·孝敬皇帝弘传》载："上元二年，从幸合璧宫，遇酖薨。"《资治通鉴》卷 202，唐高宗上元二年也载："太子薨于合璧宫，时人以为天后酖之也。"今人大都倾向于李弘死于"沉瘵"，即肺结核病。

3 《旧唐书》卷 86《孝敬皇帝弘传》，中华书局，1975，第 2830 页。

4 《新唐书》卷 81《孝敬皇帝弘传》，中华书局，1975，第 3589 页。

5 马烈光等主编《〈黄帝内经〉通释》，人民军医出版社，2014，第 106、139 页。

6 （隋）巢元方撰，丁光迪主编《诸病源候论校注》卷 2，人民卫生出版社，1991，第 73 页。

7 （隋）巢元方撰，丁光迪主编《诸病源候论校注》卷 2，人民卫生出版社，1991，第 78~79 页。

他首列"风病诸候"，将各种"风病"总结为 59 种症状：

一、中风候，二、风候，三、风口噤候，四、风舌强不得语候，五、风失音不语候，六、贼风候，七、风痉候，八、风角弓反张候，九、风口候，十、柔风候，十一、风痱候，十二、风退候，十三、风偏枯候，十四、风四肢拘挛不得屈伸候，十五、风身体手足不随候，十六、风湿痹身体手足不随候，十七、风痹手足不随候，十八、风半身不随候，十九、偏风候，二十、风曳候，二十一、风不仁候，二十二、风湿痹候，二十三、风湿候，二十四、风痹候，二十五、血痹候，二十六、风惊邪候，二十七、风惊悸候，二十八、风惊恐候，二十九、风惊候，三十、历节风候，三十一、风身体疼痛候，三十二、风入腹拘急切痛候，三十三、风经五脏恍惚候，三十四、刺风候，三十五、蛊风候，三十六、风冷候，三十七、风热候，三十八、风气候，三十九、风冷失声候，四十、中冷声嘶候，四十一、头面风候，四十二、风头眩候，四十三、风癫候，四十四、五癫病候，四十五、风狂病候，四十六、风邪候，四十七、鬼邪候，四十八、鬼魅候，四十九、恶风须眉堕落候，五十、恶风候，五十一、风瘙隐疹生疮候，五十二、风瘙身体隐疹候，五十三、风瘙痒候，五十四、风身体如虫行候，五十五、风痒候，五十六、风痞瘟候，五十七、诸癞候，五十八、乌癞候，五十九、白癞候。[1]

他所叙症候，内容较多，涉及面也很广，但大都是"卒急"之症，变化多端，为害也重。有学者将其病情归纳为六大类。

（1）猝发性危重症，如"卒中风""风癔""风口噤""风痉""风偏枯""风半身不随"等症候，表现为"奄忽不知人""舌强不能言""言语不正""半身不随"等，或置人于死地，或成终身痼疾。

---

1 （隋）巢元方撰，丁光迪主编《诸病源候论校注》卷 1、卷 2，人民卫生出版社，1991，第 1~85 页。

（2）风湿痹类症，如"风痹""风湿""风湿痹""贼风""风角弓反张"等候，表现为"肌肉酸痛""屈伸不得"等症状。

（3）精神、心智方面的疾病，有心神病，如"风惊"，表现为"乍惊乍喜，恍惚失常"；癫痫病，如"风癫""五癫"等，表现为"仆地，吐涎沫，无所觉"；精神病，如"风狂""风邪""鬼邪""鬼魅"等，表现为"或欲走，或自高贤，称神圣""狂惑妄言，悲喜无度""或言语错谬，或啼惊走，或癫狂昏乱，或喜怒悲笑，或大怖惧如人来逐，或歌谣咏啸，或不肯语"等。

（4）外感冷热之病，如"风冷""风热""风气"等，表现为"面青心闷，呕逆吐沫，四肢痛冷""恶风寒战，目欲脱，涕唾出""失声""声嘶"等。

（5）风入头脑所致疾病，如"风头眩""头面风"等，表现为"头面多汗，恶风，病甚则头痛""头眩"等。

（6）肌肤病，如"刺风""蛊风""风痒""恶风""风瘙""诸癞"等候，表现为"皮肤淫跃""如锥刀所刺""一身尽痛""面色败，皮肤伤，鼻柱坏，须眉落""痒疼，搔之则成疮"等。[1]

巢元方在第四十九"恶风须眉堕落候"下论述"风疾"成因时说：

　　大风病，须眉堕落者，皆从风湿冷得之。或因汗出入水得之，或冷水入肌体得之；或饮酒卧湿地得之；或当风冲坐卧树下及湿草上得之；或体痒搔之，渐渐生疮，经年不瘥，即成风疾。八方之风，皆能为邪。邪客于经络，久而不去，与血气相干，则使荣卫不和，淫邪散溢，故面色败，皮肤伤，鼻柱坏，

---

[1]　胡梧挺：《信仰·疾病·场所：汉唐时期疾病与环境观念探微》，黑龙江人民出版社，2017，第223~224页。按：该归类是在丁光迪主编的《诸病源候论校注》中将"诸风"归为 8 类的基础上归纳总结的。

须眉落。[1]

　　可见，此处"风疾"主要是指皮肤病类疾患。唐代曾涌现出一批专治各种"风疾"的名医，如常州名医许胤宗在南朝陈时就已出名，当时，"柳太后病风不言，名医治皆不愈，脉益沉而噤"，胤宗"乃造黄耆防风汤数十斛，置于床下，气如烟雾，其夜便得语"。武德年间，"关中多骨蒸病，得之必死，递相连染，诸医无能疗者，胤宗每疗，无不愈"。[2] 唐初名医许仁则在论述"诸风"时，也提到其症之复杂，曰：

> 此病多途，有失音不得语，精神如醉人，手足俱不得运用者；有能言语，手足不废，精神昏恍，不能对人者；有不能言语，手足废，精神昏乱者；有言语、手足、精神俱不异平常，而发作有时，每发即狂言浪语，高声大叫，得定之后都不自醒者；有诸事不异寻常，发作有时，每发即狂走叫唤者；有时每发即作牛羊禽兽声，醒后不自觉者；有诸事不异寻常，发作有时，发即头旋目眩，头痛眼花，心闷辄吐，经久方定者；有诸事不异平常，发作有时，每发即热，头痛流汗，不能自胜举者。此等诸风，形候虽别，寻其源也，俱失于养生。本气既赢，偏有所损。或以男女，或以饮食，或以思虑，或以劳役，既极于事，能无败乎？当量已所归而舍割之，静思息事，兼助以药物，亦有可复之理。风有因饮酒过节，不能言语，手足不随，精神昏恍。[3]

　　许仁则所讲的"诸风"症候，大致与巢元方所论相当。另一位唐初名医张文仲以善于治疗"风疾"而知名，他曾著有《疗风气诸方》等医学著作。他认为风有一百二十四种，气有八十种，若不能区分，

1　（隋）巢元方撰，丁光迪主编《诸病源候论校注》卷 2，人民卫生出版社，1991，第 70~71 页。

2　《旧唐书》卷 191《方伎·许胤宗传》，中华书局，1975，第 5091 页。

3　（唐）王焘：《外台秘要》卷 14《许仁则疗诸风方》，人民卫生出版社，1955 年影印本，第 396 页。

会延误病机而致死亡。治疗气病与风疾，医药虽然大抵相同，然而人性各异。脚气、头风、上气，常须服药不断，其余则随病情变化，临时治之。患风气之人，春末夏初及秋暮时节，只要得通泄，即可不患重症。[1] 惜其书已佚，但在稍后的唐代名医王焘《外台秘要》中可一窥梗概。

道医孙思邈在《备急千金要方·诸风·论杂风状》中则将风症归为四大类：

> 岐伯曰：中风大法有四，一曰偏枯，二曰风痱，三曰风懿，四曰风痹。夫诸急卒病多是风，初得轻微，人所不悟，宜速与续命汤，依腧穴灸之。夫风者百病之长，岐伯所言四者，说其最重也。偏枯者，半身不随，肌肉偏不用而痛，言不变，智不乱，病在分腠之间……风痱者，身无痛，四肢不收，智乱不甚，言微可知，则可治，甚即不能言，不可治；风懿者，奄忽不知人，咽中塞窒窒然，舌强不能言，病在脏腑，先入阴后入阳。……风痹、湿痹、周痹、筋痹、脉痹、肌痹、皮痹、骨痹、胞痹，各有证候，形如风状，得脉别也。[2]

他认为"凡风多从背五脏腧入，诸脏受病，肺病最急，肺主气息，又冒诸脏故也"。所以他将"中风"分为肺中风、肝中风、心中风、脾中风、肾中风、大肠中风等。他又论述道：

---

1 （唐）王焘：《外台秘要》卷14《张文仲疗诸风方》，人民卫生出版社，1955年影印本，第398页上栏。又《旧唐书》卷191《方伎·张文仲传》也载：洛州人张文仲，"尤善疗风疾，其后则天令文仲集当时名医共撰疗风气诸方，仍令麟台监王方庆监其修撰。文仲奏曰：'风有一百二十四种，气有八十种。大抵医药虽同，人性各异，庸医不达药之行使，冬夏失节，因此杀人。唯脚气、头风、上气，常须服药不绝，自余则随其发动，临时消息之。但有风气之人，春末夏初及秋暮，要得通泄，即不困剧。'于是撰四时常服及轻重大小诸方十八首表上之"。中华书局，1975，第5100页。

2 （唐）孙思邈著，李景荣等校释《备急千金要方校释》卷8《诸风·论杂风状》，人民卫生出版社，1998，第182页。

　　贼风邪气所中则伤于阳……凡风之伤人，或为寒中，或为热中，或为厉风，或为偏枯，或为贼风。……风中五脏六腑之俞，亦为脏腑之风。各入其门户所中则为偏风。风气循风府而上，则为脑风；风入头，则为目风眼寒；饮酒中风，则为酒风；入房汗出中风，则为内风；新沐中风，则为首风；久风入房中风，则为肠风；外在腠理，则为泄风。故曰：风者，百病之长也。[1]

　　据此可知，"风疾"又有"偏风""脑风""目风""酒风""内风""首风""肠风""泄风"等区分。人得"风疾"之后，后果非常严重。他在《千金翼方·中风》中又论述道：

　　人不能用心谨慎，遂得风病，半身不遂，言语不正，庶事皆废……瘥后仍须将慎，不得同未病之前，当须绝于思虑，省于言语，为于无事，乃可永愈。若还同俗类名利是务、财色为心者，幸勿苦事医药，徒劳为疗耳……凡初得风，四肢不收，心神昏，目愦，眼不识人，言不出口……夫得风之时，则依此次第疗之，不可违越。若不依此，当失机要，性命必危。……又有卒死之人，及中风不得语者，皆急灸之。夫卒死者，是风入五脏，为生平风发，强忍，怕痛不灸，忽然卒死，谓是何病？所以皆必灸之，是大要也。[2]

　　据此可知，"风疾"是一类很危重的疾病，临床上常出现头痛目眩、抽搐、痉挛、肢体颤动、麻木、蠕动、口眼歪斜、言语不利、步履不稳，甚至突然昏厥跌倒、不省人事、半身不遂等症状。而情志不遂、饮食不节、贪酒纵欲等，则是引起各种"风疾"的主要原因，有

1　（唐）孙思邈著，李景荣等校释《备急千金要方校释》卷8《诸风·论杂风状》，人民卫生出版社，1998，第183~184页。
2　（唐）孙思邈撰，朱邦贤、陈文国等校注《千金翼方校注》卷17《中风下·中风》，上海古籍出版社，1999，第467~470页。

些"风疾"，如西医所说的心脑血管疾病、高血压等，还与遗传有关，且重症死亡率极高。

孙思邈在《千金翼方》中还特列《飞炼》一卷，讲的大都是道教的炼丹服食之方，其中提到许多服食方都与治疗各类"风疾"有关，如：

"飞炼研煮钟乳及和草药服疗"六方中有"崔尚书乳煎钟乳"方，"主治积冷上气，坐卧不得，并疗风虚劳损，腰脚弱，补益充悦强气力"；又"草钟乳丸"方，"曹公方主五劳七伤，损肺气急，主疗丈夫衰老，阳气绝，手足冷，心中少气，髓虚腰疼脚痹，身烦口干，不能食。服之安五脏、补肠胃，能息万病，下气消食，长肌和中"。[1]

"飞炼研煮五石及和草药服疗"二十一方，其中提到"五石肾气丸""五石乌头丸""三石肾气丸""五石更生散""五石护命散""三石散""更生散"等。所谓"五石""三石"都是些矿物，如丹（朱）砂、雄黄、钟乳、石英（紫、白）、云母、硫磺、白矾、曾青、磁石、消（硝）石、石脂（赤、白）等，大多可以疗诸"风疾"。如"五石护命散"，即由紫石英、白石英、钟乳、石硫黄、赤石脂等药物炼制而成，主治"虚劳百病，羸瘦，咳逆短气……眼眩冒闷，恶寒风痹……痹重不得屈伸，唇口青，手足逆，齿牙疼，产妇中风及大肠寒，年老目暗，恶风……腰脊痛，百病皆治，不可悉记，甚良。能久服，则气力强壮，延年益寿"。[2]

还有各种治疗"风症"的金石浸制的药酒，如"紫石酒"，主要是用紫石英、钟乳等九味矿物和药物浸制而成，主治久风虚冷、心气不足、或时惊怖；就连道家所盛赞的"菊花酒"，也会加入钟乳、紫石英等矿物与菊花一起浸制而成，可主治男女风虚寒冷、腰背痛、食

---

1 （唐）孙思邈撰，朱邦贤、陈文国等校注《千金翼方校注》卷22《飞炼》，上海古籍出版社，1999，第605、606页。

2 （唐）孙思邈撰，朱邦贤、陈文国等校注《千金翼方校注》卷22《飞炼》，上海古籍出版社，1999，第611~615页。

少羸瘦无色、嘘唵少气，去风冷，补不足。[1]

道士炼制的膏剂，如"苍梧道士陈元膏"，主要是用丹砂、雄黄等药物炼制而成，主治一切"风疾"及百病。[2]

道经也有对"风疾"的认识与论述，《云笈七签》卷 76《方药》收有《灵宝还魂丹方并序》，当为唐人所撰述，为专治风病之论，其论风病之源候曰：

> 夫人生禀于五行，拘于五常，则为五味之所贼，八风之所攻。爰自饮乳，至于耄年，莫不因风而丧命。或多食而过饱，或失食而甚饥，或饮啜太多，或干渴乏水，或食咸苦，或啜酸辛，或畏热当风，或恶寒亲火，或庭前看月，或树下乘凉，或刺损肌肤，或扑伤肢体，或时餐燥药，或多啜冷浆，或久绝屏帏，或日多施泄。自此风趋百窍，毒聚一支（四肢），遂使手足不随，言词蹇涩；或痛贯骨髓，或痹袭皮肤，或痒甚虫螫，或顽如铁石，或多痰唾，健忘好嗔，血脉不通，肉色干瘦；或久安床枕，起坐须臾，语涩面虚，虽活如死；或总无疾苦，卒暴而亡。男即气引于风，女即风随其血，未有不因风而丧命者也。世人不能治其风，但以药攻其内，安有风在五脏六腑之中，四肢百脉之间，而汤饮之类，曷能去乎？假令相疾而医，用药乖误，虽《难经》《素问》《三世》《十全》，欲去沉绵，其可得也！[3]

该道经认为诸"风疾"是"风趋百窍，毒聚一支（四肢）"所致，故常伴有手足不随、言辞蹇涩、痛贯骨髓、痹袭皮肤、痰多、健忘、喜怒无常、肉色干瘦、身虚乏力、虽生如死等症状，严重者甚至无疾

---

1 （唐）孙思邈撰，朱邦贤、陈文国等校注《千金翼方校注》卷 16《中风上·诸酒》，上海古籍出版社，1999，第 444~445 页。

2 （唐）孙思邈撰，朱邦贤、陈文国等校注《千金翼方校注》卷 16《中风上·诸膏》，上海古籍出版社，1999，第 452 页。

3 （宋）张君房编《云笈七签》卷 76《方药》，李永晟点校，中华书局，2003，第 1719~1720 页。

暴亡。该经还详细记述了一种治疗"风疾"的"灵宝还魂丹"配方及其"神验功效"，现将其配方摘录如下：

> 光明砂，一两一分。
>
> 阳起石、磁毛石、紫石英、自然铜、长理石、石亭脂、雄黄。
>
> 已上七味，各三大两。
>
> 金薄二十四片，光明砂研如面，以荞麦灰汁煮三日，淘取秤；雄黄，研如面，醋煮三日，淘取秤；石亭脂，研如面，酒煮三日，淘取秤之。
>
> 已上五味，各四大分，研如面生用。
>
> ……石硫黄、雄黄、朱砂、自然铜。
>
> 已上四味，同一瓶子，入金薄覆藉，不固口，以火灸三日……不得甚热。
>
> 阳起石，磁毛石，紫石英，长理石。
>
> 已上四味，同一瓶子内，以金薄覆藉，灰埋瓶子一半，歇口烧三日……
>
> 又钟乳十两，以玉槌研七日，如面即住，用熟夹绢袋贮，系定头边，悬于锅中，煮以水二斗……文武火养成煎，候至一升，即下诸般金石药，搅勿住手，待如稀粥，即去火，下牛黄等五味生药末，熟搅令极匀……令壮士研三千下，候可丸，丸如芥子大，不得太大。此药功效，造化无殊。[1]

炼制此丹时，除了以上提到的常用金石药物外，还要加入远志、巴戟天、玄参、乌蛇、仙灵皮、木香、肉豆蔻、鹿茸（如干柿者）、肉桂、延胡索、木胡桐律、犀角、地黄、皂荚仁、蔓菁子、半夏、当归、龙脑等中草药物及童子尿，炼制过程颇为复杂。作者夸其神奇功效曰：

1　（宋）张君房编《云笈七签》卷 76《方药》，李永晟点校，中华书局，2003，第 1721~1724 页。

余久居太白，抱疾数年，万药皆施，略不能效。后有一翁遗余此药，服都五粒，疾乃全除……此药虽不能致神仙，得之者，但服一豆许，则寿限之内，永无疾矣！如已患风疾及扑伤肢节，十年五年运动不得者，但依法服之，一粒便效，重者不过十粒。有人卒亡者，但心头未冷，取药一粒以醋调……入口即活。但是风疾，不拘年月深远，神验，不可具载其功力……如或风涩甚者即一丸……一二百日及一年内风疾，下床不得者，服一粒后，当时可行步……此药神验，功效非智能测。[1]

作者还说，在这个配方中，加炼上好的蜀芒硝一大两，"或有暴亡，不问疾状，但肢体未变者，可破棺打齿，热醋调下一粒，过得咽喉即活，十救八九"，故称为"破棺丹"。[2]

该书还记载了一个炼丹方"修金碧丹砂变金粟子方"，主要是用光明砂炼制，其方"治一切风，延龄驻颜，治瘀益颜色"。[3]

从唐诸帝经常服食的钟乳及炼丹所用的主要原料，如朱砂、雄黄、硫磺、云母、白矾、磁石等成分来看，的确也都有入药治病的功效。如：

钟乳，又名石钟乳。治虚劳喘咳、寒嗽、阳痿、腰脚冷痹等症。《千金翼方》称："主咳逆上气，明目益精，安五脏，通百节，利九窍，下乳汁，益气，补虚损，疗脚弱疼冷，下焦肠竭，强阴。久服延年益寿，好颜色，不老，令人有子。"[4]孙思邈还提到"飞炼研煮钟乳及和草药服疗方"六首，有炼钟乳法、研钟乳法、崔尚书乳煎钟乳、服钟乳酒方、草钟乳丸方、服软生乳方。其中以钟乳为主要成分配制而成

1　（宋）张君房编《云笈七签》卷76《方药》，李永晟点校，中华书局，2003，第1720~1721页。

2　（宋）张君房编《云笈七签》卷76《方药》，李永晟点校，中华书局，2003，第1724页。

3　（宋）张君房编《云笈七签》卷76《方药》，李永晟点校，中华书局，2003，第1726页。

4　（唐）孙思邈撰，朱邦贤、陈文国等校注《千金翼方校注》卷2《本草上》，上海古籍出版社，1999，第30页。

的钟乳酒，治风虚劳损、脚疼冷痹、羸弱瘦挛不能行等症。[1] 唐人颇为相信钟乳治病之说，唐太宗不但长期服用钟乳，且赏赐大臣，《贞观政要》卷 2 载："贞观十七年，太子右庶子高季辅上疏陈得失。特赐钟乳一剂，谓曰：'卿进药石之言，故以药石相报。'"[2] 唐代宗还曾"以（元）载籍没钟乳五百两分赐中书门下御史台五品以上、尚书省四品以上"。[3]

石英，常用入药者有紫石英、白石英，另外还有黄石英、赤石英、青石英、黑石英。紫石英，"主心腹咳逆邪气，补不足……疗上气、心腹痛、寒热邪气、结气，补心气不足，定惊悸，安魂魄，填下焦，止消渴，除胃中久寒，散痈肿，令人悦泽。久服温中，轻身延年"。白石英，"主消渴，阴痿不足，咳逆，胸膈间久寒，益气，除风湿痹，疗肺痿，下气，利小便，补五脏，通日月光。久服轻身长年，耐寒热"。[4] 孙思邈还记载了许多飞炼研煮石英服食方，其中除前述"紫石酒"外，还有"白石酒"（石英和磁石浸酒服方），用白石英、磁石等药物浸制而成，服之，中年以后"则须发变黑，腰疼耳聋悉瘥"；"石英汤"（紫石汤），用紫石英、白石英、赤石脂、白石脂等熬制，"主心虚惊悸，寒热百病，令人肥健"。[5]

朱砂，又名丹砂，对惊风、心悸、眩晕、失眠多梦等症也有疗效。《千金翼方》曰："丹砂，味甘，微寒，无毒。主身体五脏百病，养精神，安魂魄，益气明目，通血脉，止烦满消渴，益精神，悦泽人面，杀精魅邪恶鬼，除中恶腹痛、毒气疥瘘诸疮。久服通神明，不

---

1 （唐）孙思邈撰，朱邦贤、陈文国等校注《千金翼方校注》卷 22《飞炼》，上海古籍出版社，1999，第 605~606 页。

2 （唐）吴兢编著《贞观政要》卷 2《纳谏》，上海古籍出版社，1978，第 62 页。又见《旧唐书》卷 78《高季辅传》和《新唐书》卷 104《高季辅传》。

3 《旧唐书》卷 118《元载传》，中华书局，1975，第 3414 页。

4 （唐）孙思邈撰，朱邦贤、陈文国等校注《千金翼方校注》卷 2《本草上》，上海古籍出版社，1999，第 31~32 页。

5 （唐）孙思邈撰，朱邦贤、陈文国等校注《千金翼方校注》卷 22《飞炼》，上海古籍出版社，1999，第 608~610 页。

老，轻身神仙。能化为汞。"[1] 含有朱砂成分的循络丹就主治风痹气滞、血脉凝涩、行步艰难等症。

雄黄对惊痫等症也有疗效，《千金翼方》载："雄黄，味苦、甘，平，寒，大温，有毒。主寒热鼠瘘，恶疮疽痔死肌。疗疥虫蟨疮，目痛，鼻中息肉，及绝筋破骨，百节中大风，积聚癖气，中恶腹痛，鬼疰，杀精物恶鬼邪气、百虫毒，胜五兵。杀诸蛇虺毒，解藜芦毒，悦泽人面。炼食之轻身神仙，饵服之皆飞入人脑中，胜鬼神，延年益寿，保中不饥。得铜可作金。一名黄食石，生武都山谷、敦煌山之阳。"[2] 含有雄黄与朱砂的八风散，主治八十二痹，对猥退病、半身不遂、目眩失神、恍惚妄言等症都有一定的疗效。

其他如硫磺（石硫黄）对阳痿、腰膝酸冷、肾虚喘促、虚寒腹痛，云母对虚喘、眩晕、失眠、惊悸，白矾对癫痫、喉痹，磁石对眩晕、目昏、耳鸣、虚喘、失眠、惊痫等症，皆有一定的疗效。

当时有些道徒方士也曾医治好一些人的"风疾"，如杜光庭在《仙传拾遗》中记载了道士薛肇用丹药治好患有"风劳"者的事迹：

薛肇，不知何许人也。与进士崔宇于庐山读书，同志四人，二人业未成而去。崔宇勤苦，寻已擢第。唯肇独以修道为务，不知师匠何人，数年之间，已得神仙之道。庐山下有患风劳者，积年医药不效，尸居候时而已。肇过其门，憩树阴下，因语及疾者，肇欲视之，既见曰："此甚易耳，可以愈也。"留丹一粒，小于粒米，谓疾者所亲曰："明晨揞半粒，水吞之，自当有应，未愈，三日外更服半粒也。"其家自以久疾求医，所费巨万，尚未致愈。疾者柴立，仅存余喘，岂此半粟而能救焉？明日试服之，疾者已起，洎午能饮食，策杖而行。如此三日，充盛康壮，

1　（唐）孙思邈撰，朱邦贤、陈文国等校注《千金翼方校注》卷2《本草上》，上海古籍出版社，1999，第29页。

2　（唐）孙思邈撰，朱邦贤、陈文国等校注《千金翼方校注》卷2《本草上》，上海古籍出版社，1999，第34页。

又服半粒，即神气迈逸，肌肤如玉，发鬓青鬓，壮可二十岁许人。[1]

"风劳"为"风疾"之一种，为虚劳病复受风邪者。服食钟乳就可治风虚劳损，如"钟乳散"方可以治风劳，脏气虚损，肌体羸瘦，头目昏闷，四肢少力，神思不安。其配方主要为钟乳粉、紫石英、白石英等矿物，再配伍以白术、防风、桂风、栝蒌根、干姜、细辛、牡蛎粉、川椒、人参、白茯苓、桔梗、附子等中草药。

从诸帝所得的"风疾"的症状来看，服用这些药物或与这些药物配伍的药，都有一定的疗效。有学者就认为"金丹的作用绝非仅毒死人命，亦必有不少服丹得益者"，"服食金丹的效验，大约有三：一为丹砂等药品本身确有一定的健脑、安神、强身的药理作用，一些人的体质和疾患偶然对症，便可获得疗效。二为服食少量砒霜等砷剂和汞剂后，人体慢性中毒引起毛细血管舒张和轻微发炎，从而起到刺激神经和催淫的作用。三是由于中国传统食品的单一化和缺乏牛奶制品，服用一些矿物药物可补充人体矿物质的缺乏；同时，一些微量元素进入人体后有时也会获得健身祛病的奇效"。[2]但服用这些矿物成分配制的药物应非常谨慎，因为这些成分有的含有剧毒，有的不可火煅水飞。服用这些丹药，"可以导致慢性中毒，表现为性格改变、神经错乱、瘫痪等。直接大量服用，更无异于服毒自杀"。[3]而给帝王们炼制的丹药，都是经过长时间的火炼水飞，产生了巨大的毒性，加之服食过量，不但疾病没有好转，反而导致服食仙丹后，中毒死亡。

---

1 （唐）杜光庭：《仙传拾遗》卷1《薛肇》，载罗争鸣辑校《杜光庭记传十种辑校》，中华书局，2013，第773页。

2 胡孚琛：《魏晋神仙道教——〈抱朴子内篇〉研究》，人民出版社，1989，第263页。

3 金正耀：《唐代道教外丹》，《历史研究》1990年第2期。收入氏著《道教与炼丹术论》，宗教文化出版社，2001，第66~94页。

四　唐代诸帝炼丹服药现象分析

　　唐代诸帝对炼丹术的追捧不外乎丹药和黄白，但具体到每一位帝王，个体之间又有所差异。试析之如下。

　　唐代诸帝中，高祖首开得"风疾"而死的先例。《资治通鉴》卷194太宗贞观八年（634）记载："上屡请上皇避暑九成宫，上皇以隋文帝终于彼，恶之。冬十月，营大明宫，以为上皇清暑之所。未成而上皇寝疾，不果居。"次年五月条又载："太上皇自去秋得风疾，庚子，崩于垂拱殿。"[1]唐高祖所得"风疾"似乎与风热、风湿等症有关。自玄武门之变后，唐高祖被迫退居太上皇，以恣酒纵欲为事，情志不遂，加之年事已高，热极生风，所以得"风疾"后竟至不治而逝。史书中没有关于唐高祖服食丹药的记载，但他似乎对炼丹术也颇感兴趣，《册府元龟》卷928《总录部·好丹术》载："唐师市奴，方术人。高祖武德中，合金银并成。帝异之，以示侍臣。封德彝进曰：'汉代方士及刘安等，皆学术，唯苦黄白不成，金银为食器，可得不死。'"[2]方士师市奴为唐高祖烧炼出黄白物，唐高祖展示给大臣看，封德彝却暗示说其物可得不死，可见高祖也是相信道教黄白术的。

　　唐太宗是唐诸帝中第一位因迷恋金丹服饵术而死的皇帝。许多学者非常困惑于太宗从早年的不信神仙之说到晚年迷恋服饵养生的转变，而将其原因简单地归结为太宗对道教的神仙思想前后态度有所不同，也就是说由最初的不信到后来相信了神仙之说，所以太宗不惜以生命为代价服饵金石丹药的动因是追求长生不死。这种解释有点牵强。众所周知，太宗早年曾嘲笑秦皇、汉武的求仙举动，认为神仙事本来就是荒诞不经之说。《贞观政要》记载他曾在贞观二年（628）对侍臣说：

1　《资治通鉴》卷194，唐太宗贞观八年至九年，中华书局，1956，第6106~6112页。

2　《册府元龟》卷928《总录部·好丹术》，中华书局，1960年影印本，第10951页下栏。

> 神仙事本是虚妄，空有其名。秦始皇非分爱好，为方士所诈，乃遣童男女数千人，随其入海求神仙。方士避秦苛虐，因留不归。始皇犹海侧踟蹰以待之，还至沙丘而死。汉武帝为求神仙，乃将女嫁道术之人，事既无验，便行诛戮。据此二事，神仙不烦妄求也。[1]

他还写有《帝京篇》诗十首，在序中写道："忠良可接，何必海上神仙乎。丰镐可游，何必瑶池之上乎！"[2] 表现出对神仙长生之说的不信态度。到贞观十一年（637）二月，太宗在一份诏书中还谈道："夫生者天地之大德，寿者修短之一期。生有七尺之形，寿以百龄为限，含灵禀气，莫不同焉，皆得之于自然，不可以分外企也。"并告诫子孙他身后不得厚葬，"务从俭约"。[3] 从这份诏书内容来看，颇有点遗诏的味道。这年太宗刚 40 岁出头，经过十多年的励精图治，消灭了对唐王朝最具威胁的东突厥，成就了贞观之治的大好局面，按常理来说，应该正是功成名就、踌躇满志之时，不应该有此灰暗心情。原来太宗至晚于贞观六年以后，体质就开始每况愈下，据《通鉴》卷 194 载：该年正月，"上将幸九成宫，通直散骑常侍姚思廉谏。上曰：'朕有气疾，暑辄顿剧，往避之耳。'"[4]"气疾"应是内脏系统紊乱引起的疾病，多指呼吸系统疾病，如肺虚、肺病等。《周礼·天官·疾医》中郑玄注曰："五气，五藏所出气也。肺气热，心气次之，肝气凉，脾气温，肾气寒。"[5] 从畏暑怕热这一点来说，其病症应是肺热病，与高祖症状颇为相似。所以太宗很早就开始注意调摄保养，《新唐书·地理志》载：河南府颍阳县，"倚箔山有钟乳，贞观七年采"。[6] 看来从贞观七年

1 （唐）吴兢编著《贞观政要》卷 6《慎所好》，上海古籍出版社，1978，第 196 页。
2 《全唐诗》卷 1，中华书局，1960，第 1 页。
3 《旧唐书》卷 3《太宗纪下》，中华书局，1975，第 47 页。
4 《资治通鉴》卷 194，唐太宗贞观六年正月条，中华书局，1956，第 6094 页。
5 （清）孙诒让：《周礼正义》卷 9《天官·疾医》，王文锦、陈玉霞点校，中华书局，2013，第 328 页。
6 《新唐书》卷 38《地理志二》，中华书局，1975，第 984 页。

开始，太宗就很注意养生保健了。但从效果来看并不是很好，因为太宗病情一度非常严重。贞观十年（636），"上得疾，累年不愈，后侍奉，昼夜不离侧。常系毒药于衣带，曰：'若有不讳，义不独生。'后素有气疾，前年从上幸九成宫，柴绍等中夕告变，上擐甲出阁问状，后扶疾以从，左右止之，后曰：'上既震惊，吾何心自安！'由是疾遂甚"。[1] 可见太宗病得很重，可能曾出现生命危险，所以长孙皇后才会常备毒药随时准备追随太宗而去。不料，长孙皇后在"医药备尽而疾不瘳"的情况下，先太宗而逝，这对太宗的打击很大。长孙皇后是历史上著名的贤后，与太宗的感情很深。唐太宗本人也长期患病，这自然也使他想到了死，所以才会有了次年二月所下的那次谈论死的诏书。但从这份诏书来看，丝毫看不出太宗有怕死的情绪，相反表现出来的是一种坦然面对死亡的态度，所以他才会毫不避讳地公开谈论死的问题，并安排后事。

太宗迷信服饵养生术，是贞观十七年（643）以后的事。笔者认为应与这年的废立太子之事和解决高丽问题有关。在太宗看来，这两件事是相互关联的。众所周知，围绕着废太子承乾后立新太子，朝中展开过一场激烈的斗争。这令太宗伤透了脑筋，甚至产生了轻生的念头。最后，在大臣长孙无忌等人的极力争取下，太宗选立了他并不喜欢的晋王李治为太子。太宗之所以不喜欢李治，是因为他认为李治的性格太过柔弱，怕自己百年之后，李治不能担当治国的重任；而从避免皇室诸子在他身后展开仇杀的角度考虑，太宗又看中了李治宽和柔弱的性格，并最终立李治为太子。但这一问题始终困扰着进入中年且身体不好的太宗。而正在这时，位于唐朝东北方的高丽采取了敌视唐朝的政策。高丽问题曾令富庶强大的隋王朝栽了跟头，隋文帝、炀帝都没能解决好这一问题，唐太宗实在不放心再将这一问题遗留给太子，他要在自己的有生之年尽量解决之。而这就需要使他每况愈下的身体得到恢复，尽量延长寿命。这就是从贞观十七年开始，太宗转而

---

1 《资治通鉴》卷 194，唐太宗贞观十年夏六月条，中华书局，1956，第 6120 页。

对服饵养生术产生浓厚兴趣的原因。他咨访过的人有道士、医家、胡僧等。

据说太宗曾召洞庭山道士周（胡）隐遥入内殿，"问修习之道"，周隐遥"学太阴炼形之道"，年近八十，状貌如三十许。他对太宗说："臣所修者，匹夫之志，功不及物。帝王修道，一言之利，万国蒙福，得道之效尤速。臣区区之学，非九重万乘之所修也。"这位周道士大概也深知金丹之害，而委婉地拒绝了太宗的请求。之后，就恳求归山了。[1]

唐太宗还曾征召道徒成弼，敕令炼金。唐人戴孚《广异记》载："隋末，有道者居于太白山，炼丹砂。合大还（丹）成"，一粒丹可以化十斤赤铜为黄金。"有成弼者给侍之"，因反复求大还丹，道者不与，于是杀道者，劫得其丹。唐太宗召成弼，"授以五品官，敕令造金"，凡数万斤，"其金所谓大唐金也，百炼益精，甚贵之"。后有婆罗门，号为别宝，指金为宝，"至今外国传成弼金，以为宝货也"。[2]可见太宗征召成弼是对道教炼金术颇感兴趣，其目的又是在获取经济利益。

贞观十七年，太宗又幸名医甄权家，"视其饮食，访以药性"。据说时年甄权已经有 103 岁的高龄了，他平时非常注重养生。他和弟弟甄立言都有很高深的医术，早在隋朝时，有鲁州（治今曲阜）刺史库狄嵚苦风毒，患手不能引弓症，求医访药都莫能奏效，甄权"针其肩隅一穴"，立马就好了。御史大夫杜淹患风毒发肿，太宗令甄立言为他诊治，奏曰"从今更十一日午时必死"，果如其言。又诊治患心腹鼓胀、骨瘦如柴者，"令服雄黄"，病很快就好了。[3]太宗之所以亲临甄权家，看来应该是有针对性的。

贞观十九年（645）十二月，太宗征辽还至定州（今河北定州）

1　（唐）杜光庭：《仙传拾遗》卷 1《周隐遥》，载罗争鸣辑校《杜光庭记传十种辑校》，中华书局，2013，第 764~765 页。按：《三洞群仙录》卷 16 作 "周隐瑶"，《历世真仙体道通鉴》卷 29 作 "胡隐遥"。今从《仙传拾遗》。

2　（唐）戴孚：《广异记》，载方诗铭辑校《冥报记　广异记》，中华书局，1992，第 159 页。

3　《旧唐书》卷 191《方伎·甄权附弟立言传》，中华书局，1975，第 5090 页。

后不久，大概因为长途劳顿、征辽不利等因素，太宗疾病又有所增加："上病痈，御步辇而行。戊申，至并州，太子为上吮痈，扶辇步从者数日。辛亥，上疾瘳，百官皆贺。"太宗在路过平棘（今河北赵县）时，还拜访过精通"服食之术"的张道鸿，《册府元龟》卷 928《总录部·好丹术》载："张道鸿，平棘人。少游名山，得服食之术。后居人间，每每饵金膏。太宗贞观十九年，车驾次平棘，幸其庐，赐以衣服。时六百四十六岁。"[1] 这个张道鸿大概是个善于养生的人，不过他所服食的金膏，假如真是用黄金制成或是以黄金为添加剂，应该是对人体有害的，但他又很高寿，称自己已经 646 岁，则应当是夸诞之词。

贞观二十年三月到达京师，"上疾未全平，欲专保养，庚午，诏军国机务并委皇太子处决。于是太子间日听政于东宫，既罢，则入侍药膳，不离左右"。八月，太宗又行幸灵州，招抚薛延陀，十月还京师后，"上以幸灵州往还，冒寒疲顿，欲于岁前专事保摄"。[2] 可能在这时，太宗已经服食了丹药。因为二十一年正月，高士廉病卒，太宗欲亲临吊丧，房玄龄、长孙无忌等"以帝饵金石，谏不宜近丧"。[3] 三月，"上得风疾，苦京师盛暑"，命修终南山翠微宫。十一月壬子，"上疾愈"。[4] 这场大病，使太宗更加追求服饵养生。贞观二十二年，王玄策破中天竺帝那伏国，俘其国王并方士那罗迩娑婆归国，进献给太宗，这个外国方士"自言寿二百岁，云有长生之术"，太宗竟听信其言，命其"于金飚门造延年之药"。历年乃成，服之，"竟无异效，大渐之际，名医莫知所为"。[5] 据说太宗临终前，"苦利（痢）剧增"，[6] 显系服食丹药

1　《册府元龟》卷 928《总录部·好丹术》，中华书局，1960 年影印本，第 10951 页下栏。

2　《资治通鉴》卷 198，唐太宗贞观十九年十二月至二十年十月，中华书局，1958，第 6232、6235、6241 页。

3　《新唐书》卷 95《高俭传》，中华书局，1975，第 3840 页。

4　《资治通鉴》卷 198，唐太宗贞观二十一年，中华书局，1958，第 6246、6250 页。

5　《旧唐书》卷 198《天竺传》、卷 3《太宗纪下》、卷 84《郝处俊传》，中华书局，1975，第 5308、61、2799 页。

6　《资治通鉴》卷 199，唐太宗贞观二十三年五月条，中华书局，1956，第 6267 页。

中毒所致，终于贞观二十三年五月。

据此可知，太宗是在服食国内方士所进金石后，又饵外国方士所制丹药。陈国符先生注意到"我国与西域长生药术之关系"，认为"是时中西交通颇为频繁，故外丹黄白，常由西域输入之药物"。[1] 从太宗迷恋金丹服饵养生来看，显然与他长期患病有关。这和他早年不相信神仙之说并不矛盾，他迷恋服饵养生是想通过这种办法尽量延长自己的寿命。古往今来，追求长寿始终是人类的天性之一，这和神仙信仰既有关系也有区别。笔者认为，太宗服饵养生的目的主要是长寿，不能简单地说他是相信道教的神仙长生不死之说。他第一次饵金石后，疾病有所缓解，增强了他第二次饵金丹的信念。这种为追求养生而不计后果的做法，酿成了他中毒早死的严重后果。

唐高宗最初也不信神仙之说，他曾于显庆二年（657）说："自古安有神仙！秦始皇、汉武帝求之，疲弊生民，卒无所成，果有不死之人，今皆安在！"[2] 所以他不相信曾欺骗其父的天竺僧那罗迩娑婆能合长生药。但高宗的体质一直较弱，所以他也比较注意养生。显庆五年（660）十月，他才 33 岁时，也得了奇怪的"风疾"。《通鉴》卷 200 载："上初苦风眩头重，目不能视，百司奏事，上或使皇后决之。"[3] 从这以后，高宗的病情就一直没有好转，以至于麟德元年（664）以后，"上每视事，则后垂帘于后，政无大小，皆与闻之。天下大权，悉归中宫，黜陟、杀生，决于其口，天子拱手而已，中外谓之'二圣'"。[4] 同时，高宗也开始频繁接触炼丹术士。

总章元年（668），有婆罗门僧卢伽阿逸多，"受诏合长年药，高宗将饵之"，为大臣郝处俊所谏止。[5] 但高宗并没有停止炼丹合药活动。《旧唐书·方伎·叶法善传》就载："时高宗令广征诸方道术之士，合

1　陈国符：《道藏源流考》下册，中华书局，1992，第 396~397 页。
2　《资治通鉴》卷 200，唐高宗显庆二年七月条，中华书局，1956，第 6303 页。
3　《资治通鉴》卷 200，唐高宗显庆五年十月条，中华书局，1956，第 6322 页。
4　《资治通鉴》卷 201，唐高宗麟德元年十二月条，中华书局，1956，第 6342 页。
5　《旧唐书》卷 84《郝处俊传》，中华书局，1975，第 2799 页。

炼黄白。"[1] 道士刘道合炼丹成，上之。咸亨中（670~674），刘道合卒，众谓尸解，高宗闻之不悦，说："刘师为我合丹，自服仙去。其所进者，亦无异焉。"[2] 上元二年（675）三月，高宗病情加重，甚至产生逊位于武后的念头，又为大臣郝处俊等谏止。[3] 高宗欲传位于太子李弘，不料太子又暴亡，也没能实现。此后，高宗更是频繁造访隐士道人，探求养生之道。开耀二年（682）闰七月庚申，"上以服饵，令太子（李显）监国"。[4] 弘道元年（683）十一月丙戌，"上苦头重，不能视，召侍医秦鸣鹤诊之"，秦鸣鹤以针刺法使高宗视力稍有好转；十二月宣布改元，高宗已经"气逆不能乘马"，于丁巳夜病逝。[5] 由此可见，唐高宗迷恋服饵也是从治病养生的角度出发的，但结果仍是重复了其父的悲剧。

　　唐初三帝都患有"风疾"，显然不是特例，笔者认为其中应该有某种遗传因素在起作用。

　　武则天对炼丹服药也颇有兴趣。她曾遣使召司马承祯，因为听说他精通炼丹之法；又曾令叶法善采药并遍祷名山，是由于他会炼金丹；召张果是因为时人传其有长年秘术；命武什方赴岭南采药炼丹，是因为他自言能合长生药。她还曾征召隐居豫章西山的道士胡超和内宠张易之、张昌宗兄弟为她炼丹合药。据说武则天服饵胡超所合丹药后，"疾小瘳"，也即病情稍有减缓；她还服食了二张兄弟所合的丹药。谄附二张的宰臣杨再思曾向武则天献媚说："昌宗主炼丹剂，陛下饵之而验，功最大者也。"[6] 所谓"饵之而验"，大概就是稍微减缓了病情。前人对唐代皇帝多因服食丹药而死，唯独武则天服丹药后还能享年八十多岁，感到不解。其实武则天服食丹药后，也慢性中毒，只不过没有立即被毒死而已。在最后几年中，她也是久病缠身，最后也罹患"风

1　《旧唐书》卷191《方伎·叶法善传》，中华书局，1975，第5107页。

2　《旧唐书》卷192《隐逸·刘道合传》，中华书局，1975，第5127页。

3　《资治通鉴》卷202，唐高宗上元二年三月条，中华书局，1956，第6375~6376页。

4　《资治通鉴》卷202，唐高宗开耀二年闰七月庚申条，中华书局，1956，第6403页。

5　《资治通鉴》卷202，唐高宗弘道元年十一月、十二月条，中华书局，1956，第6415~6416页。

6　《新唐书》卷104《张行成附易之昌宗传》，中华书局，1975，第4015页。

疾"。可见，武则天的高寿，主要是因为她服食丹药时已经年迈，而她的死亡，也应当与饵丹中毒有关。关于胡超为武则天合炼丹药事，唐人张鹫《朝野佥载》卷 5 记载：

> 周圣历年中，洪州有胡超僧出家学道，隐白鹤山，微有法术，自云数百岁。则天使合长生药，所费巨万，三年乃成。自进药于三阳宫，则天服之，以为神妙，望与彭祖同寿，改元为久视元年。放超还山，赏赐甚厚。服药之后三年而则天崩。[1]

关于胡超，又有胡慧超、胡惠超、胡法超之称，为净明道祖师。《通鉴》也提到："太后使洪州僧胡超合长生药，三年而成，所费巨万。太后服之，疾小瘳。癸丑，赦天下，改元久视。"[2] 关于胡超被称为"僧"，英国学者巴瑞特推测可能是因其来自民间教团，与正统道派偏离太远，因此被人们误认为是一名佛教徒。[3] 笔者认为，僧字或为衍文，或胡超可能最初就是一名僧人，后来出家学道成为道士，唐代这种由僧人改宗道教的例子有很多。武则天命他合炼长生药时，他已经是一名道教徒了。所以《通鉴》在引用唐人史料时进行了修改，还将其当作"洪州僧"，则是不对的，容易让人产生歧义，其实胡超在为武则天合炼长生药时已经不是一名僧人了。颜真卿曾任抚州刺史，作有《晋紫虚元君领上真司命南岳夫人魏夫人仙坛碑铭》，载：

> 有唐女道士黄令微，道行高远，八十而有少容，蹀屣而行，奔马不及，时人见其颜色殊异，号曰华姑。闻夫人灵迹，长寿二

1 （唐）张鹫：《朝野佥载》卷 5，赵守俨点校，中华书局，1979，第 116 页。
2 《资治通鉴》卷 206，则天后久视元年五月条，中华书局，1956，第 6546 页。
3 〔英〕巴瑞特著，曾维加译《唐代道教——中国历史上黄金时期的宗教与帝国》，齐鲁书社，2012，第 31 页。

年，岁在壬辰冬十月，乃讯于洪州西山道士胡超。超能通神明。[1]

他又作有《抚州临川县井山华姑仙坛碑铭》，也载：

> 华姑者，姓黄氏，讳令微，抚州临川人也。少乃好道，丰神卓异，天然绝粒……年八十，发白面红，如处子状，时人谓之华姑。蹑履而行，奔马不及。闻魏夫人仙坛在州郭之南，草木榛翳，结庐求之不得。长寿二年，岁在壬辰，冬十月壬申朔，访于洪州西山胡天师。天师名超，能役使鬼神。[2]

在这两块碑铭中，胡超被称为"洪州西山道士"，又被尊称为"天师"。可见胡超在长寿二年（693）时就已成为一名道行很高的道士，闻名于世，这才有后来圣历、久视年间（698~700）武则天诏令他合炼金丹之事。关于华姑，又作花姑。颜真卿在这两篇碑记中提到的有关华姑和胡超的事迹，又为杜光庭在《墉城集仙录·花姑》中所承传，也称胡超为"洪都西山道士"，字拔俗。[3] 在颜、杜的记载中，都没有提到胡超为僧人之事，所以笔者倾向于张鹭记载中的"僧"字当为衍文，而《通鉴》中的记载则是在抄改唐人史料时搞错了。胡超是武则天颇为信任的道士，1982 年，在河南嵩山峻极峰发现了一支武则天投龙金简，铭文中有"小使臣胡超稽首再拜谨奏"字样，胡超应是这次投龙仪式的道士。

唐玄宗最初也不信道教神仙之说，开元六年（718）"夏，四月，

1 （唐）颜真卿著，（清）黄本骥编订《颜真卿集》，凌家民点校、简注、重订，黑龙江人民出版社，1993，第 114 页。
2 （唐）颜真卿著，（清）黄本骥编订《颜真卿集》，凌家民点校、简注、重订，黑龙江人民出版社，1993，第 116 页。
3 （唐）杜光庭：《墉城集仙录》卷 7《花姑》，载罗争鸣辑校《杜光庭记传十种辑校》，中华书局，2013，第 679 页。又杜光庭在《仙传拾遗》卷 4 中记载"胡惠超"曰："唐胡惠超，拔俗，有道之士也。处众人中，则头出众人之上。虽至长者，才及其肩。时人谓之胡长仙，善能役使鬼神。"

戊子，河南参军郑铣、朱阳丞郭仙舟投匦献诗，敕曰：'观其文理，乃崇道法；至于时用，不切事情，宜各从所好。'并罢官，度为道士"。[1]十三年（725），大宴群臣、学士于集仙殿，上曰："仙者凭虚之论，朕所不取；贤者济理之具，朕今与卿曹合宴，宜更名曰集贤殿。"[2]可见他对神仙之说是有较为清醒的认识的。但从中年以后，他也开始迷信起道教的服饵养生术，这与他沉溺于酒色，不思进取，从而导致体质的下降有关。唐玄宗在皇宫内设有专门为他炼丹的场所，道士黄河清等曾奏"兴庆宫合炼院内产芝草"；[3]他还命道士孙太冲在中岳嵩阳观合炼丹药，中使薛履信监制，天宝三载，"太冲于嵩山合炼金丹，自成于灶中，精光特异，变化非常。请宣付史官，颁示天下，以彰灵瑞仙圣之应"。[4]他晚年退居太上皇以后，更是留意于服食，他曾说："吾比年服药物，比为金灶煮炼石英。"[5]说明他曾亲自合药并服食石英烧炼的丹药。但他为什么没有被立即毒死？李斌城先生认为："玄宗吃亲自合的药，旁人恐难做手脚。"[6]另外，笔者认为也与他精通药性，对药理有一定的了解，用药比较谨慎有关。不过，他晚年处于被幽禁状态，心情不畅，"日以不怿，因不茹荤，辟谷，浸以成疾"，[7]病死于78岁高龄之时。辟谷素食也是道教所倡导的一种养生术，有人认为也应是道家服饵术。所谓辟谷即不食五谷，而代之以黄精、枣、服气等，是道家修道（仙）、强身的一种手段。或称之为"却谷""断谷""绝谷""绝粒""休粮"等，常与导引、行气、服食等法并行。道家认为辟谷可以治疗某些疾病，可以轻身。葛洪《抱朴子内篇·杂应》讲："断谷积久者云，差少病痛，胜于食谷时。其服术及饵黄精，又禹余粮丸，日

1 《资治通鉴》卷212，唐玄宗开元六年四月条，中华书局，1956，第6733页。

2 《资治通鉴》卷212，唐玄宗开元十三年四月条，中华书局，1956，第6764页。

3 （唐）孙逖：《为宰相贺合炼院产芝草表》，载《全唐文》卷311，中华书局，1983年影印本，第3158页上栏。

4 《册府元龟》卷928《总录部·好丹术》，中华书局，1960年影印本，第10951页下栏。

5 （唐）唐玄宗：《赐皇帝进烧丹灶诰》，载《全唐文》卷38，中华书局，1983年影印本，第411页下栏。

6 李斌城：《唐人的神仙信仰》，中国唐史学会第五届年会论文，1992。

7 《资治通鉴》卷221，唐肃宗上元元年七月条，中华书局，1956，第7096页。

再服，三日，令人多气力，堪负担远行，身轻不极。"[1]但断谷还必须辅以服食某些药物，如松根、茯苓、术、黄精、玉竹、胡麻、柏脂、枣、芝、天门冬、麦门冬、人参、枸杞、禹余粮、朱砂、赤石脂、云母、硝石等。隋唐以前古经《太清经断谷法》就讲述了许多断谷服食法。[2]但老年人，尤其是年老体虚者，并不适合练此术。所以，玄宗之死也与他相信道教养生术不无关联。

　　唐德宗也好金丹服饵术，虽然没有关于他服饵金石的记载，但有大臣在他降诞日敬献长生不老药。吕颂《降诞日进光明砂等状》说："恭惟降诞之辰，实启乾坤之祚。普天称庆，率土同欢……前件光明砂等，金丹上品，著在仙经。愿因不朽之姿，永固长生之寿。"他又在《降诞日进光明砂丹等状》中说："臣伏以上元降圣之时，皇帝出震之日……人竭欢心，愿南山而为寿。前件光明砂丹等，管内所出，服饵所尚。生依仙谷，诚有验于仙方；贡自蛮夷，幸得充于御府。臣藩守有限，不获称庆阙庭。"[3]吕颂，贞元五年至八年（789~792）任黔州刺史。黔州（治今重庆彭水）为黔州观察使治所，通常由刺史兼领观察使。黔州观察使治下诸州多出产炼丹所用的重要矿物朱砂和光明砂，如思州（治今贵州沿河）开元土贡即有朱砂，锦州（治今贵州铜仁）开元土贡有光明砂和水银，溪州（治今湖南龙山）开元土贡有朱砂，元和土贡有朱砂十斤。其中尤以辰州（治今湖南沅陵）出产的光明砂最佳，开元土贡中有水银和光明砂四斤，元和土贡中也有光明砂和药砂。[4]《黄帝九鼎神丹经诀》卷13载："丹砂虽出巴、楚二地，今之有出处，最不及辰州麻阳县者为上，打破亦明，色焰焰然，有精似火星，向日看之，如动摇光明沙。若其体细，重破之，白光昱昱然。又片版粗大如马牙，或如小卷，晃晃昱

1　王明：《抱朴子内篇校释》卷15《杂应》，中华书局，1985，第266页。

2　《太清经断谷法》，载《道藏》第18册，文物出版社、上海书店、天津古籍出版社，1988年影印本，第506页中栏~510页上栏。

3　《全唐文》卷480，中华书局，1983年影印本，第4910页。

4　（唐）李吉甫：《元和郡县图志》卷30《江南道六·黔州观察使》，贺次君点校，中华书局，1983，第741、747、749、752页。

昱，光明晖彻，其质坚秘，白光曜目者，号曰丹砂。红明者上，紫者次，赤浊者下。"[1]朱砂（丹砂）、光明砂、药砂、水银除用作药物外，还常用来烧炼金丹。看来德宗也是一个迷恋道教金丹服饵的帝王。

唐顺宗也是得"风疾"而死的。贞元二十年（804）九月，"太子始得风疾，不能言"，[2]且伴有偏瘫症状。是年，他43岁。太子身居储位26年，德宗奉天罹难时，身为皇太子的李诵，"常身先禁旅，乘城拒战，督励将士，无不奋激"。[3]他可能是因目睹了朝廷政争、藩镇割据、宦官弄权以及父皇之束手无策，内心非常忧愤，这种动荡忧郁的生活损害了他的身体。所以，他还未登大位，即已不幸身染重疾。及至即位以后，虽然想励精图治，却心有余而力不足。最终在位不足一年，即在朝廷内外激烈的政治斗争中，匆匆退位，不久即病逝。

唐宪宗迷恋金丹服饵，也与他的身体状况和不良情绪有关。宪宗早年在他父亲顺宗的主持下，纳勋臣郭子仪的孙女为妃，这显然含有强烈的政治联姻性质，他对这桩婚姻并不满意，因此他在登基以后，一直拒绝册立郭氏为皇后，《通鉴》载："群臣累表请立德妃郭氏为皇后。上以妃门宗强盛，恐正位之后，后宫莫得进，托以岁时禁忌，竟不许。"[4]除了皇后问题，还有太子问题。元和六年（811），皇太子李宁（宪宗长子，后宫纪美人所生）病逝，对宪宗打击很大，皇嗣的选择又令宪宗陷入苦恼。宪宗想立次子沣王恽（后宫妃嫔所生）为太子，但在群臣的坚持下，只好改立他并不满意的第三子遂王宥（即后来的穆宗，改名恒，郭氏所生）。这些不遂心之事，对他的身体健康应该是有损害的，所以在中年以后，他也开始醉心于崇道佞佛，迎佛

---

1 《黄帝九鼎神丹经诀》卷13，载《道藏》第18册，文物出版社、上海书店、天津古籍出版社，1988年影印本，第835页中栏。

2 《资治通鉴》卷236，唐德宗贞元二十年九月条，中华书局，1956，第7606页。

3 《旧唐书》卷14《顺宗纪》，中华书局，1975，第410页。

4 《资治通鉴》卷239，唐宪宗元和八年十月条，中华书局，1956，第7702页。

骨、饵金石，希冀佛祖、神仙保佑他长生不老。这样做的结果却适得其反，最后他也因饵食金丹，变得狂躁，最终被宦官害死。

唐穆宗即位以后，惩办了为宪宗烧炼丹药的方士道徒，但不久后他也重蹈覆辙。《旧唐书·裴潾传》载：

> 宪宗季年锐于服饵，诏天下搜访奇士。宰相皇甫镈与金吾将军李道古挟邪固宠，荐山人柳泌及僧大通、凤翔人田佐元，皆待诏翰林。宪宗服泌药，日增躁渴，流闻于外。潾上疏谏曰："……伏见自去年已来，诸处频荐药术之士，有韦山甫、柳泌等，或更相称引，迄今狂谬，荐送渐多。臣伏以真仙有道之士，皆匿其名姓，无求于代，潜遁山林，灭影云壑，唯恐人见，唯惧人闻。岂肯干谒公卿，自鬻其术？今者所有夸炫药术者，必非知道之士。咸为求利而来，自言飞炼为神，以诱权贵贿赂。大言怪论，惊听惑时，及其假伪败露，曾不耻于逃遁。如此情状，岂可保信其术，亲饵其药哉？……若夫药石者，前圣以之疗疾，盖非常食之物。况金石皆含酷烈热毒之性，加以烧治，动经岁月，既兼烈火之气，必恐难为防制。若乃远征前史，则秦、汉之君，皆信方士，如卢生、徐福、栾大、李少君，其后皆奸伪事发，其药竟无所成……臣愿所有金石，炼药人及所荐之人，皆先服一年，以考其真伪，则自然明验矣……所有药术虚诞之徒，伏乞特赐罢遣，禁其幻惑……"疏奏忤旨，贬为江陵令……宪宗竟以药误不寿，君子以潾为知言。穆宗虽诛柳泌，既而自惑，左右近习，稍稍复进方士。[1]

裴潾应该说是一个对金丹服饵术有清醒认识的士大夫，可惜不但宪宗没有听从他的金玉良言，而且宪宗的继任者穆宗也惑于丹药。时有处士张皋上疏谏曰："先帝信方士妄言，饵药致疾，此陛下所详知

---

1 《旧唐书》卷171《裴潾传》，中华书局，1975，第4446~4449页。

也，岂得复循其覆辙乎！"[1] 穆宗虽然赞赏其言，还下令寻访张皋，予以赏赐，但无果。既然穆宗认同裴潾、张皋之说，为什么他还会惑于方士？论者大多还归因于穆宗贪求长生成仙的欲望。笔者认为穆宗之举也与他患有"风疾"有关。《通鉴》卷242穆宗长庆二年（822）十一月条载：

> 庚辰，上与宦者击毬于禁中，有宦者坠马，上惊，因得风疾，不能履地，自是人不闻上起居。[2]

穆宗之病应是惊风。是年，他才28岁。宦官王守澄曾将懂医术、善炼丹的郑注推荐给他。郑注最初是个游方医，"尝以药术干徐州牙将，牙将悦之，荐于节度使李愬。愬饵其药颇验，遂有宠，署为牙推，浸预军政，妄作威福，军府患之。监军王守澄以众情白愬，请去之。愬曰：'注虽如是，然奇才也，将军试与之语，苟无可取，去之未晚。'乃使注往谒守澄……恨相见之晚……自是又有宠于守澄……及守澄入知枢密，挈注以西，为立居宅，赡给之；遂荐于上，上亦厚遇之"。[3] 李德裕在《文武两朝献替记》中曾说："（大中）八年春暮，上（文宗）对宰相叹天下无名医，便及郑注，精于服食。或欲置于翰林伎术院，或欲令为左神策判官。注自称衣冠，皆不愿此职。"[4] 可见，郑注受到节帅、权宦、穆宗、文宗的宠信，都与他"精于服食"有关。穆宗希望从方士那里讨得灵丹妙药，治他的"风疾"。结果在长庆四年（824）正月，穆宗因服食"金石之药"，病情加重而死。

唐敬宗15岁即位，是个少年天子。他因游幸无度，亲近小人，

---

1 《资治通鉴》卷243，唐穆宗长庆四年正月条，中华书局，1956，第7830页。

2 《资治通鉴》卷242，唐穆宗长庆二年十一月条，中华书局，1956，第7822页。

3 《资治通鉴》卷243，唐穆宗长庆三年四月条，中华书局，1956，第7825~7826页。《旧唐书》卷184《宦官·王守澄传》载："（郑）注尝为李愬煮黄金，服一刀圭，可愈痿弱重胎之疾，复能反老成童。愬与守澄服之，颇效。守澄知枢密，荐引入禁中，穆宗待之亦厚。"

4 《资治通鉴》卷244，唐文宗大和七年十一月条《通鉴考异》引，中华书局，1956，第7893~7894页。

在位不足 3 年，即死于内廷政变。但是就在这短短的 3 年中，他也曾到处搜访异人、求寻仙药，《通鉴》卷 243 载：

> 道士赵归真说上以神仙，僧惟贞、齐贤、正简说上以祷神祠求福，皆出入宫禁，上信用其言。山人杜景先请遍历江、岭，求访异人。有润州人周息元，自言寿数百岁，上遣中使迎之。[1]

《旧唐书·李德裕传》又载：

> 息元至京，帝馆之于山亭，问以道术。自言识张果、叶静能，诏写真待诏李士昉问其形状，图之以进。息元山野常人，本无道学，言事诞妄，不近人情。及昭愍遇盗而殂，文宗放还江左。[2]

敬宗应该完全是出于少年的好奇心，才听信了方士道徒们的煽动而求仙访道的。如果敬宗活得再久一些，估计他也会服食丹药。

关于文宗服丹药之事，几乎为所有的研究者所忽视。唐文宗即位以后，流放了迷惑穆宗、敬宗的方士道徒赵归真等人；又几次谋诛宦官，都没有成功，反而受制于阉竖之手。他是一位忧患意识较强的帝王，不幸的是，年纪轻轻也染上风疾，并一度失语。《通鉴》卷 244 大和七年（833）十二月条载：

> 庚子，上始得风疾，不能言。于是王守澄荐昭义行军司马郑注善医；上征注至京师，饮其药，颇有验，遂有宠。[3]

文宗患"风疾"时，才 26 岁。《通鉴》大和八年继续载："春，正

---

1 《资治通鉴》卷 243，唐敬宗宝历二年六月条，中华书局，1956，第 7851 页。
2 《旧唐书》卷 174《李德裕传》，中华书局，1975，第 4518 页。
3 《资治通鉴》卷 244，唐文宗大和七年十二月条，中华书局，1956，第 7894 页。

月，上疾小瘳；丁巳，御太和殿，见近臣，然神识耗减，不能复故。"[1]
文宗的症状与顺宗颇为相像。他在服用郑注的药后，虽然病情有所减
轻，但还是留下了病根。那么，郑注给文宗治病用的药究竟是什么
呢？也是丹药。《旧唐书·郑注传》记载："注两目不能远视，自言有
金丹之术，可去痿弱重腿之疾。"[2]《新唐书·郑注传》也载：

> 郑注，绛州翼城人。世微贱，以方伎游江湖间。元和末，至
> 襄阳，依节度使李愬。为愬煮黄金饵之，寝亲遇，署衔推……始
> 李愬病痿，注治之有状，守澄神其术，故中人皆昵爱。[3]

由此可见，郑注精通金丹黄白术，善于治疗肌无力重度脚病。他
给李愬服食的就是他烧炼的丹药。大宦官王守澄曾经把郑注推荐给穆
宗，后来文宗又服食他进献的丹药。看来穆宗和文宗所得"风疾"症
状也类似。大和九年（835），"京城讹言郑注为上合金丹，须小儿心
肝，民间惊惧"。[4] 从这次京城"讹言"事件，可见郑注从大和七年到
九年，一直在为文宗合炼丹药。但奇怪的是，文宗吃了郑注的"金
丹"，不但没有像其他帝王一样被毒死，反而病情似乎还有所好转。
其中原因究竟是什么呢？笔者认为和郑注精通医术有关，旧书本传
说："八年九月，注进药方一卷。"[5] 这说明郑注不只是懂金丹黄白术，
而且精通医术，自然对药物的药性了然于胸，也许他配制金丹的方
法不同于一般的方士道徒，大概有毒的药物成分少，无毒的药物成分
多，所以才没有毒死人，反而还医治好不少人的疾病。加之炼制金丹
的某些成分的确对治疗风疾有一定功效，只要配制得当，也不一定会
毒死人。正因为郑注精通医术和合药，所以他得到文宗的信任，成为

1　《资治通鉴》卷245，唐文宗大和八年正月条，中华书局，1956，第7895页。

2　《旧唐书》卷169《郑注传》，中华书局，1975，第4401页。

3　《新唐书》卷179《郑注传》，中华书局，1975，第5315~5316页。

4　《资治通鉴》卷245，唐文宗大和九年五月条，中华书局，1956，第7904页。

5　《旧唐书》卷169《郑注传》，中华书局，1975，第4400页。又《新唐书》卷59《艺文志》也载
　　有"郑注《药方》一卷"。中华书局，1975，第1572页。

唐后期历史上最为酷烈的朝廷政治事件"甘露之变"的主谋。甘露之
变后，郑注等人被杀，文宗完全被宦官所掌控，经常感物伤怀，闷闷
不乐，精神抑郁，对朝政失望之极。《通鉴》卷 245 开成元年（836）
十一月条载：

> 　　上自甘露之变，意忽忽不乐，两军毬鞠之会什减六七，虽
> 宴享音伎杂遝盈庭，未尝解颜；闲居或徘徊眺望，或独语叹
> 息。壬午，上于延英谓宰相曰："朕每与卿等论天下事，则不
> 免愁。"……上曰："朕每读书，耻为凡主。"……甲申，上复谓
> 宰相曰："我与卿等论天下事，有势未得行者，退但饮醇酒求
> 醉耳。"[1]

　　忧愁愤懑的心情极大地损害了文宗本就多病的身体。开成三年
（838）十月，太子李永暴死；次年十月，文宗观童子缘橦，想起死于
非命的太子，"因是感伤，旧疾遂增"。十一月，病情稍微有点好转，
在思政殿召见直学士周墀问对，自比周赧王、汉献帝，说："赧、献受
制于强诸侯，今朕受制于家奴，以此言之，朕殆不如！"因泣下沾襟，
从此不复视朝。转过年来正月，文宗就病死于太和殿。[2]可见，文宗之
死也与"风疾"复发有关。
　　唐武宗特别相信道教神仙之说，美国学者迈克尔·多尔比评价：
"他是一位热诚的道教徒，他的个人信仰带有狂热性。"[3]他还在藩邸时
就喜欢修道炼丹，及至登基以后，立即召还被文宗流放的道士赵归真
等人，并随赵受了道箓，成为一名道籍天子。《旧唐书·武宗纪》载：

> 　　帝在藩时，颇好道术修摄之事。是秋（开成五年），召道士

1　《资治通鉴》卷 245，唐文宗开成元年十一月条，中华书局，1956，第 7927~7928 页。

2　《资治通鉴》卷 246，唐文宗开成三年十月至开成五年正月，中华书局，1956，第 7936~7944 页。

3　参见〔英〕崔瑞德编，中国社会科学院历史研究所西方汉学研究课题组译《剑桥中国隋唐史
　（589~906）》，中国社会科学出版社，1990，第 675 页。

赵归真等八十一人入禁中，于三殿修金箓道场，帝幸三殿，于九天坛亲受道箓。右拾遗王哲上疏，言王业之初，不宜崇信过当，疏奏不省。[1]

武宗对道士们的信任程度到了不听任何人劝阻的地步，会昌元年（841）六月，武宗又"以衡山道士刘玄靖为银青光禄大夫，充崇玄馆学士，赐号广成先生，令与道士赵归真于禁中修法箓。左补阙刘彦谟上疏切谏，贬彦谟为河南府户曹"。[2]武宗尤其宠信道士赵归真，会昌四年三月，"以道士赵归真为左右街道门都教授先生。时帝志学神仙，师归真。归真乘宠，每对，排毁释氏，言非中国之教，蠹耗生灵，尽宜除去，帝颇信之"。[3]结果引发了历史上著名的"会昌灭佛"。关于武宗宠信赵归真，还在朝堂之上引发了一场激烈争论。《旧唐书·武宗纪》载：

> 会昌五年春正月……时道士赵归真特承恩礼，谏官上疏，论之延英。帝谓宰臣曰："谏官论赵归真，此意要卿等知。朕宫中无事，屏去声技，但要此人道话耳。"李德裕对曰："臣不敢言前代得失，只缘归真于敬宗朝出入宫掖，以此人情不愿陛下复亲近之。"帝曰："我尔时已识此道人，不知名归真，只呼赵炼师。在敬宗时亦无甚过。我与之言，涤烦尔。至于军国政事，唯卿等与次对官论，何须问道士。非直一归真，百归真亦不能相惑。"归真自以涉物论，遂举罗浮道士邓元起有长年之术，帝遣中使迎之。由是与衡山道士刘玄靖及归真胶固，排毁释氏，而拆寺之请行焉。[4]

---

1 《旧唐书》卷 18 上《武宗纪》，中华书局，1975，第 585~586 页。
2 《旧唐书》卷 18 上《武宗纪》，中华书局，1975，第 587 页。
3 《旧唐书》卷 18 上《武宗纪》，中华书局，1975，第 600 页。
4 《旧唐书》卷 18 上《武宗纪》，中华书局，1975，第 603 页。

由于武宗对神仙服饵术的痴迷，在他的周围聚集了一批从全国各地征召来的道术之士。唐人康骈《剧谈录》卷下《说方士》载：

> 武宗皇帝好神仙异术，海内道流方士多至辇下。赵归真探赜玄机，善制铅汞，气貌清爽，见者无不竦敬。请于禁中筑望仙台，高百尺，以为鸾骖鹤驭，可指期而降。常云飞炼中须得生银。诏使于乐平采取。……禁中修炼至多，外人罕知其术。复有金陵人许元长、王琼者，善书符幻变，近于役使鬼神。会昌初，召至京国，出入宫闱……元长谢曰："……但千里之间，可一日而至。"上曰："东都常进石榴，时已熟矣，卿今夕当致十颗。"元长奉语而出，及旦，寝殿始开，金盘贮石榴致于御榻。……灵验变通，皆如此类。王琼妙于化物，无所不能。方冬，以药栽培桃杏数株，一夕繁英尽发，芳蕊秾艳，月余方谢。及武皇厌代，归真与琼俱窜逐岭表，唯元长逸去，莫知所在。[1]

日本僧人圆仁在《入唐求法巡礼行记》卷 4 中也记载了道士赵归真为武宗飞炼仙丹的一段逸事：

> 会昌五年岁次乙丑，正月三日，拜南郊……筑仙台欲成就，敕令道士飞炼仙丹。道士长赵归真奏云："有一般仙药，此国全无，但于土蕃国有此药，臣请自向土蕃采此药。"两军中尉不肯，仍奏云："差别人去即得，然赵归真求仙之长，不合自去。"敕依中尉奏，不放去。有敕问求仙用何药，具色目申奏者。道士奏药名目：李子衣十斤、桃毛十斤、生鸡膜十斤、龟毛十斤、兔角十斤等。敕令于市药行觅，尽称无。因此通状被打，烦恼不彻，遂

---

1 （唐）康骈：《剧谈录》卷下《说方士》，萧逸校点，载《唐五代笔记小说大观》，上海古籍出版社，2000，第 1491~1492 页。

于诸处求，亦不可得。[1]

从这段记载来看，赵归真用于合炼仙丹的这些药物稀奇古怪，如果单纯用这些药物合炼，应该不会引起什么大问题，关键是这些东西无处可觅，颇疑为赵归真所杜撰出来的，真正的丹药大多是用矿物炼制出来的。所以最后武宗在这些人的蛊惑之下，在灭佛的同时，还是服食了道士们为他炼制的丹药，结果引起中毒。《通鉴》卷248会昌五年九月条载："上饵方士金丹，性加躁急，喜怒不常。"又载："上自秋冬以来，觉有疾，而道士以为换骨。"[2]换骨，本为道家炼丹术语，《丹房奥论·十二论点化》有"刀圭入口，换骨成仙"语，但其讲的却是"黄白术"。《庚道集》中也有多处讲到"换骨法"，都是黄白法。[4]陈国符先生认为："骨指赤色之硬物（赤铜），赤铜换成白色之硬物药银，所以自赤铜点化成药银称为换骨。"[5]《新唐书·王贤妃传》也载："帝稍惑方士说，欲饵药长年，后寝不豫。才人每谓亲近曰：'陛下日燎丹，言我取不死，肤泽消槁，吾独忧之。'俄而疾侵，才人侍左右，帝熟视曰：'吾气奄奄，情虑耗尽，顾与汝辞。'"[6]直到临终，武宗还对服食丹药深信不疑，可谓悲剧！

唐宣宗被后人称赞为"小太宗"，应该是评价他在唐后期的帝王中还算是有所作为者。最初他对神仙丹药之说的认识也与太宗类似，如他即位以后立即杖杀了毒害武宗的道士赵归真等数人，将罗浮山人轩辕集流放到岭南。但是后来他也开始到处搜访有道之士，司马光将

1 〔日〕圆仁：《入唐求法巡礼行记》卷4，顾承甫、何泉达点校，上海古籍出版社，1986，第181页。

2 《资治通鉴》卷248，唐武宗会昌五年九月条，中华书局，1956，第8020~8021页。

3 （宋）程了一：《丹房奥论·十二论点化》，载《道藏》第19册，文物出版社、上海书店、天津古籍出版社，1988年影印本，第280页上栏。

4 《庚道集》卷4《丹阳换骨法》、卷6《凡阳术·结煅粉霜丹阳换骨法》、卷7《换骨法》，载《道藏》第19册，文物出版社、上海书店、天津古籍出版社，1988年影印本，第459页上栏、472页中栏、482页下栏。

5 陈国符：《中国外丹黄白法考》，上海古籍出版社，1997，第295页。

6 《新唐书》卷77《后妃下·王贤妃传》，中华书局，1975，第3590页。

其归结为"好神仙",《通鉴》卷 249 大中十一年十月条载:"上晚节颇好神仙,遣中使迎道士轩辕集于罗浮山。"[1] 此举受到谏臣们的批评。《旧唐书·宣宗纪》载:

> (大中十一年九月)右补阙陈嘏、左拾遗王谱、右拾遗薛杰上疏谏遣中使往罗浮山迎轩辕先生。诏曰:"朕以万机事繁,躬亲庶务,访闻罗浮山处士轩辕集,善能摄生,年龄亦寿,乃遣使迎之,或冀有少保理也。朕每观前史,见秦皇、汉武为方士所惑,常以之为诫。卿等位当论列,职在谏司,阅示来章,深纳诚意。"仍谓崔慎由曰:"为吾言于谏官,虽少翁、栾大复生,不能相惑。如闻轩辕生高士,欲与之一言耳。"[2]

从宣宗与谏臣的这段对话来看,他似乎对神仙方药还是有较为清醒的认识的,他之所以迎请轩辕集来京也是为了调理保养。不过,轩辕集显然是吸取了武宗时的教训,所以没有以长生之说迷惑宣宗。《通鉴》卷 249 大中十二年正月条载:"轩辕集至长安,上召入禁中,问曰:'长生可学乎?'对曰:'王者屏欲而崇德,则自然受大遐福,何处更求长生!'留数月,坚求还山,乃遣之。"[3] 关于宣宗征召轩辕集及与他的对话,在唐人的两部笔记小说中也有记载,其一为苏鹗《杜阳杂编》卷下曰:

> 罗浮先生轩辕集,年过数百而颜色不老……及上召入内庭,遇之甚厚。每与从容论道,率皆叶于上意。因问曰:"长生之道可致乎?"集曰:"撤声色,去滋味,哀乐如一,德施无偏,自然与天地合德,日月齐明,则致尧舜禹汤之道,而长生久视之术何足

1　《资治通鉴》卷 249,唐宣宗大中十一年十月条,中华书局,1956,第 8056 页。按旧书本纪作"九月"。
2　《旧唐书》卷 18 下《宣宗纪》,中华书局,1975,第 640 页。
3　《资治通鉴》卷 249,唐宣宗大中十二年正月条,中华书局,1956,第 8067~8068 页。

难哉？"又问："先生之道孰愈于张果？"曰："臣不知其他，但少于果耳。"……又问曰："朕得几年天子？"即把笔书曰"四十年"，但"十"字挑脚。上笑曰："朕安敢望四十年乎！"及晏驾，乃十四年也。[1]

苏鹗《杜阳杂编》除了提到以上这些事外，还记载了轩辕集的其他一些传闻，如为人治病、变幻、归山等。关于宣宗问"得几年天子"事，又有不同的说法，见于裴庭裕《东观奏记》卷下记载：

　　　上（宣宗）晚岁酷好仙道。广州监军使吴德鄘离阙日病足，已蹒跚矣。三载，监广师归阙，足疾却平。上诘之，遂具为上说罗浮山人轩辕集医愈。上闻之，甘心焉，驿诏轩辕集赴京师。既至，馆于南亭院外庭，莫之面也。谏官恐害政，屡以为言。上曰："轩辕道人，口不干世事，卿勿以为忧。"留岁余，放归，授朝奉大夫、广州司马。集坚不受。临与上别，上问理天下当得几年，集曰："五十年。"上闻之慰悦。及遇密之岁，春秋五十。[2]

"病足"也是风病的一种。孙思邈在《千金翼方》中记载，治疗足病有两种方法。一是针灸。如"仁寿宫备身患脚，奉敕针环跳、阳陵泉、巨虚下廉、阳辅，即起行"；又如"大理赵卿患风，腰脚不随，不能跪起，针上窌二穴、环跳二穴、阳陵泉二穴、巨虚下廉二穴，即得跪起"。这两例病足治疗用的都是针灸的方法。二是服食。主要服食由硫磺制成的各种丸煎散剂，如硫磺煎、硫磺散、硫磺丸等，都对"脚弱"或"脚中风"有疗效。[3]《杜阳杂编》提到轩辕集经常"采药于

1 （唐）苏鹗：《杜阳杂编》卷下，载（五代）王仁裕等《开元天宝遗事（外七种）》，丁如明等校点，上海古籍出版社，2012，第128~129页。

2 （唐）裴庭裕：《东观奏记》卷下，载《明皇杂录　东观奏记》，田廷柱点校，中华书局，1994，第128页。

3 （唐）孙思邈撰，朱邦贤、陈文国等校注《千金翼方校注》卷17《中风下》，上海古籍出版社，1999，第469~474页。

深谷峻岩"，"有病者，以布巾拭之，无不应手而愈"。[1] 可见他精通医道和养生，所以治愈了吴德鄘的"病足"。至于宣宗问"得几年天子"事，又见于《旧唐书·宣宗纪》说：

> （宣宗）季年风毒，召罗浮山人轩辕集，访以治国治身之要，其伎术诡异之道，未尝措言。集亦有道之士也。十三年春，坚求还山。上曰："先生少留一年，候于罗浮山别创一道馆。"集无留意，上曰："先生舍我亟去，国有灾乎？朕有天下，竟得几年？"集取笔写"四十"字，而十字挑上，乃十四年也。[2]

看来《杜阳杂编》的记载与旧书本纪相同。宣宗迎请轩辕集，据说是医好了宦官吴德鄘的脚病，得到吴举荐的缘故。按照宣宗的说法，他求访异人、服食丹药的动机也是养生治病。轩辕集到京师后，宣宗将他召入宫中，问以长生可致之术，轩辕集只是泛泛地谈论修身养性之道，劝其别求长生，然后就坚决离去。对宣宗问他有天下几年，也是含糊作答。

宣宗从小就身体较弱，患过大病。《旧唐书·宣宗纪》载："帝外晦而内朗，严重寡言，视瞻特异。幼时宫中以为不慧。十余岁时，遇重疾沈缀……乳媪以为心疾。"[3] 宣宗即位以后，希望在政治上有所作为，在惩治了元和逆党的同时，又曾和大臣们秘密商议解决宦官专权的问题。但大臣们因畏于宦官的淫威，大都已习惯于因循苟且；加之南衙北司之争形同水火，唐王朝在政治上愈加黑暗。而年过不惑的宣宗明显感觉到心力交瘁，加上储君问题也令他心烦意乱，所以从大中五年（851）以后，他对服饵养生的兴趣也越来越浓厚。大中九年

---

1 （唐）苏鹗：《杜阳杂编》卷下，载（五代）王仁裕等《开元天宝遗事（外七种）》，丁如明等校点，上海古籍出版社，2012，第128页。
2 《旧唐书》卷18下《宣宗纪》，中华书局，1975，第645页。
3 《旧唐书》卷18下《宣宗纪》，中华书局，1975，第613页。

（855），"上尝苦不能食，召医工梁新诊脉，治之数日，良已"。[1] 以后就医次数明显增多。

大中十二年，韦澳赴任河阳三城节度使。韦澳奉道，宣宗曾向其询问药术。《旧唐书·韦澳传》载："（韦澳）在河阳累年，中使王居方使魏州，令传诏旨谓澳曰：'久别无恙，知卿奉道，得何药术，可具居方口奏。'澳因中使上章陈谢，又曰：'方士殊不可听，金石有毒，切不宜服食。'帝嘉其忠，将召之，而帝厌代。"[2] 韦澳劝宣宗不要轻信方士之言，金丹有毒，不宜服食。但宣宗还是服饵了医官李玄伯、道士虞紫芝、山人王岳所炼制的丹药，致使燥渴不已，疽发于背，终于在大中十三年八月病死。[3]

关于医官李玄伯，唐人裴庭裕在《东观奏记》卷下中还记载了他买进一绝色美女进献给宣宗以邀宠，并献丹药毒死宣宗的一则逸闻：

> 毕诚本估客之子，连升甲乙科……文学优赡，遇事无滞，在翰林，上恩顾特异，许用为相。深为丞相令狐绹所忌……诚思有以结绹，在北门求得绝色，非人世所有，盛饰珠翠，专使献绹。绹一见……返之……乃命邸吏货之。东头医官李玄伯，上所狎昵者，以钱七十万致于家，乃舍之正堂，玄伯夫妻执贱役以事焉。逾月，尽得其欢心矣，乃进于上。上一见惑之，宠冠六宫。玄伯烧伏火丹砂进之，以市恩泽，致上疮疾，皆玄伯之罪也。懿宗即位，玄伯与山人王岳、道士虞紫芝俱弃市。[4]

这则逸闻讲到宣宗先是惑于医官李玄伯进献的绝色美女，又服食了他烧炼的伏火丹砂，引起背疮而死。《东观奏记》卷下还记载："上

1　《资治通鉴》卷249，唐宣宗大中九年十一月条，中华书局，1956，第8058页。

2　《旧唐书》卷158《韦澳传》，中华书局，1975，第4177页。

3　《资治通鉴》卷249，唐宣宗大中十三年六月条，中华书局，1956，第8075~8076页。

4　（唐）裴庭裕：《东观奏记》卷下，载《明皇杂录　东观奏记》，田廷柱点校，中华书局，1994，第130页。

自不豫，宰辅侍臣无对见者。疮甚，令中使往东都太仆卿裴谞宣索药，中使往返五日。复命召医疮方士、院生对于寝殿，院言可疗。既出，不复召矣。大渐。"[1] 裴谞为裴度之子，史籍中基本上没有他的记载。那么宣宗向他宣索的究竟是什么药？《东观奏记》未明说，不得而知，笔者推测应该也是丹药之类的药物，否则哪里用得着千里迢迢来回五日跑到东都去宣索。

由此可见，宣宗最初本来是对长生不死之说没有信心的，他也深知丹药之危害，但他还是迷恋金丹术，服食了丹药，虽然说他有调理养生方面的考虑，但是这种侥幸心理却使他付出了生命的沉重代价。

唐懿宗即位以后，诛杀了给宣宗炼制伏火丹砂的李玄伯、虞紫芝、王岳等人，但他本人似乎并没有真正认识到服饵金丹的危害，不久也命人给他炼制丹药。唐末沈知言的《通玄秘术》是一本记载炼丹服药的道书，其序说："夫人立身之本，以道德修术，固益肌体为先。少年之盛，岂顾后衰……知言卝角之年，栖心于道。昔太和初于雪苔之上，遇道士马自然，示余秘诀，兼玄通如意丸五解之法……采补延生，往往得其一二。洎咸通五年春之淮南，有故友荥阳郑公，示余神丹诸家秘要，皆是济世治疗人间一切诸疾延驻之门，并制伏五金八石，点变造化，辟除寒暑，绝粒休粮。或箭镞入肉取不去者，不限年月深远，点摩丹药，其镞自出，有造化之神功……其于伏火金石灵丹，备在卷中。"该书记载了 27 个炼丹方，其中有一个为"辟暑丹"，就是奉唐懿宗之命合炼的，其制作方法及功效如下：

辟暑丹：雌黄细研水飞、白石脂研细水飞、丹砂光明者研细，曲滩黄泥裹烧，水飞如轻粉，磁石生捣，水飞去赤。右并等

---

1 （唐）裴庭裕：《东观奏记》卷下，载《明皇杂录　东观奏记》，田廷柱点校，中华书局，1994，第 134 页。

分各飞研，更如法同研，令乳入，以炼白松脂为丸，丸如小豆大。空心，以汤下四丸。三两服后，夏月可以衣裘，并无炎气相逼。此术曾奉懿宗皇帝修合，服食有功效。后又与司勋土郎中修合，颇有神验，无能知者。[1]

据称该丹服食后有神效，夏日穿裘衣而不热。看来懿宗也有怕暑畏热的毛病，虽然史书中没有记载懿宗是否也曾患有"风疾"，但从诸帝得"风疾"的一些症状来看，与懿宗的情况颇为相像，由此看来，懿宗服饵丹药也不是没有缘由的。

唐僖宗即位时，年仅 12 岁，是一个名副其实的少年天子。他耽于玩乐，对道教服饵术也表现出浓厚的兴趣，光启元年（885），就在黄巢大军逼近长安前，他仓皇逃往蜀地。在此之前，相传他曾梦见神人教他服食云母粉，可得轻身不死，因饵之。他年纪轻轻，就希冀长生，结果在光启四年（888）才 27 岁时就病死了。

僖宗服食的云母粉，道家向来认为是"神仙药"。葛洪在《抱朴子内篇·仙药》中将云母的功效说得神乎其神：服食云母粉一年，则除百病；服食三年，返老还童；坚持五年，可以役使鬼神，甚至赴汤蹈火、披荆斩棘而不受伤，能令人长生不死，乘云御气而行，与仙人相见。[2]孙思邈在《千金翼方·辟谷》中还专门记载了"服云母方"三首，其中服云母粉法二首、服云母水一首。他说：

云母，味甘平，无毒。主治死肌、中风、寒热，如在船车上，除邪气，安五脏，益子精，明目下气，坚肌续绝，补中，五劳七伤，虚损少气，止痢。久服，轻身延年，强筋脉，填髓满，可以负重，经山不乏，落齿更生，瘢痕消灭，光泽人面，不老，

---

1 （唐）沈知言：《通玄秘术》，载《道藏》第 19 册，文物出版社、上海书店、天津古籍出版社，1988 年影印本，第 356 页下栏 ~361 页中栏。

2 王明：《抱朴子内篇校释》卷 11《仙药》，中华书局，1985，第 203 页。

耐寒暑，志高可至神仙。[1]

因为道士们坚信长期服食云母可以长生成仙，所以他们总结出了许多合炼云母的方剂，如《神仙炼服云母秘诀》中就记载了许多炼服云母方，有"炼云母法凡十方""众仙服云母法二十六方"等。[2]唐代有许多爱好服食云母者，如民间传说中的"八仙"之一何仙姑，也是梦见神人教服食云母粉而成为著名女仙的。

通过以上分析，可以看出唐后期顺宗、穆宗、文宗、宣宗四帝也得有"风疾"，联系唐初三帝也罹患"风疾"的情况，有理由认为这应该不是一些巧合的现象，而是与唐帝室中有此种遗传疾病有关。

经过以上讨论，可以得出以下两点认识。

其一，唐代诸帝迷恋金丹服饵术的一个重要原因是身体健康因素，其中在唐帝室中广为流传的一种疾病"风疾"，可能是唐诸帝迷恋金丹服饵的一个重要诱因。唐诸帝出于调摄保养甚至是治病的想法而轻信丹药，其结果是多中毒而死，教训非常深刻。当然，我们说唐诸帝出于健康长寿、治病调摄方面的原因而迷恋金丹服饵养生术，并不否认有些皇帝有追求长生不死成仙的侥幸心理。换言之，唐诸帝追求服饵金丹的原因是很复杂的，具体到每个皇帝的情况应该具体分析。

其二，唐代为诸帝炼丹者，首先是以宣扬神仙不死理论的道徒方士担当主要角色，其次还有和尚、太医、大臣，甚至从外国来的胡僧；而道士中也有不少人是反对炼丹服药而主张内修的。因此，不可一概而论。不过从整体上来说，唐代主张炼丹服药的主角还是道士。

1　（唐）孙思邈撰，朱邦贤、陈文国等校注《千金翼方校注》卷13《辟谷》，上海古籍出版社，1999，第386~387页。

2　（宋）张君房编《云笈七签》卷75《方药部》引，李永晟点校，中华书局，2003，第1694~1718页。

第二节　唐代社会的求仙学道之风

由于唐代诸帝的尊崇和支持，社会上求仙学道之风蔚然，服饵成为一种社会时尚。唐人李肇在《唐国史补》卷下中就说："长安风俗，自贞元侈于游宴，其后或侈于书法、图画，或侈于博弈，或侈于卜祝，或侈于服食，各有所蔽也。"[1]长安风俗是全国的风向标，引领和带动着全国的流行风尚。当时王侯公卿、妃嫔贵主、中使外戚、节镇藩将、诗人文士、小民百姓中，有很多迷恋炼丹合药、追求长生不死者。甚至有些佛教徒，也有颇好此道者。这些情况都反映出神仙道教的巨大诱惑力。

一　上流社会的服食之风

社会上层的达官显贵们对炼丹服药充满了热情，他们纷纷结交方士道徒，求仙访药，烧炼金丹黄白，以服饵为时尚。

隋末唐初江淮地区的武装首领杜伏威，归唐后官拜太子太保兼行台尚书令，他受道教长生术的影响很大，"伏威好神仙长年术，饵云母被毒，武德七年（624）二月，暴卒"。[2]据说云母本身并无毒性，而杜伏威却因饵云母中毒身亡，可能是与合炼不当或有人在他服食的云母中故意做了手脚有关。

名列凌烟阁二十四功臣之一的尉迟敬德也深受道教神仙之说的影响，"末年笃信仙方，飞炼金石，服食云母粉"。[3]

高宗、武后时人孟诜，进士出身，官至凤阁舍人、春官侍郎、同州刺史等职。孟诜"少好方术"，能够辨识道士烧炼的所谓"药金"，他曾于凤阁侍郎刘祎之家见御敕赐金，谓祎之曰："此药金也。若烧

1　（唐）李肇：《唐国史补》卷下，载《唐国史补　因话录》，上海古籍出版社，1979，第60~61页。

2　《新唐书》卷92《杜伏威传》，中华书局，1975，第3801页。

3　《旧唐书》卷68《尉迟敬德传》，中华书局，1975，第2500页。

火其上，当有五色气。"试之果然。他还拜著名道医孙思邈为师，亲身实践炼丹，后来他退休后，"归伊阳之山第，以药饵为事。选年虽晚暮，志力如壮，尝谓所亲曰：'若能保身养性者，常须善言莫离口，良药莫离手。'"他一直活到 93 岁才去世。他曾著有《食疗本草》（初名《补养方》）《必效方》等养生著作。[1]其中《食疗本草》是现存最早的食疗专著，汇集古代食疗之大成，与现代营养学颇多相通之处。因此，孟诜被后世誉为食疗学鼻祖。

武后时宰相崔元综，"晚年好摄养导引之术，年九十余卒"。[2]所谓摄养导引之术，也是道家的养生术。所谓导引，意为呼吸运动，就是利用吐故纳新和肢体运动相结合的方法，使体内气息和顺、四肢柔韧结实。摄养，即养生、调养。孙思邈特别注意养生服饵，他在《千金翼方》中专门设有"养性"一章，养性即养生，"性"通"生"。他说："神仙之道难致，养性之术易崇。故善摄生者，常须慎于忌讳，勤于服食，则百年之内不惧于夭伤也。"他收罗了 37 个养性服饵方，有各种酥丹丸散方，如茯苓酥、杏仁酥、地黄酒酥、造草酥方、真人服杏子丹、天门冬丸、华佗云母丸、济神丸、镇心丸、五参丸、周白水侯散、饵黄精法、饵术方、菖蒲方、地黄方、杏仁法、齐州长石法、芜菁子主百疾方、彭祖松脂方、王乔轻身方、不老延年方、守中方、茅山仙人服质多罗方、正禅方等；他还提到 17 个养老食疗方，如耆婆汤、紫石英汤、悖散汤、牛乳方、乌麻方、石英乳方、大黄耆丸、彭祖延年柏子仁丸、蜜饵、乌麻脂等。[3]他还著有《摄养论》（又名《摄生论》），收入今本《道藏》。他依据一年十二个月气候变化和人体脏器盛衰，提出了饮食调剂、起居宜忌、防治疾病的养生理论和方法。

1 《旧唐书》卷 191《方伎·孟诜传》，中华书局，1975，第 5101 页。
2 《旧唐书》卷 90《崔元综传》，中华书局，1975，第 2924 页。
3 （唐）孙思邈撰，朱邦贤、陈文国等校注《千金翼方校注》卷 12《养性》，上海古籍出版社，1999，第 351~363 页。孙思邈在《千金要方》中也专列有"养性"一章，所述内容更加丰富，涉及按摩、居处、调气、服食、房中等诸术。

计时按农历月份排列，逐月叙述。[1] 摄养导引之术，也就是将呼吸、运动、意念与服饵相结合的一套道家的养生方术。看来崔元综能活到 90 多岁，与他善于养生有关。

逼武则天退位，迎中宗返政的"五王"之一袁恕己，"素饵黄金"，后为酷吏周利贞所逼，"饮野葛数升，不死，愤懑，抔土以食，爪甲尽，不能绝，乃击杀之"。[2] 饵黄金是道教服饵的一种方法，源于古人迷信黄金"能令人长生不死"之说。早在汉代桓宽《盐铁论·散不足篇》中就记载了方士的说法："仙人食金饮珠，然后寿与天地相保。"[3] 东汉炼丹家魏伯阳在《周易参同契》上篇第十一章中也说："巨胜尚延年，还丹可入口。金性不败朽，故为万物宝。术士伏食之，寿命得长久。"[4] 葛洪在《抱朴子内篇·仙药》中也说："仙药之上者丹砂，次则黄金。"[5] 又在《金丹》篇中说："黄金入火，百炼不消，埋之，毕天不朽"，服食此物，"炼人身体，故能令人不老不死"。[6] 但是未提纯的黄金毒性巨大，服食黄金无异于自杀，为求成仙而服食黄金不但未有成功者，反而暴亡者比比皆是。酷吏周利贞知道袁恕己平时喜欢服饵黄金，所以又逼他喝下有毒的野葛（大概是钩吻，又名断肠草）汁，更加激发了袁恕己体内的毒性，使他受尽了折磨与痛苦，最终杀死了他。

受到玄宗重用，曾帮助玄宗消灭太平公主之党，至有"内宰相"之称的王琚，"好玄象合炼之学"，他曾自嘲："飞丹炼药，谈谐嘲咏，堪与优人比肩。"[7]

到盛唐时期，道教金丹术发展到极盛，炼丹已由昔日在深山野岭秘密地进行，发展到在通都大邑的道观、达官贵人的宅邸，乃至皇宫

1　（唐）孙思邈：《孙真人摄养论》，载《道藏》第 18 册，文物出版社、上海书店、天津古籍出版社，1988 年影印本，第 491~492 页。

2　《新唐书》卷 120《袁恕己传》，中华书局，1975，第 4324 页。

3　（汉）桓宽著，王利器校注《盐铁论校注》卷 6《散不足篇》，天津古籍出版社，1983，第 357 页。

4　任法融：《周易参同契释义》，东方出版社，2009，第 205 页。

5　王明：《抱朴子内篇校释》卷 11《仙药》，中华书局，1985，第 196 页。

6　王明：《抱朴子内篇校释》卷 4《金丹》，中华书局，1985，第 71 页。

7　《旧唐书》卷 106《王琚传》，中华书局，1975，第 3248~3250 页。

禁地公开进行。如大臣萧嵩，"性好服饵，及罢相，于林园植药，合炼自适"。[1]1970 年 10 月，在西安南郊，被认定为唐玄宗的堂兄邠王李守礼的府邸遗址，出土了大批唐代医药文物，有丹砂、钟乳、白石英、紫石英、琥珀等，还有炼丹器、温药器、研药器等医药器具。[2]这些炼丹药物、器具的出土，反映出唐代长安贵族大臣炼丹服药的风气。

在这种风气的影响下，社会上求仙学道者越来越多。唐后期，王公贵族的求仙学道之风更甚，为此而败家殒命者不绝于史。

德宗时，昭义节度使李抱真惑于方士的金丹服饵之术，中毒后身亡。《册府元龟》卷 928《总录部·好丹术》载：

> 李抱真，德宗贞元中为昭义军节度使。晚节好方士，以冀长生。有孙季长者，为抱真炼金丹，绐抱真曰："服之当升仙。"遂署为宾僚。数谓参佐曰："此丹秦皇、汉武皆不能得，唯我遇之，他年朝上清，不复遇公辈矣。"复尝梦驾鹤冲天，寤而刻木鹤，衣道士衣，以习乘之。凡服丹二万丸，腹坚不食，将死，不知人者数日矣。道士牛洞玄以猪肪谷漆下之，殆尽。病少间，季长复曰："垂上仙，何自弃也！"益服三千余丸，顷之卒。[3]

李抱真因相信方士孙季长而服食了他烧炼的金丹二万丸，以致腹部鼓胀到无法进食；道士牛洞玄则用猪肪谷漆为他解毒。猪肪，即猪油，具有滋润肠胃、清燥解毒之功效。孙思邈《千金翼方》"解石及寒食散并下石"方中就有"猪膏汤"，又名解大散方，就是专门用来

1　《旧唐书》卷 99《萧嵩传》，中华书局，1975，第 3095 页。

2　耿鉴庭：《西安南郊唐代窖藏里的医药文物》、陕西省博物馆文管会写作小组：《从西安南郊出土的医药文物看唐代医药的发展》，载《文物》1972 年第 6 期。

3　《册府元龟》卷 928《总录部·好丹术》，中华书局，1960 年影印本，第 10952 页上栏。又见《旧唐书》卷 132《李抱真传》，中华书局，1975，第 3649 页。

消除服食金丹引起的后遗症的。[1]谷漆，疑即炒煳的米，可用来助消化。猪肪谷漆，大概是以猪脂肪与炒煳的米熬制的膏汤，用来润胃滑肠，引起腹泻，排出金丹。宋人文同《闻陈山人定命丹成试以诗乞》曰："水火相交养大还，已闻神汞满炉干。虓肪谷漆寻常得，敢服灵丹二万丸。"[2]就是明证。可惜的是，李抱真在牛洞玄的治疗下稍微有点好转，就又听从了孙季长的蛊惑，服食了三千多丸金丹，终于不治身亡。

宣宗时，江西观察使纥干臮也好炼丹术。唐人范摅《云溪友议》卷下载："纥干尚书臮，苦求龙虎之丹十五余稔，及镇江右，乃大延方术之士，乃作《刘弘传》雕印数千本，以寄中朝及四海精心烧炼之者。"[3]据此可知，唐宣宗大中年间（847~859），唐都长安及全国各地醉心于炼丹术者多达数千人。今本《道藏》收有《雁门公妙解录》，辨金石药及去毒诀，并记述了九霄君以诀授予刘泓的过程。此刘泓即彼刘弘也。雁门公疑即纥干臮，其子纥干濬（志主之父）撰《唐故李氏夫人河南纥干氏墓志并序》云："祖臮，皇河阳节度使，封雁门公，赠吏部尚书。"[4]又唐人赵璘《因话录》卷3也载："开成三年，余忝列第。考官刑部员外郎纥干公。"自注曰："公后自中书舍人，观察江西，又历工部侍郎，节制南海，累赠封雁门公。"[5]宋人邓名世《古今姓氏书辩证》卷37也载："江西观察使纥干臮，望出雁门。"[6]据此推断《雁门公妙解录》应即纥干臮所著。其序曰：

　　余少抱其疾，专意修养，至于金石服饵，亦尝勤求。窃见今时好事者，不顾货财，大修炉火，谓河车立成，变土石为金丹，

1　（唐）孙思邈撰，朱邦贤、陈文国等校注《千金翼方校注》卷22《飞炼·解石及寒食散并下石》，上海古籍出版社，1999，第626页。

2　（宋）文同著，胡问涛、罗琴校注《文同全集编年校注》卷12，巴蜀书社，1999，第385页。

3　（唐）范摅撰，唐雯校笺《云溪友议校笺》卷下《姜门远》，中华书局，2017，第178~179页。

4　周绍良主编《唐代墓志汇编》咸通096，上海古籍出版社，1992，第2453页。

5　（唐）赵璘：《因话录》卷3，载《唐国史补　因话录》，上海古籍出版社，1979，第84页。

6　（宋）邓名世：《古今姓氏书辩证》卷37，王力平点校，江西人民出版社，2006，第582页。

丹砂立化，可壮筋髓。然而往往为药所误，医救莫及，何哉？岂根源不正欤，将师法不明欤，奚终不相副，如此之甚也。余因览道书，偶见九霄君告刘泓丹药要诀，乃论俗徒都未窥至道毫末，而妄自夸炫，诳诱时人，凡所施为，无非自戕之捷径，能无悲乎。真仙之言，定不诬矣。余以怀滞惑方因于是，今故诀其要语，书之座隅，目之曰《妙解录》。冀观览之时，疑挠尽释，虽未达金液保身之卫，当必免毒丹伤命之虞，亦天年之幸也。如有同我斯志者，固愿攻其未悟耳。大中九年乙亥岁五月十八日甲子谨序。[1]

此序提及有关九霄君授予刘泓辨金石药并去毒诀，又见《悬解录》及《玄解录》，内容与《妙解录》雷同。[2]陈国符先生还提到《新唐书·艺文志》"神仙家"类著录有纥干臬序《通解录》一卷，《通志·艺文略》道家外丹著录有唐纥干泉（应作"臬"）序《贤解录》一卷，"按玄贤同属先韵。玄避宋始祖玄朗讳作悬或妙"，所以都应为同一人所著的异名同书。[3]据此可知，纥干臬是因为从小身体虚弱，所以专心修养，精勤于金石服饵术。

由于受道徒方士的诱惑，许多人对服饵养生术深信不疑，因此而中毒殒命者甚多。唐后期牛李党争的首领牛僧孺和李德裕，也都是服饵术的爱好者。

李德裕对道教颇有好感，迷信服饵术。五代后蜀何光远在《鉴诫录》中就说："李德裕相公惟好玄门，往往冠褐，修彭祖房中之术，求茅君点化之功，沙汰缁徒，超升术士。"[4]唐人李冗《独异志》也记载：

---

1 《雁门公妙解录序》，载《道藏》第19册，文物出版社、上海书店、天津古籍出版社，1988年影印本，第365页下栏。

2 《悬解录》，载《道藏》第19册，文物出版社、上海书店、天津古籍出版社，1988年影印本，第315页下栏~318页中栏。《玄解录》，载（宋）张君房编《云笈七签》卷64《金丹诀》，李永晟点校，中华书局，2003，第1418~1425页。

3 陈国符：《中国外丹黄白法考》，上海古籍出版社，1997，第402页。

4 （五代）何光远撰，邓星亮等校注《鉴诫录校注》卷2《耽释道》，巴蜀书社，2011，第61~62页。

"武宗朝，宰相李德裕奢侈极。每食一杯羹，其费约三万。杂宝贝、珠玉、雄黄、朱砂，煎汁为之。过三煎，则弃其滓于沟中。"[1]雄黄、朱砂都是道士炼丹的常用药物，李德裕日常食羹，用雄黄、朱砂煎汁制成，故时人认为他的饮食极为奢侈。另《历代真仙体道通鉴》卷44《李终南》记载："（李德裕）好饵雄（黄）、朱（砂），有道士自云李终南，住罗浮山，曰：'相公可服丹砂丸大，但促寿耳。'怀中出小玉象子，如拳许大，曰：'要求勾漏莹者，致象鼻下，象服其砂，复吐出，方可饵。此乃太阳之精凝结，已三万年。今以奉借，忠孝是念，无致其咎。'又出金象，曰：'此是雌者，与玉为偶。'赞皇一一验之无差，服之颜色愈少，须鬓如漆。"[2]李德裕曾作《忆药苗》诗云："溪上药苗齐，丰茸正堪掇。皆能扶我寿，岂止坚肌骨。味掩商山芝，英逾首阳蕨。岂如甘谷士，只得香泉啜。"[3]这是李德裕在东都洛阳平泉山庄闲居时所作，山庄种有可供服饵的草本药物。可见他不但相信道教的服饵术，而且躬自实践。李德裕之所以相信道教的服饵术，并且长期坚持服食，与他自小体质就弱，及长又患有重病有关。他曾在《让官表》中自述："臣始自孩童，常多疾病，逮于壮岁，犹甚虚羸。属廉问江南，荏苒八岁；移镇巴蜀，首尾三年。暑湿所侵，遂成沉痼。患风毒脚气十五余年，服药过虚，又得渴疾。每日自午以后，瞑眩失常，形骸仅存，心气俱竭，惟恐晚归私第，殪尽道途。"[4]据此，则可知他确实患有重疾"风毒脚气"。《唐语林》卷7也载："李卫公在珠崖郡……怅然如失，返步心痛，是夜卒。"[5]由此可知，李德裕所患大概是心脑血

1 （唐）李冗：《独异志》卷下，萧逸校点，载《唐五代笔记小说大观》，上海古籍出版社，2000，第947页。

2 （元）赵道一：《历代真仙体道通鉴》卷44《李终南》，载《道藏》第5册，文物出版社、上海书店、天津古籍出版社，1988年影印本，第353页。

3 （唐）李德裕著，傅璇琮、周建国校笺《李德裕文集校笺》别集卷10，河北教育出版社，2000，第591页。

4 （唐）李德裕著，傅璇琮、周建国校笺《李德裕文集校笺》卷18，河北教育出版社，2000，第352页。

5 （宋）王谠撰，周勋初校证《唐语林校证》卷7，中华书局，1987，第619页。

管疾病（疑为高血压兼心脏病）。[1]从李德裕所服食的雄黄、朱砂等药物成分来看，的确也都有治疗心脑血管疾病的功效，如雄黄对惊痫等症有疗效，朱砂对惊风、心悸、眩晕、失眠多梦等症有疗效，含有朱砂成分的循络丹主治风痹气滞、血脉凝涩、行步艰难等症，而含有雄黄和朱砂的八风散则主治八风十二痹，对猥退病，半身不遂、目眩失神、恍惚妄言等症皆有一定疗效。[2]但这些药物皆不宜过量服食和久服，不可火煅水飞，否则见水易析出水银，产生慢性中毒症状，多表现为燥渴之疾，如宪宗、武宗、宣宗等诸帝，都是因服食过量而致狂躁成疾的。看来李德裕于会昌三年（843）时，已经出现服食药物之后的副作用。李德裕对道士的炼丹术并不怀疑。他曾著有《黄冶论》谓炼丹之士必有精理，应可成就；又有《方士论》谓方士并非都欺诈，真方士乃习静者为之，隐身岩穴，不求闻达，岂敢妄入朝市，自炫其术，面欺明主。[3]正是基于这样的认识，他和许多道士酬唱往来，保持了较为真挚的友谊，如孙炼师、松阳子、清远道士、无名道者等，都与他有过往来。[4]他还跟随茅山孙炼师（茅山宗第16代宗师孙智清）受道法，自称"玉清玄都大洞三道弟子"。[5]可见李德裕耽于服饵也就在情理之中了。[6]

牛僧孺虽然对神仙飞升之事持保留态度，但他也喜好服饵术。白居易在《酬思黯戏赠》诗中说："钟乳三千两，金钗十二行。妒他心似火，欺我鬓如霜。慰老资歌笑，销愁仰酒浆。眼看狂不得，狂得且须

1　傅璇琮先生认为，李德裕所患疾病"疑为糖尿病兼高血压"。见氏著《李德裕年谱》，齐鲁书社，1984，第466页。

2　参阅《中医大辞典》（中药分册），人民卫生出版社，1982，第143、263、360~361、395页。

3　（唐）李德裕著，傅璇琮、周建国校笺《李德裕文集校笺》外集卷3，河北教育出版社，2000，第684页。

4　在李德裕的诗作中，有许多与道士往来的，如与孙炼师，《寄茅山孙炼师》《遥伤茅山孙尊师三首》《尊师是桃源黄先生传法弟子，常见尊师灵迹今重赋此诗兼寄题黄先生旧馆》；与松阳子，《怀山居邀松阳子同作》《思归赤松村呈松阳子》《思在山居日偶成此邀松阳子同作》；与清远道士，《追和太师颜公同清远道士游虎丘寺》；与无名道者，《山居遇雪喜遇者相访》。

5　（唐）李德裕著，傅璇琮、周建国校笺《李德裕文集校笺》别集卷7《三圣记》，河北教育出版社，2000，第544页。

6　参阅拙作《李德裕与道教》，《文史知识》2000年第1期。

狂。"白居易自注曰："思黯自夸前后服钟乳三千两，甚得力，而歌舞之伎颇多。来诗戏予羸老，故戏答之。"[1]牛僧孺，字思黯，文宗开成初为东都留守，耽于女乐与服饵。他还和毛仙翁称兄道弟，作有《别志》一文说："僧孺见仙翁兄，深仰其为真人也……双眸炅然，红肤若花，迅骇无羁，竦步飘飘然……至于煮炼金石，妙至先觉，若指手掌，不为能事……太和三年秋九月，偶拜兄于夏口，眷予尘俗，授之元记，又约僧孺为道弟。所讶真步超遥，白云无系，要他日为拜会之资。僧孺抽毫以叙离恨，题文曰《别志》，且用契异时之语焉。"[2]由此可见，他和毛仙翁有着很深的交情，以至于分别时会产生别恨离愁，并撰文以记其事。毛仙翁是唐后期著名的"活神仙"，杜光庭《毛仙翁传》载："毛仙翁者，名干，字鸿渐。得久视之道，不知其甲子，常如三十许人。其韶容稚姿，雪肌元发，若处子焉。周游湖岭间，常以丹石攻疾，阴功救物，受其锡者，不可胜纪。"当时的许多王公大臣慕名与他交往，如裴度、令狐楚、李程、李宗闵、李绅、杨嗣复、杨於陵、王起、元稹、白居易、崔郾、郑浣、李益、张仲方、沈传师、崔元略、刘禹锡、柳公绰、韩愈、李翱等，"或师以奉之，或兄以事之，皆以师为上清品人也。或美其登仙出世，或纪其孺质婴姿，或异其藏往知来，或叙其液金水玉，霞绮交烂，组绣相宣，盖玄史之盛事也"。[3]由此可见，在当时的文人士大夫之中，求仙慕道之风甚盛。

唐末淮南节度使高骈，是痴迷于道教神仙方术和丹药服饵术的典型。他曾作有《和王昭符进士赠洞庭赵先生》诗曰：

为爱君山景最灵，角冠秋礼一坛星。药将鸡犬云间试，琴许鱼龙月下听。自要乘风随羽客，谁同种玉验仙经。烟霞淡泊无人

1 （唐）白居易著，朱金城笺校《白居易集笺校》卷34，上海古籍出版社，1988，第2327页。
2 《全唐文》卷682，中华书局，1983年影印本，第6975页下栏~6976页上栏。
3 （唐）杜光庭：《毛仙翁传》，载罗争鸣辑校《杜光庭记传十种辑校》，中华书局，2013，附录，第936~940页。

到，唯有渔翁过洞庭。[1]

该诗约作于唐僖宗乾符五年（878），高骈时任荆南节度使，诗中表现出作者强烈的学仙愿望。后来，高骈调任淮南节度使，当他听说同僚加官晋爵时，又感叹地写下《闻河中王铎加都统》诗曰：

炼汞烧铅四十年，至今犹在药炉前。不知子晋缘何事，只学吹箫便得仙。[2]

作者在该诗中就他所熟悉的修仙炼丹生活发出感慨，自己炼丹 40 年，却一无所成，而传说中的神仙王子晋却只学吹箫便成仙，以此羡慕和嘲讽王铎的升迁。他还写有一首《步虚词》，流露出对得道成仙的向往，诗云：

青溪道士人不识，上天下地鹤一只。洞门深锁碧窗寒，滴露研朱点《周易》。[3]

"青溪道士"是古代隐居修道者的形象。语出晋郭璞《游仙诗》之二："青溪千余仞，中有一道士。"又说"青溪道士"是指精于《易》的战国纵横家鬼谷子。中唐隐居修道炼丹者施肩吾《同张炼师溪行》诗即有"青溪道士紫霞巾"句。唐代著名道士孟安排也自称"青溪道士"。

正是由于他深信神仙方术，所以他周围聚集了一批道徒方士，在这些人的蛊惑之下，他整天沉溺于求仙学道，炼丹服药，以致引发了一场"广陵妖乱"危机，最终落了个身败名裂、死无葬身之地的下场。《资治通鉴》卷 254 僖宗中和二年（882）载：

1 《全唐诗》卷 598，中华书局，1960，第 6920 页。
2 《全唐诗》卷 598，中华书局，1960，第 6920 页。
3 《全唐诗》卷 598，中华书局，1960，第 6920 页。

初，高骈好神仙，有方士吕用之坐妖党亡命归骈，骈厚待之，补以军职……用之又引其党张守一、诸葛殷共蛊惑骈。守一本沧、景村民，以术干骈……骈宠待埒于用之。殷始自鄱阳来，用之先言于骈曰："玉皇以公职事繁重，辍左右尊神一人佐公为理，公善遇之；欲其久留，亦可縻以人间重职。"明日，殷谒见，诡辩风生，骈以为神，补盐铁剧职……有萧胜者，赂用之……函一铜匕首以献，用之见，稽首曰："此北帝所佩，得之则百里之内五兵不犯。"骈乃饰以珠玉，常置坐隅。用之自谓磻溪真君，谓守一乃赤松子，殷乃葛将军，胜乃秦穆公之婿也。用之又刻青石为奇字云："玉皇授白云先生高骈。"密令左右置道院香案。骈得之，惊喜。用之曰："玉皇以公焚修有功者，将补真官，计鸾鹤不日当降此际。用之等谪限亦满，必得陪幢节，同归上清耳！"是后，骈于道院庭中刻木鹤，时着羽服跨之，是夕斋醮，炼金烧丹，费以万计……用之又言神仙好楼居，说骈作迎仙楼，费十五万缗，又作延和阁，高八丈。用之每对骈呵叱风雨，仰揖空际，云有神仙过云表。骈辄随而拜之。……用之犹虑人泄其奸谋，乃言于骈曰："神仙不难致，但恨学者不能绝俗累，故不肯降耳！"骈乃悉去宾客，谢绝人事，宾客、将吏皆不得见……由是用之得专行威福，无所忌惮，境内不复知有骈矣。[1]

高骈重用吕用之等人，任其胡作非为，激起部下的不满。由于大将毕师铎的爱妾为吕用之所夺，于是他联络张神剑等人反攻扬州，这时吕用之还拿胡话来欺骗高骈，说什么"公幸勿忧。苟不听，徒劳玄女一符耳"。结果当然是痴人说梦，最后城被攻破，高骈被囚在道院，后来被杀；而蛊惑高骈的吕用之、张守一等人却出奔杨行密，又欺骗杨行密说其居所有金，"行密入城，掘其家地下，得铜人长三尺余，身被桎梏，钉其心，刻'高骈'二字于胸，盖以魅道厌胜蛊

---

1 《资治通鉴》卷 254，唐僖宗中和二年条，中华书局，1956，第 8264~8268 页。

惑其心，以至族灭"。[1]后来，吕用之等人也被杨行密所杀。这场始于高骈宠信神仙道术之士的灾难，使得繁华的扬州城在军阀的混战中毁于一旦。

另外，还有卢龙节度使刘仁恭、成德节度使王镕也是道教金丹服饵术的追捧者。刘仁恭是唐末割据幽州的藩镇卢龙节度使，曾摇摆于河东李克用与宣武朱温两大集团之间，因相信方士（道士）王若讷，随其学长生术，而被自己的儿子刘守光夺位自立。《新唐书·藩镇卢龙·刘仁恭传》载：

> 是时，中原方多故，仁恭得倚燕强且远，无所惮，意自满。从方士王若讷学长年，筑馆大安山，掠子女充之……子守光烝嬖妾，事觉，仁恭谪之。李思安来攻，屯石子河。仁恭居大安山，城中无备。守光引兵出战，思安去，因回攻大安，虏仁恭，囚别室，杀左右婢媵，遂有卢龙。[2]

刘仁恭宠信的这个方士王若讷，也是个炼丹术士。《旧五代史·刘守光传》中又称其为道士：

> 是时，天子播迁，中原多故，仁恭啸傲蓟门，志意盈满，师道士王若讷，祈长生羽化之道。幽州西有名山曰大安山，仁恭乃于其上盛饰馆宇，僭拟宫掖，聚室女艳妇，穷极侈丽。又招聚缁黄，合仙丹，讲求法要。……仁恭有嬖妾曰罗氏，美姿色，其子守光烝之，事泄，仁恭怒，笞守光，谪而不齿。（天祐）四年四月，汴将李思安以急兵攻幽州，营于石子河，仁恭在大安山，城中无备，守光自外帅兵来援，登城拒守。汴军既退，守光乃自为幽州节度，令其部将李小喜、元行钦将兵攻大安山。仁恭遣兵拒

1　《旧唐书》卷182《高骈传》，中华书局，1975，第4712~4714页。

2　《新唐书》卷212《藩镇卢龙·刘仁恭传》，中华书局，1975，第5987页。

战，为小喜所败，乃掳仁恭归幽州，囚于别室。[1]

大安山位于今京西，风景秀美，自古为兵家必争之地，刘仁恭在此修建行宫，常流连于此，求仙学道，以致遭其子废黜软禁，最后为河东军擒俘身死。

藩镇卢龙（幽州）虽然覆灭，但是受到刘仁恭宠信的道士王若讷，却又得到另一个藩镇成德节度使王镕的信任。王镕在唐昭宗时赐号"敦睦保定久大功臣"，官居太师、中书令，封赵王。[2]《新唐书·藩镇镇冀·王镕传》载："（镕）以房山有西王母祠，数游览，妄求长年事，逾月不还。"[3]房山，又称铁山、西山、天台山、王母山，位于今河北平山，汉武帝在其上立王母祠。《旧五代史·王镕传》也详细记载了王镕求仙学道以致家败身亡的情况：

> 镕宴安既久，惑于左道，专求长生之要，常聚缁黄，合炼仙丹，或讲说佛经，亲受符箓。西山多佛寺，又有王母观，镕增置馆宇，雕饰土木。道士王若讷者，诱镕登山临水，访求仙迹，每一出，数月方归，百姓劳弊。王母观石路既峻，不通舆马，每登行，命仆妾数十人维锦绣牵持而上。……天祐八年冬十二月，镕自西山回……是夜，亲事军十余人，自子城西门逾垣而入，镕方焚香受箓，军士二人突入，断其首，袖之而出，遂焚其府第，烟焰亘天，兵士大乱。镕姬妾数百，皆赴水投火而死。……遂尽杀王氏之族。镕于昭宗朝赐号"敦睦保定久大功臣"，位至成德军节度使、守太师、中书令、赵王，梁祖加尚书令。初，镕之遇害，不获其尸，及庄宗攻下镇州，镕之旧人于所焚府第灰间方得

---

1 《旧五代史》卷135《刘守光传》，中华书局，1976，第1802页。

2 《旧唐书》卷142《王镕传》，中华书局，1975，第3892页。另《旧五代史》卷54《王镕传》载："镕于昭宗朝赐号'敦睦保定久大功臣'。"中华书局，1976，第730页。

3 《新唐书》卷211《藩镇镇冀·王镕传》，中华书局，1975，第5965页。

镕之残骸。庄宗命幕客致祭，葬于王氏故茔。[1]

王镕因求长生，合炼仙丹，信用奸邪而激起兵变，最后落得个死无全尸的下场。这个道士王若讷能诱使两位威震一方的节度使做长生成仙之梦，并由此导致了他们家破身亡，可见神仙道教一直到唐末在当时社会上还具有很大的影响。

二　辞官入道现象

在神仙道教大流行的背景之下，唐代还出现了大量辞官入道的现象。如著名文士贺知章，曾官至礼部侍郎、集贤院学士、秘书监，自号"四明狂客"。"天宝初，病，梦游帝居，数日寤，乃请为道士，还乡里，诏许之，以宅为千秋观而居。又求周宫湖数顷为放生池，有诏赐镜湖剡川一曲。既行，帝赐诗，皇太子百官饯送。擢其子曾子为会稽郡司马，赐绯鱼，使侍养，幼子亦听为道士。卒，年八十六。"[2]肃宗以侍读之旧，于乾元元年（758）十一月下诏赠礼部尚书，称赞他说："故越州千秋观道士贺知章，器识夷淡，襟怀和雅，神清志逸，学富才雄……故飞名仙省，侍讲龙楼，常静默以养闲，因谈谐而讽谏。以暮齿辞禄，再见款诚……允叶初志，脱落朝衣，驾青牛而不还，狎白衣而长往。"[3]

仵达灵真人，也是一位辞官入道者，其真实姓名已不可知。《还丹肘后诀》卷下《唐仵达灵真人记》称作于"乾符乙未岁（875）"，为唐僖宗乾符二年。其文曰："余自知命之年，从銮舆西幸。当天宝丁亥（747）十一月，遇青城丈人，授以真元丹诀，旨意百不能晓。属驻跸行在，掌命颇烦。及肃宗至德丁酉岁（757），衔命禋于嵩岳，复

1　《旧五代史》卷 54《王镕传》，中华书局，1976，第 729~730 页。

2　《新唐书》卷 196《隐逸·贺知章传》，中华书局，1975，第 5607 页。《旧唐书》卷 190 中《文苑中·贺知章传》作"天宝三载（744）"，中华书局，1975，第 5043 页。

3　《旧唐书》卷 190 中《文苑中·贺知章传》，中华书局，1975，第 5043 页。

遇丈人，始授神水黄芽之要。洎毕，请告回觐宸宸，乞骸归田。会南曹郎张公去非，左史程公太虚，皆以故庐，共制神室……余自得饵灵丹……自念宦身功行虽勤，及得返童复元，比张、程二公相去十二载，意方通神。今天子蒙尘，奸臣窃位，余西迈。"[1] 由此可见，仵达灵真人和文中提到的张去非、程太虚都是辞官入道者。张去非，生卒年及生平事迹不详，孟浩然曾作有《岘山送张去非游巴东》诗曰："岘山南郭外，送别每登临。沙岸江村近，松门山寺深。一言予有赠，三峡尔将寻。祖席宜城酒，征途云梦林。蹉跎游子意，眷恋故人心。去矣勿淹滞，巴东猿夜吟。"[2] 程太虚，生卒年亦不详，唐末杜光庭在《仙传拾遗》中有其传，称："程太虚者，果州西充人。潜心高静，居南岷山，绝粒坐忘。一夕迅风拔木，雷电大雨，庭前坎堀之地，水犹沸涌。以杖搅之，得碧玉印两纽，用之颇验。每岁远近祈求，或受符箓者诣其门，以印印箓，则受者愈加丰盛。所得财利，拯贫救乏，无不称叹。"[3] 又杜光庭在《墉城集仙录》中记载唐代著名女仙谢自然修道事迹时，提到她曾师从程太虚："贞元三年三月，于开元观诣绝粒道士程太虚，受五千文紫灵宝箓。六年四月，刺史韩佾至郡……佾即使女自明师事焉……七年九月，韩佾舆于大方山，置坛，请程太虚具三洞箓。"[4] 韩佾女韩自明亦曾师从程太虚，《唐故内玉晨观上清大洞三景法师赐紫大德（韩自明）仙官铭并序》载："仙师姓韩氏，讳自明……父佾，果州刺史。仙师……栖心于神仙学……乃于严君理所，得同志女谢自然于民间而友之。时梁有上士程太虚者，神明而久寿，惕先谴而初不传法，后因山行得玉印，文曰：'三天之印。'不习口师，与谢友诣门求度。程君曰：'印之来哉，有为耶？'遂设坛授之以三洞符

1　《还丹肘后诀》卷下《唐仵达灵真人记》，载《道藏》第 19 册，文物出版社、上海书店、天津古籍出版社，1988 年影印本，第 184 页上栏～中栏。

2　（唐）孟浩然著，佟培基笺注《孟浩然诗集笺注》卷中，上海古籍出版社，2013，第 252 页。

3　（唐）杜光庭：《仙传拾遗》卷 4《程太虚》，载罗争鸣辑校《杜光庭记传十种辑校》，中华书局，2013，第 862~863 页。

4　（唐）杜光庭：《墉城集仙录》卷 10《谢自然》，载罗争鸣辑校《杜光庭记传十种辑校》，中华书局，2013，第 726~727 页。

箓。"[1] 由此可见，程太虚应是中唐时著名道士。仵达灵真人与张去非、程太虚都曾在盛唐时同朝为官，约在肃宗时辞官入道。

到唐后期，弃官入道者更多。比较著名者如蔡南玉，又名如金，曾任金部员外郎，后弃官入道，隐居泉州紫极宫精思院，辟谷御气，以方技济人，后又炼丹于清源山。南宋时，累受加封为"封冲、善利、灵济、昭博真人"。《新唐书·艺文志》载："《蔡尊师传》一卷。"自注曰："名南玉，字叔宝，宋祠部尚书廓七世孙，历金部员外郎，弃官入道。大历中卒。"[2]

阎宷，曾任吉州（今江西吉安）刺史。德宗贞元七年（791）四月，上表请为道士，从之，赐名"遗荣"。[3] 诗人戎昱还写有两首《送吉州阎使君入道》诗，其一曰：

> 闻道桃源去，尘心忽自悲。余当从宦日，君是弃官时。金汞封仙骨，灵津咽玉池。受传三箓备，起坐五云随。洞里花常发，人间鬓易衰。他年会相访，莫作烂柯棋。

其二曰：

> 庐陵太守近骧官，霞帔初朝五帝坛。风过鬼神延受箓，夜深龙虎卫烧丹。冰容入镜纤埃静，玉液添瓶漱齿寒。莫遣桃花迷客路，千山万水访君难。[4]

诗人运用了"桃源""金汞""灵津""三箓""五云""烂柯棋""霞帔""五帝""受箓""烧丹""冰容""玉液"等具有道教意象的词语，来形容阎宷的入道生活，透露出作者对炼丹修道者的向往。

1　周绍良、赵超主编《唐代墓志汇编续集》大和 033，上海古籍出版社，2001，第 906 页。

2　《新唐书》卷 59《艺文志三》，中华书局，1975，第 1513 页。

3　《唐会要》卷 50《杂记》，上海古籍出版社，1991，第 1031 页。

4　（唐）戎昱著，臧维熙注《戎昱诗注》，上海古籍出版社，1982，第 28~29 页。

另外，戎昱还有《送王明府入道》诗曰：

> 何事陶彭泽，明时又挂冠。为耽泉石趣，不惮薜萝寒。轻雪
> 笼纱帽，孤猿傍醮坛。悬悬老松下，金灶夜烧丹。[1]

王明府，具体人名不详，应是一位县令，弃官入道，隐居山中，炼丹修道。诗人以陶渊明挂冠归隐典故，比喻王明府弃官入道之事。

中唐时著名诗人戴叔伦、顾况和顾非熊父子、蒋曙、萧俛等，都是辞官入道者。《唐摭言》卷8《入道》载：戴叔伦，德宗贞元年间，官至容管经略使，罢官后上表请为道士；萧俛自右仆射上表请为道士；蒋曙，僖宗中和初自起居郎，以弟兄因乱相离，遂屏迹丘园，因应天令节表请入道；顾况全家隐居茅山，竟莫知所止，其子非熊及第归庆，既莫知况宁否，亦隐于旧山，或闻有所遇长生之秘术也。[2]

唐末诗人方干《叙龙瑞观胜异寄于尊师》诗有"若弃荣名便居此，自然清浊不相关"句，自注曰："尊师前年三十，从评事，弃官入道。"[3]于尊师刚到而立之年，就官至大理评事，应该说前途不可限量，但他却选择了弃官入道。

唐彦谦《赠窦尊师》诗云："我爱窦高士，弃官仍在家。为嫌句漏令，兼不要丹砂。"[4]窦尊师也是弃官入道者。诗人运用了东晋道士葛洪为炼丹求句（又作"勾"）漏令之典，杜甫《为农》诗也有"远惭句漏令，不得问丹砂"句。

韩偓《送人弃官入道》诗曰："仙李浓阴润，皇枝密叶敷。俊才轻折桂，捷径取纤朱。断绁三清路，扬鞭五达衢。侧身期破的，缩手待

---

1 （唐）戎昱著，臧维熙注《戎昱诗注》，上海古籍出版社，1982，第34页。
2 （五代）王定保撰，陶绍清校证《唐摭言校证》卷8《入道》，中华书局，2021，第350~353页。
3 王扬真：《方干诗歌校注（玄英先生诗集）》，硕士学位论文，广西民族大学，2016，第196页。
4 《全唐诗》卷672，中华书局，1960，第7682页。

呼卢。社稷俄如缀，雄豪讵守株。忸怩非壮志，摆脱是良图。尘土留
难住，缨绥弃若无。冥心归大道，回首笑吾徒。酒律应难忘，诗魔未
肯徂。他年如拔宅，为我指清都。"[1]诗作反映的也是一位文士弃官入道
的情形。

　　秦系的《题石室山王宁所居》诗曰："白云知所好，柏叶幸加餐。
石镜妻将照，仙书我借看。鸟来翻药碗，猿饮怕鱼竿。借问檐前树，
何枝曾挂冠。"[2]诗题下自注曰"罢官学道"。

　　以上事例，都反映了当时的文人士大夫群体崇尚神仙道术之风。
有人统计，见诸记载的唐代崇道诗人多达 64 位，还有的诗人本身就
是道士。[3]由于文人士大夫群体往往是一个时代社会风气的引领者，所
以他们的喜好和品味往往直接影响到当时的社会风气。

三 僧人修道事迹

　　在这种社会风气的影响下，甚至佛教徒也有颇好此道者。如许浑
《闻释子栖玄欲奉道因寄》诗曰："欲求真诀恋禅扃，羽帔方袍尽有情。
仙骨本微灵鹤远，法心潜动毒龙惊。三山未有偷桃计，四海初传问菊
名。今日劝师师莫惑，长生难学证无生。"[4]这种情况在唐代并不是孤
例，这也反映出神仙道教的巨大诱惑力。

　　唐末道士杜光庭在《神仙感遇传》和《仙传拾遗》中还记载了几
则僧人修道成仙的事例。

　　越僧怀一，居云门寺。懿宗咸通年间，忽遇一道流携其游山中
"奇境"。但见此山，"花木繁茂，水石幽胜。或连峰概天，长松夹道；
或琼楼蔽日，层城倚空。所见之异，不可殚述"。道流对怀一说："此
有仙桃，千岁一实，可以疗饥。"以一桃授之，大如二升器，奇香珍

---

1 《全唐诗》卷 680，中华书局，1960，第 7797 页。

2 《全唐诗》卷 260，中华书局，1960，第 2897 页。

3 黄世中：《唐诗与道教》，漓江出版社，1996，第 76~81 页。

4 《全唐诗》卷 533，中华书局，1960，第 6089 页。

味，非世所有。吃完复行，或凌波不濡，或腾虚不碍，或矫身云末，或振袂空中，或仰视日月、下窥星汉。就这样过了一年才返回旧居，从此怀一不再饮食，周游人间。因入道，遍访仙人，更寻灵胜，一去不返。[1]

僧人悟玄，虽然也是位佛教徒，但他却潜心求道。自三江五岭，黔、楚名山，无不游历。每遇洞府，必定会到访。访经峨眉山，遇一老叟，问他所到之处，悟玄详细叙述了他寻访名山灵洞之事。经老叟指点，从此志栖名山，誓求度世，复入峨眉，不知所之。[2]

僧人契虚，为姑臧李姓之子，其父开元中为御史。契虚从小就好佛法，20岁时，在长安出家当了和尚。安史之乱京师被攻陷时，契虚逃入太白山，采柏叶而食，从此绝粒。一日，遇道士乔君，对他说："师神骨甚孤秀，后当遨游仙都稚川。"后来，契虚在商山道中遇一樵夫，带他游览了仙都稚川，见到仙人稚川真君、杨外郎、乙支润等。从此以后，契虚"因庐于太白山，绝粒吸气"。德宗贞元年间，移居华山脚下，后遁去，不知所终。[3]

僧人玄照，修道于嵩山白鹊谷，"操行精悫，冠于缁流"。曾祈请化为三位老叟的神龙，行云布雨，又求隐居少室山的孙思邈为神龙脱罪。[4]

寒山，一般认为是唐代著名诗僧，但杜光庭在《仙传拾遗》中却将他列为道教神仙，作"寒山子"。代宗大历年间，寒山隐居在天台翠屏山，"好为诗，每得一篇一句，辄题于树间石上。有好事者，随而录之，凡三百余首……桐柏征君徐灵府序而集之，分为三卷，行于人

---

1 （唐）杜光庭：《神仙感遇传》卷5《越僧怀一》，载罗争鸣辑校《杜光庭记传十种辑校》，中华书局，2013，第487页。

2 （唐）杜光庭：《神仙感遇传》卷5《僧悟玄》，载罗争鸣辑校《杜光庭记传十种辑校》，中华书局，2013，第495~496页。

3 （唐）杜光庭：《神仙感遇传》卷5《僧契虚》，载罗争鸣辑校《杜光庭记传十种辑校》，中华书局，2013，第504~506页。又见（唐）张读《宣室志》卷1《游仙都稚川》，中华书局，1983，第12~14页。

4 （唐）杜光庭：《神仙感遇传》卷6《释玄照》，载罗争鸣辑校《杜光庭记传十种辑校》，中华书局，2013，第531~533页。

间。十余年，忽不复见"。咸通十二年（871），毗陵道士李褐曾遇见
寒山子，听其训诫曰："修生之道，除嗜去欲，啬神抱和，所以无累
也。内抑其心，外检其身，所以无过也。先人后己，知柔守谦，所以
安身也。善推于人，不善归诸身，所以积德也。功不在大，立之无怠；
过不在大，去而不贰，所以积功也。然后内行充而外丹至，可以冀道
于仿佛耳。"[1] 据此可知，寒山子也应是一位得道成仙者。

　　僧人修炼成仙之道，表面上看起来与佛教信仰相悖，实际上也
有契合之处。其实在印度佛教中也有修炼长生术之一派，如龙树菩萨
就是一位著名的精通长生术者，玄奘在《大唐西域记》卷 10 中就说：
"龙猛菩萨善闲药术，餐饵养生，寿年数百，志貌不衰。"[2] 龙猛（梵文
Nagarjuna），即龙树，印度大乘佛教中观学派的创始人，活动时间约
在公元 2 世纪末至 3 世纪初。传说他擅长医术，能长生不老，其门徒
号"龙树宗"，以长生为其要术。志磐《佛祖统纪》卷 30 也载："师
（玄奘）至天竺，遇龙树宗，欲从其学，其徒令服药求长生，方可穷
研宗旨。师自念：'本欲求经，恐仙术不就，有负宿愿。'遂学法相于
戒贤，传唯识宗。"[3] 又据义净《南海寄归内法传》记载有龙树长年术之
一的"朝嚼齿木"法曰：

> 每日旦朝，须嚼齿木……其木条以苦涩辛辣者为佳，嚼头成
> 絮者为最。粗胡叶根，极为精也。坚齿口香，消食去癊。用之半
> 月，口气顿除；牙疼齿愈，三旬即愈。要须熟嚼净揩，令涎癊流
> 出，多水净漱，斯其法也。次后若能鼻中饮水一抄，此是龙树长
> 年之术。必其鼻中不惯，口饮亦佳。久而用之，便少疾病。[4]

1　（唐）杜光庭：《仙传拾遗》卷 3《寒山子》，载罗争鸣辑校《杜光庭记传十种辑校》，中华书局，
　　2013，第 833~834 页。

2　（唐）玄奘、辩机原著，季羡林等校注《大唐西域记校注》卷 10《憍萨罗国·龙猛自刎故事》，
　　中华书局，2000，第 827 页。

3　（宋）志磐撰，释道法校注《佛祖统纪校注》卷 30《诸宗立教志·慈恩宗教》，上海古籍出版社，
　　2012，第 660 页。

4　（唐）义净著，王邦维校注《南海寄归内法传校注》卷 1，中华书局，1995，第 44~45 页。

隋唐时期译出的印度医书，常有托名龙树者。在来华的印度长生师中，就有龙树的传人。如高宗派往南海昆仑真腊诸国"采取异药"的印度僧人那提（梵名"布如乌伐邪"，梵文 Punyopaya，唐曰"福生"），"乃龙树之门人"。[1] 太宗、高宗、武则天时期来华的印度梵僧中，还有很多通晓长生术及炼丹术者，如为太宗合炼长生药的那罗迩娑婆，为高宗炼金丹的卢伽阿逸多等。[2] 由此可见僧人修炼的长生术与道教所宣扬的神仙长生术之间也颇有相通之处。

四　文士服食与"风疾"

唐代的求仙学道者，大多数是出于对道教的金丹服饵术和长生不老说的信仰，同时也有一些人是出于治病长寿的愿望，其中尤其是中古时期的一种多发疾病"风疾"的肆虐，成为许多人追求服饵的重要原因之一。

太宗时太子右庶子高季辅"以风疾废于家"。后因上疏陈得失，特赐钟乳一剂，谓曰："卿进药石之言，故以药石相报。"[3]

初唐四杰之一的王勃，在《游山庙序》中自称"常学仙经，博涉道记"。[4]

卢照邻，也患有"风疾"。《旧唐书·文苑·卢照邻传》载："（照邻）因染风疾去官，处太白山中，以服饵为事。后疾转笃，徙居阳翟之具茨山，著《释疾文》《五悲》等诵，颇有骚人之风，甚为文士所重。照邻既沉痼挛废，不堪其苦，尝与亲属执别，遂自投颍水而死，

---

1 （唐）道宣：《续高僧传》卷 4《梵僧那提传》，郭绍林点校，中华书局，2014，第 136~137 页。

2 参阅拙作《印度长生术与长生药的东传》，载拙著《从"天下"到"世界"：汉唐时期的中国与世界》，中国社会科学出版社，2015，第 283~315 页。又参阅拙作《唐高宗、武则天与印度长生师》，载王双怀等主编《一代明君武则天》，中国文史出版社，2018，第 86~109 页。

3 《旧唐书》卷 78《高季辅传》，中华书局，1975，第 2703 页。

4 （唐）王勃著，（清）蒋清翊注《王子安集注》卷 7，汪贤度校点，上海古籍出版社，1995，第 206 页。

时年四十。"[1] 他曾师事著名道医孙思邈，希望能求得良药治疗己病。《旧唐书·方伎·孙思邈传》载："当时知名之士宋令文、孟诜、卢照邻等，执师资之礼以事焉。思邈尝从幸九成宫，照邻留在其宅。时庭前有病梨树，照邻为之赋，其序曰：'癸酉之岁，余卧疾长安光德坊之官舍……时有孙思邈处士居之。邈道合古今，学殚数术……其推步甲乙，度量乾坤，则洛下闳、安期先生之俦也。'照邻有恶疾，医所不能愈，乃问思邈。"[2] 卢照邻曾服用方士炼制的一种"玄明膏"，他在《与洛阳名流朝士乞药直书》中说：

> 幽忧子学道于东龙门山精舍，布衣藜羹，坚卧于一岩之曲。客有过而哀之者，青囊中出金花子丹方相遗之，服之病愈。视其方，丹砂二斤。谷楮子则山中可有，丹砂则渺然难致。昔在关西太白山下，一隐士多玄明膏，中有丹砂八两。予时居贫，不得好上砂，但取马牙颜色微光净者充用。自尔丁府君忧，每一恸哭，涕泗中皆药气流出，三四年羸卧苦嗽，几至于不免。复偶于他方中见一说，云丹砂之不精者，服之令人多嗽。访知一处有此物甚佳，而必须钱二千文，则三十二两当取六十四千也。空山卧疾，家业先贫，老母年尊，兄弟禄薄。若待家办，则委骨于巉岩之峰矣。意者欲以开岁五月谷子黄时，试合此药……若诸君子家有好妙砂，能以见及，最为第一；无者各乞一二两药直，是庶几也。[3]

卢照邻，自号幽忧子。先用芒硝与甘草等药合好，置入砂罐，煅去水分而成的药粉叫玄明粉；再加入朱砂、硼砂、蕤仁、乌贼鱼骨以及少许香料（麝香等），制成玄明散；最后以油脂调和成膏，叫玄明膏。此药可以消肿镇痛，驱热去积。但是炼制这样的药物，花费巨

---

1 《旧唐书》卷190上《文苑·卢照邻传》，中华书局，1975，第5000页。

2 《旧唐书》卷191《方伎·孙思邈传》，中华书局，1975，第5095页。

3 （唐）卢照邻著，祝尚书笺注《卢照邻集笺注》卷7，上海古籍出版社，2011，第397页。

大，非一般家庭所能承受。诗人在《寄裴舍人诸公遗衣药直书》中
说："余家咸亨中良贱百口，自丁家难，私门弟妹凋丧，七八年间，
货用都尽。余不幸遇斯疾，母兄哀怜，破产以供医药。属岁谷不登，
家道屡困。兄弟薄游近县，创巨未平，虽每分多见忧，然亦莫能取
给。"所以诗人在发出求助书后，得到一些"名流朝士"朋友的关心
与帮助，太子舍人裴瑾之、太子舍人韦方贤（质）、左史范履冰、水
部员外郎独孤思庄、少府丞舍人内供奉阎知微、符玺郎乔侃，"并有
书问余疾，兼致束帛之礼，以供东山衣药之费……海内相识，亦时
致汤药，恩亦多矣！"[1] 但由于此膏中含有芒硝、丹砂、硼砂等矿物
成分，有毒性，故诗人在服食后，出现了中毒反应。《新唐书·文
艺上·卢照邻传》载："（照邻）病去官，居太白山，得方士玄明膏
饵之。会父丧，号呕，丹辄出，由是疾益甚。客东龙门山，布衣藜
羹，裴瑾之、韦方质、范履冰等时时供衣药。疾甚，足挛，一手又
废，乃去具茨山下，买园数十亩，疏颍水周舍，复豫为墓，偃卧其
中……著《五悲文》以自明。病既久，与亲属诀，自沉颍水。"[2] 诗人
因罹患"风疾"而服饵方士提供的玄明膏，以致呕吐不止，吐出来
的尽是服食的丹药，结果导致病情加重，最后实在疼痛难忍，投水
自尽。

白居易晚年追求服饵，也与他得"风疾"有一定的关系。他在
《病中诗十五首》序中说："开成己未岁（839），余蒲柳之年六十有八。
冬十月甲寅旦，始得风痹之疾，体瘝目眩，左足不支。"其在《初病
风》诗中描述自己的症状为："肘痹宜生柳，头旋剧转蓬。"在《枕上
作》诗中写道："风疾侵凌临老头，血凝筋滞不调柔。……腹空先进松
花酒，膝冷重装桂布裘。"《病中五绝》诗曰："目昏思寝即安眠，足软
妨行便坐禅。"《就暖偶酌戏诸诗酒旧侣》诗中说："低屏软褥卧藤床，
舁向前轩就日阳。一足任他为外物，三杯自要沃中肠。头风若见诗应

---

1 （唐）卢照邻著，祝尚书笺注《卢照邻集笺注》卷7，上海古籍出版社，2011，第400页。
2 《新唐书》卷201《文艺上·卢照邻传》，中华书局，1975，第5742页。又见（元）辛文房著，
　王大安校订《唐才子传》卷1《卢照邻传》，黑龙江人民出版社，1986，第7~8页。

愈，齿折仍夸笑不妨。细酌徐吟犹得在，旧游未必便相忘。"诗人在68 岁时，得风痹之疾，头昏、目眩、肘痹、足弱，属于典型的"风疾"症状。[1] 他在《对镜偶吟赠张道士抱元》诗中说："闲来对镜自思量，年貌衰残分所当。白发万茎何所怪，丹砂一粒不曾尝。眼昏久被书料理，肺渴多因酒损伤。今日逢师虽已晚，枕中治老有何方。"[2] 面对年老体衰，诗人自称一粒丹药也没有服食过，他感叹与张抱元道士相见恨晚，希望其能开出"枕中治老"仙方。其实诗人很早就开始留意服饵养生，他早年曾烧炼丹药，已见前论述，他晚年还服食云母散，作有《早服云母散》诗曰："晓服云英漱井华，寥然身若在烟霞。药销日晏三匙饭，酒渴春深一碗茶。"[3] 意思是每日清晨就着井华水服食三勺云母粉，感觉自己好像身在仙境一般。

风疾的确是一种令人生畏的"恶疾"，《旧唐书·职官志二》吏部郎中条载："风疾、使酒，皆不得入仕。"[4] 患风疾能影响一个人的前程，难怪唐代有许多人因此而宦途蹭蹬。因此，许多人想方设法寻求各种治疗"风疾"的灵丹妙药。但是，唐人在治疗"风疾"的过程中，往往因为救治不当，误信道徒方士的鼓吹，服食金丹，结果酿成人财两空的悲剧。

---

1 （唐）白居易著，朱金城笺校《白居易集笺校》卷 35，上海古籍出版社，1988，第 2386~2395 页。
2 （唐）白居易著，朱金城笺校《白居易集笺校》卷 35，上海古籍出版社，1988，第 2405 页。
3 （唐）白居易著，朱金城笺校《白居易集笺校》卷 31，上海古籍出版社，1988，第 2161 页。
4 《旧唐书》卷 43《职官志二》，中华书局，1975，第 1820 页。

第二章 性别视野下的道教
与唐代妇女

    道教作为一种宗教，虽然被形塑为神圣、超自然的，但它与性别的认知也有很大的关系。由于女性在传统社会家庭结构中的重要地位，她们的信仰最终会影响和传导到子女及其他家庭成员。在中古社会里，妇女是道教信仰的重要群体。早在道教初创时期，就有妇女修道，有的女性还在道派的创立和发展过程中起过关键作用。如五斗米道教主张鲁之母，就对早期道教的传播与扩张厥功至伟，《三国志·蜀书·刘焉传》载："张鲁母始以鬼道，又以少容，常往来焉家，故焉遣鲁为督义司马。"[1]有的女道士还成为一些道派的宗师和首领，如晋代南岳夫人魏华存就成为道教上清派的开创者，在道

---

1 《三国志》卷31《蜀书·刘焉传》，中华书局，1982，第867页。

教发展史上产生了重大影响。唐末道士杜光庭撰《墉城集仙录》，是一部专门辑录女仙事迹的著作。《太平广记》还专门列有"女仙"类，共 15 卷，记载了近 90 位女仙的事迹。这两部著作中记载的女仙，大部分是唐代妇女，这也反映了唐代女性道教信仰蔚然成风，成为中古时期一个非常突出的社会文化现象。

第一节　唐代公主入道现象

在研究唐代妇女的道教信仰问题时，入道公主是一个颇为引人注目的特殊群体。学界对唐代公主入道现象曾有许多论述，笔者在前贤研究基础之上，对此问题做进一步深入探讨。

一　入道公主及其相关问题考察

学者们就公主入道的人数、动机及社会影响等问题进行了许多考证与论述。揆诸史籍与墓志，在有唐一代的 200 多位公主中，有明确记载的入道者至少有 18 人，除太平公主还俗嫁人外，还有 17 人（见表 2-1）。

表 2-1　唐代入道公主

公主	父皇	入道原因	入道时间	入道年龄	婚姻状况	出处及补正
太平	高宗	为外祖母荣国夫人追冥福	咸亨元年	约5岁	永隆中，嫁薛绍。绍死，于垂拱中，嫁武攸暨	《新唐书·诸帝公主传》按：仪凤四年，为拒吐蕃请婚，筑太平观，如方士薰戒
金仙	睿宗	为天皇、太后祈福	神龙二年	18岁	未婚	《新唐书·诸帝公主传》徐峤《大唐故金仙长公主志石之铭并序》载："公主讳无上道。"无上道应为法号

续表

公主	父皇	入道原因	入道时间	入道年龄	婚姻状况	出处及补正
玉真	睿宗	为天皇、太后祈福	景云二年	约17岁	嫁张某（或为情人）	《新唐书·诸帝公主传》蔡玮《玉真公主受道灵坛祥应记》载："公主法号无上真，字玄玄。"《旧唐书·玄宗纪》载：天宝三载十一月，赐名（号）持盈。《唐故九华观书□师藏形记》载："大鸿胪卿讳偶，即玉真长公主之次子也。"
永穆	玄宗	丧偶入道	天宝七载	约41岁	嫁王繇	《唐会要》卷50载：华封观，平康坊。公主出家，舍宅置观
万安	玄宗	为祖父睿宗祈福	开元四年	幼年	未婚	《资治通鉴》卷221开元四年载："六月，癸亥，上皇崩于百福殿。己巳，以上女万安公主为女官，欲以追福。"《唐会要》卷6载："天宝七载，皇女道士万安公主出就金仙观安置。"
唐昌	玄宗	丈夫被杀入道	开元二十六年	24岁	嫁薛锈	马赒《唐昌公主墓志》：开元中，出降驸马都尉河东薛公。早岁孀居，矢死靡他；慕长生之术，深探道要。愿舍平阳之第，爰从列仙之所。恩制许焉，以开元二十六年遂入道门。至德元年十二月二十一日，终于崇化里，春秋四十有四。按：公主驸马为薛锈，因受太子李瑛事件牵连，被贬死。公主在长安安业坊有宅，舍建为唐昌观，以公主得名

续表

公主	父皇	入道原因	入道时间	入道年龄	婚姻状况	出处及补正
新昌	玄宗	丧偶入道	天宝六载	约33岁	嫁萧衡	《唐会要》卷50：新昌观，崇业坊。驸马亡，奏请度为女冠，遂立此观
咸宜	玄宗	丧偶入道	宝应元年	约40岁	先嫁杨洄，后改嫁崔嵩	《唐会要》卷50：咸宜（宜）观，亲仁坊。公主入道，与太真观换名
楚国	玄宗	丧偶入道	兴元元年	约45岁	嫁吴澄江	《新唐书·诸帝公主传》：请为女冠，赐名上善
华阳	代宗	因病出家	大历七年	约11岁	未婚	《新唐书·诸帝公主传》：公主号琼华真人
文安	德宗	不详	不详	不详	未婚	《新唐书·诸帝公主传》：薨大和时
浔阳	顺宗	不详	大和三年	约29岁	未婚	《新唐书·诸帝公主传》
平恩	顺宗	不详	大和三年	约24岁	未婚	《新唐书·诸帝公主传》：早薨
邵阳	顺宗	不详	大和三年	约24岁	未婚	《新唐书·诸帝公主传》：早薨
永嘉	宪宗	不详	不详	不详	未婚	《新唐书·诸帝公主传》
永安	宪宗	婚姻不顺	大和年间	约23岁	未婚	《新唐书·诸帝公主传》：长庆初，嫁回鹘保义可汗，会可汗死，未成行
义昌	穆宗	不详	不详	不详	不详	《新唐书·诸帝公主传》：薨咸通时
安康	穆宗	不详	不详	不详	不详	《新唐书·诸帝公主传》：乾符四年，以主在外颇扰人，诏与永兴、天长、宁国、兴唐四主还南内

注：焦杰在《唐代女性与宗教》（陕西人民教育出版社，2016）第257页，列出17位入道公主表，笔者经过重新搜检史料，共检出18位入道公主，并对其出处及相关问题重新进行了补正。

在这18位入道公主中，仅《新唐书·诸帝公主传》就提到14位，另外《唐会要》也提到3位，还有1位见诸墓志。关于这些公主的入道情况，今人论述甚多，兹不赘述，仅就个别问题略呈管见。

关于太平公主的入道时间及原因。《新唐书·诸帝公主传》载："太平公主，则天皇后所生，后爱之倾诸女。荣国夫人死，后丐主为道士，以幸冥福。仪凤中，吐蕃请主下嫁，后不欲弃之夷，乃真筑宫，如方士薰戒，以拒和亲事。"[1] 荣国夫人杨氏死于咸亨元年（670），公主时年约5岁，为了给外祖母祈福，遵母亲武则天命，成为女道士。当时还将颁政坊原杨士达宅改建为太平观。但由于年幼，公主实际上并没有出家，而是一直生活在宫中，"太平"应是其道号。拒和亲事应该发生在仪凤四年（679，该年六月改元为调露元年），《旧唐书·高宗纪下》载："冬十月……癸亥，吐蕃文成公主遣其大臣论塞调傍来告丧，请和亲，不许。"[2] 为了拒绝吐蕃和亲，武则天又在大业坊将原宋王李守礼宅改建为新的太平观，而将颁政坊原来的太平观改名为太清观（后来又改为魏国观、大崇福观，最后玄宗因为母亲祈福改为昭成观），太平公主也才真正出家做了道士，直到还俗嫁人。所以，太平公主入道的真正原因先是为外祖母祈福，后又为拒吐蕃和亲。

关于玉真公主的婚姻问题。玉真公主究竟有没有嫁人，史书中没有明确记载，只是在新、旧唐书《张果传》中载，开元二十一年（733），唐玄宗欲将玉真公主嫁给仙人张果，遭到拒绝。以后公主的婚事再无下文。[3] 时年公主约40岁。不过，在张冏撰《唐故九华观书□师藏形记》中载："叔母谯郡□氏，即睿宗真皇帝之外孙、蔡国长公主之季女。……以总发之年，爱归我族大鸿胪卿讳偘，即玉真长公主

1　《新唐书》卷83《诸帝公主传》，中华书局，1975，第3650页。

2　《旧唐书》卷5《高宗纪下》，中华书局，1975，第105页。又宋敏求《长安志》卷7则作仪凤二年（677），其文曰：大业坊，"东南隅，太平女冠观"。注曰："本宋王元礼宅。仪凤二年，吐蕃入寇，求太平公主和亲，不许。乃立此观，公主出家为女冠。初以颁政坊宅为太平观，寻徙于此，公主居之。其颁政坊观改为太清观。公主后降薛绍，不复入观。"收入《长安志·长安志图》，辛德勇、郎洁点校，三秦出版社，2013，第267页。关于太平观，《唐会要》卷50《观》（上海古籍出版社，1991，第1019页）亦有记载，但未说吐蕃请婚年。今从《旧唐书·高宗纪》，吐蕃请婚应在仪凤四年（调露元年）。

3　《旧唐书》卷191《方伎·张果传》载："玄宗好神仙，而欲果尚公主，果固未知之，谓秘书少监王迥质、太常少卿萧华曰：'谚云娶妇得公主，真可畏也。'迥质与华相顾，未晓其言。即有中使至，宣曰：'玉真公主早岁好道，欲降先生。'果大笑，竟不奉诏。"中华书局，1975，第5106~5107页。又见《新唐书》卷204《方技·张果传》，中华书局，1975，第5810页。

之次子也。"[1]据此可知，玉真公主至少有两个儿子，姓张。那么公主究竟是嫁过人，还是只有过情人呢？目前尚无法确定，但从其次子张倜的年龄来推断，则应是在其出家后出生的。

关于唐昌公主出家为女冠事，《新唐书》及《唐会要》皆失载。2008 年出土的《唐昌公主墓志铭》载：

> 故唐昌公主，圣皇之季女，皇帝之归妹。桃李其质，冰雪其容，德实柔嘉，性惟明达。早习《诗》《礼》，躬学组纵……开元中，出降驸马都尉河东薛公……早岁嫦居，高行弥茂。蓬首其质，柏舟以誓。哀未亡之称，矢死靡他；慕长生之术，宩探道要。愿舍平阳之弟（第），爰从列仙之所。恩制许焉，以开元廿六年遂入道门。每留心结构，精意丹雘，购求名工，彰施绘事。高殿云郁，千拱霞舒。必散沁园之资，独建殊庭之胜。况支离其道，沆瀣为生。采三秀以还年，炼九丹以轻举。厌从人世，将诣玄都。岂鸾鹤于云霄，收衣冠之泉壤。至德元年十二月廿一日，终于崇化里，春秋卌四。[2]

据此可知，公主先嫁河东著姓薛锈。开元二十五年（737），驸马因受太子李瑛事件牵连，被贬死。公主时年 24 岁，因与驸马伉俪情深，誓死不愿再适，于是在次年舍宅入道。公主在长安安业坊有宅第，《长安志》卷 9 载："安业坊……横街之北，鄎国公主宅。"自注曰："睿宗女，降郑孝义。沅按：公主初嫁薛儆，又嫁孝义。"[3]薛锈即鄎国公主和薛儆之长子。《薛儆墓志》载："驸马都尉，河东薛公焉。君讳儆……驸马都尉瓘之侄，驸马都尉绍之弟，淄川郡王之外孙，睿宗皇

1　周绍良、赵超主编《唐代墓志汇编续集》永贞 001，上海古籍出版社，2001，第 795 页。

2　张全民：《〈唐昌公主墓志铭〉考释》，载荣新江主编《唐研究》第 20 卷，北京大学出版社，2014，第 265~280 页。

3　（宋）宋敏求：《长安志》卷 9，收入《长安志 · 长安志图》，辛德勇、郎洁点校，三秦出版社，2013，第 313~314 页。

帝之子婿。……尚荆山县主……县主封郧国长公主，君拜驸马都尉、殿中少监……开元八年十二月七日，春秋卅二，薨于安业里。"[1]可见安业坊（里）应为薛家集中居住地。唐昌观位于郧国公主宅南，即因唐昌公主舍宅而得名。观中有唐昌公主亲手种植的玉蕊花，相传玉蕊院还曾有仙女降临的著名传说，引得当时的文人骚客纷纷赋诗。唐人康骈《剧谈录》卷下记载：

> 上都安业坊唐昌观旧有玉蕊花。其花每发，若瑶林琼树。元和中，春物方盛，车马寻玩者相继。忽一日，有女子年可十七八，衣绿绣衣，乘马，峨髻双鬟，无簪珥之饰，容色婉约，迥出于众。从以二女冠、三小仆，仆者皆卉头黄衫，端丽无比。既下马，以白角扇障面，直造花所，异香芬馥，闻于数十步之外。观者以为出自宫掖，莫敢逼而视之。伫立良久，令小仆取花数枝而出。将乘马回，谓黄冠者曰："曩者玉峰之约，自此可以行矣。"时观者如堵，咸觉烟霏鹤唳，景物辉焕。举辔百余步，有轻风拥尘，随之而去。须臾尘灭，望之已在半空天，方悟神仙之游。余香不散者经月余日。时严给事休复、元相国、刘宾客、白醉吟，俱有《闻玉蕊院真人降诗》。[2]

除了给事中严休复及大诗人元载、刘禹锡、白居易写有酬唱唐昌观玉蕊院仙人降临的诗作外，还有张籍、王建、杨凝、武元衡、杨巨源等皆作有吟咏唐昌观玉蕊花诗作。司空曙《唐昌公主院看花》诗曰："遗殿空长闭，乘鸾自不回。至今荒草上，寥落旧花开。"[3]唐昌公主院，应即唐昌观。《全唐诗》至今还留有20多首咏唐昌观玉蕊花的诗作。

1　张庆捷、张童心：《唐代薛儆墓志考释》，《文物季刊》1997 年第 3 期，第 69~73 页。参见山西省考古研究所编著《唐代薛儆墓发掘报告》，科学出版社，2000，第 66~73 页。

2　（唐）康骈：《剧谈录》卷下《玉蕊院真人降》，萧逸校点，载《唐五代笔记小说大观》，上海古籍出版社，2000，第 1483~1484 页。

3　（唐）司空曙著，文航生校注《司空曙诗集校注》，人民文学出版社，2011，第 158 页。

二 唐代公主舍宅为观现象

唐代屡见有公主舍宅入道事，如永穆公主、唐昌公主姐妹俩皆有这种情况。此外，还有一些舍宅为观的公主。

新都公主，为唐中宗长女，嫁武则天的侄孙武延晖。睿宗景云元年（710），公主子武仙官出家为道士，公主舍长安宅建福唐观。《唐会要》卷 50 载："福唐观，崇业坊。本新都公主宅，景云元年，公主子武仙官出家为道士，立为观。"公主在延福坊还有一座宅第，舍为新都寺，后寺废为郏王府，天宝二年玄宗改立为玉芝观。[1] 从公主子武仙官入道、公主舍宅为道观的情况来推测，公主可能也入道了。

长宁公主，为唐中宗第 4 女，韦皇后所生，生于 682 年前后。[2] 先嫁驸马杨慎交，开元十二年（724），杨慎交病死，[3] 再嫁苏彦伯。韦皇后败后，公主将东西两京的宅第皆舍为道观。西京为景龙观，《唐会要》卷 50 载："景龙观，崇仁坊。本申国公高士廉宅，西北方金吾卫。神龙元年，并为长宁公主宅。韦庶人败后，遂立为观，仍以中宗年号为名。"又东都道德坊有都玄观，也是长宁公主宅，"景云元年，置道士观。开元五年，金仙公主居之，改为女冠观。十年七月，改为都玄观"。[4] 公主在东都的

---

1 《唐会要》卷 50《观》，上海古籍出版社，1991，第 1020、1027 页。

2 （唐）武平一撰，陶敏辑校《景龙文馆记》卷 2《景龙三年（709）十一月五日中宗诞辰、长宁公主满月侍宴应制》载："五日，中宗诞辰，长宁公主满月，李峤诗'神龙见像日，仙凤养雏年'是也。"郑愔有同题名诗。中华书局，2015，第 84~85 页。又南宋计有功《唐诗纪事》卷 9 作"十一月十五日"，见王仲镛校笺本，中华书局，2007，第 263 页。按：中宗诞辰应在十一月五日，《景龙文馆记》甚是。然而关于长宁公主满月事则有误，因为公主与韦后共生有懿德太子李重润、长宁公主、永寿公主、永泰公主、安乐公主五个子女，已知李重润生于 682 年正月，永泰公主生于 684 年（据《永泰公主墓志铭》），安乐公主生于 685 年，则长宁公主应生于 682 年底，永寿公主约生于 683 年。

3 《新唐书》卷 83《诸帝公主·长宁公主传》载："开元十六年，慎交死，主更嫁苏彦伯。"中华书局，1975，第 3653 页。然张九龄《故特进赠兖州都督驸马都尉观国杨公墓志铭》载："开元十二年（四月）癸卯，遘疾薨绛郡之官舍，春秋五十。"载熊飞校注《张九龄集校注》卷 19，中华书局，2008，第 959~960 页。

4 《唐会要》卷 50《观》，上海古籍出版社，1991，第 1020、1025 页。

府邸是将作大匠杨务廉负责修建的，极为奢华。杨务廉死后，公主因坐赃数十万，被禁锢终身。公主后夫苏彦伯，卒于天宝四载（745）。公主时年约64岁。由于公主被禁锢终身，可能此后就以信道而度过余生。值得一提的是，长宁公主与杨慎交所生之子杨洄，娶唐玄宗女咸宜公主，肃宗上元二年（761），杨洄因受嗣岐王李珍谋反事牵连被杀，咸宜公主又嫁博陵崔氏子崔嵩，崔嵩去世后，咸宜公主也出家入道。如此说来，婆媳俩可能都是因晚年婚姻不顺夫死而入道。

蔡国公主，为唐睿宗的女儿。《唐会要》卷6载：睿宗有11个女儿，公主为第7女，先嫁王守一，再嫁裴巽。[1] 王守一出身于中古著姓太原王氏，其妹为唐玄宗王皇后，开元十二年（724）因结交旁门左道帮助王皇后求子，被武惠妃诬告，贬死于道。裴巽，字令直，出身于河东著姓裴氏，先娶中宗女宜城公主，后再娶蔡国公主，开元十四年（726）病死。[2] 开元二十八年（740），公主将自己位于长安通义坊的宅邸舍建为九华观。[3] 然而在《新唐书·诸帝公主传》中却记载，睿宗第7女为"薛国公主，始封清阳。下嫁王守一。守一诛，更嫁裴巽"。[4] 一般认为此薛国公主，应即蔡国公主。大概是薛、蔡二字字形有些近似，故造成传抄之误。唐代诗人刘长卿有《九日题蔡国公主楼》诗曰：

主第人何在，重阳客暂寻。水余龙镜色，云罢凤箫音。暗牖藏昏晓，苍苔换古今。晴山卷幔出，秋草闭门深。篱菊仍新吐，庭槐尚旧阴。年年画梁燕，来去岂无心。[5]

1　《唐会要》卷6《公主》，上海古籍出版社，1991，第74页。
2　刘连香：《唐中宗、睿宗驸马裴巽墓志考略》，《洛阳师范学院学报》2004年第3期，第9~12页。
3　《唐会要》卷50《观》，上海古籍出版社，1991，第1027页。按，《长安志》卷9曰："九华观，开元一十八年，蔡国公主舍宅立。"而《类编长安志》卷5则云："九华观，在通义坊。开元二十八年，蔡国公主舍宅立。"
4　《新唐书》卷83《诸帝公主·薛国公主传》，中华书局，1975，第3656页。
5　（唐）刘长卿著，杨世明校注《刘长卿集编年校注》，人民文学出版社，1999，第515页。

诗人刘长卿（约 709~789）生活的年代约与公主相当。诗中运用了汉代刘向《列仙传》中记载的"萧史弄玉吹箫引凤"的仙话典故，暗示了公主舍宅入道的结局。后来武元衡也有《题故蔡国公主九华观上池院》诗曰：

> 朱门临九衢，云木蔼仙居。曲沼天波接，层台凤舞余。曙烟深碧筱，香露湿红蕖。瑶瑟含风韵，纱窗积翠虚。秦楼今寂寞，真界竟何如。不与蓬瀛异，迢迢远玉除。[1]

诗人同样运用了"萧史弄玉"典故，也是暗示公主舍宅入道之意。由此可见，薛国公主应为蔡国公主之误。不过，也有学者认为蔡国公主可能为《新唐书·诸帝公主传》所漏载，原因是张冏撰写的《唐故九华观书□师藏形记》中载："叔母谯郡□氏，即睿宗真皇帝之外孙、蔡国长公主之季女。"据此蔡国公主之驸马大概是谯郡曹某，而不是王守一和裴巽，所以蔡国、薛国应为两位公主。[2]那么，有没有另外一种可能，即谯郡曹某有可能是蔡国公主的第三任丈夫，只不过是史书漏载了呢？如果是这样，那么薛国与蔡国应为同一位公主。

三　唐代与道教有关的公主

唐代还有一些明显与道教有关的公主，如寿安公主，唐玄宗 29 个女儿中最小的一位，小字虫娘，生母曹野那姬，可能是一位来自中亚昭武九姓的胡人女子。[3]《新唐书·诸帝公主传》载："寿安公主，曹野那姬所生。孕九月而育，帝恶之，诏衣羽人服。代宗以广平王入谒，帝字呼主曰：'虫娘，汝后可与名王在灵州请封。'下嫁苏发。"[4]又

1　刘子凝：《武元衡诗文校注》，硕士学位论文，广西民族大学，2017，第 85 页。

2　刘琴丽：《〈新唐书·公主传〉拾遗补正》，《古籍整理研究学刊》2007 年第 6 期，第 35~37 页。

3　葛承雍：《曹野那姬考》，《中国史研究》2007 年第 4 期。

4　《新唐书》卷 83《诸帝公主传·寿安公主》，中华书局，1975，第 3660 页。

唐人段成式《酉阳杂俎》卷 1 载："寿安公主，曹野那姬所生也。以其九月而诞，遂不出降。常令衣道服，主香火。小字虫娘，上呼为师娘。……及代宗在灵武，遂令苏发尚之，封寿安焉。"[1]寿安公主因不足月而出生，于是唐玄宗经常让她身着道士服，主持宫中的内道场。"师娘"是中古时代对巫婆道姑的称呼。可见寿安公主也有类似入道的经历。寿安公主的驸马苏发为苏震之子，苏震为苏彦伯之侄。苏震娶了寿安公主的姐姐真阳公主，真阳公主先嫁源清，再嫁苏震。苏氏为武功著姓，一门三代皆尚公主，可谓贵盛之极。如此算来，苏震、苏发父子俩分别娶了真阳、寿安姐妹俩，辈分虽然有点混乱，不过考虑到李唐皇室具有胡族血统，不太讲究礼法，也就可以理解了。

上仙公主，唐玄宗长女，武惠妃所生，"襁褓不育"。《新唐书·诸帝公主传》则称"蚤（早）薨"。张九龄在《贺上仙公主灵应状》中讲："臣等伏承今月八日，上仙公主灵座有祥风瑞虹之应，爰至启殡，乃知尸解。又承特禀清虚，薄于滋味，素含真气，自不食盐……伏惟圣系，本于道源，妙有所钟，灵异必降……且契于玄运；超然而蜕，复升于丹篆……则知仙路有归，慈念已释，理绝今古，事昭闻见。况臣等亲侍轩墀，幸闻仙解，无任感慰之至。伏望宣付史官，以昭灵异。"御批曰："道有默仙，谓之形解；古来既尔，今亦将然。童幼之年，伤其天促；灵变之理，乃入玄真。且与方外为心，不比人间结念。所谓书诸国史，以袭玄元……并依。"[3]所谓"圣系"是指李唐皇室出自老子李耳，将其追封为"玄元皇帝"，故称"本于道源"。从上仙公主的封号来看，具有强烈的道教色彩。两篇文中分别运用了"尸解""仙解""默仙""形解""超然而蜕""升于丹篆""仙路有归"等道教词语，来称赞公主成为神仙。这当然是大臣们迎合崇道的玄宗心理的一种附会之说，与一个尚在"襁褓"中就夭折的女婴应该没有多大关系。

---

1 （唐）段成式撰，许逸民校笺《酉阳杂俎校笺》前集卷 1《忠志》，中华书局，2015，第 24 页。

2 《旧唐书》卷 51《后妃上·武惠妃传》，中华书局，1975，第 2177 页。

3 （唐）张九龄撰，熊飞校注《张九龄集校注》卷 15，中华书局，2008，第 795 页。

怀思公主，唐玄宗次女，生母不详。《新唐书·诸帝公主传》称："怀思公主，蚤（早）薨，葬筑台，号登真。"登真，也是道家用语，即羽化登仙、成仙之意，道家称修真得道或成仙之人曰真。《说文·匕部》曰："真，仙人变形而登天也。"南朝梁陶弘景著有《登真隐诀》三卷，专言神仙养生之事。[1]元稹《酬乐天早春闲游西湖颇多野趣》诗曰："墨池怜嗜学，丹井羡登真。"自注曰："逸少墨池，稚川丹井，皆越中异迹。"[2]诗人运用了王羲之洗墨、葛洪炼丹之典故。墨池，相传为王羲之洗墨处；丹井，相传为葛洪炼丹取水之井。皆在今浙江绍兴。曾做过道士的唐末诗人曹唐有两首《仙都即景》诗都提到了"登真"，其一曰"黄帝登真处，青青不记年"；其二曰"蟠桃花老华阳东，轩后登真谢六宫"。[3]两首诗都用了黄帝登真成仙的典故。从怀思公主所追封的"登真"号来看，也应与道教有关。

和政公主，唐肃宗第3女，生母为章敬皇后，代宗同母妹，嫁河东著姓柳潭。颜真卿《和政公主神道碑》载："主于驸马，大义敦肃，不恃倪天之贵，每极家人之礼。驸马雅性夷简，恬于名利，愿究卫生之经，庶臻久视之道。主志深婉顺，始慕真宗，故于他时，并受法箓。……又以为'死生恒理，先后之间。若幸启手足，必当襚我以道服，瘗我于支提'。"[4]"卫生之经"与"久视之道"，都是道家养生语，意即通过食物、药物、养性等方式来预防疾病，延年益寿。"真宗"指道教，张九龄《敕岁初处分》曰："我玄元皇帝，著《道德经》五千文，明乎真宗，致于妙用。"[5]"法箓"是道士入道的凭信和引法的依据。据此可知，公主与驸马都有明确的道教信仰，并且都受道教法箓。按

---

1 （南朝梁）陶弘景：《登真隐诀》，载《道藏》第6册，文物出版社、上海书店、天津古籍出版社，1988年影印本，第606页中栏~626页上栏。

2 （唐）元稹著，周相录校注《元稹集校注》卷13，上海古籍出版社，2011，第404页。

3 （唐）曹唐著，陈继明注《曹唐诗注》，上海古籍出版社，1996，第7、110页。

4 （唐）颜真卿著，（清）黄本骥编订《颜真卿集》，凌家民点校、简注、重订，黑龙江人民出版社，1993，第147~151页。又见《全唐文》卷344，中华书局，1983年影印本，第3490页；（宋）王谠撰，周勋初校证《唐语林校证》卷5《补遗》，中华书局，第507~512页。

5 （唐）张九龄撰，熊飞校注《张九龄集校注》卷7，中华书局，2008，第481页。

照受箓即为入道的标志，公主夫妇应该算是入道，但从墓志来看，他们并没有出家，而是过着居家信徒的生活。从公主遗言"必当襚我以道服，瘗我于支提"来看，公主的丧葬应该是采用了佛、道结合的形式。"支提"为梵语 caitya 的音译，意为在圣者逝世或火葬之地建造的庙宇或祭坛，一般指礼拜场所。公主下葬时，身着道服，又采用了佛教丧葬的形式。

　　代宗之女灵仙、真定、玉清、玉虚诸公主，都是"蚤（早）薨，追封"。从这些追封的名号来看，明显也与道教有关。如灵仙，即神仙，东晋孙绰《游天台山赋》曰："天台山者，盖山岳之神秀者也。涉海则有方丈、蓬莱，登陆则有四明、天台。皆玄圣之所游化，灵仙之所窟宅。"[1] 真定，即达到高度恬淡宁静之状态，为道家修炼秘诀。玉清，也为道家语，本为三清（玉清、上清、太清）之一。唐代诗人张谓作有《玉清公主挽歌》曰："学凤年犹小，乘龙日尚赊。初封千户邑，忽驾五云车。地接金人岸，山通玉女家。秋风何太早，吹落禁园花。"[2] 诗中运用了"学凤""乘龙""五云车""玉女"等道家词语，表明公主与道教有一定的关系。玉虚，洁净超凡的境界，道教称玉帝所居之处为玉虚宫。北周庾信《道士步虚词》之二曰："寂绝乘丹气，玄明上玉虚。"[3] 唐代道士吴筠《步虚词》之六也曰："玉虚无昼夜，灵景何皎皎。"[4] 唐代宗在《追封玉虚公主制》中说："故第六公主……承夙烈之玄风，悟道家之真箓。方开鲁馆，甫往有行，未启汉封，遽幽长往。念其早夭，倍轸哀情，用追汤沐之荣，载锡灵仙之号，可追封玉虚公主。"[5] 从诏书可见，玉虚公主应该很小就颇有道缘。

　　文安公主，《新唐书·诸帝公主传》载：德宗共有 11 女，文安为

<hr />

1　（南朝梁）萧统编，（唐）李善注《文选》卷 11，华慧等点校，岳麓书社，2002，第 334 页。

2　（唐）张谓著，陈文华注《张谓诗注》，上海古籍出版社，1997，第 30 页。

3　（北周）庾信撰，（清）倪璠注《庾子山集注》卷 5，许逸民校点，中华书局，1980，第 392 页。

4　（唐）吴筠：《宗玄先生文集》卷中，载《道藏》第 23 册，文物出版社、上海书店、天津古籍出版社，1988 年影印本，第 667 页上栏。

5　《全唐文》卷 46，中华书局，1983 年影印本，第 506 页上栏。

第 7 女，"丐为道士。薨大和时"。[1]《唐大诏令集》有德宗《封永阳长公主制》称"第十三妹可文安长公主"。[2] 则德宗不止有 11 女，除非与其子一起大排行。另外，顺宗也有女封为文安公主，但不见史载，而文宗时曾任宰相的宋申锡在《大唐故文安公主墓铭》中说："大唐大和二年岁直戊申二月二日，文安公主薨，春秋三十有六。……公主讳代宗儿，高祖神尧大圣大光孝皇帝九代之孙，顺宗至德大圣大安孝皇帝第十七之女，今上之老姑也。母曰陈氏。生于贞元癸酉之岁二月哉生明之日。"[3] 据此可知，文安公主为顺宗第 17 女，名代宗儿，生于德宗贞元九年（793），卒于文宗大和二年（828），享年 36 岁。但《新唐书·诸帝公主传》记顺宗仅有 11 女，而失载文安，则顺宗也不止 11 女。对此情形，论者有两种意见：一种以为此文安与彼文安，实为同一人，也即史载德宗女文安公主有误，应作顺宗女文安；另一种则认为德宗、顺宗各有一女封文安，只是德宗女文安公主出家入道了，而顺宗女文安公主从其墓志铭来看并没有入道。

朗宁公主，《新唐书·诸帝公主传》作文宗第 3 女，"薨咸通时"。[4] 实际上为文宗第 4 女，《唐故朗宁公主墓志铭》载："文宗皇帝第四女封朗宁公主，咸通七年八月廿九日薨，时年四十。……然而芝英发彩，空耀斋房；玉苗散芳，终深悬圃。上升方期于感凤，下嫁未及于乘龙。"铭曰："昆仑九层兮，日月环驰；玉台金阙兮，上仙居之。瑶芳为树兮，琼液为池；群仙或降兮，托我天枝。"[5] 墓志铭中运用了许多充满浓厚道教色彩的词语，如"芝英"指仙草；"斋房"指斋戒居室；"玉苗"指仙人种的药苗；"悬圃"也称玄圃，指传说中的神仙居所，泛指仙境；而"昆仑""玉台""金阙""上仙""瑶芳""琼液""群仙"等，都是道教常用词语，故推测朗宁公主也可能出家为道士。

1　《新唐书》卷 83《诸帝公主传》，中华书局，1975，第 3665 页。

2　（宋）宋敏求编《唐大诏令集》卷 41，洪丕谟等点校，学林出版社，1992，第 176 页。

3　周绍良、赵超主编《唐代墓志汇编续集》大和 011，上海古籍出版社，2001，第 887 页。

4　《新唐书》卷 83《诸帝公主传》，中华书局，1975，第 3671 页。

5　周绍良、赵超主编《唐代墓志汇编续集》咸通 045，上海古籍出版社，2001，第 1069 页。

　　平原公主，《新唐书·诸帝公主传》作宣宗第 8 女，"薨咸通时，已而追封"。[1] 实际上为宣宗第 11 女。《大唐故赠平原公主墓志铭》载："有唐咸通三年十二月二十二日，宣宗皇帝第十一女薨，享年二十有九。诏赠平原长公主。"其铭曰："诀金阙兮长辞，袂王母兮裾拂瑶池。启三清兮有仜，虽万代兮何悲。"[2] 该墓志铭同样运用了一些充满浓厚道教色彩的词语，如"金阙""王母""瑶池""三清"等，故推测平原公主可能也出家为道士。

　　普康公主，懿宗第 3 女，早夭，逝时年仅 6 岁。《唐故普康公主墓志铭》载："普康公主，高祖、太宗之远孙，宪宗皇帝之曾孙，宣宗皇帝之孙，今上之第三女也。咸通二年生，六岁，以七年七月二日薨。"除了墓志，还有志盖和道教五方真文镇墓石。唐代墓葬中使用这种道教镇墓石的，主要是公主、县主和道教大德名人等。除了用作镇墓外，同时也有希冀墓主死后上升天宫成仙的重生之意。[3] 普康公主属于夭折，皇室按照道教仪轨为她操办丧礼，主要是希望道教神灵保佑殇女灵魂得到超度，同时也表示了对道教的尊崇之意。

　　此外，还有敬宗的三个女儿永兴、天长、宁国等公主和文宗的长女兴唐公主，可能也出家为女道士。《新唐书·诸帝公主传》载："安康公主，为道士。乾符四年（877），以主在外颇扰人，诏与永兴、天长、宁国、兴唐四主还南内。"[4] 安康公主，为穆宗 8 女中的小女儿，虽然出家当了女道士，却不守清规戒律，在外扰人，所以被僖宗勒令禁闭在南内兴庆宫。同时遭到禁闭的还有永兴、天长、宁国、兴唐四位公主，都是同样的原因。从这四位公主的行为来看，应该也是出家做了女道士，所以才会行动自由。另外，值得注意的是唐代公主出家建观，多以公主名命之，如太平观、金仙观、玉真观、唐昌观、新昌观、咸宜观、华阳观

1　《新唐书》卷 83《诸帝公主传》，中华书局，1975，第 3673 页。
2　周绍良、赵超主编《唐代墓志汇编续集》咸通 015，上海古籍出版社，2001，第 1044 页。
3　张全民：《〈唐故普康公主墓志铭〉与道教五方真文镇墓石》，载杜文玉主编《唐史论丛》第 16 辑，陕西师范大学出版社，2013，第 234~244 页。
4　《新唐书》卷 83《诸帝公主传》，中华书局，1975，第 3670 页。

等，而这4位公主中却只有2位公主名与长安的2座道观名同，即天长观与兴唐观。《唐会要》卷50载："天长观，侍（待）贤坊。本名会圣观，隋开皇七年，文帝为秦孝王俊所立。开元二十八年，改千秋观。天宝七载，改名天长观。"该观本为庆祝唐明皇诞节而先后改名为千秋观与天长观的。又"兴唐观，长乐坊。本司农园地，开元十八年造。其时有敕，令速成之，遂拆兴庆宫通乾殿造天尊殿，取大明宫乘云阁造门屋楼，白莲花殿造精思堂屋，拆甘泉殿造老君殿"。[1] 这两座道观都是敕建官道观，天长、兴唐两位公主极有可能就是因为出家为女道士，即以两座现成的道观名封为公主号的。

考虑到穆宗之后，有关公主的情况大多失载，出家入道及好道者应该还有一些，所以唐代公主入道问题才成为中古时期一个非常引人关注的社会文化现象。现将唐代公主可能出家入道及与道教有关者列于表2-2。

表2-2　唐代公主可能入道及与道教有关者

公主	父皇	与道教关系	婚姻状况	年龄	出处
新都	中宗	可能入道	已婚	30岁以上	《唐会要》卷50
长宁	中宗	可能入道	已婚	64岁以上	《唐会要》卷50
蔡国	睿宗	可能入道	已婚	52岁以上	《唐会要》卷50
上仙	玄宗	有关	未婚	早薨（1岁）	张九龄《贺上仙公主灵应状》及御批
怀思	玄宗	有关	未婚	早薨	《新唐书·诸帝公主传》
寿安	玄宗	可能入道	已婚	不详	《新唐书·诸帝公主传》
和政	肃宗	受法箓	已婚	36岁	颜真卿《和政公主神道碑》
灵仙	代宗	有关	未婚	早薨	《新唐书·诸帝公主传》
真定	代宗	有关	未婚	早薨	《新唐书·诸帝公主传》
玉清	代宗	有关	未婚	早薨	《全唐诗》卷197
玉虚	代宗	有关	未婚	早薨	《全唐文》卷46《追封玉虚公主制》

1　《唐会要》卷50《观》，上海古籍出版社，1991，第1026、1027页。

续表

公主	父皇	与道教关系	婚姻状况	年龄	出处
永兴	敬宗	可能入道	不详	50 岁以上	《新唐书·诸帝公主传》
天长	敬宗	可能入道	不详	50 岁以上	《新唐书·诸帝公主传》
宁国	敬宗	可能入道	不详	55 岁以上	《新唐书·诸帝公主传》载：薨广明时
兴唐	文宗	可能入道	不详	40 岁左右	《新唐书·诸帝公主传》
朗宁	文宗	可能入道	未婚	40 岁	《墓志》载：咸通七年薨
平原	宣宗	可能入道	已婚	29 岁	《墓志》载：咸通三年薨
普康	懿宗	有关	未婚	6 岁	《墓志》载：咸通七年薨

表 2-2 中共有 18 位公主，再加上 18 位入道公主，共有 36 位，占整个唐代公主总数的 17% 以上，应该说是一个不小的比例。

四　公主入道后的待遇

公主入道后仍然享受着相关的待遇。唐代对于公主的封赏有定规，如睿宗曾给金仙公主加实封一千四百户。[1] 到唐明皇时曾就公主封赏专门制定了新的制度。《新唐书·诸帝公主传》载：

> 开元新制：长公主封户二千，帝妹户千，率以三丁为限；皇子王户二千，主半之。左右以为薄。帝曰："百姓租赋非我有，士出万死，赏不过束帛，女何功而享多户邪？使知俭啬，不亦可乎？"于是，公主所禀殆不给车服。后咸宜以母爱益封至千户，诸主皆增，自是著于令。主不下嫁，亦封千户，有司给奴婢如令。[2]

---

1 （唐）徐峤：《大唐故金仙长公主志石铭并序》，见樊光春《陕西新发现的道教金石》，《世界宗教研究》1993 年第 2 期，第 97~98 页。

2 《新唐书》卷 83《诸帝公主传》，中华书局，1975，第 3658 页。

值得注意的是，在这个开元新制中，特别规定了未嫁公主的封赏问题。公主未嫁，只是一些特殊情况，如因病未嫁或许嫁而夫死，或舍家入道。不管何种情况，出家入道的公主都可以根据这个新制享有千户封赏和奴婢赐予。《唐会要》卷6《杂录》载：

> 天宝七载（748），皇女道士万安公主出就金仙观安置，赐实封一千户，奴婢，所司准公主例给付。[1]

万安公主出家入道，她的待遇就是按照开元新制的规定执行的。文宗大和三年（829）正月又敕：

> 浔阳、平恩、邵阳三公主，皆舍俗入道，宜令每年各赐封物七百段四，仍准旧例，春秋两限支付。[2]

这条规定在开元新制之外，每年又增加了赐物。后来永安公主已经许嫁回鹘保义可汗，可汗死，未成行。大和中，公主入道，"诏赐邑印，如浔阳公主故事"。[3] 既然如浔阳公主故事，就是比照浔阳公主的封赐。因此，唐代公主大都享有大量的封户，过着非常奢华的生活，如玉真公主仅就其所戴的玉叶冠而言，就有"时人莫计其价"的说法。[4] 但并非像有些学者所认为的那样，公主入道的动机在很大程度上是追求自由的生活方式。[5] 因为在唐代那种比较开放的社会风气之下，很多贵族妇女想要追求相对自由的生活方式，根本用不着遮遮掩掩，即使不入道也可以做到。如太宗女合浦（高阳）公

1 《唐会要》卷6《杂录》，上海古籍出版社，1991，第80页。
2 《唐会要》卷6《杂录》，上海古籍出版社，1991，第84页。
3 《新唐书》卷83《诸帝公主·永安公主传》，中华书局，1975，第3668页。
4 （唐）李群玉《玉真观》诗云："高情帝女慕乘鸾，绀发初簪玉冠。"自注曰："公主玉叶冠，时人莫计其价。"载《全唐诗》卷569，中华书局，1960，第6596页。
5 关于唐代女冠之放荡生活，苏雪林女士在1927年撰成的《玉溪诗谜》中曾有论述。她认为，唐之女冠兼具娼妓性质，为"半娼式的女道士"。

主与和尚辩机、智勖、惠弘以及道士李晃等私通事，就在当时闹得沸沸扬扬。到晚唐，社会风气逐渐开始趋向保守时，入道的安康公主与永兴公主、天长公主、宁国公主、兴唐公主等五位公主，就因"在外颇扰人"而被勒归南内。

第二节　后宫及皇亲贵戚、官僚士大夫女眷入道现象

唐代后宫及皇亲贵戚、官僚士大夫女眷入道者众多，她们成为两京各大宫观女冠的主要成员。

一　后宫妃嫔、宫人、宫廷歌舞艺人入道

后宫包括妃嫔、宫人及宫廷歌舞艺人。唐末女道士元淳曾有"三千宫女露蛾眉，笑煮黄金日月迟"句，[1]反映了后宫女性好道、学道之风甚盛。由于唐王朝崇道，所以内廷专门设有教授"庄老、太一"的宫教博士各一人，教授后宫妃嫔、宫人学习道教经典和伎术。[2]宫中还经常开设内道场，举办道教讲论。《唐大明宫玉晨观故上清大洞三景弟子东岳青帝真人田法师玄室铭并序》记载：

> 仙师姓田氏，讳元素，字知白，其先京兆□原人也。曾祖茂宣，皇任同州长史。祖淮，皇韩城县大夫。父归道，高道不仕，欲□黄老，参授上法，号玄靖先生。深希微之妙旨，得河上之真宗。所著疏义玄之□也。仙师幼而聪辩，仁孝自天，宿合道真，辞荣弃俗，玄冠黄神，志溢烟霞。元和九年夏五月，诣开元观，依三洞法主吴君，授上清真诀，遂研精秘奥，无不□通。内事典

---

1 《全唐诗》卷 805，中华书局，1960，第 9061 页。
2 《新唐书》卷 47《百官志二》，中华书局，1975，第 1222 页。

坟，遍皆披览。演五千之玄妙，听者盈堂；登法座而敷扬，观者如堵。大和己亥岁，有诏召入宫。□宗一见，甚器异之，于玉晨观特为修院居止焉。夏六月□次□□□一闻法音，再三加叹。遂赐章服：玳瑁冠、玉簪等，锡赉重叠，辉映法徒，□□一时之盛也。每一讲说，妃嫔巳下相率而听者仅数千人。或舍名衣，或舍□宝，愿为师弟，升堂入室者不可数焉。长庆末，甲辰岁，遂□□茹芝，餐霞咽液，□色皎洁，逾于昔时。入□修持，则与真□为侣；登斋讲说，则有灵鹤徘徊。志愿名山，以寻灵迹，有诏赐许，遂其本心。而太后惜其德能，遽违不听，乃从□于道德之场，栖心于白云之表。夏五月，忽染微疾，天医御药，道路相望。太后亲问，给侍医药等物焉。以大和三年五月廿九日终于玉晨观私院，享年□三。太后哀恸，□□兴悲，如何上天，歼我明哲，赙绢三百匹，钱百万，以充丧事。礼也。门生擗踊，□侣号咷，千有余人。……其铭曰：

□岳降灵，仙师诞生，志行高洁，不慕时荣。幼服黄冠，晦迹藏名，阐三玄之妙旨，演道德之玄经。漱咽灵液，咀嚼芝英，乘□白云，□朝玉京。[1]

该墓志铭为田元素"从母内学士宋若宪撰"，"太清宫内供奉，三教讲论大德，兼左街道门威仪，赐紫郄玄表书"。又令狐楚撰于大和元年（827）的《大唐回元观钟楼铭并序》亦载："大和初，今上以慈修身，以俭莅物，永惟圣祖玄元清静之教，吾当率天下以行之。由是道门威仪、麟德殿讲论大德郄玄表冲用希声，为玄门领袖，抗疏上论，请加崇饰。"[2]《唐会要》卷50也载："大中元年（847）二月，道门威仪郄玄表赐谥通玄先生。"[3]据此可知，郄玄表为当时道门领袖，赐紫道士，曾担任太清宫内供奉、左街道门威仪等道职，赐号三教讲论大

1 周绍良、赵超主编《唐代墓志汇编续集》大和019，上海古籍出版社，2001，第892~893页。
2 陈尚君辑校《全唐文补编》卷70，中华书局，2005，第862页下栏。
3 《唐会要》卷50《尊崇道教》，上海古籍出版社，1991，第1018页。

德、麟德殿讲论大德，参加过文宗朝的诞节讲论，宣宗大中前卒，赐
谥通玄先生。宋若宪为德宗至文宗朝著名的内庭女官宋氏五姐妹之
一，《新唐书·后妃传下》载：宋氏五姐妹依次为若莘、若昭、若伦、
若宪、若荀，"皆警慧，善属文"。德宗贞元年间，召入禁中，因赞五
姐妹文章风操，"不以妾侍命之，呼学士"。若莘、若昭、若宪先后总
领"秘禁图籍"，历德、顺、宪、穆、敬、文六朝，皆呼先生，后妃、
诸王、公主皆以师礼相见。"文宗尚学，以若宪善属辞，粹论议，尤
礼之。"大和年间，因李训、郑注构陷，被软禁在家，赐死，家属流
放岭南。[1] 二姊宋若昭墓志也已发现，为其从侄文宗时宰相宋申锡所撰，
墓志曰："有唐内学士，字若昭。广平第五房之孙、赠大理府君讳庭
芬之第二女也。春秋六十八，大和戊申岁（828）七月廿七日属纩于
大明宫，就殡于永穆道观。"[2] 从若昭卒于大明宫而停灵于永穆观来看，
或许若昭也有道教信仰。《田元素墓志》中提到的元和己亥岁为元和
十四年（819），长庆甲辰岁为长庆四年（824）。从墓志可知，田元素
为一名常驻宫禁内道场大明宫玉晨观的女道士，从"每一讲说，妃嫔
已下相率而听者仅数千人"来看，中唐时期内廷道教讲论兴盛，后宫
妃嫔好道、学道成风。

　　在这种风气的影响之下，后宫出现了妃嫔、宫人、宫廷歌舞艺人
纷纷入道的现象。放免宫人出宫通常被视作唐代诸帝实行的一项"善
政"，所谓"新天子出宫人，放禽兽，英威圣德，洽于中国"。[3] 有人统
计，有唐一代放免宫人多达 30 余次，[4] 总计数万人。被放出宫的宫人，
除任由其婚嫁或由亲属领回外，那些年老无家可归的宫人，还有不愿
婚配或还家的宫人，则大都安置在京城诸寺庙道观。如肃宗在《放宫
人诏》中说："宜放内人三千人，各任其嫁。其年老及疾患，如无近亲

1　《新唐书》卷 77《后妃传下》，中华书局，1975，第 3508~3509 页。

2　赵力光、王庆卫：《新见唐代内学士尚宫宋若昭墓志考释》，《考古与文物》2014 年第 5 期，第
　　102~108 页。

3　《资治通鉴》卷 226，唐德宗建中元年四月条，中华书局，1956，第 7279 页。

4　郑华达：《唐代宫人释放问题初探》，载《中华文史论丛》第 53 辑，上海古籍出版社，1994，第
　　134~156 页。

收养，散配诸寺（观）安置，待有去处，一任东西。"[1] 又如宪宗元和十年（815）十二月，"出宫人七十二人置京城寺观"。[2] 再如文宗开成三年（838）二月，"以旱出宫人刘好奴等五百余人，送两街寺观"。[3] 六月二十六日，"出宫人四百八十，送两街寺观安置"。[4] 当时长安和洛阳两京有30余所皇家女冠观，用来安置内廷宫人修道（见表2-3、表2-4）。

表2-3 唐代长安女冠观一览

序号	观名	地址	沿革故事	出处
1	归真观	西内宫城安仁殿北	唐睿宗景云二年（711），金仙、玉真二公主曾于此观出家修道	张万福《传授三洞经戒法箓略说》卷下
2	玉晨（宸）观	大明宫		《田元素玄室铭》《韩自明墓志铭》
3	太平观	大业坊	本徐王元礼宅，太平公主出家，初以颁政坊宅为太平观，寻移于此，公主居之。时颁政坊观改为太清观	《唐会要》卷50《观》
4	景云女冠观（翊圣女冠观）（龙兴观）（先天观）	务本坊	本司空房元龄宅。景龙二年闰九月十三日，韦庶人立为女冠观，名翊圣观。景云二年，改为景云女冠观。天宝八载，改为龙兴道士观。至德三载，改为光（先）天观	《唐会要》卷50《观》。按："先天观"误作"光天观"。又《神仙感遇传》曰：丰邑坊也有景云观
5	景龙观（玄真观）	崇仁坊	本申国公高士廉宅，西北方金吾卫。神龙元年，并为长宁公主宅。韦庶人败后，遂立为观，仍以中宗年号为名。天宝十三载，改为玄真观	《唐会要》卷50《观》

1 《全唐文》卷42，中华书局，1983年影印本，第467页上栏。
2 《旧唐书》卷15《宪宗纪下》，中华书局，1975，第455页。
3 《唐会要》卷3《出宫人》，上海古籍出版社，1991，第41页。《册府元龟》卷22《帝王部·仁慈》、《旧唐书》卷17《文宗纪下》作"六月二十五日"。
4 《旧唐书》卷17下《文宗纪下》，中华书局，1975，第574页。

续表

序号	观名	地址	沿革故事	出处
6	至德观	兴道坊	隋文帝开皇六年立。女冠孟静素曾居之。唐宣宗微行至此观，见女道士有盛服浓妆者，赫怒，亟归宫。立宣左街功德使宋叔康，令尽逐去，别选男道士二十人住持，以清其观	《长安志》卷7　岑文本《唐京师至德观法主孟法师碑铭》，裴庭裕《东观奏记》卷上
7	新昌观	大业坊	天宝六载，新昌公主因驸马萧衡亡，奏请度为女冠，遂立此观	《唐会要》卷50《观》
8	昊天观	保宁坊	全一坊地，贞观初，为高宗宅。显庆元年三月二十四日，为太宗追福，遂立为观，以昊天为名，高宗题额。唐玄宗外孙女、新平公主女儿姜氏卒于此观	《唐会要》卷50《观》。独孤及《新平长公主故季女姜氏墓志》
9	万安观（华封观）	平康坊	天宝七载，永穆公主出家，舍宅置观。其地西南隅本梁国公姚元崇宅，次东即太平公主宅，其后敕赐安西都护郭虔瓘，后悉并为观	《长安志》卷8，《唐会要》卷50《观》作"华封观"
10	嘉猷观	平康坊	本右相李林甫宅。传说其宅有妖怪，林甫恶之，奏分其宅东南隅，立为观。明皇御书金字额以赐之，林甫奏女为观主。观中有精思院，林甫死，后改为道士院，择道术者居之	《长安志》卷8
11	咸宜观（肃明观）（太真观）	亲仁坊	本是睿宗藩国地。开元初，置昭成肃明皇后庙，号仪坤，后昭成迁入太庙。开元四年九月八日敕肃明皇后前于仪坤庙安置。二十一年五月六日，肃明皇后祔入太庙，遂为（肃明）道士观。宝历元年五月，以咸宜公主入道，与太真观换名焉	《唐会要》卷50《观》误作"咸宣观"
12	唐昌观	安业坊	上都安业坊唐昌观旧有玉蕊花。唐昌公主入道后舍宅为观	康骈《剧谈录》卷下《长安志》卷9

续表

序号	观名	地址	沿革故事	出处
13	宗道观 （华阳观）	永崇坊	本兴信公主宅，卖与剑南节度使郭英义，其后入官。大历十二年，为华阳公主追福，立为观	《唐会要》卷50《观》
14	太真观	安邑坊	天宝五载，贵妃妹裴氏请舍宅置太真女冠观；宝应元年，与肃明观换名焉	《长安志》卷8。 按：《唐会要》卷50《观》作"太真观，道德坊，本隋秦王浩宅"，误。《长安志》卷9作"开元观"
15	九华观	通义坊	开元二十八年建，蔡国公主舍宅置。其地本左光禄大夫李安远宅，开元初，为左羽林大将军李思顺宅	《唐会要》卷50《观》
16	金仙观	辅兴坊	景云元年十二月十七日，睿宗为第八女西城公主入道立为观。至二年四月十四日，为公主改封金仙，所造观便以金仙为名	《唐会要》卷50《观》
17	玉真观	辅兴坊	与金仙观相对，本工部尚书窦诞宅，武后时为崇先府。景云元年十二月七日，睿宗为第九女昌隆公主立为观。二年四月十日，公主改封玉真，所造观便以玉真为名	《唐会要》卷50《观》
18	昭成观 （太清观） （魏国观） （崇福观）	颁政坊	本杨士达宅。咸亨元年九月二十三日，皇后为母度太平公主为女冠。因置观，初名太清观，寻移于大业坊。垂拱二年，遂改为魏国观。载初元年，改为崇福观。开元二十七年，为昭成皇后追福，改为昭成观	《唐会要》卷50《观》
19	三洞女冠观	醴泉坊	本灵应道士观，开皇七年立。贞观二十二年，自永崇坊移换于此	《唐会要》卷50《观》作"二十三年"，"永崇坊"误作"朱崇坊"
20	五通观	安定坊	隋开皇八年，为道士焦子顺所立。该观初创时，应是道士观。至晚到宪宗元和时可能已成为女冠观	《唐会要》卷50《观》《大唐五通观主冯仙师（得一）墓志铭》

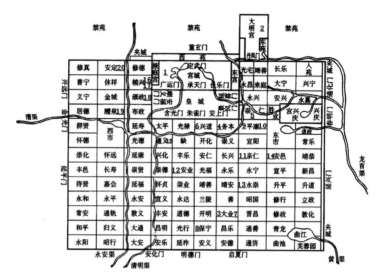

图2-1　唐代长安女冠观分布图

表2-4　唐代洛阳女冠观一览

序号	观名	地址	沿革故事	出处
1	女冠观	金阙亭	文明元年二月十一日，金阙置一女冠观，并度内人	《唐会要》卷50《杂记》
2	上清观	宫城	袭芳院北	《唐两京城坊考》卷5
3	上清观	西上阳宫	《河南志》：观在宫西北，内道士所处	《唐两京城坊考》卷5
4	玉清坛（观）	上阳宫	鲍溶《玉清坛》诗曰：上阳宫里女，玉色楚人多	《全唐诗》卷486
5	安国女道士观	正平坊	本太平公主宅。景云元年为道士观，开元十年（722）玉真公主居，改为女冠观	《唐两京城坊考》卷5
6	景云女道士观	修业坊	韦皇后立，初名翊圣观，景云元年改现名	《唐两京城坊考》卷5
7	景龙女道士观	道德坊	南北居半坊之地，金仙公主处焉	《唐两京城坊考》卷5

续表

序号	观名	地址	沿革故事	出处
8	开元观	道德坊	本隋秦王浩宅。武后朝置永昌县。神龙元年县废，遂以长宁公主宅。景云元年置道士观。开元五年，金仙公主居，改作女冠观。十年，改为开元观。金仙公主薨于此观	《增订唐两京城坊考》《金仙公主志石铭并序》按：《唐会要》卷50《观》作"都元观"，应是开元观之误。又说"太真观，道德坊。本隋秦王浩宅"，应误
9	道冲女道士观	绥福坊	《吕仙师志铭并序》曰：仙师号玄和。考子循，殿中侍御史、摄辰锦二州刺史、元陵台令。仙师即府君第二女也。敕度道冲紫府。金举观主，纲纪法流。大中四年正月廿二日，解化于道冲观精思静堂	《唐两京城坊考》卷5刘从政《大唐故道冲观主三洞女真吕仙师（玄和）志铭并序》
10	麟迹（趾）女道士观	淳化坊	《张法师墓志》曰：法师名真，字素娥。二十二岁，天恩出家；度后七年，召入上清观供养。甲寅岁（714）六月廿八日，敕录此观。遘疾于房，春秋五十九岁，终于此观	《唐两京城坊考》卷5《大唐故麟趾观三洞大德张法师（真）墓志》
11	应圣观		王建《题应圣观》诗曰："精思堂上画三身，回作仙宫度美人。赐额御书金字贵，行香天乐羽衣新。空廊鸟啄花砖缝，小殿虫缘玉像尘。头白女冠犹说得，蔷薇不似已前春。"诗题曰："观即李林甫旧宅。"储光羲《题应圣观》："空中望小山，山下见余雪。皎皎河汉女，在兹养真骨。登门骇天书，启篇问仙诀。池光摇水雾，灯色连松月。合砖起花台，折草成玉节。天鸡弄白羽，王母垂玄发。北有上年宫，一路在云霓。上心方向道，时复游金阙。"	王建《题应圣观》储光羲《题应圣观》按：有关隋唐两京的史籍都无此观记载。长安有嘉猷观，为李林甫舍宅建。明皇御书金字额以赐之，观中有精思院。与王建诗所咏"精思堂""赐额御书金字"情景相符。但又无嘉猷观改名应圣观之记载，故疑为李林甫在东都的另一处宅第舍建为观。待考

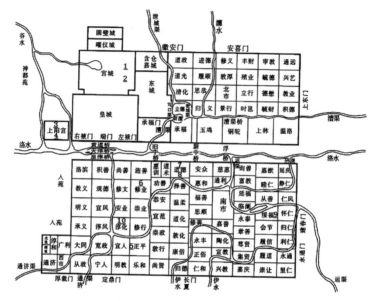

图 2-2　唐代洛阳女冠观分布图

这些女冠观接收了许多内廷修道和放免出宫的宫人。如玉真观，"大历十才子"之一的卢纶《过玉真公主影殿》诗云："夕照临窗起暗尘，青松绕殿不知春。君看白发诵经者，半是宫中歌舞人。"[1] 又如咸宜观，"士大夫之家入道，尽在咸宜"；[2] 华阳观，白居易在《春题华阳观》诗中说："帝子吹箫逐凤凰，空留仙洞号华阳。落花何处堪惆怅，头白宫人扫影堂。"诗题下小注曰："观即华阳

---

1 （唐）卢纶撰，刘初棠校注《卢纶诗集校注》卷 4，上海古籍出版社，1989，第 396 页。又作卢尚书《题安国观》，见《全唐诗》卷 783，中华书局，1960，第 8843 页。关于玉真观，还有许多诗人有题咏，如韩翃《题玉真观李秘书院》："白云斜日影深松，玉宇瑶坛知几重。把酒题诗人散后，华阳洞里有疏钟。"司空曙《题玉真公主山池院》："香殿留遗影，春朝玉户开。羽衣重素几，珠网俨轻埃。石自莲山得，泉经太液来。柳丝遮绿浪，花粉落青苔。镜掩鸾空在，霞消凤不回。唯余古桃树，传是上仙栽。"张籍《玉真观》："台殿曾为贵主家，春风吹尽竹窗纱。院中仙女修香火，不许闲人入看花。"李群玉《玉真观》："高情帝女慕乘鸾，绀发初簪玉叶冠。秋月无云生碧落，素葇寒露出情澜。层城烟雾将归远，浮世尘埃久住难。一自箫声飞去后，洞宫深掩碧瑶坛。"白居易《玉真张公主下女冠阿容》："绰约小天仙，生来十六年。姑山半峰雪，瑶水一枝莲。晚院花留立，春窗月伴眠。回眸虽欲语，阿母在傍边。"
2 （宋）钱易：《南部新书》卷戊，黄寿成点校，中华书局，2002，第 67 页。

公主故宅，有旧内人存焉。"[1] 东都洛阳安国观，"明皇时玉真公主所建……女冠多上阳宫人"。[2] 可见这些都是安置修道宫人的皇家女冠观。又鲍溶（元和四年进士）《玉清坛》诗也曰："上阳宫里女，玉色楚人多。西信无因得，东游奈乐何。"[3] 上阳宫在东都洛阳。玉清坛，即玉清观。隋文帝在营建新都大兴城时，"于都下畿内，造观三十六所，名曰玄坛"。[4] 据说隋炀帝在诏请道士王远知入京时，为了安置他而专门修建了一座道观玉清坛，后来常用玉清坛来指代道教宫观。如《张探玄碑》曰："（开元）廿一年，诏为东都道门威仪使，与洞玄先生司马秀同拜于玉清玄坛。"[5] 也指道教宫观中的斋醮坛，如王昌龄《武陵龙兴观黄道士房问易因题》诗曰："仙老言余鹤飞去，玉清坛上雨蒙蒙。"[6] 刘禹锡《赠东岳张炼师》诗曰："金缕机中抛锦字，玉清台上着霓衣。"[7] 后蜀花蕊夫人《宫词》也曰："会仙观内玉清坛，新点宫人作女冠。"[8]

除了以上这些女冠观外，还有一些道观也住有女道士，如位于东都立行坊的圣真观本是一座道士观，原名凌（陵）空观，《朝野佥载》载："景龙四年（710），洛州凌空观失火，万物并尽，惟有一真

1 （唐）白居易著，朱金城笺校《白居易集笺校》卷13，上海古籍出版社，1988，第726页。
2 卢尚书《题安国观》，诗题下有小注曰："东都政平坊安国观，玉真公主所建，女冠多上阳退宫嫔御。"唐人康骈《剧谈录》卷下《老君画庙》载："政平坊安国观，明皇朝玉真公主所建，门楼高九十尺，而柱端无栱科。殿南有精思院，琢玉为天尊老君之像。叶法善、罗公远、张果先生并图之于壁。院南池沼引御渠水注之，垒石像蓬莱、方丈、瀛洲三山。女冠多上阳退宫嫔御，其东与国学相接。咸通中，有书生云：'每清风朗月，即闻山池之内步虚笙磬之音。'卢尚书有诗云……"载《唐五代笔记小说大观》，上海古籍出版社，2000，第1488页。又见宋人王谠撰，周勋初校证《唐语林校证》卷7，中华书局，1987，第661页。
3 《全唐诗》卷486，中华书局，1960，第5520页。
4 （唐）杜光庭：《历代崇道记》，载罗争鸣辑校《杜光庭记传十种辑校》，中华书局，2013，第361页。
5 （唐）蔡玮：《唐东京道门威仪使圣真、玄元两观主清虚洞府灵台贞玄先生张尊师遗烈碑铭》，载陈垣编纂，陈智超、曾庆瑛校补《道家金石略》（唐部分），文物出版社，1988，第136页。
6 （唐）王昌龄撰，李云逸注《王昌龄诗注》卷4，上海古籍出版社，1984，第157页。
7 （唐）刘禹锡著，瞿蜕园笺证《刘禹锡集笺证》卷24，上海古籍出版社，1989，第725~726页。
8 曹明纲：《满堤红艳立春风——花蕊夫人诗评》，上海古籍出版社，2004，第29页。（后蜀）花蕊夫人著，徐式文笺注《花蕊宫词笺注》，巴蜀书社，1992，第136页。

人岿然独存，乃泥塑为之。后改为圣真观。"¹张探玄（天宝元年卒）、郑过真（会昌元年卒）都担任过该观观主，叶法善、郭元德（咸通十年卒于该观东院）等住过该观。²但女道士柳默然就是在文宗开成五年（840）卒于该观道院的，³当时郑过真还是观主，可见这座道士观也住有女道士。这种男女道士混杂的现象，应是天师道的传统。张探玄碑云："先生讳探玄，字体微，家世南阳，正一真人道陵师君之胄也。"⁴可见该道观应是一座具有天师道传统的道观。日本学者小林正美非常强调天师道在唐代的重要影响，他认为"唐代的道教是天师道的'道教'，唐代的道教教团仅由天师道的道观和天师道道士构成"。⁵如果真是如此，那么这种男女道士混杂的现象在唐代应该不是个例。有人注意到建成于唐睿宗景云年间（710~711）的山西运城安邑中陈村（陈壁村）的景云观也是一座男女道士混杂的道观。⁶

唐代有许多诗人题咏过宫人入道诗，如戴叔伦、王建、于鹄、张籍、张萧远（或作韦应物）、殷尧藩、李商隐、项斯等（见表2-5）。

---

1 （唐）张鷟：《朝野金载》卷1，赵守俨点校，中华书局，1979，第8页。
2 （唐）蔡玮：《唐东京道门威仪使圣真、玄元两观主清虚洞府灵都仙台贞玄先生张尊师遗烈碑铭》，载陈垣编纂，陈智超、曾庆瑛校补《道家金石略》（唐部分），文物出版社，1988，第136页；（唐）苏玄赏：《唐圣真观观主故郑尊师（过真）志铭并序》，载周绍良主编《唐代墓志汇编》，上海古籍出版社，1992，第2220页。《太平广记》卷77"叶法善"条引《广德神异录》曰："有道士叶法善在圣真观。"（唐）刘言：《唐圣真观故三洞郭尊师（元德）墓志》，载吴钢主编《全唐文补遗》第4辑，三秦出版社，1997，第243页。
3 （唐）李敬彝：《大唐王屋山上清大洞三景女道士柳尊师（默然）真宫志铭》，载陈垣编纂，陈智超、曾庆瑛校补《道家金石略》（唐部分），文物出版社，1988，第179页。
4 （唐）蔡玮：《唐东京道门威仪使圣真、玄元两观主清虚洞府灵都仙台贞玄先生张尊师遗烈碑铭》，载陈垣编纂，陈智超、曾庆瑛校补《道家金石略》（唐部分），文物出版社，1988，第136页。
5 〔日〕小林正美著，王皓月、李之美译《唐代的道教与天师道》，齐鲁书社，2013，第4页。
6 吴羽：《唐宋道教与世俗礼仪互动研究》，中国社会科学出版社，2013，第152页。

表2-5 唐代题咏宫人入道诗作

作者	生卒年	诗题	诗作	资料出处
戴叔伦	732~789	汉（送）宫人入道	萧萧白发出宫门，羽服星冠道意存。霄汉九重辞凤阙，云山何处访桃源。瑶池醉月劳仙梦，玉辇乘春却帝恩。回首吹箫天上伴，上阳花落共谁言。	蒋寅校注《戴叔伦诗集校注》卷3，上海古籍出版社，1993，第246页
王建	768~835	送宫人入道	休梳丛鬓洗红妆，头戴芙蓉出未央。弟子抄将歌遍叠，宫人分散舞衣裳。问师初得经中字，入静犹烧内里香。发愿蓬莱见王母，却归人世施仙方。	尹占华校注《王建诗集校注》卷7，巴蜀书社，2006，第308页
于鹄	?~814?	送宫人入道归山	十岁吹箫入汉宫，看修水殿种芙蓉。自伤白发辞金屋，许着黄衣向玉峰。解语老猿开晓户，学飞雏鹤落高松。定知别后宫中伴，应听缑山半夜钟。	《全唐诗》卷310，中华书局，1960，第3503页
张籍	约767~约830	送宫人入道	旧宠昭阳里，寻仙此最稀。名初出宫籍，身未称霞衣。已别歌舞贵，长随鸾鹤飞。中官看入洞，空驾玉轮归。	徐礼节、余恕诚校注《张籍集系年校注》卷2，中华书局，2011，第155页
张萧远	813年登第	送宫人入道	舍宠求仙畏色衰，辞天素面立天墀。金丹拟驻千年貌，宝镜休匀八字眉。公主与收珠翠后，君王看戴角冠时。从来宫女皆相妒，说着瑶台总泪垂。	《全唐诗》卷491，中华书局，1960，第5554页
殷尧藩	780~855	宫人入道	卸却宫妆锦绣衣，黄冠素服制相宜。锡名近奉君王旨，佩箓新参老氏师。白昼无情趋玉陛，清宵有梦步瑶池。绿鬟女伴含愁别，释尽当年妒宠私。	《全唐诗》卷492，中华书局，1960，第5573页
李商隐	约813~约858	和韩录事送宫人入道	星使追还不自由，双童捧上绿琼辀。九枝灯下朝金殿，三素云中侍玉楼。凤女颠狂成久别，月娥孀独好同游。当时若爱韩公子，埋骨成灰恨未休。	（清）冯浩笺注《玉谿生诗集笺注》卷1，蒋凡标点，上海古籍出版社，1998，第120页
项斯	844年登第	送宫人入道	愿随仙女董双成，王母前头作伴行。初戴玉冠多误拜，欲辞金殿别称名。将敲碧落新斋磬，却归昭阳旧赐筝。旦暮焚香绕坛上，步虚犹作按歌声。	《全唐诗》卷554，中华书局，1960，第6424页

表 2-5 中的这些作者生活年代集中于中唐，这与中唐以来奉道风气兴盛，后宫及公主入道者渐多有关。其中张萧远《送宫人入道》诗，一作韦应物诗，据考证应为误收。[1]李商隐《和韩录事送宫人入道》诗中的韩录事据考证为诗人韩琮，[2]约 820~858 年在世，则韩琮也应作有《送宫人入道》诗，故义山才有和诗，惜不传。诗人们描写的后宫入道者大多是上了年纪的白发宫廷乐人和歌舞伎，她们或出于畏惧年老色衰，或厌倦了宫闱之间的争风吃醋，而入道寻求精神寄托，如"舍宠求仙畏色衰""金丹拟驻千年貌""从来宫女皆相妒"等句即其真实写照。当然，"入道"也可泛指皈依宗教，既可能是出家为僧尼，也可能是为道士女冠，如杨巨源（约 755~824）《观妓人入道》诗二首曰：

　　荀令歌钟北里亭，翠娥红粉敞云屏。舞衣施尽余香在，今日花前学诵经。
　　碧玉芳年事冠军，清歌空得隔花闻。春来削发芙蓉寺，蝉鬓临风堕绿云。[3]

北里为唐代妓院聚集地。从诗作内容来看这两首诗描写的应是歌舞伎入道之事，其中"削发芙蓉寺"似指出家为尼。

在后宫妃嫔入道者中，最著名者首推杨贵妃，《新唐书·后妃传上》载：

　　玄宗贵妃杨氏……始为寿王妃。开元二十四年，武惠妃薨，后廷无当帝意者。或言妃姿质天挺，宜充掖廷，遂召内禁中，异之，即为自出妃意者，丐籍女官，号"太真"，更为寿王聘韦诏

1　（唐）韦应物著，陶敏、王友胜校注《韦应物集校注·拾遗》，上海古籍出版社，1998，第605 页。

2　（唐）李商隐著，（清）冯浩笺注《玉谿生诗集笺注》卷 1，蒋凡标点，上海古籍出版社，1998，第 120 页。林雪玲误将《送宫人入道》诗分别当作张萧远与韦应物各作有一首，见氏著《唐诗中的女冠》，台北：文津出版社，2002，第 54~55 页。

3　《全唐诗》卷 333，中华书局，1960，第 3739 页。

训女，而太真得幸。善歌舞，邃晓音律，且智算警颖，迎意辄悟。帝大悦，遂专房宴，宫中号"娘子"，仪体与皇后等。天宝初，进册贵妃。[1]

宋人乐史《杨太真外传》卷上也载："杨贵妃，小字玉环……开元二十二年十一月，归于寿邸。二十八年十月，玄宗幸温泉宫（华清宫），使高力士取杨氏女于寿邸，度为女道士，号太真，住内太真宫。天宝四载七月……于凤凰园册太真宫女道士杨氏为贵妃。"[2]杨贵妃入道是以为玄宗生母昭成窦太后祈福为名，唐玄宗在《度寿王妃为女道士敕》中说：

> 圣人用心，方悟真宰，妇女勤道，自昔罕闻。寿王瑁妃杨氏，素以端懿，作嫔藩国，虽居荣贵，每在精修。属太后忌辰，永怀追福，以兹求度，雅志难违。用敦宏道之风，特遂由衷之请，宜度为女道士。[3]

其实这纯粹是唐玄宗为了将儿媳妇杨玉环的身份洗白转换为贵妃的一种冠冕堂皇之词，大概与其信仰没有什么太大关系。

玄宗还有一位宠妃赵丽妃也慕道，在临终前恳请入道。张说《和丽妃神道碑铭并序》载：

> 丽妃赵氏，天水人也。丽者以华美为贵，妃者以配合为尊……丽加妃号，自我为初……暨乎紫气上通，瑶台独立。楚宫选美，纳良袂于神云；汉掖求才，进团扇于明月。故坐而论教，则比位三司；动而具瞻，则仪刑六列者矣。……故圣人有以嘉其

1　《新唐书》卷76《后妃传上》，中华书局，1975，第3493页。
2　（宋）乐史：《杨太真外传》卷上，载丁如明辑校《开元天宝遗事十种》，上海古籍出版社，1985，第131页。
3　《全唐文》卷35，中华书局，1983年影印本，第389页下栏。

志也。悬象告诊，经时寝疾，在蒙被之辰，答还辇之问，生可捐于浮假，心独系于玄贞。神往上清，愿承恩而入道；形归下土，期去礼而薄葬。慈颜同气，奚敢为言？皇上闵而许之，咨嗟不已。开元十四年，春秋三十有四，七月十四日，薨于春华殿，殡于龙兴观之精屋，示以出家，从道例也。命河南尹监护，河南令副焉。丧葬务约，成遗语也。二十六日，窆于故都之后，邙山之阳。……月帔云衣，襚以神仙之服；上房陶篚，旋于造化之初。此皆圣主之曲成，贤妃之本志，何必云阳山下，别起通灵之台；未央宫中，虚立致神之帐？……帝谥曰和，礼之贵也。气之和者生万物，声之和者孕八音。[1]

赵丽妃为废太子李瑛生母，原为唐玄宗在潞州别驾任上时所纳，曾深得宠爱。故其去世后，玄宗命谥曰"和"，并命当时文坛领袖、宰相张说作碑铭，其铭曰："春秋以'丽''和'之二字，独褒美于千年。"丽妃在临终前请求入道，得到恩准，并在去世后，停灵于龙兴观，"示以出家，从道例也"。丽妃之请，大概也有迎合玄宗自开元中期以来日益浓厚的崇道氛围。

玄宗还有一位真正入道的后妃为淑妃杨真一,《唐故淑妃玉真观女道士杨尊师墓志铭》载：

> 尊师讳真一，字真一，弘农人也。……先天初，今上养德东朝也，特以名家子，册太子良娣。及乘乾纂运，进册淑妃。……继而恩遇滋深，猜阻间起，悟贵宠之难极，恐倾夺之生衅，乃栖心服道，恳愿从真……久而方许内度，固请还家……天宝八载六月廿四日，归神于西京景云观，春秋五十有八。[2]

---

1 （唐）张说著，熊飞校注《张说集校注》卷 21，中华书局，2013，第 1007~1008 页。

2 雷闻：《被遗忘的皇妃——新见〈唐故淑妃玉真观女道士杨尊师（真一）墓志铭〉考释》,《华中师范大学学报》2016 年第 1 期，第 138~139 页。

　　杨淑妃入道后，真一应为其法号。玉真观地处辅兴坊西南隅，是长安著名的女冠观之一，原是唐睿宗为女儿玉真公主出家所立。此观是唐代妃嫔、宫人和宫廷歌舞艺人入道的主要场所。

　　张云容，本为开元年间杨贵妃侍女，深得宠幸，常在绣岭宫独舞《霓裳羽衣》，贵妃赠诗曰："罗袖动香香不已，红蕖袅袅秋烟里。轻云岭上乍摇风，嫩柳池边初拂水。"明皇也很喜欢云容，"宠幸愈于群辈"。当时唐明皇经常与天师申元之谈论道术，云容与贵妃得以偷听。云容曾多次给申天师端茶送药，颇得怜爱。云容乘机求仙药，天师犹豫，云容态度坚决地说："朝闻道，夕死可矣。"于是天师给了她一粒绛雪丹，并叮嘱她百年后得遇平陆尉薛昭，当死而复生，成为"地仙"。后果如天师所言。[1] 从这个仙话故事来看，张云容也是一个信仰神仙道术的后宫歌舞伎。

　　郭婉仪，也是玄宗朝的一名内官。刘长卿在大历初作《故女道士婉仪太原郭氏挽歌词》两首曰：

　　　　作范宫闱睦，归真道艺超。驭风仙路远，背日帝宫遥。鸾殿空留处，霓裳已罢朝。淮王哀不尽，松柏但萧萧！
　　　　宫禁恩长隔，神仙道已分。人间惊早露，天上失朝云。逝水年无限，佳城日易曛。箫声将薤曲，哀断不堪闻！[2]

　　婉仪，女官名。唐玄宗时后宫设"六仪"，《新唐书·百官志》"内官"条载："淑仪、德仪、贤仪、顺仪、婉仪、芳仪，各一人，正二品。掌教九御四德，率其属以赞后礼。"[3]郭婉仪出身于中古名门望族太原郭氏，先为婉仪垂范宫闱，后为女道士修行高卓。此诗运用了大量

1　（唐）裴铏著，周楞伽辑注《裴铏传奇·薛昭》，上海古籍出版社，1980，第39~42页。初见《太平广记》卷69，收入"女仙"类，题作"张云容"条引《传记》，中华书局，1961，第429~431页。
2　（唐）刘长卿著，杨世明校注《刘长卿集编年校注》，人民文学出版社，1999，第297页。
3　《新唐书》卷47《百官志二》，中华书局，1975，第1225页。

的道教词语来烘托郭婉仪的入道身份。另外，司空曙也有《故郭婉仪挽歌》曰："一日辞秦镜，千秋别汉宫。岂唯泉路掩，长使月轮空。苦色凝朝露，悲声切暝风。婉仪余旧德，仍载礼经中。"[1]此诗所挽应为同一人。

女道士马凌虚，本为歌舞伎，凌虚应为其法号，于东都开元观出家为女道士。李史鱼《大燕圣武观故女道士马凌虚墓志铭》载：

> 黄冠之淑女曰凌虚，姓马氏，扶风人也。鲜肤秀质，有独立之姿。环意蕙心，体至柔之性。光彩可鉴，芬芳若兰。至于七盘长袖之能，三日遗音之妙，挥弦而鹤舞，吹竹而龙吟。度曲虽本于师资，余妍特禀于天与。吴妹心愧，韩娥色沮。岂惟专美东夏，驰声南国而已。与物推移，冥心逝止，厌世斯举，乃策名于仙官，悦己可容，亦托身于君子。天宝十三祀，隶于开元观。圣武月正初，归我独孤氏。……未盈一旬，不疾而殁。……春秋廿有三……祖玄明，梁川府折冲。父光谦，歙州休宁县尉……圣武元年正月廿二日建。[2]

从墓志来看，马凌虚应该不是普通艺人，极有可能是一位艺术成就颇高的宫廷歌舞伎。墓志撰写者李史鱼为安禄山幕僚，在大燕政权建立时，曾任刑部侍郎；和他一同为幕僚的还有独孤问俗，一般认为此人即墓志中所说的独孤氏。《旧唐书·安禄山传》载："禄山阴有逆谋……引张通儒、李庭坚、平洌、李史鱼、独孤问俗在幕下。"[3]马凌虚入道是在唐代崇道气氛最为热烈的天宝末年，开元观又是一座皇家道观。墓志说她入道的原因是"冥心""厌世"，大概是厌倦了宫廷生活。独孤问俗也许在此前就见过马凌虚，被她的美貌所惊艳，对她爱慕有加，故在叛军攻占洛阳后，安禄山称帝，国号大燕，改元圣武，

1　（唐）司空曙著，文航生校注《司空曙诗集校注》，人民文学出版社，2011，第 138 页。
2　陈垣编纂，陈智超、曾庆瑛校补《道家金石略》（唐部分），文物出版社，1988，第 146 页。
3　《旧唐书》卷 200 上《安禄山传》，中华书局，1975，第 5369 页。

可能也将开元观改为圣武观。圣武元年（756）正月初一，独孤问俗从道观迎娶了马凌虚，但不到十天，就香消玉殒，令人惋惜。论者多以为是叛军将领独孤问俗强娶了马凌虚，而马凌虚大概是誓死不从，故不久就魂飞玉碎了。

许浑（约 791~ 约 858）作有《赠萧炼师并序》，描写的也是一名德宗朝的宫廷歌舞伎出宫入道修行之事，诗序曰："炼师，贞元初，自梨园选为内伎，善舞《柘枝》，宫中莫有伦比者，宠锡甚厚。及驾幸奉天，以病不获随辇，遂失所止。泊复宫阙，上颇怀其艺，求之浃日，得于人间。后闻神仙之事，谓长生可致，乞奉黄老，上许之。诏居嵩南洞清观，迨今八十余矣。雪肤花颜，与昔无异。"其诗曰：

> 曾试昭阳曲，瑶斋帝自临。红珠络绣帽，翠钿束罗襟。双阙胡尘起，千门宿露阴。出宫迷国步，回驾轸皇心。桂殿春空晚，椒房夜自深。急宣求故剑，冥契得遗簪。暗记神仙传，潜封女史箴。壶中知日永，掌上畏年侵。莫比班家扇，宁同卓氏琴。云车辞凤辇，羽帔别鸳衾。网断鱼游藻，笼开鹤戏林。洛烟浮碧汉，嵩月上丹岑。露草争三秀，风篁共八音。吹笙延鹤舞，敲磬引龙吟。旄节纤腰举，霞杯皓腕斟。还磨照宝镜，犹插辟寒金。东海人情变，南山圣寿沈。朱颜常似渥，绿发已如寻。养气齐生死，留形尽古今。更求应不见，鸡犬日骎骎。[1]

这位宫廷歌舞伎是从梨园选入内廷的，以善胡舞《柘枝》而闻名，受到宠锡，后经历泾原兵变，因病入道，居中岳嵩山南洞清观，修炼神仙长生之术。虽然诗人题赠的这位萧炼师时已八十多岁，但仍然雪肤花貌，容颜不老。

廉女真，为教授书法的内学士。李远（文宗大和五年进士）《观廉女真葬》诗曰：

---

1 《全唐诗》卷 537，中华书局，1960，第 6128 页。

玉窗抛翠管，轻袖掩银鸾。错落云车断，丁泠金磬寒。鹤寻深院宿，人借旧书看。寂寞焚香处，红花满石坛。

诗题下自注曰："女真善隶书，常为内中学士。"[1]《新唐书·百官志》载："宫教博士二人，从九品下。掌教习宫人书、算、众艺。初，内文学馆隶中书省，以儒学者一人为学士，掌教宫人。武后如意元年，改曰习艺馆，又改曰万（翰）林内教坊，寻复旧。有内教博士十八人，经学五人，史、子、集缀文三人，楷书二人，庄老、太一、篆书、律令、吟咏、飞白书、算、棋各一人。"[2]可见内廷设有专门教习书法，如楷书、篆书、飞白书的内学士。

贺幽静，也是一位入道的后宫妃嫔，幽静应是其法号。《贺幽静墓志》载："女道士贺幽静，年一百八岁，咸通五年六月五日，准敕造藏身室，上二层砖坛，于万年县崇道乡西赵村，与故女道士杭法新墓相近埋殡。看墓人郑文善，镌字人监葬副使内养周从初，监葬使十六宅副使赐绯鱼袋韦□。"[3]贺幽静卒于懿宗咸通五年（864），由高品宦官监葬，可见应是一位地位较高的后宫妃嫔，也有学者认为或是一位王妃。墓志中提到的女道士杭法新，大概也是一位后宫入道者。

李通灵，也是一位后宫入道者，通灵是其法号。《李通灵墓志》载："亡宫故道士观主李通灵，年七十三，葬万年县崇道乡西赵村。乾符三年十月七日。副使登仕郎行内侍省内府局令上柱国严处皓，使征事郎行内侍省内仆局令上柱国赐绯鱼袋王公寔。"李通灵卒于僖宗乾符三年（876），由高品宦官监葬，也应是一位地位较高的后宫妃嫔。除了墓志，同时出土的还有道教镇墓石。[4]其葬地与贺幽静、杭法新邻

---

1 《全唐诗》卷519，中华书局，1961，第5930页。

2 《新唐书》卷47《百官志二》，中华书局，1975，第1222页。

3 周绍良、赵超主编《唐代墓志汇编续集》咸通021，上海古籍出版社，2001，第1049~1050页。

4 赵力光主编《西安碑林博物馆新藏墓志续编》下册，图版212，陕西师范大学出版社，2014，第652~661页。

近，说明该地为入道宫人的一处集中归葬地。

上清，原为宰相窦参妾。唐人柳珵《上清传》载：窦参因"交通节将，蓄养侠刺"罪，流放驩州（今越南境内），于道诏令自尽。其家籍没，上清配隶掖庭。"后数年，以善应对，能煎茶，数得在帝左右。"寻机诉于德宗，求为窦参平反。"后上清特敕丹书度为女道士，终嫁为金忠义妻。"[1] 上清，本为唐代传奇小说人物，未必实有其人、其事，但其故事却反映了唐代宫人入道的情形。上清其名本身就极具道教色彩，道家有所谓的"三清"之说，《云笈七签》载："其三清境者，玉清、上清、太清是也……灵宝君治在上清境。"[2] 白居易《酬赠李炼师见招》诗也有"几年司谏直承明，今日求真礼上清"句。[3]

需要指出的是，有些被安排进道观的宫人，未必真的有道教信仰，有的大概只是将寺观当作栖身的场所而已。如杜仲阳，又作杜秋娘，本为宪宗后宫，曾有宠。穆宗命其为第三子漳王凑之养（保）母。文宗朝，因漳王被诬获罪受牵连，被逐出宫，放归润州（今江苏镇江）。大和八年（834）九月，李德裕出任镇海军节度使，奉诏将杜仲阳安置于道观内。《旧唐书·李德裕传》载："德裕至镇，奉诏安排宫人杜仲阳于道观，与之供给。仲阳者，漳王养母，王得罪，放仲阳于润州故也。"[4] 杜牧曾作有《杜秋娘诗》，序曰："杜秋，金陵女也。年十五，为李锜妾，后锜叛灭，籍之入宫，有宠于景陵。穆宗即位，命秋为皇子傅姆。皇子壮，封漳王。郑注用事，诬丞相欲去异己者，指王为根。王被罪废削，秋因赐归故乡。予过金陵，感其穷且老，为之赋诗。"[5] 杜秋娘应该就是不得已被安置进了道观。

1　（唐）陈翰编，李小龙校证《异闻集校证》，中华书局，2019，第5~11页。
2　（宋）张君房编《云笈七签》卷3《道本始部·道教三洞宗元》，李永晟点校，中华书局，2003，第34页。
3　（唐）白居易著，朱金城笺注《白居易集笺注》卷16，上海古籍出版社，1988，第1047页。
4　《旧唐书》卷174《李德裕传》，中华书局，1975，第4520页。
5　（唐）杜牧：《樊川文集》卷1，载吴在庆校注《杜牧集系年校注》，中华书局，2016，第45页。

二　皇亲贵戚女眷入道

　　由于受社会风气的影响，唐代皇亲贵戚女眷入道者众多。她们入道的原因各异，有的是因其夫在政治斗争中失败，连累家属及后代而入道，如太宗子越王李贞，因反对武则天兵败被杀，全家因此受牵连，或被杀，或被流放，其一孙被流放岭南，繁衍四代都死在南方，直到文宗开成年间（836~840），第五世孙女才将数代祖先灵柩护送回长安安葬，事毕出家为女道士，法号玄真。此事在《新唐书·太宗诸子·越王贞传》中有记载："贞最幼息珍子谪岭表，数世不能归。开成中，女孙持四世柩北还，求袝王茔。诏嘉悯，敕宗正寺、京兆府为访其兆，非陪陵者听葬。女名玄真，为道士。"[1] 经过这么长时间的流放，玄真的近亲枝属估计也尽皆凋零，故出家入道也自然成为她的首选。

　　有的是因夫丧而心灰意冷归心道教者，如玉真观女道士董菩提心，是一位出家修行的女冠。《唐玉真观女道士董尊师（菩提心）登真墓志铭并序》载："师讳菩提心，陇西人也……烈考感，赠唐州刺史……有济州长王润之孙、岷州刺史晦之子、右金吾郎将朔方军中城大使演之□，□□□□□之仪，□□□训子之范……□嬬闺□□□，□□灭性。上以椒掖之亲，优而内□。精登真之箓，愿保坐亲；勤灵宝之斋，冀资幽魂……粤开元廿四年八月七日，□解于精思院，春秋卅一。"[2] 从"椒掖之亲"语来看，董尊师应是一位后妃亲属，唐玄宗后宫有董贵妃和董芳仪，抑或其姊也；当然也可能是其他后宫亲属。从"嬬闺"语来看，应是夫丧而入道的，而其出家的玉真观也是安置后宫和皇亲的一座皇家道观。

　　因夫丧而归心道教者还有尚简，为谯郡曹氏，睿宗外孙女，蔡国长公主第 3 女，童年即嫁给玉真公主次子张偲。张阆《唐故九华观书

1　《新唐书》卷 80《太宗诸子·越王贞传》，中华书局，1975，第 3577 页。
2　吴钢主编《全唐文补遗》第 8 辑，三秦出版社，2005，第 379~380 页。

□师藏形记》载："叔母谯郡□氏，即睿宗真皇帝之外孙、蔡国长公主之季女。……以总发之年，爰归我族大鸿胪卿讳偶，即玉真长公主之次子也。……叔上元中得罪，流窜遐荒。茂年倾逝，终于南土。既而凌虚失翼，偕老云亏。峻节愈明，执义弥坚。乃游心上善，注意玄风。建中末，敕度，赐名尚简……以贞元廿一年六月寝疾，终于九华观本院，春秋七十有六。"[1] 张冏为尚简之夫张偶之侄，故称尚简为叔母。尚简因丧夫而于德宗建中末年（783）敕度入道。

有的是因健康原因而栖心道门的，如唐玄宗的外孙女、新平公主的女儿姜氏，独孤及《唐新平长公主故季女姜氏墓志铭》曰："乙巳岁四月二十六日，有唐新平长公主季女姜氏卒于京师昊天观……玄宗其外王父也，肃宗其舅也……乃未笄而夭，命也夫！"[2] 乙巳岁，应为代宗永泰元年（765）。姜氏未成年而卒于道观，应是因健康问题而从小就寄养或出家在道观的。

有的是因从小受家庭环境的影响，接触到道教经典、了解其思想后而修道的，如唐玄宗第五孙女大概就是这种情况，张渐《皇第五孙女墓志铭并序》曰："恭惟皇之第五孙也……生知道要，幼诵真言，迹慕神仙，心凝虚白。铅华不御，常思鸾鹤之游；琼蕊方餐，讵假凤凰之北。勤修秘录，克受灵方，歌八景之洞章，究三清之隐诀……每习静观，妙练形坐忘，理契窅冥，气合冲漠……栖志太虚，宁乐人寰之贵；脱身悬解，讵论修短之期。以天宝十三载岁次甲午十一月七日丁酉，恬然委顿，时春秋廿一载……皇上慈深轸念，礼重哀荣，式备羽仪，爰从卜宅。以其载闰十一月廿九日庚寅，法葬于京兆咸宁县义丰乡之铜人原礼也。"其铭有曰："慕迹灵仙，全形芝术，受箓之键，归真静室。碧落降节，玄洲召名，刻藉琼圃，游魂玉京。"[3] 从墓志来看，这位皇孙女是从小就诵读道经而不好修饰，慕神仙之道，而修炼全形芝术，道行还颇高深，但她似乎并未出家，而应是一位在家修道者。

1　周绍良、赵超主编《唐代墓志汇编续集》永贞 001，上海古籍出版社，2001，第 795 页。

2　《全唐文》卷 391，中华书局，1983 年影印本，第 3978 页。

3　周绍良主编《唐代墓志汇编》天宝 258，上海古籍出版社，1992，第 1711~1712 页。

有的是因子女早逝而入道者，如玄宗女儿信成公主的外祖母王紫虚，为开元廿八年八月五日恩制内度太平观女道士。墓志载：紫虚女阎氏为玄宗后宫妃嫔，但不幸早逝。王夫人"母以女贵，女以荣宗……以其天宝十三载春正月廿四日薨于京兆府长乐乡里之私第，春秋八十有二焉……皇亲眷焉，久承诏泽，忠使吊祭，恩念贤妃。长女荣亲，早薨丧德。外孙金艳，国女信成公主，桃夭盛花"。[1] 八月五日为玄宗降诞日，此日度人入道主要是为皇帝祈福延寿，王夫人因爱女早逝而请求度为女道士，紫虚为其法号。从这篇墓志也可看出盛唐时皇亲贵戚女眷入道之风甚盛。

唐代皇亲贵戚女眷入道成风，她们奉修神仙之术，尊拜道祖太上老君，其中还包含一层奉持本家宗教的意义。

三　官僚士大夫女眷入道

唐代官僚士大夫女眷入道者也众多，入道原因也大同小异。从大环境而言是受唐代社会浓厚的崇道气氛影响，就个人因素来说不外乎家庭变故（如夫丧）、身体原因（如生病）、信仰追求等。

姚长寿为开元名相姚崇之女，从小就奉道。从其名字来看，寄托有父母亲希望她长生之意。她从小就因受父母之命，经常诵念道经、礼拜天尊。《道教灵验记》载："开元宰相姚元崇，昔出官为冯翊太守。有一女名长寿，年七岁，不茹荤，不饮酒，父母常令于玄元像前焚香点灯……元崇于奏对之间，或忆得女长寿持念《九天生神章》之验，乃舍宰相俸钱一月，于太清宫启道场以答玄元应验也。"[2] 姚崇一向以反

1　《唐故太原郡帝喾之苗曵阎嵩之后阎府君讳力皇赠朝散大夫大夫忠王友故夫人太原郡太夫人王氏开元廿八年八月五日恩制内度度太平观女道士讳紫虚墓志铭并序》，载吴钢主编《隋唐五代墓志汇编·陕西卷》第4册，天津古籍出版社，1991，第24页。

2　（唐）杜光庭《道教灵验记》卷10《姚元崇女九天生神章经验》，载罗争鸣辑校《杜光庭记传十种辑校》，中华书局，2013，第249页。

对佛道而闻名，但他也在龙门石窟有过开窟造像之举，[1] 所以他的女儿姚长寿奉道也就并非不可思议之事了。不过，未见姚长寿出家入道，她应该是属于居家奉道之信女。

庐山女道士李腾空，相传为李林甫之女。宋敏求《长安志》载：李林甫在长安平康坊有宅，舍建为嘉猷观，"林甫奏女为观主"。[2] 可见李林甫确有女出家入道，大概就是这位李腾空。元代赵道一《历世真仙体道通鉴后集》卷 5 载："蔡寻真，侍郎蔡某之女也；李腾空，宰相李林甫之女也。二人少有异越，生长富贵无嗜好，每欲出家学道，父母不能夺其志。唐德宗贞元中，相友入庐山。"[3] 蔡寻真、李腾空都出身于官僚之家。尤其是李腾空作为玄宗朝权相李林甫之女倍加令人瞩目，大诗人李白曾作有《送内寻庐山女道士李腾空二首》诗曰：

> 君寻腾空子，应到碧山家。水春云母碓，风扫石楠花。若恋幽居好，相邀弄紫霞。
> 多君相门女，学道爱神仙。素手掬青霭，罗衣曳紫烟。一往屏风叠，乘鸾着玉鞭。[4]

诗题中所说的"内"指诗人的妻子，为武则天时宰相宗楚客的孙女。这两首诗是李白晚年所作，描写了自己的妻子宗氏喜欢求仙访道，欲往庐山寻访女道士李腾空，诗中赞扬了她不以富贵为荣、学道爱仙的品性，也流露出诗人自己的尚道之情。由此可见，李腾空至晚应在肃宗时已入庐山修道，而不应是迟至德宗贞元年间。

1　拙作《徘徊于信教与限教之间：唐代名相姚崇对佛教的复杂心态》，《陕西师范大学学报》2017 年第 2 期。

2　（宋）宋敏求：《长安志》卷 8，收入《长安志·长安志图》，辛德勇、郎洁点校，三秦出版社，2013，第 278 页。

3　（元）赵道一：《历世真仙体道通鉴后集》卷 5《蔡寻真》，载《道藏》第 5 册，文物出版社、上海书店、天津古籍出版社，1988 年影印本，第 480 页上栏。

4　（唐）李白著，瞿蜕园、朱金城校注《李白集校注》卷 25，上海古籍出版社，1980，第 1493~1494 页。

诗人李涉的妻子也入道做了女冠，他作有《送妻入道》诗曰："人无回意似波澜，琴有离声为一弹。纵使空门再相见，还如秋月水中看。"[1]李涉（约生活于德宗至文宗朝），自号清溪子，洛（今河南洛阳）人。早岁客居梁园，遭逢兵乱，避地南方，与弟李渤同隐于庐山香炉峰下。后出山做幕僚，宪宗时曾任太子通事舍人。不久，贬为峡州（今湖北宜昌）司仓参军，十年后遇赦放还，又隐于嵩岳少室山。文宗大和年间（827~835），任国子博士，世称"李博士"。从他的经历来看，应该也是一位崇道者。从诗作来看，其妻入道之心很坚定，倒是诗人还流露出一丝不舍与惋惜。

唐末道士杜光庭在《墉城集仙录》中记载了几则唐代官员眷属修道成仙的事例，胪列如下。

谢自然，唐朝著名得道女仙，出身于一个低级官僚家庭。其先兖州（今山东兖州）人，随父居果州南充（今四川南充）。父举孝廉，为乡里所重。德宗建中初，刺史李端以试秘书省校书表为从事。母胥氏，亦州中大族。自然性颖异，不食荤血。年七岁，母令随尼越惠，经年以疾归。又令随尼日朗，十月求还。所言多道家事。其家在大方山下，山顶有老君古像。自然因拜礼，不愿却下。母从之，乃徙居山顶。自此常诵《道德经》《黄庭经》内篇。年十四，自此绝粒，数取皂荚煎汤服，即吐痢困剧，腹中诸虫悉出，体轻目明。自此犹食柏叶，日进一枝。七年之后，柏亦不食。九年之外，仍不饮水。贞元三年三月，于开元观诣绝粒道士程太虚，受五千文紫灵宝箓。六年四月，刺史韩佾至郡，试之有灵，乃使女韩自明师事之。七年九月，韩佾于大方山置坛，请程太虚具三洞箓。贞元九年，刺史李坚至，筑室于金泉山，移自然居之。贞元十年三月三日，移入金泉道场。十一月二十日辰时，白日升天，士女数千人，都目睹其事。刺史李坚表奏朝廷，下诏褒美。李坚还作有《金泉道场碑》，述其本末为传。[2]此事在

---

1 《全唐诗》卷477，中华书局，1960，第5433页。

2 （唐）杜光庭：《墉城集仙录》卷10《谢自然》，载罗争鸣辑校《杜光庭记传十种辑校》，中华书局，2013，第726~732页。

唐代流传甚广，当时文士如韩愈、卢纶（裴延龄）、刘商、范传正、夏方庆、施肩吾、李翔等多人曾题咏其事。[1]其中以大文豪韩愈的《谢自然诗》最为著名，其诗曰：

> 果州南充县，寒女谢自然。童騃无所识，但闻有神仙。轻身学其术，乃在金泉山。繁华荣慕绝，父母慈爱捐。凝心感魑魅，慌惚难具言。一朝坐空室，云雾生其间。如聆笙竽韵，来自冥冥天。白日变幽晦，萧萧风景寒。檐楹暂明灭，五色光属联。观者徒倾骇，踯躅讵敢前。须臾自轻举，飘若风中烟。茫茫八纮大，影响无由缘。里胥上其事，郡守惊且叹。驱车领官吏，氓俗争相先。入门无所见，冠履同蜕蝉。皆云神仙事，灼灼信可传。[2]

诗人是以批判谢自然白日成仙之类的荒诞事例为目的而创作的该诗，但从诗作描写的事例来看，正好可以与《仙录》所载互相印证，由此亦可知其事在当时传播之广。只是《仙录》载谢自然之父曾举孝廉，做过果州从事，应为地方低级官员；而韩诗则称其为"寒女"，

---

1 卢纶《和裴延龄尚书寄题果州谢舍人仙居》曰："飘然去谒八仙翁，自地从天香满空。紫盖迥标双鹤上，语音犹在五云中。青溪不接渔樵路，丹井唯传草木风。歌此因思捧金液，露盘长庆汉皇宫。"载刘初棠校注《卢纶集笺校注》卷2，上海古籍出版社，1989，第174页。按："舍人"疑为"真人"之误。既然是和诗，则裴延龄也应有咏作。刘商《谢自然却还旧居》诗曰："仙侣招邀自有期，九天升降五云随。不知辞罢虚皇日，更向人间住几时。"载《全唐诗》卷304，中华书局，1960，第3461页。范传正《谢真人还旧山》诗曰："麏盖从仙府，笙歌入旧山。水流丹灶缺，云起草堂关。白鹿行为卫，青鸾舞自闲。种松鳞未立，移石藓仍斑。望路烟霞外，回舆岩岫间。岂唯辽海鹤，空叹令威还。"载《全唐诗》卷347，第3884页。夏方庆《谢真人仙驾还旧山》："何年成道去，绰约化童颜。天上辞仙侣，人间忆旧山。沧桑今已变，萝蔓尚堪攀。云覆瑶坛净，苔生丹灶闲。逍遥堪白石，寂寞闭云关。应是悲尘世，思将羽驾还。"载《全唐诗》卷347，第3887页。施肩吾《谢自然升仙》："分明得道谢自然，古来漫说尸解仙。如花年少一女子，身骑白鹤游青天。"载陈才智、王益庸编著《施肩吾集》卷2，中国文联出版社，2009，第60页。李翔《题金泉山谢自然传后》："暂谪归天固有程，虚皇还召赴三清。箫歌近向峰头合，羽驾低临洞口迎。自换玉衣朝上帝，岂关金格注生名。门人未得随师去，云外空闻好住生。"载王重民辑录，刘修业整理《补全唐诗拾遗》，收入陈尚君辑校《全唐诗补编》，中华书局，1992，第52页。

2 （唐）韩愈著，钱仲联集释《韩昌黎诗系年集释》卷1，上海古籍出版社，1994，第28页。

也即贫家女或寒门出身。

王氏，会稽（今浙江绍兴）人，中书舍人谢良弼之妻，东晋王羲之后人。谢良弼进士及第，曾任浙东从事，与王氏成婚。不久，谢良弼入京任职，王氏因病而未随行。后遇天师吴筠，"谒而求救，为禁水吞符，信宿即愈。王氏感道力救护，乃诣天师，受箓精修，焚香寂念，独处静室，志希晨飞。因绝粒咽气，神和体轻。时有奇香异云临映居第，仿佛真降，密接灵仙而人不知也。忽谓其女曰：'吾昔之所疾，将仅十年，赖天师救之而续已尽之命。悟道既晚，修奉未精，宿考过往，忏之未尽。吾平生以俗态之疾，颇怀妒嫉。今犹心闭藏黑，未通于道。当须阴景炼形，洗心易藏，二十年后，方得蝉蜕耳。'"言毕，当夜而逝。由此可见，王氏已受箓入道，为在家修行的女冠。吴筠为盛唐时著名道士，曾受玄宗征召，为翰林待诏。谢良弼也师事吴筠，执弟子礼。著有《吴天师内传》一卷。[1] 他在浙东时，曾和弟弟良辅，著名诗人鲍防、严维、吕渭、杜弈、范淹、丘丹、李清、刘蕃、郑概、陈元初、樊珣、吴筠等作有联诗《中元日鲍端公宅遇吴天师联句》，鲍端公即鲍防，吴天师为吴筠，谢良弼句曰："养形奔二景，炼骨度千年。"[2] "养形"为保养身体，"炼骨"为修炼肌骨使身形轻盈不朽，皆为道家语。

薛氏，河中（今山西永济）少尹冯徽之妻，道号玄同。嫁冯徽20年，"乃言素志，托疾独处，誓焚香念道，持《黄庭经》，日三两遍"。又过了13年，到懿宗咸通十五年（874）七月十四日夜，忽有紫虚元君与侍女群真27人降临其室，"示以黄庭填神存修之旨，赐九华之丹一粒，使八年后吞之"。到僖宗广明元年（880），黄巢攻陷长安，薛玄同与其夫冯徽寓居常州晋陵（今江苏常州）。中和二年（882）二月，"玄同沐浴，饵紫虚所赐之丹"。十四日，"示以有疾，一夕终于私第"，化为紫气而去。十五日，浙西节度使周宝奏于成都行在，敕付

1 （唐）杜光庭：《墉城集仙录》卷7《王氏》，载罗争鸣辑校《杜光庭记传十种辑校》，中华书局，2013，第678页。
2 《全唐诗》卷789，中华书局，1960，第8888页。

史官，编于简册。"仍委本道，以上供钱于其住处，修金箓道场，以答上玄，用伸虔感。"[1]薛氏应该也是一位在家修道者。

南唐沈玢《续仙传》也是一部记述道教神仙事迹的著作，其中有一个"裴玄静"的女仙故事说：玄静，缑氏县（今河南偃师缑氏镇）县令裴升之女，鄠县（今陕西鄠邑区）县尉李言之妻。"幼而聪慧，母教以诗书，皆诵之不忘。及笄，以妇功容自饰。而好道，请于父母，置一静室披戴。父母亦好道，许之。日以香火瞻礼道像。"到20岁时，父母想将她嫁给李言。玄静不从，只愿入道，以求度世。但父母将她强嫁李言。不到一月，她对李言说："以素修道，神人不许为君妻，请绝之。"李言也羡慕神仙道教，就答应了她，于是让她独居静室修道。经年，为李言生一子。后三日，"有五云盘旋，仙女奏乐"，玄静白日升天而去。时为宣宗大中八年（854）八月十八日，在温县（今河南温县）供道村李氏别业。[2]裴玄静出身于一个低级官僚家庭，从小诵读诗书，受到良好教育。到15岁时开始修道，她的父母及丈夫都是道教爱好者，她最终也得道成仙。

唐代墓志中也有许多官僚士大夫女眷好道、乐道、修道及出家入道的例子，罗列如下。

李氏夫人，出身于山东旧族，晚年受道箓，成为在家修行的女冠。《唐故许州扶沟县主簿荥阳郑道妻李夫人墓志文》载："夫人李氏，赵郡赞皇人也。祖放之，隋开府行参军，袭爵广平伯。父公淹，唐右司郎中，渭、建二州刺史。……夫人柔明宅性，婉顺凝姿，识洞真寂，休捐华侈……自作嫔君子，厥有令声……及诸子冠成，遂屏绝世事曰：'吾平生闻王母瑶池之赏，意甚乐之，余可行矣。'是乃受法箓，学丹仙，高丘白云，心眇然矣。晚年尤精庄老，都忘形骸，因曰：'夫死者归也，盖归于真；吾果死，当归于真庭，永无形骸之累矣。'神

1　（唐）杜光庭：《墉城集仙录》卷8《薛玄同》，载罗争鸣辑校《杜光庭记传十种辑校》，中华书局，2013，第697~699页。

2　（南唐）沈玢：《续仙传》卷上，载《道藏》第5册，文物出版社、上海书店、天津古籍出版社，1988年影印本，第83页下栏~84页上栏。

龙三年七月，终于河南之私第，时年七十七。夫人有遗训曰：合葬非古……汝曹无丧吾真。"[1]李氏夫人虽然是在家修行的女冠，但她却留遗嘱给子女表示其丧仪按宗教仪规以出家人身份下葬，不与其夫合葬。

麟趾观女冠张真，出身于官宦之家，是一位出家修行的女冠。《大唐麟趾观三洞大德张法师墓志》载："曾祖荣，隋任并州司马；高祖天辅，任妫州长史；祖士之，任齐王属；长父善政，品子吏部常选。法师名真，字素娥……九岁事师，严奉经戒；二十二岁，天恩出家；度后七年，铨道行，召入上清观供奉。甲寅岁六月廿八日，敕录此观。三千欠功，炼亏九转，遘疾于房，春秋五十九岁，终于此观。"[2]甲寅岁为开元二年（714）。张真从小就好道，未出嫁而敕度为女道士，曾入大内上清观供奉，后终于东都麟趾女冠观。

郭氏夫人，前后两任丈夫都先逝，于是转而以道教为精神寄托。《唐故中郎将献陵使张府君夫人太原郭氏临淄县君墓志铭》载："夫人讳□，太原人也。祖善志，大将军，唐史有传；父虔友，邻山郡太守……夫人即邻山府君之第二女也……年甫十六，适于常山阎府君，有一子焉。不幸府君中年早逝，叔父夺志，更醮张门……府君不造，弃代云亡，夫人……遂洁心道行，理极真筌，冀以福助遐年，袭兹余庆……以天宝十载八月九日遘疾，终于河南惠和之私第，时年七十有三。"[3]太原郭氏为中古旧族，夫人出身于官宦之家，因中年丧夫而潜心道教以祈求长生，但她其实并未出家，只是一位信女。

何氏夫人，丈夫为勋官、兵部常选，三个儿子也都有官职。《大唐故兵部常□上柱国王府君□□□》载："公避地云林，晦迹泉石，志工黄老，心期赤城。洎河朔克清，下山归业。术成扣齿，身耻折腰，遂高道不仕，悲夫！夫人庐江何氏，其先韩人也……早日孀居，鞠育偏露，十年之外，三子成名……晚岁志尚玄言，神栖虚寂，修元秉节，受箓□坛。岂期三山未归，六气生疾，望瑶池而心倾王母，瞻洛

1　周绍良主编《唐代墓志汇编》景龙 003，上海古籍出版社，1992，第 1078~1079 页。

2　周绍良主编《唐代墓志汇编》开元 022，上海古籍出版社，1992，第 1165 页。

3　周绍良主编《唐代墓志汇编》天宝 185，上海古籍出版社，1992，第 1659 页。

浦而魂谢密仙。"[1] 何氏丈夫经安史之乱，无意仕途，崇尚黄老道术；其丈夫去世后，何氏又经十余年将三子抚养成人，晚年也归心道门，接受了道教法箓，成为一名在家修行的女道士。

郑氏夫人，也出身于官僚家庭，是一位道门信女。郑溁《唐故左武卫郎将河南元府君夫人荥阳郑氏墓志铭》载："夫人郑氏，荥阳人也。左卫兵曹敬爱之孙，陕州平陆县令岳之长女。世承官族，时谓盛门。年十八，适河南元镜远……夫人师心道流，早充华丽，薰茹不昧，日唯一饭者，卅年于兹矣。诚宜天祐其福，享以永寿……以大历四年八月十六日，遇疾终于缑氏之别业，春秋六十三。"其铭曰："荥水长源，缁衣袭庆。世传冠冕，人唯贞正。早弃浮丽，归心道门。六尘无染，一念常存。"[2] 荥阳郑氏为山东高门大族，世代冠冕，郑氏夫人早就归心道门，三十多年来素食奉教，每天就吃一顿饭，可谓虔诚备极，但她却似乎并未出家，也未入道。

至德观女道士元淳一，原为北魏鲜卑皇族后裔。《故上都至德观主女道士元尊师墓志文》载："尊师法名淳一，河南人也。系□后魏，郁为令族。惟□弛祖，弈叶□萦□茂□□州河内县丞……龀岁而日诵万言；□□□过览三教，□驰山俗之虑，独蕴登真之想……于是深入道门，大弘法要。天宝初，度为女道士，补至德观主。闲机丹灶，养德玄坛，人仰宗师，□高令问，优游恬旷，三纪于兹。大历中，竭来河洛，载抱沉痼。粤以□□年七月三日返真于东都开元观，春秋六十□□终，谓门弟子曰：吾方欲撷三芝，练五石，于白日升青天。虽事将志违，而道与心叶。"[3] 元淳一由于出身名门，从小就受到良好教育，儒佛道三教皆有涉猎，尤其醉心道门，于是在天宝初敕度为女道士，成为长安皇家道观至德观主，终成道门一代宗师。

1　周绍良主编《唐代墓志汇编》建中 019，上海古籍出版社，1992，第 1834 页。按：永泰 007 号、大历 001 号两志与建中 019 号重复。大历 001 号内容应为前段，永泰 007 号为后段，二志相合，内容正好与建中 019 号同。

2　《全唐文》卷 440，中华书局，1983 年影印本，第 4486 页下栏 ~4487 页上栏。

3　周绍良、赵超主编《唐代墓志汇编续集》建中 011，上海古籍出版社，2001，第 729~730 页。

　　张容成，德宗时剑南西川节度使韦皋外甥女。其从兄张安时《清河张氏女殇墓志铭》载："女殇，韦出也。慕道受箓，因名容成。丁太夫人忧，号泣过礼，哀瘵成疾……贞元十七年岁次辛巳，十二月四日，奄然而终，时年一十有九……高祖文琮，皇朝户部侍郎。大王父概，皇朝朝散大夫、许州司马。王父峦，皇朝瀛州平舒县令。父弈，朝散大夫，前尚书主客员外郎，兼侍御史……季舅皋，见任司徒兼中书令……前后致娉多矣，视之率非其匹……雅好玄寂，臻道之深，自受法箓，修行匪懈。每闻楚词'乘彼白云，至于帝乡'，则悠然长想。时或居闲无人，整容静处，飘飘然冲虚之意深焉。"[1]张氏高祖文琮为高宗朝宰相文瓘之兄，可谓豪门之女，而她却因慕道而未嫁人，她虽然受箓入道，但并未出家入道观，而是一位居家女冠。她入道后的法名容成，来自古代神话传说中的著名仙人——容成，容成又名容成子、容成公，又说是黄帝之师，精通养生术。《列仙传》载："容成公者，自称黄帝师，见于周穆王。能善补导之事，取精于玄牝。其要谷神不死，守生养气者也。发白更黑，齿落更生，事与老子同。亦云老子师也。"[2]汉晋间，神仙道术流行，容成养生之术盛传。清河张氏女就是因为向往神仙之术，所以才以容成为法名的。

　　五通观女道士冯得一，也系名门出身，出家入道后成为长安五通观威仪兼观主。翟约《大唐五通观威仪兼观主冯仙师墓志铭并序》载："仙师法号得一，长乐冯氏，赠工部尚书昭泰之孙，鸿胪卿绍烈之季女……仙师禀岳渎之秀气，降须婺之星精，生自贵门……立志于虚无之表，托迹于众妙之门，是以不夺其志，诏度兹观。至于放旷杳冥，澹然净默，精五千之玄理，明六一之丹方，聋俗津梁，道门领袖……徒侣见知，众举当观威仪……仙师于是提振纲领，纂缉隳□。数年之间，日新成立，创置精思院一所，再修常住砲一窠……既而炼骨道成，玄根厌世，访蔡经于麻姑之侧，迎周穆于王母之前，俗累虽哀，

1　陈垣编纂，陈智超、曾庆瑛校补《道家金石略》（唐部分），文物出版社，1988，第169~170页。
2　王叔岷：《列仙传校笺》卷上，中华书局，2007，第14页。

寂灭应乐，享龄七十有一，以元和四年五月廿二日终于五通之玄寺。"[1]长乐冯氏为南北朝时的名门望族，曾建立北燕政权。冯得一出身于这样的家族，理应是一位大家闺秀，却终身并未嫁人，敕度为女道士，成为当时颇有影响力的道门领袖。

永穆观主能去尘，系节度使能元皓的孙女。能元皓，胡族出身，原为安禄山部将，勇猛善战。安史之乱时，被安禄山任命为淄青节度使，后归顺朝廷。严轲《唐故女道士永穆观主能师铭志并序》载："师姓能氏，讳去尘，其先华阴人也。曾祖昌仁，皇沙州刺史，赠太子太保。祖元皓，皇礼部尚书、淄青兖郓等八州节度使。父暹，皇银青光禄大夫、光禄卿，娶赵郡李氏，是生□师……早悟玄默，匪因严师。泊其姑□□□敬教，归于钟离，今河南阎君，不幸先殁。□礼终华，遂于黄箓坛场投迹从道，以真仪箓法，无不设尽。乃职总观务，实司纯细……以大和四年二月十五日归化于绛室之私宇，享龄六十三。有子二人……次曰处愿，凤□空寂，归师出家。"[2]去尘，应是其法号，出身于官宦之家，其父祖历官又见其从兄能政墓志。[3]能去尘早就对道教有所悟，曾嫁阎某，不幸丈夫早逝，于是出家。在她的影响下，其次子阎处愿（处愿，也应为法号）也出家入道。

大明宫玉晨观女道士韩自明，本为果州刺史韩佋之女，曾与唐代著名女仙谢自然为师友。赵承亮撰《唐故内玉晨观上清大洞三景法师赐紫大德仙官铭并序》云："仙师姓韩氏，讳自明。曾王父瑛，皇仪州刺史；王父班，太子洗马；父佋，果州刺史。仙师年廿二，适孝廉张则见，既期生子而张氏卒，泊绝昼哭，托孤于父母家，栖心于神仙学……乃于严君理所得同志女谢自然于民间而友之。时梁有上士程太

1　周绍良、赵超主编《唐代墓志汇编续集》元和020，上海古籍出版社，2001，第814页。

2　陈垣编纂，陈智超、曾庆瑛校补《道家金石略》（唐部分），文物出版社，1988，第178页。

3　（唐）阳卤《唐故朝散大夫试光禄寺丞谯郡能府君墓志铭并序》："府君讳政，谯郡人也，姓能氏。曾祖讳昌仁，皇正议大夫、使持节沙州诸军事守沙州刺史、兼充豆卢军使、上柱国，赠太保印……烈祖讳元皓，开府仪同三司，检校礼部尚书，兖、郓节度使，谯国公……烈考讳炅，银青光禄大夫，守饶州别驾……府君即饶州之长子也。"载周绍良主编《唐代墓志汇编》长庆024，上海古籍出版社，1992，第2075页。

灵（虚）者……初不传法，后因山行得玉印，文曰'三天之印'。不习□师，与谢友诣门求度。程君……遂设坛授之以三洞符箓……数岁，谢乃仙去。师独布化于代。操行坚苦，立德玄邈，入众妙门，知长生要。结居华阴……当时公相母妻探玄者得与师游，如登龙门附骥尾焉……大□□召入宫玉晨观。师每进见，上未尝不居正端拱，整容寂听，备命服之锡，崇筑室之赐。至五年三月，以疾得讲，复居京城亲仁里咸宜观旧院，越四月十二日……言毕而弃世，享年六十八。"[1]韩自明又见于《墉城集仙录》载："谢自然者，其先兖州人。父寰，居果州南充……贞元三年三月，于开元观诣绝粒道士程太虚，受《五千文紫灵宝箓》。六年四月，刺史韩佾至郡……佾即使女自明师事焉。"[2]由此可见，韩自明也是出身于一个官宦之家，因夫丧而醉心于神仙之术，出家入道，曾与女仙谢自然拜程太灵（虚）为师，受三洞符箓。后来，谢自然仙逝，韩自明继续布道传法，受到公卿士大夫女眷的追捧。文宗大和初（827），召入大明宫玉晨观，经常为内廷御前讲道。大和五年（831），病逝于咸宜观。

　　信女张婵，小名印奴，自号灵隐，也出身于官僚家庭，因身体原因，终身未嫁，选择道教作为精神信仰。由其兄张涂撰书的《有唐张氏之女墓志铭》载："元和中，吾先君从事郗公府于潞，生婵，婵名也，印奴小字耳。常谓其侍者：'吾门不寿女。'……自笄迄今，首尾凡十载，未尝一日能强履而暂离床衽间……又心宗黄老，能以淡泊怡遣，遂自号灵隐……唐开成五年二月十一日，终于长安静恭里，甲子廿五寒暑。曾祖兵部郎中讳具瞻，生殿中侍御史赠秘书监讳翔，生我府君讳士阶，为湖州刺史。"[3]张婵，大概是因某种家族遗传病而在年仅15岁时就不幸卧病在床，从此再未下地，直至病逝。她以黄老道术作为心灵寄托，坦然面对疾患，清虚淡泊，排遣抒怀。

1　周绍良、赵超主编《唐代墓志汇编续集》大和033，上海古籍出版社，2001，第906页。

2　（唐）杜光庭：《墉城集仙录》卷10《谢自然》，载罗争鸣辑校《杜光庭记传十种辑校》，中华书局，2013，第726页。

3　周绍良主编《唐代墓志汇编》开成041，上海古籍出版社，1992，第2198~2199页。

东都道冲观女道士吕玄和及其母常炼师，出身官僚家庭，从小就醉心黄老道术，情愿出家修道，在东都洛阳道冲观敕度为女冠。著名道士刘从政《大唐故道冲观主三洞女真吕仙师（玄和）志铭并序》载："仙师号玄和。曾祖雺，青州刺史。祖周，祠部郎中、秦府都督。考子循，殿中侍御史、摄辰锦二州刺史、元陵台令。心专黄老，栖息天坛。知足遗荣，逍遥冲谟。仙师即府君第二女也。性禀自然，天资慧识。幼冲之岁，恳愿出俗归真，府君与太夫人不违其志也。遂巾褐黄裳，敕度道冲紫府。金举观主，纲纪法流，径诣京开元观法主吴尊师，佩受三洞宝箓。法高上清，道契无为，玄解科教，作德积行。实谓上升，岂期以大中四年正月廿二日，解化于道冲观精思静堂，春秋卅八。太夫人常炼师偕修道秘，永志无忘。"[1] 吕玄和因道行高超，被推举为道冲观主，曾随开元观"法主"吴尊师（善经）受三洞宝箓。她的母亲常炼师大概也是在她的影响下成为一位女道士的。

东都安国观女道士王虚明，出身于太原王氏、官宦之家，曾嫁给河东著姓柳氏，生有两男两女，后出家入道。其外甥崔格撰《故东都安国观大洞王炼师（虚明）墓铭并序》载："炼师讳虚明，太原祁人也。曾祖仁惠，皇朝忠、普二州刺史；王父讳岳，虢州卢氏县令；皇考讳琦，河南府陆浑县丞。太夫人河东裴氏。炼师即陆浑府君之季女也。日居俗，及笄，归于大理评事河东柳君汶实。生二男二女……炼师凤慕无为之教，因是深悲浮生，顿悟真理，遽捐俗累，归于道门。乃投师于玄无（元）观道士韩君贞璀披度，授正一明（盟）威宝箓，遂构道室于安国观居之。修奉精勤，不懈凤夜，凡四稔。韩君既殁，复与同志者诣嵩山太一观法师邢君归一，求进法焉……遂传洞神、洞玄等箓。佩服资高，朝修益秘。冲和自保，清虚养神。矗矗为后进宗师……厥有麻姑山三洞师邓君延康，尝居禁密，暂还家山，由洛而东。爰于太微道宫，大建坛场，广其传度。而素钦炼师之德，因首请毕，授上清三景大洞等诀，殊科秘戒尽于是矣。玄关洞开，真契自

1　吴钢主编《全唐文补遗》第 8 辑，三秦出版社，2005，第 180 页。

得。每三元六甲之晨，岁星冠，秉金简，紫服逶迤，绛节徘徊，真清都紫府之人也。是宜为教门之梯航，后学之领袖。蹑景丹霄，羽化白日。何遽混俗形解为默仙乎！以大中十三年十二月九日，迁化于安国观精思殿西隅道院，享龄六十八。传授备三师，历年周二纪。更隶平刚真多二治，换署元命西岳真人。弟子柳妙首、柳太霞，皆实犹子。"[1] 王虚明出家纯粹是出于道教信仰，未见有夫丧之类的家庭变故，她好像是毅然脱离了家庭（"遽捐俗累"）而归于道门的。她曾随玄元观道士韩贞璀授正一盟威宝箓，又随嵩山太一观法师邢归一传洞神、洞玄等法箓，再随麻姑山三洞法师邓延康授上清三景大洞等诀。此三人都是活跃在唐后期的著名道教人物，由此可见王虚明系师出名门，博采众长，故能成为一代"宗师"、道门"领袖"。其弟子柳妙首、柳太霞，疑为其夫家侄辈，故皆犹子。

在唐代墓志和史籍记载中，官僚士大夫女眷出家入道或信众很多，这与她们的家庭及地位也有很大的关系。

第三节　平民女冠与普通信众

在唐代浓厚的崇道社会风气影响下，平民家庭出身的普通信众和女冠应该更多。《旧唐书·叶法善传》载：叶法善在东都凌空观设坛醮祭，"城中士女竞往观之，俄顷数十人自投火中"。[2]《王屋山刘若水碑》曰：王屋山道士刘若水在东都设醮时，"都城士女，观者雾集"。[3] 这些士女除了皇亲贵戚、官僚士大夫女眷外，应该还有许多普通百姓的家属。

1　吴钢主编《全唐文补遗》第 8 辑，三秦出版社，2005，第 197 页。又见洛阳市第二文物工作队、乔栋、李献奇、史家珍编著《洛阳新获墓志续编》，科学出版社，2008，第 252 页。
2　《旧唐书》卷 191《方伎·叶法善传》，中华书局，1975，第 5107 页。
3　《王屋山刘若水碑》，载陈垣编纂，陈智超、曾庆瑛校补《道家金石略》（唐部分），文物出版社，1988，第 144~145 页。

一　平民女冠中的佼佼者

有一些道教名山胜境还成为广大妇女信众朝拜游览的圣地，如钟陵（今江西南昌）西山游帷观，相传为西晋著名道士许逊（许真君）修道成仙之处，每年中秋节为其成仙之日，举行盛大的节日庙会，士女云集，烧香拜神，甚为热闹。《裴铏传奇》载"文箫"故事曰："钟陵有西山，山有游帷观，即许仙君逊上升地也。每岁至中秋上升日，吴、越、楚、蜀之人，不远千里而携挈名香、珍果、绘绣、金钱，设斋醮，求福祐。时钟陵人万数，车马喧阗，士女栉比，数十里若阛阓。"[1] 还有一些关于女道士因修道而永葆青春的传说，也成为妇女学道的动力，其修道之地也成为人们向往的圣地。如关于华姑的传说，颜真卿《抚州临川县井山华姑仙坛碑铭》载："华姑者，姓黄氏，讳令微，抚州临川人也。少乃好道，丰神卓异，天然绝粒。年十二，度为天宝观女道士。年八十，发白面红如处子状，时人谓之华姑。蹑履而行，奔马不及。"华姑的"同学弟子黎琼仙，恒服茯苓、胡麻，绝粒四十余秋，年八十，齿发不衰。六七岁时亲睹其事"。大历三年（768），颜真卿出任抚州刺史，次年三月，山下有女道士曾妙行，梦见华姑，"韶颜润泽，虔修香火于此山，遐迩骇慕焉"。[2] 华姑约生活于武后至玄宗时（？~721），由于她曾于临川（今江西抚州临川）井山修炼，于是该地成为闻名遐迩的女仙胜迹。

唐代女性由于受社会风气的影响，许多人从小就慕道向道，长大后不愿嫁人，于是有一些人就出家做了女道士。如孟静素为京城至德观主，经历了南朝梁、陈以及隋、唐四朝，是一位影响很大的女道士。贞观名相岑文本《唐京师至德观法主孟法师碑铭》载："法师俗姓孟氏，讳静素，江夏安陆人也……幼而慕道，超然拔俗……虔

1　（唐）裴铏著，周楞伽辑注《裴铏传奇》，上海古籍出版社，1980，第88~89页。
2　陈垣编纂，陈智超、曾庆瑛校补《道家金石略》（唐部分），文物出版社，1988，第150~151页。

修经戒，长甘蔬菲……若夫金简玉字之余论，玄牝道枢之妙旨，三皇内文，九鼎丹法，莫不究其条贯……随高祖文皇帝闻风而悦，征赴京师。亦既来仪，居于至德之观，公卿虚己，士女翘心。于是高视神州，广开众妙，悬明镜于讲肆，陈鸿钟于灵坛。著录之侣，升堂者比迹；问道之客，及门者成群……我高祖以大圣缔基……崇三清以纬民，怀九仙而济俗……法师维持科戒，宏宣经典……以贞观十二年七月十二日遗形而化，春秋九十有七。颜色如生，举体柔弱，斯盖仙经所谓尸解者也……有敕赐以赙礼，资给葬事，并加隆焉。"[1]墓志没有提及其祖先履历，应是一位普通人家出身的女冠。但孟静素在隋文帝时被征召入京，居至德观，成为观主，传法授徒，问道者成群结队；唐朝建立以后，她又受到高祖、太宗两代帝王的尊礼，直到贞观十二年（638）才去世，享年97岁，可谓高寿。丧事由朝廷下诏，国家资葬，并由宰相撰写了墓志铭，可谓备极哀荣！

洞晖观女冠李玄真，以服饵为事，修炼王母长生之术，卒于睿宗景云二年（711）。《上智为玄真造象记》曰：

> 大唐故女官讳玄真，太上仙苗，陇西懿族。希夷之体，亲承老君之妙，益易之方，乃传王母之术。以景云二年岁次辛亥，四月丙□□六日辛巳升化于洞晖观。侄上智号恋罔极，攀慕无依，遂建崇仙宫，永流□□龄，万叶流芳。

清人端方在《匋斋藏石记》卷21中将李玄真当作唐宫女官，但又疑惑"玄真系宗女，似不应给事宫掖，所云女官，未知是何职司？"[2]其实女官，又作女冠，乃女道士之称。由于这是一方造像记，所记比较简略，只说她出身于"太上仙苗，陇西懿族"，应是指其为李氏；其侄上智也是一位道士，为她造像，还修建了一座宫观，可见

1　陈垣编纂，陈智超、曾庆瑛校补《道家金石略》（唐部分），文物出版社，1988，第54~55页。

2　陈垣编纂，陈智超、曾庆瑛校补《道家金石略》（唐部分），文物出版社，1988，第101~102页。

其家族财力应相当雄厚，即使不是官宦之家，家境也是相当殷实。

　　龙鹤山观女道士成无为，也是从小就好道，誓死不嫁，幼年出家，五十多岁时容颜不改，仍如少女。立于天宝九载（750）四月十三日的《龙鹤山成炼师植松柏碑》载："龙鹤山观隐人女道士成无为，通义郡丹棱县人也。□其调形炼骨，却粒茹芝，桃夭之年已翱翔乎凤篆，葛覃之□备涉猎于龙华。三洞十部之尊经，苞吞胸臆，赤书玉文之秘诀，靡不兼该。用能志迈恭□，誓死不嫁，情敦和道，幼而出家……仙师年逾知命而有少容，状如卅许童子，盖还丹却□之力也。"[1]该碑只介绍了成无为的籍贯及修为，却未述其家庭出身，应为普通人家，但从其学识程度及炼丹服气情形而言，也应为富裕人家。

　　至德观女道士杨法行，也是向来好道，虽已年迈但发黑浓密。撰于肃宗上元二年（761）三月廿九日的《唐至德观上座杨仙师志文》载："仙师讳法行，弘农人也。曾祖从政，祖自忠，父智果。"从碑志看，杨法行应出身于中古名门望族弘农杨氏，但又未述其父祖宦历，所以应是平民家庭。"景云二年，制度为女道士，从凤好也。开元中，诣清简先生，受三洞秘法。"杨法行为睿宗朝敕度女道士，玄宗开元年间随清简先生受三洞秘法。所谓"三洞"者，洞真、洞玄、洞神，乃修服者因兹入悟，研习者得以还源。"年几八十，鬓发如云"，上元元年（760）八月十八日，无疾而终，"享龄凡七十有五"。[2]至德观为京城皇家大观，杨法行父祖虽无仕宦履历，也应是富裕人家。

　　唐人李复言在《续玄怪录》中记载了一个女仙杨敬真的故事，曰：杨敬真，虢州阌乡县（今河南灵宝）长寿乡天仙村农家女。18岁时，嫁给同村王清，夫家也是穷苦农家。杨氏精于持家之道，夫家称赞她是"勤力新妇"。敬真"性沉静，不好戏笑，有暇必洒扫静室，闭门闲坐，虽邻妇狎之，终不相往来。生三男一女"。宪宗元和十二年

1　陈垣编纂、陈智超、曾庆瑛校补《道家金石略》（唐部分），文物出版社，1988，第143页。
2　赵耀辉：《读〈杨法行墓志〉》，《青少年书法》2017年第7期，第33~38页。按：北京大学图书馆藏有该墓志拓片，见北京大学图书馆金石组，胡海帆、汤燕、陶诚编《北京大学图书馆藏历代墓志拓片目录》04690，上海古籍出版社，2013，上册，第547页右栏。

（817）五月十二日夜，蝉蜕成仙而去，时年 24 岁。同天夜里和她一起修炼成仙的还有宋州人马信真、幽州人徐湛真、荆州人郭修真、青州人夏守真四人。[1] 这几位大概都是平民女仙。

二 《墉城集仙录》中的女仙群像

唐末道士杜光庭撰的《墉城集仙录》是一部专门记载女性修道者（女仙）事迹的仙传，其中有许多唐代女仙是平民家庭出身（见表 2-6）。

表 2-6　《墉城集仙录》中有关唐代女仙事迹

女仙名	籍贯	婚姻	事迹
王法进	剑州临津	未婚	孩孺之时，自然好道。家近古观，见尊像必敛手致敬。十余岁，有女官（冠）自剑州过其家，父母以其慕道托女官（冠），以保护之，授《正一延生箓》，名曰法进。专勤香火，护持斋戒，茹柏绝粒，时有感降。以天宝十一载（752）云鹤迎之升天
花姑黄灵微		未婚	花姑者，女道士黄灵微也，年八十而少容，貌如婴孺，道行高洁，世人号为花姑，蹀屦徐行，奔马不及，不知何许人也。自唐初来往江浙湖岭间，名山灵洞，无所不造。闻南岳魏夫人有坛靖在临川郡，遂求之。以则天长寿二年十月诣洪都西山，谒道士胡超而问焉，即为指南郭六里许，则其处也。姑访之，见坛迹宛然，因葺兴之。景云中，睿宗使道士叶善信将绣像幡花来修法事，于坛西建洞灵观，度女道士七人住持。洎明皇，醮祭祈祷不绝。开元九年，无疾而终。明皇使覆其事编入《后仙传》。开元二十八年三月乙酉，敕道士赍龙璧来醮，刺史张景佚立碑颂述。天宝八载，以魏夫人上升之所度女道士二人，常修香火。大历三年，颜真卿为抚州刺史，召仙台观道士谭仙岩、道士黄道进二七人住洞灵观，又以高行女道士黎琼仙七人居仙坛院。颜公述《仙坛碑》而自书之，以纪其事迹焉

---

[1] （唐）李复言：《续玄怪录》卷 1，载《玄怪录　续玄怪录》，程毅中点校，中华书局，2006，第 141 页。

续表

女仙名	籍贯	婚姻	事迹
徐仙姑	丹阳	未婚	隋朝仆射徐之才女。不知师奉何人，已数百岁，状貌常如二十四五岁矣，善禁咒之术。独游海内，名山胜赏，无不周遍。来往江表，吴人见之四十余年矣。颜色如旧，其行若飞，所至之处，畏而敬之若神明矣！咸通初，谓赡县（今浙江嵊州）白鹤观道士黄云陶曰："我先君仕历周隋，以方术闻名，阴功及物，今亦得道。故我为福所及，亦延年长生耳。"
缑仙姑	长沙	未婚	入道，居衡山，年八十余，容色甚少，于岳之下魏夫人仙坛精修香火十余年，孑然无侣。数年后，徙居湖南。相国郑畋自承旨学士贬梧州牧，师事于姑。姑谓曰："此后四海多难，吾将卜隐九疑矣。"后隐去
边洞玄	范阳	未婚	幼而高洁敏慧，仁慈好善。年十五，白其父母，愿得入道修身，绝粒养气。父母怜之，未许。既笄，誓以不嫁，奉养甘旨。数年，丁父母忧。服阕，诣郡中女官（冠），请为道士。每有所得，市胡麻、茯苓、人参、香火之外，贮五谷之类。性好服饵，一旦，有老叟负布囊入观卖药，曰："大还丹，饵服之者长生神仙，白日升天。"洞玄服之，于七日后升天。明皇乃敕其观为登仙观，楼曰紫云楼，以旌其事。仍敕校书郎王端敬之为碑，以纪其神仙之盛事者也
黄观福	雅州百丈	未婚	民女。自幼不食荤血，好清净，家贫无香，取柏叶、柏子焚之。或食柏叶，饮水自给，不嗜五谷。既笄，父母欲嫁之，乃自投水中。父母捞得一古木像天尊，金彩已驳，状貌与女无异。便以木像置于路侧，号泣惊异而归。其母忆念不已，忽有彩云仙乐，导卫甚多，与女伴三人下其庭中，谓父母曰："女本上清仙人，有小过谪在人间，年限既毕，复归上天，无至忧念也。"以金数饼遗父母，升天而去。即麟德年也，今俗呼为黄冠佛，盖以不识天尊像，仍是相传语讹，以黄观福为"黄冠佛"也
阳平治谪仙妻，不知其名	彭州九陇	已婚	九陇居人张守珪有茶园在阳平化仙居山内。每岁召采茶人力百余，男女佣工者杂处园中。有一少年，自言无亲族。守珪怜之，以为义儿。又一女，年二十余，亦无亲族，愿为义儿之妇，守珪甚善之。二人皆有道术，少年曰："我阳平洞中仙人耳，因有小过，谪于人间，不久当去。"旬日之间，忽夫妇俱去

续表

女仙名	籍贯	婚姻	事迹
神姑卢眉娘	范阳涿县	未婚	后魏北祖帝师卢景祚之后。生而眉长且绿，因以为名。永贞元年，南海太守以其奇巧而神异，贡于京。顺宗皇帝叹其巧妙，二宫内谓之神姑。入内时，方年十四，每日但食胡麻饭三二合。至元和中，宪宗皇帝嘉其聪慧，赐金凤环以束其腕。久之，不愿在宫掖，乃度为女道士，放归南海，赐号曰"逍遥"。数年不食，一旦羽化，往往人见乘紫云于海上。罗浮李象先作《卢逍遥传》，苏鹗载其事于《杜阳编》中
王奉仙	宣州当涂	未婚	民家女。家贫，父母以纺绩自给。奉仙年十三四，因田中饷饭，忽见少女十余人，与之嬉戏，久之散去。常昼往日来，或引其远游，凌空泛回，无所不到，江左人谓之观音。咸通末，相国杜审权镇金陵，令狐绹镇维扬，延请供养，声溢江表。其后秦彦请留于江都，执师之礼。自咸通迄光启四十年间，游淮浙，之宛陵，所到之处，观者云集。其有拥众威悍如孙儒、赵宏、毕师铎，及睹其神貌，不觉折腰，屈膝伸弟子之礼。后与二女弟俱入道，居洞庭山。光启初，迁余杭界千顷山。岁余，无疾而化，年四十八。其不食三十年，童颜雪肌，常若处子，疑为金丹玉液之效也
杨正见	眉州通义	已婚	县民杨宠女，幼聪悟仁悯，雅尚清虚。既笄，父母娉同郡王生，王亦巨富，好宾客。一旦，正见至一山舍，有女冠在，因留止焉。此山有人形茯苓，得食之者白日升天。正见蒸食之，容状益异，光彩射人，常有众仙降其室，与之论真宫天府之事。岁余，白日升天，即开元二十一年（733）十一月三日也。其升天处，即今邛州蒲江县主簿化也，昔广汉主簿王兴上升于此
董上仙	遂州方义	未婚	年十七，神姿艳冶，寡于饮膳，好静守和，不离于世。乡里以其容德，皆谓之上仙之人，故号曰上仙。唐开元中，天子好尚神仙，闻其事，诏使征入长安。月余，乞还乡里，许之，中使送还家。百余日，升天，父母哭之，因蜕其皮于地，乃飞去。皮如其形，衣结不解，若蝉蜕耳，遂漆而留之，诏置上仙、唐兴两观于其居处，在州北十余里，涪江之滨焉
戚玄符	冀州	已婚	冀州民妻。三岁得病而逝，父母号恸方甚，有道士过其门曰："此可救也。"抱出示之曰："此必为神仙，适是气蹶耳。"衣带中解黑符以救之，良久遂活，父母致谢。遂以玄符为名。及为民妻，而舅姑严酷，侍奉益谨。夜有神仙降之，授以灵药，大中十年（856）八月十日升天

续表

女仙名	籍贯	婚姻	事迹
王氏女		未婚	徽之侄女。父随兄入关，徽之时在翰林。王氏与生母刘及嫡母裴，寓居常州义兴县湖㳇渚桂岩山，与洞灵观相近。王氏自幼不食酒肉，攻词翰，善琴，好无为清静之道。及长，誓志不嫁，常持《大洞三十九章》《道德章句》，户室之中，时有异香气，父母敬异之。一旦小疾，裴与刘于洞灵观修斋祈福。是日稍愈，亦同诣洞灵佛像前，焚香祈祝。及晓归，坐于门右片石之上，题绝句曰："玩水登山无足时，诸仙频下听吟诗。此心不恋居人世，唯见天边双鹤飞。"此夕奄然而终。葬于桂岩之下，棺轻，但闻香气异常，发棺视之，止衣舄而已。今以桂岩所居为道室，即乾符元年（874）

表 2-6 中提到的 13 位女仙，有 10 位未婚，3 位已婚，未婚者占了大部分。这些修道女仙大都是从小就好道，通过勤修终于得道。由于《仙录》的编撰是出于宣扬道教灵验的目的，其中充斥着大量的民间传说与神话故事，所以自神或假托之处很多。

徐仙姑自称为隋朝仆射徐之才之女，显然就是伪托。仙姑说其父"仕历周隋，以方术闻名"，然而徐之才系由南朝入北朝，最后卒于北齐。《北齐书·徐之才传》载："徐之才，丹阳人也。父雄，事南齐，位兰陵太守，以医术为江左所称。"徐之才得家传，"大善医术"。后为北魏所俘，官至北齐仆射。其墓志（《齐故太子太师侍中特进骠骑大将军开府仪同三司使持节都督兖齐徐三州诸军事兖州刺史录尚书事司徒□池阳县开国伯安定县开国子西阳王徐君志铭》）载："王讳之才，字士茂，东莞姑幕人。"卒于北齐后主武平三年（572），终年 68 岁。[1] 丹阳（今安徽当涂）为徐氏南渡后定居地，东莞姑幕（今山东莒县）为其祖籍。如果仙姑系徐之才之女，假定徐之才 28 岁时有仙姑，则仙姑出生于 532 年，到咸通元年（861），已 330 岁。显然不太可能，所以仙姑出身肯定是假。

1　赵超：《汉魏南北朝墓志汇编》，天津古籍出版社，2008，第 455~459 页。

神姑卢眉娘，又见于唐人苏鹗《杜阳杂编》载："永贞元年，南海贡奇女卢眉娘，年十四，称本北祖帝师之裔，自大定中流落于岭表。"自注曰："后汉卢景祚、景裕、景宣、景融兄弟四人皆为帝师，因号为帝师也。"[1]后汉应为后（北）魏之误。苏鹗出生时间稍早于杜光庭，杜书系抄录自苏编。《杂编》曰："眉娘生而眉如线细长也。"而《仙录》改作"生而眉长且绿"，绿眉如果不是修饰，殊不可解。顺宗永贞元年（805）时，卢眉娘14岁。而卢景祚曾任北魏司空掾。[2]相距也近三百年，卢眉娘之祖要不是伪托，到她这一代也早已是破落户。

王氏女，据《仙录》载为王徽之的侄女，王徽之曾任翰林学士。然而，王徽之为东晋时人，著名书法家王羲之的儿子，唐末未见有名王徽之者，抑或为王徽之误？王徽，京兆（今陕西西安）人，僖宗朝曾任翰林学士，官至宰相，卒于昭宗大顺元年（890）十二月。但《新唐书·宰相世系表》并未载其有弟。新、旧《唐书》本传也未载王氏曾寓居江南事。《仙录》载王氏之父随兄王徽入关，但又未言其父曾任何职，故仍将王氏当作非官僚家庭出身者。

戚玄符的事迹与南唐沈汾《续仙传》中戚逍遥的经历颇有相似之处，抑或为同一人欤？据说戚逍遥是冀州南宫（今河北南宫）人。其父以教授为业。"逍遥十余岁，情颇清淡，不为儿戏，有好道心。父母亦知之，常行阴德于人。"父以《女诫》教之，逍遥却不屑学，而好读老子仙经。二十多岁时，嫁给同县蒯浔。"舅姑严酷，责之以蚕农怠惰。而逍遥晨暮以斋洁修净为事，殊不以生计在意，蒯浔亦屡责之。"由于夫家不满，逍遥只好请求回娘家居住，可是娘家人也同样要求她，于是她"以不能为尘俗事，愿独居静室修道"，其夫及公婆无可奈何，从此不再管她。"而逍遥但以香水为绝食静想，自歌曰：'笑看沧海欲成尘，王母花前别众真。千载却归天上去，一心珍重世

1　（唐）苏鹗：《杜阳杂编》卷中，阳羡生校点，载《唐五代笔记小说大观》，上海古籍出版社，2000，第1381~1382页。

2　《隋书》卷71《诚节·卢楚传》载："卢楚，涿郡范阳人也。祖景祚，魏司空掾。"中华书局，1973，第1650页。

间人。'"夫家及邻里都以为她被妖怪附体，不料三日后，她却白日升
天，县民都目睹其事，无不惊叹。[1]据此可知，戚玄符与戚道遥都是冀
州人，都是从小就好道，都曾嫁人，公婆还都很严厉，最后都是升仙
而去，加之又都姓戚，该姓氏还不是个大姓，所以颇疑二者为同一人。
只是《续仙录》比《仙传》记载要简单，记载事迹的重点也不同。

三　平民出身的女冠诗人

　　唐代还有三位平民家庭出身的著名女诗人李冶、薛涛、鱼玄机，
被后人称为"女冠诗人"。李冶、鱼玄机早年入道，而薛涛则是在晚年
才披度道服的。今人关于她们三人的研究甚多，以下只作简单介绍。

　　中唐诗人李冶（一作"治"，又曰"裕"），字季兰（《太平广记》
作"秀兰"），著名女冠诗人，长期活动于浙东乌程（今浙江吴兴）一
带。最早提到李季兰的是中唐时人高仲武编的唐人诗集《中兴间气
集》，其中收录有她的 6 首诗作，并评价道："士有百行，女唯四德。
季兰则不然，形气既雌，诗意亦荡。自鲍昭以下，罕有其伦。"[2]但并未
提到她是女道士。五代后蜀韦縠编的《才调集》也是一部唐人诗集，
其中收录有李季兰的 9 首诗作，并介绍说："女道士李治（治当为冶
之误）。"自注曰："字季兰。"[3]其事迹见于五代王仁裕《玉堂闲话》曰：
"李秀（秀当为季之误）兰以女子有才名。初五六岁时，其父抱于庭，
作诗咏蔷薇，其末句云：'经进未架却，心绪乱纵横。'父恚曰：'此女
子将来富有文章，然必为失行妇人矣。'竟如其言。"[4]李冶五六岁时便
能吟诗，其才学应是出自家传。其父大概是一位寒士或教书先生，应

1　（南唐）沈玢:《续仙传》卷上，载《道藏》第 5 册，文物出版社、上海书店、天津古籍出版社，
　　1988 年影印本，第 84 页。
2　（唐）高仲武编《中兴间气集》卷下，载《唐人选唐诗（十种）》，上海古籍出版社，1978，第
　　292 页。
3　（后蜀）韦縠编《才调集》卷 10，载《唐人选唐诗（十种）》，上海古籍出版社，1978，第
　　664 页。
4　《太平广记》卷 273 "李秀兰" 条引《玉堂闲话》，中华书局，1961，第 2150 页。

该是出身于平民家庭。

　　薛涛，字弘（或作洪）度，也是中唐著名女诗人，本出身于长安良家子，随父宦游蜀地，入乐籍，成为营妓，晚年可能入道。晚唐孙棨撰《北里志》序曰："比常闻蜀妓薛涛之才辩，必谓人过言，及睹北里二三子之徒，则薛涛远有惭德矣。"[1] 时人范摅《云溪友议》卷下也载："西蜀乐籍有薛涛者，能篇咏，饶词辩，常悄悒于怀抱也。"[2] 后来五代前蜀景涣《牧竖闲谈》、后蜀何光远《鉴诫录》以及北宋孙光宪《北梦琐言》、王谠《唐语林》等书都有记载。然而，至南宋章渊《槁简赘笔》始有薛涛晚年入道之说："蜀妓薛涛字弘度，本长安良家子。父郑，因官寓蜀。涛八九岁，知声律。其父一日坐庭中，指井梧而示之曰：'庭除一枯桐，耸干入云中。'令涛续之，应声曰：'枝迎南北鸟，叶送往来风。'父愀然久之！父卒，母孀居。韦皋镇蜀，召令侍酒赋诗，因入乐籍。涛暮年屏居浣花溪，着女冠服，有诗五百首。"[3] 后人遂沿袭其说，如明胡震亨《唐音统签》、清人编《全唐诗·薛涛小传》都采其说。薛涛有《试新服裁制初成三首》诗曰：

　　　　紫阳宫里赐红绡，仙雾朦胧隔海遥。霜兔毳寒冰茧净，嫦娥笑指织星桥。

　　　　九气分为九色霞，五灵仙驭五云车。春风因过东君舍，偷样人间染百花。

　　　　长裾本是上清仪，曾逐群仙把玉芝。每到宫中歌舞会，折腰齐唱步虚词。[4]

1　（唐）孙棨：《北里志》序，曹中孚校点，载《唐五代笔记小说大观》，上海古籍出版社，2000，第 1403 页。

2　（唐）范摅撰，唐雯校笺《云溪友议校笺》卷下《艳阳词》，中华书局，2017，第 164 页。

3　（宋）章渊：《槁简赘笔》，载（明）陶宗仪等编《说郛三种》卷 24，上海古籍出版社，2012 年影印本，第 4 册，第 1150 页下栏。

4　（唐）薛涛撰，张篷舟笺，张正则等续笺《薛涛诗笺（修订版）》，人民文学出版社，2012，第 58 页。

　　这三首诗的神仙道教意味很浓，极像是一个新入道者在试穿新缝制的道服时所写，应是薛涛晚年出家入道时的作品。[1] 由此观之，薛涛晚年入道并非空穴来风。

　　晚唐著名女冠诗人鱼玄机，出身也很卑微，后入长安咸宜观为女冠。皇甫枚《三水小牍》卷下载："西京咸宜观女道士鱼玄机，字幼微，长安倡家女也。色既倾国，思乃入神。喜读书属文，尤致意于一吟一咏。破瓜之岁，志慕清虚。咸通初，遂从冠帔于咸宜，而风月赏玩之佳句，往往播于士林。然蕙兰弱质，不能自持，复为豪侠所调，乃从游处焉。于是风流之士争修饰以求狎，或载酒诣之者，必鸣琴赋诗，间以谑浪，懵学辈自视缺然。"[2] 鱼玄机本为倡家女，16 岁时因向往清虚生活而出家。因她好读书作诗，时有吟咏，佳句往往传诵于文坛，故士人豪侠争相与之交游酬唱。

　　由于她们三位都曾与多名士人保持亲密关系，因此被后人称作"风流女冠"。唐代道教宫观女冠生活的确相对自由开放一些，有的女冠甚至还可以入住道士观，如王屋山女道士柳默然最后就是在东都圣真观去世的，唐玄宗的外孙女、新平公主的女儿姜氏也是在西京昊天观去世的。许多女冠观，士人也可以自由出入，甚至留宿，如华阳观就是这样，白居易就作有《春中与卢四周谅华阳观同居》诗。所以女道士可以较为自由地与男道士和士人交往，甚至恋爱。如骆宾王就写有《代女道士王灵妃赠道士李荣》诗，描写了女道士王灵妃与道士李荣恋爱之事。至于女道士与士人相爱之事，则也很多见，如李商隐就曾与华阳宋真人有恋情，作有《赠华阳宋真人兼寄清都刘先生》《月夜重寄宋华阳姊妹》等诗，甚至像玉真公主还与张姓士人生有二子。但是，这并非广大女冠的普遍生活状态，因此也就不能据此得出唐代女性出家入道是为了追求相对自由开放的生活方式的认识。

1　焦杰：《唐代女性与宗教》，陕西人民教育出版社，2016，第 281 页。

2　（唐）皇甫枚：《三水小牍》卷下，中华书局，1958，第 32 页。

第四节　改佛宗道与佛道兼修者

　　唐代社会氛围比较宽松，儒、佛、道三教并重，多种思想文化意识形态并存。当时社会上崇道信佛者甚众，甚至佛道兼修、三教并崇者也比比皆是；还有先信佛，后崇道，或中途又弃道改宗佛者，也很常见。

一　女性改佛宗道现象

　　唐代妇女群体中有原本信仰佛教，后来却改宗道教者。这种情况既有政治因素，也有其他原因。

　　王屋山女道士柳默然就是先倾心佛法，后来改奉道术，还成为一位著名女冠。李敬彝《大唐王屋山上清大洞三景女道士柳尊师真宫志铭》载："开成五年六月廿九日，唐故监察御史里行天水赵府君夫人王屋山柳尊师，迁解于东都圣真观之道院……□师姓柳氏，讳默然，字希音，河东虞乡人也。高祖范，皇朝尚书右丞……曾祖齐物，莱、睦二州刺史。祖喜，冀州武邑主簿，避燕寇江南，因自绝禄仕。父淡，幼善属文学，通百氏，诏授江州户曹掾，不就，高□于贤侯之座以终世。户曹娶扬府萧功曹颖士女，生尊师，尊师生三岁而失怙恃，见育于祖母。祖母殁，终养于外族……年十四归于赵氏……历廿年，遭未亡之酷……乃栖心佛乘，一旦解缚，由是□阅水，修长存，奉至真无始之教。初授正一明（盟）威箓、灵宝法于天台，又进上清大洞三景毕箓于衡岳，遂居王屋中岩曰阳台、贞一先生司马子微之故居。享年六十八。有子男三人……女子二人，皆早从玄志，列位上清。长曰右素，先解化。次曰景玄，今居王屋山。"[1]志主出身于名门望族，默然应为其归道后的法号。柳氏为河东著姓，唐玄宗后宫有柳婕妤，为柳范之女、柳齐物之妹，生永穆公主及延王玢，《新唐书·十一宗诸

1　陈垣编纂，陈智超、曾庆瑛校补《道家金石略》（唐部分），文物出版社，1988，第179~180页。

子传》载："延王玢，母尚书右丞范之孙，帝重其名家，而玢亦仁爱
有学。既封，遥领安西大都护。"[1]唐人赵璘《因话录》卷 1 也载："玄
宗柳婕妤，生延王玢。肃宗每见王，则语左右曰：'我与王，兄弟中
更相亲，外家皆关中贵族。'"自注曰："婕妤有学问，玄宗甚重之"；
"柳氏姻眷，奕叶贵盛，而人物尽高"；玄宗曾称赞"柳氏多贤子
女"。[2]柳默然的外祖父萧颖士（708~759），为盛唐著名文学家。柳
默然虽然出身高贵，但自幼即失去双亲，先后在祖母和外祖母家寄
养成人，14 岁时嫁给天水赵氏，34 岁时守寡。她先以佛教作为精神
寄托，后来又自我解脱，感叹人生如流水，决定修长生之道，于是
出家奉道，成为女冠。先后于天台、衡岳受道法，又居王屋山，最
后解化于东都。在她的影响下，她的两个女儿右素、景玄（俱为法
号）也入道。柳默然为什么中途改佛宗道？墓志并未详述其原因，
但从其父祖经历来看，都是高尚隐居不乐仕进者，也许是受到这种
家族传统的影响。

　　唐武宗时发动灭佛运动，因"会昌法难"而中途改宗道教者大有
人在。如法号行周的女真冯氏就是如此，《唐女真长乐冯氏墓志铭》载：
"唐大中十二年岁次戊寅五月辛酉朔十一日辛未，女真长乐冯氏示终于
洛阳立行里第，享年八十有一……曾祖道仪，皇著作郎。祖嗣，皇宋
王府记室参军，赠礼部员外郎。烈考安都，皇简王府司马，赠兵部尚
书……炼师即兵部府君之长女也。法号行周，实依释氏。会昌中，天
子去佛宇，逐斥其徒，遂育发冠黄而从玄老焉……年将及笄，诸父议
其有归，因自誓……毁簪珥以髡削乎发……炼师……非如他人之修道，
以其成果于一□伽蓝宫观，无所住持□板舆于以东西焉……遂卜居于
洛汭。"[3]女真冯氏虽然出身于官宦之家，但从小醉心于宗教，誓不嫁人，
她最初削发为尼，但因会昌灭佛而改依道法。冯氏似乎并没有归隶于
任何寺观，也未见其有师承，大概属于自我修行者。

1 《新唐书》卷 82《十一宗诸子传》，中华书局，1975，第 3613 页。
2 （唐）赵璘：《因话录》卷 1，载《唐国史补　因话录》，上海古籍出版社，1979，第 68 页。
3 赵君平、赵文成编《秦晋豫新出墓志搜佚》第 4 册，国家图书馆出版社，2012，第 1033 页。

　　支炼师，也是因"会昌灭佛"而改宗道教的。《唐鸿胪卿致仕赠工部尚书琅耶支公长女炼师墓志铭并序》载："师姊第卅二，法号志坚，小字新娘子。曾祖讳平，皇江州浔阳丞；祖讳成，皇太子少詹事赠殿中监；显考讳□，皇鸿胪卿致仕赠工部尚书……迭居官职，咸在班朝。……稚齿抱幽忧之疾，九岁奉浮图之教，洁行晨夕，不居伽蓝。……中涂佛难，易服玄门……春秋五十，咸通二年九月十二日没于富州之公舍。"[1] 支氏也是一个出身于官僚家庭的女性，其祖先可以追溯至西域月氏国，为汉魏以来入华的汉化胡人。支炼师从小因身体有疾而奉持佛教，在家修行，也是因中经"佛难"而易服玄门的。

　　武宗灭佛是唐后期政治史和中古社会文化史上的一件大事，在这种剧烈的社会大变动面前，个人的命运也被迫随着时代的巨变而不断调适。当然，既然有因灭佛而改宗玄门的情况，那么应当也有崇佛抑道时改道宗佛者。这些都是一些特殊时期出现的特殊情况。

二　佛道兼修与三教兼通者

　　还有一些同时受到佛道二教影响的女性，她们既追求长生，又修习佛法。如李无等，其夫祖皆经历仕宦，其父则高尚不仕，是个道教爱好者。《洛州陆浑县飞骑尉毛君故夫人李氏墓志铭并序》载："夫人字无等，陇西成纪人也。曾祖毗，隋开府仪同三司、嶲州郡守；祖通，唐朝奉议郎、嶲州和集县令……父□恭，高尚乐道，□乎不拔……夫人□质圆流，腾芳长□……嗟□渊之恒婴，恐生涯之易尽。于是承龙宫之妙丹，采鹿苑之良药，结念一乘，虔诚六度……越以大唐咸亨二年岁次辛未九月□未朔九日癸卯卒于尊贤坊之第焉，春秋廿有六。"[2] 李氏可能是受其父影响，出于追求长生之目的，炼丹服药。但

1　周绍良主编《唐代墓志汇编》咸通 020，上海古籍出版社，1992，第 2393 页。
2　周绍良主编《唐代墓志汇编》咸亨 040，上海古籍出版社，1992，第 538 页。

李氏于佛道二教，皆有所好。从"鹿苑""一乘""六度"等语来看，李氏又受到佛教的影响，可能是一位佛道双修者。

梁氏夫人则是一位从小既受儒家礼法熏陶，又佛道兼修者。《唐故处士张府君夫人梁氏墓志铭》载："夫人讳□，字□□□，河南洛阳人也。……犹是衣冠宗焉，代为著。□秀，周征士……父隆，隋陈留县主簿。……夫人即陈留府君之第二女也……爰至弱笄，归于范阳张氏。……粤以乾封元年八月六日寝疾，薨于思顺里第，春秋七十有七……夫人少习诗礼，长闲音律，既阅道书，尤精释典。约□必以义，厚已不容非。"[1]梁氏夫人出身名宦，习诗礼，善音律，阅道书，精释典，可谓儒、佛、道三教兼通者。

裴氏夫人，出身于河东著姓、官宦名门。早岁丧亲，曾誓不出嫁，后嫁给华族薛氏，薛氏不幸先亡，于是虔心三教。其族孙裴良撰写的《唐故尚舍直长薛府君夫人裴氏墓志铭并序》载："夫人裴氏，河东闻喜人。……曾祖思质，汾州刺史、太平县开国公；祖行颛，魏州顿丘县令；父贞固，楚州淮阴县令……夫人即淮阴之仲女也……浮荣不幸，移天早殁……夭夭华岁，茕茕誓居，卅余年，志不我忒……直长府君云亡，竟不听弦管……聿备三善，腾心八解，金仙圣道，味之及真，外身等物，不竟以礼，放迹远俗，谓为全生，凝神寂冥，块然而往。春秋五十有九，以开元十三年五月廿三日考终于通利之里第。……先是遗付不许从于直长之茔，以其受诫律也。"[2]"三善"指君臣、父子、长幼之间的三种儒家道德规范；"八解"则为佛教语，又称"八解脱"，为八种禅修方式的合称；"金仙"则为佛道皆用语，释家指代佛，道门则指仙人修炼达到的最高境界大罗天仙。从墓志来看，裴氏对儒、佛、道三教思想都有一定的了解，应是位三教兼修者。

陈照也是一位三教兼宗的士族女性。崔藏曜《大唐故陈夫人墓

1　周绍良主编《唐代墓志汇编》乾封016，上海古籍出版社，1992，第452~453页。

2　周绍良主编《唐代墓志汇编》开元227，上海古籍出版社，1992，第1313页。

志铭》载："夫人讳照，字惠明，颍川长社人，陈后主叔宝之玄孙也。……曾祖庄，陈会稽王扬州牧；祖元顺，皇朝散大夫考城县令；父希冲，朝议郎、怀州司士参军，早亡……夫人九岁而孤，为外王父房州刺史赠太常卿崔敬嗣、外王母金城郡君李氏所字。……雅好史汉诗礼，略通大义，尤重释典道经，颇诣宗极。……以天宝三载正月廿日薨于江阳县之官舍，春秋四十八。"[1]陈照为南朝陈宗室后裔，父祖及夫家皆历仕官宦，其夫为三原县令卢全善。她也是从小就熟读经史，精通释典道经，这应和她的家庭出身是有重要关系的。

裴雍熙，出身中古名门望族河东裴氏，其父祖及丈夫家皆为官僚。其子王稷撰、王税书《大唐故前济阳郡卢县令王府君并夫人裴氏墓志铭并序》载："府君讳同福，字长卿，陇西狄道人也……以天宝七载十月廿五日，终于洛阳县尊贤里私第，春秋六十有二。夫人讳雍熙，字大和，河东闻喜人也。曾祖正，隋长平郡赞治；祖德，太学明经出身，辞疾不仕；父守祚，皇泗州下邳县令。夫人则下邳公之长女也。风范水清，心目虚洞。言容四行，遵礼义而莫差；道释二门，悟希微于无我……顷与府君俱寝疾已，于是月十八日，终于洛阳县依仁坊私第，春秋五十。"[2]从墓志可知，裴夫人遵礼义，悟道释，于三教皆有所好。

景氏夫人，因病久治不愈，到处求神拜佛，延医问药。其夫邢倨《大唐河南府汜水县丞邢倨夫人景氏墓志铭并序》载："夫人姓景氏，丹杨人也……曾祖恺，皇梓州长史。祖象名，皇越州剡县令。父浚，皇棣王府仓曹参军……夫人即仓曹府君之季女……虽定性未入于空门……厥初寝疾，逮乎一纪，靡神不祷，靡医不求。道可延生，乃登坛斋请；释可拔苦，心罄家舍施……以贞元三年六月十一日，终于时邑里之私第，享年五十有五。"[3]景氏也出身于官僚家庭，因受传统礼法的熏陶，本来没有什么宗教信仰，她敬道礼佛，纯粹是出于治病之

1　周绍良主编《唐代墓志汇编》天宝 074，上海古籍出版社，1992，第 1582~1584 页。

2　周绍良主编《唐代墓志汇编》天宝 138，上海古籍出版社，1992，第 1628~1629 页。

3　周绍良主编《唐代墓志汇编》贞元 011，上海古籍出版社，1992，第 1844~1845 页。

现实功利目的。像她这种对待宗教的态度，应是现实生活中大多数民众的真实信仰状况。

南氏夫人，宗释道，览诗史，通人事，也是一位很有教养的女性。《唐故颍川陈君夫人鲁郡南氏墓志铭并序》载："有唐元和六年岁次辛卯九月戊申，陈氏姊终于东都仁风里第，春秋二十二……曾祖皇盛王府录事参军，讳琰；大父皇给事中，讳巨川；烈考皇汉州刺史，讳缵；亲京兆韦氏，文学博业，礼乐修家，实生夫人……每宗释道，常览诗书，人事之奥，靡不通晤。年二十一，归于颍川陈商……岁始一周，不幸寝疾……奄以化归。"[1]南氏夫人，出身于书香门第，也是三教兼宗。然而出嫁后，刚过一年，就因病过世，令人神伤。

蒋氏夫人，既爱好佛教，又潜心黄老，还受正一箓，成为女冠，道号道微。其子王充撰写的《唐故太中大夫殿中少监致仕骑都尉琅邪王公故夫人乐安郡太君蒋氏玄堂志》载："曾祖讳元佑，皇徐州彭城县令、赠秘书少监；祖讳钦绪，皇吏部侍郎、大理卿，累赠至礼部尚书；考讳清，皇巩县主簿，赠文部郎中，又赠礼部侍郎；外祖仙州西平县主簿范阳卢公讳沐。太君……宿契上乘，诵《妙法莲华经》，广自在惠因，法讳实相义。晚岁亦探黄老之术，受正一箓，道号道微。故以方便真素，理家及物，尽三教之奥旨，符一切之大顺，而我无取焉。享年七十三。"[2]蒋氏夫人也出身宦门，从小受到良好的教育，精通儒、佛、道三教。

张氏夫人，也是一个儒经、释典、道书都有所涉猎的女性。由其长子苗愔（朝散大夫、前使持节江州诸军事守江州刺史、上柱国）撰，次子苗恽（前徐、泗、宿、濠等州观察判官，将仕郎，监察御史里行）书写的《唐故太原府参军赠尚书工部员外郎苗府君夫人河内县太君玄堂志铭并序》载："维会昌元年岁次辛酉三月壬申朔十三日甲申，河内县太君捐养于江州刺史之官舍，享年六十七……皇考赠尚书工部员外郎

---

1 周绍良主编《唐代墓志汇编》元和048，上海古籍出版社，1992，第1983页。
2 周绍良、赵超主编《唐代墓志汇编续集》大和001，上海古籍出版社，2001，第879~880页。

之兆……夫人姓张氏……清河人。皇祖重光，为尚书左丞；烈考继，为夏阳县令，娶姑臧李夫人，生三女。夫人其季也。……考协声律，探究坟素，玄经释籍，前言往行，一经于耳，必注于心；合于理者，必行诸己。"其长子苗愔娶宰相牛僧孺长女，次子苗恽娶绛守河间刘元鼎之次女。其次女道真大概也因受到她的影响，"早宗于释，坏服为尼"，出家修行佛法去了。[1]

郑琼夫人，因小时候有人给她算过命，说她活不过三十岁，从此她就经常自疑寿短，奉持佛道二教。其夫杨牢撰《荥阳郑夫人墓志铭》载："元和四年己丑岁九月，夫人生于长安南杜陵。大和二年戊□□□□杨氏之室，会昌元年辛酉岁五月殁于东都康俗里，时年三十三……夫人性闲默澹重……性本悲怯，每自疑不寿，固云：吾年七岁时，在京城中有以《周易》过门者，先夫人为吾筮之，遇乾之剥，以□之寿不能过三十，繇是以佛道一教，恳苦求助，因衣黄食蔬，三元斋戒，讽《黄庭》《道德经》，余日则以《金刚》《药师》《楞伽》思益为常业，日不下数万字，晦朔又以缗钱购禽飞，或沉饭饱鱼腹……常令小儿持笔，题其户牖□壁之上，为'大吉长寿'字，每一览之则暂喜，如远客得家信。庚申年春，夫人尝得疾，服药未效，因自以《焦氏易林》筮之……既逾年而终……夫人讳琼，字德润，荥阳人。当魏孝文时，族氏为山东第一……王父官至河中□君，讳侑，父为盐铁司、殿中御史，讳博古。外祖赵郡李公，为户部尚书，讳峦。"[2] 郑琼出身于官宦之家，其父祖及外祖皆为官僚，丈夫杨牢为藩镇文官（充、海、沂、密等州观察推官，文林郎，试大理评事）。从墓志来看，郑氏并无明显的宗教偏好，甚至以佛道为一教，既吃斋念佛抄经，施舍放生，也身着道袍，诵读道书，每逢道家三元节还虔诚斋戒，同时她还相信和精通卜筮之术，居家则让孩子于窗户墙壁上书写"大吉长寿"之字，每见则满心欢喜，皆因追求长生。

1　周绍良主编《唐代墓志汇编》会昌 003，上海古籍出版社，1992，第 2211~2212 页。
2　周绍良主编《唐代墓志汇编》会昌 005，上海古籍出版社，1992，第 2214 页。

李氏女，出身于中古名门望族赵郡李氏，其曾祖父为李吉甫，从祖为李德裕。由其弟李尚夷撰写的《唐故赵郡李氏女墓志铭》载："小娘子曾祖讳吉甫，门下侍郎、同中书门下平章事，赠太师；祖讳德修，楚州刺史、兼御史中丞，赠礼部尚书；考讳从宽，度支两池榷盐使兼御史中丞。中丞不婚，小娘子生身于清河张氏。小娘子即中丞之长女也。……及五六岁，能诵书学书，女工奇妙，尽得之矣。泊七八岁，宛有成人之器，心归释氏，情向玄门，虽颠沛间，亦必于是……以咸通十二年十二月二日遘疾于洛阳履信里第，享年卅有四。"[1] 李氏从小诵读诗书，精通女红，又倾心释教，向慕玄门，虽然身处颠沛之中，虔诚信仰之心却未变，卒年仅 34 岁，似乎终身未嫁。

　　总之，唐代女性入道者众多，从女冠观的设置及对道士的统计数字中也可以看出来。《唐六典》卷 4《尚书礼部》"祠部郎中员外郎"条载："凡天下观，总一千六百八十七所。"注曰："一千一百三十七所道士，五百五十所女道士。"[2] 其中道士观占 67%，女道士观占 33%，约为整个道观的 1/3。《唐六典》修成于玄宗开元年间，应该反映的是盛唐时期妇女入道的盛况，具有一定的代表性。又《新唐书·百官志三》"崇玄署"条载："天下观一千六百八十七，道士七百七十六，女官九百八十八。"[3] 其中关于道观的统计数字与《唐六典》相同，这说明其资料来源即为《唐六典》；而在道士的统计数字中，道士仅占 44%，女官则占到了 56%，女官的数量明显超过了道士。这个数字虽然不一定准确可靠，却生动地反映出了唐代妇女入道之风盛行。论者常好引用清代著名学者龚自珍在《上清真人碑书后》中的一段议论说：

　　　　唐之道家，最近刘向所录房中家，唐世武曌、杨玉环皆为女道士，而至（玉）真公主奉张真人为尊师。一代妃主，凡为女道士，可考于传记者四十余人，其无考者，杂见于诗人风（讽）刺

1　周绍良主编《唐代墓志汇编》咸通 101，上海古籍出版社，1992，第 2456~2457 页。

2　（唐）李林甫等：《唐六典》卷 4，陈仲夫点校，中华书局，1992，第 125 页。

3　《新唐书》卷 48《百官志三》，中华书局，1975，第 1252 页。

之作；鱼玄机、李冶辈应之于下，韩愈所谓"云窗雾阁事窈窕"，李商隐又有"绛节飘摇空国来"一首，尤为妖冶，皆有唐一代道家支流之不可问者也。[1]

　　龚说虽有一定的根据和道理，但有许多值得讨论之处。如武则天曾入感业寺为尼带发修行，而不是入道为女冠；又如"一代妃主，凡为女道士，可考于传记者四十余人"，大概是将出家为尼者与女冠笼统言之；再如，称"唐之道家"最近"房中家"也失之偏颇，唐代女冠生活确有开放妖冶之事，但也并非都是如有人所断言的那样为"半娼式的女道士"，[2]对于绝大多数出家入道的女性而言，她们还是出于较为虔诚的宗教信仰，从而恪守清规戒律、刻苦清修的。她们好道、入道的动机是多种多样的，归结起来主要有六个方面。（1）自身的宗教信仰。由于受到社会风气的影响，有些女性在接触到道教后，受其教义和思想的吸引，产生了追求长生成仙的愿望，遂沉迷于其中而入道。（2）为亲人祈福。为故去的亲人如祖父母、父母甚至子女祈福，还有的为皇室和国家祈福。（3）为祈求身体健康。有些女性从小体质较弱，还有些女性因生病，希望通过修道强身益寿，遂产生向道之心。（4）来自家庭或亲人的宗教信仰影响。有些女性是受父母或夫家的道教信仰影响而入道的。（5）家庭的变故和个人遭遇不幸。有些女性因家族卷入政治斗争导致家败而入道，还有的是因丈夫去世而心灰意冷出家。（6）因无家可归而被迫寄身宫观。主要是放免的宫人、年老的歌舞艺人、娼妓等。总之，尽管每个人的入道原因各异，但除了强迫入道者外，大都是出于一种对道教精神的向往，因此虔诚向道、修道的女冠也就成为这个群体的主流，而不应简单地将女冠与娼妓等而视之。

1　（清）龚自珍：《龚自珍全集》第4辑，王佩净校，上海古籍出版社，1999，第297~298页。
2　苏雪林：《玉溪诗谜》，载氏著《苏雪林文集》第4集，安徽文艺出版社，1996，第14页。

第三章　游走于壶中天地与世俗社会之间

——以金石碑刻考察为中心

　　由于唐王朝对道教的尊崇，许多道教徒在修道求仙的同时，还以自己所掌握的各种道术服务于世俗社会。其中有一批道徒还得以出入宫禁，供奉掖庭，随侍帝后，为皇室和朝廷服务，开展各种经、教活动，为此受到统治者的赏识。本章以金石碑刻的考察为主，选取了初唐、盛唐、中晚唐时期的三位著名道士，以及唐高宗、武则天时期派遣到泰山行道的道士群体为代表，通过观察他们的活动，来揭示唐代道士在出世与入世之间的表现。

第一节　政治大变动时期的一位初唐道士 *
——《薛颐墓志》探赜

　　薛颐是唐代道教史上的著名人物，两《唐书》之《方伎传》均有传，但对其事迹记载都极为简略。1974 年 4 月，在陕西省礼泉县北屯乡西页沟村西南约 500 米处的薛颐墓中，出土了《大唐故中大夫紫府观道士薛先生墓志铭并序》（以下简称《墓志铭》），对于了解他的生平及澄清有关问题都具有重要价值。这虽然是 20 世纪出土的一方墓志，但该墓志除了樊光春曾予以刊布，[1] 后又被张沛收入《昭陵碑石》及其他一些墓志集录外，[2] 还鲜有人对其关注并进行过研究。笔者不揣浅陋，现根据《墓志铭》的主要内容，并结合有关文献记载，对以下几个问题试作探析。为便于考察，现将碑文转录于下：

　　大唐故中大夫紫府观道士薛先生墓志铭并序

　　　　夫体道观妙，言象之所未宣。忘情悬解，筌蹄之所不系。故能隐显真俗，出处朝野而无□待之累者，斯可谓至人矣。爰有上德曰中大夫、紫府观道士薛先生讳颐，字远卿，黄州黄冈人也。车正司众闲之叙，御史职台衡之务。焉帝冠盖，蝉联名德。曾祖明孙，齐中书侍郎。祖仕敬，栖神秘道，山林静默。梁武帝褒赠北定州刺史。父宠，陈期思县令。先生降灵仙府，资气上元，情用玄漠，忘识清远。淡虚心于物我，荡妙思于烟霞。以为大象无形，尚因形而言□。明德若昧，犹学之于不学。乃探综流略，考览经纬。步三光之眺侧，推二气之盈虚。不出户庭，洞精机妙。

---

* 本节曾以《一篇道教史研究的珍贵文献——唐代〈薛颐墓志铭〉探析》为题发表于《文献》2013 年第 2 期，第 77~82 页。收入本著时曾稍作修改。

1　樊光春:《陕西新发现的道教金石》,《世界宗教研究》1993 年第 2 期，第 96~97 页。

2　张沛编著《昭陵碑石》,三秦出版社，1993，图 11 页，录文 111 页。该墓志现藏昭陵博物馆。

然而运拒屯剥，时惟艰限，俗情好径，道隐未彰。遂超尘绝迹，高尚其志。披黄褐而朝丹府，赍玉简而趋金阙。放心碧落，静虑清都。寻属灵景垂天，荣光照水。我皇帝俯膺历试，弘济艰难，玉帛山林，弓旌薖轴。于是解巾南郭，托乘西园。虚揖申访道之言，惟帝展畴咨之问。圣明驭历，万物惟新。授太史，寻迁太史令。自昔两正司和，四官钦□。巫咸著星辰之志，姬旦贻略景之书。年代浸远，次舍寥落。缪占□说，异端竞起。先生识悟玄通，性理明瞻。芟荑浮伪，断以经术。物色祯祥，信同符契。及乎盛德光被，先天弗违。冯相罢弥晕之占，禳祈无瑾罟之请。乃抗表陈诚，求志林壑。天子凝神当宸，永怀恬退。激其清尚之风，贲以尊贤之典。有诏特授中大夫，听志澴弁，还袭巾褐。别于昭陵之左创筑紫府观以居之。先生展会宿心，申抒情素。静灵台而餐沆瀣，扬天鼓而嗽朝霞。放浪形骸，若趋浮黎之境。逍遥心识，如游太无之上。将颐神于九府，终练质于三仙。以贞观廿年十月十三日尸化于紫府之观，春秋若干。粤以其年十二月十四日陪葬于昭陵之所。王人监护，事加周给。将恐映景难追，流风靡系，安期既往，止传宝舄。吕□葬，唯余玉钤。勒石玄扃，无传遗烈。其铭曰：

道气窅冥，玄宗机妙。在阴莫测，处阳弗曜。矫矫先生，清朗通照。出无入有，知微体要。研核淳粹，推校亏盈。乘流影响，逐境晦明。既冥其趣，实性其情。托志玄圃，栖心上清。天步艰难，风云资始。停丹九灶，背淮千里。望景来思，占乌爰止。析空畴算，解环精理。凤举龙腾，开元启圣。百神奉职，万流澄镜。司序甄明，授方荣盛。衡度齐壹，经缠清正。披沥丹素，解释缨绥。光扬朝序，飘裔仙衣。烧香两散，击磬云飞。观化斯恒，瞻星靡追。夜台绵渺，玄庐幽翳。石髓振灵，玉棺虚闭。悠哉三岳，旷矣千岁。仙迹逾远，素风弥励。

图 3-1　《薛颐墓志铭》

志石边长 53.2 厘米，厚 9.4 厘米，志文正书 29 行，满行 30 字

图 3-2　《薛颐墓志铭》盖

志盖厚 11.5 厘米，底边长 53.2 厘米，盖面篆书"唐故中大夫
紫府观道士薛先生墓志铭"，四刹饰四神

一　薛赜的名讳、籍贯、出身及生卒年

关于薛赜的名讳,《墓志铭》与两《唐书》的记载并不一致。
《墓志铭》作薛赜,字远卿,而两《唐书》本传则作"薛颐",[1] 没有
记其表字。考诸其他文献也是"薛赜"与"薛颐"两种情况并存。
如在《唐会要》卷42《历》中记载贞观十四年(640)十一月冬
至,因太史令傅仁均制定新历法,诏下公卿八座详议,其中就有薛
赜;[2] 又如《法苑珠林》卷79引唐临《冥报记》载太史令薛赜欠傅仁
均五千钱;[3] 再如《仙传拾遗》卷4有《薛赜传》。[4] 在这些书中都作
"薛赜"。而在《太平广记》卷116引《地狱苦记》记载了和《冥报
记》相同的故事,却作薛颐;[5]《玄品录》卷4也有薛颐的传记;[6]《全
唐文》中也有几处提到薛颐。[7] 在这些书中则又作"薛颐"。笔者认
为"颐"与"赜"因字形相近,在传抄过程中极易弄混,所以才造
成了这种混用现象。据《广弘明集》卷7《辨惑篇》载,"薛赜,下
助隔反",[8] 又《一切经音义》卷97为《广弘明集》卷7释音曰:"萧

1　《旧唐书》卷191《方伎·薛颐传》,中华书局,1975,第5089页;《新唐书》卷204《方技·薛
　　颐传》,中华书局,1975,第5805页。

2　《唐会要》卷42《历》,上海古籍出版社,1991,第879页。

3　(唐)释道世撰,周叔迦、苏晋仁校注《法苑珠林校注》卷79《邪见部》引唐临《冥报记》,中
　　华书局,2003,第2321页。按今人方诗铭辑校《冥报记》补遗"唐傅奕"条,称辑自《法苑珠
　　林》,却作"薛颐",应误。中华书局,1992,第91页。

4　(唐)杜光庭:《仙传拾遗》卷4《薛赜》,载罗争鸣辑校《杜光庭记传十种辑校》,中华书局,
　　2013,第857页。另据南宋陈葆光编撰《三洞群仙录》卷13引《仙传拾遗》也作"薛颐",载
　　《道藏》第32册,文物出版社、上海书店、天津古籍出版社,1988,第321页。

5　《太平广记》卷116"傅奕"条引《地狱苦记》,中华书局,1961,第810页。

6　(元)张天雨:《玄品录》卷4,载《道藏》第18册,文物出版社、上海书店、天津古籍出版社,
　　1988,第125页。

7　《全唐文》卷10《赐王远知玺书》、卷964阙名《定朔请从李淳风议奏》,中华书局,1983年影
　　印本,第118、10009页。

8　(唐)道宣:《广弘明集》卷7《辨惑篇·叙历代王臣滞惑解下·唐傅奕》,上海古籍出版社,
　　1991年影印本,第140页。

瑀，于矩反；薛颐，仕责反。并人名。"[1]可见其人名应为薛颐，而非薛颐。又"颐"有"幽深、深奥"之意，《汉书·律历志》曰："探颐索隐，钩深致远，莫不用焉。"[2]所以，薛颐取字远卿，也正好是名与字义相符。因此，《墓志铭》的记载是正确的，而两《唐书》的记载则是错误的。

《墓志铭》记薛颐籍贯为黄州黄冈（今湖北新洲）人，而两《唐书》本传则作滑州（治今河南滑县）人，与志文不合。关于这一点，《昭陵碑石》的编者对该墓志所加的按语中也已指出，但不知孰是。[3]另《仙传拾遗》卷3"薛颐"条载："薛颐，河东汾阴人，后居渭州。"后来的道书如《三洞群仙录》和《玄品录》的记载与其相同。这样，有关薛颐的籍贯就有黄州黄冈、滑州和河东汾阴（今山西万荣西南宝鼎）三种说法。先看河东汾阴说，与前两种说法相比，这种说法出现得最晚。汾阴薛氏是中古时期的名门大族，[4]仅唐代就涌现出宰相薛讷、薛稷、薛元超等，[5]名将薛举、薛仁贵、薛嵩等。攀附名门望族是中古社会极为流行的一种风气，唐末道士杜光庭在编撰《仙传拾遗》时极有可能是想当然地将薛颐附籍于河东汾阴著姓薛氏，而后来的道籍也不辨真伪，因袭其说，于是就有了河东汾阴之说。又查隋代有"马颐，河东汾阴人，少好玄言，去俗为道士，解天文律历。隋炀帝时，引入玉清观，每加恩礼，召令章醮"。[6]其人名与薛颐同，又占籍汾阴，亦易混淆。《玄品录》就将二人事迹混为一谈。而黄州黄冈和滑州都不是薛氏郡望，因此薛颐籍贯究竟属于何者，还是颇为令人纠结的。两《唐书》本传没有记载他的家世出身，而根据《墓志铭》提供

1 （唐）慧琳：《一切经音义》卷97，载徐时仪校注《一切经音义三种校本合刊》，上海古籍出版社，2008，第2151页下栏。

2 《汉书》卷21上《律历志上》，中华书局，1962，第956页。

3 张沛编著《昭陵碑石》，三秦出版社，1993，录文第111页。

4 （唐）林宝撰，岑仲勉校记，郁贤皓、陶敏整理，孙望审订《元和姓纂（附四校记）》卷10，中华书局，1994，第1539页。

5 《新唐书》卷73下《宰相世系表三下》，中华书局，1975，第3044页。

6 《册府元龟》卷822《总录部·尚黄老》，中华书局，1960年影印本，第9768页。

的线索，其曾祖明孙，为齐中书侍郎；祖仕敬，梁武帝褒赠北定州刺史；父宠，陈期思县令，都是发生在南朝的事情，因此黄冈说最有可能。据此可知，薛颐大概是出身于南朝的一个官僚家庭，其世系为：

明孙——仕敬——宠——颐

此世系可补两《唐书》本传之缺失。

关于薛颐的生卒年在两《唐书》本传中都没有明确记载，《墓志铭》也没有记其生年，但却记载了其卒年为贞观二十年（646）十月十三日，"春秋若干"，同年十二月十四日陪葬于昭陵。这也可补史载之不足。

二　薛颐其人其事

薛颐是一位道士，但他却不是一般的道士，而是受到统治者重用的"政治道士"。在古代社会，道士基本上可以分为两种：一种是隐居在深山老林、炼丹学道、追求长生的神仙道士；另一种是游走于王室宫廷、出谋划策、待时投机的政治道士。薛颐就是一位善于把握时机，先后得宠于隋、唐两代的政治道士。

两《唐书》本传说他在隋朝大业年间（605~618）出家为道士，这大概是受到其祖父的影响，《墓志铭》说，其祖仕敬，"栖神秘道，山林静默"，应该是一位隐居山林的修道高士。《墓志铭》又说："先生降灵仙府，资气上元，情用玄漠，忘识清远。淡虚心于物我，荡妙思于烟霞。以为大象无形，尚因形而言□。明德若昧，犹学之于不学。乃探综流略，考览经纬。步三光之眺侧，推二气之盈虚。不出户庭，洞精机妙。然而运拒屯剥，时惟艰限，俗情好径，道隐未彰。遂超尘绝迹，高尚其志。披黄褐而朝丹府，赍玉简而趋金阙。放心碧落，静虑清都。"这段话的意思是说薛颐出生在一个具有浓厚道教氛围的家庭，从小就受环境的影响，表现出喜好玄道的倾向。由于他勤奋好学，很快就掌握并精通了"天步律历"，[1] 但是由于当时社会正处于混乱状态，他就选择了出家入道。这里有为墓主回护之处，事实上薛颐出家后，由于他"解天文律历，尤晓杂占"，因此曾被隋炀帝"引入内道场，亟令章醮"。[2] 章醮是道教拜表设祭的一种祈祷形式，《唐六典》卷 4《尚书礼部》"祠部郎中员外郎"条说："禳谢复三事：其一曰章，其二曰醮，其三曰理沙。"[3]《隋书·经籍志》也说："又有诸消灾度厄之法，依阴阳五行数术，推人年命书之，如章表之仪，并具贽币，烧香陈读。云奏上天曹，请为除厄，谓之上章。夜中，于星辰之下，陈设酒脯饼饵币物，历祀天皇太一，祀五星列宿，为书如上章之仪以奏之，名之为醮。"[4] 隋炀帝是一位颇为热衷于道教的统治者，[5] 他曾尊礼东海道士徐则，"时有建安宋玉泉、会稽孔道茂、丹阳王远知等，亦行辟谷，以松水自给，皆为炀帝所重"。[6] 薛颐受到隋炀帝的礼重正是发生在这样的时代背景之下的。

李唐王朝勃兴，统治者追认道教教主太上老君李耳为祖，从而使道教与李唐皇室结成了特殊的紧密关系，道教在唐代受到统治者的极大尊崇。许多具有政治眼光的道士纷纷抛弃杨隋，改投新朝，薛颐就是其中之一。《旧唐书》本传说："（薛颐）武德初，追直秦府。颐（颐）尝密谓秦王曰：'德星守秦分，王当有天下，愿王自爱。'秦王乃奏授太史丞，累迁太史令。"关于其担任太史令职务之事，《旧唐书·天文志》载："武德年中，薛颐（颐）、庾俭（应为唐俭）等相次为太史令，虽各善于占候，而无所发明。"[7]《墓志铭》也说："我皇帝俯膺历试，弘济艰难，玉帛山林，弓旌蔿轴。于是解巾

1　《新唐书》卷 204《方技·薛颐传》，中华书局，1975，第 5805 页。

2　《旧唐书》卷 191《方伎·薛颐传》，中华书局，1975，第 5089 页。

3　（唐）李林甫等：《唐六典》卷 4《尚书礼部》，"祠部郎中员外郎"条，陈仲夫点校，中华书局，1992，第 125 页。

4　《隋书》卷 35《经籍志四》，中华书局，1973，第 1092~1093 页。

5　参阅拙著《道教与唐代社会》，首都师范大学出版社，2002，第 7~8 页。

6　《隋书》卷 77《隐逸·徐则传》，中华书局，1973，第 1760 页。

7　《旧唐书》卷 35《天文志上》，中华书局，1975，第 1293 页。

南郭，托乘西园。虚揖申访道之言，惟帝展畴咨之问。圣明驭历，万物惟新。授太史，亟迁太史令。"由此可见，薛颐早在李世民做秦王时，就入府成为重要幕僚，并且参与了秦府与东宫之间的政治斗争，以密告符命而得宠。类似的情形还发生在著名道士王远知身上，王远知先是受重于隋炀帝，"炀帝亲执弟子之礼"，及李渊晋阳起兵之前，"远知密传符命"，秦王与太子相争时，远知又密告："（王）方作太平天子，愿自惜也。"[1]据说曾经做过道士的傅奕也有过相同的密奏，[2]《旧唐书·傅奕传》载："武德九年（626）五月密奏太白见秦分，秦王当有天下。"[3]薛颐与王远知、傅奕以及曾经是道士的傅仁均等人都过从甚密。[4]

薛颐曾代表朝廷前往茅山慰问高道王远知，唐太宗在《赐王远知玺书》中说："朕昔在藩朝，早获问道。眷言风范，无忘寤寐，近览来奏，请归旧山……近已令太史薛颐等往诣，令宣朕意。"[5]道士江旻在《唐国师升真先生王法主真人立观碑》中也说："在昔藩朝，频经降问。法主卷怀处世，三变市朝，语默人间，一逢有道，既遇龙田，方知必举之翼，将攀凤羽，故审扶摇之势，以兹先觉，曲招恩礼，屡有陈闻。乞还江外，乃诏洛州资给人船……贞观九年（635）四月至山，敕文遣太史令薛颐、校书郎张道本、太子左内率长史桓法嗣等，送香

1　《旧唐书》卷 192《隐逸·王远知传》，中华书局，1975，第 5125 页。

2　（唐）道宣：《广弘明集》卷 6《辨惑篇·叙历代王臣滞惑解上》："有唐太史傅奕者，本宗李老，猜忌佛门……奕本道门起家……武德之始，西来入京，投道士王岿。岿左道之望，都邑所知。"上海古籍出版社，1991 年影印本，第 128~129 页。又同书卷 7《辨惑篇·叙历代王臣滞惑解下》载："唐傅奕，北地泥阳人。其本西凉，随魏人伐齐，平，入周土通道观。隋开皇十三年（593），与中山李播请为道士……皇运初，授太史令。"第 139 页。同书卷 12《辨惑篇》释明槩《决对傅奕废佛法僧事并表》载："（傅）奕曾为道士，恶妒居怀，故毁圣劣凡，赞愚胜智，以下夸上，用短加长，违理悖情，一至于此。"第 175 页。

3　《旧唐书》卷 79《傅奕传》，中华书局，1975，第 2716 页。

4　《资治通鉴》卷 186，唐高祖武德元年九月条载："癸亥，白马道士傅仁均造《戊寅历》成，奏上，行之。"中华书局，1956，第 5814 页。又《唐会要》卷 42《历》："武德元年五月，太史令唐俭、丞傅奕上言，东都道士傅仁均能为历算。于是下诏，令仁均与俭等议造唐历。"上海古籍出版社，1991，第 877 页。《新唐书》卷 25《历志一》："高祖受神，将治新历，东都道士傅仁均善推步之学，太史令唐俭、丞傅奕荐之。"中华书局，1975，第 534 页。

5　《全唐文》卷 10，中华书局，1983 年影印本，第 117~118 页。

油、镇彩、金龙、玉璧于观所，为国祈恩。”[1]这两段史料应该说的是同一件事情。“王远知是个热中（衷）政治，善于观察政治风向的道士，颇与‘山中宰相’陶弘景的本领相似。他受到陈朝、隋朝和唐朝统治者的优渥，使茅山宗在这个时期得到很大的扩展。”[2]在热衷政治这一点上，薛颐看来与王远知也有相似之处。

薛颐与傅奕、傅仁均等人来往也非常密切。唐临《冥报记》记载了这样一则故事：“唐太史傅奕，本太原人，隋末徙至扶风。少好博学，善天文历数，聪辩能剧谈。自武德、贞观二十许年，尝为太史令……初奕与同伴傅仁均、薛颐，并为太史令。颐先负仁均钱五千，未偿而仁均死。后颐梦见仁均，言语如平常。颐曰：‘因先所负钱当付谁？’仁均曰：‘可以付泥犁人。’颐问：‘泥犁人是谁？’答曰：‘太史令傅奕是也。’既而瘐。”[3]这虽然是小说家言，但其中所反映的薛颐与傅奕、傅仁均同在唐初任职太史的情况则是真实的。

薛颐与另一位有道教背景的太史令李淳风也颇有交情。[4]贞观十四年（640），在薛颐与南宫子明等人的建议下，朝廷采纳了李淳风的定朔奏议[5]。《墓志铭》说：“自昔两正司和，四官钦□。巫咸著星辰之志，姬旦贻略景之书。年代浸远，次舍寥落。缪占□说，异端竞起。先生识悟玄通，性理明瞻。艾翦浮伪，断以经术。物色祯祥，信同符契。”这段志文讲述的就是武德、贞观年间，因修订历法而发生了李淳风等人与傅仁均之间的争执时，薛颐以渊博的天文历法知识支持了李淳风

1　陈垣编纂，陈智超、曾庆瑛校补《道家金石略》（唐部分），文物出版社，1988，第53页。

2　卿希泰主编《中国道教史》第2卷，四川人民出版社，1992，第126页。

3　（唐）唐临撰，方诗铭辑校《冥报记》补遗“唐傅奕”条，上海古籍出版社，1992，第91页。又唐道宣《广弘明集》卷7《辨惑篇·叙历代王臣滞惑解下·唐傅奕》也引《冥报记》。而《太平广记》卷116“傅奕”条引《地狱苦记》，内容相同。

4　《旧唐书》卷79《李淳风传》载：“李淳风，岐州雍人也。其先自太原徙焉。父播，隋高唐尉，以秩卑不得志，弃官而为道士，颇有文学，自号黄冠子。注《老子》，撰《方志图》，文集十卷，并行于代。淳风幼俊爽，博涉群书，尤明天文、历算、阴阳之学。”

5　《唐会要》卷42《历》，上海古籍出版社，1991，第878页；《新唐书》卷25《历志一》，中华书局，1975，第536页；《全唐文》卷964阙名《定朔请从李淳风议奏》，中华书局，1983年影印本，第10009页。

定朔之事。

两《唐书》本传还提到薛颐在贞观年间谏止太宗东封泰山之事：“贞观中，太宗将封禅泰山，有彗星见，颐因言：‘考诸玄象，恐未可东封。’会褚遂良亦言其事，于是乃止。”此事当在贞观十五年（641）。其年三月下诏，于来年二月，封禅泰山。“六月己酉，有星孛于太微宫，犯帝位。辛亥，朝散大夫行起居郎褚遂良进曰：‘陛下拨乱反正，功昭前烈，告成升岳，天下幸甚。而行至洛阳，彗星辄见，此或有所未允合者也。且汉武优柔数年，始行岱礼，臣愚伏愿详择。’”[1]于是下令停封。此事在道籍《仙传拾遗》《三洞群仙录》《玄品录》中都曾有记载，但在《墓志铭》中却没有提到。

两《唐书》本传说后来薛颐“上表请为道士，太宗为置紫府观于九嵏山，拜颐（颐）中大夫，行紫府观主事。又敕于观中建一清台，候玄象，有灾祥薄蚀谪见等事，随状闻奏。前后所奏，与京台李淳风多相符契。”[2]《墓志铭》曰：“及乎盛德光被，先天弗违。冯相罢弥晕之占，禳祈无璿玑之请。乃抗表陈诚，求志林壑。天子凝神当宸，永怀恬退。激其清尚之风，贲以尊贤之典。有诏特授中大夫，听志瀛弁，还袭巾褐。别于昭陵之左创筑紫府观以居之。”《新唐书》本传作拜太中大夫，《昭陵碑石》的编者指出与墓志不合，不知孰是。[3]不过，《墓志铭》与《旧唐书》本传相合，应以中大夫为是。太中大夫与中大夫都是文散官，其阶品为从四品上和从四品下。唐代有许多道士因为供奉掖庭，随侍帝后，从事经、教活动，并积极参与政务乃至政争，受到帝后戚属的欣赏或倚重，被授予各种俗职、封爵，荣宠无比，成为道教中的贵势阶层。[4]薛颐就是这样一位道士，在他退居紫府观后，唐太宗还专门为他在观中建起了观察天象的天文台，虽说是出于政治上

1　《册府元龟》卷35《帝王部·封禅一》，中华书局，1960年影印本，第387~388页。

2　《旧唐书》卷191《方伎·薛颐传》，中华书局，1975，第5089页。《新唐书》卷204《方技·薛颐传》作“拜颐太中大夫”。中华书局，1975，第5805页。

3　张沛编著《昭陵碑石》，三秦出版社，1993，录文第111页。

4　参阅拙作《唐代道士获赠俗职、封爵及紫衣、师号考》，《文献》2000年第3期，第67~79页。

的动机，但薛颐所观察预报的天象与国家天文台的报告基本吻合，这表明薛颐在天文学方面具有很高的造诣。

《墓志铭》还说道，薛颐死后，"陪葬于昭陵之所。王人监护，事加周给"。陪葬帝陵是唐代对死者的极高奖赏，陪葬者主要是宗室及功臣。贞观十一年（637），唐太宗曾下诏说："密戚懿亲，旧勋宿德，委质先朝，特蒙顾遇者。自今以后，身薨之日，所司宜即以闻……赐以葬地，并给东园秘器。事从优厚，庶敦追远之义，以申罔极之怀。"[1]薛颐显然是作为功臣宿旧得以陪葬昭陵的，其丧事则是由国家出面主办的，其身后可谓备极哀荣。

通过对《墓志铭》及相关文献的研究可知，薛颐是一位精通天文历算的政治道士，他利用自己所掌握的天文律历和占星术之类的知识介入隋末唐初的政治斗争，为帝室宫廷服务，或章醮祈禳，或预卜政治前途，客观上推动了古代天文历算学的发展。由于古代道士大多隐居山林，默默无闻，能留下墓志及在正史中有传记者寥寥，所以《薛颐墓志》就显得弥足珍贵，它对研究道教史和隋末唐初政治史具有重要的史料价值。

第二节　高宗、武则天时期泰山行道的道士群体 *
——以泰山石刻为中心

关于武则天的宗教信仰问题历来颇受学界的关注，传统观点多认为武则天佞佛抑道，对此已经有越来越多的学者提出了不同看法。从泰山保留下来的历代帝王行道的碑刻来看，武则天对道教是颇为迷信的。她不但亲临泰山参加了封禅大典，而且还 9 次派遣道士赴泰山行

1　（宋）宋敏求编《唐大诏令集》卷 63《赐功臣陪陵地诏》，洪丕谟等点校，学林出版社，1992，第 316 页。
*　本节曾以《从泰山道教石刻看武则天的宗教信仰》为题发表于《东岳论丛》2007 年第 3 期，第 92~97 页。

道，是唐代奉祀泰山最勤的统治者。这些活动除带有浓厚的宗教信仰色彩外，还具有强烈的政治意味，这对于我们更好地理解武则天的宗教信仰颇有裨益。

一　高宗、武则天时期泰山行道

泰山为五岳之尊，历代帝王都非常重视泰山封禅和行道活动，留下了大量的石刻碑记。在陈垣先生主持编纂的《道家金石略》中，收录了有关唐代诸帝派遣使者前往东岳泰山行道祈福活动的碑刻，约有21件，分别为高宗朝2件，武周朝7件，中宗朝3件、睿宗朝2件、玄宗朝3件、代宗朝2件、德宗朝2件。[1] 其中高宗、武周朝的9次泰山行道活动，明显都与武则天有关，其频度大大高于唐代道教鼎盛时期的玄宗时代。这9件与武则天有关的泰山道教石刻的部分信息如表3-1所示。

表3-1　高宗、武则天时期泰山行道

帝号	时间	内容
高宗	显庆六年（661）二月	东岳先生郭行真奉为皇帝、皇后行道、造像
	仪凤三年（678）三月	大洞三景法师叶法善奉敕设醮、造像
武周	天授二年（691）二月	金台观主中岳先生马元贞因大周革命，奉敕往四岳五渎投龙、作功德、造像
	万岁通天二年（697）	东明观三洞道士孙文俊，祈请行道、造像
	圣历元年（698）腊月	大弘道观主桓道彦奉敕设醮、投龙、造像
	久视二年（701）正月	东都青元观主麻慈力斋醮、投龙
	长安元年（701）十二月	金台观主赵敬奉敕设醮、投龙、造像
	长安四年（704）九月	内供奉、襄州神武县云表观主玄都大洞叁景弟子、中岳先生周玄度，金州西城县玄宫观道士梁悟玄于名山大川投龙修道
	长安四年（704）十一月	大□□观威仪邢虚应、法师阮孝波奉敕设醮、投龙、写经、造像

---

[1]　陈垣编纂，陈智超、曾庆瑛校补《道家金石略》（唐部分），文物出版社，1988。

这9次泰山行道的碑刻记载，可以清楚地反映出朝廷所派遣使者的身份。其中主要是道士，他们大都属于皇室御用道士，有的还是道教中的头面人物，在当时的宗教界具有很大的影响。

主持显庆六年（661）行道活动的东岳先生郭行真，是当时著名的道教徒，是西华观的道士。参加这次行道活动的还有同行弟子陈兰茂、杜知古、马知止等人。关于郭行真其人，《大唐新语》卷2"极谏第三"载：

> 始，则天以权变多智，高宗将排群议而立之。及得志，威福并作，高宗举动，必为掣肘。高宗不胜其忿。时有道士郭行真出入宫掖，为则天行厌胜之术。内侍王伏胜奏之。高宗大怒，密召上官仪废之，因奏："天后专恣，海内失望，请废黜以顺天心。"高宗即令仪草诏，左右驰告则天，遽诉。诏草犹在，高宗恐其怨怼，待之如初，且告之曰："此并上官仪教我。"则天遂诛仪及伏胜等，并赐太子忠死。自是政归武后，天子拱手而已，竟移龟鼎焉。[1]

所谓"厌胜之术"，是模仿所忌恨者制成小人，书其姓名，钉其身心，咒其速死的一种巫术。郭行真能够自由出入宫掖，并利用道术为武则天的政治活动服务，可见他与武则天有非常密切的关系。后来，这个在当时具有很大影响的道教徒竟然弃道归佛，在当时的宗教界产生了巨大的影响，就在他弃道归佛后不久，又发生了道士杜乂于万岁通天元年（696）上表乞为僧人的事件。[2] 这两件改道宗佛事件都成为轰动当时宗教界的大事。

主持仪凤三年行道活动的叶法善，是唐代大名鼎鼎的道教徒。

---

1 （唐）刘肃：《大唐新语》卷2，许德楠、李鼎霞点校，中华书局，1984，第24页。此事在《新唐书》卷76《后妃上·则天武皇后传》和《资治通鉴》卷201唐高宗麟德元年条中也有相同的记载，应该都是参照《大唐新语》的记载。
2 （宋）赞宁：《宋高僧传》卷17《玄嶷传》，范祥雍点校，中华书局，1987，第414页。

新、旧《唐书》都有他的传，另外还有唐玄宗御制的《叶法善碑》。唐代关于他的传说也很多。叶法善（616~702），字道元，一字太素，祖籍南阳叶县人，后迁居括州括苍。唐人薛用弱《集异记》补编"叶法善"条称，"四代修道，皆以阴功密行及劾召之术救物济人"；《旧唐书·方伎·叶法善传》也称，"自曾祖三代为道士，皆有摄养占卜之术"。从有关记载来看，其祖乾昱、曾祖道兴、祖国重、父慧明，下及法善，[1]法善侄仲容，[2]以及其后人叶朗清、叶惠光、叶仙灵、叶修然、叶齐真、叶招福、叶招善、叶思庭、叶待贤、叶待正、叶庭芝、叶万春、叶光超等都是道士，[3]可以说这是一个典型的道士世家。叶法善道术高明，在当时颇有名气，曾参与唐代统治阶级内部的政治斗争，得到李唐皇室的宠信。《旧唐书·方伎·叶法善传》载：

> 法善少传符箓，尤能厌劾鬼神。显庆中（656~661），高宗闻其名，征诣京师，将加爵位，固辞不受。求为道士，因留在内道场，供待甚厚。时高宗令广征诸方道术之士，合炼黄白。法善上言："金丹难就，徒费财物，有亏政理，请覆其真伪。"帝然其言。因令法善试之，由是乃出九十余人，因一切罢之。法善又尝于东都凌空观设坛醮祭，城中士女竞往观之，俄顷数十人自投火中，观者大惊，救之而免。法善曰："此皆魅病，为吾法所摄耳。"问之果然。法善悉为禁劾，其病乃愈。法善自高宗、则天、中宗历五十年，常往来山中，数召入禁中，尽礼问道。然排挤佛法，议者或讥其向背。以其术高，终莫之测。睿宗即位，称法善有冥助之力，先天二年（713），拜鸿胪卿，封越国公，仍旧为道士，止于京师之景龙观，又赠其父为歙州刺史。当时尊宠，莫与为比。[4]

1　（唐）李邕：《唐有道先生叶国重墓碑》，见陈垣编纂，陈智超、曾庆瑛校补《道家金石略》（唐部分），文物出版社，1988，第104~105页。
2　（唐）薛用弱：《集异记》补编"叶法善"条，中华书局，1980，第18页。
3　《宣阳观钟铭》，载陈垣编纂，陈智超、曾庆瑛校补《道家金石略》（唐部分），文物出版社，1988，第161~162页。
4　《旧唐书》卷191《方伎·叶法善传》，中华书局，1975，第5107~5108页。

开元八年（720），叶法善病逝，玄宗特下诏哀悼，并追赠越州都督。后来唐玄宗、肃宗父子两代还曾撰有《叶法善像赞》予以追念。直到宋代，叶法善还受到统治者的尊崇，宋徽宗政和六年（1116）正月，封其为"致虚见素法师"，宣和二年（1120）六月，又加封为"灵虚见素真人"。

虽然仪凤行道碑并没有明确说明这次活动与武则天有关，但从有关记载来看，从显庆五年（660）开始，唐高宗就有意识地让武则天参与朝政；到麟德元年（664），武则天已经"政无大小，皆与闻之。天下大权，悉归中宫"，以至"中外谓之'二圣'"[1]。像派遣叶法善于泰山行道这样的大事，武则天是不会不知道的。另《太平广记》卷26"叶法善"条载："则天征（叶法善）至神都，请于诸名岳投奠龙璧。"仪凤泰山行道，大概就是其中之一。

主持圣历元年行道活动的大桓观主桓道彦，也是当时京城著名道徒。他和当时朝士来往密切，著名儒生、朝廷大臣王绍宗就和他关系密切，王绍宗之兄为隐居中岳的太和先生王玄宗，在他临终之际，桓道彦就在侧，吟听了遗嘱。[2] 高宗、武周、中宗时期，佛道斗争剧烈。在当时的佛道之争中，桓道彦是一位颇为引人注目的活跃分子。他除了主持了圣历泰山行道活动外，还在神龙元年（705），中宗诏僧道定夺《化胡成佛经》真伪时，据理力争。当时，和尚道士盛集内殿，互作辩论，争执难下。同年九月十四日，中宗下令："仰所在官吏废此伪经，刻石于洛京白马寺，以示将来。"洛京大弘道观主桓道彦等上表固执以为不可。[3] 洛阳大弘道观是当时东都的一座著名的国立官道观，经常为皇室服务。除了圣历行道外，他还参与了长安四年十一月、中宗神龙元年、玄宗开元十九年（731）的泰山行道活动。

1　《资治通鉴》卷200，唐高宗麟德元年十二月条，中华书局，1956，第6343页。
2　（唐）王绍宗：《大唐中岳隐居太和先生琅耶王征君临终口授铭并序》，载周绍良主编《唐代墓志汇编》垂拱022，上海古籍出版社，1992，第744页。
3　（宋）赞宁：《宋高僧传》卷17《法明传》，范祥雍点校，中华书局，1987，第415~416页。书中写作桓彦道，《佛祖通载》作桓道彦。另据泰山行道碑《岱岳观碑（五）》及《王征君临终口授》当作桓道彦。

另外，像主持了天授行道的金台观主中岳先生马元贞、主持了万岁通天二年行道的东明观三洞道士孙文俊、主持了久视二年行道的东都青元观主麻慈力、主持了长安元年行道的金台观主赵敬，以及主持了长安四年九月行道的内供奉、襄州神武县云表观主玄都大洞叁景弟子、中岳先生周玄度，金州西城县玄宫观道士梁悟玄等，也都是当时著名的道士。他们所在的道观，也都是当时著名的国立官道观。其中金台观参与了两次泰山行道活动，是一座颇为引人注目的道观；云表观主周玄度的身份还是内供奉，也是可以自由出入宫廷的御用道士；最值得注意的是，在久视二年和长安元年的行道活动中，还出现了一类"侍者道士"，如麻宏信、刘守贞、王怀亮等，关于侍者道士，不见于他书记载，大概也是能够自由出入宫掖、侍奉帝后、为皇室服务的御用道士。[1]

除了由道士主持行道活动外，还有宦官和地方官员参与此事。宦官一般是由中央派遣随道士一同前往的，比较重要的行道活动一般都派宦官一同前往。如天授行道，因大周革命，派内品官杨君尚、欧阳智琮一同前往；长安四年十一月行道，派承议郎行宫闱令刘德慈、郤□□等一同前往。目的都是凸显郑重其事。而地方官参与协办此事，则是为了从人力、物力和财力方面予以充分的保证。这些地方官都临时加以专检校、专当官、祇承官、专管官等差遣，专办斋醮、造像、勒石等事宜。

二 泰山行道仪规与程式

这 9 次泰山行道的活动内容，可以清楚地反映出皇室行道的一定仪规和程式，带有浓厚的宗教色彩。

（1）斋醮。唐代是道教斋醮制度渐趋完善和成熟的重要时期。所谓"斋"即斋戒，"醮"为醮法，是以供养来通神的法术，通常斋醮并

---

1 参阅拙著《唐代道士获赠俗职、封爵及紫衣、师号考》，《文献》2000 年第 3 期，第 67~79 页。

行。《无上黄箓大斋立成仪》卷 16 说："烧香行道，忏罪谢愆，则谓之斋；延真降圣，祈恩请福，则谓之醮。斋醮仪轨，不得而同。"[1]斋法讲究严修，醮仪要求竭诚。"斋以谢咎，醮以度厄。"这就是所谓"斋有法，醮有仪"[2]，各有一套科仪格式。《隋书·经籍志四》解释：

> 其洁斋之法，有黄箓、玉箓、金箓、涂炭等斋。为坛三成，每成皆置绵蕝，以为限域。傍各开门，皆有法象。斋者亦有人数之限，以次入于绵蕝之中，鱼贯面缚，陈说愆咎，告白神祇，昼夜不息，或一二七日而止。其斋数之外有人者，并在绵蕝之外，谓之斋客，但拜谢而已，不面缚焉。而又有诸消灾度厄之法，依阴阳五行数术，推人年命书之，如章奏之仪，并具赞币，烧香陈读。云奏上天曹，请为除厄，谓之上章。夜中，于星辰之下，陈设酒脯斟饵币物，历祀天皇太一，祀五星列宿，为书如上章之仪以奏之，名之为醮。[3]

由此可见，斋法与醮仪都是道教的祭祀仪式，仅功用不同而已。道教崇敬神仙，注重祭祀祈祷，建斋设醮。到隋唐时期，斋醮仪轨逐渐发展成为道教常行的科仪。

唐代是道教发展的鼎盛时期，道教斋醮活动亦日趋盛行。唐玄宗御敕编撰的《唐六典》将道教斋醮科仪列为国家祀典，其记斋醮科仪内容如下：

> 斋有七名：其一曰金箓大斋，调和阴阳，消灾伏害，为帝王国主延祚降福。其二曰黄箓斋，并为一切拔度先祖。其三曰明

---

1 （宋）蒋叔舆编《无上黄箓大斋立成仪》卷 16，载《道藏》第 9 册，文物出版社、上海书店、天津古籍出版社，1988 年影印本，第 478 页。
2 《宫观碑志·中都十方大天长观普天大醮感应碑》，见《道藏》第 19 册，文物出版社、上海书店、天津古籍出版社，1988 年影印本，第 720 页。
3 《隋书》卷 35《经籍志四》，中华书局，1973，第 1092~1093 页。

真斋，学者自斋，斋先缘。其四曰三元斋，正月十五日天官为上元，七月十五日地官为中元，十月十五日水官为下元，皆法身自忏愆罪焉。其五曰八节斋，修生求仙之法。其六曰涂炭斋，通济一切急难。其七曰自然斋，普为一切祈福。[1]

唐代帝后崇信斋醮祈福禳灾功效，为求自身福寿和国家太平，对斋醮活动颇为重视。号称五岳之尊的泰山，历来被认为是吉祥之地，是神的化身，它能知天意、占吉凶，因而历代帝王不是亲自登临，就是经常派遣使者祭告，祈求泰山神灵赐福，以永保江山社稷稳固。唐代帝王也非常重视泰山行道，尤其高宗、武则天统治时期，泰山斋醮活动更加频繁。

唐代帝后泰山斋醮，始于高宗、武后时期。高宗显庆六年二月二十二日，敕使东岳先生郭行真，弟子陈兰茂、杜知古、马知止，奉为皇帝、皇后七日行道，"此为泰山设醮之始"。[2]之后武则天更是频繁地派遣使者前往泰山斋醮祈祷。

唐代皇室泰山行道最重视金箓斋。长安元年，"于此太山岱岳观灵坛修金录（箓）宝斋三日三夜，又□观侧灵场之所设五岳一百廿槃醮礼，金龙玉璧并投山"；长安四年十一月，建金箓大斋四十九日，行道设醮，奏表投龙荐璧。金箓斋的主要功能是祈禳，祈求神真保佑帝王，安民镇国。唐末道士杜光庭所撰的《金箓斋启坛仪·序事》说："金箓为国主帝王镇安社稷，保佑生灵，上消天灾，下禳地祸，制御劫运，宁肃山川，摧伏妖魔，荡除凶秽。"[3]所以，凡三元日和皇帝诞日，要例行金箓大斋，为国祈祷。据张泽洪研究：

1 （唐）李林甫等：《唐六典》卷4《尚书礼部》，"祠部郎中员外郎"条，陈仲夫点校，中华书局，1992，第125页。
2 （清）王昶辑《金石萃编》卷53，中国书店，1985。
3 （唐）杜光庭：《金箓斋启坛仪·序事》，载《道藏》第9册，文物出版社、上海书店、天津出版社，1988年影印本，第67页。

　　凡出现五星失度，四气变常，二象不宁，两曜孛蚀，天倾地震，川竭山崩，水旱为灾，螟蝗害稼，疫毒流布，兵革四兴，猛鸷侵凌，水火漂灼，冬雷夏雪，彗孛呈妖等自然变异，都要到名山洞府，古迹神乡，精备信仪，按遵科典，修金箓宝斋，拜天谢过，以禳却氛邪，解销灾变。唐代的金箓斋辞皆为皇帝、诸王公主、文武职寮（僚）忏罪祈福，祝愿宗庙安宁、帝图遐远、圣躬万寿，四海和平。而金箓斋的投简仪，是上启天地水三官，祈禳皇帝邦基磐固，国寿天齐，动植沾恩，华夷蒙润。祈求上天普降甘露，使毒疠屏消，吉祥蕃委，一切含生，并登道岸。[1]

　　圣历行道，也设金箓宝斋河图大醮，漆（七）日行道，两度投龙，仪式有加。关于河图醮，还见于仪凤行道，修斋设河图大醮，作功德十二夜。所谓河图醮，虽未详其坛位仪式，但在刘宋太极太虚真人《洞玄灵宝道学科仪》卷下《醮请品》中即有此醮之记载，大约在南北朝时，道教的醮请法门已有五帝醮、七星醮、六甲醮、三师醮、五岳醮、三皇醮、三一醮、河图醮、居宅醮、三五醮等名目，前四醮是请天神，后六醮是请地神。设金箓宝斋河图大醮，斋醮并行，告天谢地，这是唐代泰山行道常见的一种仪式。

　　此外，长安四年九月行道，自于名山大川投龙璧，修无上高元金玄玉清九转金房度命斋三日三夜行道，陈设醮礼。《金箓大斋启盟仪》载："斋法见于道家者，凡二十有七品，其源出于灵宝，一曰太真斋，二曰上清斋，三曰大洞斋，四曰金房斋，此四斋者，不假人为，与天为徒，所谓内斋者也。"此斋大约就是金房斋的一种，属于道教内斋。

　　（2）投龙。唐代道教斋醮中，还有一项投龙仪式，以告谢天地。投龙仪式是将写有消罪愿望的文简和玉璧、金龙、金钮，用青丝捆扎，举行醮仪后，投入名山大川、岳渎水府，作为升度之信，以奏告三元。投龙仪式多用于国家斋醮，以祈求保安宗社。投龙地点多在道

1　张泽洪：《道教斋醮科仪研究》，巴蜀书社，1999，第 245 页。

教的洞天福地。杜光庭在《天坛王屋山圣迹序》中说："国家保安宗
社，金箓籍文，设罗天之醮，投金龙玉简于天下名山洞府。"[1]道教的投
龙仪式源于天、地、水三官信仰，刘宋时已初步形成投龙祭祀仪式。
到唐代，祭天、地、水的投龙仪式，已成为国家斋醮祭祀大典。唐代
有祭五岳、四镇、四海、四渎之制，道教认为五岳皆有洞府，是投龙
的最佳之处，所以规模最大的投龙仪式常在五岳举行，其中尤以泰山
投龙活动最为频繁，也最为隆重。

　　唐代规模最大的一次斋醮投龙仪式是在武则天统治时期。天授二
年，武则天以大周革命，敕命金台观主马元贞往五岳四渎投龙，作功
德。马元贞等在东岳泰山举行章醮投龙，作功德十二昼夜；之后，顺
便谒孔夫子庙，题石记之；又作功德于淮渎，为国章醮、投龙；次年，
又于济渎庙中行道，设斋醮、投龙、作功德。此外，像圣历行道，更
是两度投龙，仪式有加。另外，久视二年（701）正月，派遣东都青元
观主麻慈力，内赍龙璧、御词、缯帛及香等物，往泰山斋醮投龙；长
安元年十二月，也举行了金龙玉璧的投山仪式；长安四年九月敕令，
于名山大川投龙璧，泰山斋醮投龙也在其中。长安四年十一月行道，
设醮，奏表投龙荐璧。这些活动都曾勒石题名，传诸后世。

　　现存河南省博物馆的投龙金简实物，是于 1982 年 5 月发现于河
南登封中岳嵩山峻极峰北侧，是武则天命道士胡超投于嵩山，金简长
36.3 厘米，重 247 克，双钩镌刻投龙文 63 字，内容是：

> 　　上言：大周国主武曌，好乐真道，长生神仙，谨诣中岳嵩高
> 山门，投金简一通，乞三官九府除武曌罪名
> 　　太岁庚子七月甲申朔七日甲寅小使臣胡昭（超）稽首再拜
> 谨奏。[2]

1 《全唐文》卷 931，中华书局，1983 年影印本，第 9703 页。
2 陈垣编纂，陈智超、曾庆瑛校补《道家金石略》（唐部分），文物出版社，1988，第 93 页。

太岁庚子，为圣历三年（久视元年，700）。这通金简的发现，为我们研究武则天时期派遣道士于天下名山大川斋醮投龙活动提供了生动的实物资料。

（3）造像、写经。关于造像与写经，饶宗颐先生曾有论述："唐时道士建醮，必造元始天尊像并壁画，敬书《本际经》《度人经》，习以为常。"[1] 从武则天派遣道士泰山行道的活动来看，此论断颇有见地。如：

显庆行道，"造素像一躯、二真人夹侍"。

仪凤行道，"敬造壁画、元始天尊、万福天尊象两铺"。

天授行道，于岱岳观"造石元始天尊像一铺、并二真人夹侍"；于济渎庙"以□彩造石元始天尊并夹侍二仙"。

万岁通天行道，"造石天尊像壹躯、并二真夹侍"。

圣历行道，"用斋醮物奉为天册金轮圣神皇帝敬造等身老君像壹躯、并二真人夹侍"。

长安元年行道，"又□镇彩纱缯敬造东方玉宝皇上天尊一铺，并二真人仙童玉女等夹侍，□□□□供养"。

长安四年行道，"以本命镇彩物奉为皇帝敬造石玉宝皇上天尊一铺十事，并壁画天尊一铺廿二事，敬书《本际经》一部,《度生经》千卷，以兹功德，奉福圣躬"。

从以上这些记载来看，武则天时泰山造像，可以分为两大类：一类是壁画；一类是雕塑，雕塑又可分塑像和雕像，塑像一般为泥塑彩绘，雕像一般为石雕彩绘。凡造像少者止一躯，多则谓之一铺。造像形象形式多样，有元始天尊、万福天尊、老君像、东方玉宝皇上天尊、玉宝皇上天尊（与前者大概是同一类）、真人、仙童、玉女等。

写经仅见于长安四年十一月行道。所书《本际经》，是唐代道教的一部重要经书，由隋及初唐道士刘进喜、李仲卿等所造作，此经吸收了佛教与玄学的思想，反映了南北道教各系传承的交融与大一统局

---

[1] 饶宗颐：《吴县玄妙观石础画迹》，《历史语言研究所集刊》第 45 本第 2 分，1974。

面，大大提高了道教的理论思维水平。从近代敦煌石窟所发现的《本际经》写本来看，卷帙甚多，累计已达 106 件，约占敦煌道书卷子的 1/4，其中就有武则天时书写的。[1]

《度生经》，大约就是《度人经》。《度人经》，原名《元始无量度人上品妙经》，后来又名《太上洞玄灵宝无量度人上品妙经》，简称《度人经》，该经为灵宝经系之首经，大约形成于魏晋南北朝时期。后来被奉为道教首经、万宗之宗。[2] 唐代规定："诸色人中有情愿入道者，但能暗记《老子经》及《度人经》，灼然精熟者，即任入道。"[3] 可见入道的标准之一就是必须精通《度人经》。该经尊崇元始天尊为至高无上之神，宣扬"仙道贵生，无量度人"之旨，据说，"闻之者神襟明畅，飘然有飞跃腾凌之意；听之则神和于内，气逸于外。可以致道，可以延龄……故能保制劫运，召役鬼神，招真集灵，通神达妙，无所不能。万魔睹之以摧伏，百神仰之以朝宗"。[4] 教人们皆当齐心修斋，六时行香，诵念道经，以求降福消灾，登真成仙，所以受到唐人的重视。

（4）刻石记录。当斋醮、投龙、造像、写经等一系列行道活动完毕后，一般都要勒石记功。内容有行道时间、行道目的、祥瑞、主持行道者和参与行道者，等等。正是这些行道石刻碑记，为我们研究武则天时期泰山行道活动提供了宝贵的资料。

三 泰山行道的目的

武则天之所以如此频繁地派遣使者赴泰山行道，主要是出于两个目的：一是武周革命；二是长生延寿。这 9 次泰山行道活动的内容，

---

1 姜伯勤：《〈本际经〉与敦煌道教》《论敦煌本〈本际经〉的道性论》，见氏著《敦煌艺术宗教与礼乐文明》，中国社会科学出版社，1996，第 199~252 页。

2 李养正：《道教概说》，中华书局，1989，第 351~354 页。

3 《唐会要》卷 50《尊崇道教》，上海古籍出版社，1991，第 1016 页。

4 （唐）杜光庭：《太上洞玄灵宝无量度人上品妙经序》，载《全唐文》卷 932，中华书局，1983 年影印本，第 9707 页。

可以清楚地反映出高宗、武则天统治时期政坛的新动向。

显庆行道反映了武则天在政坛上逐渐崛起的历史事实。唐代帝后泰山行道活动始于高宗显庆六年二月，就在这月宣布改元为龙朔，所以该年也称为龙朔元年。显庆行道的背景正好反映了武则天在政坛上逐渐崛起的过程。武则天是在永徽六年（655）被立为皇后的，唐高宗由于身体原因，于显庆五年，"冬，十月，上初苦风眩头重，目不能视，百司奏事，上或使皇后决之。后性明敏，涉猎文史，处事皆称旨。由是始委以政事，权与人主侔矣"。胡三省甚至认为："后移唐祚，至是而势成。"[1]就在次年的二月，高宗、武后就派遣道士郭行真赴泰山为皇帝、皇后行道。这里把高宗与武后并列，是颇为值得注意的一个现象，考察唐代帝后泰山行道碑记，只有中宗朝有过这种情况，而中宗朝之所以会出现类似情况，与韦后在当时政坛上的特殊地位有关。联系到郭行真乃武则天所宠信的道士这样一个角色，我们就有理由认为这次泰山行道活动，实际上反映了武后在政治上正在崛起并且地位逐渐得到巩固这样一个历史事实。

就在显庆行道以后不久，武则天又建议泰山封禅。封禅大典是一个王朝规格最高、规模最宏大、用人最多、最能展现皇帝治国安邦辉煌业绩的一次至高无上、代表国家面貌和皇帝德能的声势浩大的庆典活动。封禅活动并不是所有皇帝都能举办的典礼，在此之前，也才不过有十多个皇帝登封泰山。唐太宗一生都想举办封禅，但由于初唐承大乱之后，百废待兴，条件一直不具备，也就始终未能成行。而就在武则天辅佐唐高宗治理国家以后不久，就出现了国泰民安、五谷丰登的祥和局面。麟德二年（665），"是岁大稔，米斗五钱，豺麦不列市"。[2]就在这年的冬十月，武则天向唐高宗提议封禅，高宗马上同意了武后的建议，立即发车驾东封。次年正月，"车驾至泰山顿，是日亲祀昊天上帝于封祀坛，以高祖、太宗配飨。己巳，帝升山行封禅之

---

1 《资治通鉴》卷 200，唐高宗显庆五年十月条，中华书局，1956，第 6322 页。

2 《旧唐书》卷 4《高宗纪上》，中华书局，1975，第 87 页。

礼。庚午，禅于社首，祭皇地祇，以太穆太皇太后、文德皇太后配飨；皇后（即武则天）为亚献"。[1] 泰山封禅历来是不准妇女参加的。而武则天参加封禅大典，在首开妇女参加封禅大典先河的同时，也向百官群臣和九州四夷以及所有臣服的属国君主展示了自己杰出的政治才能。这对她后来顺利登上皇帝宝座产生了重要影响。

天授行道反映了武则天革唐命、建立大周政权、正式登上皇帝宝座的历史事件。垂拱四年（688）五月，获"宝图"于洛水，以为天授，称之曰"天授圣图"，武后加尊号为"圣母神皇"，又亲自告谢昊天上帝。天授元年（690），改唐为周，武则天正式称帝，上尊号为圣神皇帝。次年二月，武则天就派遣道士马元贞携弟子杨景初、郭希玄，以及内品官杨君尚、欧阳智琮等往"五岳四渎投龙，作功德"，告谢天地。在泰山，章醮投龙，作功德一十二日夜，又敕造石元始天尊像一铺，并二真人夹侍。此后，马元贞又谒孔子庙，还在淮河、济水等地行道，祥瑞频现，日抱戴、重晖、五色祥云、仙鹤回翔、天花舞空等，勒石记铭，留下了记载。

武则天晚年的泰山行道次数明显增加。武周朝泰山行道活动总共才7次，除了天授行道告大周革命成功外，其余6次都在697年以后，其中就有701年2次，704年也是2次。这6次泰山行道活动，除了因为武则天晚年身体每况愈下，追求长生神仙、祈福延寿的动机日益强烈之外，其实敏锐的历史学家已经觉察到，"697年后，在官僚中，道教倾向已经加强这样一种时代气氛"。[2] 这种气氛，是与武则天晚年在考虑接班人的人选问题上，日益倾向于还政于李唐的政坛新动向有关的。

武则天晚年，随着年龄越来越大，迷信道教金丹术、幻想长生不老之心日益强烈。饶宗颐先生就曾指出："后（指武则天）末年多

1　《旧唐书》卷5《高宗纪下》，中华书局，1975，第89页。
2　〔韩〕任大熙：《武后政权与山南、剑南——关于则天武后的僧侣招聘》，载《新韩学报》第22卷，1986。

病，改事道教，冀求长生。"[1] 她曾遣使召道士司马承祯，是闻其有服饵之法；令道士叶法善采药并遍祷名山，是由于他会炼金丹；召道士张果，是因为时人传其有长年秘术；命方士武什方赴岭南采药炼丹，是其自言能合长年药；以蒲轮征隐居豫章西山的道士胡惠超，[2] 也是基于同样的原因。张易之、张昌宗兄弟受到晚年武则天的宠信的奥妙之一，也在于他们投其迷信羽化成仙之好，为她炼丹。[3] 我们看到在这 6 次泰山行道碑中，尽是"永奉圣躬""伏愿我皇万福，宝业恒隆""以兹功德，奉福圣躬"等祝福语；另外，像用斋醮物为武则天造等身老君像，用本命镇彩物为武则天造天尊像，以及抄《本际经》《度生经》等，都是武则天为了祈求长生神仙而采取的一些举动。

至于道教气氛日益加强，这是因为李唐王朝追认道教教主太上老君为祖，尊为"太上玄元皇帝"，宣布道教为本家宗教，同时道教对于李唐王朝来说是具有皇权象征意义的。但武则天改唐为周时，曾有意识地贬抑道教，如宣布取消老君"太上玄元皇帝"的尊号，颁布佛教因开革命之阶而升于道教之上的政策，等等。而在 697 年以后，为了调和李、武矛盾和平衡佛、道之争，在宣布道、佛齐重政策的同时，倾向于道教色彩的时代气氛愈来愈浓厚。

总之，从泰山道教石刻可以看出武则天是颇为迷信道教的。她一生 9 次派遣道士赴泰山行道，不但是唐代奉祀泰山最勤的统治者，而且还曾亲临泰山参加了泰山封禅大典，打破了历代封禅不准妇女参加的陈规，表现了极大的勇气与反传统精神。她巧妙地利用泰山行道为自己的政治目的服务，同时还利用泰山行道来祈求长生神仙。她是中国历史上在泰山留下最多历史痕迹的统治者之一。

1　饶宗颐：《从石刻论武后之宗教信仰》，《历史语言研究所集刊》第 45 本第 3 分，1974。

2　这个胡惠超就是曾为武则天于中岳嵩山投龙章醮的那位道士胡超。《朝野佥载》卷 5 载："周圣历（698~700）年中，洪州有胡超僧出家学道，隐白鹤山，微有道术，自云数百岁。则天使合长生药，所费巨万，三年乃成。自进药于三阳宫，则天服之，以为神妙，望与彭祖同寿，改元为久视元年（700）。放超还山，赏赐甚厚。服药之后三年而则天崩。"

3　《新唐书》卷 104《张行成传附易之、昌宗传》，中华书局，1975，第 4014~4015 页。

第三节　盛唐道士彭尊师的生命历程 [*]
——《彭尊师墓志铭》研究

　　日本东京明治大学东亚石刻研究所曾于 2008 年 4 月收藏了一批
从中国流失到海外的北魏至隋唐时期的石刻，其中最引人注目的一件
是《东京大安国观故观主彭尊师志铭》（以下简称《墓志铭》）。《墓
志铭》由气贺泽保规教授于 2010 年 9 月在洛阳举行的 "新出土唐墓
志与唐史研究" 国际学术研讨会上予以发布，引起了与会者的关注与
重视。[1] 该墓志记载了彭尊师的生平事迹、出家经过、时间、地点及
所任教职等，对于研究唐代道教史和盛唐时期的社会文化史都具有重
要的价值。笔者不揣浅陋，兹根据气贺泽教授的录文和所公布的拓片
资料，重新作了校录与标点，并结合相关文献，试作探析。为方便起
见，现将碑文转录于下：

> 东京大安国观故观主彭尊师志铭
> 　　尊师，姓彭，号太和，江表长沙人也。禀至道之精，受江山
> 之气，鉴容识行，伦镜知心。开（元）廿三载季冬，天恩命入，
> 奉对龙颜，问神仙秘诀修养之道。尊师应诏而答，雅启圣心，特
> 制令尊师入道。开（元）廿七载首春，诣上清大洞法师萧下，奉
> 受天书玉字《灵宝五符》、真文《八景内音》之箓也，瑶坛相继，
> 迁受上清《八箓》《金虎》《七元》之秘，事毕，内出香信，令尊
> 师寻上古升仙得道之处，爇香祈福，每皆灵应，□不可备。季冬
> 还京，屈尊师为安国上座。尊师以道俗钦重，声闻于天，迁为观

---

* 本节曾以《一方流失海外的珍贵道教铭刻——唐代〈彭尊师墓志铭〉研究》为题，刊载于《唐
　研究》第 12 卷，北京大学出版社，2012，第 145~158 页。

1 〔日〕气贺泽保规：《新发现的彭尊师墓志及其镇墓石——兼谈日本明治大学所藏墓志石刻》，载
　杜文玉主编《唐史论丛》第 14 辑，陕西师范大学出版社，2012，第 69~80 页。值得注意的是，
　与墓志铭同时收藏的还有一组镇墓石，包括东、西、南、北四方天文，限于篇幅，本节仅就墓
　志铭进行探讨。

主。其观创制规模，楼台云构，仙房闲出，玄门洞开。尊师居其此焉。天宝十一载岁壬辰首夏一十四日戌时，忽闻异香入室，群鸟哀鸣。空中有言，谓尊师曰："今仙官阙职，要以当仁。"尊师命门徒弟子："汝等侍吾劳旷，吾深恋汝。仙期有限，理不可违。"香水沐身，整具衣服，闭目存想，神倏而归。春秋七十有五，奄而顺化，龟兆此地，以为仙茔。其月廿六日壬寅，措神于斯原，礼也。北眺杭山，得龟肠之穴，南临少室，居龙胁之岗。尊师以灵宝镇符，刊于贞石，文以纪德，昭告地司。乃为词曰：

　　上德通化，高仙解纷，君王问道，荣恩入真，其一。佩策灵符，加乎纲职，神道要贤，歼我良德，辞南国以上斗，归北邙而返自，其二。

图3-3　《彭尊师墓志铭》

一 彭尊师的生平事迹

彭尊师，不见于文献记载。《墓志铭》仅记其号为"太和"，而缺名讳，长沙人。墓志虽未记其生年，但称其卒于唐玄宗天宝十一载（752），享年75岁，由于古人通常是以虚岁来记龄的，据此推算其人应该生于唐高宗仪凤三年（678）。可以说她生活的年代正值高宗、武后至玄宗统治的盛唐时期。从彭尊师的一生来看，她最重要的事迹有三件。

一是受到玄宗征召，"问神仙秘诀修养之道"。墓志称赞她早年"禀至道之精，受江山之气，鉴容识行，伦镜知心"。所谓"至道之精"，语出《庄子·在宥篇》，黄帝问道于广成子曰："我闻吾子达于至道，敢问至道之精。"对曰："至道之精，窈窈冥冥；至道之极，昏昏默默。无视无听，抱神以静，形将自正。必静必清，无劳汝形，无摇汝精，无思虑营营，乃可以长生。"[1]这说明彭尊师早在出家之前就精通道家的长生久视之道，并且在当时社会上已经卓有声望。所以，她才会在开元二十三年（735）冬，受到唐玄宗的征召，"天恩命入，奉对龙颜"。

这次召见的地点是在东都洛阳。玄宗即位以后，曾先后5次巡幸东都，这是最后一次东巡，时间从开元二十二年（734）正月至二十四年（736）十月。当时正处于开元盛世的转折时期，玄宗从早期的励精图治、奋发有为，开始变得日益骄惰，追求奢侈享乐、神仙长生之术。就在彭尊师受到召见的前一年，即开元二十二年二月，因"自言有神仙术"的道士张果，被迎入宫中，"帝亲问治道、神仙事"。[2]司马光认为以此事为转机，"上由是颇信神仙"。胡三省也认为，"明皇改集仙为集贤，是其初心不信神仙也，至是则颇信矣，又至晚年则深

---

1 （晋）郭象注，（唐）成玄英疏《南华真经注疏》卷13，见《道藏》第16册，文物出版社、上海书店、天津古籍出版社，1988年影印本，第414~415页。
2 《新唐书》卷204《方技·张果传》，中华书局，1975，第5810页。

信矣。史言正心为难，渐入于邪而不自觉"。[1]次年三月，唐玄宗又亲自注疏老子《道德经》，并修《疏义》八卷，"颁示公卿士庶及道、释二门"，[2]开始掀起崇道高潮。[3]就在这年，"上下明诏求方士"，南阳道士邓思瓘（号紫阳）"应辟焉。帝请问所习，雅重其言"。[4]同年底，彭尊师也受到玄宗征召，"尊师应诏而答，雅启圣心，特制令尊师入道"。

二是奉命"寻上古升仙得道之处，爇香祈福，每皆灵应，□不可备"。开元二十七年（739）初春，彭尊师师从上清大洞法师萧某受道箓。此萧某疑即玄宗时著名道士道门威仪萧元裕，他曾为玉真公主授法箓。[5]接着奉命巡访各地，并于年底返回东京洛阳。邓思瓘也是在应召对答之后，奉命"巡江南六十郡，冥搜玄览，欲以张皇大道，开觉下人。明年春二月甲子，复命称旨意，敕度为道士，名曰紫阳……二十六年春，特敕诣中岳、王屋、函谷、宗圣及诸名山修功德。其所至也，神兵降于坛上，庆云集于山下，玄鹤徘徊于霄汉，丹芝郁馥于原野"。[6]可见在开元二十六年、二十七年，唐玄宗曾连续派出彭太和、邓紫阳到全国各地去修功德。[7]

三是被任命为东京大安国观上座，后又升任观主。这里涉及唐代道观的组织机构问题，一般来说，唐代道观设有观主、上座、监斋，合称"三纲"。《唐六典》卷4《尚书礼部》"祠部郎中员外郎"条载："每观观主一人、上座一人、监斋一人，共纲统众事。""三

1　《资治通鉴》卷214，唐玄宗开元二十一年八月条，中华书局，1956，第6808页。

2　《册府元龟》卷53《帝王部·尚黄老一》，中华书局，1960年影印本，第592页。

3　高世瑜：《唐玄宗崇道浅论》，《历史研究》1985年第4期。

4　（唐）李邕：《唐东京福唐观邓天师碣》，载《全唐文》卷265，中华书局，1983年影印本，第2694页。

5　《广成集》附录《青城山记》曰："玉真公主，肃宗之姑也，筑室丈人观西，尝诣天下道门使萧邈，字元裕，受三洞秘法箓。"（唐）杜光庭：《广成集》，董恩林点校，中华书局，2011，第264页。

6　（唐）李邕：《唐东京福唐观邓天师碣》，载《全唐文》卷265，中华书局，1983年影印本，第2694页。

7　关于彭太和与邓思瓘的相似经历，雷闻也曾予以关注。见氏著《碑志所见的麻姑山邓氏——一个唐代道教世家的初步考察》，《唐研究》第17卷，北京大学出版社，2011，第39~70页。

纲"是唐朝廷委任的最基层道官,选拔道德高尚者充任,《旧唐书》卷 43《职官志二》"吏部尚书司封郎中"条载:"每观立三纲,以道德高者充。""三纲"具体负责宫观的宗教活动,是保障每一座宫观正常运行的"领导"。[1]

二 墓志所反映的道教仪规制度

《彭尊师墓志铭》虽然不算太长,总共才 21 行,515 字,但其中却透露出许多唐代道教仪规制度方面的信息。

其一,关于道士师号问题。彭尊师号"太和",这是一个道教色彩很浓厚的名号,语出《易・乾・象辞》:"保合太和,利乃贞。"意为天地阴阳会合冲和之气。稍早于彭尊师的嵩山道士王玄宗,就曾以"太和"为号。[2]唐代道士师号有朝廷赐予和道徒自称或门徒私赠两种情况,关系到道徒的社会地位。[3]彭尊师的道号究竟是属于哪种情况,由于墓志没有明确记载,不得其详。顺便说一下"尊师"的称谓问题,气贺泽教授指出"尊师"这个称号是对地位高的道士的尊称,不论男女经常被使用。不过,在唐代以前,"尊师"主要是对男道士的尊称,《洞玄灵宝三洞奉道科戒营始》卷 4《法次仪》载:"法师、大德、尊师、上人,是外属男子美出家之称。"[4]到唐代,尊师称谓才开始不论男女而通用。

---

1 参阅拙著《道教与唐代社会》,首都师范大学出版社,2002,第 121~122 页。

2 《新唐书》卷 199《儒学中・王绍宗传》载:"绍宗兄玄宗隐嵩山,号太和先生,传黄老术。"又《金石萃编》卷 60《王征君临终口授铭》载:"处姻密友,凭真考行,强号曰'太和先生',庶追道迹,光众妙也。"

3 参阅拙作《唐代道士获赠俗职、封爵及紫衣、师号考》,《文献》2000 年第 3 期,第 67~79 页。

4 《洞玄灵宝三洞奉道科戒营始》卷 4《法次仪》,载《道藏》第 24 册,文物出版社、上海书店、天津古籍出版社,1988 年影印本,第 757 页。该书是关于道教戒律仪范现存之较古资料(见任继愈主编《道藏提要》,中国社会科学出版社,1991,第 872 页)。原题"金明七真撰",据日本学者吉冈义丰考证,敦煌文献中之《三洞奉道科戒仪范》残卷,与此书乃同本异名(见氏著《道教与佛教》第三,丰岛书房,1968,第 79 页)。并据此推测是书出于六朝末或隋代,最晚在唐初已问世(见氏著《道教经典史论》,道教刊行会,1955)。

其二，关于道士出家问题。彭尊师入道时，已经 58 岁，在当时已经算是年长者了。气贺泽教授推测她"在地方作为道教女冠或有神性的巫师应该具有了一定的地位"。唐代道士分为国家官度的正名道士和"私入道"的伪滥道士。唐代实行度牒制度，国家规定，凡道士、女冠入道，必须按照皇帝发布的敕令来进行，称为官度、正度或敕度、恩度。唐朝廷规定的入道条件十分严格，如果一个人想要出家成为道士，必须先跟从师父精勤修炼，然后经师父推举，由朝廷考核合格者，才能得到批准入道。考核内容包括通两篇以上道经。唐初有《三皇经》，贞观年间改由《老子经》代替，穆宗长庆二年（822）五月又规定："诸色人中，有情愿入道者，但能暗记《老子经》及《度人经》，灼然精熟者，即任入道。其《度人经》情愿以《黄庭经》代之者，亦听。"[1] 唐代统治者曾频繁下令敕度道士、女冠，但都严格控制滥度现象。如开元二十六年（738）下令，"其天下观寺，大小各度十七人。简择灼然有经业戒行，为乡闾所推，仍先取年高者"；[2] 天宝六载（747）又诏，"天下诸观道士等，如闻人数全少，修行多阙，其欠少人处，度满七人，并取三十以上，灼然有道行经业者充，仍令所由长官精加试练，采访重复，勿使逾滥。度讫，挟名奏闻。其诸观有绝无人处，亦度三两人，准此简试"。[3] 据此可知，入道者必须具有相当道行，另外还必须是在当地有一定的知名度，并由所在乡里推举的年长者，最后由朝廷来严格掌握度人的权力。度完，还要将名单上报，由朝廷批准入道，领取祠部颁发的度牒，才能成为合法的道士，称为正名道士。照此标准，彭尊师在正度以前，就已"禀至道之精，受江山之气，鉴容识行，伦镜知心"，精通"神仙秘诀修养之道"，显然符合"灼然有道行经业者"的条件，或许她在地方上已经修炼多年，私自入道很久了；彭尊师之得以受到玄宗征召，也应该与地方上的推举有关；玄宗敕令其入道时的年纪

1 《唐会要》卷 50 《尊崇道教》，上海古籍出版社，1991，第 1016 页。
2 《册府元龟》卷 53 《帝王部·尚黄老一》，中华书局，1960 年影印本，第 593 页。
3 《册府元龟》卷 54 《帝王部·尚黄老二》，中华书局，1960 年影印本，第 601 页。

也符合"年高者"的标准。彭尊师出家的情况反映了盛唐时期道士入道的严格程序。

其三，关于道士受箓及法位、次第、称号问题。[1]《墓志铭》载，开元二十七年（739）初春，彭尊师师从上清大洞法师萧氏受道箓。上清大洞法师是道门法师修行品位和道法最高阶段的称号。道士入道受持后，依照其所受经法程度，授予不同的冠服品位及称号。[2]"科曰：道士女冠法位、次第、称号，各有阶级，须知尊卑上下，不得叨滥。"[3]由于道教内派别众多，每派中法师品位都高低不同，所以传授经文也不同，这样就形成了严格的教门经戒传授序次。一般来讲，教外人士多称"在俗弟子"，遵奉正一教后可称为"清信弟子""清真弟子"，正式入道后可称为"正一道士"。由"正一道士"再晋升为洞玄派"三皇弟子""无上洞神法师"；然后再成为高玄派"高玄弟子""太上高玄法师"；再升迁为升玄派"升玄内教弟子""升玄法师"；再上一级，成为"洞玄法师""洞真法师""三洞法师""大洞法师"。[4]各派中经文戒文不可混淆杂授，只要得到洞真法师尊号后，不管原属于何派，均可再受大戒，成为三洞、大洞法师，登上道教的最高一级法师职位。[5]由此可见，彭尊师的"起点"很高，所谓名师出高徒、青出于蓝而胜于蓝，此之谓也。

据《墓志铭》载，彭尊师受箓随萧法师，"奉受天书玉字《灵宝五符》、真文《八景内音》之箓也，瑶坛相继，迁受上清《八箓》《金

---

1 关于道教的法位、次第，可参考施舟人《敦煌文书に見える道士の法位阶梯について》，《讲座敦煌》4《敦煌と中国道教》，大东出版社，1983；〔日〕小林正美著，李之美译《天师道の受法教程和道士位阶制度》，见程恭让主编《天问》（丙戌卷），江苏人民出版社，2006，第296~330页；汪桂平《从天台道士应夷节的受道过程看唐代道教的授箓制度》，见连晓鸣主编《天台山暨浙江区域道教国际学术研讨会论文集》，浙江古籍出版社，2008，第704~708页。

2 李养正：《道教概说》，中华书局，1989，第284页。

3 《洞玄灵宝三洞奉道科戒营始》卷4《法次仪》，载《道藏》第24册，文物出版社、上海书店、天津古籍出版社，1988年影印本，第757页。

4 （五代）刘若拙撰，（宋）孙夷中编《三洞修道仪》，载《道藏》第32册，文物出版社、上海书店、天津古籍出版社，1988年影印本，第166~169页。

5 任继愈主编《中国道教史》，上海人民出版社，1990，第290页。

虎》《七元》之秘"。唐代道士非常重视受箓，《正一修真略仪》说：
"箓，录也。修真之士，既神室明正，然摄天地灵祇，制魔伏鬼，随
其功业，列品仙阶，出有入无，长生度世，与道玄合。故能济度死
厄，救拔生灵，巍巍功德，莫不由修奉三洞真经金书宝箓，为之津
要也。"他们认为箓是由道气演化而来的，是"太上神真之灵文，九
天众圣之秘言"。[1]箓对道士修行具有非凡的作用，《洞玄灵宝课中法》
说："箓者，戒录情性，止塞愆非，制断恶根，发生道业，从凡入圣，
自始及终，先从戒箓，然始登真。"[2]关于道教授箓之法，《隋书·经籍
志》说："受道之法，初受《五千文箓》，次受《三洞箓》，次受《洞
玄箓》，次受《上清箓》。箓皆素书，纪诸天曹官属佐史之名有多少，
又有诸符，错在其间，文章诡怪，世所不识。受者必先洁斋，然后赍
金环一，并诸赘币，以见于师。师受其赘，以箓授之，仍剖金环，各
持其半，云以为约。弟子得箓，缄而佩之。"[3]道教法箓传授制度，早
在南北朝时期就已经基本形成，到唐代又得到进一步的完善，并趋于
兴盛，从此受箓成为道士修行的必经步骤。唐代道教法箓传授非常复
杂，据唐代道士张万福《传授三洞经戒法箓略说》卷上记载，三洞经
戒法箓包括正一法目、道德经目、三皇经目、灵宝经目等内容。[4]五代
宋初道士孙夷中《三洞修道仪》说三洞修道授箓阶次依次是：正一盟
威箓、金刚洞神箓、太上高玄箓、太上升玄箓、中盟箓、三洞宝箓、
大洞宝箓。[5]彭尊师奉受的《灵宝五符》和《八景内音》，都属于灵宝
法目，其中又以前者最受道士推崇，位居灵宝法箓之首；《八箓》《金
虎》《七元》分别是《八威召龙箓》《太上帝君金虎符箓》《豁落七元

1 《正一修真略仪》，载《道藏》第32册，文物出版社、上海书店、天津古籍出版社，1988年影印
　　本，第175页。
2 《洞玄灵宝课中法》，载《道藏》第32册，文物出版社、上海书店、天津古籍出版社，1988年影
　　印本，第229页。
3 《隋书》卷37《经籍志四》，中华书局，1973，第1092页。
4 （唐）张万福：《传授三洞经戒法箓略说》，载《道藏》第32册，文物出版社、上海书店、天津古
　　籍出版社，1988年影印本，第185~190页。
5 （五代）刘若拙撰，（宋）孙夷中编《三洞修道仪》见《道藏》第32册，文物出版社、上海书店、
　　天津古籍出版社，1988年影印本，第166~169页。

真箓》的简称，此三箓都属于上清部法箓，其中又以《八箓》为上清大法。《上清灵宝大成金书》卷24说："夫箓者，始于正一，演于洞神，贯于灵宝，极于上清。上清大洞箓者，匿景韬光，精思上道，志期轻举，全不涉俗。进道之士，先受三五都功正一盟威，修持有渐，方可进受灵宝中盟，转加上清大洞。若不尔者，有违太真之格。"[1] 张万福作为临坛大德证法三师之一，参加了金仙、玉真二公主的受箓，他在《传授三洞经戒法箓略说》卷下记载，唐睿宗景云二年（711）正月十八日甲子，金仙、玉真二公主在长安大内归真观，恭请太清观主史崇玄传度受道。二公主受度的经箓是"破灵宝自然券，受中盟八帙经四十七卷、真文、二箓、佩符、策杖"，"又以先天元年（712）壬子岁冬十月二十八日甲子复受五法上清经法"。[2] 金仙、玉真二公主受箓早于彭尊师，她们的地位也高于彭尊师，但她们的受箓次序也是先灵宝、后上清，与彭尊师无异，这反映了盛唐时期长安皇室及贵族受箓的基本情况。

其四，关于道士尸解问题。《墓志铭》对彭尊师去世时的情况记载道："天宝十一载岁次壬辰首夏一十四日戌时，忽闻异香入室，群鸟哀鸣。空中有言，谓尊师曰：'今仙官阙职，要以当仁。'尊师命门徒弟子：'汝等侍吾劳旷，吾深恋汝。仙期有限，理不可违。'香水沐身，整具衣服，闭目存想，神倏而归。春秋七十有五，奄而顺化，龟兆此地，以为仙茔。"气贺泽教授说，"其死法使人联想起脱离肉体的尸体解仙"，他进而推测"这种记录方法，往往被用来暗示非正常死亡。其背后也许隐藏着某种权力斗争或教义对立"。关于道士尸解，道教认为道士得道后可脱离肉体而仙去，或不留肉体，只假托一物（如衣、杖、剑）而升天。《后汉书·方术·王方平传》注曰："尸解者，

---

1 （宋）林灵真：《上清灵宝济度大成金书》卷24，载《藏外道书》第17册，巴蜀书社，1992年影印本，第55页。

2 （唐）张万福：《传授三洞经戒法箓略说》卷下，载《道藏》第32册，文物出版社、上海书店、天津古籍出版社，1988年影印本，第196~197页。

言将登仙，假托为尸解化也。"[1] 又《无上秘要》卷87《尸解品》云："夫尸解者，形之化也，本真之练蜕也，躯质之遁变也。"[2] 故又喻之为"蝉蜕"，"如蝉留皮换骨，保气固形于岩洞，然后飞升，成于真仙"。[3] 尸解术有好多种，如火解、水解、兵解、剑解、杖解等。[4] 尸解术是道教早期信奉的成仙术，尤其是在汉代十分流行，但到晋唐时期尸解已经被视为成仙道之下品。杜光庭《墉城集仙录叙》云："夫神仙之上者，云车羽盖，形神俱飞；其次，牝谷幽林，隐景潜化；其次，解形托象，蛇蜕蝉飞。然而冲天者为优，尸解者为劣。"[5] 即使这样，在历代编撰的各种仙传故事甚至史书中都有各种各样的尸解法的记载，在碑刻中也有许多尸解的例子，如道士江旻《唐国师升真先生王法主真人立观碑》记载，唐初著名道士王远知尸解于太宗贞观九年（635）八月，"十四日午时，适因睡寤，喜形于色。侍者在旁，谂问所以，答曰：'吾向暂游洞宫，仙官见报，欲以疲朽，补为仙伯。名位已定，行在不久。'十五日，沐浴冠带，焚香正坐，集诸弟子，述圣朝立观之由，励学人策勤之志。十六日旦，忽闻异香入室，鸟兽哀嗥，顾谓侍者曰：'日时早晚？'曰：'辰时。'乃应曰：'好！'即转身平卧，自正衣冠，九易之形，一朝解束，春秋一百二十有六岁。肢体柔软，颜色不变。停殡旬余，倍胜常日……越二十八日，以符竹托祔定录神山之右"。[6] 王远知的弟子王轨尸解于高宗乾封二年（667），据唐人于敬之《桐柏真人茅山华阳观王先生碑铭》载，"十一月丁巳朔旦，朝礼毕，

1 《后汉书》卷72下《方术·王方平传》，中华书局，1965，第2751页。

2 《无上秘要》卷87《尸解品》，载《道藏》第25册，文物出版社、上海书店、天津古籍出版社，1988年影印本，第247页。

3 （南唐）沈玢：《续仙传序》，载《道藏》第5册，文物出版社、上海书店、天津古籍出版社，1988年影印本，第77页。

4 《无上秘要》卷87《尸解品》，载《道藏》第25册，文物出版社、上海书店、天津古籍出版社，1988年影印本，第245~248页。又见宋人张君房编《云笈七签》卷84~86《尸解》，李永晟点校，中华书局，2003，第1890~1940页。

5 （唐）杜光庭：《墉城集仙录叙》，载《道藏》第18册，文物出版社、上海书店、天津古籍出版社，1988年影印本，第165页。

6 陈垣编纂，陈智超、曾庆瑛校补《道家金石略》（唐部分），文物出版社，1988，第53页。

乃顾命门人曰：'吾昨五更，仿佛梦中，见有三人，羽衣严整，手执简策，进于房内，告云华阳天宫，素已品藻，用师为神仙万人主者，兼知校领省官。且法师才德清高，宜居此任，今重奉命邀迎，请当行矣。吾昔在桐柏山中，已感斯梦，辞不获免，须应此召。'遂戒勖门人，示以修道要诀，经书法事，各有付嘱。其月八日，频索香汤沐浴，改易冠带，更服新衣。九日寅时，异香入室，整褐端笏，奄从解化，春秋八十有八。粤十七日癸酉，以符竹托袝于华阳观雷平山西"。[1]

王远知、王轨师徒尸解之情况，和彭尊师如出一辙，并没有什么异常之处，应该是道士去世的常见写法，即属于道行高深者之尸解法，按道教的说法就是，"临终之日，视其形如生人之肉，既死之时，尸体香洁，足指不青，手皮不皱者，谓之先有德行，自然得尸解"。不过，王远知师徒都是在白日尸解的，而彭尊师却尸解于黄昏日暮之际。道教认为："白日去谓之上尸解也，夜半去者谓之下尸解，向晓向暮而去者，谓之地下主者。"[2]也就是说，彭尊师的尸解不如王远知师徒。

三　关于东京安国观的几个问题

安国观位于东京洛阳城内正（政）平坊，原来是武则天的女儿太平公主的府邸。武周长安元年（701），太平公主将它送给自己的哥哥、后来的唐睿宗李旦。睿宗即位以后，改元景云元年（710），舍宅为道士观。[3]因睿宗在神龙元年（705）中宗复辟之后，因功进号安国

1 《全唐文》卷186，中华书局，1983年影印本，第1894页。
2 《无上秘要》卷87《尸解品》，载《道藏》第25册，文物出版社、上海书店、天津古籍出版社，1988年影印本，第246页。
3 《朝野佥载》卷1载："开元二年（714），梁州道士梁虚州，以九宫推算张鷟云：'五鬼加年，天罡临命，一生之大厄……'安国观道士李若虚，不告姓名，暗使推之。云：'此人今年身在天牢，负大辟之罪乃可以免。不然病死，无救法。'果被御史李全交其罪，敕令处尽……乃免死，配流岭南。二道士之言信有征矣。"据此可知，至开元二年时，安国观还是一座道士观。（唐）张鷟：《朝野佥载》卷1，赵守俨点校，中华书局，1979，第2页。

相王，故"以本衔为名"。[1] 开元十年（722），玄宗妹妹玉真公主从长安移居此处，改为女冠观。[2]

由于这座女冠观曾先后为公主和藩王府第，所以其规模自然非同一般。唐人康骈《剧谈录》卷下《老君庙画》载：

> 政平坊安国观，明皇朝玉真公主所建。门楼高九十尺，而柱端无栱枓。殿南有精思院，琢玉为天尊老君之像。叶法善、罗公远、张果先生并图之于壁。院南池沼引御渠水注之，垒石像蓬莱、方丈、瀛洲三山。女冠多上阳退宫嫔御。其东与国学相接。咸通中，有书生云："每清风朗月，即闻山池之内步虚笙磬之音。"卢尚书有诗云："夕照纱窗起暗尘，青松绕殿不知春。君看白首诵经者，半是宫中歌舞人。"[3]

这是一座特别精美宏丽的园林式道观，仅门楼就高达九十尺。观中有大殿，殿南有精思院，据说为玉真公主所建，供奉着用玉雕琢的太上老君像，墙上还绘有叶法善、罗公远、张果等高道的壁画。院中悬挂着一口大钟，[4] 院南有池塘，水从御渠引入。池中用太湖石垒成假山，象征着蓬莱、方丈、瀛洲三座海上仙山。刘禹锡《经东都安国观九仙公主旧院作》诗曰："仙院御沟东，今来事不同。门开青草日，楼

---

1 《册府元龟》卷 53《帝王部·尚黄老一》载："睿宗景云元年十月，制以洛州襄王府宅为太（大）安国观。"有人据此认为，此大安国观与安国观为两座道观［见熊飞校注《张九龄集校注》卷 13《上为宁王写〈一切（道）经〉请宣付史馆状》，中华书局，2008，第 743 页］，实则大谬。查唐代受封襄王者有中宗第四子重茂，韦后鸩杀中宗后，曾被立为帝，及韦氏败亡，重茂逊位，退居别所。景云二年，改封襄王，迁于集州，开元二年卒，谥曰殇皇帝。大安国观建立时，重茂还没有受封为襄王，故此大安国观不可能是由重茂宅改建的；又肃宗第九子僙也曾被封为襄王，然此观更不可能是他的府邸。笔者认为，此襄王实乃相王之讹，因音近而误，故此大安国观实即安国观也，二者为同一座道观。

2 《唐会要》卷 50《观》，上海古籍出版社，1991，第 1026 页。

3 （唐）康骈：《剧谈录》卷下《老君庙画》，萧逸校点，载《唐五代笔记小说大观》，上海古籍出版社，2000，第 1488 页。

4 （唐）权德舆：《权德舆诗文集》卷 28《兴唐观新钟铭并序》，郭广伟校点，上海古籍出版社，2008，第 434 页。

闭绿杨风。将犬升天路，披霓赴月宫。武皇曾驻跸，闲问主人翁。"[1]此
九仙公主据说就是玉真公主，"旧院"即精思院。[2]一般来说，笔记小
说中的记载难免会有夸张失实之嫌，但《墓志铭》也记载："其观创制
规模，楼台云构，仙房闲出，玄门洞开。"虽然寥寥数语，却可印证
相关记载并不虚枉。

安国观中女冠大多是来自上阳宫的后宫妃嫔和宫人。上阳宫是唐
代离宫，地处洛阳皇城西南、禁苑（隋西苑）之东。上阳宫建于唐高
宗上元年间（674~676），高宗晚年，"常居以听政"。[3]705年，武则天
被迫退位后，曾迁居上阳宫。到唐玄宗时，上阳宫成为安置失宠妃嫔
的离宫之一，宫人妃嫔众多。白居易《上阳白发人》诗题解曰："天宝
五载（746）已后，杨贵妃专宠，后宫人无复进幸矣。六宫有美色者辄
置别所，上阳是其一也。贞元中（785~805）尚存焉。"诗曰："上阳人，
红颜暗老白发新。绿衣监使守宫门，一闭上阳多少春！玄宗末岁初选入，
入时十六今六十。同时采择百余人，零落年深残此身……未容君王得见
面，已被杨妃遥侧目。妒令潜配上阳宫，一生遂向空房宿。"[4]元稹《上阳
白发人》诗也曰："御马南奔胡马蹙，宫女三千合宫弃。宫门一闭不复
开，上阳花草青苔地……近年又送数人来，自言兴庆南宫至。"[5]为此，
白居易曾奏请放免宫人。[6]那些从宫中被放出的宫人，因年老无家可归，
最后大都被安置在两京寺观，安国观因此也就成为安置上阳宫人的理
想场所。卢尚书诗见《全唐诗》卷783，诗名《题安国观》，该诗由被
称为"大历十才子"之一的卢纶所作，诗名一作《过玉真公主影殿》。
该诗反映了安国观中安置了许多从上阳宫中放出的歌舞艺人。刘禹锡
《秋夜安国观闻笙》曰："织女分明银汉秋，桂枝梧叶共飕飗。月露满庭

1　（唐）刘禹锡著，瞿蜕园笺证《刘禹锡集笺证》卷22，上海古籍出版社，1989，第591页。
2　陶敏：《刘禹锡诗中九仙公主考》，《云梦学刊》2001年第5期。
3　《新唐书》卷38《地理志二》，中华书局，1975，第982页。
4　（唐）白居易著，朱金城笺校《白居易集笺校》卷3，上海古籍出版社，1988，第156页。
5　（唐）元稹：《元稹集》卷24，冀勤点校，中华书局，1982，第278页。
6　（唐）白居易著，朱金城笺校《白居易集笺校》卷58《请拣放后宫内人》，上海古籍出版社，
　　1988，第3340页。

人寂寂,《霓裳》一曲在高楼。"[1] 该诗不但证明了观中女冠"半是宫中歌舞人"的身份,而且也说明直到晚唐咸通年间（860~874）书生所言每当月夜就能听到观中"山池之内步虚笙磬之音"的记载不虚。

此外,许多贵族大臣女眷也选择在安国观出家。如德宗、宪宗时大臣马总夫人王氏在丈夫亡故后,出家为女冠,自称"上清大洞三境（景）弟子","住河南府河南县、正平坊安国观内";[2] 又如王求为妹所作的《唐故安国观王炼师墓志铭》说道:"炼师,号玉虚,王氏,太原人也。曾祖讳竦,皇丹阳郡太守。大父讳浦,皇湖州刺史。父讳玠,皇监察御史里行。咸通三年（862）秋七月廿三日,遘疾终于东都安国观,享年五十七。炼师以早慕清虚,累受法箓……炼师懿轨贞姿,推于姻族,早以良配归于清河崔君。痛乎妇道未施,而崔君逝殁,移天既失,抱戚终丧,爰依道门,遂超尘网,行业精著,为时所推。洛中士流,无不仰敬。"[3] 这位王炼师出身官宦之家,嫁给清河士族崔氏,也是因丈夫病逝,在安国观出家为女冠。彭尊师则是应诏入道的女冠,虽然《墓志铭》没有提及她的出身,但凭"天恩命入,奉对龙颜"的殊荣,最后成为这座皇家女道观的观主。

作为一座皇家道观,安国观经常为皇室宗亲行香设斋。《唐六典》卷4《尚书礼部》"祠部郎中员外郎"条载:"凡国忌日,两京定大观、寺各二散斋,诸道士、女道士及僧、尼,皆集于斋所,京文武五品以上与清官七品已上皆集,行香而退。"开元二十三年（735）,宰相张九龄曾奉敕,"于安国观行香","为宁王及故惠宣、代国、金仙公主,共写《一切道经》四本"。[4] 由此可见,安国观在东京诸道观中拥有非常崇高的地位。

通过对《彭尊师墓志铭》及相关文献的研究可知,彭尊师是一位

---

1 （唐）刘禹锡著,瞿蜕园笺证《刘禹锡集笺证》卷24,上海古籍出版社,1989,第718页。

2 （唐）李商隐著,（清）冯浩详注,钱振伦、钱振常笺注《樊南文集》卷11《为马懿公郡夫人王氏黄箓斋文》,上海古籍出版社,2015,第877页。

3 赵君平、赵文成编《秦晋豫新出墓志搜佚》第4册,807,国家图书馆出版社,2012,第1040页。

4 （唐）张九龄撰,熊飞校注《张九龄集校注》卷13《上为宁王写〈一切（道）经〉请宣付史馆状》,中华书局,2008,第741~743页。

精通道家长生久视之道，并且在当时社会上有很高声望和地位的女道士。她曾受到唐玄宗的召见，并以自己的道术为帝室宫廷服务。虽然她出家和主持的东京大安国观是一座在唐代道教界地位非常特殊的皇家道观，但有关它的记载却不多见，所以这方流失海外的墓志铭就显得非常珍贵，它对研究唐代道教史和盛唐时期的社会文化史都具有重要的史料价值。

第四节　一位道门领袖的人生经历与中晚唐社会 [*]
——《玄济先生墓志铭》研究

《玄济先生墓志铭》于 1993 年出土于陕西省西安市东郊田家湾唐墓，[1] 全称为《唐故太清宫内供奉、三教讲论、大德、左街道门威仪、葆光大师、赐紫、谥玄济先生曹公玄堂铭序》（以下简称《墓志铭》）。[2]

---

[*] 本节曾以《道门威仪 玄坛领袖——唐代〈玄济先生墓志铭〉研究》为题，收入杜文玉主编《唐史论丛》第 24 辑，三秦出版社，2017，第 202~215 页。

[1] 张达宏、王自力：《西安东郊田家湾唐墓》，载中国考古学会编《中国考古学年鉴 1995》，文物出版社，1997，第 250 页。

[2] 吴钢主编《全唐文补遗》第 8 辑，三秦出版社，2005，第 218~219 页。该墓志称玄堂铭，即墓志铭。张全民先生说："玄堂这里指坟墓。"这个说法是正确的。南朝诗人谢朓《齐敬皇后哀策文》有"翠帟舒阜，玄堂启扉"句，今人曹融南注曰："玄堂，谓墓室。"（曹融南校注《谢宣城集校注》，上海古籍出版社，1991，第 73 页）唐人韩愈《大行皇太后挽歌词》也有"武帐虚中禁，玄堂掩太平"句，今人钱仲联注曰："玄堂，山陵。"（钱仲联集释《韩昌黎诗系年集释》卷 9，上海古籍出版社，1994，第 1016 页）山陵，过去常用来指帝后之陵墓。玄堂，又称玄室或玄宫。关于玄室，东汉张衡《司徒吕公诔》曰："去此宁宇，归于幽堂；玄室冥冥，修夜弘长。"今人张震泽注曰："玄室，墓穴。"（张震泽校注《张衡诗文集校注》，上海古籍出版社，1986，第 323~326 页）唐代道士田元素墓志铭就称《玄室铭》（见樊光春《陕西新发现的道教金石》，《世界宗教研究》1993 年第 2 期）。关于玄宫，《晋书》卷 83《江逌传》载："穆帝崩，山陵将用宝器。逌谏曰：'……昔康皇帝玄宫始宝剑金舄，此盖太妃罔极之情，实违先旨累世之法。'"（见中华书局标点本，1974，第 2173~2174 页）又《梁书》卷 8《昭明太子萧统传》载王筠《哀策文》曰："即玄宫之冥漠，安神寝之清闷。"（见中华书局标点本，1973，第 171 页）又唐人姚合《敬宗皇帝挽词》："玄宫今一闭，终古柏苍苍。"玄宫，指帝王坟墓（吴河清校注《姚合诗集校注》，上海古籍出版社，2012，第 547 页）。道教宣称，人死之后，"托命太阴，寄形土官"，"安宫立室，以为住止"（《灵宝炼度五仙安灵镇神黄缯章法》，载《道藏》第 32 册，文物出版社、上海书店、天津古籍出版社，1988 年影印本，第 732 页）。玄堂、玄室或玄宫就是这个意思。

志主为一位唐代长安道士。张全民先生曾著文进行了研究，并对其中涉及的有关道教问题加以考释，指出该墓志"记载了玄济先生的世系和生平，提供了晚唐时期道教发展的重要资料"。[1]的确，该墓志对于研究唐代道教史和中晚唐时期的社会文化史都具有重要的价值。然而，笔者认为该墓志尚有许多可值得研究之处，故不揣浅陋，做进一步的深入探讨。为方便起见，现将碑文转录于下：

唐故太清宫内供奉、三教讲论、大德、左街道门威仪、葆光大师、赐紫、谥玄济先生曹公玄堂铭并序

同学左街道门威仪兼左右街逍遥大师赐紫牛弘真撰

先生讳用之，字道冲。其先谯国人也。若夫时歌清净，佐赤帝以登庸。瑞表灵长，应黄星而开国。洪源远裔，代不乏贤。曾祖义感，皇任吉州长史。祖束（东？）吴，皇任右监门卫长史、赐绯鱼袋。父公汶，皇任虢州司法参军。皆育德含和，戴仁抱义。以斯垂裕，载诞贞姿。先生幼慕玄风，生知道要。每测希夷之旨，长期汗漫之游。越以长庆二年，恩赐官度。松篁韵静，云鹤思贤。几（凡）在名流，已相推挹矣。国家胤玄元之宝绪，以洁净而化人。先生丁□，时膺其运。以焚修为己任，资福祚于宸衷。敬宗皇帝于兴唐观置道学会，宣扬圣教，启辟真宗。先生以学洞幽微，首膺选擢。文皇恩诏，升为大德。于是复诣通玄先生，受洞玄等法。宣宗皇帝临御之元年，赐紫服象简，以旌其道。仍奉诏与谏议大夫李贻孙及右街僧辩章为三教讲论。每入内殿，升御筵，穷圣教之指（旨），归对天颜而启沃。俾缁徒望风而奔北，洪儒服义于指南。至十二年，命为左街道门威仪。总此玄坛，率诸仙子。苟非上士，曷已当兹。今上纂嗣洪猷，恢弘至道。欲稽疑于河上，必献寿于华封。咸通十二年赐号葆光大师。

1　张全民:《〈唐玄济先生墓志铭〉与有关道教问题考略》，载杜文玉主编《唐史论丛》第14辑，陕西师范大学出版社，2012，第227~232页。

□矣哉！皇王之顺风虚已，志士之以实彰名也。先生每日寒暑晦
明，是天之变化。安时处顺，亦我之行藏。本从无入有之机，达
有始必终之义。则哀乐岂足以介于灵府哉？以十三年四月十一日
遘疾，委形于京玄真观之本院，享年六十三。皇情轸悼，赐谥曰
玄济先生。以其年八月十六日，备五炼，饰仪卫，迁殡于万年县
崇义乡南姚村，礼也。侄道士延祯、延祚与门人太清宫讲论、大
德、赐紫陈知章、伍又玄等或入其室，或游其藩。痛梁坏以何
依，念音尘之日远。虽衣冠空在，莫知神化之方。恐陵谷有渝，
必志强名之迹。以余曾同学，又忝从后尘，猥见托于斯文，愿申
交于直笔。铭曰：

杳杳冥冥，气有轻清。升为宿曜，降为贤英。乃祖乃宗，联
休叠懿。猗欤先生，独抱真粹。道尊德贵，辉赫天恩。紫霄象
简，领袖玄门。祖述黄老，洁诚斋醮。名播寰区，辩臻要妙。适
来时也，适去顺也。人斯怨慕，我非咨嗟。神返无何，迹留于
此。松柏寥寥，清风曷已？

弟子延圣观道士孙励楚书

一 玄济先生的生卒年及其家世

玄济先生，不见于文献记载。《墓志铭》称其姓曹，讳用之，字
道冲，号葆光大师，谥曰玄济先生，谯国（今安徽亳州）人。墓志虽
未记其生年，但称其卒于唐懿宗咸通十三年（872），享年63岁，由
于古人通常是以虚岁来记龄的，据此推算其人应该生于唐宪宗元和五
年（810），可以说他是生活在中晚唐时期。

谯国曹氏是中古时期的著姓，曹魏皇室即出于斯。《墓志铭》
称："曾祖义感，皇任吉州长史。祖束（柬？）吴，皇任右监门卫长
史、赐绯鱼袋。父公汶，皇任虢州司法参军。"可见玄济先生出生
于一个官僚家庭。但从玄济先生开始出家为道士，他的两个侄子延

祯、延祚都是道士，这个家族由官僚家庭开始向道教世家转化。其世系为：

曹义感——曹束（束）吴——曹公汶——曹用之（玄济）

曹？之——曹延祯

曹延祚

唐代崇道之风盛行，社会上出现了许多世代崇道的道教世家。除了张天师一系外，¹较著名者尚有：括州括苍（今浙江丽水松阳）叶家，从叶乾昱、叶道兴、叶国重、叶慧明、叶法善到叶修然、叶齐真、叶藏质，至少八世为道士；²南阳邓氏，从邓嗣、邓思瓘（紫阳）、邓德诚、邓延康，到邓道牙、邓道苗兄弟，再到晚唐五代时期的邓启霞，至少六代为道士；³此外，还有天水尹家，唐初有昊天观主尹文操，开元时有道士尹愔，唐末有右街威仪明道大师尹嗣玄等。⁴这些道教世家都有一个共同特点，即大多是由官僚家庭向道教世家转化，这是在唐皇室尊崇道教、竭力提高其政治、经济和社会地位的大背景下出现的

1 卿希泰主编《中国道教史》第2卷，四川人民出版社，1992，第145~151页。

2 （唐）李邕：《唐有道先生叶国重墓碑》，载陈垣编纂、陈智超、曾庆瑛校补《道家金石略》（唐部分），文物出版社，1988，第104~106页。（唐）李邕：《叶慧明碑》，载陈垣编纂、陈智超、曾庆瑛校补《道家金石略》（唐部分），文物出版社，1988，第106~107页。（唐）李隆基：《御制叶真人碑》，载陈垣编纂、陈智超、曾庆瑛校补《道家金石略》（唐部分），文物出版社，1988，第124~125页。《宣阳观钟铭》，载陈垣编纂、陈智超、曾庆瑛校补《道家金石略》（唐部分），文物出版社，1988，第162页。（元）赵道一《历世真仙体道通鉴》卷40《叶藏质》载："道士叶藏质，字含象，处州松阳人。法善之裔也。"《道藏》第5册，文物出版社、上海书店、天津古籍出版社，1988年影印本，第329页。

3 （唐）李邕：《唐东京福唐观邓天师碣》，载陈垣编纂、陈智超、曾庆瑛校补《道家金石略》（唐部分），文物出版社，1988，第125~126页。（唐）郑畋：《唐故上都龙兴观三洞经箓赐紫法师邓先生墓志铭》，载《全唐文》卷767，中华书局，1983年影印本，第7981~7983页。（五代）徐铉：《茅山道门威仪邓先生碑》，载《全唐文》卷888，中华书局，1983年影印本，第9283页。

4 （唐）员半千：《尹尊师碑》，载陈垣编纂、陈智超、曾庆瑛校补《道家金石略》（唐部分），文物出版社，1988，第102~104页。《新唐书》卷200《儒学下·尹愔传》，中华书局，1975，第5703页。（唐）乐朋龟：《西川青羊宫碑铭》，载陈垣编纂、陈智超、曾庆瑛校补《道家金石略》（唐部分），文物出版社，1988，第191页。

一种社会文化现象，对于研究中古时期世家大族的发展演变具有一定的意义。

二 玄济先生学道经历

从墓志来看，玄济先生自幼崇玄好道，于穆宗长庆二年（822），恩赐官度为道士，时年仅 12 岁。

唐代道士分为国家官度的正名道士和"私入道"的伪滥道士。唐代实行度牒制度，凡道士、女冠入道，必须按照皇帝颁布的敕令来进行，称为官度、正度或敕度、恩度。[1]唐朝廷规定的入道条件十分严格，如果一个人想要出家成为道士，必须先跟从师父精勤修炼，然后经师父推举，由朝廷考核合格，才能得到批准入道。考核内容包括通两篇以上道经。另外还必须是在当地有一定的知名度，并由所在乡里推举的年长者，才有可能被批准入道。如开元二十六年（738）下令，"其天下观寺，大小各度十七人。简择灼然有经业戒行，为乡闾所推，仍先取年高者"；[2]天宝六载（747）又诏，"天下诸观道士等，如闻人数全少，修行多阙，其欠少人处，度满七人，并取三十以上，灼然有道行经业者充，仍令所由长官精加试练，采访重复，勿使逾滥。度讫，挟名奏闻。其诸观有绝无人处，亦度三两人，准此简试"。[3]据此可知，入道者必须具有相当道行。度完，还要将名单上报，由朝廷批准入道，领取祠部颁发的度牒，才能成为合法的道士，称为正名道士。如开元二十三年恩度入道的彭太和，时年已经58岁；[4]开元二十四年敕度入道的邓紫阳，也已经34岁。[5]这说明在盛唐时期，朝廷对道士入道

1　见拙著《道教与唐代社会》，首都师范大学出版社，2002，第 134 页。
2　《册府元龟》卷 53《帝王部·尚黄老一》，中华书局，1960 年影印本，第 593 页。
3　《册府元龟》卷 54《帝王部·尚黄老二》，中华书局，1960 年影印本，第 601 页。
4　见拙作《一方流失海外的珍贵道教碑刻——唐〈彭尊师墓志铭〉研究》，载荣新江主编《唐研究》第 18 卷，北京大学出版社，2012，第 145~158 页。
5　（唐）李邕：《唐东京福唐观邓天师碣》，载陈垣编纂，陈智超、曾庆瑛校补《道家金石略》（唐部分），文物出版社，1988，第 125~126 页。

的控制是十分严格的。

但到唐后期，随着伪滥入道者越来越多，政府逐渐放宽了入道的条件。穆宗长庆二年五月规定："诸色人中，有情愿入道者，但能暗记《老子经》及《度人经》，灼然精熟者，即任入道。其《度人经》情愿以《黄庭经》代之者，亦听。"[1] 在此条规定中，已经不见了关于年龄的限制。而玄济先生正是因为"幼慕玄风，生知道要。每测希夷之旨，长期汗漫之游"，得以由一个少年而恩度入道的。由此可见，中晚唐以来，随着唐王朝在政治上的日益衰败，对道士入道的控制也越来越松弛。

玄济先生入道后，曾被选拔入兴唐观道学会进一步钻研和学习道教理论。墓志称："敬宗皇帝于兴唐观置道学会，宣扬圣教，启辟真宗。先生以学洞幽微，首膺选擢。"兴唐观是京城长安的一座皇家道观，始建于开元十八年（730），增建于元和八年（813）。《唐会要》卷 50《观》载：

> 兴唐观，长乐坊。本司农园地，开元十八年造观。其时有敕，令速成之，遂拆兴庆宫通乾殿造天尊殿，取大明宫乘云阁造门屋楼，白莲花殿造精思堂屋，拆甘泉殿造老君殿……元和八年七月，命中尉彭中献帅徒三百人修兴唐观，赐钱十万，使壮其旧制。其观北拒禁城，因是开复道为行幸之所。是日，又命以内库绢千匹、茶千斤，为兴唐观复道夫役之赐。又以庄宅钱五十万，杂谷千石，充修斋醮之费。[2]

兴唐观是一座规模宏大的皇家道观，有天尊殿、老君殿、精思堂等建筑，还有复道直通皇宫，为的是方便皇帝可以随时行幸。为了尽快建成该观，唐玄宗竟然下令拆除兴庆宫通乾殿、大明宫乘云阁、白莲花殿、甘泉殿等建筑以供其建材，因此该观建筑金碧辉煌，尽显皇家气派。

---

1 《唐会要》卷 50《尊崇道教》，上海古籍出版社，1991，第 1016 页。
2 《唐会要》卷 50《观》，上海古籍出版社，1991，第 1027~1028 页。

关于唐敬宗在兴唐观设立道学会之事不见于史书记载，根据墓志所言，道学会应该是培养高级道士的学校。墓志作者牛弘真自称与玄济为"同学"，他在自叙作志原因时说："以余曾同学，又忝从后尘，猥见托于斯文，愿申交于真笔。"由此观之，牛弘真与玄济应该是在道学会时同师授业，因此自称"同学"。

玄济曾跟随通玄先生，"受洞玄等法"。通玄先生，不详。唐前期有张果者，玄宗曾赐号"通玄先生"，但已早死；[1]又五代时有道士张荐明，后晋高祖石敬瑭赐号"通玄先生"，[2]却明显晚于玄济先生生活的年代，显然此二通玄皆非彼通玄也。

关于玄济所受洞玄法箓，《隋书·经籍志四》说：

> 受道之法，初受《五千文箓》，次受《三洞箓》，次受《洞玄箓》，次受《上清箓》。箓皆素书，纪诸天曹官属佐吏之名有多少，又有诸符，错在其间，文章诡怪，世所不识。受者必先洁斋，然后赍金环一，并诸赞币，以见于师。师受其赞，以箓授之，仍剖金环，各持其半，云以为约。弟子得箓，缄而佩之。[3]

所谓《洞玄箓》，即灵宝派法箓。[4]《云笈七签》卷6云："洞玄即云洞玄灵宝。"[5]唐代道教法箓分属于洞神、洞玄、洞真三部，合称"三洞"。三洞之间有高低阶次之分，但无门户隔阂。[6]唐人张万福《传授三洞经戒法箓略说》卷下云：

1　《旧唐书》卷191《方伎·张果传》，中华书局，1975，第5107页。

2　（元）赵道一：《历世真仙体道通鉴》卷46《张荐明传》，载《道藏》第5册，文物出版社、上海书店、天津古籍出版社，1988年影印本，第365页。

3　《隋书》卷37《经籍志四》，中华书局，1973，第1092页。

4　张泽洪：《道教灵宝派授箓论略》，《世界宗教研究》2010年第4期，第85~92页。

5　（宋）张君房编《云笈七签》卷6《三洞经教部·三洞并序》，李永晟点校，中华书局，2003，第88页。

6　任继愈主编《中国道教史》，上海人民出版社，1990，第343~344页。

凡人初入法门，先受经戒，以防患止罪。次佩符箓，制断妖精，保中神气。次受《五千文》，诠明道德生化源起。次受《三皇》，渐登下乘，缘粗入妙。次受灵宝，进升中乘，转神入慧。次受洞真，炼景归无，还源反一，证于常道。[1]

灵宝法箓属于中乘之列。据北宋道士孙夷中的《三洞修道仪》，三洞修道授箓阶次依次是：正一盟威箓、金刚洞神箓、太上高玄箓、太上昇玄箓、中盟箓、三洞宝箓、大洞宝箓。其中第五阶次为："中盟洞玄部道士，自升玄迁授《中盟箓》九券……称太上灵宝洞玄弟子、无上洞玄法师、东岳先生、青帝真人。"[2]又据唐代道经《受箓次第法信仪》记载，道士受法职位次第依次为：正一法位、道德法位、洞神法位、升玄法位、洞玄法位、五符法位、河图法位、洞真法位、毕道法位共九等阶次。其中第五阶次洞玄法位的道士为"灵宝弟子、洞玄弟子、太上灵宝无上洞玄弟子某岳先生（女曰仙姬）"。[3]大致说来，唐代道士受箓，"先受三五都功正一盟威，修持有渐，方可进受灵宝中盟，转加上清大洞"。[4]如王屋山道士柳尊师，"初授正一明（盟）威箓、灵宝法于天台，又进上清大洞三景毕箓于衡岳"。[5]又如茅山道士邓启霞，也是"参授都功正一法箓"，"进授中盟、上清法箓"。[6]玄济先生跳过其他法箓阶次，随通玄先生直接"受洞玄等法"，显然与他受箓时已经是道教"大德"的身份有关。

---

1 （唐）张万福：《传授三洞经戒法箓略说》卷下，载《道藏》第 32 册，文物出版社、上海书店、天津古籍出版社，1988 年影印本，第 193 页。

2 （五代）刘若拙撰，（宋）孙夷中编《三洞修道仪》，载《道藏》第 32 册，文物出版社、上海书店、天津古籍出版社，1988 年影印本，第 166~169 页。

3 （南朝梁）张辩：《受箓次第法信仪》，载《道藏》第 32 册，文物出版社、上海书店、天津古籍出版社，1988 年影印本，第 217~218 页。

4 （宋）林灵真：《上清灵宝济度大成金书》卷 24，见《道外藏书》，巴蜀书社，1992，第 17 册，第 55 页。

5 （唐）李敬彝：《大唐王屋山上清大洞三景女道士柳尊师真宫志铭》，见陈垣编纂，陈智超、曾庆瑛校补《道家金石略》（唐部分），文物出版社，1988，第 179 页。

6 （五代）徐锴：《茅山道门威仪邓先生碑》，载《全唐文》卷 888，中华书局，1983 年影印本，第 9283 页。

三　玄济先生受到恩宠及出任道职

唐文宗时，玄济先生被"恩诏，升为大德"。张全民先生说："大德是佛家对年长德高僧人或佛、菩萨的敬称，梵语为'婆檀陀'（bhadanta）。道士亦有称大德者。"[1]

六朝以来，道士就有称大德者，《洞玄灵宝三洞奉道科戒营始》卷4《法次仪》载："法师、大德、尊师、上人，是外属男子美出家之称。"[2]

中唐以来，大德之号逐渐成为由朝廷授予的一种荣誉头衔，唐人赵璘《因话录》卷4载："元和以来，京城诸僧及道士，尤多大德之号。偶因势进，则得补署，遂为头衔。各因所业谈论，取本教所业，以符大德之目，此犹近于理，至有号文章大德者。"《桂苑笔耕集》还提到"上都昊天观声赞大德、赐紫谢遵符"。[3]玄济先生的弟子中就有"太清宫讲论、大德、赐紫陈知章、伍又玄等"。

宣宗即位以后，玄济先生被赐以"紫服象简"，并参加了大中年间（847~859）的"三教讲论"。

唐制规定，三品以上的官员服紫。[4]不过，统治者为了表示尊崇，经常给一些官品不及三品的官员、道徒和僧侣赐紫。道士赐紫，唐初即有所见，到中晚唐时期越来越多。即使如此，获赐紫衣仍然是极高的荣宠。[5]

1　张全民：《〈唐玄济先生墓志铭〉与有关道教问题考略》，载杜文玉主编《唐史论丛》第14辑，陕西师范大学出版社，2012，第229页。

2　《洞玄灵宝三洞奉道科戒营始》卷4《法次仪》，载《道藏》第24册，文物出版社、上海书店、天津古籍出版社，1988年影印本，第757页。该书是关于道教戒律仪范现存之较古资料（见任继愈主编《道藏提要》，中国社会科学出版社，1991，第872页）。原题"金明七真撰"，据日本学者吉冈义丰考证，敦煌文献中之《三洞奉道科戒仪范》残卷，与此书乃同本异名（见氏著《道教と佛教》第三，丰岛书房，1968，第79页）。并据此推测是书出于六朝末或隋代，最晚在唐初已问世（见氏著《道教经典史论》，道教刊行会，1955）。

3　（新罗）崔致远撰，党银平校注《桂苑笔耕集校注》卷14，中华书局，2007，第487页。

4　《新唐书》卷24《车服志》，中华书局，1975，第529页。

5　参阅拙作《唐代道士获赠俗职、封爵及紫衣、师号考》，《文献》2000年第3期，第67~79页。

象简即象笏，象牙制的手板，用于五品以上大臣朝见皇帝时手执的朝板。唐高祖武德四年（621）八月十六日下令：“五品已上执象笏，已下执竹木笏。旧制，三品已下，前挫后直；五品已上，前挫后屈。武德已来，一例上圆下方。”到唐玄宗开元八年（720）九月敕：“诸笏，三品已上，前屈后直，五品以上，前屈后挫，并用象。”[1] 笏板上可以记事，以免遗忘。南朝王升之《笏赞》曰：“敬上尊贤，贵不逾常。用制斯器，备对遗忘。”[2] 笏也是道教的一种重要法器，通常在道士斋醮科仪时使用。南朝高道陆修静编的《洞玄灵宝斋说光烛戒罚灯祝愿仪》云：“道士登斋，皆当各赍巾褐、手板、履具。”[3] 道士在科仪朝礼中用笏（手板），表示对神灵的尊敬。《朝真仪》云：“每月一日、十五日、三元日、庚申、甲寅、甲子、八节、三会、本命等日，并须朝礼……至香案前，置炉案上，执简平立……又再拜，便于礼处伏地，以简叩头抟颡。”[4]《昇玄经》也曰：“太上敕陵，阳监受教，稽首而起，执笏户东，面西而立。”[5] 道士用笏，大多是竹木所制，只有高功法师（指德高望重的道士）才能使用象笏。所以，获赐“紫服象简”标志着在道教中拥有非常崇高的地位。如唐末道士杜光庭曾被僖宗“赐以紫服象简”，成为当时著名的“道门领袖”。[6] 玄济先生结衔称“太清宫内供奉、三教讲论”，应该就是在这个时期获得的。

根据墓志记载，玄济先生曾任太清宫内供奉、三教讲论、左街道门威仪等道教官职。

---

1 《唐会要》卷 32《舆服下》，上海古籍出版社，1991，第 679 页。
2 （唐）徐坚等辑《初学记》卷 26《器物部·笏》，韩放主校点，京华出版社，2000，下册，第 384 页。
3 （南朝宋）陆修静：《洞玄灵宝斋说光烛戒罚灯祝愿仪》，载《道藏》第 9 册，文物出版社、上海书店、天津古籍出版社，1988 年影印本，第 825 页。
4 （宋）张君房编《云笈七签》卷 41《七签杂法·朝礼》，李永晟点校，中华书局，2003，第 901~902 页。
5 《太平御览》卷 675《道部·笏》，中华书局，1960 年影印本，第 3010 页。
6 （元）赵道一：《历世真仙体道通鉴》卷 40《杜光庭传》，载《道藏》第 5 册，文物出版社、上海书店、天津古籍出版社，1988 年影印本，第 330 页。

　　太清宫内供奉是在唐代崇道背景下形成的太清宫制度中的一类道官。台湾学者丁煌曾对太清宫制度进行过专门研究，对其组织与设官给职及其掌役有详细的考证，但对太清宫内供奉之职却没有提及。[1]

　　唐代"内供奉"的范围非常广泛，大致说来，主要有两类：一为供职于内廷的职官，如谏议大夫内供奉、左右补阙、左右拾遗内供奉、御史中丞内供奉、侍御史内供奉、殿中侍御史内供奉、右史（起居舍人）内供奉、控鹤监内供奉、右奉宸内供奉、中书舍人内供奉、给事中内供奉、通事舍人内供奉等；[2]二为供奉于皇室道场的僧官和道官。太清宫内供奉就属于第二类道官，如宪宗时道士郊彝素，文宗时道士郊玄表、赵冬阳，武宗时道士矩令费，僖宗时道士杜光庭等，都曾是太清宫内供奉。[3]太清宫内供奉一般都是由地位非常崇高的道士来充任，如郊彝素被誉为"道流龟龙"，[4]郊玄表被称为"玄门领袖"，[5]杜光庭被称作"道门领袖"，玄济先生则被赞为"领袖玄门"等。除太清宫内供奉外，墓志还提到玄济先生的门人"太清宫讲论、大德、赐紫陈知章、伍又玄等"，太清宫讲论也是供职于太清宫的一类道官。

　　关于三教讲论，又称三教论衡、三教论辩、三教论议等。陈寅恪

1　丁煌：《唐代道教太清宫制度考》，见氏著《汉唐道教论集》，中华书局，2009，第73~156页。

2　关于此类内供奉，有人曾进行过专门研究。赵冬梅说，内供奉是指"法定员额之外所置谏官、御史等官名目"（见氏著《唐五代供奉官考》，《中国史研究》2000年第1期，第59~67页）；张东光则认为，"内供奉官是唐代五品以下（含五品）供奉官和近幸侍从官员编制之外的特殊任职形式"（见氏著《唐代的内供奉官》，《社会科学辑刊》2005年第1期，第105~111页）。

3　郊彝素见唐人权德舆撰《兴唐观新钟铭并序》，载郭广伟校点《权德舆诗文集》卷28，上海古籍出版社，2008，第434页；郊玄表见《田法师玄室铭》、赵冬阳见《大唐回元观钟楼铭并序》，载樊光春《陕西新发现的道教金石》，《世界宗教研究》1993年第2期。矩令费见日本僧人圆仁撰《入唐求法巡礼行记》卷3："敕开讲道教，左街令敕新从剑南道召太清宫内供奉矩令费，于玄真观讲《南华》等经。"上海古籍出版社，1986，第147页。杜光庭见《广成集》，题为"上都太清宫内供奉、应制文章、大德、赐紫杜光庭撰"，见《道藏》第11册，文物出版社、上海书店、天津古籍出版社，1988年影印本，第231页。

4　"兴唐观新钟者，观主、道门威仪、太清宫供奉郊尊师彝素之所创也。"（唐）权德舆：《权德舆诗文集》卷28《兴唐观新钟铭并序》，郭广伟校点，上海古籍出版社，2008，第434页。

5　（唐）令狐楚：《大唐回元观钟楼铭并序》，载樊光春《陕西新发现的道教金石》，《世界宗教研究》1993年第2期。

先生说："南北朝时，即有儒释道三教之目，至李唐之世，遂成固定之制度。如国家有庆典，则召集三教之学士，讲论于殿庭，是其一例。故自晋至今，言中国之思想，可以儒释道三教代表之。"[1]据说三教讲论最早见于西晋，[2]到唐代则达到鼎盛。到中唐，德宗将三教讲论正式确定在诞节，从此以后三教讲论成为皇帝诞节庆典的主要活动内容。[3]宣宗诞节称"寿昌节"，在每年的六月二十三日。志文称，玄济曾"奉诏与谏议大夫李贻孙及右街僧辩章为三教讲论。每入内殿，升御筵，穷圣教之指（旨）归，对天颜而启沃。俾缁徒望风而奔北，洪儒服义于指南"。据考证，李贻孙，武宗会昌五年（845）时为夔州刺史，大中三年（849）时为左谏议大夫，充弘文馆学士、判馆事，大中五年（851）时为福建观察使。[4]玄济先生所参加的宣宗时期的诞节三教讲论应该是在大中五年之前。

大中十二年（858），玄济先生被任命为左街道门威仪，成为"名播寰区"的道教领袖，"总此玄坛，率诸仙子。苟非上士，曷已当兹"。威仪本来是道士修行的一种名号，《唐六典》卷4《尚书礼部》"祠部郎中员外郎"条载："道士修行有三号：其一曰法师，其二曰威仪师，其三曰律师。"大约在唐明皇时期，设置全国性和地区性的道官——道门威仪，其职责是"监领诸道士"。[5]约在宪宗元和二年（807），设立左右街道门威仪，僖宗时道士尹嗣玄就曾任右街威仪。[6]《玄济先生墓志铭》的作者牛弘真也担任左街道门威仪。

---

1 陈寅恪：《冯友兰中国哲学史下册审查报告》，载氏著《金明馆丛稿二编》，生活·读书·新知三联书店，2001，第283页。

2 胡小节：《三教论衡与唐代俗讲》，载《周绍良先生欣开九秩庆寿文集》，中华书局，1997，第405~422页。

3 参阅拙著《道教与唐代社会》，首都师范大学出版社，2002，第349~360页。

4 （清）劳格、赵钺：《唐尚书省郎官石柱题名考》卷16，徐敏霞、王桂珍点校，中华书局，1992，第767页。

5 《册府元龟》卷54《帝王部·尚黄老二》，中华书局，1960年影印本，第605页。

6 （唐）乐朋龟：《西川青羊宫碑铭》，载陈垣编纂，陈智超、曾庆瑛校补《道家金石略》（唐部分）文物出版社，1988，第191页。

四　玄济先生的赐号、谥号和驻锡地

懿宗咸通十二年（872），玄济先生被赐号葆光大师。葆光，意为隐蔽其光辉，比喻才智不外露。见《庄子·齐物论》："注焉而不满，酌焉而不竭，而不知其所由来，此之谓葆光。"唐初道士成玄英注曰："任其自明，故其光不弊也。疏：葆，蔽也。至忘而照，即照而忘，故能韬蔽其光，其光弥朗。"[1] 联系到该墓志有一个非常有意思的现象，即对玄济先生在崇道高潮时期的武宗会昌年间的表现不着一字，而其在崇佛的宣宗、懿宗时期却大受尊宠，玄济先生真不愧是一位深谙韬光养晦之道的"葆光大师"。

玄济先生于咸通十三年（872）四月十一日"委形于京玄真观之本院"，赐谥玄济先生。玄真观，初名景龙观，位于长安城左街崇仁坊，是一座规模宏大、风景优美的皇家园林式道观。《唐两京城坊考》卷3载："玄真观，本尚书左仆射、申国公高士廉宅。西北隅，本左金吾卫。神龙元年（705），并为长宁公主第。东有山池别院，即旧东阳公主亭子，韦庶人败，公主随夫为外官，遂奏请为景龙观。仍以中宗年号为名。初欲出卖，官估木石当二千万，山池仍不为数。天宝十三载（754），改为玄真观。肃宗时，设百高座讲。"[2]《唐会要》卷50《观》也载：玄真观，"神龙中，为长宁公主宅，又吞人数十屋。主既承恩，

1　（唐）成玄英：《南华真经注疏》卷3，见《道藏》第16册，文物出版社、上海书店、天津古籍出版社，1988年影印本，第306页。

2　（清）徐松：《唐两京城坊考》卷3，中华书局，1985，第54页。关于景龙观之建置时间，诸书皆曰：韦庶人败后，长宁公主舍宅为观。唯《景龙观钟铭》曰："景龙观者，中宗孝和皇帝之所造也。"该钟铭铸成于睿宗景云二年（711）九月十五日。载陈垣编纂，陈智超、曾庆瑛校补《道家金石略》（唐部分）文物出版社，1988，第100页。又《册府元龟》卷54《帝王部·尚黄老二》载："（肃宗）上元二年（761）七月癸巳，于景龙观设高座讲论道、释二教。丁酉，遣公卿百僚就观设醮，讲论。自宰臣以下赐钱有差。"按：景龙观已于玄宗天宝十三载（754）改名为玄真观。

盛加雕饰，朱楼绮阁，惊绝一时"。[1] 唐人韦述《两京新记》也载：长宁公主宅，"又有山池别院，山谷亏蔽，势若自然。中宗及韦庶人数游于此第，留连弥日，赋诗饮宴。上官昭容操翰于亭子柱上写之。韦氏败，公主随夫为外官……遂奏为观，请以中宗号为名。词人名士，竞入游赏"。[2] 长宁公主奏请将府第改置为景龙观时，还曾遭到大臣的反对，给事中韩思复谏曰："祸难初弭，土木遽兴，非忧物恤人所急。"上不听。[3] 玄真观殿内有玄元皇帝及侍真雕像以及盛唐时著名画家程雅和陈静心绘的壁画。[4] 观内还矗立着盛唐时道教领袖司马承祯用篆、隶、楷三体书写的老子《道德经》石经幢，[5] 还悬挂着睿宗亲笔题写的铸钟。[6] 观内还有唐朝历代皇帝的牌位，每到他们的忌日都要行香纪念。[7] 武宗还曾于会昌元年（841）正月下令于玄真观开道教俗讲。[8] 唐

1　《唐会要》卷 50《观》，上海古籍出版社，1991，第 1028 页。又《新唐书》卷 83《诸帝公主·长宁公主传》载："长宁公主，韦庶人所生，下嫁杨慎交……取西京高士廉第、左金吾卫故营合为宅，右属都城，左俯大道，作三重楼以冯（凭）观，筑山浚池。帝及后数临幸，置酒赋诗。又并坊西隙地广鞠场……韦氏败……而西京鬻第，评木石直，为钱二十亿万。"

2　《太平御览》卷 180《居处部·宅》，中华书局，1960 年影印本，第 879 页。

3　《新唐书》卷 118《韩思复传》，中华书局，1975，第 4272 页。

4　（唐）张彦远：《历代名画记》卷 3《记两京外州寺观画壁》，俞剑华注释，上海人民美术出版社，1964，第 62 页。

5　《册府元龟》卷 53《帝王部·尚黄老一》载："（开元）九年（721）三月，置石柱于景龙观，令天台道士司马承祯依蔡邕三体书写老子《道德经》。"又《旧唐书》卷 191《隐逸·司马承祯传》载："承祯颇善篆、隶书，玄宗令以三体写《老子经》，因刊正文句，定著五千三百八十言为真本奏上之。"

6　《景龙观钟铭》，载陈垣编纂，陈智超、曾庆瑛校补《道家金石略》，文物出版社，1988，第 100 页。后来，唐代又出土过两口古钟，也下令送此观安置。杜光庭《道教灵验记》卷 13《爰赤木古钟验》载："爰赤木古钟，开元中所进……敕赐景龙观，黄巢前此钟犹在。（代宗）宝应中，盩厔县居人耕地，亦得古钟百余斤……诏送玄真观。"见《道藏》第 10 册，文物出版社、上海书店、天津古籍出版社，1988 年影印本，第 845 页。

7　《册府元龟》卷 54《帝王部·尚黄老二》载：代宗大历七年（772）四月，光（先）天观道士、检校殿中监、冲虚先生申甫上言，"玄真观、开元观、望天观并载先帝圣谥，请至讳日各于其观行香。从之"。中华书局，1960 年影印本，第 606 页。又《太平广记》卷 249"卢虔"条引《御史台记》曰："唐殿中内供奉卢虔持法细密，虽亲故贵势，无所回避……尝于景龙观，监官行香。"

8　《入唐求法巡礼行记》卷 3 载：会昌元年正月，"敕开讲道教，左街令敕新从剑南道召太清宫内供奉矩令费，于玄真观讲《南华》等经"。〔日〕圆仁：《入唐求法巡礼行记》卷 3，顾承甫、何泉达点校，上海古籍出版社，1986，第 147 页。

代有许多著名道教领袖人物曾驻锡玄真观（景龙观），如道教茅山宗第12代宗师司马承祯、[1]张天师后代张探玄、[2]景龙观主叶法善、[3]大国师申泰芝[4]等。景龙观还出现在近代发现的敦煌文书中，如 P.2457号写本《太上正一阅紫录（箓）仪》尾题后注记："开元廿三年太岁乙亥九月丙辰朔十七日丁巳，于河南府大弘道观。敕随驾修祈禳保护功德院，奉为开元神武皇帝写一切经，用斯福力，保国宁民。经生许子颙写，修功德院法师蔡茂宗初校，京景龙观上座李崇一再校，使京景龙观大德丁政观三校。"[5]其中丁政观还是叶法善的弟子，[6]可见这座道观的规格很高，是一座地地道道的国立皇家道观。另外，该观还是许多文人雅士喜欢游赏宴集的地方，苏颋《景龙观送裴士曹》诗曰："昔日尝闻公主第，今时变作列仙家。池傍坐客穿丛筱，树下游人扫落花。"[7]玄济先生身为太清宫内供奉、三教讲论、大德、左街道门威仪、葆光大师、赐紫道士，住持该观，与他"领袖玄门"的身份是相符的。

1　（唐）韦述撰，辛德勇辑校《两京新记辑校》卷 2 引《玉海》曰：景龙观，"景云二年，天台道士司马承祯被召，止于此观"。三秦出版社，2006，第 17 页。

2　（唐）蔡玮《张探玄碑》载："开元初，补西京景龙观大德，恩诏供奉。"载陈垣编纂，陈智超、曾庆瑛校补《道家金石略》（唐部分），文物出版社，1988，第 136 页。

3　（唐）李隆基：《故金紫光禄大夫鸿胪卿越国公景龙观主赠越州都督叶尊师碑铭并序》，载陈垣编纂、陈智超、曾庆瑛校补《道家金石略》（唐部分），文物出版社，1988，第 124 页。又《旧唐书》卷 191《方伎·叶法善传》载："睿宗即位，称法善有冥助之力。先天二年，拜鸿胪卿，封越国公，仍依旧为道士，止于京师之景龙观，又赠其父为歙州刺史。当时尊宠，莫与为比。"唐人郑綮《开天传信记》也载："道士叶法善，精于符箓之术，上累拜为鸿胪卿。法善居玄真观，尝有朝客数十人诣之，解带淹留。"见丁如明辑校《开元天宝遗事十种》，上海古籍出版社，1985，第 56 页。

4　《云阜山申仙翁传》载："仙翁，申姓，名泰芝，字广祥，家世洛阳人……帝（玄宗）称为仙翁，赐号大国师，敕旨住持玄真观事。赐千斤金钟、百炼宝剑，与国焚修祝愿。许其出入禁廷，主领玄教。"载《道藏》第 6 册，文物出版社、上海书店、天津古籍出版社，1988 年影印本，第 856 页。

5　王卡：《敦煌道教文献研究——综述·目录·索引》，中国社会科学出版社，2004，第 219~220 页。

6　（唐）李隆基：《御制叶真人碑》，载陈垣编纂，陈智超、曾庆瑛校补《道家金石略》（唐部分），文物出版社，1988，第 125 页。

7　《全唐诗》卷 73，中华书局，1960，第 805 页。

五 《玄济先生墓志》撰写者和书丹者

墓志的撰写者"同学左街道门威仪兼左右街逍遥大师赐紫牛弘真"和书丹者玄济先生的弟子延圣观道士孙励楚，此二人皆史无所载。

在牛弘真的名衔中，关于同学、左街道门威仪、赐紫等问题，已见前论述，唯有"兼左右街逍遥大师"句，殊难理解。查有关两街职衔者，只有敬宗宝历二年（826），"以太清宫道士赵归真充两街道门都教授博士"事，[1]然此为道职，而逍遥大师则为师号。唐代官方授予道士"大师"号者，有肃宗时达观大师杨重弯、代宗时通灵大师翟乾祐、僖宗时明道大师尹嗣玄[2]以及本志志主葆光大师曹用之，无一例有类似情况者，因此笔者认为此处应该在兼左右街处断句，即"同学、左街道门威仪兼左右街、逍遥大师、赐紫牛弘真"，也就是道职为左街道门威仪，同时监领左右街道门事务。这样理解，就通顺了。

至于孙励楚所住之延圣观，亦不见载于文献，如果不是一座外地道观，或可补唐都长安道教宫观之缺。笔者认为，此观应该是一座位于唐都长安的失载道观。因为，一般来说墓志志主和撰写者、书丹者都应该在同一座城市，这样更有利于丧事的操办。

---

1 《册府元龟》卷 54《帝王部·尚黄老二》，中华书局，1960 年影印本，第 607 页。

2 参阅拙作《唐代道士获赠俗职、封爵及紫衣、师号考》，《文献》2000 年第 3 期，第 67~79 页。

第四章　道教法术与民间习俗

　　道教法术，简称道术，语出《庄子·天下篇》：
"天下之治方术者多矣，皆以其有为不可加矣。古
之所谓道术者，果恶乎在？曰：'无乎不在。'"又
曰："后世之学者，不幸不见天地之纯，古人之大
体，道术将为天下裂。"[1] 可见道术也可称为方术，
是道士在修炼过程中所应掌握的一整套复杂的法
术，其内容很多，有符箓、禁咒、祈禳、占卜、内
丹、外丹、黄白、辟谷、行气、房中、仙药、服
饵等法术。陈国符先生就说："金丹、仙药、黄白、
玄素、吐纳、导引、禁咒、符箓之术，悉谓之道
术。"[2] 道术是道教活动的重要内容，约出于隋唐时

1　陈鼓应注译《庄子今注今译》，中华书局，2016，第853~855页。
2　陈国符：《道藏源流考》下册，中华书局，1963，第258页。

期的道经《洞玄灵宝太上六斋十直圣纪经》就说："道者，灵通之至真；术者，变化之玄技也。形之无形，因术以济人。人之有灵，因修而会道。人能学之，则变化自然矣。"[1] 常言说"道无术则不行，术无道则不立"，故道术又有"神仙术"之称。道教法术与民间习俗有着紧密的联系，在人们的日常生活中经常可以见到道术的影子，所以道术对唐代社会生活产生的影响也极为深刻。本章试择其要者论述于下。

第一节　符箓、禁咒诸术与民俗

符箓、禁咒诸术是道教法术中的主要内容。道士在修炼及行道作法时，经常会应用到符箓、禁咒诸术。道教宣称，符箓可以驱鬼辟邪，禁咒能够消灾祛病。所以道教非常重视符咒诸术，画符念咒也成为唐人社会生活中较为常见的一种道教活动。

一　符箓术与民俗

符箓，是符和箓的合称，亦称"符字""丹书""墨箓"等，被视作天神所传的文字。二者既有区别，也有联系。符是由道士制作的一种由线条、图形或文字组成的神秘文书。道教宣称"符"能驱使鬼神、给人带来祸福。东晋葛洪《抱朴子内篇·遐览》说："符出于老君，皆天文也。老君能通于神明，符皆神明所授。"[2] 约隋唐时期的《洞玄灵宝太上六斋十直圣纪经》也说："夫道之要者，在乎深简而易攻也。术之秘者，唯符、药、炁也。符者，三光之灵文，（九）天之真信也。"[3]《云笈七签》也称："符者，通取云物星辰之势。"故"符"字

1　《洞玄灵宝太上六斋十直圣纪经》，载《道藏》第 28 册，文物出版社、上海书店、天津古籍出版社，1988 年影印本，第 382 页中栏。

2　王明：《抱朴子内篇校释》卷 19《遐览》，中华书局，1985，第 335 页。

3　《洞玄灵宝太上六斋十直圣纪经》，载《道藏》第 28 册，文物出版社、上海书店、天津古籍出版社，1988 年影印本，第 382 页中栏～下栏。

是"以道之精气，布之简墨，会物之精气，以却邪伪，辅助正真，召会群灵，制御生死，保持劫运，安镇五方。"[1]因此道符又有"神符"或"天符"之称。而"箓"则是道教用以记录有关天官功曹、十方神仙名属，召役神吏，施行法术的牒文。"箓"除了标明道教身份外，还在道士做法事时，经常用来驱使鬼神，拔度生灵，救度困厄等。"箓"字的本义是"录"，约出于唐初之前的《正一修真略仪》引《真经解》说："箓，录也。"又说："箓者，太上神真之灵文，九天众圣之秘言。"它的作用主要体现为："检劾三界官属，御运元元，统握群品，鉴覈罪福，考明功过，善恶轻重，纪于简籍，校诚宣示之文。掌览灵图，推定阳九百六天元劫数。又当诏令天地万灵，随功役使，分别仙品，众官吏兵，亿乘万骑，仙童玉女，列职主事，驱策给侍之数目，浩劫无穷。太上十方，至真众圣，皆互禀师资，结盟受授，从俗登真，永保生道，渐位于极。"因此它是道教教法中的重要内容，又被称作"法箓""宝箓""秘箓""神箓"等。道教要求，"修真之士，既神室明正，然摄天地灵祇，制魔伏鬼，随其功业，列品仙阶，出有入无，长生度世，与道玄合。故能济度死厄，救拔生灵，巍巍功德，莫不由修奉三洞真经、金书宝箓，为之津要也"。可见受箓是道士修行必须要掌握的方技。法箓牒文中一般还配有相关的符图，所以统称为"符箓"。

道教认为，符箓出于自然之气，是由元始神尊化灵应气而形成的文字。《正一修真略仪》引《真经解》又说："夫神符宝箓，其出自然，故于元始赤明浩劫之初、浑茫之际，空中自结飞玄妙气，成龙篆之章，乃元始神尊化灵应气然也。是以生天立地，万化明分，皆因道气与灵文也。"凡是修道之人，皆应通晓和传受符箓，"必使依科次第，明晓阶秩，详审义目，解其要旨，然后修行一一，宜依箓文，明科禁诫，安可率易，乃罪福得失之验，如其文也"。[2]因此，道士依阶受箓自不必说，

1　（宋）张君房编《云笈七签》卷7《三洞经教部·符字》，李永晟点校，中华书局，2003，第116页。

2　《正一修真略仪》，载《道藏》第32册，文物出版社、上海书店、天津古籍出版社，1988年影印本，第175页中栏～下栏。

即使是凡夫俗子，传受与佩戴符箓也是善莫大焉，"世人受道经戒，佩服箓文，纵未能次第依法修行，亦已不为下鬼，轮转不灭，与道有缘，而况亲行之乎？"[1] 由此可见，符箓术是道教法术的重要内容。

一般认为，符箓术起源于古代的巫觋。汉代已见诸记载。据西汉刘向《列仙传·邗子》载，蜀人邗子偶然误入一山洞，行数百里，到达一处由仙吏把守的仙境宫府，只见台殿楼阁森然而立，忽见他从前的妻子，交给他一函符箓和药物。邗子返归后，遵嘱潜心修炼。后来他也重返仙府，得道成仙。[2]《后汉书·方术传》也载，汝南人费长房曾向卖药翁（被称为"壶公"）学道，卖药翁"为作一符，曰：'以此主地上鬼神。'……遂能医疗众病，鞭笞百鬼，至驱使社之犯法者……后失符，为鬼所杀"。又："河南有魏圣卿，善为丹书符劾，厌杀鬼神而使命之。"[3] 可见在道教看来，符箓有神奇的、万能的功效，能召劾鬼神、祛除邪祟、避免毒蛇猛兽伤害、医疗疾病。

关于道教符箓的使用方法，台湾学者萧登福曾做过分析："道教神符的使用方法，有服食（或书符于纸，以井花水吞食；或书符于竹膜而后以水吞食；或烧符于碗水而服食），有佩戴，有沉水、埋土，有将符书画于身体器物上，有将符贴挂于门墙、室内、庭院者，有烧符于水，再用以点涂先拭者。"[4] 由此可见，符箓的使用方法非常多样，使用范围也很广泛。

民间比较常见的是符水治病之术，早在道教草创期就已流行。所谓符水，即画符箓或烧符箓于水中，饮之以治病之法。《陆先生道门科略》曰："若疾病之人，不胜汤药针灸，惟服符饮水，及首生年以

---

1 《正一修真略仪》，载《道藏》第 32 册，文物出版社、上海书店、天津古籍出版社，1988 年影印本，第 175 页下栏。

2 王叔岷：《列仙传校笺》卷下《邗子》，中华书局，2007，第 161 页。

3 《后汉书》卷 82 下《方术传下》，中华书局，1965，第 2743~2749 页。又葛洪《神仙传》卷 9《壶公传》载："壶公者，不知其姓名。今世所有《召军符》，召鬼神治病《王府符》凡二十余卷，皆出于壶公，故总名为《壶公符》。汝南费长房……为传封符一卷，付之曰：'带此可举诸鬼神。尝称使者，可以治病消灾。'……长房乃行符收鬼治病，无不愈者。"见胡守为校释本，中华书局，2010，第 307~309 页。

4 萧登福：《道教符箓咒印对佛教密宗之影响》，《台中商专学报》第 24 期，1992 年。

来所犯罪过，罪应死者皆为原赦，积疾困病，莫不生全。"[1] 唐代道教宗师司马承祯著有道教修炼论著《服气精义论》，其中第四为《符水论》，曰："夫符文者，云篆明章，神灵之书字也。书有所象，故神气存焉，文字显焉。有所生，故服用朱焉。夫水者，元气之津，潜阳之润也。有形之类，莫不资焉。故水为气母，水洁则气清；气为形本，气和则形泰。虽身之荣卫自有内液，而腹之脏腑亦假外滋。即可以通肠胃，为益津气，又可以导符灵，助祝术。"[2] 因为符水有如此之神奇功效，所以道教草创时期就吸收了这种民间法术，使之成为道术的重要组成部分。如早期五斗米道和太平道，都曾经使用过这种符水治病之法。《后汉书·皇甫嵩传》载：

> 初，巨鹿张角自称"大贤良师"，奉事黄老道，畜养弟子，跪拜首过，符水咒说以疗病，病者颇愈，百姓信向之。[3]

《三国志·魏书·张鲁传》注引《典略》云：

> 光和中，东方有张角，汉中有张修……角为太平道，修为五斗米道。太平道者，师持九节杖为符祝，教病人叩头思过，因以符水饮之，得病或日浅而愈者，则云此人信道，其或不愈，则为不信道。修法略与角同，加施静室，使病者处其中思过。又使人为奸令祭酒，祭酒主以《老子》五千文，使都习，号为奸令。为鬼吏，主为病者请祷。请祷之法书病人姓名，说服罪之意。作三通，其一上之天，著山上，其一埋之地，其一沉之水，谓之三官手书。使病者家出米五斗以为常，故号曰"五斗米师"。实无益

1　（南朝宋）陆修静：《陆先生道门科略》，载《道藏》第 24 册，文物出版社、上海书店、天津古籍出版社，1988 年影印本，第 779 页下栏 ~780 页上栏。

2　（宋）张君房编《云笈七签》卷 57《诸家气法》，李永晟点校，中华书局，2003，第 1259~1260 页。

3　《后汉书》卷 71《皇甫嵩传》，中华书局，1965，第 2299 页。

于治病，但为淫妄，然小人昏愚，竞共事之……及鲁在汉中，因其民信行修业，遂增饰之。[1]

光和（178~184）为汉灵帝年号。东汉末年，瘟疫流行，民不聊生，无论是创立太平道的张角，还是五斗米道的张鲁父子，都是采用了民间符水治病的方法，吸引民众，组织了黄巾军暴动和五斗米道政权。

后来的灵宝、上清、正一等各道派，都强调以符箓禁咒诸术驱鬼治病，故统称为"符箓派"，又称"符水道教"。该派主张用符箓祈禳，以消灾却祸、治病除瘟、济生度死，与古代社会的民间生活习俗有较为密切的联系。

道教各派在长期传习符箓术的过程中，创造了纷繁复杂的符箓道法，所创符箓难以数计，样式千奇百怪。东晋道士葛洪在《抱朴子内篇·登涉》中论述如何消除山中毒蛇猛兽的侵害时，提到了佩戴"七十二镇符""天水符""上皇竹使符""老君黄庭中胎四十九真符""老君入山符"，以及仙人陈安世所传"入山辟虎狼符"等。[2]他在《遐览》中还提到"诸符"有：

自来符、金光符、太玄符三卷、通天符、五精符、石室符、玉策符、枕中符、小童符、九灵符、六君符、玄都符、黄帝符、少千三十六将军符、延命神符、天水神符、四十九真符、天水符、青龙符、白虎符、朱雀符、玄武符、朱胎符、七机符、九天发兵符、九天符、老经符、七符、大捍厄符、玄子符、武孝经燕君龙虎三囊辟兵符、包元符、沈羲符、禹踽符、消灾符、八卦符、监乾符、雷电符、万毕符、八威五胜符、威喜符、巨胜符、

---

1 《三国志》卷8《魏书·张鲁传》注引《典略》，中华书局，1982，第264页。又载："初，巨鹿张角自称'大贤良师'，奉事黄老道，畜养弟子，跪拜首过，符水咒说以疗病，病者颇愈，百姓信向之。"

2 王明：《抱朴子内篇校释》卷17《登涉》，中华书局，1985，第300~314页。

采女符、玄精符、玉历符、北台符、阴阳大镇符、枕中符、治百病符十卷、厌怪符十卷、壶公符二十卷、九台符九卷、六甲通灵符十卷、六阴行厨龙胎石室三金五木防终符合五百卷、军火召治符、玉斧符十卷，此皆大符也。其余小小，不可具记。

可见符的种类繁多，用途各异。但是他也注意到符也有不灵验的情况，他给出的理由是：

> 今人用之少验者，由于出来历久，传写之多误故也。又信心不笃，施用之亦不行。又譬之于书字，则符误者，不但无益，将能有害也。书字人知之，犹尚写之多误。故谚曰："书三写，鱼成鲁，虚成虎。"此之谓也。"七"与"士"，但以倨勾长短之间为异耳。然今符上字不可读，误不可觉，故莫知其不定也。世间又有受体使术，用符独效者，亦如人有使麝香便能芳者，自然不可得传也。虽尔，必得不误之符，正心用之。但当不及真体使之者速效耳，皆自有益也。凡为道士求长生，志在药中耳，符剑可以却鬼辟邪而已。诸大符乃云行用之可以得仙者，亦不可专据也。昔吴世有介象者，能读符文，知误之与否。有人试取治百病杂符及诸厌劾符，去其签题以示象，皆一一据名之。其有误者，便为人定之。自是以来，莫有能知者也。[1]

所以，作为道士，葛洪对道教符箓还是深信不疑的。他在《神仙传》中就记载了许多符箓灵验的事迹，如：

九疑（今湖南宁远）人沈文泰，从众江神处得到了神丹、土符等使人返老还童的道术，服之果然有效。后来他要到昆仑山去修行，于是将此神丹、土符传给了李文渊。李文渊得此秘诀，也得道升天。[2]

1　王明：《抱朴子内篇校释》卷19《遐览》，中华书局，1985，第335~336页。

2　（晋）葛洪撰，胡守为校释《神仙传校释》卷1《沈文泰传》，中华书局，2010，第12页。

　　吴郡（今江苏苏州）人沈羲，学道升天，到老君宫殿，"但闻琅琅有如铜铁之声，不知何物，四壁熠熠，有符书著之"。老君告之曰："汝还人间，救治百姓之疾病者。君欲来上天，书此符，悬于竿杪，吾当迎汝。"于是把一道符箓和一篇仙方赐给他。[1]

　　东海（今山东郯城）人王方平得道成仙后，其家人世世代代都保存着他亲自书写的符箓，把它当成秘籍。[2]

　　蜀（今四川）人栾巴，有道术，曾任豫章（今江西南昌）太守，"有庙神能与人言语"，于是栾巴"敕一道符，乃化为狸"。[3]

　　会稽（今浙江绍兴）人介象，有神仙术，尤其精通画符，"读诸符文如读书，无误谬者。或不信之，取诸杂符，除其标注以示象，象皆一一别之"。一次，吴主孙权欲制作生鱼片，缺蜀姜，于是介象画符一道，派人去成都买姜，须臾而归。后来，介象仙去，唯留一奏版符而已。[4]

　　侯官（今福建福州）人董奉，字君异，精通道术。一次，有一县令亲友家的女儿被鬼魅迷惑住了，怎么也治不好，董奉就画了一道符箓，敕令驱逐鬼魅，治好了此女之病。后来，董奉仙去，唯留一方绢帛，一面画作人形，一面是朱笔绘制的符。[5]

　　上述数例符箓灵验事迹中，沈文泰和沈羲条强调的是符箓的得道升仙功效，栾巴、董奉条讲的则是符箓的劾治鬼魅功效，介象条说的是符箓的其他神奇功效，而王方平条虽然没有讲他手书的符箓有什么功能，但从家人把它们当作秘籍世代收藏来看，显然也都认为它们具有极其神奇和灵验的功效。

　　中古时代的人们相信符箓有诸多神奇灵验之功效，如《宋书·羊欣传》载，泰山南城人羊欣，"素好黄老，常手自书章。有病不服药，

1　（晋）葛洪撰，胡守为校释《神仙传校释》卷3《沈羲传》，中华书局，2010，第69页。
2　（晋）葛洪撰，胡守为校释《神仙传校释》卷3《王远传》，中华书局，2010，第92页。
3　（晋）葛洪撰，胡守为校释《神仙传校释》卷5《栾巴传》，中华书局，2010，第195页。
4　（晋）葛洪撰，胡守为校释《神仙传校释》卷9《介象传》，中华书局，2010，第324页。
5　（晋）葛洪撰，胡守为校释《神仙传校释》卷10《董奉传》，中华书局，2010，第333页。

饮符水而已。兼善医术，撰《药方》十卷"[1]。此人虽然精通医术，但却有病不吃药，只饮符水，显然他相信符箓之灵验超过了药术。

到隋唐时期，道教形成了一套较为完备和严格的法箓传受规制。唐代道教法箓分为洞神、洞玄、洞真，称为"三洞法箓"。三洞之间有高低阶次之分，但无门户之隔，道士所受法箓由低到高。对此《隋书·经籍志》曾有大致论述：

> 其受道之法，初受《五千文箓》，次受《三洞箓》，次受《洞玄箓》，次受《上清箓》。箓皆素书，纪诸天曹官属佐吏之名有多少，又有诸符，错在其间，文章诡怪，世所不识。受者必先洁斋，然后斋金环一，并诸赘币，以见于师。师受其赘，以箓授之，仍剖金环，各持其半，云以为约。弟子得箓，缄而佩之。[2]

唐代大德张万福在《传授三洞经戒法箓略说》卷下也说：

> 凡人初入法门，先受诸戒，以防患止罪。次佩符箓，制断妖精，保中神炁。次受《五千文》，诠明道德，生化源起。次受《三皇》，渐登下乘，缘粗入妙。次受《灵宝》，进升中乘，转神入慧。次受《洞真》，炼景归无，还源反一，证于常道。[3]

唐代的道教法箓非常复杂。吴受琚认为："道教法箓创始于正一，兴盛在上清。"她将唐代道教法箓传受进行了归类，分为正一盟威法箓、洞神三皇部法箓、高玄部法箓、昇玄部法箓、灵宝部法箓、上清部法箓，"仅李唐之际箓文就发展成一百二十阶，数百种文图"，从而

1　《宋书》卷62《羊欣传》，中华书局，1974，第1662页。

2　《隋书》卷35《经籍志四》，中华书局，1973，第1092页。

3　（唐）张万福：《传授三洞经戒法箓略说》卷下，载《道藏》第32册，文物出版社、上海书店、天津古籍出版社，1988年影印本，第193页中栏。

形成道教符箓史上的宏盛时期。[1]

　　道士们宣称符箓有无所不能之功效。道士做法事时，主要依靠驱使箓文中的功吏官属，来拔度生灵，救济困厄。如《太上三五正一盟威箓》中的《太上正一三五考召箓》，所召神吏就有六方（东、南、西、北、上、下）召鬼大将军，五方帝（青、赤、白、黑、黄）大将军，左、右仆射大将军，活人、煞鬼、斩鬼、附水、附城、附鞭大将军，以及召灶、七祖、宅、社、神等大将军。佩带此考召箓，"箓中吏兵请给医治百姓，助国扶命"。[2]

　　考召法是正一派特有的道法。《正一考召仪》说："夫考召法，是考召鬼神也。"考召法有六种功德："第一，能与人治邪注疾病，收捉祟妖，诛斩。第二，能与人勘天曹地府，年命长短，贫富贵贱。第三，能与人禁断公私冤对相害。第四，能与人夫妻男女生命相克者，令不相克，永世相宜，出得金木之灾，水火之害，从顺无碍。第五，能与人解除公私咒诅，冤鬼害神，生人死鬼，图谋口舌之害，皆能消之，彼此无害。第六，能除天地灾害，风雨不时，四炁不正，毒龙凶鬼，淫水淫旱，瘟毒鬼炁，若非正天行者，此法能除之。"这六种考召法，"是太上大道君，结习天地真正炁，为符箓经法，约有三元正箓、一千三百八十一阶"。因此，考召法被视为道教"妙上救人济物之大法"。如果能传受并修行此法，"不欺不妄，立取上真"，甚至修行此法功德圆满，即可"白日拔宅，家口鸡犬，共得升天"。[3]

　　正是因为人们相信道教法箓的种种神验奇效，所以唐代社会画符佩箓之风颇为流行，上自帝王将相，下及普通百姓，传受符箓情形甚为多见。如唐玄宗、武宗、宣宗、僖宗等，都曾随道士受箓，又如道

1　吴受琚：《唐代道教法箓传授》，载任继愈主编《中国道教史》，上海人民出版社，1990，第340~390 页。

2　《太上三五正一盟威箓》卷6，载《道藏》第28 册，文物出版社、上海书店、天津古籍出版社，1988 年影印本，第458 页中栏。

3　（唐）李淳风注《金锁流珠引》卷4，载《道藏》第20 册，文物出版社、上海书店、天津古籍出版社，1988 年影印本，第370 中栏 ~371 中栏。

士叶法善,"少传符箓,尤能厌劾鬼神"[1]。"及告成中岳,扈从者多疾,凡噀咒,病皆愈。二京受道箓者,文武中外男女子弟千余人……蜀川张尉之妻,死而再生,复为夫妇。师识之曰:'尸媚之疾也,不速除之,张死矣。'师投符而化为黑气焉。相国姚崇已终之女,钟念弥深,投符起之。"[2]唐代民间流传着许多关于道士叶法善的传说。

唐代社会还流传着许多符箓灵验事例,如上党程逸人,精通符术,曾受学于师氏、归氏《龙虎斩邪符箓》。临沼县富人萧季平,忽一日无疾而卒,逸人朱书一符,向空中掷之,仅一顿饭工夫,季平就死而复活。[3]

庐山道士茅安道,"能书符役鬼,幻化无端,从学者常数百人。曾授二弟子以隐形洞视之术"。后在润州(今江苏镇江),求刺史韩滉给一碗水,韩疑其有"水遁术"。[4]该术相传为道士"五遁之法"的一种,即在水中隐身遁形之术。

唐武宗,好神仙异术,海内道流方士,多至辇下。金陵(今江苏南京)人许元长、王琼,善书符幻变,役使鬼神,千里之间,可不日而至。[5]

赵尊师,遂州(今四川遂宁)人,有"飞符救人疾病"之术,"又善役使山魈,令挈书囊席帽,故所居前后百里内,绝有妖怪鬼物为人患者"。阮琼有女儿,为精怪所迷惑,"每临夜别梳妆,似有所伺,必迎接忻喜,言笑自若。召人医疗,即先知姓名"。阮琼请赵尊师解救,赵尊师于是给了他一张用朱笔书写在白绢上的大符,贴在户牖之间。当天夜里,就斩杀了一只作祟的大鼍怪。赵尊师又画了一道小符,让他女儿吞服,从此病就好了。[6]

1 《旧唐书》卷191《方伎·叶法善传》,中华书局,1975,第5107页。
2 (唐)杜光庭:《仙传拾遗》卷2,载罗争鸣辑校《杜光庭记传十种辑校》,中华书局,2013,第789页。
3 《太平广记》卷73"程逸人"条引《宣室志》,中华书局,1961,第457页。
4 《太平广记》卷78"茅安道"条引《集异记》,中华书局,1961,第496页。
5 《太平广记》卷74《唐武宗朝术士》引《列仙谭录》,中华书局,1961,第466~467页。
6 《太平广记》卷79"赵尊师"条引《野人闲话》,中华书局,1961,第504页。

唐末道士杜光庭编辑的《道教灵验记》中也记载了许多此类灵验故事，如：

谢贞见天师授符验：临邛（四川邛崃）工人谢贞，在修葺鹄鸣山（即鹤鸣山，在今四川崇庆西北）顶上清古宫时，忽有道士带着两个随从进门，以手画地，作一符，再三教谢贞记住，说："此后有疾者，虽千里之外，行符必效。"谢贞熟记其符，以此发家。[1]

襄州城角铁篆真文验：唐文宗开成四年至唐武宗会昌元年（839~841），牛僧孺任山南东道节度使。因汉江泛滥，冲坏襄州（今湖北襄阳）城角，见铁像及所刻符文，下有隶书云："元始五老赦直符尹丰奉《灵宝真文》，以禳水害，如赤书符命。"[2]

荆南开元观南帝神验：荆南（治今湖北江陵）开元观供奉有南帝神像。一天，有人家丈夫出门未归，其妻子临产。当时，已是深夜，邻居都已经入睡，求告无人。忽见有一少女手持蜡烛到来，为她温水，"以符与之，令吞符之后，痛楚皆定，安然而产"。问她所来，竟然是开元观南帝君所派。其夫还，特加修饰。从此，士女求福，四方祈祷，立有征应。[3]

陆含真水星石符文验：道士陆含真从天台山（今浙江天台）到剡县（今浙江嵊州），在山中遭遇暴雨，被山洪所困。忽见一块石头，"有大符一通刻于石上，点画周遍，全无隶字，止是一符，于侧边有字云：'真君二年制水符。'"后来在诸暨县白鹤观看灵宝经部，才知道是《洞玄五称文北方辰星符》。[4]"真君"，为北魏太武帝拓跋焘年号太平真君（440~451）。此制水符起源甚早。

---

1 （唐）杜光庭：《道教灵验记》卷8，载罗争鸣辑校《杜光庭记传十种辑校》，中华书局，2013，第234页。

2 （唐）杜光庭：《道教灵验记》卷11，载罗争鸣辑校《杜光庭记传十种辑校》，中华书局，2013，第257页。

3 （唐）杜光庭：《道教灵验记》卷9，载罗争鸣辑校《杜光庭记传十种辑校》，中华书局，2013，第239页。

4 （唐）杜光庭：《道教灵验记》卷11，载罗争鸣辑校《杜光庭记传十种辑校》，中华书局，2013，第257页。

玄武楼北真文验：光启初，逃亡蜀地的僖宗劫后返京，修饰宫城。在玄武楼北挖出一个青石函，中有《灵宝黑帝北方真文》，刻在一块石板上，"题则隶书，文皆篆字，云'黑帝玄老君镇宫城符'"。按照灵定经法，王城、宫阙、殿宇、郡邑，凡所创制，先镇《五方真文》以制召正神，镇护其所。可能是隋朝修建大兴城，或者是唐高宗增建长安城时，埋藏于此的镇符文。[1]

刘迁《都功箓》验：《都功箓》，相传是太上老君赐给张天师的，天师升天时，"以付子孙，救护亿兆"。此符箓最初是以版署三品，各有符文，因其制作费事，流传不便。到十三世天师，改为纸箓或用丝绢书写，"受者灵应"，以至有关《都功箓》的灵验记就有三卷七十多条。唐懿宗咸通九年（868），有一位大商人刘迁，跟着十九世天师，传受了《都功箓》，因奉持虔诚，死后又被放还，延寿三十年。[2]

云霄叶尊师符验：天台山玉霄宫叶尊师，经常以符术救人。婺州富商叶氏，忽然得癫狂病，怎么也治不好。后来家人求叶尊师赐了两道符，其中一道符吞服，疯病立马就见好了；另一道符则贴在门上，只见符中有一身穿金甲的神人，手持宝剑如威风凛凛的将军，长三四寸。后来，亲戚家的女儿也患了疯病，被带到门前，忽大叫一声，原来是符中将军挥剑于此女头上，斩下一蛇头来。从此，此女疯病痊愈。[3]

贾琼受正一箓验：成都贾琼，三岁时在龙兴观受《童子箓》，从此名在天曹黄簿之内，归天府管，连阴曹地府都治不了他。[4]

1 （唐）杜光庭：《道教灵验记》卷 11，载罗争鸣辑校《杜光庭记传十种辑校》，中华书局，2013，第 258 页。

2 （唐）杜光庭：《道教灵验记》卷 11，载罗争鸣辑校《杜光庭记传十种辑校》，中华书局，2013，第 259 页。

3 （唐）杜光庭：《道教灵验记》卷 11，载罗争鸣辑校《杜光庭记传十种辑校》，中华书局，2013，第 260 页。

4 （唐）杜光庭：《道教灵验记》卷 11，载罗争鸣辑校《杜光庭记传十种辑校》，中华书局，2013，第 261 页。

赵业受正一八阶箓验：唐文宗开成年间（836~840），晋安县令赵业忽然暴死，因他在六岁时曾受过《正一八阶法箓》，道号太玄，于是被放还。从此他佩箓修真，累建坛场，参受法箓，广受功德。[1]

张融法箓验："随州道士张融，常修写符箓，取其善价而图画之。时缮写之际，或委于床榻之上，或致于杯盘之间，逼近荤腥，混杂眠睡，略无恭敬之心。"后张融遭报应得重病，痛苦异常。天台山道士陆含真闻讯至其家，告诉他致病原因，说："三洞法箓，上天宝文，从来不曾护持，多恣轻犯，此是考责之事，必须洗心悔过，忏谢犯触之愆。"后张融真心悔过，得到卫法灵官的赦免，从此"考责亦停，疾痛渐愈，半月间平复如故"。[2]

刘图佩箓灵验：江夏（今湖北武汉江夏区）县吏刘图，从十五岁开始就佩带《七十五将军符箓》。后太山君遣使者迎刘图至天上，拜见太上老君，并校定天下簿书。校毕，太上老君又派使者带刘图参观罪福之地。刘图随使者逐次进入弥离十重天，"皆见受罪之人，或著百斤铁核，或悬头树上，或反缚两手，或入镬汤之中，或头戴重石，或铁叉叉身，或著火中，或更相鞭打，皆身体烂坏，苦毒无堪"。受罪原因，乃"诽谤三宝，欺枉百姓"。刘图又随使者来到太清宫中，"见三万六千人著青衣，手执金简，歌诵经文，饮食备具，音乐震天"。使者告诉刘图说，这些人"生时受佩《天官符箓》，精进不怠，名入太清，得受此乐"。[3]

杜光庭在《神仙感遇传》中也记载了许多符箓灵验故事，如：

九陇（今四川彭州）木头市人侯天师，在蚕市遇神仙授予一道

---

1 （唐）杜光庭：《道教灵验记》卷 11，载罗争鸣辑校《杜光庭记传十种辑校》，中华书局，2013，第 264 页。

2 （唐）杜光庭：《道教灵验记》卷 12，载罗争鸣辑校《杜光庭记传十种辑校》，中华书局，2013，第 275 页。

3 （唐）杜光庭：《道教灵验记》卷 14，载罗争鸣辑校《杜光庭记传十种辑校》，中华书局，2013，第 296 页。

符，可以为人治病，称为《天师符》。[1]

湖南衡岳（今湖南衡阳）人白椿夫，少有高趣，习神仙之道，"因得丹书，飞步檄邪之术，修之二十年"，由是济俗救民，惩妖祛疾，赖其力者众矣。[2]

杭州曹桥福业观有潘尊师，本来已受《洞玄中盟箓》，又得传授《正一九州社令箓》，"焚香于天尊前，传社令名字及灵官将吏，随所呼召，兵士骑乘应时皆至"。从此，九州四海之内吉凶之事，无不知之。后又"别受一术，广行阴功，救人疾苦"，又授《玉子符》两道，以朱篆救人，祛为蠲疾，赴之者如市。[3]

河南缑氏（今河南偃师缑氏镇）人王子芝嗜酒，遇一樵者共饮。以丹书符，往河东解县（今山西运城）取石家酒饮。又书朱符，召河渎神共饮。[4]

蜀川人谢瑶，在峨眉山得一卷《天文大篆》，行之可以长生度世，积功救人。"自此常以天篆阴功救人，蒙其效者不可胜计。"一次，谢瑶宿于民家，有小孩掉入热水汤中烫伤。谢瑶检视《天文大篆》中有"注"字可治，乃书其文，为灰调水洗之，很快即好。又一次，以神篆治愈了相国邠公杜悰之子疾病。[5]

晋陵道士朱含贞，得神仙马自然授三符，"第以玉篆救之，虽千妖百疾，靡不愈也。初以一符攻之，未致效者，即发其二，大效不过于三也。"从此，含贞符术大效，姑苏、余杭、金陵、淮海，东西南北

1　（唐）杜光庭：《神仙感遇传》卷1《侯天师》，载罗争鸣辑校《杜光庭记传十种辑校》，中华书局，2013，第433页。

2　（唐）杜光庭：《神仙感遇传》卷2《白椿夫》，载罗争鸣辑校《杜光庭记传十种辑校》，中华书局，2013，第453页。

3　（唐）杜光庭：《神仙感遇传》卷3《曹桥潘尊师》，载罗争鸣辑校《杜光庭记传十种辑校》，中华书局，2013，第464~465页。

4　（唐）杜光庭：《神仙感遇传》卷3《王子芝》，载罗争鸣辑校《杜光庭记传十种辑校》，中华书局，2013，第468~469页。

5　（唐）杜光庭：《神仙感遇传》卷4《谢瑶》，载罗争鸣辑校《杜光庭记传十种辑校》，中华书局，2013，第443~474页。

千余里，飞书寄信请其救者，不可胜数。[1]

吴善经，在嵩山学道十余年，偶入一洞府，遇仙人授书一轴，皆天文玉字，且授以指诀。从此经中玉篆、赤书、真诀，尽皆详熟。[2]

清河房建隐居含山，常授《六甲符》《九章真篆》。[3]

杜光庭在《墉城集仙录》中还提到，剑州临津县（今四川剑阁）人王法进，十几岁时，受《正一延生箓》，"专勤香火，护持斋戒，亦茹柏绝粒，时有感降"。因此感动上帝，又授《灵宝清斋告谢天地之法》，此法与《灵宝自然斋》大体相似，"人间行之，立成征效"。从此，三川梁、汉之人，"岁皆崇事，虽愚朴之士，狂暴之夫，罔不战栗兢戒，肃恭擎跽，知奉其法焉。或螟蝗旱潦，害稼伤农之处，众诚有率勉，于修奉之处，炷香告玄，旦夕响应，必臻其祐。与不虔不信之徒，立可较其征验矣。巴南谓之清斋，蜀土谓之天功斋，盖一揆矣"。天宝十一年（752），王法进得道升仙。[4]

中书舍人谢良弼妻王氏，因病求救于道士吴筠，"为禁水吞符，信宿即愈。王氏感道力救护，乃诣天师，受箓精修，焚香寂念"，后竟蝉蜕成仙。[5]

果州南充女仙谢自然，"贞元三年（787）三月，于开元观诣绝粒道士程太虚，受《五千文紫灵宝箓》"；十年（794），"七月十一日，上仙杜使降石坛上，以符一道，丸如药丸，使自然服之"；"九月五日，金母又至，持三道符令吞之，不令着水。服之，觉身心殊胜"；"十五日平明，一仙使至，不言姓名，将三道符传金母，敕尽令服之"，后

1　（唐）杜光庭：《神仙感遇传》卷 5《朱含贞》，载罗争鸣辑校《杜光庭记传十种辑校》，中华书局，2013，第 500 页。

2　（唐）杜光庭：《神仙感遇传》卷 5《吴善经》，载罗争鸣辑校《杜光庭记传十种辑校》，中华书局，2013，第 501 页。

3　（唐）杜光庭：《神仙感遇传》卷 5 清河房建，载罗争鸣辑校《杜光庭记传十种辑校》，中华书局，2013，第 503 页。

4　（唐）杜光庭：《墉城集仙录》卷 7《王法进》，载罗争鸣辑校《杜光庭记传十种辑校》，中华书局，2013，第 675~677 页。

5　（唐）杜光庭：《墉城集仙录》卷 7《王氏》，载罗争鸣辑校《杜光庭记传十种辑校》，中华书局，2013，第 678 页。

竟白日升仙。[1]

冀州民妻戚玄符，三岁得病而死，北岳真君化作道士过其家，从衣带中解黑符以救之，良久遂活，后于唐宣宗大中十年（856）八月十日，得道升仙。[2]

杜光庭还在《录异记》中记载，唐懿宗时，吉州（今江西吉安）东山观有杨尊师，"有道术，能飞符救人"，治疗疾病。[3]

杜光庭通过这些符箓灵验故事，试图告诉人们符箓所产生的种种神迹奇效，有镇护宫室州城的，有奖励延年益寿的，有驱魅治病的，有保护行旅安全的，有名隶天曹、升入天庭者，有因怠慢不敬而受尽种种苦痛者，等等。可谓种类繁多，有求必应，善恶必报。

敦煌民间也流行各种符箓。高国藩曾将敦煌文书中所见的道教符箓分为十四类：吞符、护身符、吞带并用符、洗眼符、箭符、符印、宅符、门符、床脚符、树符、墓穴符、挂符、乘云符、隐形符等。他通过研究这些符箓，指出：

> 敦煌民间盛行请道士画符箓的风俗，其主要目的在于驱鬼避邪，趋吉避凶。目的因人而异、各不相同，有些人为了治病，治各种各样的病，有治眼病的，有治小儿夜啼的，有治脓疮的，有治难产的，等等，有些人为了过好节日，有些人为了图个吉利，有些人为了升官发财，百姓们怀着各自不同的目的请道士画符箓，道士们为了满足这些不同的要求也就画出了各种各样的符箓，大显其身手。[4]

1　（唐）杜光庭：《墉城集仙录》卷 10《谢自然》，载罗争鸣辑校《杜光庭记传十种辑校》，中华书局，2013，第 726~731 页。

2　（唐）杜光庭：《墉城集仙录》卷 10《戚玄符》，载罗争鸣辑校《杜光庭记传十种辑校》，中华书局，2013，第 731 页。

3　（唐）杜光庭：《录异记》卷 2《杨尊师》，载罗争鸣辑校《杜光庭记传十种辑校》，中华书局，2013，第 38~39 页。

4　高国藩：《敦煌古俗与民俗流变——中国民俗探微》，河海大学出版社，1989，第 68 页。

这些符箓的内容囊括了民众生活的方方面面，像疗疾疫、延生、送死、超度亡灵等生老病死、衣食住行方面，都有涉及。如 S.2498 号文书中就记载了许多道符箓。有吞服的，又可分为冷吞、热吞、汗吞、吐吞、痢吞等方式，如治痢疾、呕吐、盗汗之类疾病的符，治难产符（与桃汤吞服），治鬼祛邪符，万病消散符等；还有各色人等佩戴的符，如官员佩戴的，"带之利官，去官事、口舌，得欢心解散"，"都护身命益算符"，道士、和尚佩戴的，"神人憎（僧）者带之吉，即解散"。还有治眼病符，"书此符，于水碗中洗眼，能（治）一切眼（病）"；还有箭符，"五色线索系箭上，水坛上作"。[1]像治难产符，《宣室志》也有记载：赵州昭庆（今河北隆尧）人骆玄素，自称被一位叫东真君的老神仙授以符术及吸气之法，"自此以符术行里中。常有孕妇，过期不产，玄素以符一道，令饵之。其夕即产"。[2]通过这些五花八门的符箓，可以窥见道教在唐代社会生活中的大致影响。

二　禁咒术与民俗

禁咒，亦称"神咒""神祝"，是道士作法时施行的一种法术。禁咒的实质是道士通过念诵咒语来禁制鬼神、祛除妖魔邪祟，为人治病。咒的本意为祷告之词，道家以之为天神之语。《太平经·神祝文诀》曰：

> 天上有常神圣要语，时下授人以言，用使神吏应气而往来也。人民得之，谓为神祝也。祝也，祝百中百，祝十中十，祝是天上神本文传经辞也。其祝有可使神伪为除疾……用之所向无不愈者也。但以言愈病，此天上神谶语也，良师帝王所宜用也……此者，天上神语也，本以召呼神也……道人得知之，传以相语，

1　郝春文主编《英藏敦煌社会历史文献释录》第 12 卷，社会科学文献出版社，2015，第 211~215 页。

2　《太平广记》卷 73 "骆玄素" 条引《宣室志》，中华书局，1961，第 459 页。

　　故能以治病……天重人命，恐奇方难卒成，大医失经脉，不通死生重事，故使要道在人口中，此救急之术也。[1]

　　上文中反复强调咒为神语，念诵即可召使神明，治病除疾，无所不灵，故被称为"救急之术"。

　　禁咒术本为巫觋之术，《后汉书·襄楷传》记载："初，顺帝时，琅邪宫崇诣阙，上其师干吉于曲阳泉水上所得神书百七十卷，皆缥白素朱介青首朱目，号《太平清领书》。其言以阴阳五行为家，而多巫觋杂语……后张角颇有其书焉。"[2]《太平清领书》，即《太平经》。既然其言多巫觋杂语，可见禁咒术也应源自民间巫术。

　　禁咒术在汉代已被人们用于禁制鬼神，如《后汉书·独行传》记载了郿县（今陕西宝鸡）令王忳上任途中所遇到的一件奇案。王忳在路过鬴亭时，亭长说："亭有鬼，数杀过客，不可宿也。"王忳无所畏惧，即入亭住宿。夜里听到有女子喊冤之声。忳咒曰："有何枉状，可前求理乎？"女子乃诉说其夫为涪县（今四川绵阳涪城区）令，也是在上任路上，夜宿此亭，因亭长贪财，将她们全家十几口人全部杀害，埋于楼下。明日，王忳召亭长审问，亭长招认了全部罪行，王忳马上将他与同谋十几个人全都逮捕处死，并派人护丧送归乡里。从此，鬴亭也就恢复安宁了。[3]王忳在处理这件奇案时，因遇诉主为冤死鬼魂，故用了咒术，才得以交通鬼魂，问明案由，并为其雪冤。

　　道教兴起以后，也吸收了巫觋禁咒之术，使之成为道教法术的一部分。道士在行禁咒之法时还常与符箓、祈禳、占卜、行气、斋醮诸术并用，如：道士在画符作法时，常会念咒语，称为"符咒"。东汉末年创立的五斗米道和太平道就是"师持九节杖为符祝"，以"符水咒说"为人治病。在祈祷时，也会念咒语，多为赞颂、求助神灵之语。

1　王明编《太平经合校》卷50《神祝文诀》，中华书局，2014，第187页。
2　《后汉书》卷30下《襄楷传》，中华书局，1965，第1084页。
3　《后汉书》卷81《独行传·王忳》，中华书局，1965，第2681页。

　　在炼气时，也可行咒术，称为"气禁"。葛洪在《抱朴子内篇·至理》中说："吴越有禁咒之法，甚有明验，多炁耳。"根据他的描述，特别灵验的"气禁"之法有十几种之多，如：善此术者可以禳天灾，入大疫之中而不染病；可以禁侵犯人家的邪魅山精鬼神；可以辟山林多溪毒蝮蛇之地，方圆数十里无害；可以禁虎豹及蛇蜂之毒，若人中蛇虺之毒，禁之立愈；可以禁金疮止血，续骨连筋；可以禁白刃伤害，刀枪不入。他还举例说，近世左慈、赵明等，以炁禁水，水为之逆流一二丈；又于茅屋上燃火，煮食物，而茅屋没有被烧焦；又以大钉钉入木柱深达七八寸，以炁吹之，钉即射出；又以炁禁烧开的水，将一百多枚铜钱扔进去，让人用手捞钱，而手不灼烂；又让露天放置在中庭的水在大寒之日不结冰；又能让一里之中烧饭者都蒸不熟；又能禁狗吠。从前东吴派遣贺齐将军讨伐山贼，山贼中有善于禁咒术者，每当交战，官军的刀剑拔不出鞘，射出的箭却回向射自己，因此经常失利。贺将军也精通禁咒之术，他根据"金有刃者可禁，虫有毒者可禁，其无刃之物，无毒之虫，则不可禁"的原理，乃多造劲木白棒，选异力精卒五千人，大败山贼。[1]道教所宣扬的这些奇异效应，使禁咒术在中古时期十分盛行。

　　葛洪还在《神仙传》中提到，三国时期东吴上虞（今浙江上虞）县令刘纲、樊夫人夫妻二人，也都精通禁咒之术，"能檄召鬼神，禁制变化之道"。夫妻二人经常在闲暇之时，比试道术，但刘纲每次都无法取胜。如刘纲作法以火烧屋，火从东边烧起，夫人行禁咒术，作法行雨，雨则从西边下起，迅速浇灭了大火。又如院中有两株桃树，夫妻二人各咒一株，使之互相打斗。结果，刘纲所咒的那株桃树被打败，甚至几次被打出篱笆外。再如刘纲唾口水于盘中即刻化作鲫鱼，夫人唾口水于盘中则化作吃鱼的水獭。一次，刘纲夫妇入四明山，路上遇到老虎俯伏在地，不敢仰视；夫人即用绳拴系老虎，牵回家，系

1　王明：《抱朴子内篇校释》卷5《至理》，中华书局，1985，第114~115页。贺齐讨山贼事又见《三国志》卷60《吴书·贺齐传》，裴松之注引用了《抱朴子内篇》的这段记载。见中华书局标点本，1982，第1378~1379页。

于床脚之下。后来，夫妻二人白日升天，县衙大厅旁原来有一棵大皂荚树，刘纲爬到树上数丈高的地方，才飞升而去；而夫人则平坐在床上，就冉冉如云烟升腾，一同升天而去。[1]

到唐代，禁咒之术在社会生活中更是常见。著名道士叶法善曾于东都凌空观设坛醮祭，"城中士女竞往观之，俄顷数十人自投火中，观者大惊，救之而免。法善曰：'此皆魅病，为吾法所摄耳。'问之果然。法善悉为禁劾，其病乃愈"。[2] 有一次，户部侍郎王镇之女为道术之士陆生所摄而死，叶尊师取水喷咒死女，立变为竹，又持刀禁咒，绕宅搜索，活捉术士与王女。[3] 宁州有人，卧病多年，求法善飞符以制之，病者遂愈。[4]

开元年间，天师申元之，"善三五禁咒之法，至今邵州犹多能此术者，为南法焉"。[5]

女仙徐仙姑，其父即以方术闻名，"阴功及物"，得道成仙。徐氏也"善禁咒之术"，长生延年，所到之处，"畏而敬之若神明"。[6]

郴州（今湖南郴州）连山观道士侯生有禁隐术，曹王李皋贬职衡州（今湖南衡阳）时，出猎捕鹿，围群鹿十余头，预计必将捕获，却忽然不见，原来是侯生施了禁隐术，"诸鹿隐于小坡而不动"，张山人善禁咒术，"遂索水，以刀汤禁之。少顷，于水中见一道士"，即侯生也。[7]

武宗朝金陵人王琼，"妙于祝物，无所不能。方冬，以药封桃杏数

---

1 （晋）葛洪撰，胡守为校释《神仙传校释》卷6《刘纲、樊夫人传》，中华书局，2010，第224~225页。

2 《旧唐书》卷191《方伎·叶法善传》，中华书局，1975，第5107页。

3 《太平广记》卷72"陆生"条引《原化记》，中华书局，1961，第448~449页。

4 《太平广记》卷77"叶法善"引《广德神异录》，中华书局，1961，第487页。

5 （唐）杜光庭：《录异记》卷2《申元之》，载罗争鸣辑校《杜光庭记传十种辑校》，中华书局，2013，第39页。

6 （唐）杜光庭：《墉城集仙录》卷7《徐仙姑》，载罗争鸣辑校《杜光庭记传十种辑校》，中华书局，2013，第681~682页。

7 《太平广记》卷72"张山人"条引《原化记》，中华书局，1961，第446页。

株，一夕繁英尽发，芳芬秾艳，月余方谢"。[1]

巫山高唐观道士黄万户，"学《白虎七变术》，又云学《六丁法》于道士张君，常持一铁鞭疗疾"。[2]《白虎七变术》，葛洪《抱朴子内篇·遐览》载："取三月三日所杀白虎头皮，生驼血、虎血，紫绶、履组、流萍，以三月三日合种之。初生草似胡麻，有实，即取此实种之，一生辄一异。凡七种之，则用其实合之，亦可以移形易貌，飞沉在意。"[3] 所谓《六丁法》，即丁卯、丁巳、丁未、丁酉、丁亥、丁丑，为阴神，为天帝所役使；道士可用符箓召请，以供驱使。唐代道经有《灵宝六丁秘法》，内载醮祭六丁玉女法、祭六丁符法、六丁隐遁法局、六丁无言万一法，以及各种符箓、咒诀、神印。大抵言醮祭存思招遣六丁玉女，以占问吉凶，隐遁藏形，飞升尸解，斩邪驱魔等道教杂术。[4]

唐末道士杜光庭在《道教灵验记》中收集了许多禁咒灵验故事，尤其措意于有关《天蓬咒》和《神咒经》灵验。其中《天蓬咒》灵验有四则：

孙元会《天蓬咒》验：三国时，东吴后主孙皓之子孙元会，"自幼稚之岁，遇道士教诵《天蓬咒》"，平时经常持念。到孙吴灭国，后主投降晋朝，宗室大都被害，"独余元会一人，临难之时，不觉跃身飞到绝顶之上，彼外人无能迫逐"，原来是天蓬大将军显灵，率领部众护卫，使他逃脱追杀。后来，他信仰更加虔诚，最终得道成仙。[5]

王道珂《天蓬咒》验：唐僖宗流亡蜀中时，居住在成都双流县南笆村的王道珂，"恒以卜筮符术为业，行从常诵《天蓬咒》"。双流县城外有一座白马将军庙，因有"狐狸精怪傍附神祠，幻惑生灵"，百

1　《太平广记》卷 74《唐武宗朝术士》引《列仙谭录》，中华书局，1961，第 467 页。

2　《太平广记》卷 80 "黄万户"条引《北梦琐言》，中华书局，1961，第 512~513 页。

3　王明：《抱朴子内篇校释》卷 19《遐览》，中华书局，1985，第 337 页。

4　《灵宝六丁秘法》，载《道藏》第 10 册，文物出版社、上海书店、天津古籍出版社，1988 年影印本。

5　（唐）杜光庭：《道教灵验记》卷 10，载罗争鸣辑校《杜光庭记传十种辑校》，中华书局，2013，第 248~249 页。

姓畏惧，天天早晚祈祷。道珂念诵神咒，击毙老野狐二头以及小野狐
五头，终于为民除害。但是，凡持此咒，不得吃蒜，否则触秽，"神兵
远其秽臭而不卫其身"。据说，"天蓬将军是北帝上将，制伏一切鬼神，
岂止诛灭狐狸小小妖怪矣"。[1]

张乾曜《天蓬咒》验：李德裕任西川节度使时，有子无病而暴
死，"召医巫禁术者数十人，皆不知救理之法"。于是请来成都至真观
道士张乾曜，"因请剑水为敕水喷洒了，焚香念《天蓬咒》一百余遍。
卒者忽能运动，良久乃苏"。[2]

曹羖《天蓬咒》验：泗州人曹羖，"少而神气怯懦，多惊魇"，遇
苏门道士刘大观，授以《天蓬咒》，令持诵千遍，从此不再有梦魇惊
悸。后来，黄巢攻陷长安时，他被俘，从事苦役，常有性命之忧，"而
密诵神咒，以求其祐。是夕，有一人如军士之饰"，拉着他的手，"若
腾跃于空中"，逃出长安。原来是因他"冥心北元，尊奉神咒，而值
此危难，将陷锋镝。太帝阅籍，当在驱除之位"，于是给他延寿三纪
（三十六年），使还乡里。[3]

除了这些《天蓬咒》灵验故事，杜光庭还记载了一则"天蓬
印"灵验故事，讲的是道士范希越以天蓬印祈雨应验，又持印于
内殿奏醮诛灭黄巢、收复京城之验。[4]所以唐代民间有信仰供奉天
蓬神现象，如合州巴川县（今重庆铜梁）有"天蓬龛子"，"天蓬样
极好"。[5]

"天蓬"，本为星宿神名。《道法会元》引唐人李筌语曰："北斗九

1 （唐）杜光庭：《道教灵验记》卷10，载罗争鸣辑校《杜光庭记传十种辑校》，中华书局，2013，
第252~253页。

2 （唐）杜光庭：《道教灵验记》卷11，载罗争鸣辑校《杜光庭记传十种辑校》，中华书局，2013，
第264页。

3 （唐）杜光庭：《道教灵验记》卷12，载罗争鸣辑校《杜光庭记传十种辑校》，中华书局，2013，
第271~272页。

4 （唐）杜光庭：《道教灵验记》卷13，载罗争鸣辑校《杜光庭记传十种辑校》，中华书局，2013，
第287页。

5 （唐）杜光庭：《录异记》卷4《壁山神》，载罗争鸣辑校《杜光庭记传十种辑校》，中华书局，
2013，第57页。

宸，应化分精而为九神也。九神者，天蓬、天任、天冲、天辅、天英、天内、天柱、天心、天禽也。谓顺支辰，总御阴阳，契合天地，主张造化，乘三明以应四时，随月建以定八节。"[1]也即"天蓬"为北斗九宸之首辅，主四时八节、阴阳造化之政。杜光庭在《道教灵验记》中也说："北斗之中紫微上宫玄卿太帝君也。上理斗极，下统酆都，阴境帝君乃太帝之所部，天蓬上将即太帝之元帅也。"[2]在《上清大洞真经》卷2《高上虚皇君道经》第一《太微小童章》中，"天蓬大将"又化身为道教存思之身神，经文曰："次思赤炁从兆泥丸中入，兆乃口吸神云，咽津三过，结作三神。一神状如天蓬大将，二神侍立。"[3]并附有存思图，其天蓬大将双手抱于胸前，身披金甲，乃人体脑部泥丸君的化身（见图4-1）。

图4-1　存思天蓬形象

1 《道法会元》卷172，载《道藏》第30册，文物出版社、上海书店、天津古籍出版社，1988年影印本，第108页下栏。

2 （唐）杜光庭:《道教灵验记》卷12，载罗争鸣辑校《杜光庭记传十种辑校》，中华书局，2013，第271页。

3 《上清大洞真经》卷2，载《道藏》第1册，文物出版社、上海书店、天津古籍出版社，1988年影印本，第520页上栏～中栏。

《天蓬咒》最早见于南朝陶弘景《真诰》，文中称其为"北帝煞鬼之法"，念咒时要先叩齿三十六下，乃祝曰：

> 天蓬天蓬，九元煞童，五丁都司，高刁北公。七政八灵，太上浩凶，长颅巨兽，手把帝钟。素枭三晨，严驾夔龙，威剑神王，斩邪灭踪。紫气乘天，丹霞赫冲，吞魔食鬼，横身饮风。苍舌绿齿，四目老翁，天丁力士，威南御凶。天驷激戾，威北御锋，三十万兵，卫我九重。辟尸千里，去却不祥，敢有小鬼，欲来见状。攉天大斧，斩鬼五形，炎帝裂血，北斗燃骨。四明破骸，天猷灭类，神刀一下，万鬼自溃。

此咒白天、黑夜都可持诵，诵时每四句为一节，每节就要叩一下齿。道教宣称："此所谓北帝之神祝，煞鬼之良法。鬼三被此法，皆自死矣，常亦畏闻此言矣，因病行此立愈。"又说："此上神祝，皆斩鬼之司名，北帝秘其道，若世人得此法，恒能行之，便不死之道也。男女大小，皆可行之。"[1]天蓬大法自东晋以来，主要秘传于道教上清派中，继杨羲、郑思远、陶弘景、董大仙、北华仙人之后，盛唐时又有邓紫阳，精通此法，创立道教北帝派，子孙世代传承《天蓬咒》和北帝授剑法，讲究静思服气、劾鬼、符水疗病等。传至邓延康时，道术绝高，排邪救旱，多有灵验，信徒众多，使北帝派达到鼎盛。"天蓬"的神格与地位亦大大提高，成为威震唐宋时期的道教第一护法神——"北极四圣（天蓬、天猷、翊圣〔黑煞〕、佑圣〔真武〕四位神将）"首辅。"天蓬大将"不仅可以养心护身，亦是辟鬼驱邪的猛将，其天蓬咒、天蓬符、天蓬印，天蓬钟、天蓬神尺、天蓬大法等广为流传，威力甚大，影响至巨。

《道教灵验记》中有关《神咒经》的灵验故事也有四则：

1　（南朝梁）陶弘景：《真诰》卷10，载《道藏》第20册，文物出版社、上海书店、天津古籍出版社，1988年影印本，第548页中栏～下栏。

王清远《神咒经》验：唐末，世居北邙山下的王清远，自称是缑山真人（王子乔）的后代，"身虽在俗，常袭气行药，诵《神咒经》"。黄巢攻陷长安，僖宗流亡蜀中时，"兵火不息，疫疠大行，连州匝县，饥荒病患众矣！清远佩授《神咒经》箓，每行符药救人，多不受钱，只要少香油供养经箓。乡人迎请医疗，日夕喧阗"。后来，"清远袭气持经，阴功济物，寿一百七岁"，得道成仙而去。[1]

甘孜《神咒经》验：唐僖宗乾符二年（875），高骈出镇成都，军中流行瘟疫，"死亡甚多，卧者相枕藉。主帅忧危，莫知所救"。绵竹人甘孜，"受法箓，勤香火，凡所修奉，多有灵应"，于是建议请道士一人，持香案，到殿上转《神咒经》十卷，又用碗盛水到各军营，以柳枝遍洒，"一日之内，二百余人痊复如故"。从此，士兵安全，疾病痛苦全都消除。[2]

李躭（耽）《神咒》斋验：唐懿宗时，李躭（耽）任邕州（今广西南宁）节度使。溪洞蛮作乱，"时天下承平，兵甲不用久矣，人心危惧，远近震惊，虽驿骑乞师，飞章上奏，而邻救未至，莫知所图"。毗陵道士邹听希建议作《洞渊神咒》道场，"得道士三十余人，告斋虔祝"，只见叛军军营之上，"云物阴翳，雷电交驰，震霹一声"，吓得叛军丢盔弃甲，狼狈逃散。从此，"竟不敢犯邕南封郡者，乃躭（耽）与听希《神咒》之功也"。[3]

王招商《神咒》斋验：苏州盐铁院有王姓招商官，"其家巨富，货殖丰积，而苦疾沉痼，逾年不痊。斋供像设，巫医符祝，靡不周诣，莫能蠲除"。于是请玉芝观道士陈道明，"于其家修《神咒》道场"，"禁敕既毕，道明持剑诣房内外喷水除秽"，病人忽然而起，疾

1 （唐）杜光庭：《道教灵验记》卷10，载罗争鸣辑校《杜光庭记传十种辑校》，中华书局，2013，第253~254页。
2 （唐）杜光庭：《道教灵验记》卷12，载罗争鸣辑校《杜光庭记传十种辑校》，中华书局，2013，第274页。
3 （唐）杜光庭：《道教灵验记》卷15，载罗争鸣辑校《杜光庭记传十种辑校》，中华书局，2013，第299~300页。

病全消。[1]

《神咒经》，乃《太上洞渊神咒经》之简称，又称《神咒》《洞渊神咒》，今本共 20 卷。据杜光庭序称，为西晋末年太上道君授金坛马迹山道士王纂所作。此经大都是道君、仙人鬼神符咒语，属道教符箓派经典，凡信奉此经者称为"洞渊派"，并以王纂为祖师。《道藏》中凡是冠有"洞渊"字样的道经，都属此派。该派专以斋咒为人治病，到唐代大盛，高宗、武则天、玄宗时，有道士韦善俊、叶法善、暨齐物、尹愔等，都是此派高道。如韦善俊，"遇神仙，授三皇檄召之文，得神化之道"；[2] 又如叶法善，"少传符箓，尤能厌劾鬼神"。[3] 暨齐物和尹愔，则都是叶法善的弟子。

唐朝主管医疗的殿中省尚药局和太常寺太医署，都设有专职咒禁师和咒禁博士。《唐六典》卷 11《殿中省尚药局》载："咒禁师四人，皇朝初置……所掌如太医之职。"[4] 又卷 14《太常寺太医署》载：

> 咒禁博士一人，从九品下。隋太医有咒禁博士一人，皇朝因之，又置咒禁师、咒禁工以佐之，教咒禁生也。咒禁博士掌教咒禁生以咒禁祓除邪魅之为厉者。有道禁，出于山居方术之士，有禁咒，出于释氏。以五法神之，一曰存思，二曰禹步，三曰营目，四曰掌诀，五曰手印；皆先禁食荤血，斋戒于坛场以受焉。[5]

由此可知，唐代的医疗机构中，设有专门的咒禁师和咒禁博士，还选拔、教育和培养咒禁生。他们的职掌都是负责驱邪除鬼治病，其中虽然也提到有佛教禁咒师，但从其法来看，是以道教禁咒术为主，

1 （唐）杜光庭:《道教灵验记》卷 15，载罗争鸣辑校《杜光庭记传十种辑校》，中华书局，2013，第 301~302 页。

2 （唐）杜光庭:《仙传拾遗》卷 3，载罗争鸣辑校《杜光庭记传十种辑校》，中华书局，2013，第 825 页。

3 《旧唐书》卷 191《方伎·叶法善传》，中华书局，1975，第 5107 页。

4 （唐）李林甫等:《唐六典》卷 11《殿中省尚药局》，陈仲夫点校，中华书局，1992，第 325 页。

5 （唐）李林甫等:《唐六典》卷 14《太常寺太医署》，陈仲夫点校，中华书局，1992，第 411 页。

如其所说五法，即以道教禁咒内容为主。

唐代道医孙思邈在《千金翼方》中，还专门搜罗了各种禁咒之法，"编为两卷，凡二十二篇，名曰《禁经》"。他认为禁咒、符印、导引诸术是与汤药、针灸等医疗术并称之五法，"皆救急之术也"。[1]

第一，他引《神仙经》讲持禁斋戒法的重要性，说："凡欲学禁，先持知五戒、十善、八忌、四归，皆能修治此者，万神扶助，禁法乃行。"还须用竹叶、桃白皮、柳白皮煮水沐浴，既能消除各种污秽，又可辟瘟疫瘴气疮疡之毒。他还特别提到一个"紫微王夫人敕水洗目得清净法"，咒曰："浊不秽形，死不妨生，摩掌蘸目三遍，令我长生，青龙在吾左，白虎在吾右，朱雀在吾前，玄武在吾后。神禁敕水除尘垢，急急如律令。"[2]

第二，他讲了六种受禁法，有"太白仙人受法""同力受禁法""神仙王受禁法""天帝太一受禁法""七星受咒法""黄帝越禁受法"等；还有各种杂受禁法，如"受禁肿法""受禁疟法""受禁肿都禁法""大总禁法""禁时气病法"等。[3]

第三，他讲禁法大例，说："用禁大例，诵禁文必不得出声，令自耳目闻声，若闻之咒，即禁法不行，行之无益。"他还说："受禁之时，不得令人、畜一切见之，见之即不成。受法时，刀及水盆，皆不得曾经酒肉五辛用者。"他还引《神仙经》对治禁和用禁之法进行了说明：

> 对治禁，万病击同类：逢水难，土王击之；逢土难，木王击之；逢刀难，阳精击之；逢鬼难，桃汤击之；逢虎难，五常气击之。万病击同类对治，皆持刀、持桃、持火、持鉴、持水、持绳、持药、持符、持戟、持弓、持箭、持弩、持食、持坐、持

1　（唐）孙思邈撰，朱邦贤等校注《千金翼方校注》卷29《禁经上》，上海古籍出版社，1999，第813页。

2　（唐）孙思邈撰，朱邦贤等校注《千金翼方校注》卷29《禁经上·持禁斋戒法第一》，上海古籍出版社，1999，第814~815页。

3　（唐）孙思邈撰，朱邦贤等校注《千金翼方校注》卷29《禁经上·受禁法第二、杂受禁法第三》，上海古籍出版社，1999，第817~822页。

粉、持意、持神、持想、持气、持画、持石、持土、持盐、持幡、持脂、持肉、持血、持面、持金、持玉、持印，故其法皆禁去之。所须用禁之法，有请、有告、有祭、有害（善神，即饮食祭之住之；恶鬼，即克之却之）、有杀、有畏、有爱、有喜、有恶、有死、有走、有住、有灭，是故对治用时各各条列。

其中用禁六法的具体做法为：

> 一牙齿禁，意存气至牙齿。二营目禁，开一目闭一目。三意想禁，存意以去想诸疾以除。四捻目禁，谓手上有一十五目。五气道禁，谓吹、呼、呵、嘘、嘻、呬。六存神禁，存诸神在。以食醮祭之，感天灵气至。又鸣天鼓，叩齿是也。

用禁咒术给人治病时，出门走三步念咒曰："天杀黄黄，地杀正方，千鬼万神，谁复敢藏，飞步一及，百鬼灭亡，急急如律令。"

他还讲到种种解秽、存想之法。他说，如果能严格按照《神仙经》的要求去做，还会修致长生成仙，"受符禁同法，先当修身洁己，安魂定魄，口勿妄言，洁斋百日，可致神仙。避逆恶气，除灭灾祥，可以长生"。[1]

第四，他讲了各种禁法，如掌诀法、禁鬼客忤气、禁瘟疫时行、禁疟病、禁疮肿、禁喉痹、咒禁产运，[2]又如禁金疮、禁蛊毒、禁遁注、禁邪病、禁恶兽虎狼、禁蛇毒、禁蝎蜂、禁狗鼠、护身禁法、禁贼盗、咒童子令说鬼姓字，[3]等等。道教禁咒之术，多辅之以太上老君之号，并以"急急如律令"结束。

1　（唐）孙思邈撰，朱邦贤等校注《千金翼方校注》卷29《禁经上·禁法大例第四》，上海古籍出版社，1999，第823~824页。

2　（唐）孙思邈撰，朱邦贤等校注《千金翼方校注》卷29《禁经上》，上海古籍出版社，1999，第825~844页。

3　（唐）孙思邈撰，朱邦贤等校注《千金翼方校注》卷30《禁经下》，上海古籍出版社，1999，第845~869页。

韩愈在德宗贞元二十一年（805）夏，遇赦当量移，自阳山行至湖南郴州时，逗留了三个月，等待新的任命。当时他患有疟疾，直至九月初才离去。他曾作有《谴疟鬼》诗，生动地描述了他先后召请医师、针灸师、禁咒师、符箓师为他治病的过程。诗曰：

> 屑屑水帝魂，谢谢无余辉。如何不肖子，尚奋疟鬼威。乘秋作寒热，翁妪所骂讥。求食欧泄间，不知臭秽非。医师加百毒，熏灌无停机。灸师施艾炷，酷若猎火围。诅师毒口牙，舌作霹雳飞。符师弄刀笔，丹墨交横挥。咨汝之胄出，门户何巍巍。祖轩而父顼，未沫于前徽。不修其操行，贱薄似汝稀。岂不忝厥祖，觍然不知归。湛湛江水清，归居安汝妃。清波为裳衣，白石为门畿。呼吸明月光，手掉芙蓉旂。降集随《九歌》，饮芳而食菲。赠汝以好辞，咄汝去莫违。[1]

在驱赶疟鬼的过程中，医师、灸师、诅师、符师先后登场，各施招数。特别是诗中描写"诅师"和"符师"的四句诗，刻画出咒师和符师作法时的表情和情景，只见咒师念咒时舌头像霹雳一样飞速转动，符师书写符咒时丹墨交错挥舞，极为生动传神。

杜光庭在《神仙感遇传》中还讲到，桂州（今广西桂林）人李岌，"采樵歇于大树下，见树枝间有一卷书，取而看之，或有识者，皆鬼神之名，读其名字，鬼神随应之，父母异其事。潜抄不识字，辩之于人也，然后遍能自读，呼鬼神姓名，一一皆应，遂能役使鬼神，隐形藏影，或步行水上，或喝水逆流，变化万端，无所不可"。[2] 李岌捡到的这卷书，应即符箓禁咒之类的书。

中古时期的敦煌吐鲁番地区也流行各种符咒。新疆吐鲁番阿斯塔那303 号墓出土有一件"高昌和平元年（551）符箓"文书（见图4-2）。

---

[1] （唐）韩愈著，钱仲联集释《韩昌黎诗系年集释》卷3，上海古籍出版社，1994，第264 页。

[2] （唐）杜光庭：《神仙感遇传》卷1《李岌》，载罗争鸣辑校《杜光庭记传十种辑校》，中华书局，2013，第430 页。

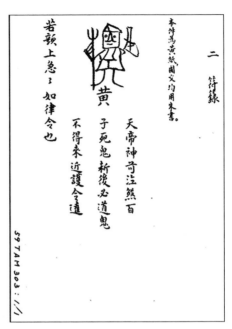

图 4-2　阿斯塔那 303 号墓 "符箓"

这件符咒文书中，符上端画有一个左手持刀、右手执叉的人像；咒语为："黄天帝神前，泣煞百子死鬼，斩后必道鬼不得来近，护令进（？）若颜（？）上。急急如律令也。"[1]这件符咒出土时折叠成一小块缝于绢囊内，显然是佩戴在身上以消灾避邪的护身符。这件符箓为黄纸朱书，护身符一般为朱书，如王建《隐者居》诗云："朱书护身咒，水噀断邪刀。"[2]该符咒所提到的黄天帝既是民间信仰，又是道教的五方天帝之一，为中央之神，道教称之为"中央黄帝玄灵黄老一炁天君"。

在敦煌文书中也保留下来了许多符箓（咒）文书，像 S.2615 背《大部禁方》就抄录有一组符咒，其中就有《天蓬咒》，前有"奉请天

1　武汉大学历史系、新疆维吾尔自治区博物馆、国家文物局古文献研究室编《吐鲁番出土文书》第 2 册，文物出版社，1981，第 33 页。

2　（唐）王建著，尹占华校注《王建诗集校注》卷 5，巴蜀书社，2006，第 225 页。

蓬天蓬"，结尾处有"急急如律令，敕摄"字样，其他内容都相同。[1]
这说明道教方术对敦煌吐鲁番地区的民俗也产生了深刻的影响。

第二节　道教祈禳、占卜诸术与民俗

祈禳、占卜诸术也是道教法术中的重要内容。道士在修行及作法时，经常会运用到祈禳、占卜诸术。道教宣称，祈禳可以赐福消灾，占卜能够预测吉凶祸福。这些方术都充满了神秘色彩，不但道士非常重视，普通民众也是趋之若鹜。所以祈禳、占卜诸术成为唐代社会十分常见的一种文化现象。

一　祈禳术与民俗

祈禳是道教最富有特色的法术。"祈"即"祈祷"，指祷告神明以求平息灾祸、福庆延长，祈祷的内容非常广泛，几乎覆盖社会生活的方方面面，举凡和社会生活密切相关的事情都可以祈祷神灵赐予，如祈雨、祈雪、祈晴、祈嗣、祈福、祈禄、祈财、祈长寿、祈平安、祈风调雨顺、祈五谷丰登、祈国泰民安、祈国运绵长等；"禳"即"禳解"，又作"禳灾"，原为古代祭祀名，指行使法术解除面临的灾难。道教禳灾的范围也极广，日常生活中遇到的一切天灾人祸均可禳解。就自然灾害而言，有禳火、禳星、禳年（流年不利）、禳风灾、禳旱灾、禳洪灾、禳日蚀、禳地震、禳虫蝗灾等；就社会生活而言，有禳官事（诉讼）、禳瘟疫、禳盗贼、禳虚耗（财物损耗）等。甚至在日常生活中遇到一些被视为不祥之兆的事，如夜做噩梦、路见伏尸、禽兽入屋、鸦啼当头等，皆有专门禳解之法。道士在行祈禳之术时，还往往和符箓、章醮、禁咒之术相结合。

1　郝春文主编《英藏敦煌社会历史文献释录》第 13 卷，社会科学文献出版社，2015，第 106 页。

　　祈雨禳灾是民间社会最为常见的祈禳活动。中国自古以来就是一个农业大国，风调雨顺是农业收成的重要保证。而久旱不雨，则会对农业生产构成极大威胁，所以祈雨成为从中央到地方各级政府的重要职责，也是民间社会极为重视的祈禳活动。祈雨本为民间习以为常的社会现象，道教成立以后，吸纳了民间祈雨术，又用系统的道术将其改造成为一套较为严格的斋醮仪式，这就使得道教法术在民间祈雨活动中取得了支配地位。

　　唐代流传有许多道士祈雨的灵验事迹，如著名道士叶法善精通祈雨术，据说他能"追岳神，致风雨"，[1] 唐人对他的灵异事迹往往津津乐道。又如信州（今江西上饶）人叶迁韶，遇雷公授以墨篆一卷，"可以致雷雨，祛疾苦，立功救人也"。从此，"行符致雨，咸有殊效"。时吉州（今江西吉安）大旱，日光猛炽，太守请他祈雨，只听霹雳一声，"信宿大淫雨，泽遂足"。后游方到滑州（今河南滑县），时方久雨，黄河泛滥，出现涝灾。"迁韶以铁扎，长二尺，作一符立于河岸之上。水涌溢堆阜之形，而沿河流下，不敢出其符外。人见垫溺。"又："人有疾请符，不择笔墨，书而授之，皆得其效。"[2] 这个道士不但能祈雨，还可以禳解水灾，为人治病。

　　高道罗公远更是祈雨大师，"玄宗尝召术士罗公远与不空同祈雨，互校功力"。[3] 在唐代的民间传说中，罗公远还经常幻化示现，"每风雨愆期，田农旷废，则必见焉。疑其仙品之中，主司风雨水旱之事也"。有一次，当乡民欲祈雨于灌口李冰祠时，罗公远化作老妪对乡民说："要雨须求罗真人，其余鬼神不可致也。"说完就不见了。于是乡民就在他显化之处焚香祈祷，"俄而风起云布，微雨已至"，当天夜里，方圆数十里内普降甘霖。乡民们为了感念他，就在当地修建宫宇，设置

1　（唐）杜光庭：《仙传拾遗》卷2，载罗争鸣辑校《杜光庭记传十种辑校》，中华书局，2013，第791页。

2　（唐）杜光庭：《神仙感遇传》卷1《叶迁韶》，载罗争鸣辑校《杜光庭记传十种辑校》，中华书局，2013，第430~431页。

3　（唐）段成式撰，许逸民校笺《酉阳杂俎校笺》前集卷3《贝编》，中华书局，2015，第410页。

坛场，安放神像，祭祀罗真人。"诸乡未得雨处，传闻此说，就以音乐香花就新宫祈请，迎就本村，别设坛场，创宫宇，雨亦立应。如是什邡、绵竹七八县界，真人之官，处处皆有，请祷祈福，无不征效。"他又曾幻化为乞丐，对堋口（今四川彭州）江畔的居民说："此将大水，漂损居人，信我者迁居以避之。"果然，五六天后山洪暴发，有相信他的，早早做了准备，移居高处，躲过了水灾，而那些不相信他的，房屋都被冲毁，家人也被冲走，淹死者十有三四。[1]又传说他"多主水旱之事"，曾显化于鄂州（今湖北武汉）黄鹤楼前江中，擒拿欲危害州城的江中白龙，"以符投之，俄而江上晦暝，白龙即见，长数百丈"。[2]

唐肃宗时，灾害频繁发生。乾元元年（758）二月，因天旱，"于曲江池投龙祈雨。又令道士何智通，于尚书省都堂醮土神，用特牲，设五十余座，右仆射裴冕及尚书侍郎官并就位如朝仪"。[3]尚书省办公场所竟然成为道士祈雨祭祀土地神的地方，而各位宰相大臣竟然各就其位，如同上朝之仪。

唐末道士杜光庭在《道教灵验记》中搜罗整理了几则有关祈雨的灵验故事，其中既有地方官祈雨事，也有皇帝祈雨事，如：

阆州（今四川阆中）石壁成纹自然老君验：阆州刺史高元裕，因大旱，"祷祈山川祠庙，无不周诣。忽于玉台观前，瞻望山东丛林之上，见有紫气"，原来是石壁之上有"奇文自然老君之状"，于是元裕焚香叩首祈祷求雨，"还未及州，甘雨大注，联绵雨夕，远近告足"。后来，杜光庭就在这个地方奏请设置玄元观，"至今郡中水旱祈祝，灵验益彰矣"。[4]

---

1 （唐）杜光庭：《道教灵验记》卷9《罗真人示现验》，载罗争鸣辑校《杜光庭记传十种辑校》，中华书局，2013，第240~241页。

2 （唐）杜光庭：《录异记》卷1《罗真人》，载罗争鸣辑校《杜光庭记传十种辑校》，中华书局，2013，第19页。

3 《册府元龟》卷54《帝王部·尚黄老第二》，中华书局，1960年影印本，第605页。

4 （唐）杜光庭：《道教灵验记》卷6，载罗争鸣辑校《杜光庭记传十种辑校》，中华书局，2013，第210页。

范希越天蓬印验：成都人范希越，"得北帝修奉之术，雕天蓬印以行之。祭醮严洁，逾于常法"。他曾以天蓬印祈雨应验，事在唐僖宗广明元年（880）。"三月不雨，五月逾望，人心焦然，谷稼将废"，范希越乃于"万岁池试行神印，为生灵祈雨"，当日戌时投印池中，"阴风遽起，云物周布，亥时大雨，达晓及辰，大电迅雷，惊震数四，至巳少霁"。不但解除了旱灾，而且禳除了螟蝗灾害。[1]

僖宗金箓斋祈雨验：乾符二年（875），"三月不雨，至于五月，名山大川，灵湫郊坛，所在祈祭，未能致效。时有淮浙人钟常满、顾昭之，皆有起龙致雨之术。上俾行之，内臣监于南山投册，有龙处微有雨泽，不能均足。圣虑忧轸，中外焦劳，计无所出"。司空平章事郑畋上奏建议："请应天节日，殿上选两街高行道士各七人，于内殿置金箓道场七日，天下名山，青城、峨嵋、茅山、天台、罗浮、五岳等，一十八处降赐词文，各修道场七日，内殿请皇帝捻香祈祷，以冀感通。"僖宗遵行，果然祈得雨至，是岁大丰收。[2]应天节，为僖宗诞节。

僖宗封青城醮验：中和元年（881）七月十五日（中元节），僖宗又诏令官员与杜光庭到青城山修醮，敕封宁先生为"五岳丈人希夷真君"。"是时县境亢旱，苗谷将焦，封醮之夜，龙吟于观侧溪中，风雨大至，枯苗载茂，县乃大丰。"相传青城山是宁先生的修道成仙之处，黄帝曾以他为师，受《龙蹻经》，"得御飞云之道"，封他为五岳丈人。[3]

程克恭拜章祈雨验：籍县主簿程克恭，"好道探玄，精勤修奉"，遇录事参军崔浑，"授以拜章祈福之诀"。忽遇本郡大旱，"累旬炎炽，将欲害稼。因检章格中有祈雨章"，于是准备香烛瓜果财物，作为贡献，"拜章请雨"，焚章之际，即有甘霖，野田之中，涓涓流注，半夜

1 （唐）杜光庭：《道教灵验记》卷13，载罗争鸣辑校《杜光庭记传十种辑校》，中华书局，2013，第287页。
2 （唐）杜光庭：《道教灵验记》卷14，载罗争鸣辑校《杜光庭记传十种辑校》，中华书局，2013，第293页。
3 （唐）杜光庭：《道教灵验记》卷14，载罗争鸣辑校《杜光庭记传十种辑校》，中华书局，2013，第295页。

而停。[1]

杜光庭在《神仙感遇传》中还记载了隐居嵩山的道医孙思邈令能幻化成老叟的三只水獭"召云致雨"的故事。[2]

杜光庭还在《录异记》中记载了一则丹符考召祈雨之事。唐昭宗景福年间（892~893），鄂州（今湖北武汉）大旱，使相杜洪遇道士胡恬，"话及祈祷之事。恬为考召，投丹符于江中，俄而大淫，合境告足"。[3]

因为唐代道士祈雨现象甚为常见，所以还出现了根据道士祈雨事迹创作的话本小说，如敦煌写本文书《叶净能诗》就描写道，开元十三年（725）大旱，玄宗命叶净能求雨，"净能对皇帝前，便作坛场，书符五道，先追五岳直（值）官要雨，五岳曰：'皆犹（由）天曹。'净能便追天曹，且（具）言：'切缘百姓抛其面米饼，在其三年亢旱。'"于是叶净能移别处余雨降下，"前后三日雨足"。[4]

祈雨灵验纯属碰巧之事，大概率情形应是毫无收获。《剧谈录》就记载了一则祈雨不灵的故事。武宗会昌年间（841~846），晋阳（今山西太原）大旱，"自春徂夏，数百里田，皆耗致"。县令狄惟谦亲自"祷于晋祠，略无其应"。时有并州女巫郭天师，"少攻符术，多行厌胜"，曾出入宫掖，赐号"天师"。狄惟谦应百姓恳求，亲自登门恭请郭天师祈雨，郭天师推托不过，答应了下来。举行仪式那天，"乃具车舆，列幡盖，惟谦躬为控马，既至祠所，盛设供帐，磬折庭中"。折腾了一天，也没有丝毫动静。第二天，郭天师对狄惟谦说："我为尔飞符上界请雨，已奉天帝命，必在至诚，三日雨当足矣。"此"好消息"一经传出，四方百姓蜂拥而至，期盼天降甘霖。然而，三天过去了，

1　（唐）杜光庭：《道教灵验记》卷15，载罗争鸣辑校《杜光庭记传十种辑校》，中华书局，2013，第305页。

2　（唐）杜光庭：《神仙感遇传》卷6《释玄照》，载罗争鸣辑校《杜光庭记传十种辑校》，中华书局，2013，第531~533页。

3　（唐）杜光庭：《录异记》卷2《胡恬》，载罗争鸣辑校《杜光庭记传十种辑校》，中华书局，2013，第39页。

4　王重民等编《敦煌变文集》上集，人民文学出版社，1957，第222~223页。

并无一点下雨的征兆。郭天师又说："灾沴所兴，良由县令无德。我为尔再告天，七日方合有雨。"狄惟谦本来为官清正，不畏强权。这个女巫竟然说天旱是县令狄惟谦无德所致，惟谦只好引咎自责，对郭天师更加恭敬。然而，七天过去后，仍未下雨。郭天师见祈雨不灵，就想开溜，惟谦不放。郭天师竟然变脸骂人，不但说狄惟谦不知天道，而且还归罪于天不肯下雨，她也没有办法。狄惟谦强压住怒火，婉言劝郭天师暂留一宿，明日为她饯行。当天夜里，狄惟谦布置好刀斧手，准备捉拿郭天师。第二天，郭天师赴约，发现并未安排什么饯别宴，又大声呵责狄惟谦。这下狄惟谦被彻底激怒了，大声宣布了郭天师罪状，曰："左道女巫，妖惑日久，当须毙在此日，焉敢言归！"于是命令左右拖下郭天师，到神前杖责二十下，然后将她扔进河中。同时，又命人在祠后高山上设席焚香，虔诚祷告老天。这时，全城居民听说杀了郭天师，都非常震惊，人群围得水泄不通。忽然，有大片乌云涌来，"四郊云物会之，雷震数声，甘雨大澍，原野无不滂流"。[1] 这个狄惟谦杀巫祈雨故事，有点类似于战国时代的西门豹治邺。故事中的郭天师不但祈雨没有灵验，而且还搭上了性命。实际上，类似祈雨不灵的现象恐怕还有很多。只不过偶尔灵验，道教便会将其作为一种"神迹"传布开来，从而形成了许多"灵验"神话。

既然天旱可以祈雨，那么天涝时也可以祈晴。如道士刘道合就曾为唐高宗作止雨之术，据《旧唐书·隐逸·刘道合传》载，道士刘道合，陈州宛丘（今河南淮阳）人。初与道士潘师正同隐于嵩山。高宗闻其名，"召入宫中，深尊礼之。及将封泰山，属久雨，帝令道合于仪鸾殿作止雨之术，俄而霁朗，帝大悦"。[2] 又传说宪宗时道士田良逸既精通祈雨术，又掌握了止雨术，据《因话录》载，元和初，南岳道士田良逸、蒋含弘，"皆道业绝高，远近钦敬，时号'田蒋'"。侍郎吕渭、杨凭，相继出任湖南，都以他们为师。"潭州大旱，祈祷不获"，

1　《太平广记》卷396"狄惟谦"条引，中华书局，1961，第3166页。
2　《旧唐书》卷192《隐逸·刘道合传》，中华书局，1975，第5127页。

杨凭于是邀请田先生作法，"即日降雨"。田先生所居岳观，曾建黄箓坛场，"法具已陈，而天阴晦"，弟子们请他"祈晴"，只见他"岸帻垂发而坐。及行斋，左右代整冠履，扶而升坛，天即开霁"。而蒋先生则精通符咒术，但他从不轻易显露，所以没有人知道他身怀绝技，他曾以符禁伏虎。[1] 又如《录异记》载，遂州（四川遂宁）唐村有庙，供奉钟离大王，形似道流，号"唐村神"，水旱祈祷，无不灵验。[2]

天旱祈雨、久雨祈晴、冬天祈雪，以及抵御风灾、禳解洪灾等，都是抵御自然灾害，围绕农业生产和生活展开的道术，施行范围相当广泛。

祈福、祈寿、祈平安也是唐人经常祈禳的内容。杜光庭在《道教灵验记》中就记录了一些祈祷长生的灵验故事，如：

范阳卢蔚醮本命验："范阳卢蔚，弱冠举进士，有日者言其年寿不永，常宜醮本命，以增年禄。蔚素崇香火，勤于修醮，未尝辍焉。"二十五岁，因病于东都，为冥司所摄，幸得其本命神相助，"于天司奏陈，必及中寿，疾亦就痊"。[3] 日者是以占候星象卜筮的人，所谓"醮本命"即祭祷本命神以祈求延年益寿之俗，是为道教吸收民间流行的"本命"之说而提出的一套理论。

杜鹏举父母修南斗延生醮验：宰相杜鸿渐的哥哥杜鹏举，乃其父年长无子，遍祷神祇才生。"二三岁间，终年多疾，十岁犹顽劣怯懦，父母常以为忧，太白山道士过其家，说阴阳休咎之事，因以鹏举甲子问之，道士曰：'此子年寿不过十八岁。'"父母大惊，请禳护之法。因授以司命延生之术《醮南斗延生之诀》，让他在五月五日依法祈醮，"父母勤奉无阙"。一年之后，忽有青衣吏二人路过其家，告之曰："司命知君竭诚，明年复当有一子。此之二子皆保眉寿。"明年，果然又

1　（唐）赵璘：《因话录》卷4，载《唐国史补　因话录》，上海古籍出版社，1979，第92~93页。

2　（唐）杜光庭：《录异记》卷4《钟离大王》，载罗争鸣辑校《杜光庭记传十种辑校》，中华书局，2013，第52页。

3　（唐）杜光庭：《道教灵验记》卷16，载罗争鸣辑校《杜光庭记传十种辑校》，中华书局，2013，第310页。

生子"鸿渐"，兄弟二人俱贵盛，都活过了九十岁，终身无病。[1]此事虚构成分甚多，不可尽信。如杜鹏举并不是杜鸿渐之兄，而是其父；又杜鸿渐并非寿逾九十，终身无疾，而是因"疾甚"辞职，年六十一而卒；又杜鸿渐素奉佛，并未见他有事道之事。史称其"酷好浮图道"，"及休致后病，令僧剃顶发。及卒，遗命其子依胡法塔葬，不为封树，冀类缁流，物议哂之"。[2]倒是其父杜鹏举精通医术，"与卢藏用隐于白鹿山"，似乎还与道教有些关系。但这个故事却反映了唐人祈命延生之俗。

杜光庭在《神仙感遇传》中记载了一个祈祷星辰治眼病的故事。寿州（今安徽寿县）刺史张士平夫妇，自中年以后，都患上眼病，遍求方术无效，于是闭门不出，"唯祷醮星辰，以祈神之佑"。感动了星辰，五帝星君派遣太白星官，教以洗眼之术，"即时明净，平复如初。十年之疾，一旦豁然"，因留此法，令转教世人，以救疾苦，用增阴德。[3]

杜光庭在《墉城集仙录》中还记载了一个民女祈福成仙的故事。常州义兴县（今江苏宜兴）王氏女，好无为清净之道，常持《大洞三十九章》《道德章句》，"一旦小疾"，于洞灵观修斋祈福，诣洞灵神像前，焚香祈祝，于乾符元年（874）得道成仙。[4]

唐人皇甫氏在《原化记》中也记载了一则禳解雷击之灾的故事。有一客人路过郴州连山观时，与道士发生争执对骂，招致雷击之灾。有技术之士张山人，精于禁禳术，建议他："截一柏木，长与身齐，致所卧处，以衣衾盖之。身别处一屋，以枣木作钉子七枝，钉地依北斗状，仍建辰位，身居第二星下伏，当免矣。"客依其言，果然脱祸。

1 （唐）杜光庭：《道教灵验记》卷16，载罗争鸣辑校《杜光庭记传十种辑校》，中华书局，2013，第328页。

2 《旧唐书》卷108《杜鸿渐传》，中华书局，1975，第3283~3284页。

3 （唐）杜光庭：《神仙感遇传》卷6《张士平》，载罗争鸣辑校《杜光庭记传十种辑校》，中华书局，2013，第530页。

4 （唐）杜光庭：《墉城集仙录》卷10《王氏女》，载罗争鸣辑校《杜光庭记传十种辑校》，中华书局，2013，第733页。

"奔谢观主，哀求生命，久而方解"。[1]

《唐阙史》也记载了一则祈禳疾病的故事。李翱任合肥刺史时，郡客李处士，自称能通神人之言，言事颇中，合郡肃敬，如事神明。李夫人忽患背疮内溃，不食昏迷，遍寻医药，不见有效。李处士建议："手翰一文，俟夜当祈之，宜留墨篆同焚，当可脱免。"李公依言，即自草咒语，洁手书之，并符烧之，不久夫人之病就痊愈了。[2]

《酉阳杂俎》也记载了一则用鸡禳解疾病的故事。蜀有费鸡师，"或为人解灾，必用一鸡，设祭于庭。又取江石如鸡卵，令疾者握之，乃踏步作气嘘叱，鸡旋转而死，石亦四破"。他曾预言段成式家人"有大厄"，"因丸符逼令吞之，复去其左足鞋及袜，符展在足心矣"。又预言女仆沧海，将有病，"令袒而负户，以笔再三画于户外"。并且大声说："过！过！"墨迹就浸透在她背上了。[3]

当然也有祈禳不灵的故事，如杜光庭在《录异记》中记载，合州巴川县（今重庆铜梁）令崔某家，有神作祟，"或见形往来，或空中诟骂，投掷火烛，损破器物，钱帛衣服，无故遗失。箱箧之中，锁闭如初，其内衣服，多皆剪碎。求方术禳解，都不能制"。[4] 看来有时道教方术禳解妖邪作祟，也有不起效果的时候。

二　占卜术与民俗

民间占卜风俗起源很早，相传伏羲、黄帝时代就已经有了占卜术。《易经·系辞上》云："《易》有圣人之道四焉：以言者尚其辞，以动者尚其变，以制器者尚其象，以卜筮者尚其占。"可见占卜曾被当作圣人之道的四个重要方法之一，用来解疑析惑、预测未来。早期巫术即有占卜术，《周礼·春官》记载，太卜掌《三易》之法，一曰《连

1　《太平广记》卷72"张山人"条引《原化记》，中华书局，1961，第446~447页。

2　《太平广记》卷73"李处士"条引《唐阙史》，中华书局，1961，第458页。

3　（唐）段成式撰，许逸民校笺《酉阳杂俎校笺》前集卷5，中华书局，2015，第507~508页。

4　（唐）杜光庭：《录异记》卷4《壁山神》，载罗争鸣辑校《杜光庭记传十种辑校》，中华书局，2013，第57页。

山》，二曰《归藏》，三曰《周易》。[1]《连山》《归藏》早已亡佚，今仅存《周易》，被尊为占卜之祖。

道教兴起以后，吸收了民间占卜方术，用以沟通神意，预示吉凶，称为"道占"。《太平经》说：

> 圣人制法，皆象天之心意也。守一而乐上卜，卜者，问也。常乐上行而卜问不止者，大吉最上之路也。[2]

又说：

> 是故古者圣人问事，初一卜占者，其吉凶是也，守其本也，乃天神下告之也。再卜占者，地神出告之也。三卜占者，人神出告之也。[3]

按照这种说法，神仙能够预知未来吉凶祸福。而有些占卜师本身就是神仙，所以他们行占卜术是在传达神意。这在各种仙传中有许多记载，如刘向在《列仙传》中记载，呼子先，汉中关下卜师，寿百余岁，骑龙升仙而去。[4] 葛洪在《神仙传》中也记载，王方平，"逆知天下盛衰之期，九州吉凶，观诸掌握"；[5] 伯山甫，"知人家先世已来善恶功过，有如临见；又知未来吉凶，言无不效"；[6] 皇初平（又名赤松子），十五岁时，随道士入金华山石室中，修道四十余年。其兄遍寻不见，无奈于市中遇善卜道士，请为占之。[7] 刘京，"能役使鬼神，立起风雨，

---

1 （清）孙诒让：《周礼正义》卷 47《春官·太卜》，王文锦、陈玉霞点校，中华书局，2013，第 1928 页。

2 王明编《太平经合校》卷 48《三合相通诀》，中华书局，1960，第 147 页。

3 王明编《太平经合校》卷 40《分解本末法》，中华书局，1960，第 76 页。

4 王叔岷：《列仙传校笺》卷下《呼子先》，中华书局，2007，第 148 页。

5 （晋）葛洪撰，胡守为校释《神仙传校释》卷 3《王远》，中华书局，2013，第 92 页。

6 （晋）葛洪撰，胡守为校释《神仙传校释》卷 3《伯山甫》，中华书局，2013，第 119 页。

7 （晋）葛洪撰，胡守为校释《神仙传校释》卷 3《皇初平》，中华书局，2013，第 41 页。

召致行厨，坐在立亡，而知吉凶。期日又能为人祭天益命”；[1]尹轨，“其说天下盛衰治乱之期，安危吉凶所在，未尝不效”。[2]诸如此类，不胜枚举。凡人遇到各种疑难困惑，多愿向神仙道士占卦问卜。

道教占卜的种类和方法很多，主要有占星术、算命术、堪舆术、相宅术、太乙六壬遁甲术等。唐代精通占卜的道流众多，如：

唐初道士薛颐（颐），“解天文律历，尤晓杂占”，他曾预言李世民当得天下。[3]

李淳风，“明步天历算”，“于占候吉凶，若节契然，当世术家意有鬼神相之，非学习可致，终不能测也”。[4]他曾著有《乙巳占》十卷，这是一部综合性的占星学著作。该书采撷唐以前诸家占星学说，加上他自己的发明创造，分类汇编而成。

袁天纲，又作“袁天罡”，是唐代著名的相术大师。《定命录》说他：“少孤贫，好道艺，精于相术。”他曾给许多将相大臣相过面，所说全都灵验。如他给房玄龄、李审素相面，说房玄龄“大富贵”，李审素当得“六品已下清要官”。后来房为宰相，李为起居舍人。又在蒲州刺史蒋俨小时候给他相面，占曰：“此子当累年幽禁，后大富贵，从某官位至刺史。年八十三，其年八月五日午时禄终。”果如天纲所言。又为李义府相面，曰：“此郎贵极人臣，但寿不长耳……五十二外非所知也。”其寿位，皆如天纲所言。又相李峤，曰：“郎君必大贵寿，是龟息也，贵寿而不富耳。”后果如其言。又为陕州刺史王当女儿相择女婿，乃为后来贵为宰相的姚崇。[5]他在洛阳时，与杜淹、王珪、韦挺等交游，相杜淹曰：“公兰台、学堂全且博，将以文章显。”又相王珪曰：“法令成，天地相临，不十年官五品。”又相韦挺曰：“面如虎，当以武处官。”又说三人都会有一次被贬官经历。后来，“淹以

1　（晋）葛洪撰，胡守为校释《神仙传校释》卷7《刘京》，中华书局，2013，第245页。
2　（晋）葛洪撰，胡守为校释《神仙传校释》卷9《尹轨》，中华书局，2013，第318页。
3　《旧唐书》卷191《方伎·薛颐传》，中华书局，1975，第5089页。
4　《新唐书》卷204《方技·李淳风》，中华书局，1975，第5798页。
5　《太平广记》卷221“袁天纲”条引《定命录》，中华书局，1961，第1694~1697页。

侍御史入天策为学士，珪太子中允，挺善隐太子，荐为左卫率。武
德中，俱以事流巂州"。天纲又曰："公等终且贵。杜位三品，难与言
寿；王、韦亦三品，后于杜而寿过之，但晚节皆困。"见窦轨曰："君
伏犀贯玉枕，辅角完起，十年且显，立功其在梁、益间邪？"窦轨后
来果然出任益州行台仆射。天纲又对他说："赤脉干瞳，方语而浮赤
入大宅，公为将必多杀，愿自戒。"窦轨后因坐事被贬官。天纲又说：
"公毋忧。右辅泽而动，不久必还。"后果然征还为都督。又相岑文本
曰："学堂莹夷，眉过目，故文章振天下。首生骨未成，自前而视，法
三品。肉不称骨，非寿兆也。"又相马周、张行成曰："马君伏犀贯脑，
背若有负，贵验也。近古君臣相遇未有及公者。然面泽赤而耳无根，
后骨不隆，寿不长也。张晚得官，终位宰相。"后都如其言。袁天纲
流传最广的神奇事迹是为武则天相面，准确地预言了她将做女皇，其
曰："武后之幼，天纲见其母曰：'夫人法生贵子。'乃见二子元庆、元
爽，曰：'官三品，保家主也。'见韩国夫人，曰：'此女贵而不利夫。'
后最幼，姆抱以见，绐以男，天纲视其步与目，惊曰：'龙瞳凤颈，极
贵验也；若为女，当作天子。'"天纲最绝的是他居然还准确地算出自
己的寿数，"夏四月，数既尽"，到期果然去世。他的儿子袁客师，亦
传其术，非常灵验。[1]后人伪托他的名字，著有《九天玄女六壬课》《五
行相书》《三世相法》《易镜玄要》《袁天纲称骨歌》《太白会运逆兆通
代记图》等相书，还传说他和李淳风合著有《推背图》，即一部预言
奇书。

武则天侄儿武攸绪，"恬淡寡欲，好《易》《庄周》书。少变姓名，
卖卜长安市，得钱辄委去"。[2]唐末道士杜光庭在《神仙感遇传》中记
载有他的事迹。

1　《新唐书》卷 204《方技·袁天纲传》，中华书局，1975，第 5800~5802 页。
2　《新唐书》卷 196《隐逸·武攸绪传》，中华书局，1975，第 5602 页。又据段成式《酉阳杂俎》
　　卷 2《壶史》载："武攸绪，天后从子。年十四，潜于长安市中卖卜，一处不过五六日。因徙升
　　中岳，遂隐居，服赤箭、伏苓。"见许逸民校笺本，中华书局，2015，第 224 页。其事迹又见唐
　　末道士杜光庭《神仙感遇传》卷 2《武攸绪》，载罗争鸣辑校《杜光庭记传十种辑校》，中华书局，
　　2013，第 463 页。

盛唐道士邢和璞，"善算人而知夭寿善恶"。[1] "偏得黄老之道，善心算。"太尉房琯请他"算终身之事。邢言：'若来由东南，止西北，禄命卒矣。降魄之处，非馆非寺，非途非署。病起于鱼飧，休于龟兹板。'"后果如其算。[2]

张鷟在《朝野佥载》中还记载了他亲身经历过的两位善相卜的道士。开元二年（714），梁州（今陕西汉中）道士梁虚舟以九宫术给他推算，说："五鬼加年，天罡临命。一生之大厄。以《周易》筮之，遇观之涣，主惊恐，后风行水上，事即散。"九宫术，又称"九宫算"，是一种源于《周易》的组合推算法。又有安国观道士李若虚，不告他姓名，让他暗推。说："此人今年身在天牢，负大辟之罪，乃可以免。不然，病当死，无有救法。"后来，张鷟果然被御史李全交判有罪，下令处死。幸亏得到刑部尚书李日知，左丞张廷珪、崔玄晖，侍郎程行谋等为他求情，才幸免于一死，被流放岭南。两位道士的占卜之言，都得到了应验。[3]

蜀中道士勾规，颜真卿《和政公主神道碑》载："公主姓李氏，陇西成纪人。皇唐玄宗至道大圣大明孝皇帝之孙，肃宗文明武德大圣大宣孝皇帝之第三女。帝女之崇，于斯为盛。今天子之同母妹也，母曰章敬皇太后。后之在襁褓也，后父赠太尉吴君曰令珪，尝游官蜀中，使道士勾规占之。规惊起曰：'此女贵不可言，是生二子，男为人君，女为公主，嫁于柳氏。'其后竟配肃宗，生今上及公主。"[4] 勾规竟然准确地预测到章敬皇后后来的地位及她所生的两个孩子的命运，男为人君即唐代宗，女为公主即和政公主，甚至连公主嫁给柳氏的婚姻状况都卜算得丝毫不差。

---

1 《旧唐书》卷 191《方伎·张果传》，中华书局，1975，第 5106 页。

2 （唐）段成式撰，许逸民校笺《酉阳杂俎校笺》前集卷 2《壶史》，中华书局，2015，第 229~230 页。

3 （唐）张鷟：《朝野佥载》卷 1，赵守俨点校，中华书局，1979，第 2 页。

4 （唐）颜真卿著，（清）黄本骥编订《颜真卿集》，凌家民点校、简注、重订，黑龙江人民出版社，1993，第 147~151 页。又见《全唐文》卷 344，中华书局，1983 年影印本，第 3490 页；（宋）王谠撰，周勋初校证《唐语林校证》卷 5 "补遗"，中华书局，1987，第 507~512 页。

　　桑道茂，中唐著名占卜大师。代宗大历年间（766~779）游京师，"善太一遁甲术"，占事无不中。肃宗乾元初，他准确地预测到九节度兵溃相州（今河南安阳）事。德宗建中初，他又精准地预测到泾原兵变、朱泚之乱，德宗出逃奉天（今陕西乾县），故而使德宗预先做了准备，才逃过劫难；他还预测到宪宗元和削藩及李泌死期、杜佑外放任官、盛唐（今安徽六安）县令李鹏及其子宰相李石、节帅李福子孙等前程。[1] 太一（乙）、六壬、奇门遁甲为道家三大占卜秘术。相传太乙主测国运，六壬主测人事，奇门遁甲主测军事，用之可以推导国运兴衰成败、人事吉凶向背、军事布防地理，所以一向被视作最高级别的预测术。

　　唐德宗贞元末年，有位山人虽目瞎而善相骨，"人求相，以手扪之，必知贵贱"，求相者络绎不绝。[2]

　　唐末处士胡恬卜居于白鹤山陶仙观，"善阴阳、纬候、星历、推步、炉火、黄白之事，彭素道、易占术、篆隶、词赋，皆曲尽其能。调元炼气，专以神仙为务"。其中阴阳、纬候、星历、推步、易占术都与占验有关，看来这是一个全面精通道教占卜术的奇才。唐昭宗景福年间（892~893），他在安州（今湖北安陆）遇上蔡（今河南上蔡）人马处谦卖卜，见其"学术未至，旨甘不足，因挈入山，授其推课之诀"，一年多而学成。[3]

　　唐末卢道流，卖卜于洛阳市中。因病，遇得道高士程修己，赠以金丹，服之疾愈。后遇洪水而得免。唐昭宗天复年间（901~904），南游五岭，访求仙药，不知所终，八成也是修炼成仙。[4]

　　唐穆宗长庆年间（821~824），邺中（今河北临漳一带）有位精通占卜的五明道士，"善阴阳历数，尤攻卜筮"。成德军节度使王庭凑，

1　《新唐书》卷 204《方技·桑道茂传》，中华书局，1975，第 5812~5813 页。

2　《太平广记》卷 76 "相骨人" 条引《嘉语录》，中华书局，1961，第 482 页。

3　（唐）杜光庭：《录异记》卷 2《胡恬》，载罗争鸣辑校《杜光庭记传十种辑校》，中华书局，2013，第 39 页。

4　（唐）杜光庭：《神仙感遇传》卷 4《卢道流》，载罗争鸣辑校《杜光庭记传十种辑校》，中华书局，2013，第 475 页。

在做军将时，曾经求卜于五明道士，"究平生否泰。道士即为卜之，卦成而三钱并舞，良久方定，而六位俱重。道士曰：'此卦纯乾，变为坤，坤为土也，地也。大夫将来秉旄不远，兼有土地山河之分。'"果然，不久军中即发生哗变，共推王庭凑为留后，朝廷不能节制，于是就授以节度使之职。后来王庭凑迎五明道士，"置于府，为营馆舍，号五明先生院"。王庭凑又问将来禄寿，更为推之。道人曰："三十年。"并劝以"竭节勤王，爱民恤物，次则保神啬气，常以清俭为心，必享殊寿，后裔兼有二王"。[1] 成德军也因此成为跋扈难制、不服从中央调遣而割据河北的"河朔三镇"之一。

长道县（今甘肃礼县）山野间，有一个巫师姓权，"善死卜，至于邪魅鬼怪，隐伏逃亡，地秘山藏，生期死限，罔不预知之。或人请命，则焚香呼请神，僵仆于茵褥上，奄然而逝，移时方喘息，瞑目而言其事"。极为灵验。有人妻病卧数年，眼看就不行了，请他占卜，闭目而言曰："堂屋后有伏尸，其数九。"除去之后，其妻之病立马痊愈。又一次，瞑目轮十指，卜算出远近州县将有很多人死亡，有一个叫张行儒的也在其中。张去哀求权师，权师于是闭目，于纸上画符，形状如篆籀书，祝焚之，"牒阎罪（罗）山（出）免之"。此人因此还发了大财。[2]

即使是以大力破除淫祠迷信而著称的唐后期政治家李德裕，也对道士隐士的占卜术深信不疑。他在晚年总结自己一生仕宦时，曾著有《冥数有报论》一文，提到过为他预测前程的高士说："初掌记北门，有管涔隐者诣余曰：'君明年当在人君左右，为文翰之职。'"果然明年正月，穆宗即位，任命他为翰林学士。长庆二年（822），他升任御史中丞，有望拜相，这时有闽中隐者叩门请见，因下榻与语曰："时事非久，公不早去，冬必作相，祸将至矣。若亟请居外，代公者受患，后十年终当作相，自西南而入。"果然当年冬，他就被牛党李逢吉排挤出朝廷，担任了浙西观察使。过了八年，有邺郡（今河北临漳）道士

---

1 《太平广记》卷 217 "五明道士" 条引《耳目记》，中华书局，1961，第 1661 页。
2 《太平广记》卷 79 "权师" 条引《玉堂闲话》，中华书局，1961，第 505 页。

又对他说："公当为西南节制，孟冬望舒前符节至矣。"果然他又改任剑南西川节度使，到十年时入朝做了宰相。虽然李德裕认为"余尝三遇异人，非卜祝之流"，但这三人显然都是精通占卜术者，以致他也相信"冥数有报"。[1]唐人李濬在《松窗录》中说道，李德裕任并州（今山西太原）从事时，有王山人，"善按冥数"，相德裕曰："位极人臣，寿六十四。"后果如其言。[2]另外，李德裕的祖父李栖筠和父亲李吉甫也都很相信道教卜筮术。据说李栖筠在未显达时，"将赴选"，曾向扬州的"烟霞之士"田山人和楚州（今江苏淮安）白鹤观道士张尊师卜问前程，颇为灵验，令栖筠大为惊异。[3]又说贞元年间（785~805），湘楚间有袁隐居，"善《阴阳占诀歌》一百二十章"。李吉甫贬官东南时，遇袁隐居，"命算己之禄仕"，袁乃运算举数，曰："公之禄真相也，公之寿九十三矣。"后来，李吉甫果然在宪宗朝拜相，死于元和九年十月三日，享年五十六岁，"校其年月日，亦符九十三之数"。李吉甫还为袁隐居著《阴阳占诀歌》作序。[4]

　　唐诗中也有歌咏以卖卜为生的道士的，如大历时诗僧护国《逢灵道士》诗曰："浮丘山上见黄冠，松柏森森登古坛。一茎青竹以为杖，数颗仙桃仍未餐。长安市里仍卖卜，武陵溪畔每烧丹。缩地往来无定所，花源到处路漫漫。"[5]诗中描写的这位长安市里卖卜的道士，一会儿在浮丘山（或曰在今河南浚县，或曰即广东罗浮山），一会儿在长安，一会儿又在武陵（今湖南常德）溪畔，以青竹为杖，以仙桃为餐，烧丹炼药，缩地往来，居无定所。缩地术，也是道教神仙术之一，据说运用此术可以化远为近，实现远距离的瞬间移动。葛洪在《神仙传·壶公》中载，费长房，"有神术，能缩地脉，千里存在目前，宛

1　（唐）李德裕撰，傅璇琮、周建国校笺《李德裕文集校笺》外集卷 4，河北教育出版社，2000，第 697~699 页。

2　《太平广记》卷 78 "王山人" 条引《松窗录》，中华书局，1961，第 492 页。

3　《太平广记》卷 149 "李栖筠" 条引《逸史》，中华书局，1961，第 1073 页。

4　《太平广记》卷 72 "袁隐居" 条引《宣室志》，中华书局，1961，第 451 页。

5　《全唐诗》卷 811《逢灵道士》，中华书局，1960，第 9139 页。

然放之，复舒如旧也"。[1]《广德神异记》也载，元和年间（806~820），鄂州（今湖北武汉）里中有一老道朱悦，得缩地术。邻居为军将陈士明家，相去才二三百步。一次，陈士明从朱悦家回家，"自辰而还，至酉不达家，度其所行，逾五十里，及顾视，不越百步"。原来是朱悦施行缩地术，跟陈士明开了个玩笑。[2] 令狐楚《赠毛仙翁》诗也曰："壶中药物梯霞诀，肘后方书缩地功。"[3] 称赞中唐著名道士毛仙翁既精通医道，又通晓缩地神功。

在古代，由于科学知识不发达，人们往往无法掌控自己的命运，再加上在现实生活中有许多难以解释的自然社会现象和各种巧合事件，所以人们非常相信占卜，凡事都要用占卜来问一问吉凶福祸，有人甚至将自己的命运完全交给占卜来指点迷津，所以占卜术在民间一直非常盛行，从事占卜者也是各行各业大有人在，除了职业占卜者，如相士、日者外，最多见的就是道士、术士、阴阳师、巫觋、僧人，甚至还有儒生、文士等。在《太平广记》中就专门记载有卜筮故事2卷、相术4卷，另外还有道术5卷、方士5卷、异人6卷、异僧12卷、征应11卷、定数15卷、算术1卷、医3卷、梦7卷、巫1卷、幻术4卷、冢墓2卷、铭记2卷等，其中都记载有许多关于占卜的事例。据黄正建统计，在全部291条事例中，可分为星占22条，禄命13条，九宫2条，卜筮39条，相术82条，式2条，日者6条，梦52条，占宅、葬14条，阴阳选择13条，其他32条，不明14条。其中最流行的占卜术是相术，其次是梦，第三位是卜筮。然后依次是星占，占宅、葬，禄命，阴阳选择，日者，九宫，式。这说明相术、占梦在民间最有市场，卜筮因其变化较多又是占卜正宗。他还对敦煌占卜文书进行了深入的研究，将这些文书分为卜法、式法、占候、相书、梦书、宅经、葬书、时日宜忌、禄命、事项占、杂占、其他等

---

1 （晋）葛洪撰，胡守为校释《神仙传校释》卷9《壶公》注引汉魏旧本，中华书局，2010，第317页。
2 《太平广记》卷79 "朱悦"条引《广德神异记》，中华书局，1961，第499页。
3 《全唐诗》卷334《赠毛仙翁》，中华书局，1960，第3746页。

十二大类，其中卜法又分为易占、五兆卜法、灵棋卜法、李老君周易
十二钱卜法、孔子马头卜法、周公卜法（管公明卜法，附九天玄女卜
法）、占十二时卜法、杂卜法等。[1]刘永明还注意到这些敦煌占卜文书
与道教的关系，指出这些占卜文书中包含有不少道教的内容，说明了
占卜与道教的密切关系和道教向占卜术的渗透，乃至敦煌地区出现了
不少道教化占卜文书。[2]这说明在中古时期，道教与民间占卜术有密切
关系，占卜术已经成为道教法术的重要内容之一。

第三节　道教斋醮与民俗

斋醮是道教设道场做法事的一套科仪，即设坛供斋，醮神祈福，
消灾去祸。其法为先清心洁身，再筑坛设供，然后上章拜表，以祷神
灵。它是道教独具特色的宗教祭祀仪式，是道教文化的重要内容。道
教斋醮活动与民俗关系密切，在人们的生、老、病、死、坐、卧、行
等日常社会生活中，甚至是在国家的政治生活中，都可见到道教斋醮
的投影。

斋醮是由斋法和醮仪两大祭祀系统组成的。张泽洪认为，早期道
教，斋、醮并行，灵宝立斋，正一设醮，先斋后醮，渐成定轨。到唐
宋时期，斋、醮区分不再严格，人们往往以"斋醮"泛指道教的祭祀
仪式。[3]《隋书·经籍志》释道教"斋""醮"曰：

> 其洁斋之法，有黄箓、玉箓、金箓、涂炭等斋。为坛三成，
> 每成皆置绵蕝，以为限域。傍各开门，皆有法象。斋者亦有人数
> 之限，以次入于绵蕝之中，鱼贯面缚，陈说愆咎，告白神祇，昼

1　黄正建：《敦煌占卜文书与唐五代占卜研究（增订版）》，中国社会科学出版社，2014，第165页。
2　刘永明：《S.2729背〈悬象占〉与蓍占时期的敦煌道教》，《敦煌学辑刊》1997年第1期；《敦煌占
　　卜与道教初探——以P.2859文书为核心》，《敦煌学辑刊》2004年第2期。
3　张泽洪：《道教斋醮科仪研究》，巴蜀书社，1999，第25~33页。

夜不息，或一二七日而止。其斋数之外有人者，并在绵蕝之外，谓之斋客，但拜谢而已，不面缚焉。而又有诸消灾度厄之法，依阴阳五行数术，推人年命书之，如章表之仪，并具赞币，烧香陈读。云奏上天曹，请为除厄，谓之上章。夜中，于星辰之下，陈设酒脯麦饵币物，历祀天皇太一，祀五星列宿，为书如上章之仪以奏之，名之为醮。又以木为印，刻星辰日月于其上，吸气执之，以印疾病，多有愈者。[1]

据此可知，道士设坛，然后反背双手，依次向神灵真诚忏悔、祈祷的行为就是"斋"，也称"洁斋"，其法有黄箓、玉箓、金箓、涂炭等斋；而上章、祀星、朝斗等祭祀、礼拜行为，则为"醮"，醮时还要上章拜表，故称"章醮"。所以南宋蒋叔舆在《无上黄箓大斋立成仪》中说："烧香行道，忏罪谢愆，则谓之斋。延真降圣，乞恩请福，则谓之醮。斋醮仪轨，不得而同。"[2]也就是说"斋法"和"醮仪"原本是两套相对独立的祭仪。

一　道教斋法与民俗

"斋"的本义是清洁、守戒。古人在祭祀前，必先斋戒沐浴，谨言慎行，防邪去欲，方能取悦于鬼神，达到祭祀的目的。《礼记·曲礼上》就说："齐戒以告鬼神。"[3]齐，古通"斋"。《礼记·祭统》又说："及时将祭，君子乃齐。""及其将齐也，防其邪物，讫其嗜欲，耳不听乐"，"心不苟虑"，"手足不苟动"。"是故君子之齐也，专致其精明之德也。""精明之至也，然后可以交于神明也。"[4]所以"斋"的真正意

---

1 《隋书》卷35《经籍志四》，中华书局，1973，第1092~1093页。

2 （宋）蒋叔舆编《无上黄箓大斋立成仪》卷16，载《道藏》第9册，文物出版社、上海书店、天津古籍出版社，1988年影印本，第478页下栏。

3 王文锦译解《礼记译解》，中华书局，2001，第16页。

4 王文锦译解《礼记译解》，中华书局，2001，第708~709页。

义应该是对神灵展示自己的诚心实意。

　　道教继承了古制，在行仪前也必须斋戒。《云笈七签·斋戒叙》曰："斋者，齐也，齐整三业，乃为齐矣。"所谓"三业"，即身业、口业、心（意）业。又引《太上太真科经》曰："斋者，齐也，洁也，净也……能摄身者，端拱不扰；能摄口者，默识密明；能摄心者，神与道合。"[1]早期道教十分重视斋法，强调学道之人，必须首先通晓斋戒之法。杜光庭在《道门科范大全集》中就说："道以斋为先。盖古者祭祀必有斋……斋者，所以斋洁心神，清涤思虑，专致其精，而求交神明也。"[2]学道修真不持斋，就像夜行不秉烛，茫然不得路径，难以感应交通神灵。南朝刘宋道经《三天内解经》又曰：

　　　夫为学道，莫先乎斋。外则不染尘垢，内则五藏清虚，降真致神，与道合居。能修长斋者，则合道真，不犯禁戒也。故天师遗教，为学不修斋直，冥冥如夜行不持火烛，此斋直应是学道之首。[3]

　　"斋直"犹言斋戒。隋唐道经《洞玄灵宝太上六斋十直圣纪经》载："夫斋直之法，要在乎绝甘肥荤辛酒色，阴贼嫉妒妄想，一切诸恶。唯宜烧香然灯，诵经礼忏，愿诸一切普免灾厄，乃为斋矣。"[4]又论曰：

　　　按诸经斋法，略有三种：一者设供斋，可以积德解愆。二者节食斋，可以和神保寿，斯谓祭祀斋，中士所行也。三者心斋，谓疏瀹其心，除嗜欲也；澡雪精神，去秽累也；掊击其智，绝思虑也。夫无思无虑则专道，无嗜无欲则乐道，无秽无累则合

<hr>

1　（宋）张君房编《云笈七签》卷 37《斋戒叙》，李永晟点校，中华书局，2003，第 806、813 页。

2　（唐）杜光庭：《道门科范大全集》卷 79，载《道藏》第 31 册，文物出版社、上海书店、天津古籍出版社，1988 年影印本，第 945 页中栏。

3　（南朝宋）徐氏：《三天内解经》卷下，载《道藏》第 28 册，文物出版社、上海书店、天津古籍出版社，1988 年影印本，第 416 页下栏。

4　《洞玄灵宝太上六斋十直圣纪经》，载《道藏》第 28 册，文物出版社、上海书店、天津古籍出版社，1988 年影印本，第 381 页下栏 ~382 页上栏。

道……详夫斋者，齐也。要以齐整三业，乃为斋矣。[1]

　　道教斋法很多，早在六朝时期就形成了诸种不同的修持方法。刘宋道士陆修静在《洞玄灵宝五感文》中对道教斋法进行了分类，即所谓的"九斋十二法"，大体为洞真上清之斋、洞玄灵宝之斋、三元涂炭之斋三类，具体分类为：

　　　　一曰洞真上清之斋，有二法：
　　　　　　其一法，绝群离偶。
　　　　　　其二法，孤影夷谺。
　　　　二曰洞玄灵宝之斋，有九法，以有为为宗。
　　　　　　其一法，金箓斋。调和阴阳，救度国正。
　　　　　　其二法，黄箓斋。为同法，拔九祖罪根。
　　　　　　其三法，明真斋。学士自拔亿曾万祖九幽之魂。
　　　　　　其四法，三元斋。学士一年三过，自谢涉学犯戒之罪。
　　　　　　其五法，八节斋。学士一年八过，谢七玄及己身宿世今生之罪。
　　　　　　其六法，自然斋。普济之法，内以修身，外以救物。消灾祈福，适意所宜。
　　　　　　其七法，洞神三皇之斋。以精简为上。
　　　　　　其八法，太一之斋。以恭肃为首。
　　　　　　其九法，指教之斋。以清素为贵。
　　　　又曰三元涂炭之斋，以苦节为功。上解亿曾道祖无数劫来宗亲门族及己身家门无殃数罪，拯拔忧苦，济人危厄，其功至重，不可称量。[2]

---

1 《洞玄灵宝太上六斋十直圣纪经》，载《道藏》第 28 册，文物出版社、上海书店、天津古籍出版社，1988 年影印本，第 382 页上栏。
2 （南朝宋）陆修静：《洞玄灵宝五感文》，载《道藏》第 32 册，文物出版社、上海书店、天津古籍出版社，1988 年影印本，第 620 页。

从陆修静的分类来看，他很重视灵宝斋法。但他所讲的灵宝斋九法，其实并不都属于灵宝斋，如其第七法"三皇斋"就属于洞神斋法。尽管如此，他的分类法仍然对当时和后世产生了重大影响。《云笈七签·斋戒》中提到"六种斋"曰：

第一、《道门大论》云：上清斋有二法：

一、绝群独宴，静气遗形。清坛肃侣，依太真仪格。

一、心斋，谓疏瀹其心，澡雪精神。

第二、灵宝斋有六法：

第一、金箓斋，救度国王。

第二、黄箓斋，救世祖宗。

第三、明真斋，忏悔九幽。

第四、三元斋，首谢违犯科戒。

第五、八节斋，忏洗宿新之过。

第六、自然斋，为百姓祈福。

第三、洞神斋，精简为上，绝尘期灵。

第四、太一斋，以恭肃为首。

第五、指教斋，以清素为贵。

第六、涂炭斋，以勤苦为功。[1]

以上诸斋，除上清二法外，"自余皆是为国王民人，学真道士，拔度先祖，已躬谢过，禳灾致福之斋"。其中上清二法延续了陆说，灵宝六法则为陆说九法中减省出来三法，单独与上清、灵宝、涂炭并列为六法。

《云笈七签》又引《玄门大论》提到"十二斋"曰：

一者金箓斋，上消天灾，保镇帝王。简文亦云，兼为师友。

---

1 （宋）张君房编《云笈七签》卷37《斋戒》，李永晟点校，中华书局，2003，第808~809 页。

二者玉箓斋，宗云，正为人民，今此本未行于世。

三者黄箓斋，拯拔地狱罪根，开度九幽七祖。

四者上清斋，求仙念真，练形隐景。

五者明真斋，学士自拔亿曾万祖长夜之魂。

六者指教斋，请福谢罪，禳灾救疾。

七者涂炭斋，拔罪谢殃，请福度命。

八者三元斋，学士己身悔罪。

九者八节斋，学士谢过求仙。

十者三皇子午斋，辅助帝王，保安国界。

十一者靖斋，如千日、百日、三日、七日修真之用。

十二者自然斋，救度一切存亡，自然之中修行时节。[1]

此"十二斋"多了"玉箓斋"，少了"太一斋"，"靖斋"大约对应"指教斋"。

唐代道士孟安排在《道教义枢·十二部义》中也对道教斋法进行了分类，提出"三箓七品"说：

其论斋功德，凡有二种：一者极（拯）道，二者济度。极（拯）道者，《洞神经》云：心斋坐忘，至极（拯）道矣。《本际经》云：心斋坐忘，游空飞步。济度者，依经有三箓七品。三箓者，一者金箓斋，上消天灾，保镇帝王。二者玉箓斋，救度人民，请福谢过。三者黄箓斋，下拔地狱九玄之苦。七品者，一者三皇斋，求仙保国。二者自然斋，修真学道。三者上清斋，升虚入妙。四者指教斋，禳灾救疾。五者涂炭斋，悔过请命。六者明真斋，拔九幽之魂。七者三元斋，谢三官之罪。此等诸斋，或一日一夜，或三日三夜，或七日七夜，具如仪轨。[2]

---

1 （宋）张君房编《云笈七签》卷37《斋戒》，李永晟点校，中华书局，2003，第810~811页。

2 （唐）孟安排：《道教义枢》卷2《十二部义》，载《道藏》第24册，文物出版社、上海书店、天津古籍出版社，1988年影印本，第818页中栏～下栏。

孟安排按功能，将道教斋法分为极（拯）道、济度二种。唐代道经《太上洞玄灵宝业报因缘经》云："拯道者，为（谓）发心学道，从初至终，念念持斋，心心不退……济度者，谓回念至道，翘想玄真，愿福降无穷，灾消未兆。"[1]拯道要求志心、灭心，济度要求虔心、舍财。而"三箓七品"，都归济度，其主要功能是祈福消灾。

不管是"六种斋""十二斋"，还是"三箓七品"说，都是建立在陆修静的"九斋十二法"分类基础上的进一步细化。这些斋法都是以灵宝斋为主体，故北周道经《无上秘要·斋戒品》引《洞玄安志消魔经》说："斋法甚多，大同小异。其功德重者，唯太上灵宝斋。"[2]

斋法在道教仪式中十分重要，广泛运用于道士修行、礼拜等诸多宗教活动中。约成书于南北朝或隋唐时期的太极太虚真人撰《洞玄灵宝道学科仪·必斋品》曰：

> 凡是道学，当知有所修行，或行之在心，或行之在事，莫不以斋静为先，立德之本，求道之基。若道士、女冠，诵经必斋，校经必斋，书符必斋，合药必斋，作金丹必斋，精思必斋，诣师请问必斋，礼拜必斋，受经必斋，救济消灾必斋，致真必斋。太上所敬重，老君所营护，诸圣所寄赖。斋法甚多，在兆所修矣。[3]

据此可知，斋法是一切学道修行之前提，立德之根本，求道之基础。道教斋法虽多，却是修道之人的必修功课。

唐代是道教斋法的兴盛时期，其主要表现是受到政府的肯定与提倡。《唐六典》卷4《尚书礼部》"祠部"条就载有道教七种

1　《太上洞玄灵宝业报因缘经》卷4，载《道藏》第6册，文物出版社、上海书店、天津古籍出版社，1988年影印本，第100页上栏。

2　《无上秘要》卷47，载《道藏》第25册，文物出版社、上海书店、天津古籍出版社，1988年影印本，第166页中栏～下栏。

3　《洞玄灵宝道学科仪》卷上，载《道藏》第24册，文物出版社、上海书店、天津古籍出版社，1988年影印本，第771页下栏。

斋法：

> 斋有七名：其一曰金箓大斋，调和阴阳，消灾伏害，为帝王国土延祚降福。其二曰黄箓斋，并为一切拔度先祖。其三曰明真斋，学者自斋斋先缘。其四曰三元斋，正月十五日天官，为上元；七月十五日地官，为中元；十月十五日水官，为下元，皆法身自忏愆罪焉。其五曰八节斋，修生求仙之法。其六曰涂炭斋，通济一切劫难。其七曰自然斋。普为一切祈福。[1]

这七种斋法有六种属于陆修静所说的灵宝斋法。只有涂炭斋因其原始古朴，保留有泥面、自缚、悬头等诸多落后自虐成分，不符合社会大众的需求，且累遭佛教徒的攻击，而逐渐衰落，到唐宋时期已经名存实亡。

《唐六典》还记载了唐朝历代帝后及祖先举行斋法的日期及设斋规模：

> 高祖神尧皇帝，五月六日。文穆皇后，五月一日。太宗文武圣皇帝，五月二十六日。文德圣皇后，六月二十一日。高宗天皇大帝，十二月四日。大圣天后，十一月二十六日。中宗孝和皇帝，六月二日。和思皇后，四月七日。睿宗大圣真皇帝，六月十日。昭成皇后，正月二日。皆废务。凡废务之忌，若中宗已上，京城七日行道，外州三日行道；睿宗及昭成皇后之忌，京城二七日行道，外州七日行道。

唐王朝规定历代帝后忌日设斋都要停止朝务。因为《唐六典》撰修成于唐玄宗时，所以作为玄宗之父母的睿宗及昭成皇后行道设斋时

1　（唐）李林甫等：《唐六典》卷4《尚书礼部》，"祠部"条，陈仲夫点校，中华书局，1992，第125页。

间都远远超过中宗以前历代帝后。至于祖先斋法日期及设斋规模，又
有不同的规定，曰：

> 八代祖献祖宣皇帝，十二月二十三日。宣庄皇后，六月三日。
> 七代祖懿祖光皇帝，九月八日。光懿皇后，八月九日。皆不废务。
> 六代祖太祖景皇帝，九月十八日。景烈皇后，五月六日。五代祖代
> 祖元皇帝，四月二十四日。元真皇后，三月六日。孝敬皇帝，四月
> 二十五日。哀皇后，十二月二十日。皆不废务，京城一日设斋。

历代祖先及孝敬皇帝忌日设斋，都不停止朝务，只在京城设斋一
日。对于国忌日设斋，又规定曰：

> 凡国忌日，两京定大观、寺各二散斋，诸道士、女道士及
> 僧、尼，皆集于斋所，京文武五品以上与清官七品已上皆集，行
> 香以退。若外州，亦各定一观、一寺以散斋，州、县官行香。应
> 设斋者，盖八十有一州焉……其道士、女道士、僧、尼行道散
> 斋，皆给香油、炭料。若官设斋，道、佛各施物三十五段，供修
> 理道、佛，写一切经；道士、女道士、僧、尼各施钱十二文。

国忌日在西京、东都两京的两座大观、寺设散斋，外州各一座
观、寺设散斋，共 81 州需要设斋。设斋所需要的香油、炭料、写经、
修理天尊佛像及施舍钱财等项开支，皆由国家支出。同时还规定了五
品以上官员之女及孙女出家及私家设斋规模：

> 五品已上女及孙女出家者，官斋、行道，皆听不预。若私家
> 设斋，道士、女道士、僧、尼兼请不得过四十九人。[1]

1　（唐）李林甫：《唐六典》卷 4《尚书礼部》，"祠部"条，陈仲夫点校，中华书局，1992，第
　　126~127 页。

五品以上官员之女及孙女出家，由国家设斋行道；而私家设斋，所请神职人员规模不得超过49人。

唐代较为流行和常用的一些道教斋法是灵宝六斋，其坛仪格式大致相同，只是举行的时间规定略有不同。六斋各有不同的功用，以适用于不同社会阶层及不同修斋目的和需求。

1. 金箓斋

居灵宝六斋之首。此斋是唐代以国家名义举行最多的斋法，这主要与它调和阴阳、消除灾害，祈祷国祚绵长、帝王福寿无穷的功用有关。杜光庭在《金箓斋启坛仪》中说："上元金箓，为国主帝王，镇安社稷，保佑生灵，上消天灾，下禳地祸，制御劫运，宁肃山川，摧伏妖魔，荡除凶秽。"[1]唐王朝非常重视金箓斋，经常在名山宫观修金箓斋，为国家、帝王、苍生祈祷。从武周到代宗时期，历代帝王派遣道士前往泰山行道设斋，明确记载为金箓斋者就有10次之多。另外，在各种记载中，也多有行金箓斋者。

唐玄宗于开元十五年（727），派玉真公主及光禄卿韦绍到王屋山阳台观司马承祯所居修金箓斋。《旧唐书·隐逸·司马承祯传》载："（唐玄宗）以承祯王屋所居为阳台观，上自题额……俄又令玉真公主及光禄卿韦绍至其所居修金箓斋。"[2]

唐代凡是道教三元日和皇帝诞辰日，都要例修金箓斋。天宝二年（743）下元斋立碑、左拾遗崔明允撰写的《大唐平阳郡龙角山庆唐观大圣祖玄元皇帝宫金箓斋颂并序》中，记载了开元二十五年（737）庆唐观举行的一次金箓斋：

> 三元表辰，八月降诞，每至是日，展法于斯。修金箓斋，启玉皇印，道家之宝，王者之仪，靡盛于此矣。乃开乾门，辟坤户，气宏广莫，风和不周，八卦行乎其中矣。仰列宿，蹑魁罡，

---

1 （唐）杜光庭：《金箓斋启坛仪》，载《道藏》第9册，文物出版社、上海书店、天津古籍出版社，1988年影印本，第67页上栏。

2 《旧唐书》卷192《隐逸·司马承祯传》，中华书局，1975，第5128页。

落日沦阴，夕时沉瀁，六甲佐乎其旁矣。仙侣颁次，羽人步虚，朝拜九天，醮祠五老。想钩陈则黄云垂覆，存太乙则白鹤来翔。其余侍香金童，传言玉女，缥缈烟景，徘徊元空，求之希微，宛如契合。惟镇皇极，叶时邕，外以廓清万里，戎夷向化；内以义安兆庶，年谷滋稔。灭格择，兴昌光，动植生成，阴阳气茂。利兵所措，则戢干戈；灵官所临，则消疵疠。刻感通上界，神降祺福，景命来假，天子万年者乎？[1]

　　庆唐观每年都要在三元日和玄宗降诞日举行金箓斋，除了为唐明皇祈福延寿外，还为国家祈祷阴阳和顺、五谷丰登，国泰民安、万里廓清，四夷向化、干戈不兴，皇图永固、灾疠永消。

　　唐僖宗还在诞辰应天节举行金箓斋祈雨，杜光庭《道教灵验记》载，乾符二年（875），"三月不雨，至于五月，名山大川，灵湫郊坛，所在祈祭，未能致效"。宰相郑畋上奏："请应天节日，殿上选两街高行道士各七人，于内殿置金箓道场七日，天下名山，青城、峨嵋、茅山、天台、罗浮、五岳等，一十八处降赐词文，各修道场七日，内殿请皇帝捻香祈祷，以冀感通。"僖宗遵行，果然祈得雨至，是岁大丰收。[2]

　　唐代许多王公大臣写有为国家和君王举行金箓斋的斋词，唐末五代道士杜光庭就有《普康诸公主为皇帝修金箓斋词》《皇太子为皇帝修金箓斋词》《中元众修金箓斋词》等，[3] 都是在前蜀时作的，其中在《邛州刺史张太博敬周为鹤鸣化枯柏再生修金箓斋》中说：

　　　　因皇帝本命之日，修金箓道场，翘馨丹襟，仰祈玄贶。伏冀诸天降鉴，万圣照临，流巨福于社稷尊灵，增景祐于宗祧先圣。二仪并固，万国同文。皇帝寿等岷峨，明齐日月，普颁正朔，一统寰

1　陈垣编纂，陈智超、曾庆瑛校补《道家金石略》（唐部分），文物出版社，1988，第137~138页。
2　（唐）杜光庭：《道教灵验记》卷14，载罗争鸣辑校《杜光庭记传十种辑校》，中华书局，2013，第293页。
3　（唐）杜光庭：《广成集》卷4，董恩林点校，中华书局，2011，第52~54、78页。

区；皇后受福紫宸，增龄丹箓；皇太子永扶皇极，养德青宫；公主嫔妃，荣匡圣日；诸王百辟，钦赞皇基。九土乂康，五兵韬戢，烟尘殄息，稼穑丰登。动植飞沈，三途六趣，俱承惠渥，咸诣福庭。[1]

其内容除了祈祷福佑社稷、先圣、九州平安、五谷丰登，兵戈不兴、万国一统外，还为皇帝、皇后、皇太子、公主妃嫔、诸王百官等祈福益寿。由此可见，金箓斋法所具有的佑护社稷帝王、为国消灾之功用，受到皇室和社会各阶层的普遍欢迎。

2. 黄箓斋

是中古时期最为常见的道教斋法，因为它具有济拔救度功用，所以成为灵宝六斋中应用最为广泛、修奉人员最多的道教斋法。杜光庭在《太上黄箓斋仪》中说：

> 黄箓斋，拯救幽灵，迁拔飞爽，开度长夜，升济穷泉，固其大旨也。然祛灾致福，谢罪希恩，人天普修，家国兼利，功无不被矣。[2]

正是因为黄箓斋具有人天普修、家国兼利的特点，所以它受到唐代社会各阶层的普遍推崇。

唐代因各种诉求而修黄箓斋的例子屡见不鲜，如杜光庭《仙传拾遗》载，高宗显庆年间（656~661），叶法善奉命修黄箓斋于天台山。[3]《因话录》又载，宪宗元和初（约806），南岳道士田良逸曾在所居岳观，建黄箓坛场"祈晴"。[4]《剧谈录》也记载了一则"崔道枢食井鱼"故事。僖宗乾符二年（875）春，书生崔道枢与表兄韦氏误食井

1　（唐）杜光庭：《广成集》卷 5，董恩林点校，中华书局，2011，第 78 页。

2　（唐）杜光庭：《太上黄箓斋仪》卷 57，载《道藏》第 9 册，文物出版社、上海书店、天津古籍出版社，1988 年影印本，第 371 页下栏。

3　（唐）杜光庭：《仙传拾遗》卷 2，载罗争鸣辑校《杜光庭记传十种辑校》，中华书局，2013，第 793 页。

4　（唐）赵璘：《因话录》卷 4，载《唐国史补　因话录》，上海古籍出版社，1979，第 92~93 页。

鲤鱼，暴卒，托梦于其母曰："可急修黄箓道斋，尚冀得宽刑辟。"[1]《旧唐书·哀帝纪》载，天祐二年（905），"五月己未朔，以星变不视朝。敕曰：'天文变见，合事祈禳，宜于太清宫置黄箓道场，三司支给斋料。'"[2] 杜光庭在《道教灵验记》中还集中记载了十余则黄箓斋灵验故事（见表4-1）。

表4-1　《道教灵验记》所记黄箓斋灵验故事

灵验故事	修斋时间	修斋原因	修斋道士	修斋地点	修斋过程与结果	出处
吴韬修黄箓斋却兵验	三国	汴州开封人吴韬为魏将，伐蜀，因杀戮太多，致此亡败。梦二神人告以修黄箓大斋，拔赎亡者			韬如其言，即为发愿，乃修黄箓道场三日。二神人复见，告曰："冤魂并已托生。"旬月，关羽来攻，风雷震击，大雨忽至，羽兵溃散	卷16
卢贲修黄箓道场验	东晋永和二年	道州司法参军卢贲，邠州三水人，性强毒，凡推诘刑狱，鞭捶捶楚，死者甚众。忽一日，楚痛叫唤，达半年，无方救拔	罗浮山道士孟知微	在家	修黄箓道场，三日礼谢。至第三日，梦冤魂皆生天。自此痛楚永息。贲遂舍官，入峨嵋山修道	卷16
陈武帝黄箓斋验	禅位之初	江南大旱	衡岳道士葛伯云	正殿置坛	至第三日，果降大雨，三日三夜，远近均足，苗稼再苏，岁乃大稔。自是敕大臣公卿，凡百士庶，每岁祈福，修黄箓道场。特于洞庭山置黄箓观，国内选度道士一千二百人，大崇玄教	卷14

1　（唐）康骈：《剧谈录》卷下，萧逸校点，载《唐五代笔记小说大观》，上海古籍出版社，2000，第1484~1485页。
2　《旧唐书》卷20下《哀帝纪》，中华书局，1975，第793页。

续表

灵验故事	修斋时间	修斋原因	修斋道士	修斋地点	修斋过程与结果	出处
隋文帝黄箓斋验	开皇之初	王谦叛乱，出师不利，兵士多病死		内殿修黄箓道场	三日夜，梦神人降，取坛中禁坛水，向西南噀之，雨至疾愈，必当克蜀	卷14
唐献修黄箓斋母得生天验	隋大业四年	导江县尉唐献，蔡州平舆县人，因宠爱婢女春红，弑母。从此，每夜痛楚号叫，五更方息	卖药道士		置黄箓道场，三日之后，身心安愈。忽见黄衣使者告曰："其母因修斋之力，已生天堂，汝大逆之罪，亦已原赦。"唯罪婢春红，令疮疥三年方愈。唐献于晋州羊角山请为道士	卷16
鲜于甫为解冤修黄箓道场验	唐高祖武德初	隋末，邓州南阳人鲜于甫，率庄户攻劫附近地区，烧杀抢掠民户。忽患双手痛疹，三日一烂	蓝田道士	还家	置黄箓道场三日三夜，手不复痛，平复如常。冤杀之人，皆得升天。甫舍钱三千余贯，广修宫观，补葺尊像，施及贫病，救厄济危，于邓州修观立碑	卷16
公孙璞修黄箓斋忏悔宿冤验	武德二年	华州司马公孙璞，雍州高陵人，因杀生太多，生疮疾，日夜痛楚，求死不得	华山道士姚得一	于所居	修黄箓道场七日，到第五日，梦见所杀动物，皆托生为人。旬日之间，璞乃平复。后全家修道，居于华阳山	卷16
赫连宠修黄箓斋解父冤验	太宗贞观八年	灵州押衙赫连宠，灵州定远县人。其父因杀降兵一千余人，死后于地狱受苦	道士杨景通	三洞观	设黄箓道场七日七夜，至第五日，其父乘黄箓功德，已生天堂。凡是所杀冤鬼，皆已托生人世	卷16
马敬宣为妻修黄箓道场验	玄宗开元六年春	司农寺丞马敬宣，怀州武陵人。其后妻谢氏虐待前妻所生女至死，得足烂之疾	永穆观女冠杜子霞	景龙观	修黄箓斋七日七夜，梦前妻及亡女曰："以功德故，受福于天堂。"谢氏足疾遂愈。敬宣夫妇常修斋戒，归心妙门矣	卷16

续表

灵验故事	修斋时间	修斋原因	修斋道士	修斋地点	修斋过程与结果	出处
徐矞为父修黄箓斋验	约盛唐时	涟水人徐矞为官商，有子三人，两残疾，小者脖生瘤。求问道士，乃先世之宿业报应。因劝修斋		青州东海山观	大修黄箓道场三日。第二日夜，梦其父告曰："已蒙太上赦罪，得生天矣。"矞之三子，旬月之间，残病完复。更修黄箓斋十坛，仍令小子于山观入道，永奉香灯	卷16
李承嗣解妻儿冤修黄箓斋验	约盛唐时	富商李承嗣，鄂州唐年人，与小妇毒死丑妻及子。遂得心痛病，多方求治，皆无效	青城道士罗公远劝修斋		遂修黄箓道场三日三夜。二日之后，梦其妻及儿告曰："已生天。"留一玉合子，舍于开元观，大修道门功德，塑尊像，修葺观宇，以报道恩	卷16
韦皋令公黄箓醮验	德宗朝	成都万里桥南隔江创置新南市，发掘坟墓，开拓通衢。水之南岸，人逾万尸。每至昏暝，则人多惊悸，投砾掷瓦，鬼哭狐鸣			请道流置黄箓道场，精伸忏谢。至第三日，鬼哭之声顿息，居人亦安。韦公梦神人曰："赖黄箓之功，为其迁拔。"公自制《黄箓记》，立于真符观也	卷15
秦万受斗尺欺人罪修黄箓斋验	宪宗元和四年五月	庐州巢县人秦万，开米面彩帛店，常用长尺大斗买进，短尺小斗卖出。死后罚为蛇，无眼，在山林中受小虫噬咬，疼痛苦楚，无休歇。托梦其子	紫极宫道士霍太清劝修斋	紫极宫	其子即于宫中修斋三日三夜，至第二日夜，妻梦见秦万着白衣告曰："已蒙天符释放，便生天上。"乃施紫极宫，大修宫宇，立碑载其事	卷16

续表

灵验故事	修斋时间	修斋原因	修斋道士	修斋地点	修斋过程与结果	出处
崔玄亮修黄箓斋验	敬宗宝历元年	因累世奉道修斋		湖州紫极宫	修黄箓道场，有鹤三百六十五只翔集台上。杭州刺史白居易作《吴兴鹤赞》。后崔无疾而化	卷16
李约黄箓斋验	懿宗咸通十二年	诸卫小将军李约妻王氏死而还魂，求李约修黄箓道场三日超度		黄州紫极宫	李约乃备法物，置黄箓道场三日三夜。其儿女复为母于紫极宫别修一坛，亦三日三夜。其妻遗言："李约任黄州刺史二十九个月，改任金吾小将军；长子为昌明令，中子一尉，小子入道。十年之内，四海多事。"后皆如其言	卷15
杜邠公黄箓醮验	约懿宗咸通十四年	杜悰薨于荆渚，托梦于女妓："我今居阎罗之任，要作十坛黄箓道场，以希退免。"	请冲虚大师胡紫阳	开元观古柏院设斋	斋毕，前传命之妓复暴殒如初，云："我已奉上帝之命，为他国之王，免冥官之任矣。"黄箓道场，表奏上帝，降命无所不可焉	卷15
籍县刘令破黄箓斋验	懿宗咸通末	主簿程克恭精勤崇道，率众置黄箓道场。遭刘令破坏	道士罗超然		刘生使吏就坛内擒罗超然，填于狴牢中，斋坛由是遂罢。刘生因此染病暴卒	卷15
李言黄箓斋验	僖宗乾符中	大理少卿李言，因妻病设斋		寓居绵、剑间庄园	置黄箓道场祈福。启斋之夜，妻梦见太上老君，赐酒。梦觉，自此平复。李言乃画太上老君像，益勤修励。夫妇受箓，常奉香灯。僖宗幸蜀，言除官升朝，妻封邑号	卷15

续表

灵验故事	修斋时间	修斋原因	修斋道士	修斋地点	修斋过程与结果	出处
崔图修黄箓斋救母生天验		坊州中都人崔图，其母因窃崔图钱，冥司罚作马及瞽目喑哑之婢			请道流修黄箓道场三日三夜。至第三夜，其母现本形，告曰："乘此功德，已得生天。"从此崔图夫妇诣王屋山修道	卷16

　　从以上19则黄箓斋灵验故事来看，黄箓斋法已经深入影响到社会各阶层，成为他们化解日常生活中遇到的各种疑难问题的办法。这些修斋者既有帝王，如陈武帝、隋文帝，又有文武官吏，如吴韬、卢贲、唐献、公孙璞、赫连宠、马敬宣、韦皋、崔玄亮、杜悰、程克恭、李言、李约等，还有官商徐耇和富商李承嗣、秦万受等，以及乱世豪杰鲜于甫，平民崔图，等等，其中又以各级官吏居多。从修斋目的来看，除了单纯好道者外，有超度祖先、冤死亡魂，救治疾病等各种诉求。修斋的原因也是五花八门，有的是因杀戮太多而行军不利，有的是因为出师不利，有的是因为天灾大旱，有的是冤枉犯人得病，有的是杀降兵地狱受苦，有的是弑母得病，有的是杀人得病，有的是杀生得病，有的是后妻虐杀前妻女儿得病，有的是先世宿业子孙得病，有的是因与小妾合谋杀妻子得病，有的是因商业欺诈变蛇受苦，有的是因破坏斋戒而得病，有的是因偷盗罚做畜牲，等等。

　　还可以作为参照的是，杜光庭写的许多黄箓斋词，如《张氏国太夫人就宅修黄箓斋词》《奉化宗祐侍中黄箓斋词》《上官子荣黄箓斋词》《黄齐助中元黄箓斋词二首》《黄齐为二亡男助黄箓斋词》《赵邰助上元黄箓斋词三首》《上元玉局化众修黄箓斋词》《犀浦刘殷费顺黄箓斋词》《兴州王承休特进为母修黄箓斋词》《胡常侍修黄箓斋词》《皇帝为老君修黄箓斋词》《蜀州孟驸马就衙设销灾迁拔黄箓道场词》，[1]

1　（唐）杜光庭：《广成集》卷4、卷5，董恩林点校，中华书局，2011，第47~49、57~58、64、68、70~71、76~77页。

这些斋词也是为皇帝、皇亲国戚、官吏、平民大众等社会各阶层所写，由此可见黄箓斋的普适性很强。

杜光庭在这些灵验故事和斋词中，反复强调黄箓斋的神奇功用，如在《李约黄箓斋验》中说：

> 黄箓斋者，济拔存亡，消解冤结，忏谢罪犯，召命神明，无所不可。上告天地，拜表陈词，如世间表奏帝王，即降明敕。上天有命，万神奉行。天符下时，先有黄光，如日出之象，照地狱中，一切苦恼，俱得停歇。救济拔赎，功德极速，故须修黄箓斋为急矣。[1]

他在《崔图修黄箓斋救母生天验》中又说："罪障重者，须作黄箓道场忏悔，即得免苦。"[2]在《唐献修黄箓斋母得生天验》中：" 众生罪业重大，无过黄箓道场。"[3]在《徐鼒为父修黄箓斋验》中说："拔先世之考，当修灵宝解厄斋；救存殁之苦，当修黄箓斋。"[4]又在《马敬宣为妻修黄箓道场验》中说："解冤释结，除宿报之灾，唯黄箓道场可以忏拔。"[5]在《上官子荣黄箓斋词》中也说："黄箓妙斋，功德广大，无灾不解，无厄不禳。"[6]由此可见，黄箓斋的盛行，正是与它的这种济拔救度的普适功用有关。

3. 明真斋

又称"盟真斋"，是用来超度在地狱受罪的祖先亡灵，解除其苦难的道教斋法。据《无上秘要》卷51《盟真斋品》卷末著录此科仪出

---

1 （唐）杜光庭：《道教灵验记》卷 15，载罗争鸣辑校《杜光庭记传十种辑校》，中华书局，2013，第 306 页。

2 （唐）杜光庭：《道教灵验记》卷 16，载罗争鸣辑校《杜光庭记传十种辑校》，中华书局，2013，第 311 页。

3 （唐）杜光庭：《道教灵验记》卷 16，载罗争鸣辑校《杜光庭记传十种辑校》，中华书局，2013，第 313 页。

4 （唐）杜光庭：《道教灵验记》卷 16，载罗争鸣辑校《杜光庭记传十种辑校》，中华书局，2013，第 320 页。

5 （唐）杜光庭：《道教灵验记》卷 16，载罗争鸣辑校《杜光庭记传十种辑校》，中华书局，2013，第 326 页。

6 （唐）杜光庭：《广成集》卷 4，董恩林点校，中华书局，2011，第 49 页。

《洞玄明真九幽玉匮罪福缘对拔度上品经》[1]，可知盟真斋即明真斋。其文曰："拔赎开度死魂长夜九幽之中，""普为帝王国主、君臣吏民、受道法师、父母尊亲、同学门人、隐居山林学真道士诸贤者及臣家亿曾万祖长夜死魂……忏谢以自拔赎，光明普照长夜之府、九幽地狱，解出幽魂，罪根散释，三官九署不见拘闭，开度升迁，得入福堂，去离恶道，恒居善门侯王之家，生世欢乐，普天安宁。"[2] 又，陆修静《洞玄灵宝五感文》载："明真斋：学士自拔亿曾万祖九幽之魂。法亦于露地然一长灯，上有九大如金箓灯法，但不立坛门户之式耳。绕香灯行道，一日一夜，六时礼谢十方。"[3] 可知此斋以礼灯及礼谢十方为主，而礼谢十方仪，在晚唐道士杜光庭《太上灵宝玉匮明真斋忏方仪》《太上灵宝玉匮明真大斋忏方仪》书中皆有著述。[4]

杜光庭在《道教灵验记》中还记载了一个修明真斋灵验故事："玄宗命天下道门兰陵萧遘监造昭成观。既毕，于观为昭成太后追福，修明真道场七日。"[5] 关于萧遘监修昭成观事，又见另一个灵验故事："上都昭成观，明皇为昭成太后所立，在颁政里，南通坊内，北临安福门街，与金仙观相对。观有百尺老君像，在层阁之中，坐折三十尺。像设图绩，皆吴道子、王仙乔、杨退之亲迹。命天下道门使萧遘字玄俗，为使以董之。阁上舺棱，高八尺，两廊檐溜，去地三十余尺。京师法宇，最为宏丽。"[6] 萧遘，字玄俗（或作裕），为盛唐时天下道门威

1　按今本《道藏》第 34 册收有古灵宝经《洞玄灵宝长夜之府九幽玉匮明真科》，约出于东晋时，其中有《九幽玉匮罪福缘对拔度上品经》，文物出版社、上海书店、天津古籍出版社，1988 年影印本，第 384 页上栏。

2　《无上秘要》卷 51《盟真斋品》，载《道藏》第 25 册，文物出版社、上海书店、天津古籍出版社，1988 年影印本，第 187 页中栏 ~188 页下栏。

3　（南朝宋）陆修静：《洞玄灵宝五感文》，载《道藏》第 32 册，文物出版社、上海书店、天津古籍出版社，1988 年影印本，第 620 页中栏。

4　（唐）杜光庭：《太上灵宝玉匮明真斋忏方仪》《太上灵宝玉匮明真大斋忏方仪》，载《道藏》第 9 册，文物出版社、上海书店、天津古籍出版社，1988 年影印本，第 805、808 页。

5　（唐）杜光庭：《道教灵验记》卷 14，载罗争鸣辑校《杜光庭记传十种辑校》，中华书局，2013，第 292 页。

6　（唐）杜光庭：《道教灵验记》卷 1，载罗争鸣辑校《杜光庭记传十种辑校》，中华书局，2013，第 159 页。

仪使、道教领袖，玉真公主曾随其受三洞秘法箓。[1]

杜光庭还写有四篇明真斋词：

《户部张相公修迁拔明真斋词》是为超度父母，"于成都府玉局化北帝院，奉修灵宝明真道场一昼一夜。道士一十四人，三时行道，三时转经"。希望解除罪咎，迁拔超升，"开长夜寒庭，炼沐形魂，迁拔神爽。出玄阴之府，入洞阳之宫，罪咎蠲消，冤仇解释。落名地简，列籍道阶，轮转福乡，克登仙品，九玄幽识，咸遂超升"。[2]

《白可球明真斋赞老君词》是在玉局化塑太上老君像，为了表示虔诚，"披玉匮之科，备明真之典，转经行道，然灯炷香"，希望"家国禀之以安宁，存亡得之以开济"。国家得到护佑，"潜扶宝祚，密祐圣朝"；蜀地平安，"川境晏安，符瑞有闻，灾凶不作"；祖先得到超度，"臣九玄幽爽，七祖魂神，出长夜之庭，升洞阳之馆"；一切众生，都得到迁拔，"有识含生，三涂六趣，俱沾景福，各遂生成"；自身罪恶得以解除，"臣积罪销平，宿瑕除荡，灾躔雾廓"，得道受箓。[3]

《宣胜军使王谠为亡男昭胤明真斋词》是宣胜军使王谠为超度夭折的儿子所设斋，同时也为他的祖先及他所统领的死亡军人超度，还希望解除自己罪孽，消除厄运，添禄增寿。[4]

《王承郾为亡考修明真斋词》是为亡父修斋，"敷明真奥典，拔度幽关，披玉匮灵科，解销考对"。斋主生前是位官员，希望以此消除罪业，"赦先考累世以来深殃积罪，削名地简，濯质天衢。故伤误杀之愆，往债前冤之目，后嗣考延之咎，先人怨责之瑕，并赐原除，内外清净"。超度亡魂，"上愿九元开度，七祖超升"。保佑亲属平安，"内族外亲，俱臻景祐"。[5]

从这四篇明真斋词的内容来看，主要是为了超度亲人，其中两篇

1　（唐）杜光庭：《青城山记》载："玉真公主，肃宗之姑也，筑室丈人观西，尝诣天下道门使萧邈字元裕受三洞秘法箓。"载罗争鸣辑校《杜光庭记传十种辑校》，中华书局，2013，第933页。

2　（唐）杜光庭：《广成集》卷4，董恩林点校，中华书局，2011，第46页。

3　（唐）杜光庭：《广成集》卷5，董恩林点校，中华书局，2011，第66页。

4　（唐）杜光庭：《广成集》卷5，董恩林点校，中华书局，2011，第73页。

5　（唐）杜光庭：《广成集》卷5，董恩林点校，中华书局，2011，第73页。

是为超拔父母，一篇是为超度夭折的儿子，还有一篇是因塑老君像设斋，目的也是超拔祖先。同时也是为了超度众生、战士，消除自身罪孽，使国泰平民，灾害不作，祈愿目的可谓非常广泛。

4. 三元斋

是在每年正月十五、七月十五、十月十五三元节举行的道教斋醮活动。《唐六典》载："凡道观三元日、千秋节日，凡修金箓、明真等斋及僧寺别敕设斋，应行道官给料。"[1]据此可知，三元斋应该不是一个独立的斋法，只是在特定节日举行的道教斋法，金箓斋、明真斋等都可以作为三元斋法举行。具体论述详见后"三元节俗"章节。

5. 八节斋

即在每年八个特定的日子里举行的道教斋法。据约出于东晋的《元始五老赤书玉篇真文天书经》卷下记载，八节为立春、春分、立夏、夏至、立秋、秋分、立冬、冬至，分别对应诸天各路尊神大会之日：

> 八节之日，是上天八会大庆之日也。其日诸天大圣尊神、妙行真人，莫不上会灵宝玄都玉京山上宫。朝庆天真，奉戒持斋，旋行诵经，各遣天真威神，周行天下四海八极，五岳名山。学人及得道兆庶，纠察功过轻重，列言上宫。其日诸天星宿，日月璇玑，地上神祇，莫不振肃。凡是修斋持戒，宗奉天文，皆为五帝所举，上天右别，书名玉历，记为种民，告下三官神灵侍卫，门户整肃，万灾不干。至学之士，三界司迎，神仙度世，上为真人。为恶犯戒，司考所纠，移付地官，长为罪民。[2]

据此可知，八节斋是因为这些日子是天神考校人世间功过罪福之日，故为学道修行之人所重视。此段文字又为宋人张君房所编辑的道

---

[1]（唐）李林甫：《唐六典》卷4《尚书礼部》"祠部"条，陈仲夫点校，中华书局，1992，第126~127页。

[2]《元始五老赤书玉篇真文天书经》卷下，载《道藏》第1册，文物出版社、上海书店、天津古籍出版社，1988年影印本，第797页上栏~中栏。

教类书《云笈七签》所节录。[1]陆修静《洞玄灵宝五感文》曰：

> 八节斋，学士一年八过，谢七玄及己身宿世今生之罪。法以八节日于斋堂内六时行道，礼谢十方也。[2]

八节斋是学道修行之人每年都要定时举行的斋法。其法主要是在斋堂内六时行道，礼谢十方，忏悔罪过。

唐代八节斋基本上继承了前代斋法而又有发展，茅山宗师潘师正《道门经法相承次序》卷下载：

> 八节斋，立春、春分、立夏、夏至、立秋、秋分、立冬、冬至，此日各有直官。[3]

关于八节斋日对应之仙官，又称：

> 八节日仙官会（已前有不同）。立春日，太极真人会诸仙真，刻玉简，记仙名。春分日，太素真人会诸仙官，于昆仑瑶台校定真经。立夏日，五帝会诸神仙于紫微宫，见四真人，论求道者之功罪。夏至之日，天上三官会于司何侯，校定万人罪福，增年减算。立秋之日，五岳真人会谒黄老君于黄房云庭之山，集仙官，定神图灵药。秋分之日，上皇太帝君登上清，集众真万仙，会于寥阳之殿，共议定天下万人罪福，记学道求仙之勤懈，疏犯过日月修行善恶刑罚之科，根源修例，副之司命，书于黄箓。立冬之

---

1 《云笈七签》卷37《斋戒》载："八节斋：凡八节之日，是上天八会大庆之日也。其日诸天大圣尊神，上会灵宝玄都、玉京上宫，朝庆天真，奉戒持斋，游行诵经。此日修斋持戒，宗奉天文者，皆为五帝所举，书名玉历。"（宋）张君房编《云笈七签》，李永晟点校，中华书局，2003，第812页。

2 （南朝宋）陆修静：《洞玄灵宝五感文》，载《道藏》第32册，文物出版社、上海书店、天津古籍出版社，1988年影印本，第620页中栏。

3 《道门经法相承次序》卷下，载《道藏》第24册，文物出版社、上海书店、天津古籍出版社，1988年影印本，第799页中栏。

日，阳台真人会诸仙人，定新得道，始入名仙录。冬至之日，众仙诣方诸东海青童君，刻定众仙籍，金书内字。[1]

此八斋日所对应之仙官，就是大致沿袭了《元始五老赤书玉篇真文天书经》中的说法。由此可知，"八节日"的每一个日期值日的天界神仙都有变化，但形式都是一样的，即众神按照世人的罪恶，考察人的祸福，增加和减少人的寿命。

八节斋既然只是在特定时日举行的道教斋法，所以它就和三元斋一样应该都不是一个独立的斋法，而是和三元斋日举行金箓斋、明真斋等斋法一样，都可以作为八节斋日举行，所以"三元八节，天地肆赦"之日也。[2]如盛唐时王锄《请舍宅为观表》中称："臣旧宅在城南安化门内道东第一家，祖父相传，竹树犹茂，已更数代，垂向百年"，"臣于此中，选其胜处"，"创建遵堂"，"因诞圣之辰，充报恩之观"，"每至三元八节之时，天长乙酉之日，臣得澡雪纷垢，奉持斋戒"，"招灼然有行业道士二十七人，常修香火"。[3]又如中唐德宗贞元年间，庐山女道士蔡寻真与李腾空，"每于三元八节会于咏真洞，以相师资，讲道为事"。[4]再如唐末军阀钱镠《天柱观记》中也说："镠幸揖方瞳，常留化竹，副妙有大师，三元八节，斋醮同修，福既荐于宗祧，惠颇霑于军俗。"[5]此二文中只称于三元八节奉持斋戒，而未说明举行的是什么斋法，应该就是指凡是在这些日子举行的斋法都可称为三元八节斋。

6. 自然斋

是一种救度一切存亡之法。陆修静《洞玄灵宝五感文》曰：

1　《道门经法相承次序》卷下，载《道藏》第24册，文物出版社、上海书店、天津古籍出版社，1988年影印本，第800页上栏～中栏。

2　（唐）杜光庭：《道教灵验记》卷17，载罗争鸣辑校《杜光庭记传十种辑校》，中华书局，2013，第332页。

3　《全唐文》卷346，中华书局，1983年影印本，第3511页。

4　（元）赵道一：《历世真仙体道通鉴后集》卷5《蔡寻真》，载《道藏》第5册，文物出版社、上海书店、天津古籍出版社，1988年影印本，第480页上栏。

5　《全唐文》卷130，中华书局，1983年影印本，第1304页。

　　自然斋，普济之法，内以修身，外以救物。消灾祈福，适意所宜。法亦结徒众，亦可一身，礼谢十方，亦一日、三日，亦百日、千日，亦可三时，亦可六时。[1]

　　据此可知，自然斋是一种普济之法，既可用于修身，也可用于救物，消灾祈福，适应广泛。但是唐代关于自然斋的记载不多，这大概与它和金箓、黄箓、明真诸斋的功用多所重合有关。据杜光庭《墉城集仙录》记载，玄宗朝蜀中女道士王法进，得上帝传授《灵宝清斋告谢天地法》一卷，传行于世，曰："世人可相率幽山高静之处，置斋悔谢。一年之内，春秋两为。春则祈于年丰，秋则谢于道力。如此，则宿罪可除，谷父蚕母之神为置丰衍也。"其法简易，"与《灵宝自然斋》大率相类，但人间行之，立成征效。苟或几席器物，小有轻慢浊污者，营奉之人少有不公心者，即飘风骤雨，坏其坛筵，迅霆吼雷，毁其器用。自是三川梁、汉之人，岁皆崇事，虽愚朴之士、狂暴之夫，罔不战栗兢戒，肃恭擎跽，知奉其法焉。或螟蝗旱潦，害稼伤农之处，众诚有率勉，于修奉之处，炷香告玄，旦夕响应，必臻其祐。与不虔不信之徒，立可较其征验矣。巴南谓之清斋，蜀土谓之天功斋，盖一揆矣"。[2]《道教灵验记》也载："梓、益、褒、阆间，自王法进受清斋之诀，俗以农蚕所务，每岁祈谷，必相率而修焉。至有白衣之夫、缁服之侣，往往冒科禁而蔵事者，固以为常矣。"[3] 既然说此"清斋"类似于"自然斋"，那么由此可以窥见"自然斋"修身悔罪、消灾祈福，甚至是祈求风调雨顺、虫蝗不兴、五谷丰登的普适性特点。

　　综上所述，灵宝六斋实际上可分为两种类型：一种是以金箓、黄箓、明真、自然四斋为主，有具体的修斋仪规、程式及不同适应对

1　（南朝宋）陆修静：《洞玄灵宝五感文》，载《道藏》第32册，文物出版社、上海书店、天津古籍出版社，1988年影印本，第620页中栏。

2　（唐）杜光庭：《墉城集仙录》卷7《王法进》，载罗争鸣辑校《杜光庭记传十种辑校》，中华书局，2013，第676~677页。

3　（唐）杜光庭：《道教灵验记》卷16《胡尊师修清斋验》，载罗争鸣辑校《杜光庭记传十种辑校》，中华书局，2013，第317页。

象和诉求；另一种是三元斋和八节斋，是在特定时日举行的斋法的统称，其自身并不是一种斋法，故前述四斋皆可在三元八节修持。又因为自然斋的功用多与金箓、黄箓、明真诸斋重合，所以唐代最为常见的是此三斋，其中尤其是以金箓、黄箓两大斋法最为流行。

二　道教醮仪与民俗

"醮"之义，《说文解字》解释为："冠、娶礼祭。"[1] 所谓冠、娶礼是指古代男子成年礼和结婚礼，醮则是在举行典礼过程中的一种斟酒仪式，即尊者对卑者斟酒，卑者接受敬酒后饮尽，不需回敬。《仪礼·士冠礼》载，古代冠礼"若不醴则醮"，有始醮、再醮、三醮。[2] 又《礼记·昏义》载，古代婚礼中，"父亲醮子而命之迎"。[3] 醮又有祭祀之意，相传黄帝游于洛水之上，见大鱼，杀五牲以醮之。[4] 又战国宋玉《高唐赋》曰："醮诸神，礼太一。"[5]《汉书·郊祀志下》也载，汉宣帝时，"或言益州有金马碧鸡之神，可醮祭而致"。[6] 都是指祭祀而言，道教醮仪就是由此发展而来的。

道教醮仪是道士召请神灵、祭祀祈祷的礼仪。早期道经《正一威仪经》说："醮者，祈天地神灵之享也。"[7] 唐代道士张万福在《醮三洞真文五法正一盟威箓立成仪》中也说："凡醮者，所以荐诚于天地，祈福于冥灵。"[8] 相传醮法是传自五斗米道（正一道）创立者张道陵，宋代蒋叔舆编《无上黄箓大斋立成仪》卷15《醮说》载：

1　（汉）许慎：《说文解字》，中华书局，1963 年影印本，第 312 页下栏。

2　杨天宇：《仪礼译注》，上海古籍出版社，2004，第 13~14 页。

3　王文锦译解《礼记译解》，中华书局，2001，第 913 页。

4　《宋书》卷 27《符瑞志上》，中华书局，1974，第 760 页。

5　（南朝梁）萧统编，（唐）李善注《文选》卷 19，华慧等点校，岳麓书社，2002，第 588 页。

6　《汉书》卷 25 下《郊祀志下》，中华书局，1962，第 1250 页。

7　《正一威仪经》，载《道藏》第 18 册，文物出版社、上海书店、天津古籍出版社，1988 年影印本，第 257 页上栏。

8　（唐）张万福：《醮三洞真文五法正一盟威箓立成仪》，载《道藏》第 28 册，文物出版社、上海书店、天津古籍出版社，1988 年影印本，第 492 页上栏。

有酬酢曰献，无酬酢曰醮。醮者，用酒于位，敬以成礼也。
延真降灵，而以醮名，其古用酒于位之礼欤。自汉天师流传醮
法，以福群有。今见于《道藏》者，其目尤繁。杜广成先生删定
《黄箓散坛醮仪》，以为牲栓血食谓之祭，蔬果精珍谓之醮。醮
者，祭之别名也。[1]

"酬酢"，即互相敬酒；而"醮"则无须回敬。所以"醮"通常用
以敬神，敬酒成礼，以召请神仙。"醮"一般是用香花灯烛、蔬果珍
肴、美酒茶汤，酬谢神灵。宋代吕元素《道门定制》卷6载：

广成先生曰：醮者，祭之别名也。香花灯烛，果酒茶汤，降
天地，致万神，禳灾祷福，兼利天下，其法出于《河图龙文元化
帝瑞神经》。率以涓洁为先，精神为本，丹心苦志，以希感通。
随所祈禳，修词拜表，精楷典实，务在严恭。[2]

广成先生，即唐末道士杜光庭。据他所说，"醮"的本义就是祭
神祈禳，为此要洁净精诚，丹心苦志，以感通神灵。醮时还要修词拜
表，称为章醮，要精美端正、典雅平实，务必做到庄严恭敬。

早期正一道行用的醮法有拜斗、上章等。拜斗也称朝真礼斗、斗
醮，应源自古代的星宿崇拜，是道教独有的一种消灾、解厄、祈安、
转运、延寿科仪。据《北斗星君赐福真经》《南斗星君延寿真经》讲，
太上老君将此二真经传授给天师张道陵，张天师又将此两部真经传
予世人念诵，借此消罪减孽，增福延寿。相传北斗星君掌除灾解厄，
南斗星君掌延寿赐福。《三国志·吴书·吕蒙传》载，吴国大将吕蒙

1　（宋）蒋叔舆编《无上黄箓大斋立成仪》卷15《醮说》，载《道藏》第9册，文物出版社、上海
　　书店、天津古籍出版社，1988年影印本，第464页中栏。
2　（宋）吕元素：《道门定制》卷6，载《道藏》第31册，文物出版社、上海书店、天津古籍出版
　　社，1988年影印本，第714页上栏～中栏。

病危，孙权曾"命道士于星辰下为之请命"。[1] 故《搜神记》说："南斗注生，北斗注死。凡人受胎，皆从南斗过北斗。所有祈求，皆向北斗。"[2] 杜光庭在《道门科范大全集》中收录了许多告斗科仪，有《南北二斗同坛延生醮仪》《南北二斗同醮仪》《南北二斗同醮宝灯仪》《北斗延生清醮仪》《北斗延生仪》《北斗延生醮说戒仪》《北斗延生道场仪》等。

杜光庭在《道教灵验记》中还记载了一个"杜鹏举父母修南斗延生醮验"的故事。京兆人杜鹏举，年少时体弱多病，有太白山道士曾预言他活不过 18 岁。父母大惊，请禳护之法。"因授以《醮南斗延生之诀》，使五月五日依法祈醮。"后来活到 90 多岁，无疾而终。[3] 这个故事就反映了唐人斗醮祈命延生风俗。

南北朝时，道教根据所酬谢对象的不同而发展出来了许多专门醮仪。据刘宋太极太虚真人《洞玄灵宝道学科仪》卷下《醮请品》记载，凡是道学，须存醮请。醮有十品：五帝醮、七星醮、六甲醮、三师醮、五岳醮、三皇醮、三一醮、河图醮、居宅醮、三五醮。前四醮是请天神，后六醮是请地神。凡设天神、地神醮，诸设醮人及法师，应当先斋净沐浴，然后始行法事。冬至后、夏至后，先得甲子，即请上元甲子醮也。陶弘景又对道教醮仪进行了整理，撰成《众醮仪》十卷，该书虽已失传，但在唐初僧人法琳撰写的《辩正论》中攻击道教时提到该书，说：

> 茅山道士陶隐居，撰《众醮仪》凡十卷，从天地、山川、星辰、岳渎及安宅、谢墓，呼召魂神，所营醮法，备列珍奇，广办绫彩，多用蒸鱼、鹿脯、黄白、蜜料、清酒、杂果、盐豉、油米等。先奏章，请唤将军吏兵，道士等皆执手版，向神称臣，叩头

1 《三国志》卷 54《吴书·吕蒙传》，中华书局，1982，第 1280 页。
2 （晋）干宝撰，汪绍楹校注《搜神记》卷 3《管辂》，中华书局，1979，第 33 页。
3 （唐）杜光庭：《道教灵验记》卷 16，载罗争鸣辑校《杜光庭记传十种辑校》，中华书局，2013，第 328 页。

再拜，求恩乞福，与俗并同……从汉末张陵，以鬼道行化，遂有
道士祭醮，爰及梁陈，盛行于世。[1]

从法琳的描述中可知，醮祭始自张道陵，到梁陈时期盛行于世。
陶弘景编撰的《众醮仪》，从天地山川、日月星辰、岳镇海渎到安宅
谢墓等，均有相应的醮法，这些醮仪都与民俗有密切关系，所以才能
广泛流行于当时社会。

道教行醮法时，通常要拜表上章，称为章醮。章醮出现得很早，
汉代即已有见。据葛洪《抱朴子内篇》载，京兆长陵人安丘望之，"修
尚黄老。汉成帝重其道德，常宗师之。愈自损退。成帝请之，若值望
之章醮，则待事毕然后往"。[2] 后来随着道教醮术的发展，章醮活动的
内容与名目越来越多。

到隋唐时期，醮法已很盛行。张万福在《洞玄灵宝道士受三洞经
诫法箓择日历》中说："昔尝游江淮吴蜀，而师资付度，甚自轻率，至
于斋静，殊不尽心，唯专醮祭，夜中施设。近来此风少行京洛，良由
供奉道士，多此中人，持兹鄙俗，施于帝里。"[3] 张万福重斋戒而轻醮
祭，故有是说，但也可以看出醮祭在唐初已大盛，广泛流行于当时的
社会。文献中有关章醮的记载非常多，试举数例如下：

《隋书·杨集传》载，隋炀帝对诸侯王恩礼渐薄，猜忌日甚，卫
王杨集"忧惧不知所为，乃呼术者俞普明章醮，以祈福助"，被人告
发，"密怀左道，厌蛊君亲，公然咒诅，无惭幽显"，除名为民，流放
边郡。[4] 章醮常在夜间举行，故给人以神秘感觉，王公大臣无故行之，
常被视作左道厌蛊，受到打击。

1　（唐）法琳撰，陈子良注《辩正论》卷2，载《永乐北藏》第151册，线装书局，2000年影印本，
　　第309页上栏~310页上栏。
2　王明：《抱朴子内篇校释》附录一《佚文》引自《太平御览》卷666《道部八·道士》，中华书局，
　　1985，第364页。
3　（唐）张万福：《洞玄灵宝道士受三洞经诫法箓择日历》，载《道藏》第32册，文物出版社、上海
　　书店、天津古籍出版社，1988年影印本，第184页上栏~中栏。
4　《隋书》卷44《卫昭王爽附嗣王集传》，中华书局，1973，第1224~1225页。

　　杜光庭《录异记》载，仙人许君，曾作水陆大醮，普告山川万灵，得三官证道，于是修成道果。从此水陆醮法，传于人间。[1] 仙人许君，即晋朝道士许逊，道教净明派祖师，又被尊称为许真君、许天师。

　　《玄门灵妙记》载，唐太宗贞观年间，任都水使者的河南人窦玄德，在 57 岁时，出差扬州，遭司命索命，于是请道士王知远（应即王远知）为他章醮解厄，知远答曰："比内修行正法，至于祭醮之业，皆所不为。公衔命既重，勉励为作，法之效验，未敢悬知。"于是命侍童写章，登坛拜奏。明晚，使者来报曰："不免矣。"公又求哀甚切。使者曰："事已如此，更令奏之，明晚当报。仍买好白纸作钱，于净处咨白天曹吏，使即烧却；若不烧，还不得用。不尔，曹司稽留，行更得罪。"窦公答应，又求知远再章奏之。明晚使者复来，报云："不免。"窦公问其原因，答曰："道家章奏，犹人间上章表耳。前上之章，有字失体；次上之章，复草书'仍乞'二字。表奏人主，犹须整肃，况天尊大道，其可忽诸？所上之章，咸被弃掷，既不闻彻，有何济乎？"于是复求知远，亲自书写章表醮之，事情才得以圆满解决，延寿 12 年。从此，窦玄德到清都观受尹尊师法箓，举家奉道，一直到 69 岁时才去世。[2] 这个故事将道教之醮称为"祭醮"，说明醮即祭也；又章醮时还要烧纸钱给天曹属吏，否则不灵；又用于醮之章奏，与人间上奏朝廷的章表一样，有错别字，或字体潦草不严整，都会影响到章醮之灵验。

　　牛肃《纪闻》载，武则天当政时，虢州（今河南灵宝）深山中有个修道的人叫周贤，曾替被杀的宰相裴炎的四弟虢州司户参军章醮，免祸。[3]

　　武周天授二年（691）二月十日，武则天派遣金台观主中岳先生马元贞与弟子杨景初、郭希玄，宦官杨君尚、欧阳智琮奉敕，"缘大周

1　（唐）杜光庭：《录异记》卷 1《许君》，载罗争鸣辑校《杜光庭记传十种辑校》，中华书局，2013，第 22 页。

2　《太平广记》卷 71 "窦玄德"条引《玄门灵妙记》，中华书局，1961，第 444~445 页。

3　《太平广记》卷 73 "周贤者"条引《纪闻》，中华书局，1961，第 454 页。

革命，令元贞往五岳四渎投龙、作功德。元贞于此东岳行道，章醮、投龙，作功德一十二日夜。又奉敕敬造石元始天尊像一铺，并二真人夹侍，永此岱岳观中供养"。[1]武周时曾多次派遣道士赴东岳泰山行道，皆有章醮活动。

唐肃宗乾元二年（759）十一月，应宦官李辅国奏请，"大明宫三殿前设河图罗天大醮"。

唐敬宗宝历二年（826），"九月庚午，命两街供奉道士赵尝盈等四十人于三清殿修罗天大醮道场"。[2]

杜光庭在《道教灵验记》中还记载了一些道教醮祭灵验故事，如：

叶法善醮灵验：高宗显庆年间，叶法善在东都陵空观作火坛，设大醮，城中士女咸往观之。俄有数十人，奔投火中，众皆大惊，救之而免，亦无损伤。法善曰："此人皆有魅病，为吾法所摄。"及问之，果然。尽为劾之，其病皆愈。[3]

僖宗封青城醮验：中和元年（881）七月十五日（中元节），僖宗诏令官员与杜光庭到青城山敕封传说中的神仙宁先生为"五岳丈人希夷真君"，并修醮祈雨，甚有灵验。[4]

范希越天蓬印验：范希越得北帝修奉之术。广明二年（881），僖宗逃亡成都，"知其道术，召对，问以逆寇诛锄、宫城克复之事，命持印于内殿奏醮"。结果当天夜里，僖宗就梦见神人"示以诛寇复城之兆"。果然不久，捷报就送到，正如梦中所言。[5]

范阳卢蔚醮本命验：进士卢蔚，"有日者言其年寿不永，常宜醮本

1　陈垣编纂，陈智超、曾庆瑛校补《道家金石略》（唐部分）《岱岳观碑（二）》，文物出版社，1988，第79页。
2　《册府元龟》卷54《帝王部·尚黄老第二》，中华书局，1960年影印本，第607页上栏。
3　（唐）杜光庭：《道教灵验记》卷14，载罗争鸣辑校《杜光庭记传十种辑校》，中华书局，2013，第295~296页。
4　（唐）杜光庭：《道教灵验记》卷14，载罗争鸣辑校《杜光庭记传十种辑校》，中华书局，2013，第295页。
5　（唐）杜光庭：《道教灵验记》卷13，载罗争鸣辑校《杜光庭记传十种辑校》，中华书局，2013，第287页。

命，以增年禄。蔚素崇香火，勤于修醮，未尝辍焉"。25 岁时，病倒在洛阳，"疑为冥司所摄"，幸为本命神所救，送还阳间，得中寿（50岁左右）。[1] 唐人醮本命祈延寿之风很盛。

武昌人醮水验：寓居青城山的武昌人，参加了每年的修堰防水工程，因基础不牢固，累遭塌陷，"乃备祷醮之礼，撰词以告焉……如是洁其器用，丰其礼物，扫地而醮焉"。当天夜里，"梦众人纷纭，担囊荷橐，襁婴携孺，若迁于他所。明日投石以实之，水乃退涸，遽成其堰"。[2]

杜光庭晚年寓居巴蜀，曾写过很多醮词，现存 180 多通（见表 4-2）。

表 4-2　杜光庭《广成集》所记醮词分类

分类	醮词名		
北帝	众修北帝衙醮词	马尚书北帝醮词	晋公北帝醮词
	川主太师北帝醮词	川主相公北帝醮词	
北斗	王虔常侍北斗醮词	晋公北斗太帝醮词	本命醮北斗词
	张道衡还北斗愿词	冉处俦还北斗愿词	张道衡塑造北斗七星真君醮词
	谢恩北斗醮词		
南斗	马尚书南斗醮词	又马尚书南斗醮词	晋公南斗醮词
	本命醮南斗词	川主令公南斗醮词	川主太师南斗大醮词
	莫令南斗醮词	皇帝设南斗醮词	众修南斗醮词
	洋州令公宗夔生日南斗醮词	川主周天南斗醮词	
南斗北斗	孟彦晖西亭子南北斗醮词	张崇胤本命南斗北斗词	南斗北斗醮词

1　（唐）杜光庭：《道教灵验记》卷 16，载罗争鸣辑校《杜光庭记传十种辑校》，中华书局，2013，第 310 页。

2　（唐）杜光庭：《道教灵验记》卷 16，载罗争鸣辑校《杜光庭记传十种辑校》，中华书局，2013，第 319~320 页。

分类	醮词名		
九曜	李绾常侍九曜醮词	严常侍丈人山九曜醮词	亲随为大王修九曜醮词
	勇胜司空宗恪九曜醮词	宴设使宗汶九曜醮词	张相公九曜醮词
	莫庭乂九曜醮词	川主九星醮词	鲜楚臣本命九曜醮词
	御史中丞刘滉九曜醮词	礼记博士苏绍元九曜醮词	先锋王承璲为祖母九曜醮词
	洋州令公宗夔宅陈国夫人某氏拜章设九曜词	川主醮九曜词	徐耕司空九曜醮词
本命	莫庭乂青城山本命醮词	唐洞卿本命醮词	杨鼎校书本命醮词
	莫庭乂本命醮词	郑顼别驾本命醮词	衙内宗夔本命醮词
	青城郑瑱尚书本命醮词	莫庭乂青城本命醮词	孙途司马本命醮词
	李仇中丞本命醮词	大王本命醮葛仙化词	马尚书本命醮词
	又本命日醮词	周庠员外填本命醮词	众修本命醮词
	静远军司空承肇本命醮词	尹居纮辛酉本命醮词	本命醮三尊词
	圣上于葛仙本命化醮词	皇帝本命醮词	皇后本命醮词
	皇太子本命醮词	莫庭乂为张副使本命甲子醮词	又本命日醮词
	前嘉州团练使司空王宗玠本命醮词	洋州宗夔令公本命醮词	青城令莫庭乂为副使修本命周天醮词
	莫庭乂青城甲申本命周天醮词		
生日	蜀州宗夔为太师于丈人山生日醮词	皇太子为皇帝生日醮词	王宗玠宅弘农郡夫人降圣日修大醮词
	洋州令公生日拜章词	莫庭乂为安抚张副使生日周天醮词	
地一、太一	道门为皇帝醮太一并点金箓灯词	太子为皇帝醮太一及点金箓灯词	川主周天地一醮词
太白狼星	晋公太白狼星醮词		
五星	五星醮词		

续表

分类	醮词名		
火星	杜元继常侍醮火星词		
土星	马师穆尚书土星醮词		
月亏	蜀王为月亏身宫于玉局化醮词		
六甲	王宗璩六甲醮词	王宗璩等下会醮六甲箓词	
甲子	众修甲子醮词	东院司徒孟春甲子醮词	
庚申	庚申醮词		
九宫天符	莫庭乂九宫天符醮词		
玄象九宫	崔隐侍郎玄象九宫醮词		
周天	莫庭乂为川主修周天醮词	莫庭乂周天醮词	周天醮二十八宿词
	周常侍序周天醮词	遂府相公周天醮词	中和周天醮词
	都监将军周天醮词	皇帝周天醮词	什邡令赵郁周天醮词
罗天	李延福为蜀王修罗天醮词	罗天中级三皇醮词	罗天醮太一词
	罗天醮岳渎词	罗天普告词	罗天醮众神词
天罗地网	川主天罗地网醮词	胡璠尚书地网醮词	东院司徒冀公醮天罗词
画告真、诸神	丈人观画功德毕告真醮词	画五岳诸神醮词	
三会	三会醮箓词	三会为弟子醮词	众补修三会醮词
八节	八节醮词	骆将军醮词（立冬）	
三元	众修三元醮词	马尚书（中元）醮词	皇后修三元大醮词
	前汉州令公宗夔上元醮词		
安宅	军容安宅醮词	行军仆射醮宅词	汉州王宗夔尚书安宅醮词
	安宅醮词	胡贤常侍安宅醮词	

续表

分类	醮词名		
后土、土地	晋公后土醮词	杨神湍谢土醮词	威仪道众玉华殿谢土地醮词
	龙兴观御容院醮土地词	青城山丈人殿功毕安土地醮词	川主相公周天后土诸神醮词
火	马玄通火醮词		
青城丈人真君	贾璋醮青城丈人真君词	告修青城山丈人观醮词	王宗寿常侍丈人山醮词
葛仙山	大王初修葛仙化告真词	大王本命醮葛仙化词	葛仙山化醮词
	蜀王本命醮葛仙化词	皇帝又醮葛仙化词	亲随司空为大王醮葛仙化词
仙都山	蜀王仙都山醮词	自到仙都山醮词	
仙居山	皇帝醮仙居山章仙人词	皇太子醮仙居山词	皇帝醮仙居山词
青城山	司徒青城山醮词	宣再往青城安复真灵醮词	
安乐山	醮泸州安乐山词		
天目山	醮阆州天目山词		
玉局化	皇帝于龙兴观醮玉局化词		
阳平化	刁子赵太尉阳平化醮词		
水府	镇江侍中宗黯解缆醮水府词	程德柔醮水府修堰词	
龙池	中和秦中化龙池醮词		
仙居	汉州太尉于仙居醮词		
禹庙	忠州谒禹庙醮词		
紫霞洞修造	紫霞洞修造毕告谢醮词		
五符石	川主醮五符石文词		
修黑符	太傅相公修黑符醮词		
名山灵化	醮名山灵化词	敕醮诸名山大川词	
修灵符报恩	皇帝修灵符报恩醮词		
祈雨	蜀王青城山祈雨醮词	蜀王葛仙化祈雨醮词	
石文老君像	醮阆州石壁玄元观石文老君词		

续表

分类	醮词名		
鹤降	川主大王为鹤降醮彭女观词		
枯柏再生	宣醮鹤鸣枯柏再生醮词		
告封章、李二真人	天锡观告封章、李二真人醮词	天锡观告封章真人醮词	封李真人告词
解灾消疾	赵国太夫人某氏疾厄醮词	王谠修醮拜章词	司封毛绚员外解灾醮词
	东院司徒郡夫人某氏醮词	李忠顺司徒拜保护章词	赵球司徒疾病修醮拜章词
还愿	张道衡常侍还愿醮词	越国夫人为都统宗侃令公还愿谢恩醮词	张崇胤修庐山九天真君还愿醮词
转经	周庠员外郎为母转经设醮词		
因斋修醮	果州宗寿司空因斋修醮词		

从表 4-2 可见，唐末五代时期巴蜀地区的章醮活动名目繁多、内容丰富，这些醮词涉及北帝、北斗、南斗、九曜、本命、生日、周天、罗天、三会、三元、八节、安宅、太一、还愿、转经、祈雨、解灾消厄、祥瑞、名山大川、仙居、水府、封赐等许多方面。其中尤以祈求延年益寿、解灾除厄、风调雨顺、国泰民安的内容居多，这说明道教醮仪已经深入影响人们的日常社会生活。

三　斋醮合流与民俗

斋法与醮仪，都是祭祀仪式，仅功用不同而已。[1] 早期道教斋、醮并行，到隋唐时期"斋醮"已逐渐合称，泛指道教的祭祀仪式。"斋醮"一词出现在《太上洞渊神咒经》卷 19《诸天命魔品》：

1　张泽洪：《道教斋醮科仪研究》，巴蜀书社，1999，第 30 页。

治病者，当为随其贫富，建斋醮祈，设五帝之神，当与佩戴神符。令得病瘼者，我迁汝等魔神千等万等矣。[1]

不过，此处的"斋醮"还是指建斋设醮之意。在同书卷15《步虚解考品》中又说：

若有国民，遭厄众疾，官府狱讼，系闭经年，水旱虫蝗，兵革疫瘴，诸医不愈者，但请高行三洞法师，洁置灵坛，转经诵咒，奏表呈章，建斋设醮，祠谢五帝，神仙步虚，赞咏旋绕。太上自然，至尊释会，天兵功德无量，众罪消散，鬼兵灭亡，疫病瘥除，家眷清泰，人口祯吉，国府和平，水旱不兴，田蚕倍胜，孳牲盘党。[2]

由此已透露出斋醮可以同坛举行。关于《太上洞渊神咒经》，一般认为其前十卷是早期晋宋古经，后十卷约为中晚唐时道士增补。因此，这两处提到的斋醮应该反映的是唐人的观念和认识。

早在初盛唐时，斋、醮已经开始同坛举行，斋醮连称。笔者从陈垣先生编纂的《道家金石略》（唐部分）中统计出唐王朝泰山行道斋、醮同时举行的情况，详见表4-3。

表4-3 初~中唐时泰山行道斋、醮同时举行情况统计

皇帝	年代	派遣人员	行道内容	出处
唐高宗	仪凤三年（678）三月三日	大洞三景法师叶法善等	奉敕于此敬口修（金箓）斋设河图大醮一口，敕敬造壁画元始天尊、万福天尊象两铺	《岱岳观碑（二）》，第67页

<hr>

[1] 《太上洞渊神咒经》卷19《诸天命魔品》，载《道藏》第6册，文物出版社、上海书店、天津古籍出版社，1988年影印本，第69页下栏。

[2] 《太上洞渊神咒经》卷15《步虚解考品》，载《道藏》第6册，文物出版社、上海书店、天津古籍出版社，1988年影印本，第55页下栏。

续表

皇帝	年代	派遣人员	行道内容	出处
武周	圣历元年（698）腊月贰日	大弘道观主桓道彦，弟子晁自揣	奉敕于此东岳设金箓宝斋河图大醮，漆（七）日行道，两度投龙，遂感庆云叁见，并斋醮物奉为天册金轮圣神皇帝，敬造等身老君像壹躯，并贰真人夹侍	《岱岳观碑（五）》，第83页
	久视二年（701）正月二日	神都青元观主麻慈力	亲承圣旨，内赍龙璧、御词、缯帛及香等物诣此观中，斋醮功毕	《岱岳观碑（六）》，第93页
	长安元年（701）十二月廿三日	金台观主赵敬同、侍者道士刘守贞、王怀亮等	于此太山岱岳观灵坛修金录（箓）宝斋三日三夜，又□观侧灵场之所设五岳一百廿槃醮礼，金龙玉璧并投山讫，又□镇彩纹缯敬造东方玉宝皇上天尊一铺，并二真人仙童玉女等夹侍	《岱岳观碑（七）》，第94页
	长安四年（704）九月八日	敕使内供奉、襄州神武县云表观主玄都大洞叁景弟子、中岳先生周玄度，并将弟子贰人。金州西城县玄宫观道士梁悟玄奉叁月贰拾捌日敕令	自于名山大川投龙璧，修无上高元金玄玉清九转金房度命斋叁日叁夜行道，陈设醮礼，用能天地清和，风云静默，神灵效祉，表圣寿之无穷者也	《岱岳观碑（八）》，第94页
	长安四年（704）十一月十五日	□□□观威仪师邢虚应、法师阮孝波、承议郎行宫闱丞刘德兹、郜□□等	奉敕于东岳岱岳观中建金箓大斋四九日，行道设醮，奏表投龙荐璧，以本命镇彩物奉为皇帝敬造石玉宝皇上天尊一铺十事，并壁画天尊一铺廿二事，敬书《本际经》一部，《度生经》千卷，以兹功德，奉福圣躬	《岱岳观碑（九）》，第95页

续表

皇帝	年代	派遣人员	行道内容	出处
唐中宗	神龙元年（705）三月廿八日	大弘道观法师阮孝波、道士刘思礼，品官杨嘉福、李立本等	奉敕于岱岳观建金箓宝斋，四九人九日九夜行道，并设醮投龙，功德既毕，以本命镇彩等物，奉为皇帝、皇后敬造石玄真万福天尊像一铺	《岱岳观碑（十）》，第95页
唐中宗	景龙二年（708）二月十二日	大龙兴观□□□□	敕往东岳陈章醮荐龙璧，以其月廿七日辛卯于岱岳观并□□□□□设金箓行道九日九夜，烧香然灯，□□并设五岳名山河图等醮□三□。功德事毕，奉用本命纹缯及余镇彩敬造镇国天□□铺。皇猷永固，与灵岳而恒安，国祚长隆，等玄都而自久	《岱岳观碑（十一）》，第99页
唐中宗	景龙三年（709）三月十九日	虔州龙兴观主杜太素、蒲州丹崖观监斋吕皓仙、京景龙观大德曹正一等三人	于此太山岱岳观建金箓大斋，报赛前恩，追济兖等州大德卅九人七日七夜转经行道，设河图大醮，更祈后福，以申告请。夹纻像一铺十一事，二圣本命镇彩修造	《岱岳观碑（十二）》，第99页
睿宗	景云二年（711）八月十四日	蒲州丹崖观上座吕皓仙，将弟子二人，蒲州灵仙观道士杜含光、丹岩观道士王元庆、道士孙藏晖	往东岳及莱州东海投龙，并道次灵迹修功德。于此三日三夜，卅九人金箓行道，设斋醮并投龙	《岱岳观碑（十四）》，第101页
代宗	大历七年（772）正月廿三日	翰林供奉道士王端静、山人王昌宇、弟子道士李日荣、骆真运等	奉敕于岱岳观修金录（箓）斋醮，及于瑶池投告	《岱岳观碑（十八）》，第156页
代宗	大历八年（773）九月廿八日	修功德中使、正议大夫、守内侍省内侍、员外同正员、上柱国魏成信，判官、文林郎、守内府丞刘元载，小使、文林郎、守掖庭丞魏贵珍，翰林供奉道士王端静等	于东岳观金录（箓）行道七日七夜，及□瑶池投告□□高宗□□宗□□□□□□并造碑□六所	《岱岳观碑（十九）》，第159页

从表 4-3 可知，斋醮程式一般是先斋后醮投龙。在武周圣历元年、久视二年，睿宗景云二年，代宗大历七年的泰山行道石刻中，都是将"斋醮"连称；其他几通石刻斋醮虽未连称，但也是同坛举行。所修金箓宝斋，主要是配河图大醮，这与金箓斋主要是调和阴阳、消灾伏害、为帝王国土延祚降福的功用有关；而河图大醮，也在南朝刘宋时期道经《洞玄灵宝道学科仪》卷下《醮请品》中就有记载，说是醮请地神。此外，大弘道观法师蔡玮撰《张探玄碑》还说道，天宝元年（742）七月，"先生将示疾也，预修金箓法事，躬奠河图醮礼"。[1]金箓斋也是配河图醮。又杜光庭《紫霞洞修造毕告谢醮词》曰："谨遣金紫光禄大夫、左谏议大夫、广成先生、蔡国公杜光庭等一十二人，赍信币香花，按玄科具典，于紫霞仙观修金箓道场。况属下元，允当大节，式陈昭谢，再显旌封。"[2]也是斋醮合一，同坛举行，故统称醮。

除此之外，斋醮并称或同坛举行的事例还有很多，试举几例如下：

《杨太希造元始天尊像记》："先天二年九月一十一日，道士杨太希奉敕于济渎斋醮毕，所作镇信，今为皇帝回造元始天尊像一铺并二真人等。"[3]这次派道士杨太希赴济渎斋醮行道，应是唐明皇即位后的昭告名山大川祭典。

李玭《九天使者庙碑并序》："开元十九年八月二十一日，降明旨曰：青城山丈人庙、庐山使者庙，宜准五岳真君庙例，抽德行道士五人焚修供养。仍委所管，拣择灼然道行者安置真年，名申所由，敕置庙使，内供奉将使者真图建立祠庙，拜章醮，行道设斋，使大供道观。"[4]这是唐玄宗自开元中期以来掀起崇道高潮背景下，在庐山所进行的行道斋醮。

崔明允《庆唐观金箓斋颂》："三元表辰，八月降诞，每至是日，

1　陈垣编纂，陈智超、曾庆瑛校补《道家金石略》（唐部分），文物出版社，1988，第 136 页。
2　（唐）杜光庭：《广成集》卷 12，董恩林点校，中华书局，2011，第 171 页。
3　陈垣编纂，陈智超、曾庆瑛校补《道家金石略》（唐部分），文物出版社，1988，第 102 页。
4　陈垣编纂，陈智超、曾庆瑛校补《道家金石略》（唐部分），文物出版社，1988，第 115 页。

展法于斯，修金箓斋……仙侣颁次，羽人步虚，朝拜九天，醮祠五老。"[1] 羊角山庆唐观供奉老子，具有皇家宗庙性质，故在开元年间崇道高潮背景之下，每当三元节、降诞日，斋醮行道也就成为常态。

颜真卿《抚州临川县井山华姑仙坛碑铭》："仙台观道士谭仙岩、史元同、左通元等，每至三元，恒修斋醮。"[2] 三元节斋醮行道，为道门定制。

杜光庭《道教灵验记》载"胡尊师修清斋验"曰，胡尊师名宗，"居梓州紫极宫。尝沿江入峡，道中遇神人，授真仙之道。辩博该赡，文而多能。斋醮之事，未尝不冥心涤虑，以祈感通"。[3] 这是一个精通斋醮程式的高功道士。

可见"斋醮"一词在唐代已经成为道教祭祀仪式的一种通称。开元二十九年（741）正月，唐玄宗在诏书中也说："两京及诸州各置玄元皇帝庙一所，每年依道法斋醮。"[4] 中唐诗人王建《同于汝锡游降圣观》诗曰："闻说开元斋醮日，晓移行漏帝亲过。"[5] 晚唐诗僧齐己《经吴平观》诗也曰："中元斋醮后，残烬满空坛。"《资治通鉴》卷271《后梁纪·均王下》"贞明六年十一月"条载："镕晚年好事佛及求仙，专讲佛经，受符箓，广斋醮，合炼仙丹。"[7] 在这些记载中都可看出"斋醮"一词在唐代已经成为固定词语。

由于斋醮合一，同坛举行，到晚唐时斋法与醮仪又经常交互使用，有时区分已不是十分严格。如杜光庭在《道教灵验记》中记载了两则有关黄箓斋的故事，却称"黄箓醮"：一则作《杜邠公黄箓醮验》，却声称要"严修斋法"，"作十坛黄箓道场"；另一则作《韦皋令

1　陈垣编纂，陈智超、曾庆瑛校补《道家金石略》（唐部分），文物出版社，1988，第137~138页。
2　陈垣编纂，陈智超、曾庆瑛校补《道家金石略》（唐部分），文物出版社，1988，第150页。
3　（唐）杜光庭：《道教灵验记》卷16，载罗争鸣辑校《杜光庭记传十种辑校》，中华书局，2013，第317页。
4　《册府元龟》卷53《帝王部·尚黄老第一》，中华书局，1960年影印本，第593页下栏。
5　（唐）王建著，尹占华校注《王建诗集校注》卷6，巴蜀书社，2006，第255页。
6　《全唐诗》卷838，中华书局，1960，第9452页。
7　《资治通鉴》卷271《后梁纪·均王下》"贞明六年十一月"条，中华书局，1958，第8859页。

公黄箓醮验》，也称"请道流置黄箓道场，精伸忏谢"，"赖黄箓之功，为其迁拔"。[1] 黄箓是斋法之称，而称黄箓醮，应是在举行时斋醮合一的体现。为什么会出现这种情况呢？杜光庭在《道门科范大全集》卷79《东岳济度拜章大醮仪·说戒》中称："后世道家设醮而谓之斋，盖以五经所载祭祀之斋异名而同归，其致一也。"[2] 杜光庭还留下了六篇罗天大醮词，都是与黄箓斋相配的，如：

《李延福为蜀王修罗天醮词》："按依玄格，遵炼明科，修黄箓道场，设罗天大醮。"

《罗天中级三皇醮词》："披按明科，修崇黄箓，备罗天大醮。"

《罗天醮太一词》："修黄箓宝斋，备罗天大醮。"

《罗天醮岳渎词》："斋陈黄箓，醮启罗天。"

《罗天普告词》："披灵宝简文，按河图品格，设罗天大醮，开黄箓宝坛。"

《罗天醮众神词》："按遵玄格，披考灵科，修黄箓宝斋，设罗天大醮。"[3]

有人指出这六篇罗天醮词其实都是为同一场大醮所作的，时当唐哀帝天祐四年（907）唐亡之载，为前蜀主王建割据四川时期。[4] 罗天大醮是道教极为隆重的一种祭天醮仪，宋人王钦若《翊圣保德真君传》卷上说：

结坛之法有九，上三坛则为国家设之，其上曰顺天兴国坛，凡星位三千六百，为普天大醮，旌旗、鉴剑、弓矢、法物，罗列次序，开建门户，具有仪范。其中曰延祚保生坛，凡星位二千四百，为周天大醮，法物、仪范，降上坛一等。其下曰祈谷

1　（唐）杜光庭：《道教灵验记》卷15，载罗争鸣辑校《杜光庭记传十种辑校》，中华书局，2013，第303~306页。

2　（唐）杜光庭：《道门科范大全集》卷79《东岳济度拜章大醮仪·说戒》，载《道藏》第31册，文物出版社、上海书店、天津古籍出版社，1988年影印本，第945页下栏。

3　（唐）杜光庭：《广成集》卷9，董恩林点校，中华书局，2011，第126~131页。

4　吴真：《从杜光庭六篇罗天醮词看早期罗天大醮》，《中国道教》2008年第2期。

福时坛，凡星位一千二百，为罗天大醮，法物、仪范降中坛一等。傥非时祷祀不及，备此三坛，亦当精洁词章，鲜异花果，扣鼓集神，恳祷而告。去地九尺，焚香以奏，亦可感应也。[1]

这是宋代由国家主持编修的道教斋醮科仪，所传九种结坛法，分为上、中、下三等，其中普天大醮、周天大醮、罗天大醮共同组成上三坛。罗天，即诸天，有网罗天地万神诸灵之意，星位一千二百。此醮以祈祷协正星位、赐福禳灾、国泰民安为目的。故从六篇醮词来看，所迎请的神灵，遍及天上地下各界神灵。祈愿目的都是保佑蜀境平安，百姓康宁，兵革不兴，灾疫不作，风调雨顺，五谷丰登。而与之搭配的黄箓斋又具有济拔救度的普适功用，是中古时期最为常见的道教斋法。

此外，黄箓斋还与其他醮仪同坛举行，如与五符醮同坛举行，用于镇宅，杜光庭《嘉州王仆射五符镇宅词》曰："启黄箓之坛场，广申忏拔；展五符之醮酹，遍用镇安。"[2]"五符"应为《灵宝五符》，据灵宝古经《太上灵宝五符序》卷下载，《灵宝五符》乃"圣人演天地之文"，灵符之妙"实由高圣之所宗，上哲之所佩，真人之所贵，灵仙之赞味，玄澹而朗，其彩色天神而校其对也"，"清斋三日，而致五方天帝"。又引《抱朴子》曰："受者设此醮也。"[3] 按，《抱朴子内篇·登涉》记载有《老君入山五符》，曰："以丹书桃板上，大书其文字，令弥满板上，以著门户上，及四方四隅，及所道侧要处，去所住处，五十步内，辟山精鬼魅。户内梁柱，皆可施安。凡人居山林及暂入山，皆可用。即众物不敢害也。"[4] 可见五符有镇宅安人之功效。又如《行军仆射醮宅词》曰："窃按玄科，请行符命，修崇黄箓，辟奏清都。刻五方太

1　（宋）张君房编《云笈七签》卷103《翊圣保德真君传》，李永晟点校，中华书局，2003，第2220页。

2　（唐）杜光庭：《广成集》卷14，董恩林点校，中华书局，2011，第200页。

3　《太上灵宝五符序》卷下，载《道藏》第6册，文物出版社、上海书店、天津古籍出版社，1988年影印本，第335页下栏~336页中栏。

4　王明：《抱朴子内篇校释》卷17《登涉》，中华书局，1985，第309页。

帝之文，依三洞镇禳之格。下告五土，上奏九微。"[1]此醮词称"刻五方
太帝之文"，也是指《灵宝五符》，斋醮也是以黄箓斋配五符醮。

　　黄箓斋还与周天醮同坛举行。如杜光庭《什邡令赵郁周天醮词》
曰："共崇黄箓之坛，虔备焚修之会，兼申大醮，上答灵恩。"[2]周天大
醮是比罗天大醮更为隆重的道教醮仪，其所设星位多达二千四百，迎
谢神灵整整比罗天大醮还要多一倍。在杜光庭留存下来的醮词中，周
天醮词也远远多于罗天醮词，在这些周天大醮词中，有修本命、生
日、南斗、地一、二十八宿等种种名目，还有因上元而设醮，所祈祷
的目的也不外乎延寿消灾、赐福赦罪、超拔祖先、护佑群生、保境安
民等。

　　斋醮合一后，有时也统称为醮。如杜光庭《醮泸州安乐山词》：
"臣以所居北帝院，斋醮所给，钟簴未周。"[3]又如《天锡观告封章真人
词》："虽搂构华居，崇严塑貌，新邑市之额，展斋醮之科，尚歉素怀，
未酬玄贶，爰申典礼，特举褒崇。"[4]在这两篇醮词中都是将同坛举行的
斋醮统称为醮。

1　（唐）杜光庭：《广成集》卷 11，董恩林点校，中华书局，2011，第 160 页。
2　（唐）杜光庭：《广成集》卷 14，董恩林点校，中华书局，2011，第 199 页。
3　（唐）杜光庭：《广成集》卷 11，董恩林点校，中华书局，2011，第 164 页。
4　（唐）杜光庭：《广成集》卷 16，董恩林点校，中华书局，2011，第 217 页。

第五章　道教神仙与唐代民间信仰（上）

　　道教的神仙崇拜与民间信仰之间有着极其紧密的关系，这主要表现在道教所尊崇的神仙不断从民间信仰的神灵中得到补充。由于道教是中国土生土长的宗教，所以它的神仙系统与民间神灵以及历史上有影响的英雄崇拜自然发生紧密联系。马克斯·韦伯就认为："道教的平民道士们着手去做的……其一是将诸神在一定程度上系统归类；其二是将经受了考验的善人及精灵封为神。"[1]其中较为典型的神灵有玉皇、城隍、灶神、钟馗、梓潼帝君、二郎神等，他们都是在民间信仰的基础上逐渐发展成为道教神明的。

1　〔德〕马克斯·韦伯著，王容芬译《儒教与道教》，商务印书馆，1995，第252页。

第一节　仙界领袖与万神之主：玉皇大帝

玉皇，又称玉帝，为玉皇大帝之简称。明代道士周玄贞《玉帝圣号同异考》称："玉帝，号'昊天金阙无上至尊自然妙有弥罗至真玉皇上帝'，又曰'玄穹高上玉皇大帝'。是帝宰诸天，永不毁沦。"[1] 又称："玉皇，非一天之尊，万天之主，三教之宗，最上无极大天尊，玄虚苍穹高上帝。"[2] 可见，玉皇大帝是道教中主宰天界的最高神，三教之祖，地位极为崇高。

一　玉皇信仰的起源

一般认为，玉皇信仰起源于远古时代民间的天帝崇拜。古时，人们敬畏天，认为天是主宰宇宙万物的最高神，称为帝，或天帝、上帝、昊天上帝。道教兴起以后，吸收了民间信仰的成分，并将其人格化，于是逐渐形成了玉皇崇拜。南宋宁全真授、王契真纂《上清灵宝大法》就说："昊天上帝、诸天之帝，仙真之王，圣尊之主，掌万天升降之权，司群品生成之机，三洞四辅禁经之标格，大梵至妙无为之神威，乃三界万神、三洞仙真之上帝君也……故以形象言之谓之天，以主宰言之谓之帝，故曰玉真天帝玄穹至圣玉皇大帝。"[3] 所以道教的玉皇信仰应来源于民间的天帝崇拜。随着道教玉皇信仰的影响越来越大，民间对天帝的崇拜呈现出与玉皇信仰交叉、融合并为其所覆盖的趋势。

1　（明）周玄贞：《皇经集注》（全称为《高上玉皇本行集经注》）卷1，载《道藏》第34册，文物出版社、上海书店、天津古籍出版社，1988年影印本，第632页中栏。

2　（明）周玄贞：《皇经集注》卷1，载《道藏》第34册，文物出版社、上海书店、天津古籍出版社，1988年影印本，第638页中栏。

3　（南宋）宁全真授，王契真纂《上清灵宝大法》卷10《三界所治门·玄穹主宰》，载《道藏》第30册，文物出版社、上海书店、天津古籍出版社，1988年影印本，第730页上栏。

道教的玉皇信仰出现于六朝时期。约成书于东晋的道教经典《大洞真经》（全称为《上清大洞真经》）就说道："玉清文始东王金晖仙公，号曰玉皇道君。"[1]在南朝道士陶弘景编撰的《真灵位业图》中，玉皇列于"玉清"第一神阶右位第十一位，称为"玉皇道君"，第十九位是"高上玉帝"。[2]可见，六朝时"玉皇"与"玉帝"还是两位尊神，地位还不算很尊崇，也不是至尊天神，还没有"玉皇大帝"之称。至于《灵宝斋仪》云："过去高上玉皇天尊，未来太极天尊，见（现）在元始天尊。"[3]显然是受佛教三世说的影响衍化而来的。

到唐代，玉皇的地位有显著提高。题为李淳风撰的《太玄金箓金琐流珠引序》中提到"上清太平金阙帝晨后圣玄元玉皇上道君"，自注曰："玉皇帝，大道君是也，主下理十天，封掌兆人，上通上清，为后圣君。"又说："前圣太上道君称万道之主，号曰虚皇；后圣太上老君称万道之宗，号曰玉皇。"[4]这里玉皇已等同于太上老君，成为"万道之宗"。由于老子是太上老君的化身，唐王朝为了尊祖崇道，曾加封老子为太上玄元皇帝，所以"玄元玉皇"无形中又成为唐王朝的始祖保护神。

到史崇等编撰的《一切道经音义妙门由起·明天尊第二》引《太上太真科》云："虚皇金阙玉帝，最贵最尊，无生无死，湛然常住。"又引《天师请问经》曰："道为最尊，常在三清，出诸天上，以是义故，故号天尊，或号玉帝，或号高皇，随顺一切也。"又引《宝玄经》说道教最高神有十号："一号自然，二号无极，三号大道，四号至真，

1 （唐）王悬河：《三洞珠囊》卷8《相好品》引，载《道藏》第25册，文物出版社、上海书店、天津古籍出版社，1988年影印本，第342页上栏。

2 （南朝梁）陶弘景：《真灵位业图》，载《道藏》第3册，文物出版社、上海书店、天津古籍出版社，1988年影印本，第273页上栏。

3 （唐）史崇等：《一切道经音义妙门由起·明天尊第二》引，载《道藏》第24册，文物出版社、上海书店、天津古籍出版社，1988年影印本，第724页中栏。

4 （唐）李淳风：《太玄金箓金琐流珠引序》，载《道藏》第20册，文物出版社、上海书店、天津古籍出版社，1988年影印本，第354页中栏。

五号太上，六号老君，七号高皇，八号天尊，九号玉帝，十号陛下。"[1]
由此可见，"大道"既是玉帝，也是老君，更是陛下，玉帝不但已经成
为道教中最为尊贵的大神，而且还巧妙地实现了神权与皇权的完美结
合，这在唐代以前是不曾有过的。

关于"玉皇"的来历，在唐代道经《高上玉皇本行集经》（简称
《玉皇经》）中有详细的描写：

往昔去世有国，名号光严妙乐。其国王者，名曰净德。时
王有后，名宝月光。其王无嗣，尝因一日，作是思惟：我今将老
而无太子，身或崩殁，社稷九庙，委付何人？作是念已，即便敕
下，诏诸道众，于诸宫殿，依诸科教，悬诸幡盖，清净严洁，广
陈供养，六时行道，遍祷真圣。已经半载，不退初心。忽夜，宝
月光皇后梦太上道君与诸至真，金姿玉质，清净之俦，驾五色龙
舆，拥耀景旌，荫明霞盖。是时，太上道君安坐龙舆，抱一婴
儿，身诸毛孔，放百亿光，照诸宫殿，作百宝色。幢节前导，浮
空而来。是时皇后心生欢喜，恭敬接礼，长跪道前，白道君言：
"今王无嗣，愿乞此子为社稷主。伏愿慈悲，哀愍听许。"尔时道
君答皇后言："愿特赐汝。"是时皇后礼谢道君，而乃收之。皇后
收已，便从梦归。觉而有孕，怀胎一年，于丙午岁正月九日午
时，诞于王宫。当生之时，身宝光焰，充满王国。色相妙好，观
者无厌。幼而敏慧，长而慈仁。于其国中，所有库藏，一切财
宝，尽将散施穷乏困苦、鳏寡孤独、无所依怙、饥饿癃残，一切
众生。仁爱和逊，歌谣有道。化及遐方，天下仰从。归仁太子，
父王加庆。当尔之后，王忽告崩。太子治政，俯念浮生，告敕大
臣，嗣位有道。遂舍其国，于普明香严山中修道，功成超度。过
是劫，已历八百劫，身常舍其国为群生，故割爱学道于此。后经

1　（唐）史崇等：《一切道经音义妙门由起·明天尊第二》引，载《道藏》第 24 册，文物出版社、
　　上海书店、天津古籍出版社，1988 年影印本，第 723 页下栏 ~726 页上栏。

八百劫，行药治病，拯救众生，令其安乐。此劫尽巳，又历八百劫，广行方便，启诸道藏，演说灵章，恢宣正化。敷扬神功，助国救人，自幽及显。过此巳后，再历八百劫，亡身殒命，行忍辱故，舍己血肉。如是修行三千二百劫，始证金仙，号曰：清净自然觉王如来。教诸菩萨，顿悟大乘正宗，渐入虚无妙道。如是修行，又经亿劫，始证玉帝。[1]

　　从"光严妙乐""净德""宝月光""如来""菩萨""顿悟""大乘"等诸语来看，这个关于"玉皇"身世的故事，显然是模仿佛教有关释迦太子诞生及成道的故事敷衍编造而成。按：此段文字又见于《道藏》本《搜神记》所载《玉皇大帝》本事，首记曰"按圣纪所载云"，应即指《玉皇经》所记；末记引《宋真宗实录》曰：大中祥符七年九月，上对侍臣曰：'自元符之降，朕欲与天下臣庶同上玉皇圣号。'至天僖元年正月辛丑朔，帝诣太初殿恭上玉皇大天帝圣号曰：'太上开天执符御历含真体道玉皇大天帝。'"[2]可见，其成书年代应晚于《玉皇经》。《道藏提要》评价此书："载有三教源流，神仙及历代成神者之灵迹、姓氏、爵里，间附生辰，甚至有言盗殁成神与禽畜为怪者。传闻志怪，荒诞无稽。"[3]可见此书并不是东晋干宝所撰的《搜神记》，而是明代道士模仿干宝书重新编写的。

　　《玉皇经》还说："高虚清明天主以偈赞玉帝曰：金阙玄穹主，高上玉皇尊。妙相冠诸天，慈光烛三界。真圣妙道师，天人依仗师。大乘垂法语，真一指迷途。功德若虚空，赞扬无穷尽。"[4]又说玉虚上帝

---

1 《高上玉皇本行集经》卷上《清微天宫神通品第一》，载《道藏》第1册，文物出版社、上海书店、天津古籍出版社，1988年影印本，第697页上栏～中栏。李养正先生认为，《玉皇经》应该成书于唐玄宗时期。见氏著《道教概说》，中华书局，1989，第364页。

2 《搜神记》卷1《玉皇上帝》，载《道藏》第36册，文物出版社、上海书店、天津古籍出版社，1988年影印本，第254页上栏～下栏。

3 任继愈主编《道藏提要》，中国社会科学出版社，1991，第1168页。

4 《高上玉皇本行集经》卷上《清微天宫神通品第一》，载《道藏》第1册，文物出版社、上海书店、天津古籍出版社，1988年影印本，第698页上栏～中栏。

赞叹作颂曰："九天之上，谓之大罗。玉京金阙，云层峨峨。中有天帝，仁慈惠和。至道无敌，降伏众魔。天宝灵符，玉律金科。神仙亿万，幢幡众多。闻者罪灭，永出爱河。是号玉皇，穹苍真老。妙圆清净，智慧辩才，至道至尊。三界师，混元祖，无能胜主，四生慈父，高天上圣，大慈仁者。十号圆满，万德周身，无量度人，拔生死苦。"[1] 据此可见，至晚到唐代，"玉皇"已经被塑造成至高无上的神界领袖。

《玉皇经》还宣称"帝身，即道身也""玉皇即道"。[2] 这在唐代以前是未曾有过的一个重要现象。这种提法已经在观念上将"帝"与"道"合而为一，并且利用"道"抬高"帝"的权威，实际上已经将皇权与神权更加紧密地联结起来。考虑到唐代皇室与道教所结成的特殊关系，这也是在利用神权以提高皇权的地位。

二　唐代玉皇崇拜

随着玉皇信仰的影响越来越大，唐五代时人对玉皇的崇拜也越来越普遍。在唐诗中经常出现"玉皇"形象，尤其是从盛唐开始，"玉皇""玉帝"频繁见于唐人诗歌中，如李白《赠别舍人弟台卿之江南》诗曰："入洞过天地，登真朝玉皇。"[3] 此诗作于唐肃宗乾元二年秋，当时李白流放遇赦东归浔阳途中遇到李台卿被流放零陵（今湖南永州），于是在岳阳作《赠别舍人弟台卿之江南》，为他送行。李台卿为永王李璘"谋主"，也是永王李璘案的难友。李白一生求仙学道，此诗以遇仙登真朝玉皇之意来鼓励和安慰好友。

1　《高上玉皇本行集经》卷中《玉皇功德品第三》，载《道藏》第1册，文物出版社、上海书店、天津古籍出版社，1988年影印本，第704页中栏。

2　《高上玉皇本行集经》卷上《清微天宫神通品第一》，载《道藏》第1册，文物出版社、上海书店、天津古籍出版社，1988年影印本，第698页中栏。

3　（唐）李白著，瞿蜕园、朱金城校注《李白集校注》卷12，上海古籍出版社，1980，第771页。又同书卷8《酬殷明佐见赠五云裘歌》："为君持此凌苍苍，上朝三十六玉皇。"（第580页）又同书卷10《草创大还赠柳官迪》："不向金阙游，思为玉皇客。"（第691页）

王维《金屑泉》诗曰："日饮金屑泉，少当千余岁。翠凤翔文螭，羽节朝玉帝。"[1]此诗为诗人天宝年间在辋川别业游止时所作，据《旧唐书·王维传》："（王维）得宋之问蓝田别墅，在辋口，辋水周于舍下，别涨竹洲花坞，与道友裴迪浮舟往来，弹琴赋诗，啸咏终日。"[2]金屑泉当在别业，诗作极状泉有仙灵气，饮之可使人年少成仙后乘龙凤上天朝见玉帝。

韦应物《清都观答幼遐》诗曰："逍遥仙家子，日夕朝玉皇。"[3]此诗约为德宗建中年间诗人闲居长安时所作，清都观在永乐坊，系隋文帝开皇七年道士孙昂所建。幼遐为李儋字，时罢职居此观，逍遥学仙，故有是咏。

元稹在《天坛上境》诗中说："万里洞中朝玉帝，九光霞外宿天坛。"诗题曰："贞元二十年五月十四日，夜宿天坛石幢侧。十五日得螯屋马逢少府书，知予远上天坛，因以长句见赠。篇末仍云灵溪试为访金丹，因于坛上还赠。"[4]天坛，在今河南济源西王屋山顶。杜光庭撰有《天坛王屋山圣迹记》："有王屋山者，在洛阳京北百余里，黄河之北，势雄气壮，高耸太虚，倚悬列宿……《图经》曰：'上则接于昆丘，下即侵于蓬莱岛，最高者，首名天坛山也。'"传说"黄帝于此告天，遂感于九天玄女。西王母降授《九鼎神丹经》《阴符经》，遂乃克伏蚩尤之属，自此天坛之始也。其上多石，可生草木，实为五岳、四渎、十大洞天、三十六小洞天神仙朝会之所"。[5]

韩愈《李花二首》之二曰："夜领张彻投卢仝，乘云共至玉皇家。"[6]此诗作于元和六年，韩愈与另一诗人卢仝过从甚密，当时李花盛

1 （唐）王维撰，陈铁民校注《王维集校注》卷5，中华书局，1997，第423页。
2 《旧唐书》卷190下《王维传》，中华书局，1975，第5052页。
3 （唐）韦应物撰，陶敏、王友胜校注《韦应物集校注》卷5，上海古籍出版社，1998，第314页。又同书卷9《学仙二首》其一："存道忘身一试过，名奏玉皇乃升天。"（第559页）
4 （唐）元稹著，周相录校注《元稹集校注》卷16，上海古籍出版社，2011，第505页。
5 （唐）杜光庭：《天坛王屋山圣迹记》，载罗争鸣辑校《杜光庭记传十种辑校》，中华书局，2013，第411页。
6 （唐）韩愈著，钱仲联集释《韩昌黎诗系年集释》卷7，上海古籍出版社，1994，第779页。

开，吸引诗人领着从侄女婿张彻，乘夜色赶赴卢仝家观赏，恍恍惚惚中如入仙境，好像驾着祥云到了玉皇家。

柳宗元《界围岩水帘》诗曰："忽如朝玉皇，天冕垂前旒。"[1]此诗作于元和十年正月，诗人奉诏从永州出发赴京，路过界围岩时，被眼前的清江飞瀑美景所感染，于是有感而发，借景抒情，作此诗，此句将瀑布所形成的水帘比作玉皇天冕前挂下来的流苏，比喻极为贴切、形象。

唐代最有名的一首描写"玉皇"形象的诗是白居易的《梦仙》：

> 人有梦仙者，梦身升上清。坐乘一白鹤，前引双红旌。羽衣忽飘飘，玉鸾俄铮铮。半空直下视，人世尘冥冥。渐失乡国处，才分山水形。东海一片白，列岳五点青。须臾群仙来，相引朝玉京。安期羡门辈，列侍如公卿。仰谒玉皇帝，稽首前致诚。帝言汝仙才，努力勿自轻。却后十五年，期汝不死庭。再拜受斯言，既窃喜且惊。秘之不敢泄，誓志居岩扃……只自取勤苦，百年终不成。悲哉梦仙人，一梦误一生。[2]

此诗约作于元和年间诗人居长安时（806~815），诗作以一个"一梦误一生"的寓言式故事来讽刺那些梦想修真成仙者，但从诗中却可以看出唐人对天庭及玉帝形象的想象。壮丽的天宫与威严的玉帝如同人间的朝廷及皇帝，随侍群仙也如同朝廷之上公卿班列；仰谒玉帝，如同朝见皇帝，稽首致诚；玉帝之言也如同人间帝王之嘱，令拜见者受宠若惊。这说明玉帝不仅具有了独立的神格，更是成为万仙之主的最高神。

其他如刘禹锡《寻汪道士不遇》诗曰："仙子东南秀，泠然善驭风。笙歌五云里，天地一壶中。受箓金华洞，焚香玉帝宫。我来君闭

---

1 （唐）柳宗元著，王国安笺释《柳宗元诗笺释》卷 3，上海古籍出版社，1993，第 276 页。
2 （唐）白居易著，朱金城笺校《白居易集笺校》卷 1，上海古籍出版社，1988，第 10 页。

户，应是向崆峒。"[1]

相传为孟郊所作的《列仙文》四首之《方诸青童君》诗曰："玄辔飞霄外，八景乘高清。手把玉皇诀，携我晨中生。"[2]

李昇《元白席上作》（一作《吕岩遇钟离先生作》）诗曰："生在儒家遇太平，悬缨垂带布衣轻。谁能世路趋名利，臣事玉皇归上清。"[3]

卢拱《中元日观法事》诗曰："四孟逢秋序，三元得气中。云迎碧落步，章奏玉皇宫。"[4]

陆龟蒙《白芙蓉》诗曰："澹然相对却成劳，月染风裁个个高。似说玉皇亲谪堕，至今犹着水霜袍。"[5]

杜荀鹤《依韵次同年张曙先辈见寄之什》诗曰："天上诗名天下传，引来齐列玉皇前。大仙录后头无雪，至药成来灶绝烟。"[6]

司空图《戏题试衫》诗曰："朝班尽说人宜紫，洞府应无鹤着绯。从此玉皇须破例，染霞裁赐地仙衣。"[7]

罗虬作《比红儿诗》百首，其中有两首提到"玉皇"，其一曰："五云高捧紫金堂，花下投壶侍玉皇。"其二曰："练得霜华助翠钿，相期朝谒玉皇前。"[8]

李咸用《升天行》诗曰："志定功成飞九关，逍遥长揖辞人寰。空中龙驾时回旋，左云右鹤翔翩联。双童树节当风翻，常娥倚桂开朱颜。河边牛子星郎牵，三清宫殿浮晴烟。玉皇据案方凝然，仙官立仗森幢幡。引余再拜归仙班，清声妙色视听安。餐和饮顺中肠宽，虚无

1　（唐）刘禹锡著，瞿蜕园笺证《刘禹锡集笺证》外集卷8，上海古籍出版社，1989，第1460页。

2　（唐）孟郊著，华忱之、喻学才校注《孟郊诗集校注》卷9，人民文学出版社，1995，第440页。按：《列仙文》四首诗又见于北宋道士张君房编的《云笈七签》卷96，未题作者。

3　《全唐诗》卷862，中华书局，1960，第9638页。

4　《全唐诗》卷463，中华书局，1960，第5268页。

5　《全唐诗》卷629，中华书局，1960，第7219页。又同书同卷有《高道士》诗曰："峨眉道士风骨峻，手把玉皇书一通。"（第7222页）

6　《全唐诗》卷692，中华书局，1960，第7965页。

7　《全唐诗》卷633，中华书局，1960，第7271页。

8　《全唐诗》卷666，中华书局，1960，第7626、7630页。

之乐不可言。"[1]

韦庄《信州西三十里山名仙人城，下有月岩山，其状秀拔，中有山门，如满月之状。余因行役过其下，聊赋是诗》曰："驱车过闽越，路出饶阳西。仙山翠如画，簇簇生虹霓。群峰若侍从，众阜如婴提。岩峦互吞吐，岭岫相追携。中有月轮满，皎洁如圆珪。玉皇恣游览，到此神应迷。常娥曳霞帔，引我同攀跻。腾腾上天半，玉镜悬飞梯。瑶池何悄悄，鸾鹤烟中栖。回头望尘世，露下寒凄凄。"[2]此诗约作于昭宗大顺二年，诗人辞越泛湘过信州（今江西上饶）时。

韩偓《梦仙》诗曰："紫霄宫阙五云芝，九级坛前再拜时。鹤舞鹿眠春草远，山高水阔夕阳迟。每嗟阮肇归何速，深羡张骞去不疑。澡练纯阳功力在，此心唯有玉皇知。"[3]此诗作于昭宗天祐三年，诗人描写了梦中身处天宫仙境之情景。

晚唐诗人曹唐曾做过道士，文宗大和年间（827~835）还俗，宣宗大中年间（847~859）举进士，懿宗咸通年间（860~874）累为使府从事。工诗，与罗隐、李远等友善。他的诗中屡屡出现"玉皇"形象，尤其是他所作《游仙诗》，意境绚丽，最为驰名，颇为世所传诵。在他的《小游仙诗》98首中，"玉皇"一共出现过6次："上元元日豁明堂，五帝望空拜玉皇。""玉皇赐妾紫衣裳，教向桃源嫁阮郎。""玉皇欲着红龙衮，亲唤金妃下手裁。""琼树扶疏压瑞烟，玉皇朝客满花前。""外人欲压长生籍，拜请飞琼报玉皇。""新授金书八素章，玉皇教妾主扶桑。"[4]这些诗中有拜玉皇、玉皇赐衣、玉皇着红龙袍、朝玉皇、报玉皇、玉皇任命等意象，与现实世界中的皇帝形象颇为神似。

唐人歌诗中也有直接以"玉皇"指代当朝皇帝的现象。如元稹

1　《全唐诗》卷644，中华书局，1960，第7381页。
2　（五代）韦庄著，聂安福笺注《韦庄集笺注》卷7，上海古籍出版社，2002，第277页。又《全唐诗》卷243作韩翃诗，题作《经月岩山》，中华书局，1960，第2727页。
3　（唐）韩偓撰，吴在庆校注《韩偓集系年校注》卷1，中华书局，2015，第215页。
4　（唐）曹唐著，陈继明注《曹唐诗注》，上海古籍出版社，1996，第112、125、141、154、156、164页。

《以州宅夸于乐天》诗曰："我是玉皇香桉吏，谪居犹得住蓬莱。"[1]此诗作于穆宗长庆三年，诗人时为浙东观察使、越州（今浙江绍兴）刺史。此处"玉皇"借指唐穆宗，比喻自己曾为随侍皇帝之近臣。香桉，即香案。据《新唐书·仪卫志》载："朝日，殿上设黼扆、蹑席、熏炉、香案……宰相、两省官对班于香案前，百官班于殿庭左右。"[2]元稹曾于穆宗朝出任宰相，故有此咏。

白居易《同微之赠别郭虚舟炼师五十韵》诗曰："药灶今夕罢，诏书明日追。追我复追君，次第承恩私。官虽小大殊，同立白玉墀。我直紫微阁，手进赏罚词。君侍玉皇座，口含生杀机。"[3]此诗作于敬宗宝历元年，诗人追忆与好友元稹在穆宗时同朝为官的情景，此处"玉皇"显然也是指穆宗。

韩愈《华山女》诗有："天门贵人传诏召，六宫愿识师颜形。玉皇颔首许归去，乘龙驾鹤来青冥。"[4]此诗约作于宪宗元和十四年正月，奉迎佛骨入宫供奉，此处"玉皇"应该是指代宪宗。

贾岛《马嵬》诗曰："长川几处树青青，孤驿危楼对翠屏。一自玉皇惆怅后，至今来往马蹄腥。"[5]此处"玉皇"显然是指代唐明皇。

温庭筠《弹筝人》诗："天宝年中事玉皇，曾将新曲教宁王。"[6]此处"玉皇"也明显是指唐明皇。

李山甫《送职方王郎中吏部刘员外自太原郑相公幕继奉征书归省署》："双凤衔书次第飞，玉皇催促列仙归。"[7]此诗约作于僖宗广明元年到中和三年前后诗人居太原期间，郑相公为郑从谠，王郎中为王调，刘员外为刘崇龟，此处"玉皇"显然是指唐僖宗，意指皇帝已下达诏

1　（唐）元稹著，周相录校注《元稹集校注》卷22，上海古籍出版社，2011，第651页。
2　《新唐书》卷23上《仪卫志上》，中华书局，1975，第488页。
3　（唐）白居易著，朱金城笺校《白居易集笺校》卷21，上海古籍出版社，1988，第1408页。
4　（唐）韩愈著，钱仲联集释《韩昌黎诗系年集释》卷11，上海古籍出版社，1994，第1093页。
5　（唐）贾岛著，齐文榜校注《贾岛集校注》附集，人民文学出版社，2001，第534页。
6　（唐）温庭筠著，（清）曾益等笺注《温飞卿诗集笺注》卷5，王国安标点，上海古籍出版社，1998，第113页。
7　《全唐诗》卷643，中华书局，1960，第7363页。

书，催促王调、刘崇龟二位大人到尚书省就职。

吴融《华清宫四首》之四曰："别殿和云锁翠微，太真遗像梦依依。玉皇掩泪频惆怅，应叹僧繇彩笔飞。"[1] 此处"玉皇"应指唐明皇。

由此可见，唐人歌诗中多有以"玉皇"指代当朝皇帝者。

从唐代诗人的描写中，可知玉皇信仰在当时已经较为普遍。正像皇帝是人间的最高统治者一样，玉皇在唐人心目中已经成为仙界的最高神；人间公卿要朝拜皇帝，仙界群仙也得朝拜玉皇。玉皇的形象完全是按照人间的皇帝形象被建构起来的，正如张政烺先生所说："唐人心目中的玉皇已与后代无殊，其宫殿仪仗权势作用皆俨然人世皇帝……故其所述之玉皇，服饰、侍御一若皆有定式。盖当时已宫观祠祀，造像写图者众。"[2]

到宋代，对玉皇的尊崇更加隆重，在官方祀典中正式开始祭祀玉皇。宋真宗大中祥符五年上玉皇尊号为"太上开天执符御历含真体道玉皇大天帝"；宋徽宗政和六年再上玉皇尊号为"太上开天执符御历含真体道昊天玉皇大帝"，从此以后，玉皇信仰长盛不衰。

三　民间信仰中的"天翁"

在唐代"玉皇"信仰开始大流行时，民间也有关于"张天翁"故事的流传，在唐人段成式《酉阳杂俎》中就记载了这样一个故事：

> 天翁姓张名坚，字刺渴，渔阳人。少不羁，无所拘忌。常张罗，得一白雀，爱而养之。梦天刘翁责怒，每欲杀之，白雀辄以报坚，坚设诸方待之，终莫能害。天翁遂下观之，坚盛设宾主，乃窃骑天翁车，乘白龙，振策登天，天公乘余龙追之不及。坚既到玄宫，易百官，杜塞北门，封白雀为上卿侯，改白雀之胤，不

1　《全唐诗》卷 685，中华书局，1960，第 7873 页。
2　张政烺：《玉皇张姓考》，载氏著《张政烺文史论集》，中华书局，2004，第 78~88 页。

产于下土。刘翁失治，徘徊五岳作灾。坚患之，以刘翁为太山太守，主生死之籍。[1]

　　天翁即天公，论者大都以为就是天帝玉皇。在此故事中，有张天翁取代刘天翁之事。张政烺先生认为："此事自当与汉末天师道五斗米道有关。故顾（颉刚）先生谓'想系玉皇与张天师之合流'。惟余则疑源出于张角耳……故余意张翁即由张角附会而来。刘为汉之国姓，张翁代刘翁，或即'苍天已死，黄天当立'之说。"[2]此说颇有道理。众所周知，汉末兴起过五斗米道与太平道，其教主皆姓张（张角、张陵），张角兄弟还曾以太平道组织黄巾军发动过暴动，所以东汉王朝从某种意义上来说，也是亡于张角，加之"坚"与"角"音近，可能在口耳相传中发生了讹误；又张陵之孙张鲁也以五斗米道为组织在汉中一带建立过割据政权，所以虽然不是张氏最终取代了汉室刘氏，但张、刘二氏相争为"天帝"的传说，或许正是这一历史的折射。不过，笔者认为此"天翁（公）"说，在唐代与"玉皇"说还是有所区别的，二者应是属于道教和民间两个系统。首先，在众多的"玉皇"诗中，并无"玉皇"有姓氏之说，更何况还有张姓、刘姓之说；其次，唐人在用"天翁（公）"时，应是虚指或泛指天帝、上天，而不是"玉皇"，如韩愈《嗟哉董生行》诗曰："嗟哉董生孝且慈，人不识，惟有天翁知。"[3]此"天翁"应即虚指，其意相当于只有老天知道。倒是南朝梁时的《殷芸小说》中有一条记载可以窥见此"张天帝"在民间流传之痕迹：

　　　晋咸康中，有士人周谓者，死而复生。言天帝召见，引升殿，仰视帝，面方一尺，问左右曰："是古张天帝邪？"答云："上

1　（唐）段成式撰，许逸民校笺《酉阳杂俎校笺》前集卷14《诺皋记上》，中华书局，2015，第990页。

2　张政烺：《玉皇张姓考》，载氏著《张政烺文史论集》，中华书局，2004，第78~88页。

3　（唐）韩愈著，钱仲联集释《韩昌黎诗系年集释》卷1，上海古籍出版社，1994，第80页。

古天帝，久已圣去，此近曹明帝也。"[1]

咸康（335~342），东晋成帝年号。此处提到的"张天帝"应与"张天翁"有关。不过，此时的"张天帝"已为曹明帝所取代。曹明帝为曹操之孙、曹丕之子曹叡。曹魏政权始于曹操镇压黄巾军，后又消灭了五斗米道政权，由其子曹丕代汉。司马氏则是在篡夺了曹魏政权后建立了晋，而此传说大概反映了民间对曹魏政权的同情。

不过，由于"张天翁（或张天帝）"的影响在民间很大，而"三张"（太平道的张角、张梁、张宝，或是五斗米道的张陵、张衡、张鲁）在道教中的影响也很大，所以后来"玉皇"信仰在民间的扩张中，逐渐吸收和覆盖了"张天翁"传说，终于形成了玉皇大帝姓张的传统。这在后代的通俗文学，诸如戏曲、小说、弹词、宝卷中均有反映，玉皇大帝都姓张，他的女儿或妹妹私自下凡，不是叫张三姐，就是叫张四姐，或者叫张仙姑。

第二节　城市守护神与冥间地方神：城隍

城隍本为民间信仰中守护地方城池的神灵，唐宪宗时士人段全纬在为成都所作的《城隍庙记》中就说："都邑之主，其城隍神之谓乎。"[2]后为道教所吸纳，成为剪除凶恶、护国安邦的大神，明初成书的《太上老君说城隍感应消灾集福妙经》借老君之口称：

其神天地储精，山川钟秀，威灵显赫，圣道高明，无党无偏，公忠正直，有求必应，如影随形，代天理物，剪恶除

1　（南朝梁）殷芸编纂，周楞伽辑注《殷芸小说》卷1，上海古籍出版社，1984，第25页。
2　（唐）段全纬：《城隍庙记》，载《全唐文》卷721，中华书局，1983年影印本，第7423页。

凶，护国保邦，功施社稷，溥降甘泽，普救生民，统辖十八真司，主管百万神将，积功累行，位正城隍，权掌天下，威镇万邦。

又天尊曰：

城隍尊神，威权实重，显化无边，祷雨则甘霖苏槁，禾稼成熟，祈晴则化阴成阳，应时朗霁……凡在尘壤，悉归统制。

天尊又说偈语云：

大哉城隍……承天禀命，统制万邦。主判生死，报应分明。赏善罚恶，不爽毫分……救灾拔难，佑国康民……御灾捍患，永镇八方。[1]

可见城隍神是一位代天帝守护人间的大神，他不但权掌天下，威震八方，而且赏罚分明，主判生死，甚至还能应生民祈请，及时行云布雨，化涝放晴，以保阴阳和顺，五谷丰登。在民间信仰中，城隍神有一项至为重要的职能，即管领亡魂，当道士建醮"超度亡魂"时，须发文书"知照"城隍，称为"城隍牒"，方能"拘解"亡魂到坛。[2]这样城隍就成为掌管四方冥间的一位大神。

一　城隍信仰的形成

城隍信仰大约发端于先秦时期。城隍二字，许慎《说文解字》

---

1 《太上老君说城隍感应消灾集福妙经》，载《道藏》第34册，文物出版社、上海书店、天津古籍出版社，1988年影印本，第747~749页。
2 （宋）吕元素：《道门定制》卷2，载《道藏》第31册，文物出版社、上海书店、天津古籍出版社，1988年影印本，第674页。

解释："城，以盛民也"，"隍，城池也。有水曰池，无水曰隍"。[1] 可见，"城"是指围起来的居民定居点，"隍"是指环城所挖的壕沟。"城""隍"二字一起见于典籍，始于《周易·泰卦》："城复于隍，勿用师。"[2] 此处的城即指城墙，隍即壕沟。"城隍"一词连用见于班固《两都赋序》："京师修宫室，浚城隍，起苑囿，以备制度。"[3] 此处的"城隍"就是指城墙和护城河。后世也以"城隍"指城市，如唐代寒山诗有"侬家暂下山，入到城隍里"句，拾得诗有"遥望城隍处，惟闻闹喧喧"句，都是指城市。[4]

关于城隍神的起源，据说是由古代天子年终大祭"八蜡"中的"水庸"祭祀演化而来。《礼记·郊特牲第十一》载：

> 天子大蜡八。伊耆氏始为蜡。蜡也者，索也。岁十二月，合聚万物而索飨之也。蜡之祭也，主先啬而祭司啬也，祭百种以报啬也。飨农及邮表畷、禽兽，仁之至，义之尽也。古之君子，使之必报之。迎猫，为其食田鼠也。迎虎，为其食田豕也，迎而祭之。祭坊与水庸，事也。曰："土反（返）其宅，水归其壑，昆虫毋作，草木归其泽。"[5]

所谓蜡祭八神为：先啬、司啬、农、邮表畷、猫虎、坊、水庸、昆虫。其中水庸居其七。关于水庸的解释，郑玄注曰："水庸，沟也。"孔颖达疏曰："坊者所以蓄水，亦以障水，庸者所以受水，亦以泻水，谓祭此坊与水庸之神。"可见最初的水庸是指沟渠，大约在上古时代，为了保护定居点，先民们围绕着原始村落即挖有沟渠，所以水庸神则为沟渠神，也是村落保护神。随着生产力的发展、城镇的出现，为了

1　（汉）许慎：《说文解字》，中华书局，1963 年影印本，第 288 页上栏、306 页下栏。

2　（宋）朱熹注《周易》，上海古籍出版社，1987 年影印本，第 14 页。

3　（南朝梁）萧统编，（唐）李善注《文选》卷 1，华慧等点校，岳麓书社，2002，第 1 页。

4　（唐）寒山、拾得著，项楚注《寒山诗注 附拾得诗注》寒山诗第 170 首《侬家暂下山》、拾得诗第 54 首《可笑是林泉》，中华书局，2000，第 444、918 页。

5　王文锦译解《周礼译解》，中华书局，2001，第 347 页。

更好地保护城镇居民，在城镇周围开始修筑城墙，同时环绕城墙又挖有沟渠，成为护城河。这样水庸神就升格为城隍神，也成为城市保护神。

　　春秋战国时期就有关于祭祀城门、城墙的记载。《史记·秦本纪》载："（德公）二年（公元前676），初伏，以狗御虫。"裴骃《集解》引徐广曰："年表云初作伏，祠社，磔狗邑四门也。"张守节《正义》曰："按：磔，禳也。狗，阳畜也。以狗张磔于郭四门，禳却热毒气也。"[1] 秦德公祭祀四面城门的目的是防御虫灾引起的瘟疫。而《左传·襄公九年》载："宋灾……祝宗用马于四墉，祀盘庚于四门之外。"[2] 又《左传·昭公十八年》也载："（郑）火作……禳火于玄冥、回禄，祈于四鄘。"[3] 这里的"墉（鄘）"，通"庸"，杜预注为城也，应即四面城墙。宋、郑两国祭祀城墙的目的是禳火灾。这些祭祀就是后代城隍祭祀的雏形。所以学界一般把早期"水庸"祭祀当作城隍神的源头，如明末清初人孙承泽在《春明梦余录·都城隍庙》中解释"水庸"之义时就说："水则隍也，庸则城也。此正城隍之祭之始。"[4]

　　城隍信仰大约萌芽于两汉时期。汉初涌现出一大批英雄豪杰，他们或英勇善战，或忠君保主，或善于谋略，为了纪念他们，各地立庙祭祀，同时祈祷他们的英灵保一方平安。在城隍信仰兴起以后，这些英雄人物的祠庙就逐渐演变为城隍庙，这些英雄人物也就成为当地的城隍神主。如南朝梁鲍至在《南雍州记》中就记载："（穀城）城内见有萧相国庙，相传谓为城隍神。"[5] 萧相国即萧何。萧何曾受封于此，故后人立庙祭祀，成为城隍神。宋人赵与时《宾退

1　《史记》卷5《秦本纪》，中华书局，1982，第184页。

2　（春秋）左丘明传，（晋）杜预集解《春秋左传集解》，上海人民出版社，1977，第847页。

3　（春秋）左丘明传，（晋）杜预集解《春秋左传集解》，上海人民出版社，1977，第1431页。

4　（清）孙承泽：《春明梦余录》卷22《都城隍庙》，王剑英点校，北京出版社，2018，第317页。

5　（唐）杜佑：《通典》卷177《州郡典·襄阳郡穀城》，王文锦等点校，中华书局，1988，第4676页。南朝梁鲍至《南雍州记》曰："南阳有萧相国祠。萧何昔受封于此，今相传为城隍神。"载（清）王谟辑《汉唐地理书钞》，中华书局，1961年影印本，第347页下栏。

录》卷8载：

> （城隍）神之姓名具者，镇江、庆元、宁国、太平、襄阳、
> 兴元、复州、南安诸郡，华亭、芜湖两邑，皆谓纪信；隆兴、
> 赣、袁、江、吉、建昌、临江、南康，皆谓灌婴；福州、江阴，
> 以为周苛；真州、六合，以为英布；和州为范增；襄阳之穀城为
> 萧何。[1]

这里提到的纪信、灌婴、周苛、范增、萧何等，除了范增是楚汉
相争时项王的谋士外，其他人都是汉初功臣。当时人们为了纪念他们
而建立庙宇，后来逐渐转化为各地的城隍神。至于这些英雄人物具体
是什么时候转化成城隍神的，有人说是从汉代开始就出现了以人鬼为
城隍主的演变，[2]但是他们所根据的资料大都是宋以来的记载，所以笔
者认为，汉代只是出现了对这些英雄豪杰的崇拜和祭祀，还没有将他
们当作城隍神信仰的可靠证据。

城隍祭祀真正出现于魏晋南北朝时期，到唐宋时期逐渐普及。清
人赵翼在《陔余丛考》"城隍神"条中论述道："城隍之祀盖始于六朝
也，至唐则渐遍。"[3]据说明确有纪年的城隍庙出现在三国孙吴时期，
《宾退录》说："芜湖城隍祠，建于吴赤乌二年（239）。"[4]然而，其后又
说，芜湖城隍神为汉初大将纪信，故对此说存疑。笔者认为，有关城
隍神祭祀的最早、最为可靠的记载见于南北朝时。《南史·梁武帝诸
子·邵陵携王纶传》载："大宝元年，纶至郢州，刺史南平王恪让州于
纶，纶不受。乃上纶为假黄钺、都督中外诸军事。纶于是置百官，改
厅事为正阳殿，内外斋省悉题署焉。而数有变怪，祭城隍神，将烹

1　（宋）赵与时：《宾退录》卷8，傅成校点，上海古籍出版社，2012，第81页。
2　郑土有、王贤淼：《中国城隍信仰》，上海三联书店，1994，第83~93页。
3　（清）赵翼：《陔余丛考》卷35"城隍神"条，栾保群、吕宗力校点，河北人民出版社，2003，
　　第737页。
4　（宋）赵与时：《宾退录》卷8，傅成校点，上海古籍出版社，2012，第81页。

牛，有赤蛇绕牛口出。"¹ 此事又见于《隋书·五行志下》："梁武陵王纪
祭城隍神，将烹牛，忽有赤蛇绕牛口。牛祸也。象类言之，又为龙蛇
之孽。鲁宣公三年，郊牛之口伤，时以为天不享，弃宣公也。《五行
传》曰：'逆君道伤，故有龙蛇之孽。'是时纪虽以赴援为名，而实妄
自尊亢，思心之咎，神不享，君道伤之应，果为元帝所败。"² 这两条记
载的应该是同一件事，然而许多学者却把它们误当作两件事。其实邵
陵携王纶为梁武帝第六子，梁武陵王纪为第八子，今从《南史》。这
位邵陵携王要以牛祭城隍神，但因为他署置百官、改厅事为正阳殿等
僭越行为，不为神所认可，所以正直的城隍神不接受他的祭品，并以
异象示之。

　　又《北齐书·慕容俨传》载：北齐天保六年（555），慕容俨镇守
郢城，南朝梁将任约等率军围城，以获洪截断水路，慕容俨也曾祷于
城隍神，祈请破敌，"城中先有神祠一所，俗号城隍神，公私每有祈
祷。于是顺士卒之心，乃相率祈请，冀获冥祐。须臾，冲风欻起，惊
涛涌激，漂断获洪。约复以铁锁连治，防御弥切。俨还共祈请，风浪
夜惊，复以断绝，如此者再三。城人大喜，以为神助"。³

　　从这两条记载来看，这两处城隍神还应该属于自然神崇拜，其职
能主要还是保护城池。但值得注意的是，在南北朝时，城隍神已经开
始出现了从自然神向以人鬼为神主的演变，前引鲍至《南雍州记》中
的穀城萧何已经被当作城隍神就是明证。所以笔者认为，前代的英雄
人物崇拜被当作城隍神应该开始于南北朝时期。

二　唐代的城隍信仰

　　隋唐时期，城隍信仰开始逐渐普及。陆游在《宁德县重修城隍
庙记》中说："自唐以来，郡县皆祭城隍，至今世尤谨，守令谒见，

---

1 《南史》卷53《梁武帝诸子·邵陵携王纶传》，中华书局，1975，第1324页。
2 《隋书》卷23《五行志下》，中华书局，1973，第658页。
3 《北齐书》卷20《慕容俨传》，中华书局，1972，第280~281页。

其仪在他神祠上。社稷虽尊，特以令式从事，至祈禳报赛，独城隍而已。"[1]随着唐代商品经济的发展和城市的繁荣兴盛，城隍信仰开始出现在许多地方，修建城隍庙和祭祀城隍神的现象越来越多（见表5-1）。

表5-1　唐代城隍神信仰分布情况

	时间	地点	出处及考订
玄宗	开元五年	荆州	《张说集校注》卷23《祭城隍文》
	开元十五年	洪州	《张九龄集校注》卷17《祭洪州城隍神（祈晴）文》，又见《太平广记》卷124 "王简易" 条引《报应录》
	开元十七年	宣州溧阳县	《宝刻丛编》卷15《唐溧阳县城隍庙记》
	开元中	滑州	《太平广记》卷302 "韦秀庄" 条引《广异记》
	开元末	宣州	《太平广记》卷303 "宣州司户" 条引《纪闻》
	天宝十年	苏州	《宝刻丛编》卷14《唐春申君庙碑》
	天宝末	睢阳	《刘宾客嘉话录》记许远作有《祭城隍文》，又见《唐语林》卷5补遗。按：《唐诗纪事》卷25 "张巡" 条误作张巡文
肃宗	乾元元年	润州	杜甫《送许八拾遗归江宁觐省》："十年过父老，几日赛城隍。"
	乾元元年至二年	鄂州	《李白集校注》卷29《天长节使鄂州刺史韦公德政碑并序》："移镇夏口……言于城隍。" 又据《册府元龟》卷398《将帅部·冥助》，李兼奏："建中四年，臣任鄂州刺史，逆贼李希烈之将童侍召率众袭鄂州……臣乃祷于城隍神。"
	乾元二年	缙云县括州	《全唐文》卷437李阳冰《缙云县城隍神记》
德宗	贞元中	广州	《太平广记》卷34 "崔炜" 条引《传奇》："后有事于城隍庙，忽见神像有类使者。"

1 《陆游集》卷17，中华书局，1976，第2128页。

续表

	时间	地点	出处及考订
宪宗	元和初	睦州	《唐文拾遗》卷29吕述《移城隍神庙记》："睦州城隍庙，旧在城内西北隅。元和初年，刺史郑膺甫移置于城北门楼上……开成四年，刺史吕述……于废址上立新庙。"
	元和十四年	潮州	《韩昌黎文集校注》卷5《潮州祭神文》其三
	元和十五年	袁州	《韩昌黎文集校注》卷5《袁州祭神文》其一，又《全唐文》卷802刘骧《袁州城隍庙记》曰：懿宗咸通二年重建
穆宗	长庆三年	杭州	《白居易集笺校》卷40《祈皋亭神文》："维长庆三年岁次癸卯，七月癸丑朔，十六日戊辰……一昨祷伍相神，祈城隍祠。"
文宗	太和五年	成都（益州）	《全唐文》卷721段全纬《城隍庙记》
	太和八年	兖州	李商隐《樊南文集》卷5《为安平公兖州祭城隍神文》
	开成二年	怀州	《樊南文集》卷5《为怀州李使君祭城隍文》
	开成四年	襄州	杜光庭《道教灵验记》卷11《襄州城解铁篆真文验》："襄州城后据汉水。昔人版筑之时，于城角铸铁仙人像……当时，此角每有神异，往来之人不敢污犯。俗中皆言此有巨蛇之穴，或云尝有城隍神现于其处。"
武宗	会昌三年	黄州	《樊川文集》卷14《祭城隍神祈雨文》
宣宗	大中元年	桂州	《樊南文集》卷5《为中丞荥阳公桂州赛城隍神文》《祭桂州城隍神祝文》
	大中元年至二年	桂州永福县	李商隐《赛永福县城隍神文》
		桂州灵川县	李商隐《赛灵川县城隍神文》
		桂州荔浦县	李商隐《赛荔浦县城隍神文》
		桂州理定县	《樊南文集补编》卷11《为中丞荥阳公赛理定县城隍神文》
懿宗	咸通十五年	湖南	《太平广记》卷312"尔朱氏"条引《南楚新闻》
	咸通中	信州	《续仙传》卷上《宋玄白》
昭宗	光化二年	华州	《宝刻丛编》卷10《唐华州城隍庙碑》，又见《金石萃编》卷156

续表

时间		地点	出处及考订
唐末		抚州	《太平广记》卷47 "宋玄白" 条出《续神仙传》
唐末五代	十国吴（902~937）	扬州	《稽神录》卷1《朱拯》："（朱拯）补安福令。既至，谒城隍神。"

资料来源：此表参考了王涛《唐宋时期城市保护神研究——以毗沙门天王和城隍神为中心》之表3-1《唐五代城隍神分布简表》（中国社会科学出版社，2012，第65~67页），并进行了订误和补充。

护城保民是城隍神最原始和最主要的职能，唐代城隍神也不例外。唐人戴孚《广异记》中记载了 "韦秀庄" 的故事：

> 开元中，滑州刺史韦秀庄，暇日来城楼望黄河。楼中忽见一人，长三尺许，紫衣朱冠。通名参谒，秀庄知非人类，问是何神。答曰："即城隍之主。" 又问："何来？" 答曰："黄河之神，欲毁我城，以端河路，我固不许。克后五日，大战于河湄，恐力不禁，故来求救于使君尔。若得二千人，持弓弩，物色相助，必当克捷。君之城也，唯君图之。" 秀庄许诺，神乃不见。至其日，秀庄帅劲卒二千人登城。河中忽尔晦冥，须臾，有白气直上十余丈，楼上有青气出，相萦绕。秀庄命弓弩乱射白气。气形渐小，至灭，唯青气独存，逶迤如云峰之状，还入楼中。初时，黄河俯近城之下，此后渐退，至今五六里也。[1]

这则故事讲述了黄河神因为要拉直河道，欲淹没滑州城（今河南滑县），城隍神与之展开顽强抗争的故事。黄河神为 "四渎"（长江、黄河、淮河、济水）之一，从汉代以来就属国家祀典，到唐玄宗天宝六年更是被加封为 "灵源公"，在民间信仰中具有崇高的地位；而城隍神虽然已经拟人化，而且还 "紫衣朱冠"，身着官服，然而身长仅

---

[1] 《太平广记》卷302 "韦秀庄" 条引，中华书局，1961，第2396页。

三尺多，与黄河神相比，兴起较晚，神格卑微，神力远不及河神，但却不畏强暴，敢于公开与之叫板，并显形求助于人类，最终击退了河神，反映了城隍作为城市保护神的特性。

类似护城保民的事还有，唐肃宗至德元年（756），为抗击安史叛军围攻睢阳（今属河南商丘）城，许远作有《祭城隍文》云："智井鸠翔，危堞龙攫（按：应作'護'，即'护'）。"后人称赞其文"雄健"，可鼓舞士气。[1] 可惜该文已散失，只余此二句。

另有德宗建中四年，城隍神保护鄂州（今湖北鄂州）军民免遭叛军李希烈部纵火焚烧攻击事，见《册府元龟》卷398《将帅部·冥助》："李兼，德宗贞元四年为江西都团练使，奏：'建中四年，臣任鄂州刺史，逆贼李希烈之将童侍召率众袭鄂州，顺风纵火，邑屋将焚，臣乃祷于城隍神，倏忽风回火烈，贼溃，遂击破之，连拔黄、沔二州。请付史馆，以答神意。'从之。"[2]

唐代城隍神似乎还有护佑商旅和预言天下大事之职能，如《南楚新闻》就记载了一个姓尔朱的商人故事：

> 咸通中，有姓尔朱者，家于巫峡，每岁贾于荆益瞿塘之壖。有白马神祠，尔朱尝祷焉。一日，自蜀回，复祀之，忽闻神语曰："愧子频年相知，吾将舍兹境，故明言与君别尔。"客惊问："神安适耶？"曰："吾当为湖南城隍神，上帝以吾有薄德于三峡民，遂此升擢耳。然天下将乱，今天子亦不久驭世也。"尔朱复惊曰："嗣君谁也？"曰："唐德尚盛。"客请其讳，神曰："固不可泄。"客恳求之，乃曰："昨见天符，但有双日也。"语竟，不复言。是岁懿皇升遐，僖宗以晋王即位。[3]

1　（唐）韦绚：《刘宾客嘉话录》，阳羡生校点，载《唐五代笔记小说大观》，上海古籍出版社，2000，第793页。又见宋人王谠《唐语林》卷5补遗作"智井鸠護，危堞龙護（护）"。今从之。又《全唐文》卷345作"智井鸠翔，老堞龙攫"。按：《唐诗纪事》卷25"张巡"条误作张巡文。

2　《册府元龟》卷398《将帅部·冥助》，中华书局，1960年影印本，第4738页上栏。

3　《太平广记》卷312"尔朱氏"条引，中华书局，1961，第2469页。

　　这个故事讲述了尔朱姓商人经常祈祷的一座白马神祠，因有德于民，被上帝擢升为湖南城隍神，并预言唐末天下将大乱、唐懿宗将不久人世的故事。湖南城隍神可调任、巫峡白马神升任一事，反映出唐代的城隍神还处于不断发展变化之中。

　　此外，从唐代开始，城隍神还逐渐演化为掌管一方冥间的大神——冥官，负责当地的冥间事务和水旱吉凶，成为与人世间地方官相对应的地方大神，所谓阴阳两间，共理一方。这是城隍"神格"演变和城隍信仰发展的一个重要转折点。关于唐代城隍神为"冥官"的情形，《报应录》"王简易"故事载：

　　　　唐洪州司马王简易者，常暴得疾，腹中生物如块大，随气上下，攻击脏腑，伏枕余月。一夕，其块逆上筑心，沈然长往，数刻方寤，谓所亲曰："初梦见一鬼使，自称丁郢，手执符牒云：'奉城隍神命，来追王简易。'某即随使者行，可十余里，方到城隍庙。门前人相谓曰：'王君在世，颇闻修善，未合身亡，何得遽至此耶？'寻得见城隍神，告之曰：'某未合殂落，且乞放归。'城隍神命左右将簿书来，检毕，谓简易曰：'犹合得五年活，且放去。'"至五年，腹内物又上筑心，逡巡复醒云："适到冥司，被小奴所讼，辞气不可解。"其妻问小奴何人也，简易曰："某旧使僮仆，年在妙龄，偶因约束，遂致毙。今腹中块物，乃小奴为祟也。适见前任吉州牧钟初，荷大铁枷，着黄布衫，手足械系。冥司勘非理杀人事，款问甚急。"妻遂诘云："小奴庸下，何敢如是？"简易曰："世间即有贵贱，冥司一般也。"妻又问阴间何罪最重，简易曰："莫若杀人。"言讫而卒。[1]

　　在这则故事中，城隍庙又被称为"冥司"，城隍神手中掌握有生死簿，记载着人的生死寿夭，负责拘人魂魄的"鬼使"叫丁郢。人的

1　《太平广记》卷124"王简易"条引，中华书局，1961，第873页。

魂魄被追到阴间后，城隍神根据此人生前的善恶进行判决，明察秋毫，报应不爽。

另一则故事牛肃《纪闻》所载的"宣州司户"，也提到城隍神掌管人间生死之事：

> 吴俗畏鬼，每州县必有城隍神。开元末，宣州司户卒，引见城隍神。神所居重深，殿宇崇峻，侍卫甲杖严肃。司户既入，府君问其生平行事，司户自陈无罪，枉见录。府君曰："然，当令君去。君颇相识否？"司户曰："鄙人贱陋，实未识。"府君曰："吾即晋宣城内史桓彝也，为是神管郡耳。"司户既苏言之。[1]

这则故事也讲人死之后要先到城隍神那里去报到，城隍神根据其人的生平行事、善恶罪愆再来判决该人是否应该放还。宣州（今安徽宣城）城隍神自称为东晋时宣城内史桓彝，《晋书·桓彝传》载："桓彝字茂伦，谯国龙亢人……少孤贫，虽箪瓢，处之晏如。性通朗，早获盛名……起家州主簿……及（王）敦平……遂补彝宣城内史。在郡有惠政，为百姓所怀。苏峻之乱也，彝纠合义众，欲赴朝廷……峻遣将韩晃攻之……将士多劝彝伪降，更思后举。彝不从……城陷，为晃所害……宣城人纪世和率义故葬之。"[2]可见桓彝是任宣城内史时，在抗击苏峻之乱中牺牲，宣城人为感念其忠君保城之功而尊其为宣州城隍神。

越州城隍神则为唐初越州总管庞玉，吴越王钱镠撰《镇东军墙隍神庙记》曰：

> 若夫阴阳共理之规，人神相赞之道，传于史册，今昔同符……故唐右卫将军总管庞君讳玉，顷握圭符，首临戎政，披榛

1　《太平广记》卷 303 "宣州司户" 条引，中华书局，1961，第 2400 页。
2　《晋书》卷 74《桓彝传》，中华书局，1974，第 1940 页。

建府，吐哺绥民，仁施则冬日均和，威肃则秋霜布令。属墙爱戴，黔庶歌谣，寻而罢市兴嗟，余芳不泯，众情追仰，共立严祠，镇都雉之冈峦，宰军民之祸福，殿堂隆邃，仪卫精严，式修如在之仪，仰托储灵之荫……寻蒙天泽，果赐允俞，颁崇福之嘉名，升五等之尊爵。[1]

这是后梁开平二年（908），吴越王钱镠奏请梁主朱温加封越州城隍神庞玉为崇福侯时撰写的记文。到后唐清泰元年（934），又加封为兴德保闽王。庞玉在唐初曾任越州（今浙江绍兴）总管，有惠泽于民，乡人感怀其恩，在其死后，为之立祠祭祀，至晚在唐末已成为当地城隍神。

三　祭城隍神文

城隍神成为一方冥间大神之后，其职权范围也有所扩大，掌管当地冥间事务及人力所不及的其他一切事务，除了护城保境，还得保一方百姓免受水旱虫疫等各种灾害之苦。唐代有许多文人，如张说、张九龄、李阳冰、韩愈、杜牧、李商隐等都写过祈祷城隍文。

唐代地方官到任后，一般都会举行隆重的祭祀城隍神活动，其意义似乎在于人间的官吏向主管此地冥间的城隍神致意，希望共同治理保护好当地的百姓。张说《祭城隍文》就是此类祭文：

> 维大唐开元五年，岁次丁巳，四月庚午朔二十日己丑，荆州大都督府长史、上柱国、燕国公张说，谨以清酌之奠，昭告于城隍之神：山泽以通气为灵，城隍以积阴为德，致和产物，助天育人，人之仰恩，是关祀典。说恭承朝命，纲纪南邦，式崇荐礼，以展勤敬。庶降福四氓，登我百谷，猛兽不搏，毒虫不噬。精诚

---

1 《全唐文》卷130，中华书局，1983年影印本，第1305页。

或通，昭鉴非远。尚飨！[1]

此文撰于开元五年，张说时为荆州（今湖北荆州）大都督府长史。张说上任后，昭告祭祀城隍神，希望神灵保境安民，降福四民，五谷丰登，各种猛兽、毒虫均不肆虐。

唐人的祭祀城隍文中，有一类祈请降雨或止雨文。如张九龄《祭洪州城隍神（祈晴）文》就是一篇祈祷止雨文：

> 维开元十五年，岁次丁卯，六月壬寅朔，十日辛亥，中散大夫、使持节都督洪州诸军事、洪州刺史、上柱国、曲江县开国男张某，谨以清酌脯醢之奠，（敬）祭于城隍神之灵：恭惟明神，懿此潜德，城池是保，民庶是依，精灵以秉，正直攸好。（九龄）忝牧兹郡，敢忘在公？道虽隔于幽明，事或同于表里。今水潦所降，亦惟其时，而淫雨不止，恐害嘉谷。谷者，人之所以为命；人者，神之所以为祀。祀，可不以为利；义，不可以不福。阖境山川，能致云雨，岂无节制？愿达精诚！以时弭灾，无或失稔，则理人有助，是所望于神明。尚飨！[2]

此文撰于开元十五年，张九龄时为洪州（今江西南昌）都督。因当地淫雨不止，造成水涝灾害，恐将妨害农稼，故作者作此文以祭城隍神，祈天晴雨止。文中提到的"城池是保，民庶是依"，即城隍神护城保民的基本职能。

类似祈祷城隍神止雨的事，还有李白《天长节使鄂州刺史韦公德政碑并序》："（韦良宰）移镇夏口，救时艰也。慎厥职，康乃人。灭兵归农，除害息暴。大水灭郭，洪霖注川。人见忧于鱼鳖，岸不辨于牛马。公乃抗辞正色，言于城隍曰：'若三日雨不歇，吾当伐

1　（唐）张说著，熊飞校注《张说集校注》卷23，中华书局，2013，第1110页。

2　（唐）张九龄撰，熊飞校注《张九龄集校注》卷17，中华书局，2008，第937页。

乔木，焚清祠。'精心感动，其应如响。"[1] 夏口，在今湖北武汉。此事约发生于肃宗乾元元年至二年，韦良宰时任鄂州刺史，因大雨不止，故有是祈。不过，从行文来看，地方官在祭请城隍神时，却使用了威胁命令的口气：假如三日不停止下雨，就要焚烧城隍神庙。显然，此时的城隍神地位还不算很尊贵，所以才会遭到同级别地方官的威胁。

类似胁迫命令式的祭祀，还有李阳冰《缙云县城隍神记》：

> 城隍神，祀典无之，吴越有之，风俗水旱疾疫，必祷焉。有唐乾元二年秋七月不雨，八月既望，缙云县令李阳冰躬祈于神。与神约曰："五日不雨，将焚其庙。"及期大雨，合境告足。具官与耆耋群吏，乃自西谷迁庙于山巅，以答神休。[2]

唐肃宗乾元二年秋七月，缙云县（今浙江缙云）因为天旱，县令李阳冰于八月十六祈祷于当地城隍神，约定如果五天之内不下雨，就要焚毁其庙宇，结果大雨如期而至，解除了当地旱情，于是李阳冰率领当地官吏及德高望重的乡绅，将城隍庙从西谷迁址到山顶，以报答神明赐予福祥。

同样是祭神文，韩愈有一组《潮州祭神文》，口气就要温和得多了。其三《祭城隍神文》曰：

> 维年月日，潮州刺史韩愈，谨以柔毛刚鬣清酌庶羞之奠，祭于城隍之神。间者以淫雨将为人灾，无以应贡赋供给神明，上下获罪罚之故，乃以六月壬子，奔走分告，乞晴于尔明神。明神闵人之不辜，若缩若咎。粪除天地山川，清风时兴，白日显行，蚕谷以登，人不咨嗟。惟神之恩，夙夜不敢忘怠。谨卜良

---

1 （唐）李白著，瞿蜕园、朱金城校注《李白集校注》卷29，上海古籍出版社，1980，第1657~1658页。

2 （唐）李阳冰：《缙云县城隍神记》，载《全唐文》卷437，中华书局，1983年影印本，第4461页。

日，躬率将吏，荐兹血毛清酌嘉羞，侑以音声，以谢神贶。神其
飨之！[1]

这是唐宪宗元和十四年夏秋间，韩愈被贬潮州（今广东潮州）刺
史任上所作。因为淫雨不止，将为害于当地百姓，所以乞晴于神明，
这也是一篇祈求雨止文。

韩愈还作有一组《袁州祭神文》，其一为祭城隍文：

维年月日，袁州刺史韩愈，谨告于城隍神之灵：刺史无
治行，无以媚于神祇。天降之罚，以久不雨，苗且尽死。刺史
虽得罪，百姓何辜？宜降疾咎于某躬身，无令鳏寡蒙兹滥罚。
谨告。[2]

这是元和十五年夏，韩愈改任袁州（今江西宜春）刺史时所作。
此文为祈雨文，虽然不是威胁命令的口气，用的却是昭告的形式，强
调刺史的责任，情愿自己受到惩罚，也不愿神明为难当地的无辜百
姓。从中唐以来，地方官向城隍神祈雨的现象已较普遍，地方官对城
隍神态度的变化意味着城隍神地位的逐渐提高。

作过祈雨文的还有杜牧，他有《祭城隍神祈雨文》二篇，其
一曰：

下土之人，天实有之。五谷丰实，寒暑合节，天实生之。苗
房甲而水浥之，苗秀好而旱萎之，饥则必死，天实杀之也……刺
史性愚，治或不至，厉其身可也，绝其命可也！吉福殃恶，止当
其身，胡为降旱，毒彼百姓？谨书诚恳，本之于天，神能格天，

---

1 （唐）韩愈撰，马其昶校注，马茂元整理《韩昌黎文集校注》卷 5，上海古籍出版社，1986，第
319~320 页。

2 （唐）韩愈撰，马其昶校注，马茂元整理《韩昌黎文集校注》卷 5，上海古籍出版社，1986，第
321 页。

为我申闻。

此文语气与韩文相仿，天旱祈祷城隍时，也无威胁命令的口气，强调的是刺史之责，希望罪厉止当其身，不要涂毒百姓。其二曰：

> 牧为刺史，凡十六月，未尝为吏，不知吏道……今旱已久，恐无秋成。谨具刺史之所为，下人之将绝，再告于神，神其如何？[1]

这篇祭文也是申刺史之责，昭告于城隍神。杜牧的这两篇祭城隍神祈雨文约作于武宗会昌三年夏秋间，杜牧时任黄州（今湖北黄冈）刺史。

唐代现存祭城隍文最多的是李商隐，他曾数次出入节度使幕府，为主官写过多篇祭城隍神文。这些祭文分为主官上任伊始的昭告文和祈雨灵验后的报赛文。昭告文存 3 篇。

《为安平公兖州祭城隍神文》曰：

> 年月日，致祭于城隍之神。四民攸居，是分都邑。五兵未息，爰假金汤。惟神受命上玄，守职斯土。拥长云之垒，提却月之营。主张威灵，弹压氛祲。某方宣朝旨，来总藩条。帐中之列既安，幕下之筹敢失？神其守同石堡，护等玉关，长令崒若岸焉，无使复于隍也。[2]

安平公崔戎，文宗太和八年三月，调任兖海观察使，兼兖州刺

1　（唐）杜牧：《樊川文集》卷 14《祭城隍神祈雨文》，载吴在庆校注《杜牧集系年校注》，中华书局，2008，第 900~903 页。

2　（唐）李商隐著，（清）冯浩详注，钱振伦、钱振常笺注《樊南文集》卷 5，上海古籍出版社，2015，第 279 页。

史。这篇祭城隍神文是李商隐在他上任后所作的昭告文，当时山东地区强藩跋扈，互相攻伐，不遵朝命。该文的目的是希望城隍神能助新上任的刺史守职斯土，卫护城池固若金汤。

《为怀州李使君祭城隍神文》曰：

> 年月日，致祭于城隍之神。某谬蒙朝奖，叨领藩条。熊轼初临，虎符适至。敢资灵于水土，冀同固于金汤。况彼潞人，实逆天理。因承平之地，以作巢窠；驱康乐之民，以为蟊贼。一至于此，其能久乎！惟神广扇威灵，划开声势。俾犯境者，望飞鸟而自遁；此滔天者，听唳鹤以虚声。崇墉载严，巨堑无壅。今来古往，永无川竭之因；万岁千秋，莫有土崩之势。神其听之，无易我言。[1]

这是文宗开成二年，怀州（今河南沁阳）刺史李执方上任后，李商隐为他作的祭城隍神昭告文。其祈愿与前文同，无非希望借助神灵之威，使城池固若金汤，来犯之敌，望风而遁。

《祭桂州城隍神祝文》曰：

> 维大中元年，岁次丁卯，八月甲午朔，二十七日庚申，桂州管内都防御观察处置等使、正议大夫、使持节桂州诸军事、守桂州刺史兼御史中丞、上柱国、赐紫金鱼袋郑某，谨遣直官摄功曹、参军、文林郎、守阳朔县令庄敬质，谨以旨酒庶羞之奠，祭于城隍之神：浚洫崇墉，所以固吾圉；春祈秋报，所以辅农功。今露白雷收，虫坏水涸。念时旸而时雨，将乃积而乃仓。敢以吉辰，式陈常典。神其保兹正直，歆彼馨香。聿念前修，勿亏明鉴。昔房豹变乐陵之井昧，任延易九真之土风。岂独人谋，抑由

1　（唐）李商隐著，（清）冯浩详注，钱振伦、钱振常笺注《樊南文集》卷5，上海古籍出版社，2015，第282页。

冥助。今犹古也，神实听之。[1]

这是大中元年郑亚出任桂管观察使后，李商隐为他所作的一篇具有昭告城隍神性质的祭文。此类祭文的目的是祈求神明护境保民，阴阳和顺，水旱虫疫灾害不作。

李商隐所作的祭城隍文中，关于祈雨灵验后的报赛文最多，一共有6篇。其《赛城隍神文》曰：

> 年月日，赛于城隍之神。惟神据雉堞以为雄，导沟池而作润。果成飘注，以救炎焚；敢荐斯牲，用报嘉种。神其永通灵感，长懋玄功。导楚子之余波，需晋国之膏雨。苟能不昧，报亦随之。[2]

这篇赛城隍神文没有注明地名，观其文意，应是祈雨于城隍神而获灵验后报谢神明。该文约作于武宗会昌四年，作者或在怀州，或在郑州（今河南郑州）幕府时的作品。

其他5篇都是他受邀入桂管观察使郑亚幕府时为府主所作。其《为中丞荥阳公桂州赛城隍神文》曰：

> 惟大中元年，岁次丁卯，六月甲午朔，十四日丁未，都防御观察处置等使、桂州刺史兼御史中丞郑某，谨遣登仕郎、守功曹、参军陆佚，以庶羞之奠，祭于城隍之神。夫大邑聚人，通都设屏。将雄走集，必假高深。不惟倚仗风云，兼用翁张神鬼。某初蒙朝奖，来佩藩符。既御寇于西原，亦观风于南国。始维画鹢，将下伏熊。属楚雨蔽空，湘云塞望。晦我中军之鼓，湿予下

1　（唐）李商隐著，（清）冯浩详注，钱振伦、钱振常笺注《樊南文集》卷5，上海古籍出版社，2015，第285~286页。
2　（唐）李商隐著，（清）冯浩详注，钱振伦、钱振常笺注《樊南文集》卷5，上海古籍出版社，2015，第283页。

濑之师。遂以诚祈，果蒙神应。速如激矢，势等却河。及兹报荐
之时，敢怠馨香之礼？神其干霄作峻，习坎为防。合烽橹以保
民，导川途而流恶。使言言坚垒，侔地道以无疆；活活深沟，如
井德之不改。勿违丘祷，以作神羞。尚飨！[1]

此文是李商隐随郑亚到桂州（今广西桂林）上任后，因雨淋不
止，祈祷当地城隍神止雨灵验后的报赛文。

李商隐在郑亚幕中，曾随府主郑亚对桂管属下辖县进行过一番巡
视，并举行过一系列的报赛城隍神的祭祀活动。他代为起草的此类报
赛城隍神文有以下几篇。

《赛灵川县城隍神文》：

> 年月日，赛于灵川县城隍之神。高垒深沟，用资固护。兴云
> 渫雨，谅俟威灵。惟神能感至诚，将成大稔。逐清泠之耕父，不
> 使扬光；回沮泽之蟠龙，皆令洒润。式陈微报，愿鉴惟馨。[2]

灵川，今广西桂林辖县。作者在《祭桂州城隍神祝文》中提到
"春祈秋报"，此赛灵川城隍神文及以下诸报赛文，皆属此类。

《赛荔浦县城隍神文》：

> 年月日，赛于荔浦县城隍之神。嗟我疲民，每虞艰食。寒耕
> 热耨，始望于秋成；铄石流金，几伤于岁事。远资灵顾，式布属
> 阴。无烦管辂之占，不待栾巴之噀。窃陈薄奠，用答丰年。神其
> 据有高深，主张生植。同功田祖，比义雨师。无假怒于潜龙，勿

---

1 （唐）李商隐著，（清）冯浩详注，钱振伦、钱振常笺注《樊南文集》卷5，上海古籍出版社，
　　2015，第283~284页。
2 （唐）李商隐著，（清）冯浩详注，钱振伦、钱振常笺注《樊南文集》卷5，上海古籍出版社，
　　2015，第302~303页。

纵威于虐魃。守兹县邑，富我京坻。[1]

　　荔浦，今广西桂林辖市。文意同前祭文。在此报赛文中，作者将城隍神赞誉为"同功田祖，比义雨师"。田祖为古代农业生产的保护神，祭祀田祖是为了风调雨顺、五谷丰登。中国古代是一个农业社会，所以国家非常重视祭祀农神。《周礼·春官·龠章》载："凡国祈年于田祖，龡（吹）《豳雅》，击土鼓，以乐田畯。"[2] 又《诗经·小雅·甫田》说："琴瑟击鼓，以御田祖，以祈甘雨，以介我稷黍，以谷我士女。"[3] 这是周王祭祀田祖时的乐歌。唐玄宗还作有《千秋节宴》诗曰："处处祠田祖，年年宴杖乡。"[4] 千秋节为唐玄宗的诞辰日，农历八月初五日，开元十七年被定为节日。《旧唐书·玄宗纪》载：开元十八年，闰六月"辛卯，礼部奏请千秋节休假三日，及村闾社会，并就千秋节先赛白帝，报田祖，然后坐饮，从之"。[5] 故玄宗诗有此咏。雨师是掌管雨的神，中国古代很早就有祭祀雨师之礼。《周礼·春官·大宗伯》称："以槱燎祀司中、司命、风师、雨师。"[6] 雨师之典，本为小祀，到唐玄宗天宝四载升为中祀，并且要"诸郡各置一坛"，"祀雨师，立夏后申"，"其祭官准祭社例，取太守以下充"。[7] 作者将城隍与田祖、雨师同比，说明到晚唐时期城隍神的地位已大大提高。

　　《赛永福县城隍神文》：

1　（唐）李商隐著，（清）冯浩详注，钱振伦、钱振常笺注《樊南文集》卷 5，上海古籍出版社，2015，第 303~304 页。

2　（清）孙诒让：《周礼正义》卷 46《春官·龠章》，王文锦、陈玉霞点校，中华书局，2013，第 1911 页。

3　程俊英、蒋见元：《诗经注析》，中华书局，1991，第 670 页。

4　《全唐诗》卷 3，中华书局，1960，第 38 页。

5　《旧唐书》卷 8《玄宗纪上》，中华书局，1975，第 195 页。

6　（清）孙诒让：《周礼正义》卷 33《春官·大宗伯》，王文锦、陈玉霞点校，中华书局，2013，第 1297 页。

7　《唐会要》卷 22《祀风师雨师雷师及寿星等》，上海古籍出版社，1991，第 495 页。

年月日，赛于永福县城隍之神。夫考室立家，先存户灶，聚人开邑，首起城池。固有明灵，降而鉴治。惟神克扬嘉霍，广育黎民。聊为茨梁，少申肴酊。神其节宣四气，扶佑三时。勿使毕星，但称于好雨；无令田祖，独擅于有神。永馨蘋藻之忱，长挟金汤之势。[1]

永福县，今广西桂林辖县。意同前文。毕星即西方白虎七宿的第五宿，共有 8 颗星，属金牛座，被认为是雨师。蔡邕《独断》曰："雨师神，毕星也。其象在天，能兴雨。"[2]此报赛文也将城隍之重要性与雨师和田祖并列。

《为中丞荥阳公赛理定县城隍神文》：

都防御观察处置等使兼御史中丞郑某，谨差理定县令某，具酒肴昭赛于县城隍之神。日者穴蚁不封，商羊未舞，爰忧即日，将害有秋。我告于神，神能感我，云才作叶，雨已垂丝，既开丰稔之祥，敢怠馨香之报。神其无羞小邑，勿替玄功，永作荫于城郭沟池，长想报于禾麻菽麦。守臣奉职，孰敢不虔！[3]

理定，治今广西永福县，归桂州辖。此文似乎不是泛泛的"春祈秋报"赛文，从文意看，应是祈雨灵验后的报赛之文，与前几篇不同的是，派遣理定县令举行报赛活动。文中用了"穴蚁不封，商羊未舞"之语，表示天不下雨，出现干旱。一般认为，蚂蚁聚土于洞口，是天要下大雨的征兆，故有蚁封穴雨之说。西汉焦延寿《易林·震

1　（唐）李商隐著，（清）冯浩详注，钱振伦、钱振常笺注《樊南文集》卷 5，上海古籍出版社，2015，第 304 页。

2　（汉）蔡邕：《独断》卷上，中华书局，1985 年丛书集成初编本，第 10 页。

3　（唐）李商隐著，（清）冯浩详注，钱振伦、钱振常笺注《樊南文集》卷 11，上海古籍出版社，2015，第 895 页。

卦·蹇辞》曰："蚁封户穴，大雨将集。"[1]故"穴蚁不封"表示天旱不下雨。商羊是传说中只有一只脚的神鸟，每当大雨到来之前便会翩翩起舞。《孔子家语·辩政》载："齐有一足之鸟，飞集于公朝，下止于殿前，舒翅而跳。齐侯大怪之，使使聘鲁，问孔子。孔子曰：'此鸟名曰商羊，水祥也。昔童儿有屈其一脚，振讯两眉而跳，且谣曰：天将大雨，商羊鼓舞。今齐有之，其应至矣。急告民趋治沟渠，修堤防，将有大水为灾。'顷之，大霖雨，水溢泛诸国，伤害民人。惟齐有备不败。"[2]所以东汉王充在《论衡·变动篇》中说："商羊者，知雨之物也，天且雨，屈其一足起舞矣。"[3]故"商羊未舞"也是表示天旱。所以这是一篇祈雨报赛文。

唐人除了留下许多赛城隍神文外，还有一些描写赛城隍的诗作。如杜甫早年游历江宁县（今江苏南京）时，看到那里赛城隍的景象。后来友人许登回乡探亲，他写下了《送许八拾遗归江宁觐省》诗，有"十年过父老，几日赛城隍"句。[4]又如羊士谔作有《城隍庙赛雨二首》，诗曰：

零雨慰斯人，斋心荐绿萍。山风箫鼓响，如祭敬亭神。
积润通千里，推诚莫一厄。回飙经画壁，忽似偃云旗。[5]

羊士谔（约762~819），约为中唐时人，从诗中"如祭敬亭神"句判断，此诗大概描写的是宣州赛城隍事。敬亭神，即敬亭山神。《元和郡县图志》卷28《江南道·宣州》载："敬亭山，在州北

1　（西汉）焦延寿著，（元）无名氏注《易林》卷13《震》，马新钦点校，凤凰出版社，2017，第678页。
2　（三国魏）王肃注《孔子家语》卷3《辩政》，上海古籍出版社，1990年影印本，第38页上栏。
3　黄晖：《论衡校释（附刘盼遂集解）》卷15《变动篇》，中华书局，1990，第650页。
4　（唐）杜甫著，（清）仇兆鳌注《杜诗详注》卷6《送许八拾遗归江宁觐省，甫昔时常客游此县，于许生处乞瓦棺寺维摩图样，志诸篇末》，中华书局，1979，第456页。本句又作"赐书夸父老，寿酒乐城隍"。见谢思炜校注《杜甫集校注》卷10，上海古籍出版社，2016，第1619页。
5　《全唐诗》卷332，中华书局，1960，第3701页。

十二里。即谢朓赋诗之所。"[1]作者约在顺宗永贞元年六月前，在宣州崔衍幕中，充宣歙观察使推官，此诗当作于此时，描写的是祈雨灵验后的报赛场景。民众吹箫击鼓如祭山神，城隍庙墙上似乎还绘有壁画。

除了求雨祈晴外，唐代还流传着华州城隍神救驾的传说。如立于金大定二十四年（1184）的《华州城隍神新庙记》（又名《华州城隍神济安侯新庙记》）载："乾宁三年，凤翔李茂贞以兵犯京师。□□将奔太原，次渭北，华州刺史韩建遣其子允请天子幸华州……是夜，建袖剑诣行宫，将及御幄，有神□□御幄旁，厉声叱曰：'汝陈许间一卒尔，蒙天子厚恩至此，辄敢为弑逆事乎！'建仓皇而退，亦莫知为谁。明日物色访之，乃华之城隍神也。昭宗亦□□，遂徙其神于行宫。明年八月己未，行驾还京师。甲子，御端门、肆、赦，改元光化，以华州为兴德府，封城隍神为济安侯。"[2]关于华州城隍神叱韩建救驾事，不见于正史记载，然而有立于光化二年四月的李巨川撰、柳怀素书《唐济安侯庙记》以及《唐华州城隍庙碑》，虽然二碑早已遗失，但庶几可证华州城隍神被昭宗加封事。[3]

在古代，多是人们向城隍神祈求保佑，但是也有城隍神向人求请托的时候。如五代宋初人徐铉在《稽神录》中就记载了一个城隍神给县令朱拯托梦请求修缮庙宇的故事：

> 伪吴玉山主簿朱拯赴选至扬都。梦入官署，堂上一紫衣正坐，旁一绿衣。紫衣起揖拯曰："君当以十千钱见与。"拯拜，许诺。遂寤。顷之，补安福令。既至，谒城隍神。庙宇神像皆如梦中。其神座后屋漏梁坏。拯叹曰："十千岂非此耶？"即以私财葺

1　（唐）李吉甫：《元和郡县图志》卷28《江南道·宣州》，贺次君点校，中华书局，1983，第682页。

2　（清）王昶辑《金石萃编》卷156，中国书店，1985。

3　李慧主编《陕西石刻文献目录集存》，三秦出版社，1990，第185页。（南宋）陈思编著《宝刻丛编》卷10，浙江古籍出版社，2012年影印本，第749页。

之，费如其数。[1]

这是发生在唐末五代十国时期南方吴国的一个故事，当时玉山（今江西玉山）主簿朱拯赴吴都城扬州选调，梦到一官署，堂上正襟危坐着一紫衣人，旁边还坐着一绿衣人。只见紫衣人起来向朱拯拱手行礼，请求给予一万钱。后来朱拯补选为安福（今江西安福）县令，在拜谒当地城隍庙时，看到庙宇神像都是他梦中所见之情景。只是神像座后面的屋顶梁坏破漏，朱拯就解囊修缮，花费正好是一万钱。

四　城隍神的道教化

城隍信仰本来属于民间信仰的范畴，但到唐后期，它逐渐向道教靠拢。如《裴铏传奇》中记载了"崔炜"的故事，其中提到了广州城隍神，就似乎与道教发生了关系：

> 贞元中，有崔炜者，故监察向之子也。向有诗名于人间，终于南海从事。炜居南海，竟豁然也。不事家产，多尚豪侠；不数年，财业殚尽，多栖止佛舍……炜因迷道，失足坠于大枯井中……乃一巨穴，深百余丈，无计可出……但见一室，空阔可百余步……有小青衣出而笑曰："玉京子已送崔家郎君至矣。"遂却走入。须臾，有四女，皆古鬟髻，曳霓裳之衣，谓炜曰："何崔子擅入皇帝玄宫耶？"……炜乃叩首，求归之意颇切。女曰："崔子既来，皆是宿分，何必匆遽，幸且淹驻。羊城使者少顷当来，可以随往。"……逡巡有日影入照座中。炜因举首，上见一穴，隐隐然睹人间天汉耳。四女曰："羊城使者至矣。"遂有一白羊自空冉冉而下，须臾至座。背有一丈夫，衣冠俨然，执大笔，兼封一

1　（宋）徐铉：《稽神录》卷 1，白化文点校，中华书局，1996，第 1 页。

青竹简，上有篆字，进于香几上。四女命侍女读之曰："广州刺史徐绅死，安南都护赵昌充替。"女酌醴饮使者曰："崔子欲归番禺，愿为挈往。"使者唱喏。回谓炜曰："他日须与使者易服缞宇，以相酬劳。"炜但唯唯……炜遂再拜告去，欲蹑使者之羊背……瞬息而出穴，履于平地，遂失使者与羊所在……后有事于城隍庙，忽见神象有类使者，又睹神笔上有细字，乃侍女所题也。方具酒脯而奠之，兼重粉绘及广其宇。是知羊城即广州城，庙有五羊焉。[1]

这个故事是以德宗时广州城为背景。广州别称羊城，广州城隍神骑一只白羊，又称羊城使者，其形象为一衣冠齐整庄重的丈夫，手里拿着一支如椽之笔和一只密封的青竹简，上面用篆字写着有关广州刺史徐绅去世、安南都护赵昌充任之事，显然这里的城隍神也是扮演了冥官的角色。徐绅，贞元十八年至元和元年任广州刺史、岭南节度使，卒于任上；赵昌，元和元年四月，以安南经略使改任广州刺史、岭南节度使。显然，这个故事也反映了此历史事件。值得注意的是，在该传奇故事中，出现了道教女仙鲍姑。鲍姑（约 309~343），"鲍靓女，葛洪妻也"，相传她曾在广州及南海一带修炼，精通艾灸。崔炜正是因为得到鲍姑相赠的"神艾"，才踏上了一段神奇的旅程。此外，在此故事中还出现了传说中的神仙安期生以及他朝拜天帝于玉京山时所乘之神龙，号"玉京子"。后来，崔炜"栖心道门，乃挈室往罗浮访鲍姑，后竟不知所适"，暗示了他也得道成仙。这个故事似乎显示了城隍神与道教之间已经产生了联系。

随着道教在社会上影响不断增大，城隍逐渐被改造成一位道教尊神。马克斯·韦伯指出："（道教）确定了城隍（往往是一位被封为神的城里大官）的职能是为来世的命运做言行记录，也就是主管天堂

---

[1] （唐）裴铏著，周楞伽辑注《裴铏传奇·崔炜》，上海古籍出版社，1980，第 14~21 页。

与地狱。"[1] 从此，道士不但掌握了城隍的祭祀与祈祷活动，甚至还出现了城隍受制于道士的传说。如沈汾《续仙传》记载了"宋玄白"的故事：

> 宋玄白，不知何许人。为道士。身长七尺余，眉目如画，端美肥白，言谈秀丽，人见皆爱之。有道术……游越州，遇大旱，方曝尪乐龙以祈雨。涉旬，亢阳愈甚。玄白见之……于是止于玄真观，焚香上祝，经夕大雨澍，告足，越人极神异之。复南游到信州，又逢大旱祈祷。有道士知玄白能致雨，州乃请之。遽作术，飞钉城隍神双目。刺史韦德璘怪其贮妇女，复钉城隍，此妖狂也，将加责辱。健步辈欲向之，手脚皆不能动，悉仆倒，枷杖亦自摧折……德璘方惧。祈祷须史，致雨。礼而遣之。其灵术屡施，不可备录。后之抚州南城县，白日上升而去。[2]

该故事中，道士宋玄白为了求雨，竟然作法术钉城隍神双目，令刺史都觉得其"妖狂"！宋玄白的这种做法，大概是一种祈雨巫术，显示了城隍神也得听命于道士的发展趋势。

到唐末五代时期，在杜光庭的《道门科范大全集》中，就已经在斋醮请神仪式中开列有城隍法位。如在卷12《祈求雨雪仪》所请神灵中就有"城隍"；卷26《祈嗣大醮仪》的请称神灵法位中，也有"城隍"；卷69《道士修真放谢罪仪》中，也有"州县城隍之神"；卷73《道士修真放谢罪仪》中，也请称城隍法位；在卷76、卷77、卷78《上清升化仙度迁神道场仪》所请称的法位中都有城隍。[3] 到南宋蒋叔舆编《无上黄箓大斋立成仪》卷8《牒札门》中载有灵宝大法司

1 〔德〕马克斯·韦伯著，王容芬译《儒教与道教》，商务印书馆，1995，第252~253页。
2 （南唐）沈汾：《续仙传》卷上《宋玄白》，载《道藏》第5册，文物出版社、上海书店、天津古籍出版社，1988年影印本，第81页。
3 （唐）杜光庭：《道门科范大全集》卷12、卷26、卷69、卷73、卷76、卷77、卷78，载《道藏》第31册，文物出版社、上海书店、天津古籍出版社，1988年影印本。

牒上都、州、县城隍牒文，命城隍关报管下城隍，"部集神兵，预次会合，躬亲前来，专一扫荡秽氛，防卫坛席"。[1]宁全真授、王契真纂《上清灵宝大法》卷29《传度仪范门》也载有灵宝大法司上都、府州、县城隍牒文。[2]另一部由金允中编的《上清灵宝大法》卷29《发城隍牒引》中称：灵宝大法司，"受命上穹，分司玄职，总录显幽之不典，督察妖异之乱常。依按科条，合移文牒。今有公牒一角封印全，前赴某处城隍司投下，须至专行……急速传达，亟切通闻。如有邪鬼干侵，妖异阻截，一就擒解摄行，究治罪源，置之天律。须管公文即达，不请顷刻稽延"。[3]可见，唐末五代以来，城隍已逐渐发展成为道教统管的大神之一。

在敦煌的民间信仰中，也有关于城隍神的信仰。有学者就注意到敦煌地区的城隍神信仰，认为唐宋间敦煌地区城隍信仰似乎并不怎么流行，在敦煌文献中仅有数条记载。[4]如 P.2944《薴啰鹿舍施追荐亡妻文》曰："今者即称收首能人，当于九夏炎口（阳），口五凉路，意欲宣于城隍，使得护持舍邑僧徒。"[5]此文书约为吐蕃占领时期之物，文中城隍职掌为护佑地方民物。又 P.2044V《释门文范》曰："城隍社庙，护疆界而不起尘烟；土地灵祇，保乡间而常无瘴疠。"此文书约为归义军时期传抄到敦煌的，文中城隍职掌亦为护佑城池疆界，免遭战火涂毒。又 S.5139《乙酉年六月凉州节院使刘少晏上归义军节度使状》："今经三五年来，沙州骨子心儿、屈铁不放下悸（祭）城隍，至今全得好在安乐。"乙酉年为五代后唐庄宗同光三年（925），此城隍之职也是护佑城池百姓。又 P.2098《佛说八阳神咒经》题记："于时

---

1 （南宋）蒋叔舆编《无上黄箓大斋立成仪》卷8《牒札门》，载《道藏》第9册，文物出版社、上海书店、天津古籍出版社，1988年影印本，第418页下栏~419页下栏。

2 （南宋）宁全真授，王契真纂《上清灵宝大法》卷29《传度仪范门》，载《道藏》第30册，文物出版社、上海书店、天津古籍出版社，1988年影印本，第920页中栏~921页上栏。

3 （南宋）金允中编《上清灵宝大法》卷29《发城隍牒引》，载《道藏》第31册，文物出版社、上海书店、天津古籍出版社，1988年影印本，第531页下栏~532页上栏。

4 公维章：《唐宋间敦煌的城隍与毗沙门天王》，《宗教学研究》2005年第2期，第113~119页。

5 黄征、吴伟校注《敦煌愿文集》，岳麓书社，1995，第748页。

同光四年丙戌之岁四月四日，弟子书（画？）宝员，一为亡过父母作福，二为合大小，无诸灾障，城皇（隍）役令，教多与合家作福，写此经者，于教奉行。"此城隍可赐民福佑。虽然敦煌文献中有关城隍神信仰的记载不多，但至晚在中唐时已经出现城隍信仰。并且值得注意的是，在敦煌民间信仰中，城隍也成为道士作法时召请的重要神祇之一。如敦煌文书 P.3811 为一幅道士作法时悬挂的《总坛式》，[1] 所谓《总坛式》，是道士画符念咒作法前、设坛行祭礼时悬挂在中央的图，上面的总符咒写有各种神名，表示道士们通常所信仰的神祇，在这幅《总坛式》里所请的神祇中就有城隍，位于坛外东南方，作监坛之神（见图 5-1）。

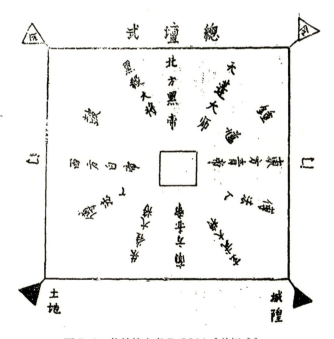

图 5-1　仿敦煌文书 P.3811《总坛式》

1　高国藩：《敦煌古俗与民俗流变——中国民俗探微》，河海大学出版社，1989，第 89 页。

关于此写本的具体年代不详，有学者从笔迹推断，应为归义军时期的抄本，"当出于五代或宋初"。[1] 由此可见，敦煌城隍神与道教的关系也很密切。

就在城隍神的影响越来越大之时，南唐士人陈致雍忧心忡忡地专门针对城隍神上《议废淫祀状》：

> 诸州城隍神封为公侯，合行典礼。载详其事，甚黩彝伦。且城隍之神，实土地之祇。光、寿州奏封其祠，甚违典制。皇朝令式，不载前文。且五岳视三公，四渎视诸侯。在其地得祀礼，其余有功于民则祀之。若城隍神无封侯之礼，实见乱于秩宗，等威岳渎。臣窃恐诸道州郡，志欲奏请，浸以成俗。淫祀之起，犹兹渐矣……其寿州已行封册，不敢更请改移。或诸道重有奏论，即合永行止绝。[2]

这是一篇反对加封奉祀城隍神的奏状，他认为城隍神就是土地神，前代并不见于祀典；且既有社祭，就不应该再有城隍，否则就乱了典制。但从后来城隍神的发展状况来看，他的议论基本上没有发挥太大的作用。

第三节　东厨司命与一家之主：灶神

灶神，亦称"灶王"或"灶君"，是我国民间信仰中的重要神灵。灶君之名，最早见于战国时代，《战国策·卫策》载：卫灵公宠信奸佞痈疽、弥子瑕，复涂侦以"梦见灶君"为辞进谏。[3] 由于灶在人们的日

1　王卡：《敦煌道教文献研究——综述·目录·索引》，中国社会科学出版社，2004，第153~154 页。

2　《全唐文》卷 873，中华书局，1983 年影印本，第 9134 页下栏。

3　（清）程夔初集注，程朱昌、程育全编《战国策集注》卷 9《卫策·卫灵公近痈疽、弥子瑕章》，上海古籍出版社，2013，第 341 页。

常生活中起着举足轻重的作用，所以民间对灶神的奉祀非常普遍。灶神多被供奉于家中灶台，人们习惯上亲切地称它为"灶王爷"或"灶君爷"。

一　灶神的起源

祭灶风俗起源很早，先秦时期它就被列为国家的重要祀典"七祀"和"五祀"之一。"七祀"，见于《礼记·祭法》：

> 王为群姓立七祀，曰司命，曰中霤，曰国门，曰国行，曰泰厉，曰户，曰灶……庶士、庶人立一祀，或立户，或立灶。[1]

汉代郑玄注云："小神居人之间，司察小过，作谴告者尔……灶，主饮食之事。"[2] 灶神虽然是家宅小神，但因其掌管一家饮食烹饪之事，故对其祭祀颇为隆重。祀灶一般是在夏天举行，《礼记·礼器》孔颖达疏曰："夏祀灶神，其礼尊……用特牲，迎尸以下略如祭宗庙之礼，是其事大也。"[3] 祭灶竟如祭宗庙之礼，所以灶神虽小而祭事颇大。至于夏季祭灶之习，一直保持到汉唐时期的官方祭礼中。[4]

"五祀"，见于《礼记·月令》：

> 孟冬之月……天子乃祈来年于天宗、大割祠于公社及门闾，

1　王文锦译解《礼记译解·祭法第二十三》，中华书局，2001，第673页。

2　（汉）郑玄注，（唐）孔颖达正义，吕友仁整理《礼记正义》卷55《祭法第二十三》，上海古籍出版社，2008，第1799页。

3　（汉）郑玄注，（唐）孔颖达正义，吕友仁整理《礼记正义》卷32《礼器第十》，上海古籍出版社，2008，第984~986页。

4　《后汉书·礼仪志》载："立夏之日……京都百官皆衣赤，至季夏衣黄，郊。其礼：祠特，祭灶。"中华书局，1965，第3117页。《新唐书》卷12《礼乐志二》载："七祀，各因其时享：司命、户以春，灶以夏，中霤以季夏土王之日，门、厉以秋，行以冬。"中华书局，1975，第325页。《通典》卷51《礼》载天子七祀曰："大唐初，废七祀，唯季夏祀祭中霤。开元中制礼，祭七祀，各因时享，祭之于庙庭。司命、户以春，灶以夏，门、厉以秋，行以冬，中霤以季夏。"《后汉书·礼仪志》，中华书局，1988，第1419页。

腊先祖、五祀，劳农以休息之。

　　郑玄注曰："五祀，门、户、中霤、灶、行也。"[1] 王充《论衡·祭意》中也说："五祀报门、户、井、灶、室中霤之功。门、户，人所出入；井、灶，人所欲食；中霤，人所托处。五者功钧，故俱祀之。"[2] 此"五祀"为天子在年终所要举行的大祭腊祭。[3] 不管是"七祀"还是"五祀"，祭灶都是其中重要的一种，尤其是在"五祀"年终大祭腊祭中的祭灶，最终演化为后代于腊月二十三（或二十四）祭灶的风俗。

　　到后代，灶神又多了"东厨司命"与"一家之主"的称号。除了负责爨炊之事，还要司察一家之功过是非，掌管其寿夭祸福。

　　关于"东厨司命"的来历，王国维在《东山杂记·司命与灶》中说：

> 南方人家敬事鬼神，谓之东厨司命，此实合古代五祀中之司命与灶为一也。古者司命之祀有二。《周礼·大宗伯》"以槱燎祀司中司命"，盖即《史记·天官书》"文昌六星，四曰司命"，此乃天神。《楚辞》所谓大司命是也。《祭法》"七祀""五祀"皆司命居首。郑注曰："此小神，居人间，司察小过作遣责告者。"又云："司命主督察三命。"此与户灶诸神，俱为小神。《楚辞》所谓小司命是也。[4]

　　也就是说，在先秦时期，灶与司命本为二神。灶位列"七

1　（汉）郑玄注,（唐）孔颖达正义，吕友仁整理《礼记正义》卷 25《月令第六》，上海古籍出版社，2008，第 726 页
2　黄晖：《论衡校释（附刘盼遂集解）》卷 25《祭意篇》，中华书局，1990，第 1059 页。
3　关于"五祀"，除了天子在年终腊祭"五祀"之外，还有诸侯为他的国民设立的五种与生活起居密切相关的祭祀，《礼记·祭法》载："诸侯为国立五祀，曰司命，曰中霤，曰国行，曰公厉，诸侯自为立五祀。"
4　王国维：《东山杂记》卷 1《司命与灶》，载赵利栋辑校《王国维学术随笔》，社会科学文献出版社，2000，第 6~7 页。

祀""五祀"之中，司命则为"七祀"之首。关于司命之职，孔颖达
又引《援神契》疏曰："命有三科，有受命以保庆，有遭命以谪暴，有
随命以督行。受命，谓年寿也。遭命，谓行善而遇凶也。随命，谓
随其善恶而报之。"[1]这说明除寿命之外，人生之福祸气运也归司命
管辖。

　　司命又有"大司命"与"小司命"之分。大司命居天上，为天神；
小司命居人间，为小神。"小司命"又称"少司命"，因其为小神。在
屈原《九歌》中有《大司命》和《小司命》两章，《大司命》云："纷
总总兮九州，何寿夭兮在予！高飞兮安翔，乘清气兮御阴阳。"汉人
王逸注曰："阴主杀，阳主生。言司命常乘天清明之气，御持万民死
生之命也。"宋人洪兴祖补注曰："此言九州之大，生民之众，或寿或
夭，何以皆在于我？以我为司命故也。"《小司命》曰："夫人自有兮
美子，荪何以兮愁苦！"王逸注曰："夫人，谓万民也……荪，谓司命
也。言天下万民，人人自有子孙，司命何为主握其年命，而用思愁苦
也。"[2]这表明生民的寿夭生死都是由司命掌控。吴泽先生认为：《周礼》
所论天神司命的神职，未见有何司人生死和司人子嗣之说，很可能到
战国屈原时代，司命神职在南方楚地已经演化为"大司命"和"少司
命"，并敷之以司人之生死和子嗣之职。[3]然而从后来的相关记载来看，
这种"大司命"和"小司命"之分，似乎并不明显。东晋干宝在《搜
神记》中记载了一个叫贾文合的人死而复活的故事：汉献帝建安年间
（196~220），南阳贾文合患病身亡。鬼吏准备将其送至泰山，司命查
阅录鬼簿时发现召错了人，于是将其遣返人间。[4]此故事显示出在东汉
时人的观念中，主管人之生死祸福的"司命"并未有大、小之分。约

1　（汉）郑玄注，（唐）孔颖达正义，吕友仁整理《礼记正义》卷55《祭法第二十三》，上海古籍出
　　版社，2008，第1801页。
2　（汉）刘向辑，（汉）王逸注，（宋）洪兴祖补注《楚辞》卷2《九歌章句·大司命》，孙雪霄校点，
　　上海古籍出版社，2015，第83~87页。
3　吴泽：《〈周礼〉司命、灶神与近世东厨司命新论》，载吴泽主编、袁英光选编《王国维学术研究
　　论集》（二），华东师范大学出版社，1987，第123~156页。
4　（晋）干宝撰，汪绍楹校注《搜神记》卷15《贾文合》，中华书局，1979，第180页。

与干宝同时期的东晋道士葛洪在《抱朴子·微旨》中也说司命为"司过之神"，未有大、小之分：

> 或曰："敢问欲修长生之道，何所禁忌？"抱朴子曰："禁忌之至急，在不伤不损而已。按《易内戒》及《赤松子经》及《河图记命符》皆云，天地有司过之神，随人所犯轻重，以夺其算，算减则人贫耗疾病，屡逢忧患，算尽则人死，诸应夺算者有数百事，不可具论。又言身中有三尸，三尸之为物，虽无形而实魂灵鬼神之属也。欲使人早死，此尸当得作鬼，自放纵游行，享人祭酹。是以每到庚申之日，辄上天白司命，道人所为过失。"[1]

"三尸"，又称"三虫""三毒"，道教指三尸神。尸者，神主之意。其概念来源于汉代纬书《河图纪命符》，曰："人身中有三尸，三尸之为物，实魂魄鬼神之属也。欲使人早死，此尸当得作鬼自放，纵游行飨，食人祭醮。每到六甲穷日辄上天，白司命道人罪过。过大者夺人纪，小者夺人算。故求仙之人，先去三尸。恬淡无欲，神静性明，积众善乃服药有益，乃成仙。"[2] 道教认为，人的身体之中有"三尸"，"三尸"无形，是人的魂魄、鬼神之类。假如人早死，"三尸"就会从人的尸体中脱离出来，变为游离状态，称为"鬼"，享受人们的祭奠。每到庚申日，"三尸神"就会上天向司命汇报人们的所作所为及过失，司命可以据此来决定人之生死寿夭。所以道教有"守庚申"之说。

但是灶神似乎也很早就能影响到人们的生死寿夭。早在春秋时期，社会上就流传着"与其媚于奥，宁媚于灶"的俗谚，灶即灶神。[3] 所谓媚灶，就是要讨好灶神。为什么要讨好灶神？因为他可以上天汇报人间的善恶。所以，古人祀灶非常殷勤，并且规定了具体的日

1　王明：《抱朴子内篇校释》卷 6《微旨》，中华书局，1985，第 125 页。
2　〔日〕安居香山、中村璋八辑《纬书集成》（下），河北人民出版社，1994，第 1196 页。
3　杨伯峻译注《论语译注·八佾篇第三》，中华书局，1980，第 27~28 页。

子。如睡虎地秦简《日书》乙种"祭祀篇"规定："祠□（灶）日：己亥、辛丑、乙亥、丁丑，吉。"[1]到汉唐时期，祀灶之日又定在每月的晦日，淮南王刘安主持编撰的《淮南万毕术》中则记载："灶神晦日归天，白人罪。"[2]晦日为农历每月的最后一天，古人很重视这个日子，曾把它当作一个节日。既然灶神于此日上天汇报人们的罪恶，那么人们就需要讨好灶神，这样就可以避免上天据此而施加惩罚。葛洪在《抱朴子·微旨》中又进一步发展了这种说法，他讲道："月晦之夜，灶神亦上天白人罪状。大者夺纪。纪者，三百日也。小者夺算。算者，三日也。"[3]唐人段成式在《酉阳杂俎》中继承了这种说法而稍有不同，他说："灶神……常以晦日上天，白人罪状，大者夺纪，纪三百日。小者夺算，算一百日。"[4]算，古同"算"。也就是说，谁要是得罪了灶神，严重的话要少活三百天，轻微的也要少活三天或一百天。试想，平白无故地丢掉几百日或几日的寿命，这种惩罚实在是令人畏惧。所以，人们希望灶神"上天言好事，下界保平安（或下界降吉祥、回宫降吉祥）"，而不是告恶状，这正好寄托了民众祛邪、避灾、祈福的美好愿望。

汉魏时期，人们祠灶时已经有祈求灶神保佑长生的愿望。汉武帝曾听信方士李少君之言而亲祀灶。《史记·封禅书》载李少君言："祠灶则致物，致物而丹沙可化为黄金，黄金成以为饮食器则益寿，益寿而海中蓬莱仙者乃可见，见之以封禅则不死，黄帝是也。"可见，武帝祠灶是为了追求长生不死。同书又载："齐人少翁以鬼神方见上。上有所幸王夫人，夫人卒，少翁以方盖夜致王夫人及灶鬼之貌云，天子自帷中望见焉。"[5]据此可知，汉代的灶神，又可称作"灶鬼"。少翁为汉武帝招王夫人魂魄，却同时召来了"灶鬼"。从这

1　刘乐贤：《睡虎地秦简日书研究》，台北：文津出版社，1993，第331页。
2　（汉）刘安撰，孙冯翼辑《淮南万毕术》，中华书局，1985年丛书集成初编本，第2页。
3　王明：《抱朴子内篇校释》卷6《微旨》，中华书局，1985，第125页。
4　（唐）段成式撰，许逸民校笺《酉阳杂俎校笺》前集卷14《诺皋记上》，中华书局，2015，第996页。
5　《史记》卷28《封禅书》，中华书局，1982，第1385～1387页。

两则记载来看，至晚在汉代，灶神也被赋予了掌管人之生死寿夭的
职能。

　　既然灶神能影响人之生死寿夭，那么也就可以给人招致灾祸。
《汉书·息夫躬传》就载："躬母圣，坐祠灶祝诅上，大逆不道。"[1]息夫
躬的母亲竟然借祠灶来诅祝鬼神，加祸于汉哀帝，这说明在当时人的
心目中，灶神是可以带给人灾祸的。

　　由于灶神职能不断扩大，汉代祭灶之风很盛，甚至迁移新居也要
祭灶，《汉书·孙宝传》载："御史大夫张忠……署宝主簿，宝徙入舍，
祭灶请比邻。"[2]

　　在汉代，还形成了腊日祭灶的风俗。腊日祭灶应该是来源于
先秦时期年终大祭腊祭"五祀"中的祭灶之俗，到汉代一位叫阴子
方的人在此日祭灶获福报致富而进一步强化了此俗。《后汉书·阴
识传》载：

> 　　宣帝时，阴子方者，至孝有仁恩，腊日晨炊而灶神形见，子
> 方再拜受庆。家有黄羊，因以祀之。自是已后，暴至巨富，田有
> 七百余顷，舆马仆隶，比于邦君……故后常以腊日祀灶，而荐黄
> 羊焉。[3]

　　阴子方在腊日"黄羊祭灶"而发财致富事，又见于干宝《搜神
记》，称其为南阳人，"喜祀灶"。[4]此传说在历史上成为一个佳话，后
人常以此为典故来描写腊日祭灶风俗。黄羊祭灶，也可用黄犬代之。
崔豹《古今注》卷中曰："狗，一名黄羊。"[5]梁宗懔《荆楚岁时记》也
说："汉阴子方，腊日见灶神，以黄犬祭之，谓为黄羊。阴氏世蒙其

1 《汉书》卷45《息夫躬传》，中华书局，1962，第2187页。
2 《汉书》卷77《孙宝传》，中华书局，1962，第3257页。
3 《后汉书》卷32《阴识传》，中华书局，1965，第1133页。
4 （晋）干宝撰，汪绍楹校注《搜神记》卷4，中华书局，1979，第54页。
5 （晋）崔豹撰，牟华林校笺《〈古今注〉校笺》卷中《鸟兽》，线装书局，2015，第114页。

福，俗人竞尚，以此故也。"[1] 唐人韩鄂在《四时纂要》中说：十二月，"祀灶，《搜神记》：'阴子方，腊日见灶神，因以黄羊祀之，家乃暴富。'后人行之，多获吉焉"。[2] 据此可知，腊日黄羊祭灶祈福，在汉唐民间已经成为风俗。一直到近代，鲁迅先生作于1901年的《庚子送灶即事》诗中还借用此典："只鸡胶牙糖，典衣供瓣香。家中无长物，岂独少黄羊。"[3] 可见腊日黄羊祭灶风俗影响深远。

关于灶神向东厨司命的转化，杨堃先生考证认为：灶神最早掌司命之职，恐在两汉。他根据郑氏所言"今时民家或春秋祠司命、行神、山神，门、户、灶在旁，是必春祠司命、秋祠厉也。或者合而祠之"，[4] 认为民间祭祀家宅神与儒家经典记载的"五祀"大有不同，"合而祠之"，为灶神侵夺司命职权提供了契机。[5] 事实上，最初普通民众在祭祀司命、灶神等神祇时，分别对应着不同的祈愿，但在合祀的背景下祈愿与神祇之间的对应关系逐步被淡化，随着司命从民间祀典中消失，灶神也就顺理成章地继承了司命的神职。

二　唐代的灶君信仰

到唐代，灶神和司命虽然还分见于一些记载中，但司命之职已渐为灶神所取代。唐人有大年夜准备酒食祭灶风俗，称为"醉司命"。《辇下岁时记·灶灯》载："都人至年夜，请僧道看经，备酒果送神，帖灶马于灶上；以酒糟抹于灶门上，谓之'醉司命'。"[6] 由于郑玄在注《礼记·月令》"祀灶之礼"时说"灶在庙门外之东。祀灶

1　（南朝梁）宗懔撰，（隋）杜公瞻注，姜彦稚辑校《荆楚岁时记》，中华书局，2018，第74页。
2　（唐）韩鄂原编，缪启愉校释《四时纂要校释》卷5《冬令卷·十二月》，农业出版社，1981，第243页。
3　周振甫：《鲁迅诗歌注（修订本）》，浙江人民出版社，1980，第8页。
4　（汉）郑玄注，（唐）孔颖达正义，吕友仁整理《礼记正义》卷55《祭法第二十三》，上海古籍出版社，2008，第1800页。
5　杨堃：《灶神考》，载氏著《杨堃民族研究文集》，民族出版社，1991，第162~209页。
6　（唐）李绰：《辇下岁时记》，高云萍点校，载《中华礼藏·礼俗卷·岁时之属》第1册，浙江大学出版社，2016，第548页。

之礼……东面，设主于灶陉"，[1] 故后人称其为"东厨司命"或"司命灶君"。

灶神取代司命之后，灶神在民众生活中的地位日趋上升，所以灶神很早就被道教纳入神仙体系。早在西汉时，修炼方仙道的方士李少君和齐人少翁等就以祠灶而受到汉武帝的宠信。到东晋时期，道士葛洪在《抱朴子·微旨》中也告诫修道之人应当礼敬灶神，方能修得长生。南朝梁简文帝还撰有《灶经》十四卷，另外梁有《祠灶书》一卷，[2] 皆已亡佚。唐代正一派道士授"太上童子一将军箓"时规定，童子二月、八月要醮祀灶王，以示不忘民食之宗，可见灶神已经是道教重要的神祇。[3] 宋人张奎的《经说》是非常受后代道教徒重视的一部道教文献，据说其中就将司命与灶君合而为一，全称为"九天东厨司命九天元皇灶君感应天尊"，称其"能上通天界，下统五行，达于神明，欢乎二气。在天则为天帝，在人间乃为司命；又为北斗之七元使者，又为五帝之灶君。管人住宅十二时辰，善知人间之事。每月晦日，记人造诸善恶及其功德，录其轻重，夜半奏上天曹，定其簿书"。[4] 元明时，道经《东厨司命灯仪》更是直称其为"东厨司命灶君"或"司命灶君"，并且说："灶乃一家之主，纠缪绳愆。"[5] 这样，灶君就有了"东厨司命"和"一家之主"的雅号。

此外，道教还有两部关于灶神的经书，收录于明代编纂的《正统道藏》中，分别是《太上灵宝补谢灶王经》（简称《灶王经》）和《太上洞真安灶经》（简称《安灶经》）。虽然现已无法考证这两本道经

1　（汉）郑玄注，（唐）孔颖达正义，吕友仁整理《礼记正义》卷23《月令第六》，上海古籍出版社，2008，第655页。

2　《隋书》卷34《经籍志》，中华书局，1973，第1038页。

3　任继愈主编《中国道教史》，上海人民出版社，1990，第346页。

4　吴泽：《〈周礼〉司命、灶神与近世东厨司命新论》，载吴泽主编、袁英光选编《王国维学术研究论集》（二），华东师范大学出版社，1987，第123~156页。

5　《东厨司命灯仪》，载《道藏》第3册，文物出版社、上海书店、天津古籍出版社，1988年影印本，第581页。

的具体成书年代，但可以看作是唐宋以来道教关于灶王记载的集合。《太上洞真安灶经》曰：

> 有炊母神母……统御人间，受北帝下部之职，为五帝司命之官，应天曹为直符之使，变饮血茹毛之化，就炼生还熟之餐，录世人功过之因，上逐月晦朔之事……太上曰：……司命灶君，主镇中堂，唯好清净，匡护黎民。凡人若能慎护厨灶，无令铜铁刀斧之器，飞禽走兽之毛，不净柴薪厌秽之水，若犯忌讳，能令家宅不安，人口暴病。其仪每月按祭灶，吉日良夜，可用锅安净水，座布香茆，列案焚香，供养酒果，召请五帝司命之主，六癸神女之灵，如对真灵。[1]

此经中提到的灶神是一位炊母神母，为司命之官，合称"司命灶君"。此神应即来源于儒家经典中的"先炊"。又《太上灵宝补谢灶王经》也记载：

> 道言：昔登昆仑之山，有一老母，独处其中……天尊曰：惟此老母，是名种火之母，能上通天界，下统五行，达于神明，观乎二气，在天则为天帝，在人间乃为司命。又为北斗七元使者，主人寿命长短，富贵贫贱，掌人职禄。又为五帝灶君，管人住宅十二时辰，普知人间之事。每月朔日，记人造诸善恶及其功德，录其轻重，夜半奏上天曹，定其薄书，悉是此母也。凡人家灶，皆有禁忌。若不忌之，此母能致祸殃，弗可免也……凡人家灶，不可以鸡毛犬骨头发，刀斧不净柴薪，秽污等物，触犯灶神，即致男女不安，经求无利，疾患疮痍，癫狂瘴疫，眼目昏昧，梦想颠倒，田蚕不收，六畜虚耗，令客鬼

1　《太上洞真安灶经》，载《道藏》第 2 册，文物出版社、上海书店、天津古籍出版社，1988 年影印本，第 34 页下栏。

无惧，乱入宅中，鸡犬作怪，盗贼侵欺，口舌妄起，男女邪
迷，官府禁锢，家业流亡，皆为触犯所致。若有此难，急宜谢
之……天尊说此老母，是名天帝司命，能掌人间罪福之事，普
示群生，而为颂曰：天帝临位，司命灶君。世人恭敬，福禄咸
臻。去除灾难，疫疠潜奔。[1]

　　此经中提到的灶神也是一位老母，名曰种火之母，在人间为
司命，又为五帝灶君，也是合司命与灶神之职为一，称"司命灶
君"。可见道教是在儒家经典中将灶神视为"先炊"老母的思想基础
上，塑造出"司命灶君"的形象。在道经中，进一步强化了灶王的神
威，她受天帝派遣，在人间是司命灶君，主镇中堂，不仅肩负每家饮
食之事，掌管一家的寿命，保护家宅平安，还决定着家庭的贫富贵
贱、吉凶福祸，故而有"一家之主"的称号。因此，《灶王经》不但
劝导家家户户要礼敬灶神，"召请此母，大降灵通，赦过宥罪，致福
受庆，人口康泰，永岁无殃"，而且在必要时还要烧香明灯，请道士
转经。

　　随着灶神在民众生活中越来越重要，人们对其多了几分敬畏，
在民间衍生出诸多与灶相关的禁忌，若是触犯这些禁忌，灶神就
会令其家宅不宁，罹患疾病，甚至破家丧命。《灶王经》和《安灶
经》就强调民众不可触犯灶神或使灶神污秽，否则灶君就会作祟致
病，危害民家。《法苑珠林》中也有类似的记载，南朝刘宋时有陈安
居者，襄阳人，宋武帝永初元年（420）曾因昏迷梦游地府，见一妇
人，"家在南阳冠军县黄水里，家安爨器于福灶口，而此妇眠重，婴
儿于灶上匍匐走行，粪污爨器中。此妇寤已，即请谢神祇，盥洗精
洁。而其舅乃骂詈此妇言：无有天道鬼神，置此恶妇，得行秽污。
司命闻知，故录送之。府君曰：'眠灶非过，小儿无知，又已请谢神

1　《太上灵宝补谢灶王经》，载《道藏》第6册，文物出版社、上海书店、天津古籍出版社，1988
　年影印本，第248页上栏。

明，是无罪也。舅骂詈言无道，诬谤幽灵，可录之来。'"[1] 虽然府君判定该名妇女无罪，但从其立刻请谢神祇的举动，可以看出灶神是不能被污的。《通幽录》还记载了一个家庭因不礼敬灶神且不修德行而遭灶神索命的故事：

> 永泰中，牛爽授庐州别驾。将之任，有乳母乘驴，为镫研破股，岁余，疮不差。一旦苦疮痒，抑搔之，若虫行状。忽有数蝉，从疮中飞出，集庭树，悲鸣竟夕。家人命巫卜之，有女巫颇通神鬼，巫至。向树呵之，呐呐语。诘之，答："见一鬼黑衣冠，据枝间，以手指蝉以导，其词曰：'东堂下，余所处。享我致福，欺我致祸及三女。'"巫又言："黑衣者灶神耳。"爽不信之，网蝉杀之，逐巫者。后岁余，无异变。爽有三女，在闺房，夏月夜褰闱……卒杀三女。而亲友强徙之他第，爽抱疾亦卒，果如蝉言。后有华岳道士褚乘霞，善驱除，素与爽善，闻之而来。郡以是宅凶，废之。霞至独入，结坛守。其日暮，内闻雷霆搜索，及明，发屋拔木。道士告郡，命锹锸，发堂下丈余，得古坟，铭曰"卓女坟"。道士说，宵中，初有甲兵与霞战，鬼败而溃散。须臾，有一女子，年二十许，叩头谢，言是卓女郎。霞让之，答曰："非某过也，宿命有素。值爽及女命尽，且不修德，而强梁诬欺，自当尔。"乘霞遂徙其坟，宅后不复凶矣。[2]

永泰为唐代宗的年号。庐州，今安徽合肥。灶神身着黑色衣冠，大概与灶间经常受烟熏火燎有关。灶神又呈鬼状，故至唐代仍有"灶鬼"之称。其处东堂下，正与郑注所说祀灶之礼"东面，设主于灶陉"相合。故事中提到的蝉，一说就是灶神。《庄子·达生》载：齐桓公有一次在打猎时遇见了鬼，回来后问学识渊博的皇子告

---

[1]（唐）释道世撰，周叔迦、苏晋仁校注《法苑珠林校注》卷 62《感应缘·宋陈安居废事神祀佛有征》，中华书局，2003，第 1851~1854 页。

[2]《太平广记》卷 337 "牛爽" 条引，中华书局，1961，第 2676 页。

敖，告敖言"灶有髻"语。[1] 陆德明《经典释文》引司马彪语："髻，灶神，着赤衣，状如美女。"[2] 髻又是"蛣"的异体字或假借字。《广雅·释虫》："蛣，蝉也。"[3] 据著名神话学家袁珂先生考证，传说中的颛顼子穷蝉即灶神。[4] 那么被华岳道士禇乘霞降服的"卓女郎"又是谁呢？从故事内容来看，应即灶神蝉，笔者颇疑"卓"与"单"字形相近，为字之误。而"单"古又有"蝉"音，故"卓女郎"应为"单女郎"，即"蝉女郎"也；"卓女坟"也应为"单女坟"，即"蝉女坟"。

不过，唐代灶神的地位虽然已经比较显赫，但其姓名、形象却还一直没有固定下来，甚至连其究竟是男是女也说不清楚。这种情况的出现与灶神信仰刚刚出现时杂糅了"火神"与"先炊"两位神灵的信仰有关。

以"火神"为灶神。一说为炎帝，见《淮南子·氾论训》："炎帝于火而死为灶。"高诱注曰："炎帝神农，以火德王天下。死，托祀于灶神。"[5]《论衡·祭意篇》也载："传或曰：'炎帝作火，死而为灶。'"[6] 由于炎帝为"火德之帝"，所以被奉祀为灶神。一说为祝融，据许慎《五经异议》引古《周礼》："颛顼氏有子曰黎，为祝融，祀以为灶神。"[7]《国语·郑语》曰："夫黎为高辛氏火正，以淳耀惇大，天明地德，光昭四海，故命之曰'祝融'。"[8]《吕氏春秋·孟夏》曰："其神祝融。"高诱注："祝融，颛顼氏后，老童之子吴回也，为高辛氏火正，

1　陈鼓应注译《庄子今注今译》外篇《达生》，中华书局，2016，第492页。

2　（唐）陆德明：《经典释文》卷27《庄子音义》中，上海古籍出版社，2013年影印本，第1510页。

3　（清）王念孙：《广雅疏证》卷10下《释虫》，上海古籍出版社，1983年影印本，第358页。

4　袁珂：《漫话灶神与祭灶》，《散文》1980年第2期。

5　何宁：《淮南子集释》卷13《氾论训》，中华书局，1998，第985页。又《淮南子·时则训》曰："孟夏之月……其祀灶。"高诱注曰："祝融吴回为高辛氏火正，死为火神，托祀于灶。是月火王，故祀灶。"

6　黄晖：《论衡校释（附刘盼遂集解）》卷25《祭意篇》，中华书局，1990，第1060页。

7　（清）陈寿祺：《五经异义疏证》卷上《灶神》，曹建墩点校，上海古籍出版社，2013，第80页。

8　（战国）左丘明著，（三国吴）韦昭注《国语》卷16《郑语》，胡文波校点，上海古籍出版社，2015，第343页。

死为火官之神。"[1] 据此，祝融，又名吴回（一作祝融弟），因为是"火官之神"，所以也被奉祀为灶神。家宅内灶为火的居所，所以灶神崇拜必定与火神脱不开关系。

除了火神，还有记载认为祀灶乃为祭祀"先炊"，即掌管炊事的老妇，这也是后世传说灶神状如美女的原因。《礼记·礼器》云："夫奥者，老妇之祭也，盛于盆，尊如瓶。"郑玄注曰："奥，当为'爨'字之误也。或作'灶'……老妇，先炊者也。盆、瓶，炊器也。明此祭先炊，非祭火神。"孔颖达疏曰："奥音爨，爨以爨煮为义也……祭爨神，言其有功于人，人得饮食，故祭报之……爨者，是老妇之祭……奥者，夏祀灶神，其礼尊，以老妇配之耳。故中霤礼祭灶，先荐于奥……奥者，正是灶神，常祀在夏，以老妇配之，有俎及笾豆，设于灶陉……爨者，宗庙祭后，直祭先炊老妇之神，在于爨灶。"[2] 由此可见，灶神的原型本为老妇先炊。而《庄子·达生》曰："灶有髻。"司马彪注曰："灶神，其状如美女，着赤衣，名髻也。"[3] 则又将灶神描绘成了一个身着红衣的年轻美女。直到近现代，我国少数民族中还有不少保持着原始灶神信仰，即认为灶神是一位老妈妈或火婆婆。[4]

此外，还有传说灶神为燕齐方士宋无忌者。宋无忌，或作宋毋忌，相传为"火精"或"火仙"。《史记·封禅书》载："而宋毋忌、正

1　（战国）吕不韦编，（汉）高诱注《吕氏春秋》卷4《孟夏》，（清）毕沅校，徐小蛮标点，上海古籍出版社，2014，第67页。关于吴回，一说为祝融之弟。见《史记》卷40《楚世家》："楚之先祖出自帝颛顼高阳。高阳者，黄帝之孙，昌意之子也。高阳生称，称生卷章，卷章生重黎，重黎为帝喾高辛居火正，甚有功，能光融天下，帝喾命曰祝融。共工氏作乱，帝喾使重黎诛之而不尽。帝乃以庚申日诛重黎，而以其弟吴回为重黎后，复居火正，为祝融。"裴骃集解引徐广曰："《世本》云老童生重黎及吴回。"谯周曰："老童即卷章。"司马贞《索隐》曰："卷章即老童……黎为火正。"关于火神，相传又为回禄，或曰回陆。《左传·昭公十八年》载："郊人助祝史除于国北，禳火于玄冥、回禄。"杜预注曰："玄冥，水神；回禄，火神。"又《国语·周语上》："昔夏之兴也，融降于崇山，其亡也，回禄信于聆隧。"韦昭注曰："回禄，火神也。"回陆，即吴回、陆终，《楚世家》载："吴回生陆终。"据此可以整理出火神的线索为：祝融、吴回、陆终。

2　（汉）郑玄注，（唐）孔颖达正义，吕友仁整理《礼记正义》卷23《礼器》，上海古籍出版社，2008，第984~986页。

3　（清）王先谦集解《庄子集解》卷5《达生》，中华书局，2012，第201页。

4　任军：《灶神考源》，《中国史研究》1999年第1期，第162页。

伯侨、充尚、羡门高，最后皆燕人，为方仙道。形解销化，依于鬼神之事。"司马贞《索隐》："案：乐产引《老子戒经》云：'月中仙人宋无忌。'《白泽图》云：'火之精曰宋无忌。'盖其人火仙也。"[1] 又据张华《博物志》："火之怪宋无忌。"[2]《三国志·魏书·管辂传》载：安平太守王基家有贱妇人，"生一男儿，堕地便走入灶中死"。管辂认为是"魑魅魍魉为怪耳。儿生便走，非能自走，直宋无忌之妖将其入灶也"。[3] 可见，"火精"宋无忌是为灶神。

从汉代开始，又传说灶神为一对夫妇，灶君名苏吉利，灶君夫人名王搏颊。隋朝人杜公瞻注《荆楚岁时记》引许慎《五经异义》云："灶神，姓苏，名吉利。妇姓王，名搏颊。"[4] 隋朝人杜台卿在《玉烛宝典》中引《灶书》也云："灶神姓苏，名吉利。妇名搏颊。"[5] 袁珂先生认为，苏吉利应是宋毋忌之音变。[6] 而其夫人王搏颊则不可考。不过，早期道教有一种"搏颊"仪式，或曰"用手按摩脸颊"的一种存思之法，或曰"自搏"，即自击脸颊的一种苦修之法。[7] 由此可推测，灶君夫人之名王搏颊应该透露出灶神信仰与道教有密切联系。

唐代流传的灶神名又有隗、张单（子郭）、壤子等，不一而足。段成式《酉阳杂俎》记载：

> 灶神名隗，状如美女。又姓张名单，字子郭。夫人字卿忌，有六女，皆名察（一作祭）洽。常以晦日上天，白人罪状，大者

1　《史记》卷 28《封禅书》，中华书局，1982，第 1368~1369 页。

2　（晋）张华撰，范宁校证《博物志校证》卷 9《杂说上》，中华书局，2014，第 105 页。

3　《三国志》卷 29《魏书·方技传·管辂》，中华书局，1982，第 813~814 页。又见（晋）干宝撰，汪绍楹校注《搜神记》卷 3《管辂》，中华书局，1979，第 32 页。

4　（南朝梁）宗懔撰，（隋）杜公瞻注，姜彦稚辑校《荆楚岁时记》，中华书局，2018，第 73 页。

5　（隋）杜台卿：《玉烛宝典》卷 12《十二月季冬》，朱新林点校，载《中华礼藏·礼俗卷·岁时之属》第 1 册，浙江大学出版社，2016，第 261 页。

6　袁珂：《漫话灶神与祭灶》，《散文》1980 年第 2 期。

7　忻丽丽：《道教"抟颊"仪式考证》，《宗教学研究》2016 年第 3 期，第 43~45 页。参阅田启涛《搏颊：一种已消失的道教仪式》，《中国宗教》2011 年第 5 期，第 57~58 页；《也谈道经中的"搏颊"》，《敦煌研究》2012 年第 4 期，第 82~86 页。

夺纪，纪三百日，小者夺算，算一百日。故为天帝督使，下为地精。己丑日，日出卯时上天，禺中下行署，此日祭得福。其属神有天帝娇孙、天帝大夫、天帝都尉、天帝长兄、硎上童子、突上紫官君、太和君、玉池夫人等。一曰灶神名壤子也。[1]

所谓灶神名隗，应是来源于炎帝。传说炎帝，号魁隗氏，后人即以隗为姓。东汉时人王符《潜夫论·五德志》云："有神龙首出常羊，感妊姒，生赤帝魁隗。身号炎帝，世号神农，代伏羲氏。其德火纪，故为火师而火名。"[2] 又西晋皇甫谧《帝王世纪》云："神农氏，姜姓也。母曰任姒，有蟜氏女登，为少典妃，游华阳，有神龙首，感生炎帝……有圣德，以火德王，故号炎帝……又曰魁隗氏。"[3] 据此可知，炎帝又号魁隗氏，因其后人以隗为姓，而炎帝死后又被人们祀为灶神，故灶神名隗。

至于灶神"又姓张名单，字子郭。夫人字卿忌"云云，此"单"，音 chán。又隋朝杜台卿《玉烛宝典》引《杂五行书》曰："灶神名禅，字子郭，衣黄衣，从灶中披发去，以名呼之，则除凶。"[4]《杂五行书》具体成书年代不详，北魏贾思勰在《齐民要术》中已有征引。该书虽没有说灶神姓张，但其名"禅"，则与《酉阳杂俎》所说"单"同音，而字"子郭"相同。单、禅、蝉，三字同音，蝉又有灶神之义，故其名副其实。按：又有"燀"字，也单音，有烧、饮之意。《左传·昭公二十年》曰："燀之以薪。"[5]《说文》云："燀，炊也。从火，单声。"[6]

1　（唐）段成式撰，许逸民校笺《酉阳杂俎校笺》卷 14《诺皋记上》，中华书局，2015，第 996 页。

2　（汉）王符撰，（清）汪继培笺《潜夫论》卷 8《五德志》，上海古籍出版社，1978，第 456~457 页。

3　徐宗元辑《帝王世纪辑存》，中华书局，1964，第 12 页。按：本条辑自《史记》卷 1《五帝本纪》唐人张守节正义引，中华书局，1982，第 4 页。

4　（隋）杜台卿：《玉烛宝典》卷 12《十二月季冬》，朱新林点校，载《中华礼藏·礼俗卷·岁时之属》第 1 册，浙江大学出版社，2016，第 261~262 页。又据《艺文类聚》卷 80 引《杂五行书》曰："灶君名禅，字子郭，衣黄衣，披发自灶中出，知其名呼之，可得除凶恶贾市，不知其名，见之死。猪肝泥灶，令妇孝。"又李贤注《后汉书·阴识传》引《杂五行书》曰："灶神名禅，字子郭，衣黄衣，夜披发从灶中出，知其名呼之，可除凶恶。宜市猪肝泥灶，令妇孝。"

5　杨伯峻编著《春秋左传注·昭公二十年》，中华书局，1990，第 1419 页。

6　（汉）许慎：《说文解字》，中华书局，1963 年影印本，第 208 页上栏。

是则"燀"也与灶有关。而"蝉"之为灶神，或也与燀有关。关于灶神姓张，杨堃先生认为应与道教之张天师有点关系。因为在魏晋之时，天师道已经盛行。到唐代，其势力更大，当时民间所供奉之"老天爷"姓张，"灶王爷"也姓张，恐怕都是受道教影响的结果，抑或来自同一个传说。在《酉阳杂俎》中就有"天翁姓张名坚"的记载。[1] 至于灶神夫人字"卿忌"，应即水精庆忌。《管子·水地篇》云："故涸泽数百岁，谷之不徙，水之不绝者，生庆忌。庆忌者，其状若人，其长四寸。衣黄衣，冠黄冠，载黄盖，乘小马，好疾驰。以其名呼之，可使千里外一日反报，此涸泽之精也。"[2] 庆、卿二字，不仅音同，而且古亦通用。因此灶神夫人有可能来自水泽。[3]

《酉阳杂俎》又说灶神有六女，皆名察（一作祭，又作登）洽，六女都叫同一个名字，很罕见，也很奇怪，不见于他书记载。灶神还有众多"属神"，如天帝娇孙、天帝大夫、天帝都尉、天帝长兄、硎上童子、突上紫官君、太和君、玉池夫人等。这应该都与道教对灶神信仰的影响有关。到唐代，灶神不但由先秦时期民间信仰中的一个主管炊事的小神，提升为天帝下派人间的督察使，称为"地精"，百姓家则成为他的办公"行署"，而且其地位显赫、威风八面，连天帝的亲属（如天帝娇孙、天帝长兄）、亲信（天帝大夫、天帝都尉）都成了他的属神。另外，还有硎（磨刀石）上童子、突（烟囱）上紫官君、太和君（道教指肺神，《太上老君中经》卷上："肺神八人，太和君也。"[4]）、玉池（道教指口，《黄庭内景经·口为章》："口为玉池太和官。"[5]）夫人，这些主管磨刀切菜、烧火冒烟、呼吸口舌的神都是灶神

---

1 （唐）段成式撰，许逸民校笺《酉阳杂俎校笺》卷14《诺皋记上》，中华书局，2015，第996页。

2 （唐）房玄龄注，（明）刘绩补注《管子》卷14《水地篇》，刘晓艺校点，上海古籍出版社，2015，第288页。

3 杨堃：《灶神考》，载氏著《杨堃民族研究文集》，民族出版社，1991，第199页。

4 《太上老君中经》卷上，载《道藏》第27册，文物出版社、上海书店、天津古籍出版社，1988年影印本，第147页下栏。

5 《太上黄庭内景玉经·口为章》，载《道藏》第5册，文物出版社、上海书店、天津古籍出版社，1988年影印本，第909页上栏。

的属神。由此可见，灶神在进入道教信仰后，地位大大提高，队伍空前壮大。

灶神一名壤子，此说很罕见，此书也为仅见，后代同类记载皆本于此，然不知何义。按，壤子有爱子之义，语出《汉书·邹阳传》："（文帝）自立天子之后……壤子王梁、代，益以淮阳。"颜师古注引晋灼曰："扬雄方言'梁益之间，所爱谓其肥盛曰壤。'或曰，言深割婴儿王之壤。壤，土也。"[1] 后亦指割土壤以分封诸子，《陈书·衡阳献王昌等传》史臣曰："献、愍二王，联华霄汉，或壤子之昵，或犹子之宠。"[2] 按：灶神和天帝都姓张，天帝娇孙、天帝长兄又都是灶神的属神，谁能有如此的威风，只有与天帝关系极为特殊者才说得过去。据此推测，灶神似乎应该是天帝的爱子，受封下降到人间成为每户的一家之主，故名壤子。

正因为灶君如此神通广大，所以唐人又有祭灶听镜占卜之俗，如李廓《镜听词》曰：

匣中取镜辞灶王，罗衣掩尽明月光。昔时长著照容色，今夜潜将听消息。门前地黑人来稀，无人错道朝夕归。更深弱体冷如铁，绣带菱花怀里热。铜片铜片如有灵，愿照得见行人千里形。[3]

此诗称灶神为"灶王"，可见其在社会生活中地位之尊。另外，王建也写有《镜听词》，曰：

重重摩挲嫁时镜，夫婿远行凭镜听。回身不遣别人知，人意丁宁镜神圣。怀中收拾双锦带，恐畏街头见惊怪。嗟嗟嘹嘹下堂阶，独自灶前来跪拜。出门不愿闻悲哀，郎在任郎回不回。月明地上人过尽，好语多同皆道来。卷帷上床喜不定，与郎裁衣失翻

1 《汉书》卷51《邹阳传》，中华书局，1962，第2341~2342页。
2 《陈书》卷14《衡阳献王昌等传》，中华书局，1972，第214页。
3 《全唐诗》卷479，中华书局，1960，第5457页。

正。可中三日得相见，重绣锦囊磨镜面。[1]

镜听，又称"听镜""镜卜"等，是古代民间的一种占卜之法。宋人朱弁《曲洧旧闻》卷9："王建集有《镜听词》，谓怀镜通衢间，听往来之言，以占休咎。近世人怀杓以听，亦犹是也。又有无所怀而直以耳听之者，谓之响卜，盖以有心听无心耳。然往往而验。"[2]又葛立方《韵语阳秋》卷17曰："凡物皆可占，非特蓍龟也。市中亦听声而知祸福者，莫知其所自。余观王建集有《镜听词》……岂今听声之类邪。《大涅槃经》云：'不以瓜镜、芝草、杨枝、钵盂、骷髅而作卜筮。'则镜能占卜，信矣。"[3]明代杨慎《诗话》载："李廓、王建皆有《镜听词》。镜听，今之响卜也。"[4]明末清初人吴景旭在《历代诗话·镜听》中说："余观李廓亦有《镜听词》……盖听者必先灶前跪拜。按《鬼谷子·卜灶法》云：'元旦之夕，洒扫爨室，置香灯于灶门，注水满铛，置杓于水，虔礼拜祝，拨杓使旋，随柄所指之方，抱镜出门，密听人言，第一句即是卜者之兆。如有同卜者，以镜递执，即是彼兆。三人、五人，皆传镜为主。宜夜静卜之。'"[5]按：今本《鬼谷子》无卜灶法，大概是民间假借其名而讹传之。据此可知其法是，于正月初一夜，洒扫厨房，供上香烛，先跪拜灶神，然后在锅中盛满水，将勺子放入水中，然后虔诚拜祝所求之事。拨动勺柄令其旋转，待其停止后，根据勺柄所指方向，怀镜于胸前，出门听人言，以占卜吉凶休咎。李廓和王建两位诗人的诗作应都是描写妻子祭灶听镜以占卜外出的丈夫吉凶及归期的。

唐代还有尊称灶神为"灶君皇帝"者，如罗隐《送灶诗》曰："一盏清茶一缕烟，灶君皇帝上青天。玉皇若问人间事，为道文章不值

1　（唐）王建著，尹占华校注《王建诗集校注》卷2，巴蜀书社，2006，第71页。

2　（宋）朱弁：《曲洧旧闻》卷9，王根林校点，上海古籍出版社，2012，第151页。

3　（宋）葛立方：《韵语阳秋》卷17，中华书局，1985年丛书集成初编本，第138页。

4　（明）杨慎撰，杨文生校笺《杨慎诗话校笺·诗话续补遗》卷1《镜听》，四川人民出版社，1990，第383页。

5　（清）吴景旭：《历代诗话》卷50《镜听》，中华书局，1958，第692~693页。

钱。"[1]该诗借送灶君上天言事，以幽默讽刺的口吻抒发了怀才不遇的郁闷心情。

　　有多位学者注意到，灶神在敦煌民间也是一位与民众日常生活有着极为密切关系的神祇。[2]敦煌民众认为，在很多情况下，得病与灶神作祟有关，如写于咸通三年的敦煌文书 P.2856《发病书》中就有"推年立法""推得病日法""推得病时法""推十二祇得病法""推五子日病法"等五个子目，涉及灶神作祟致病的记载。该文书具有鲜明的道教特征。[3]故道教有于某日画符咒贴于灶上以避妖怪为害之说，如 P.4793《符咒》十二辰符有丑日符："丑日见怪，朝害女，昼害（男），□至，书天文符，奏灶上。"[4]此符咒据称即为唐代道教符咒，似于丑日贴于灶上，以符奏闻灶神，请其禳镇（见图 5-2）。

图 5-2　P.4793《符咒》丑日贴灶符

1　（唐）罗隐：《甲乙集补编》卷 2，载李定广系年校笺《罗隐集系年校笺》，人民文学出版社，2013，第 636 页。
2　高国藩：《敦煌古俗与民俗流变——中国民俗探微》，河海大学出版社，1989，第 94~103 页。余欣：《敦煌灶神信仰稽考》，《敦煌学辑刊》2005 年第 3 期。郝宪爱：《唐宋之际敦煌作灶信仰研究》，硕士学位论文，兰州大学，2015。
3　刘永明：《敦煌道教的世俗化之路——敦煌〈发病书〉研究》，《敦煌学辑刊》2006 年第 1 期。
4　王卡将该文书拟定名为《道教厌劾鬼怪符法》，并称其"全篇似为道教符咒书"。见氏著《敦煌道教文献研究——综述·目录·索引》，中国社会科学出版社，2004，第 154 页。

此外，在敦煌民间，还有通过占卜禳求灶君以避疾患的做法。在敦煌文书 S.813《李老君周易十二钱卜法》中就有多处提到灶君作祟使人致病，如家人卦，"病患人得差，祟在树神，犯灶君、土公"；笙（噬）嗑卦，"占病不死，祟（祟）犯灶君、丈人，求之得差"；晋卦和不（未）济卦，"病者筭（算）尽，祟（祟）在井灶，急求得差"。[1] 可见冒犯了灶君，就会致病。其中"晋"和"不（未）济"二卦都特别提到的"病者筭（算）尽"，即葛洪所说的"小者夺算"之意。又如 P.3838《推九宫行年法》中也有类似的内容："第八宫……患足体上生疮，祟在山林、灶君、社庙，病为灶君，有孝子、产妇秽污，祭之，居宅安稳，求财多得，远行人迟。"[2] 俄藏 Д X 00506V《驱祟方》中也有"起卧不安，祟在灶君"的说法。[3] 这些文书中讲到的作祟的都有灶神。不过，只要赶快祭祀灶神，就能禳除疾患。

在敦煌民间，还形成了许多关于灶及灶神信仰的禁忌，如敦煌文书 P.2661 背《诸杂略得要抄子》就记载有灶的方位大小以及可能会冲撞灶君的种种禁忌：

> 灶在勺（司）命上，令人大宜子孙。
>
> 灶在明堂上，令人出贵，门户同。
>
> 灶在金匮（柜）上，令人横得财物，门户同。
>
> 故灶安仓库，大吉，富贵也。
>
> 推作灶法：长七尺，阔四尺，高五尺，各不如法，神不居之，致虚耗。
>
> 立春日取富贵家地中土涂灶，令人富贵。
>
> 灶当户舍，令人失火，凶。

---

1 郝春文主编《英藏敦煌社会历史文献释录》第4卷，社会科学文献出版社，2006，第354~357页。

2 陈于柱：《区域社会史视野下的敦煌禄命书研究》，民族出版社，2012，第429页。

3 李应存、李金田、史正刚：《俄罗斯藏敦煌医药文献释要》，甘肃科学技术出版社，2008，第125页。

井灶处相当，令人数有口舌，不利。

灶与天牢并，令人烧死，不利。

凡作灶砖土，勿著人旁，令人家衰耗。

凡作灶余泥，凡灶中泥灰，随□少去之，勿出著前，令人家不利。

妇人灶前不哭。

故灶处安床，令人子孙不利。

灶前浴小儿，令隆残不利。[1]

这些禁忌大多是在实际生活中总结出来的经验、教训，如灶不能挡着门，是害怕引起火灾；又如砌灶的地方不能放床，更不能在灶前为小孩洗澡，因为这样会对不懂事的小孩造成潜在的危险，易被烧伤、烫伤；还有作灶的砖和泥不能堆放在别人家的地方，否则“令人家衰耗”，其实是怕引起邻里之间的纠纷。还有一些禁忌是害怕得罪灶神，如不能将灶安置在井旁，大概是因为灶为火神，属阳，井为水神，属阴，怕阴阳不和；至于在立春日取富贵人家地中的泥土涂灶，令人富贵，则是一种对美好愿景的祈盼。不过，在敦煌民间，所有的这些禁忌都反映了民众对灶神信仰的虔诚敬祀。

晚唐著名文士陆龟蒙作有《祀灶解》一文，力驳祀灶神之谬，其文曰：

灶之坏者请新之，既成，又请择吉日以祀之。曰：“灶在祀典，闻之旧矣。《祭法》曰：‘王为群姓立七祀，其一曰灶。达于庶人、庶士。立一祀，或立户，或立灶。’饮食之事，先自火化以来，生民赖之，祀之可也。”说者曰：“其神居人间，伺察小过，作谴告者。”又曰：“灶鬼以时录人功过，上白于天。当祀之

1　王重民原编，黄永武新编《敦煌古籍叙录新编》第 9 册，台北：新文丰出版公司，1986，第 274~275 页图版。

以祈福祥。"此仅出汉武帝时方士之言耳。行之惑也。苟行君子
之道，养老而慈幼，寒同而饱均，丧有哀，祭有敬，不忘礼而约
己，不忘乐以和心，室暗不欺，屋漏不愧，虽岁不一祀，灶其诬
我乎？苟为小人之道，尽反君子之行，父子兄弟夫妇，人执一
爨，以自糊口，专利以饰诈，崇奸而树非，虽一岁百祀，灶其私
我乎？天至高，灶至下，帝至尊严，鬼至幽仄。果能欺而告之，
是不忠也。听而受之，是不明也。下不忠，上不明，又果何以为
天帝乎？[1]

　　陆龟蒙的这番议论看似颇有见地，但在社会上基本没有产生什么
影响。相反自唐以后，社会上的祀灶之风更加热烈。

1　（唐）陆龟蒙：《笠泽丛书》卷4，载何锡光校注《陆龟蒙全集校注》，凤凰出版社，2015，第
　　1182页。

第六章　道教神仙与唐代民间信仰 （下）

　　在道教的神仙谱系中，钟馗、文昌（梓潼神）和二郎神都是非常重要的神祇。这些神灵都经过了一个从民间信仰的大神到被道教收容和整合的过程：钟馗信仰的发展演变轨迹是从物到人再到神；文昌神则是以天上的星宿崇拜结合梓潼地方的蛇神和雷神崇拜而形成的；二郎神的直接源头应该是李冰治水的神话传说，从中演变出了李二郎、赵二郎与杨二郎等种种说法，既反映了民间信仰的歧变性特征，又体现出道教对民间信仰改造和形塑的特色。这几种民间信仰的神灵，虽然都被道教纳入了神仙信仰体系，但是它们在民间俗信中依然保持了自身的风格。这样，民间信仰的神灵借助道教扩大了自己的影响，道教则依托民间信仰极大地扩充了自己的信仰基础。

第一节　捉鬼大神：钟馗信仰

一　明皇梦中的钟馗

　　钟馗是民间信仰中的重要神灵，也是道教中著名的捉鬼驱邪大神。关于钟馗的起源自古以来就有多种说法，大体上经历了一个物→人→神的发展演变过程，而唐代则是钟馗故事成形及其信仰奠定的重要时期。[1]南宋陈元靓《岁时广记》卷40"梦钟馗"条引《唐逸史》（以下简称陈书）载：

　　　　明皇开元讲武骊山，翠华还宫，上不悦，因疟疾作，昼寝，梦一小儿，衣绛犊鼻，跣一足，履一足，腰悬一履，搢一筠扇，窃太真绣香囊及上玉笛，绕殿奔戏上前。上叱问之，小鬼奏曰："臣乃虚耗也。"上曰："未闻虚耗之名。"小鬼奏曰："虚者望空，虚中盗人物如戏。耗即耗人家喜事成忧。"上欲怒，呼武士。俄见一大鬼，顶破帽，衣蓝袍，系角带，靸朝靴，径捉小鬼。先刳其目，然后擘而啖之。上问大者："尔何人也？"奏云："臣终南山进士钟馗也，因武德中应举不捷，羞归故里，触殿阶而死。是时奉旨赐绿袍以葬之，感恩发誓，与我王除天下虚耗妖孽之事。"言讫梦觉，疟疾顿瘳。乃诏画工吴道子曰："试与朕如梦图之。"道子奉旨，恍若有睹，立笔图就进呈，上视久之，抚几曰："是卿与朕同梦耳。"赐以百金。[2]

1　陆葇庭认为，钟馗信仰经历了一个从物到人再到神的发展演变过程。见氏著《钟馗考》，上海古籍出版社，2017，第1~16页。高国藩认为，钟馗信仰正式产生于唐代（初唐），并在盛唐、中唐广泛流行。见氏著《敦煌古俗与民俗流变——中国民俗探微》，河海大学出版社，1989，第331~332页。

2　（宋）陈元靓：《岁时广记》卷40"梦钟馗"条引《唐逸史》，许逸民点校，中华书局，2020，第731~732页。

该故事又为南宋祝穆编撰的类书《古今事文类聚》（又称《事文类聚》）、[1]元末明初王莹编撰的《群书类编故事》、[2]明代陈耀文编撰的类书《天中记》[3]等所引述。据今人考证："钟馗事后世颇传，此（指《岁时广记》）为首出。"[4]《唐逸史》即《卢子逸史》或《卢氏逸史》，为中晚唐时人卢肇（818~882）所撰，该书已残缺，散见于诸书引述中。由此可见，关于唐明皇梦钟馗及钟馗捉鬼的故事，至晚在中唐时就已经成形。

北宋沈括在《梦溪笔谈·补笔谈》（以下简称沈书）中也记载了一个相似的故事，[5]不过稍作比较，还是能看出其中的一些细微差异的（见表6-1）。

表6-1　《岁时广记》与《梦溪笔谈·补笔谈》关于钟馗故事记载的比较

陈元靓《岁时广记》	沈括《梦溪笔谈·补笔谈》
《唐逸史》	禁中旧有吴道子画钟馗，其卷首有唐人题记
明皇开元讲武骊山，翠华还宫，上不悦，因痁疾作，昼寝，梦一小儿，衣绛犊鼻，跣一足，履一足，腰悬一履，搢一筠扇，窃太真绣香囊及上玉笛，绕殿奔戏上前	明皇开元讲武骊山，岁暮，翠华还宫，上不怿，因痁作，将逾月，巫医殚伎不能致良。忽一夕，梦二鬼，一大一小。其小者衣绛犊鼻，屦一足，跣一足，悬一屦，搢一大筠纸扇，窃太真紫香囊及上玉笛，绕殿而奔
上叱问之，小鬼奏曰："臣乃虚耗也。"上曰："未闻虚耗之名。"小鬼奏曰："虚者望空，虚中盗人物如戏。耗即耗人家喜事成忧。"上欲怒，呼武士	

1　（南宋）祝穆：《古今事文类聚》前集卷6《元日·梦钟馗》引《唐逸史》，上海古籍出版社，1992年四库类书丛刊影印本，第103页。

2　（明）王莹编集《群书类编故事》卷2《时令类·梦钟馗》引《唐逸史》，冯惠民点校，书目文献出版社，1993，第16页。又见海南出版社，2001年故宫珍本丛刊影印本，第502册，第9页下栏。

3　（明）陈耀文：《天中记》卷4《元日·梦钟馗》引《唐逸史》，广陵书社，2007年影印本，第127页下栏。

4　李剑国：《唐五代志怪传奇叙录》第3卷，南开大学出版社，1993，第690页。

5　胡道静：《新校正梦溪笔谈　梦溪笔谈补证稿》卷3，上海人民出版社，2011，第223~224页。

续表

陈元靓《岁时广记》	沈括《梦溪笔谈·补笔谈》
俄见一大鬼，顶破帽，衣蓝袍，系角带，靸朝靴，径捉小鬼。先刳其目，然后擘而啖之。上问大者："尔何人也？"	其大者戴帽，衣蓝裳，袒一臂，韸双足，乃捉其小者，刳其目，然后擘而啖之。上问大者曰："尔何人也？"
奏云："臣终南山进士钟馗也，因武德中应举不捷	奏云："臣钟馗氏，即武举不捷之士也
羞归故里，触殿阶而死。是时奉旨赐绿袍以葬之	
感恩发誓，与我王除天下虚耗妖孽之事。"	誓与陛下除天下之妖孽。"
言讫梦觉，痁疾顿瘳	梦觉，痁若顿瘳，而体益壮
乃诏画工吴道子曰："试与朕如梦图之。"道子奉旨，恍若有睹，立笔图就进呈，上视久之，抚几曰："是卿与朕同梦耳。"	乃诏画工吴道子，告之以梦，曰："试为朕如梦图之。"道子奉旨，恍若有睹，立笔图讫以进，上瞠视久之，抚几曰："是卿与朕同梦耳。何肖若此哉！"
	道子进曰："陛下忧劳宵旰，以衡石妨膳，而痁得犯之。果有蠲邪之物，以卫圣德。"因舞蹈，上千万岁寿
赐以百金	上大悦，劳之百金
	批曰："灵祇应梦，厥疾全瘳。烈士除妖，实须称奖。因图异状，颁显有司。岁暮驱除，可宜遍识，以祛邪魅，兼静妖氛。仍告天下，悉令知悉。"……观此题记，似始于开元时

从表6-1可见，二书的不同之处主要有三点。其一，关于该故事的出处不同。陈书虽比沈书晚出，但其所引《唐逸史》，也为诸家所引证；而沈书所引则称出自唐人题写的一幅宫中所藏旧画吴道子《钟馗图》的卷首题记，但却不能确定其题写的大致年代。其二，关于钟馗的出身及所处时代不同。陈书引述钟馗是终南山进士，"因武德中应举不捷"，那么钟馗应是唐高祖时人，参加的是进士科考试；而沈书所引却讲钟馗是应武举不捷之士，参加的是武举考试，且没有述其乡贯。显然陈书比沈书所提供的信息要丰富。武举创设于武则天时期，以此观之，似乎沈书所引钟馗事迹要晚于陈书。两书都提到钟馗衣着

蓝衫（"蓝袍"或"蓝裳"），关于蓝衫有三种理解：一作蓝色衣衫，为儒士所穿之服；一作襕衫，"蓝"通"襕"，为士人、举子之服；一作褴衫，"蓝"亦通"褴"，褴褛之义，即破烂的衣裳。笔者认为，应作"襕衫"，与"蓝衫"通，也即举子之服，据高承《事物纪原》卷3"襕衫"条解释："唐志曰：马周以三代布深衣，因于其下着襕及裙，名襕衫，以为士之上服。今举子所衣者，襕衫是也。"[1]这才符合钟馗应进士举的身份。因此，沈书所称"应武举"颇疑为传抄过程中由"武德中应举"讹误而来。其三，二书互有出入之处。陈书多了关于"虚耗鬼"之说和"羞归故里，触殿阶而死，是时奉旨赐绿袍以葬之"两处，而沈书则多了吴道子进言和唐明皇批语诏告天下"因图异状"以供"岁暮驱除"时所用两段话。

　　《唐逸史》中提到的"虚耗鬼"是古代民间传说中能给人招来灾祸的恶鬼。"虚耗鬼"身着大红色短裤（或曰围裙），一只脚跋拉着靴，另一只脚光着，腰间则挂着另一只靴，还别着一把竹（纸）扇，喜欢偷盗他人财物，还能偷去他人欢乐，给人带来忧愁。中唐僧人慧琳《一切经音义》载：魖，"虚耗鬼也。《异苑》曰：'虚耗鬼所至之处，令人损失财物，库藏空竭，名为耗鬼，其形不一，怪物也。'"《异苑》为南朝刘宋人刘敬叔所作的志怪小说集，书中有两则关于"损耗"官府仓库之物和民家"恒失物"的故事，但却系慧琳总结之语，并非原文。[3]不过，慧琳对此两则故事的概括是准确的，这说明早在刘

1 （宋）高承撰，（明）李果订《事物纪原》卷3《衣裘带服部》，金圆、许沛藻点校，中华书局，1989，第148页。

2 （唐）慧琳：《一切经音义》卷75，载徐时仪校注《一切经音义三种校本合刊》，上海古籍出版社，2008，第1828页上栏。

3 （南朝宋）刘敬叔：《异苑》卷8，范宁校点，中华书局，1996，第79页。这两则故事，其一曰"石龟耗粟"："余姚县仓封印完全，既而开之，觉大损耗。后伺之，乃是富阳县桓王陵上双石龟所食。即密令毁龟口，于是不复损耗。"其二曰"绳弶获鼅"："琅邪费县民家恒患失物，谓是偷者，每以扃钥为意。常周行宅内，后果见篱一穿穴，可容人臂，甚滑泽，有踪迹。乃作绳弶，放穿穴口，夜中忽闻有摆扑声，往掩得一鼅，长三尺许，从此无复所失。"

宋时期，人们就已经有了虚耗鬼怪损耗、偷盗财物的观念。[1] 到唐代，更有了"耗磨日"的记载，盛唐时人张说作有《耗磨日饮》诗曰："上月今朝减，流传耗磨辰。还将不事事，同醉俗中人。"又有佚名《耗磨日饮》诗二首，其一曰："耗磨传兹日，纵横道未宜。但今不忘醉，翻是乐无为。"其二（一作赵冬曦诗）曰："春来半月度，俗忌一朝闲。不酌他乡酒，无堪对楚山。"[2] 耗磨日，亦曰耗磨辰，南朝大概就有流传，它来源于古代的虚耗鬼观念。该日，官府放假不办公，官员有饮酒之俗。唐人李绰《辇下岁时记》还载：都人至年夜，祀灶后，"夜于灶里点灯，谓之'照虚耗'"。又云："明皇昼寝，梦虚耗二鬼，怒呼武士。俄有大人，顶帽衣袍，捉鬼，擘而啖之。问其姓名，乃终南山进士钟馗也。至今祠钟馗，乃食虚耗也。"[3] 也就是说，在唐代，都城还形成了在除夕夜点灶灯"照虚耗"和钟馗食虚耗以驱鬼的风俗。到宋代，耗磨日逐渐定型于每年的正月十六日。南宋章渊《稿简赘笔》载："正月十六日，古为之耗磨日。张说《耗日饮》诗云……必饮酒，如今之社日。此日但谓之耗日，官司不开仓库而已。"[4] 钟馗捉鬼的传说正是伴随着禳除"虚耗鬼"的驱邪除祟民俗活动的开展而流传开来的。

二　钟馗溯源

沈括在记载了钟馗的传说故事后，又简单进行了溯源考证。他说：

1　常建华：《"虚耗"鬼的由来与禳除习俗——中国岁时节日体现的民众心态》，载郑振满、陈春声主编《民间信仰与社会空间》，福建人民出版社，2003，第123~147页。

2　（唐）张说著，熊飞校注《张说集校注》卷9，中华书局，2013，第434~435页。

3　（唐）李绰撰，陶敏整理《辇下岁时记》，载《全唐五代笔记》，三秦出版社，2015，第2753页。

4　（宋）章渊：《稿简赘笔》，载（明）陶宗仪等编《说郛三种》卷44，上海古籍出版社，2012年影印本，第719页上栏。又明杨慎《丹铅总录》卷3《时序类·耗磨日》曰："正月十六日，谓之耗磨日。张说《耗日饮酒》诗云……此日必饮酒，官司不令库而已。"王大淳笺证曰："此条全录宋章渊《稿简赘笔》。"

皇祐中，金陵上元县发一冢，有石志，乃宋征西将军宗悫母
郑夫人墓。夫人，汉大司农郑众女也。悫有妹名钟馗。后魏有李
钟馗，隋将乔钟馗、杨钟馗。然则钟馗之名，从来亦远矣，非起
于开元之时；开元之时，始有此画耳。"钟馗"字亦作"钟葵"。[1]

皇祐（1049~1054）为宋仁宗年号。沈括在使用了当时出土的南
朝墓志材料以及有关的史籍记载后，认为"钟馗"亦作"钟葵"，钟
馗之名起源很早，北魏时有李钟馗，隋朝有乔钟馗、杨钟馗，甚至还
有女名钟馗者，并非如唐画题记所载始于开元时期。

其后，陈正敏在《遁斋闲览》中又有简论曰：

《北史》：尧暄本名钟葵，字辟邪，生于魏道武时。人有于劲
者，亦字钟馗，以世数考之，暄又居前，则知不特起于宋也。然
"馗"与"葵"二字不同，必传写之有误也。[2]

该书已佚，但后人多有征引。据今人考证，"陈正敏，自号遁
翁，生平未详。晁公武衢本《郡斋读书志》曰：'皇朝陈正敏崇、观
间撰。'知该书作于宋徽宗崇宁（1102~1106）、大观（1107~1110）
年间，陈正敏为北宋末年人。《说郛》收录《遁斋闲览》1卷，共
44条佚文，但题为'宋·范正敏撰'……可能为笔误"。[3]据此可
知，他生活的年代要略晚于沈括。但他在沈括考证的基础上又发现
了"尧暄"和"于劲"两条史料，认为"钟馗"是"钟葵"传写之
误。这两条史料在后世被广为征引，成为讨论钟馗名称流变的重要
依据。

到明清时期，随着钟馗信仰的影响越来越大，学者们对钟馗的

1　胡道静：《新校正梦溪笔谈　梦溪笔谈补证稿》卷3，上海人民出版社，2011，第223~224页。

2　（宋）陈元靓：《岁时广记》卷40"辨钟馗"条引《遁斋闲览》，许逸民点校，中华书局，2020，第733页。

3　王河、真理整理《宋代佚著辑考》，江西人民出版社，2003，第177~190页。

起源问题也越来越感兴趣，出现了许多相关考据，进一步推进了对钟馗问题的认识。明代郎瑛在《七修类稿》卷 23《辩证类》"钟馗"条中说：

> 钟馗起于明皇之梦，《唐逸史》所载也。予常读《北史》，有尧暄本名钟葵，字辟邪，意葵字传讹，而捉鬼事起于字也。昨见《宣和画谱·释道门》云："六朝古碣得于墟墓间者，上有钟馗字，似非开元时也。"[1]

他认为钟馗就是《北史》中尧暄本名"钟葵"之讹，而其捉鬼传说则起源于其字"辟邪"。他还引证了《宣和画谱》的记载，进一步说明了钟馗并不是起源于开元时唐明皇之梦，而是六朝时即已见。

约同时期的杨慎考据更详，他在《丹铅总录》卷 13《订讹类》"钟葵钟馗终葵"条中说：

> 俗传钟馗起于唐明皇之梦，非也。盖唐人戏作《钟馗传》，虚构其事，如毛颖、陶泓之类耳。《北史》尧暄本名钟葵，字辟邪，后世画钟葵于门，谓之辟邪，由此傅会也。宋宗悫妹名钟葵，后世画工作《钟馗嫁妹图》，由此傅会也。但葵、馗二字异耳。又曰：终葵，菜名。[2]

他也认为钟馗的传说并不是起源于唐明皇之梦，而是由尧暄本名钟葵之字"辟邪"附会而来，所以"钟葵"也就是"钟馗"。后世流传的"钟馗嫁妹"传说则是由南朝刘宋时宗悫之妹钟葵之名附会而来。但他又注意到，"葵"与"馗"二字字形差异甚大。他还提到了

1　（明）郎瑛：《七修类稿》卷 23《辩证类》，中华书局，1959，第 343 页。

2　（明）杨慎撰，王大淳笺证《丹铅总录笺证》卷 13《订讹类·钟葵钟馗终葵》，浙江古籍出版社，2013，第 536~537 页。

一种菜名"终葵"，应即《尔雅·释草》中所讲的植物"蒸葵"，据清人郝懿行释义："此草叶圆而剡上，如椎之形，故曰终葵。"[1] 这种锥形的草名终葵。他在《杨子卮言》卷1"钟馗即终葵"中进一步论述道：

> 《考工记》曰"大圭首终葵。"注："终葵，椎也。"齐人名椎曰终葵。盖言大圭之首似椎尔。《金石录》晋宋人名，以终葵为名，其后讹为钟馗。俗画一神像帖于门，手执椎以击鬼，好怪者便傅会说钟馗能啖鬼……亦如石敢当本《急就章》中虚拟人名，本无其人也……昧者相传久之，便谓真有其人矣……苏易简作《文房四谱》云：虢州岁贡钟馗二十枚，未知钟馗得号之由也。慎按：砚以钟葵名，即《考工记》终葵大圭之义。盖砚形如大圭尔。[2]

他认为"椎"在齐人方言中又名"终葵"，而"椎"则是古人用来驱鬼避邪的，晋、宋时人好以"终葵"为名，后讹传为"钟馗"，于是在画像中的钟馗也是执椎以击鬼，以此又附会出钟馗啖鬼之说。所以他认为钟馗是虚拟人名，本无其人，只是因为讹传已久，于是才以为真有其人。这样他就得出了终葵（物名）→钟葵（人名）→钟馗（神名）的发展演变过程。

胡应麟针对杨慎在《杨子卮言》中的说法，在《少室山房笔丛》卷22《续乙部·艺林学山四》中专门写有"钟馗"条说：

---

[1] （清）郝懿行：《尔雅义疏》卷下《释草》，上海古籍出版社，2017年影印本，第1018页。又同书同卷提到一种菌名"中馗"，郭璞注旧："地蕈也，似盖，今江东名为土菌，亦曰葵厨，可啖之。"李时珍在《本草纲目》卷28《菜部·土菌》中阐发曰："中馗，神名，又槌名也。此菌钉上若伞，其状如槌及中馗之帽，故以名之。"按：此"中馗"即"钟馗"，显然李时珍已将《尔雅》中的"中馗"等同于钟馗。

[2] （明）杨慎：《杨子卮言》卷1，载王大淳笺证《丹铅总录笺证》卷13《订讹类·钟葵钟馗终葵》后附，浙江古籍出版社，2013，第538页。

陈心叔曰……《周礼·考工记》云"大圭首终葵"，注云："终葵，椎也。"……《杨子卮言》即以钟馗之讹本于此，似无确据。若以字音相同，则《左传》殷人七族有终葵氏，《尔雅·释草》编有蒸葵、中馗二草名。岂可曲引为证？或云钟馗当作"终夔"，谓六书本义，终有穷极毕死之义。古文夔一作"馗"。《集韵》馗、夔、逵、暌通用。夔，山鬼……穷治邪鬼，故称终夔耳。此亦意撰也。……

麟按：钟馗之名当起于六朝……杨谓钟馗传为文人戏作，最为卓识……钟馗之说，盖自六朝之前固已有之，流传执鬼非一日矣。尧暄之本名钟葵，宗氏之妹名钟馗，皆即以鬼神为名，故暄名钟葵而字辟邪者，即取钟馗能驱邪辟耗之意……尧暄旧名馗，作"葵"当是音同致讹。[1]

他首先引陈心叔语反驳杨慎，提到了《左传》中有终葵氏，《尔雅》中有蒸葵、中馗二草名，或云钟馗当作"终夔"等。然后提出自己的看法，认为钟馗之名起源于六朝，至于钟馗捉鬼之说则更是在六朝以前就已经有流传，而尧暄名"钟葵"就是"钟馗"，"馗"与"葵"音同导致讹误。所以南北朝时人取名钟葵（馗）就是以鬼神为名，取其驱邪辟耗之义。他还提到"续读龙舒《净土文》有唐人张钟馗，盖以借鬼神为名"。

顾炎武沿袭了前人的说法，他在《日知录》卷32"终葵"条中又引马融《广成颂》："翚（原注：'挥'同。）终葵，扬关斧。"解释说："盖古人以椎逐鬼，若大傩之为耳。"他又检索出北魏淮南王元佗之子名钟葵、丘钟葵、慕容钟葵、段钟葵、宫钟葵（馗）、张白泽本字钟葵、《唐书》有王武俊将张钟葵（《通鉴作"终葵"》）。[2]

---

1 （明）胡应麟：《少室山房笔丛》卷22《续乙部·艺林学山四》，上海书店出版社，2009，第218~221页。

2 （清）顾炎武著，黄汝成集释《日知录集释》卷32"终葵"条，秦克诚点校，岳麓书社，1994，第1154~1155页。

赵翼在《陔余丛考》卷 35 "钟馗"条中总结了前人诸说曰：

> 顾宁人（炎武）谓：世所传钟馗，乃终葵之讹，其说本于杨用修（慎）、郎仁宝（瑛）二人……终葵本以逐鬼，后世以其有避邪之用，遂取为人名，流传既久，则又忘其为辟邪之物，而意其为逐鬼之人，乃附会为真有是食鬼之姓钟名馗者耳……古人名字往往有取佛仙神鬼之类以为名者。[1]

他还检索到一例以钟葵为名者，即魏献文帝时枹罕镇将杨钟葵。此外，今人又检索出一些以钟葵（馗）为名者，有北魏北地王世子钟葵、隋李钟葵、□钟葵、唐张钟葵等。[2] 由此可见，南北朝隋唐时取名钟葵（馗）者十分常见。

人们取名钟葵（馗），主要是为了辟邪保平安。在敦煌文书 S.0318《洞渊神咒经·斩鬼品第七》中就有钟馗杀鬼之说："今何鬼来病主人，主人今危厄，太上遣力士、赤倅、煞鬼之众万亿，孔子执刀，武王缚之，钟馗打煞得，便付之辟耶（邪），传与天一北狱。"[3] 该经又见 P.2444 文书，末题有"麟德元年七月廿一日奉敕为皇太子于灵应观写"，就是唐高宗时。该经敦煌本与今《道藏》本略有出入，无"孔子执刀，武王缚之"句。《道藏》本为唐末五代时人杜光庭作序的二十卷本，杜序称该经为西晋末道士王纂所撰。[4] 关于该经的成书年代，学术界向来有多种观点，但普遍认为前十卷应该成书于唐以前，如卿

1　（清）赵翼：《陔余丛考》卷 35 "钟馗"条，栾保群、吕宗力校点，河北人民出版社，1990，第 734~735 页。

2　董永俊：《钟馗研究——钟馗观念在文献中的映现与流变》，硕士学位论文，中央美术学院，2014，第 8~11 页，表 1。

3　郝春文编著《英藏敦煌社会历史文献释录》第 1 卷，科学出版社，2001，第 472 页。按：释录有错别字和标点错误，已改。

4　（唐）杜光庭：《太上洞渊神咒经序》，载《道藏》第 6 册，文物出版社、上海书店、天津古籍出版社，1988 年影印本，第 1 页。

希泰认为出现于晋代。[1] 日本学者吉冈义丰认为编成于东晋末到刘宋初。[2] 大渊忍尔则认为编成于晋末到陈隋之间。[3] 这样说来，早在魏晋南朝时期，钟馗信仰就已经出现，并在民间开始流行，钟馗也成为道教中著名的杀鬼大神。不过，《神咒经》并没有对钟馗的形象作具体介绍，也没有详细描述钟馗是如何斩鬼的，只讲到钟馗与力士、赤卒等一起驱鬼辟邪。

三　唐代的钟馗信仰

到唐代，钟馗信仰得到进一步发展，有关钟馗的传说故事开始形成，钟馗驱鬼的形象也逐渐清晰和丰满起来。唐初王仁煦在《刊谬补缺切韵》中说："钟馗，神名。"据唐兰先生考证，该书约编成于唐中宗神龙二年。[4] 到盛唐时，朝廷每年都要在岁末向重臣颁赐钟馗像及新历日。唐玄宗时大臣张说写有《谢赐钟馗及历日表》，云：

> 臣某言，中使至，奉宣圣旨，赐臣画钟馗一，及新历日一轴者。猥降王人，俯临私室，荣钟睿泽，宠被恩辉，臣某中谢。伏以星纪回天，阳和应律，万国仰维新之庆，九霄垂湛露之恩，爰及下臣，亦承殊赐。屏祛群厉，缋神像以无邪。[5]

1　卿希泰《试论〈太上洞渊神咒经〉的乌托邦思想及其年代问题》认为，该经成书的时间，上限为西晋末年，下限为东晋之末。原载四川大学学报丛刊第 25 辑《宗教学研究论集》，1985。后该文收入氏著《道教文化新探》，四川人民出版社，1988，第 119~127 页。

2　〔日〕吉冈义丰：《道教经典史论》，大正大学道教刊行会，1955。任继愈先生主编的《道藏提要（修订版）》就根据他的观点（中国社会科学出版社，1995，第 253 页）。

3　〔日〕大渊忍尔：《道教史の研究》，冈山大学共济会书籍部，1964，第 435~547 页。

4　唐兰先生在《〈唐写本王仁煦刊谬补缺切韵〉跋》中考证："此书之作，当即在神龙二年（公元七〇六）矣。"见氏著《唐兰文集》第 2 册《论文集上编》（二），上海古籍出版社，2015，第 722 页。

5　（唐）张说著，熊飞校注《张说集校注·补遗》，中华书局，2013，第 1529 页。又载《文苑英华》卷 596，中华书局，1966 年影印本，第 3093 页下栏 ~3094 页上栏。

此文约作于开元十八年，据说与张说同时代的孙逖也撰有相近内容的谢表，但不见于记载。"历日"即今之日历。颁赐历日大约始于唐玄宗时，南宋王应麟《玉海》卷55《艺文·赐书》"唐赐历日"条引《集贤注记》云："自置院之后，每年十一月内，即令书院写新历日一百二十本，颁赐亲王、公主及宰相、公卿等，皆令朱墨分布，具注历星，递相传写。"[1]《新唐书·百官志二》载：开元五年，乾元殿写四部书，置乾元院使；六年，改名为丽正修书院；十三年，改为集贤殿书院，通称集贤院。[2] 由此可见，至晚从盛唐时开始，朝廷每年都要向重臣颁赐钟馗画像一幅和日历一轴。颁赐钟馗画像的目的是"屏祛群厉"，厉为恶鬼，群厉即群鬼，也即赐钟馗像以驱鬼辟邪。

中唐时著名诗人刘禹锡也撰有两篇性质相似的谢表，其一为《为李中丞谢钟馗历日表》：

> 臣某言，中使某乙至，奉宣圣旨，赐臣画钟馗一、新历日一轴。恩降云霄，光生里巷。虽当岁莫（暮），如煦阳和。云云。伏以将庆新年，聿循故事。缋其神象，表去疠之方；颁以历书，敬授时之始。微臣何幸？天意不遗。无任感戴屏营之至。[3]

此表约作于唐德宗贞元十九年末。李中丞，即李汶，时为御史台长官御史中丞。刘禹锡为监察御史，代主官写此谢表。

其二为《为杜相公谢钟馗历日表》：

> 臣某言：高品某乙至，奉宣圣旨，赐臣（画）钟馗一、新历日一轴。星纪方回，虽逢岁尽；恩辉忽降，已觉春来。云云。伏以图写威神，驱除群疠。颁行肆历，敬授四时。施张有严，既增

1 （宋）王应麟辑《玉海》卷55《艺文·赐书》，广陵书社，2003年影印本，第1054页下栏。
2 《新唐书》卷47《百官志二》，中华书局，1975，第1212页。
3 （唐）刘禹锡著，瞿蜕园笺证《刘禹锡集笺证》卷13，上海古籍出版社，1989，第338页。

门户之贵；动用协吉，常为掌握之珍。瞻仰披寻，皆知圣泽。无任欣戴之至。[1]

此表虽然在文末题写有"贞元二十一年十二月日"，但是时作者已被贬官，故一般认为是贞元二十年所上。杜相公为杜佑。在表中，作者对朝廷颁赐的钟馗像作了一些描绘："图写威神，驱除群疠。"钟馗画像具有神威之貌，悬挂能驱除群鬼，使主人家增添"门户之贵"，可祈新岁平安吉祥。这说明在唐代已经形成了岁末在门户上悬挂钟馗画像以驱鬼辟邪的风俗。这在当时流行的一则戏谑故事中也有所反映，晚唐时人范摅在《云溪友议》卷中记载了一则逸闻趣事：

> 宏词李宣古者，数陪游宴，每谑戏于其座……时澧州宴席，酒纠崔云娘者，形貌瘦瘠，而戏调罚于众宾，兼恃歌声，自以为郢人之妙。李生乃当筵一咏，遂至钳口……《赠崔云娘》，李宣古："何事最堪悲？云娘只首奇。瘦拳抛令急，长嘴出歌迟。只怕肩侵鬓，唯愁骨透皮。不须当户立，头上有钟馗。"[2]

李宣古是澧阳（今湖南澧县）人，会昌三年进士。这则故事记录的这件趣事讲的是，骨感的崔云娘擅酒令能歌，自以为妙，经常在酒席上调笑戏罚众宾客饮酒，却被诗人李宣古当众作诗调侃，"不须当户立，头上有钟馗"。不用站在门前，就能看到钟馗，显然有丑化云娘相貌之嫌。但也可以看出，钟馗与门户有关。以钟馗来戏谑人之相貌丑陋的，还有中晚唐时著名诗人温庭筠，其有"温钟馗"之号。[3]

---

1 （唐）刘禹锡著，瞿蜕园笺证《刘禹锡集笺证》卷 13，上海古籍出版社，1989，第 339 页。
2 （唐）范摅撰，唐雯校笺《云溪友议校笺》卷中《澧阳宴》，中华书局，2017，第 123~124 页。
3 （宋）孙光宪：《北梦琐言》卷 10《前贤戏调》，林艾园校点，上海古籍出版社，1981，第 78 页。

四　钟馗画像

　　唐代绘钟馗者最有名的当数盛唐时著名画家吴道子。[1]《唐逸史》最早记载了唐明皇梦钟馗，召吴道子图绘钟馗像的故事。约同时期的张彦远（815~907），在《历代名画记》中也记载吴道子画有《十指钟馗》，"传于代"。[2] 其后晚唐时人周繇又作有《梦舞钟馗赋》，也提到吴道子画钟馗像事：

　　　　皇躬抱疾，佳梦通神。见幡绰兮上言丹陛，引钟馗兮来舞华茵。寝酣方悦于宸宸，不知为异。觉后全销于美疢，始讶非真。开元中，抚念齐民，忧勤大国。万机亲决于宸断，微疴遂沾于圣德。金丹术士，殊乖九转之功。桐篆医师，又寡十全之力。爰感神物，来康哲王。于时漏滴长乐，钟敲建章。扃禁闼兮闭羽卫，虚寝殿兮阒嫔嫱。虎魄枕欹，象榻透荧荧之影。虾须帘卷，鱼灯摇闪闪之光。圣魂尚恍以方寐，怪状朦胧而遽至。硨硪标众，颐颏特异。奋长髯于阔臆，斜领全开。搔短发于圆颅，危冠欲坠。顾视才定，趋跄忽前。不待乎调凤管，揆鸾弦，曳蓝衫而飒缅，挥竹简以蹁跹。顿趾而虎跳幽谷，昂头而龙跃深渊。或呀口而扬音，或蹲身而节拍。震雕栱以将落，跃瑶阶而欲折。万灵沮气以慞惶，一鬼傍随而奋踽。烟云忽起，难留舞罢之姿。雨霆交驰，旋失去来之迹。睿想才悟，清宵已阑。祛沉疴而顿愈，瘅御体以犹寒。对真妃言窬窳之祥，六宫皆贺。诏道子写婆娑之状，百辟咸观。彼号伊祁，亦名郁垒。傩祓于凝冱之末，驱厉于发生之

1　相传唐初著名画家阎立本绘有《宫中迎岁图》，其中有宫女悬挂钟馗像的画面。该画藏于美国华盛顿特区的弗里尔艺术画廊。见陆蓓庭《钟馗考》，上海古籍出版社，2017，彩图 2。

2　（唐）张彦远：《历代名画记》卷 9，周晓薇校点，辽宁教育出版社，2001，第 82 页。

始。岂如呈妙舞兮荐梦，明君康宁兮福履。[1]

周繇，字为宪，池州人，唐懿宗咸通十三年进士。赋中说，开元年间，唐明皇身体不适，经金丹术士、巫觋医师诊治，都无效果，忽梦见优人黄幡（或作幡、幡）绰引荐舞钟馗，醒来后疾病大好，于是将梦境告知杨贵妃，六宫皆贺，乃召吴道子依照他梦中所见画钟馗捉鬼图。据刘锡诚分析，此赋描写的舞钟馗是一种傩舞或巫舞，是一幅"圣鬼"钟馗驱邪仪式图。其对钟馗的形象进行了细腻而生动的描写，其形体：怪状朦胧，形象特异，长髯、短发，阔臆、圆颅。其装束：着斜开领（衽）蓝衫，戴危冠。手执法器：凤管、竹简（还没有出现后来的青锋剑）。舞姿：开始时，调凤管、拨鸾弦，摆动着蓝衫，身躯飘逸，舞动着竹简，舞步蹁跹，继而如虎跳幽谷，似龙跃深渊，令雕栱将落、瑶阶欲折。钟馗粗犷雄健、气势逼人的巫舞，终于使所有的精怪（"万灵"）不得不沮气而回避。这是一个充满动感的、活生生的钟馗。[2]赋中最后还讲到"彼号伊祁，亦名郁垒"，这里的"伊祁"和"郁垒"都是指门神，这说明钟馗也与门神有关。

五代十国时期继承了这种风俗，又有所发扬光大。在五代宋朝的许多著作中记录了吴道子画的钟馗像，如五代宋初人景涣在《野人闲话》中就有记载：

> 昔吴道子所画一钟馗，衣蓝衫，鞹一足，眇一目，腰一笏。巾裹而蓬发垂鬓。左手捉一鬼，以右手第二指抉鬼眼睛。笔迹遒劲，实有唐之神妙。收得者将献伪蜀主，甚爱重之，常悬于内寝。一日，召黄筌，令看之。筌一见，称其绝妙。谢恩讫，昶谓曰："此钟馗若母指掐鬼眼睛，则更较有力，试为我改之。"筌请归私第，数日看之不足，别张绢素，画一钟馗，以母指掐鬼眼

1　《全唐文》卷812，中华书局，1983年影印本，第8549页下栏～8550页上栏。又载《文苑英华》卷95，中华书局，1966年影印本，第434页下栏。
2　刘锡诚：《钟馗论》，载氏著《民间文艺学的诗学传统》，上海文化出版社，2018，第299～331页。

睛，并吴本一时进纳。昶问曰："比令卿改之，何为别画？"筌曰："吴道子所画钟馗，一身之力、气、色、眼、貌，俱在第二指，不在母指，所以不敢辄改。筌今所画，虽不及古人，一身之力，意思并在母指。"昶甚悦，赏筌之能，遂以彩段银器，旌其别识。[1]

该故事记载的这幅吴道子画《钟馗像》，大概是流入民间后为人收得进献给后蜀主孟昶的。孟昶爱不释手，常把它挂在卧室欣赏。著名画家黄筌一见，称为绝妙，虽然蜀主令他稍作改动，但他却不愿破坏名画神韵，然后重新创作了一幅《钟馗像》进上。

十国中的吴越画工也画有钟馗像。《新五代史·吴越世家》载："岁除，画工献《钟馗击鬼图》，倧以诗题图上。"[2]吴越画工在岁末向吴越王钱倧进献《钟馗击鬼图》，显然也是用来悬挂辟邪的。

北宋人黄休复在《益州名画录》中也记载了吴道子画的一幅钟馗像，其在蒲师训事迹中载：

> 甲寅岁春末，蜀王或夜梦一人，破帽故襕，庞眉大目，方颐广颡，立于殿阶，跂一足曰："请修理之。"言讫寤觉。翌日因检他籍，见此古画，是前夕所梦者神，故绢穿损画之左足，遂命师训令验此画是谁之笔。师训对云："唐吴道玄之笔，曾应明皇梦，云痣者神也。"因令重修此足呈进。后蜀王复梦前神谢曰："吾足履矣。"上虑为祟，即命焚之。[3]

甲寅岁，为954年。其中提到后蜀主孟昶收藏的一幅古画，经宫廷画师蒲师训鉴定为吴道子真迹。可惜在这个故事中，孟昶是一个不

1　《太平广记》卷214"黄筌"条引《野人闲话》，中华书局，1961，第1641~1642页。又见（宋）陈元靓《岁时广记》卷40"画钟馗"条引《野人闲话》，许逸民点校，中华书局，2020，第732页。据侯忠义研究，该书是一部五代的志怪小说集，成书于宋太祖乾德三年（965）。作者景焕，号玉垒山人，成都人。见氏著《隋唐五代小说史》，浙江古籍出版社，1997，第247~251页。
2　《新五代史》卷67《吴越世家》，中华书局，1974，第842页。
3　（宋）黄休复撰，何韫若、林孔翼注《益州名画录》，四川人民出版社，1982，第66~67页。

知爱惜名画的庸主，将古画给烧了。这与《野人闲话》中对同样一幅画作却持不同态度的后蜀主形象大相径庭。只是不知道这幅画与《野人闲话》中记载的吴道子画的钟馗像是否为同一幅画作。抑或吴道子画有多幅钟馗像，也未可知。蒲师训与另一宫廷画师赵忠义都是当时的钟馗画名家，并有事迹流传：

> 先是每年杪冬末旬，翰林攻画鬼神者，例进《钟馗》焉。丙辰岁，忠义进《钟馗》，以第二指挑鬼眼睛；蒲师训进《钟馗》，以拇指剜鬼睛，二人钟馗相似，唯一指不同。蜀王问此画孰为优劣？签以师训为优。蜀王曰："师训力在拇指，忠义力在第二指，二人笔力相敌，难议升降。"并厚赐金帛，时人谓蜀王深鉴其画矣。[1]

丙辰岁，为 956 年。其中提到赵忠义画的《钟馗》像，显然是模仿吴道子的"钟馗样"创作的，而蒲师训的画作则是黄筌版的钟馗像。后蜀每年进献《钟馗》像的风俗与吴越同，说明在五代十国时期，过年悬挂钟馗画像已经成为一项重要的民俗。

郭若虚在《图画见闻志》中也记载了吴道子的钟馗画，内容与《野人闲话》大致相同，并称其为"钟馗样"：面相丑陋，长髯，头发蓬松，头巾不正，身穿蓝衫，一只脚穿着皮靴，睐着一只眼，朝笏插在腰间，左手抓住一个小鬼，右手的食指用力抉小鬼眼睛。笔力非常遒劲，"实绘事之绝格也"。[2] 所谓"钟馗样"，就是后世图绘钟馗的样本，可见吴道子的钟馗画对后代产生了非常大的影响。同书还记载了五代后梁驸马都尉赵岩画有《钟馗》图，"传于世"。[3]

五代画家创作的钟馗图还出现了新题材，如南唐画家周文矩画

---

1 （宋）黄休复撰，何韫若、林孔翼注《益州名画录》，四川人民出版社，1982，第 68~69 页。
2 （宋）郭若虚撰，邓白注《图画见闻志》卷 6，四川美术出版社，1986，第 355~356 页。
3 （宋）郭若虚撰，邓白注《图画见闻志》卷 2，四川美术出版社，1986，第 101 页。

有两幅《钟馗图》和五幅《钟馗氏小妹图》。[1] 后蜀宋初画家孙知微也画有《雪钟馗》，宋人李廌《德隅斋画品》"孙知微《雪钟馗》"条载："（钟馗）破巾短褐，束缚一鬼，荷于担端，行雪林中。想见武举不第，胸中未平，又怒鬼物扰人，擒拿击搏，戏用余勇也。"[2] 同时期的石恪也画有各种钟馗图，如《百鬼戏图》，"钟馗夫妇对案置酒，供张果看，乃执事左右皆述其情态。前有大小鬼数十，合乐呈伎俩，曲尽其妙"。[3] 另外见于记载的石恪画作还有《钟馗氏图》《钟馗氏小妹图》等。钟馗小妹和钟馗夫妇形象的出现是钟馗信仰在民间信仰中延伸发展的结果。

虽然从五代到宋初，出现了许多画家创作的各种题材的钟馗像，但是岁末朝廷赐予重臣的钟馗像还是偏爱用吴道子的画本。如《梦溪笔谈·补笔谈》说道："熙宁五年，上令画工摹拓镂板，印赐两府辅臣各一本。"[4] 熙宁（1068~1077），为宋神宗年号。叶梦得在《石林燕语》中也记载："元丰元年除日，神宗禁中忽得吴道子画《钟馗》像，因使镂板赐二府。吴冲卿时为相，欲赠以常例。王禹玉曰：'上前未有特赐，此出异恩，当稍增之。'"[5] 可见，一直到宋神宗时，朝廷重臣皆以岁末获赐吴道子画钟馗像为荣。

五　敦煌民俗中钟馗驱傩

在唐五代宋初，钟馗信仰不仅流行于宫廷，而且在民间也得到迅速传播。在敦煌文书中有许多经卷提到钟馗，除前引 S.0318、P.2444 号文书《洞渊神咒经》外，还有 S.2055 背、P.2569 背、P.3552、P.4976 等文书，都是敦煌岁末驱傩词，反映了钟馗信仰在敦煌民俗中的巨大

1 （宋）佚名撰，岳仁译注《宣和画谱》卷 7，湖南美术出版社，1999，第 144 页。

2 （宋）李廌：《德隅斋画品》，载于安澜编《画品丛书》，上海人民美术出版社，1982，第 161 页。

3 （宋）李廌：《德隅斋画品》，载于安澜编《画品丛书》，上海人民美术出版社，1982，第 163 页。

4 胡道静：《新校正梦溪笔谈　梦溪笔谈补证稿》卷 3，上海人民出版社，2011，第 224 页。

5 （宋）叶梦得撰，宇文绍奕考异《石林燕语》卷 5，侯忠义点校，中华书局，1984，第 67 页。

影响。如 P.4976《儿郎伟》云：

> 旧年初送玄律，迎取新节青阳……万恶随于古岁，来朝便降千祥。应是浮游浪鬼，付与钟夔（馗）大郎……今夜驱傩之后，直得千祥万祥。[1]

此文书约写作于唐宣宗大中五年，张议潮驱逐吐蕃守将，复得沙州，被唐廷任命为沙州防御史之后不久。文书描写了在岁末傩仪中钟夔（馗）驱鬼纳祥之情节。

P.2569 背、P.3552《儿郎伟》：

> 驱傩之法，自昔轩辕。钟馗、白泽，统领群仙。怪禽异兽，九尾通天。总向我皇境内，呈祥并在新年……适从远来至宫门，正见鬼子一郡郡（群群）。就中有个黑论敦，条身直上舍头存（踌）。耽气袋，戴火盆。眼赫赤，着非（绯）裈。青云烈，碧温存。中庭沸沥沥，院里乱纷纷。唤中（钟）夔，兰（拦）着门。弃头上，放气薰。慑肋折，抽却筋。拔出舌，割却唇。正南直须千里处，正北远去亦（不）须论。
>
> 旧殃即除荡，万庆尽迎新……中（钟）夔并白宅（泽），扫障（瘴）尽妖纷（氛）……适从远来至宫宅，正见鬼子笑嚇嚇。偎墙下，傍篱栅。头朋僧，眼隔搦。骑野狐，绕项脉（巷陌）。捉却他，项底搭。塞却口，面上掴。磨里磨，硙里侧。镬汤烂，煎豆蜡。放火烧，以枪擭。刀子割，脔脔擗。因今驱傩除魍魉，纳庆先祥无灾厄。[2]

这两份文书的写作年代皆约当在唐宣宗大中七年，张议潮的侄子

1　黄征、吴伟校注《敦煌愿文集》，岳麓书社，1995，第 961~962 页。

2　黄征、吴伟校注《敦煌愿文集》，岳麓书社，1995，第 945~946 页。

张淮深任敦煌刺史后不久，张议潮本人则于大中十年入朝任司马。白泽，是神话传说中的神兽，知晓天下所有鬼怪的名字、形貌，所以至晚在魏晋南北朝，就被道教和民间当作驱鬼的神兽和祥瑞来供奉。东晋道士葛洪在《抱朴子》中就提到了它，说："（黄帝）穷神奸则记白泽之辞。"[1]道教经典《轩辕本纪》中也说："帝巡狩东至海，登桓山，于海滨得白泽神兽，能言达万物之情。因问天下鬼神之事，自古精气为物、游魂为变者，凡万一千五百二十种，白泽言之，帝令以图写之，以示天下。"[2]文书详细描述了钟馗、白泽统领着怪禽异兽、九尾神狐，于除夕之夜举行大规模的驱邪傩仪的两个场景，其一为捉鬼、杀鬼，钟馗捉住一群群鬼魅，放气薰，折其肋，抽其筋，拔其舌，割其唇，将其逐出千里之外；另一个是啖鬼、杀鬼场景，钟馗捉住鬼，掐住其脖子，掌掴其脸，然后塞进嘴里咬，扔进石磨里磨，投入大锅中往烂里煮，像碾碎了的豆子一样慢火煎，用火烧，用枪扎，用刀子割，把鬼撕成一小片一小片的。这两份文书对鬼及其形状，钟馗捉鬼、杀鬼、啖鬼的具体过程，都有极其生动的描写，已经超过了《唐逸史》和《梦溪笔谈·补笔谈》。

S.2055 背《钟馗驱傩文》云：

> 今夜新受节义（？）（仪），九天龙奉（凤）俱飞。五道将军亲至，虔领十万罢（黑）熊。衣（又）领铜头铁额，魂（浑）身惣著豹皮。发（髮）使朱砂染赤，咸称我是钟馗。捉取浮游浪鬼，积郡（群）扫出三嵬。[3]

此文书被认为作于曹议金称大王以后曹氏归义军时期，也即五代

1　王明：《抱朴子内篇校释》卷13《极言》，中华书局，1985，第241页。

2　（宋）张君房编《云笈七签》卷100《轩辕本纪》，李永晟点校，中华书局，2003，第2177页。

3　郝春文主编《英藏敦煌社会历史文献释录》第9卷，社会科学文献出版社，2012，第313页。又黄征、吴伟校注《敦煌愿文集》拟题为"儿郎伟·驱傩词"（岳麓书社，1995，第964页）。《英藏敦煌文献（汉文佛经以外部分）》第3卷定名为"除夕钟馗驱傩文"（四川人民出版社，1990，第235页）。

宋初。五道将军，又称五道爷、五道大神、五道大使等，也是从北朝以来到隋唐五代时期道教以及民间信仰中广为流传的冥界大神。一般认为与泰山府君、佛教阎罗王职司相近，专掌地狱、鬼卒等事。文书中说五道将军亲自率领十万熊罴，装扮成铜头铁额、身着豹皮、赤发染面的钟馗，专门捉取浮游浪鬼，将其赶出敦煌胜境。文书对钟馗形象进行了生动的描写，其出现在除夕之夜驱傩的仪式（"今夜新受节仪"）之中，与岁暮新岁联系起来，类似于先秦秦汉以迄隋唐时期古傩仪中的方相氏，《周礼·夏官司马》载："方相氏掌蒙熊皮，黄金四目，玄衣朱裳，执戈扬盾，帅百隶而时难，以索室驱疫。"[1] 与此文书中的钟馗形象和作用颇为相似。正是这个铜头铁额、蒙着兽皮的钟馗，在方相氏逐渐淡出敦煌民间除夕傩仪之后继起成为主角。

俄国圣彼得堡藏 ДХ 1465 卷子《还京乐》曰：

> 知道终驱孟（猛）勇，势（世）间专，能翻海，解余（移）山，捉鬼不曾闲。见我手中宝剑，牣（刀）辛（新）磨，斫要（妖）美（魅），去邪磨（魔）。见鬼了，血洴波。者鬼意如何？争感（敢）接来过。小鬼资（恣）言大歌（哥），审须听，□□□。[2]

此件写于 9~11 世纪，[3] 也即中晚唐五代宋初。从词意来看，颇像描写钟馗斩鬼之情景，所以曾昭岷、林玫仪等学者都将"知道终驱孟（猛）勇"中的"终驱"校作"钟馗"，理由是"'钟馗'或由'终葵'而来，此首'终驱'当为'终葵'即'钟馗'之音讹"。[4] 杨联陞也指

1　（清）孙诒让：《周礼正义》卷 59《夏官司马·方相氏》，王文锦、陈玉霞点校，中华书局，2013，第 2493 页。《开元礼》也载：大傩之礼，"其一人方相氏，着假面，黄金四目，蒙熊皮，玄衣朱裳，右执戈，左执盾。……以逐恶鬼于禁中"。

2　任半塘编著《敦煌歌辞总编》卷 3《杂曲》，上海古籍出版社，2006，第 1032 页。

3　〔俄〕孟列夫（Л.Н.缅希科夫）主编，袁学篱、陈华平译《俄藏敦煌汉文写卷叙录》，上海古籍出版社，1999，第 584 页。

4　曾昭岷等编撰《全唐五代词》下册正编卷 4《敦煌词》，中华书局，1999，第 932 页。

出："我疑心'终驱'即'终葵''钟馗'，下文'捉鬼''去邪魔'可证。"[1] 如果"终驱"就是"钟馗"，那么这应该是有关钟馗手持宝剑斩鬼形象的最早描写。这说明，晚唐五代时期，作为道教捉鬼大神的钟馗信仰在敦煌民间有着相当大的影响。

在敦煌文书 P.3811 中有一幅道士作法时悬挂的《总坛式》，其中所请的神祇中也有钟馗，位于坛中东北方（见图 5-1）。另外，这幅《总坛式》中提到的神祇还有位于坛外西南方的土地与东南方的城隍，以及坛内西北方的黑杀大将、东北方的天蓬大师、东南方的玄武大将、西南方的朱雀大将以及象征东、南、西、北方的青帝、赤帝、白帝、黑帝等神祇，他们都是民间信仰中的神灵。如玄武信仰本是源于原始自然崇拜中的星宿崇拜，为古代神话传说中镇守北方之神，早在先秦时期就受到人们的崇拜。原本是天上星宿的玄武，已获得龟蛇一体的神灵象征。《后汉书·王梁传》曰："玄武水神之名，司空水土之官也。"李贤注曰："玄武，北方之神，龟蛇合体。"[2]到唐代，由于道教对它的重视，玄武的地位有所提升。段成式《酉阳杂俎》记载："朱道士者，太和八年，常游庐山，息于涧石，忽见蟠蚰（蛇）如堆缯锦，俄变为巨龟。访之山叟，云是玄武。"[3]又《灵应录》也载："沈仲霄之子于竹林中见蛇缠一龟，将锄击杀之，其家数十口，旬日相次而卒。有识者曰'玄武神'也。"[4]玄武神在后世被道教尊为真武大帝，是太上老君的众多化身之一，传说其修炼得道之处在武当山，因而受到民间的普遍尊祀。它以及东方青帝、西方白帝、南方赤帝、北方黑帝等，都是在先秦时期就受到民间普遍祭祀的神祇。

1　任半塘编著《敦煌歌辞总编》卷 3《杂曲》，上海古籍出版社，2006，第 1036 页。

2　《后汉书》卷 22《王梁传》，中华书局，1965，第 774 页。

3　（唐）段成式撰，许逸民校笺《酉阳杂俎校笺》续集卷 3《支诺皋下》，中华书局，2015，第 1596 页。

4　（唐）傅亮：《灵应录》，载（明）陶宗仪等编《说郛三种》卷 117，上海古籍出版社，2012 年影印本，第 5402 页下栏。按：又作于遂撰。

第二节　科举守护神：文昌梓潼信仰

　　文昌神，也称梓潼神，后世又称为文昌帝君或梓潼帝君，是道教吸收民间信仰中的"文昌星神"与蜀中地方信仰中的"梓潼神"相结合而形成的一位神灵，由于它主掌科举、功名和禄位之职，因而广受文人士子和老百姓的崇拜。

一　文昌信仰

　　文昌神，源于原始自然崇拜中的星宿崇拜文昌星，俗称文曲星。早在先秦时期就出现了有关文昌信仰的记载，屈原在《楚辞·远游》中写道："后文昌使掌行兮，选署众神以并毂。"[1] 这里的文昌主要是掌领从行众神的星神。

　　到秦汉时期，文昌被赋予了主管礼乐文教、功过灾祸、举贤进士、生死寿夭等许多功能。《史记·天官书》曰："斗魁戴匡六星曰文昌宫：一曰上将，二曰次将，三曰贵相，四曰司命，五曰司中，六曰司禄。"司马贞《索隐》："《文耀钩》曰：'文昌宫为天府。'《孝经授神契》云：'文者精所聚，昌者扬天纪。'辅拂并居，以成天象，故曰文昌。"又引《春秋元命包》曰：'上将建威武，次将正左右，贵相理文绪，司禄掌功进士，司命主老幼，司灾主灾咎也。'"[2] 但是直到魏晋南北朝时期，民间对文昌的信仰主要还是看重其"司命"的职能。正如东汉末应劭在《风俗通义·祀典》中所说："司命，文昌也。"[3]

　　到隋唐时期，随着科举制度的实施，民间对文昌的文教礼乐教

1　（汉）刘向辑，（汉）王逸注，（宋）洪兴祖补注《楚辞》卷5《远游章句》，孙雪霄校点，上海古籍出版社，2015，第212页。

2　《史记》卷27《天官书》，中华书局，1982，第1293~1294页。

3　（汉）应劭撰，王利器校注《风俗通义校注》卷8《祀典》，中华书局，1981，第384页。

化以及举贤进士禄命之职日益重视起来，这样文昌就逐渐发展成为一位主掌功名利禄的文运之神。唐人经常以文曲星来比喻有文才的人，如元稹《献荥阳公诗五十韵》曰："词海跳波涌，文星拂坐悬。"[1] 裴说《怀素台歌》曰："杜甫李白与怀素，文星酒星草书星。"[2] 文星，即文曲星。唐人裴庭裕在《东观奏记》卷下还记载："初，日官奏：'文星暗，科场当有事。'"[3] 显然，在此唐人已经把文昌星与科举考试联系起来，于是文昌星就成为主管科举和功名利禄的神。

二　梓潼信仰

梓潼神，原本是从蜀地民间信仰中的蛇神崇拜发展演变而来的。东晋常璩《华阳国志·汉中志》载：

> 梓潼县，郡治。有五妇山，故蜀五丁士所拽蛇（蛇）崩山处也。有善板祠，一曰恶（蜮）子。民岁上雷杼十枚，岁尽，不复见，云雷取去。[4]

此祠据说就是位于今四川梓潼北十八里七曲山的文昌帝君庙。恶子，又作蜮子。蜮，是一种毒蛇，《尔雅·释鱼》郭璞注曰："蜮，蝮属，大眼，最有毒。今淮南人呼蜮子。"[5] 据此可知，善板祠原本为蛇神庙。因雷鸣时，闪电形似金蛇狂舞，又传说雷神为龙（蛇）身人首，故后讹为雷神庙。任乃强先生认为："雷神祠而曰'善板'者，板，籍也。谓奉祀者著善籍，雷神所护，故俗祠之。后人遂因善籍转为司禄命之神也。"[6] 由

1　（唐）元稹著，周相录校注《元稹集校注》卷12，上海古籍出版社，2011，第388页。
2　《全唐诗》卷720，中华书局，1960，第8260页。
3　（唐）裴庭裕：《东观奏记》卷下，载《明皇杂录　东观奏记》，田廷柱点校，中华书局，1994，第126页。
4　（晋）常璩著，任乃强校注《华阳国志校补图注》卷2《汉中志》，上海古籍出版社，1987，第91页。
5　胡奇光、方环海：《尔雅译注》，上海古籍出版社，2004，第365页。
6　（晋）常璩著，任乃强校注《华阳国志校补图注》卷2《汉中志》，上海古籍出版社，1987，第92页。

此可见，梓潼神是由动物神蛇神转为自然神雷神的，故此神最初并无姓名，后蛮子讹为人名，又渐得张姓，此庙又转为人神祠。

关于梓潼神原本为蛇神，又见五代王仁裕《王氏见闻》记载：

> 陷河神者，嶲州嶲县有张翁夫妇，老而无子。翁日往溪谷采薪以自给。无何一日，于岩窦间刃伤其指，其血滂注，滴在一石穴中，以木叶窒之而归。他日复至其所，因抽木叶视之，乃化为一小虵（蛇）。翁取于掌中，戏玩移时。此物眷眷然，似有所恋，因藏竹贮而怀之。至家则啖以杂肉，如是甚驯扰。经时渐长。一年后，夜盗鸡犬而食。二年后，盗羊豕。邻家颇怪失其所畜，翁妪不言。其后县令失一蜀马，寻其迹，入翁之居，迫而访之，已吞在虵（蛇）腹矣。令惊异，因责翁蓄此毒物。翁伏罪，欲杀之。忽一夕，雷电大震，一县并陷为巨湫，渺弥无际，唯张翁夫妇独存。其后人虵（蛇）俱失，因改为陷河县，曰虵（蛇）为张恶子。[1]

此故事讲述了嶲州嶲县（今四川越西）张翁夫妇养蛇化为蛇精复仇的故事，此蛇精就是张恶子。而将蛇神与梓潼神联系起来，则见于五代宋初孙光宪《北梦琐言》"张蛮子神"条：

> 梓潼县有张蛮子神，乃五丁拔蛇之所也。或云嶲州张生所养之蛇，因而祠，时人谓为张蛮子。其神甚灵，伪蜀王建世子名元膺，聪明博达，骑射绝伦，牙齿常露，多以袖掩口，左右不敢仰视。蛇眼而黑色，凶恶鄙亵，通夜不寐，意以作逆伏诛。就诛之夕，梓潼庙祝巫为蛮子所责，言我久在川，今始方归，何以致庙宇荒秽如是耶？由是蜀人乃知元膺为庙蛇之精矣。[2]

---

1 《太平广记》卷 312 "陷河神"条引《王氏见闻》，中华书局，1961，第 2466~2467 页。
2 （宋）孙光宪：《北梦琐言·逸文》卷 4 "张蛮子神"条，林艾园校点，上海古籍出版社，1981，第 172 页。

　　据此可知，梓潼神原本就是蛇神。此故事又将前蜀王建世子元膺当作蛇精，则是民间信仰中精怪拟人化的一种常见现象。故事中王元膺的形象，又见《新五代史·前蜀世家》载："元膺为人猳喙龋齿，多材艺，能射钱中孔，尝自抱画球掷马上，驰而射之，无不中。"[1]此记载与《北梦琐言》多相符。宋人张唐英在《蜀梼杌》中还记载：咸康元年（925），前蜀后主王衍，次梓潼，亲祷于张恶（亚）子庙，"抽签得'逆天者殃'四字"，前蜀果然不久就覆灭。这说明梓潼神庙颇为灵验。此事又见居白《幸蜀记》载。[2]

　　北朝以来，还流传着张恶子预言后秦国主姚苌称帝的灵异故事。此事最早见于北魏崔鸿著的《十六国春秋·后秦录》：

　　　　初，苌随杨安伐蜀，尝昼寝水旁，上有神光焕然，左右咸异之。进至梓潼岭，见一神人谓之曰："君早还秦，秦无主，其在君乎？"苌请其姓氏，曰"张恶子也"。言讫，不见。至据秦称帝，即其地立张相公庙祠之。[3]

　　此事在《晋书·姚苌载记》中仅记有"初，苌随杨安伐蜀，尝昼寝水旁，上有神光焕然，左右咸异之"句，而其梦张恶子预言姚苌称帝事则不见有载。[4]又《王氏见闻》也有记载：

　　　　尔后姚苌游蜀，至梓潼岭上，憩于路旁。有布衣来，谓苌曰："君宜早还秦，秦人将无主。其康济者在君乎。"请其氏，曰："吾张恶子也，他日勿相忘。"苌还后，果称帝于长安。因命使至

1　《新五代史》卷63《前蜀世家》，中华书局，1974，第789页。
2　（宋）张唐英撰，王文才、王炎校笺《蜀梼杌校笺》卷2《前蜀后主》，巴蜀书社，1999，第218
　　页。又见宋人居白撰，刘石校点《幸蜀记》，载傅璇琮等主编《五代史书汇编（丙编）》第10册，
　　杭州出版社，2004，第5697页。
3　（北魏）崔鸿撰，（清）汤球辑《十六国春秋辑补》卷50《后秦录二》，中华书局，1985年丛书集
　　成初编本，第379页。
4　《晋书》卷116《姚苌载记》，中华书局，1974，第2965页。

蜀，求之弗获，遂立庙于所见之处，今张相公庙是也。[1]

经姚苌传说，张恶子已由蛇神异化为人神。关于张恶子显圣，预言姚苌称帝的故事，一直流传到唐代，李商隐曾追古思今，作有《张恶子庙》诗，曰："下马捧椒浆，迎神白玉堂。如何铁如意，独自与姚苌。"[2]

到北宋时，张恶子更是被当作了历史人物。乐史在《太平寰宇记》中说："济顺王张恶子，晋人，战死而庙存。"并引《郡国志》曰："恶子，昔至长安见姚苌，谓曰：'劫后九年，君当来蜀，若至梓潼七曲山，幸当见寻。'至建元十二年，随杨安南伐，未到梓潼七曲山，迷路。游骑贾君忽见一鹿，驰逐至庙门，鹿自死，追骑共剥之。有顷，苌至，悟曰：'此是张君为我设主客之礼。'烹食而去。"[3]查两晋并无名张恶子者，学者们推测是将蜀人张育的事迹附会到其身上合而为一的。《晋书·孝武帝纪》载：宁康二年（374）"五月，蜀人张育自号蜀王，帅众围成都，遣使称藩。秋七月……苻坚将邓羌攻张育，灭之"。[4]张育因抗击前秦的入侵而战死，蜀人为了纪念他而建祠供奉。后来，二祠逐渐合流，成为梓潼神庙。

到唐代，梓潼神的影响越来越大。宋人计有功《唐诗纪事》载："（王）岳灵，登开元进士第。天宝十年，为监察御史，撰《张恶子庙碑》。"[5]可惜该碑文没有流传下来，难窥其详。但唐后期孙樵（约825~885）撰有一篇《祭梓潼神君文》，曰：

> 大中十八年七月九日，乡贡进士孙樵，再拜献辞张君灵座之前。樵实顽民，不知鬼神。凡过祠庙，不笑即唾。今于张君，信

1　《太平广记》卷312 "陷河神" 条引《王氏见闻》，中华书局，1961，第2466~2467页。

2　（唐）李商隐著，（清）冯浩笺注《玉谿生诗集笺注》卷2，蒋凡标点，上海古籍出版社，1998，第467页。

3　（宋）乐史：《太平寰宇记》卷84《剑南东道》，王文楚等点校，中华书局，2007，第1677页。

4　《晋书》卷9《孝武帝纪》，中华书局，1974，第226页。

5　（宋）计有功撰，王仲镛校笺《唐诗纪事校笺》卷15《王岳灵》，中华书局，2007，第508页。

有灵云。会昌五年，夜跻此山。冻雨如泣，滑不可陟。满眼漆
黑，索途不得。跛马愠仆，前仆后踬。樵因有言，非烛莫前。须
臾有光，来马足间。北望空山，火起庙垠。焰焰逾丈，飞芒射
天。暝色斜透，峻途如昼。樵谓庙奴苦寒，蓺薪取温。晓及山
巅，锁涩庙门，余烬莫睹，孰知其然。大中四年，冒暑还秦。午
及山足，猛雨如霆。樵复有言："神诚能神，反雨为晴，曩火乃
灵。"斯言才阕，回风大发，始自马前，怒号满山。劈云飘雨，
使四山去。兹山巍巍，轻尘如飞。迨四十里，雨不沾衣。顾樵当
时，嘉神不欺。与神心期，神其自知。今过祠宇其敢默去，觞酒
豆脯，捧拜庭下，神其歆此。[1]

　　此文称作于唐宣宗大中十八年，然而大中只有十三年，因而
"十"字恐为衍文，当作于八年，故称"乡贡"。作者孙樵，大中九年
进士。祭文记载了作者亲历的两次有关梓潼神的灵异事件：会昌五年
和大中四年，作者两次路过七曲山，遭遇风雨阴晦，但都得到梓潼神
的护佑而最终考中进士，"叨登上第"。由于孙樵是唐末古文运动的代
表作家，清人曾把他列入唐宋十大家之列。经过这样的文学大家的
鼓吹，梓潼神的影响必定更加扩大。这也为梓潼神的神格定型为科
举守护神提供了很好的样板。

　　梓潼神开始受到人们的重视还和传说唐玄宗、唐僖宗奔蜀时都曾
受到他显灵护佑有关。宋人高承《事物纪原》卷 7 记载："英显王庙，
在梓州梓潼县，本梓潼神也。《旧记》曰：'神本张恶子，仕晋战死，
而庙存。唐明皇狩蜀，神迎于万里桥，追命左丞相。僖宗播迁，亦有
助，封济顺王。'"[2] 张恶子，又作亚子。任乃强认为，"恶与亚古同音。

1　（唐）孙樵：《孙可之文集》卷 9，上海古籍出版社，1994 年影印本，第 83~84 页。《全唐文》卷
　　795 作《祭梓潼帝君文》，误甚，从《文集》。《文集》为宋蜀刻本，应接近原貌。
2　（宋）高承撰，（明）李果订《事物纪原》卷 7《灵字庙貌部》，金圆、许沛藻点校，中华书局，
　　1989，第 375 页。马端临《文献通考》卷 90《郊社考·杂祠淫祠》也载："英显王庙，在剑州，
　　即梓潼神张亚子。仕晋战没，人为立庙。唐玄宗西狩追命左丞，僖宗入蜀封济顺王。"（中华书
　　局，1986 年影印本，第 823 页中栏）

故造文昌说者，讳恶为亚"。[1] 英显王，宋真宗时加封。安史之乱爆发后，唐玄宗被迫逃亡蜀中避难，路过梓潼时，有感于张恶子（张育）抗击前秦的英勇事迹，敕封其为左丞相。唐末黄巢之乱时，唐僖宗又逃难蜀地，敕封其为济顺王。《王氏见闻》载：

> 僖宗幸蜀日。其神自庙出十余里，列伏迎驾。白雾之中，仿佛见其形，因解佩剑赐之，祝令效顺，指期贼平。驾回，广赠珍玩，人莫敢窥。[2]

随僖宗入蜀的宰相王铎，作有《谒梓潼张恶子庙》诗并刻石，曰：

> 盛唐圣主解青萍，欲振新封济顺名。夜雨龙抛三尺匣，春云凤入九重城。剑门喜气随雷动，玉垒韶光待贼平。惟报关东诸将相，柱天功业赖阴兵。[3]

"青萍"，古宝剑名。随僖宗入蜀的另外一名宰相萧遘也作有《和王侍中谒张恶子庙》诗，曰：

> 青骨祀吴谁让德，紫华居越亦知名。未闻一剑传唐主，长拥千山护蜀城。斩马威棱应扫荡，截蛟锋刃俟升平。酂侯为国亲箫鼓，堂上神筹更布兵。[4]

从王铎诗中可见梓潼神张恶子被封为"济顺王"。宋代陈思《宝刻丛编》收有两块与唐僖宗敕封梓潼神张恶子有关的碑刻，其一曰

---

1 （晋）常璩著，任乃强校注《华阳国志校补图注》卷2《汉中志》，上海古籍出版社，1987，第92页。

2 《太平广记》卷312 "陷河神" 条引《王氏见闻》，中华书局，1961，第2466~2467页。

3 《全唐诗》卷557，中华书局，1960，第6461页。

4 《全唐诗》卷600，中华书局，1960，第6935页。

《唐册赠张丞相济顺王并祭文》，题"正文无姓名，广明二年岁次辛丑正月庚戌朔十七日丙寅立"。另一块曰《唐新修济顺王庙记》，题："正书书撰人姓名缺，中和二年十二月记。"[1] 经过统治者的加封，梓潼神逐渐由地方保护神变为全国性的大神。

　　由于梓潼神祠地处蜀道要津，那些为仕途奔走的文人士子，在经过该地时，为了自己的前程经常祈祷于神祠。北宋末年蔡绦在《铁围山丛谈》卷4中就说："长安西去蜀道有梓潼神祠者，素号异甚。士大夫过之，得风雨送，必至宰相；进士过之，得风雨则必殿魁。自古传无一失者。"[2] 既然说"自古传无一失者"，那么至少应该追溯到唐末五代，因为所谓"得风雨"之说，颇疑与孙樵路过梓潼神庙两次遭遇风雨而最终"叨登上第"的经历有关。今人所谓"不经历风雨，怎么见彩虹，没有人能随随便便成功"，讲的也是这个意思。到南宋末年，吴自牧在《梦粱录》中也说："梓潼帝君庙……此蜀中神，专掌注禄籍，凡四方士子求名赴选者，悉祷之。"[3] 这说明梓潼神已经完全演变成民间信仰中的科考之神。

三　文昌梓潼信仰的合流

　　元仁宗下令开科取士，延祐三年（1316）七月因"蜀七曲山文昌宫梓潼帝君……柄我坤文，则以科名，而选造多士……贡举之令再颁"，敕封其为"辅元开化文昌司禄宏仁帝君"。[4] 这样，文昌神和梓潼神就正式合而为一，成为主宰天下文教之神。这次加封，显然是受到道教的影响，《明史·礼志四》就说："梓潼帝君者，记云：'神姓张

1　（南宋）陈思编著《宝刻丛编》卷14，浙江古籍出版社，2012年影印本，第1056页。原文作"顺济王"，误，已改。

2　（宋）蔡绦：《铁围山丛谈》卷4，冯惠民、沈锡麟点校，中华书局，1983，第64页。

3　（宋）吴自牧著，符均、张社国校注《梦粱录》卷14《外郡行祠》，三秦出版社，2004，第218页。

4　《清河内传》，载《道藏》第3册，文物出版社、上海书店、天津古籍出版社，1988年影印本，第288页上栏。

名亚子，居蜀七曲山。仕晋战没，人为立庙。唐、宋屡封至英显王。道家谓帝命梓潼掌文昌府事及人间禄籍，故元加号为帝君。而天下学校亦有祠祀者。'"[1] 从此，文昌信仰更加兴盛，以至于学校也有奉祀者。元朝人虞集在《广州路右文成化庙记》中说："《天官书》以'斗魁戴匡六星，为文昌之宫。'征文治者占焉。或曰：降灵吾蜀之梓潼者，则其神也。是以缙绅大夫多信礼之，而文昌之祠，遂遍郡邑……而朝廷设进士科以取士，文风大行，人谓神实主之……梓潼之神，文士之通祀也。"[2] 因此后人感叹，"今文昌之祀遍天下矣，隆重几与文庙等"，[3] "凡士子生死录，文昌及孔圣司之，必两处销名，乃可他适"。[4] 道教之文昌与儒教之孔子，成为天下士人的精神主宰，每逢科举考试，士人无不膜拜祈祷。[5]

后来有些道士还编造出有关文昌梓潼神之类的道书以证其事，宣扬神迹。如约编成于元代的《梓潼帝君化书》卷3《明威第七十九》称：

> 蜀之梓潼……掌文昌、主贡举、司禄之官。[6]

约同时期的《元始天尊说梓潼帝君本愿经》也称：

> 迩者蜀有大神，号曰梓潼，居昊天之佐，齐太乙之尊，位高南极，德被十方，掌混元之轮回，司仕流之桂禄。[7]

1 《明史》卷50《礼志四》，中华书局，1974，第1308页。

2 《虞集全集》上册，王頲点校，天津古籍出版社，2007，第635页。

3 （清）陈其元：《庸闲斋笔记》卷6《文昌为淫祀》，杨璐点校，中华书局，1989，第149页。

4 （清）蒲松龄著，朱其铠主编《全本新注聊斋志异》卷3《汤公》，人民文学出版社，1989，第332页。

5 张泽洪：《论道教的文昌帝君》，《中国文化研究》2005年第3期，第1~9页。

6 《梓潼帝君化书》卷3《明威第七十九》，载《道藏》第3册，文物出版社、上海书店、天津古籍出版社，1988年影印本，第330页下栏。

7 《元始天尊说梓潼帝君本愿经》，载《道藏》第1册，文物出版社、上海书店、天津古籍出版社，1988年影印本，第816页下栏。

约同时期的《元始天尊说梓潼帝君应验经》则在重复以上内容时又赞颂曰：

> 桂禄籍汝司，文章为汝全。若要登仕径，赖汝为衡权。[1]

约编成于明代的《清河内传》也称：

> 西晋末，降生于越之西、巂之南两郡之间……我乃张户老之子，名亚，后缘水府得达，故字霈夫……司禄职贡举真君。[2]

约同时期的《高上大洞文昌司禄紫阳宝箓》卷上《文昌九天开化品》也称文昌帝君姓张讳亚：

> 吾昔奉上帝玉敕，职掌桂籍，兴文儒而擢贵品，进贤德而佐明时，故得掌隶天曹，秩专司禄，校录地府，位司定贵，诠量水府，职在进贤，应三府选举，吾总隶焉。[3]

这样，经过历代统治者的加封和道士们的包装，梓潼神就成为掌管"文昌府"和人间禄籍、主宰功名禄位的文昌大神。

第三节 治水大神：二郎神

二郎神，也称灌口神，或灌口二郎神，又称清源妙道真君、护国

---

1 《元始天尊说梓潼帝君应验经》，载《道藏》第 1 册，文物出版社、上海书店、天津古籍出版社，1988 年影印本，第 815 页中、下栏。

2 《清河内传》，载《道藏》第 3 册，文物出版社、上海书店、天津古籍出版社，1988 年影印本，第 286 页中栏。

3 《高上大洞文昌司禄紫阳宝箓》，载《道藏》第 28 册，文物出版社、上海书店、天津古籍出版社，1988 年影印本，第 504 页上栏。

灵应王、神勇大将军等，是民间信仰和道教尊奉的重要神祇。二郎神的职掌甚广，但民间多认为他是一位与水利、农耕和防治水患灾害有关的大神。

一　二郎神的神将形象

关于二郎神的来历，有多种不同的说法，主要有李冰次子说、赵昱说、杨戬说、石二郎说以及祆神说、毗沙门天王次子独健说等，其中以前三种说法在民间影响最大。

二郎神信仰的出现时间已不可考，但在唐代民间信仰中已见记载。崔令钦《教坊记·曲名》中就有"《二郎神》"。[1] 此曲为宫廷杂曲，应是根据民间迎神报赛时娱神咏唱二郎神的曲调改编而成的。崔令钦，生卒年不详，唐玄宗开元年间曾任左金吾仓曹参军，著此书。这是有关二郎神信仰的最早记载。

唐末五代时，灌口二郎神被描绘为被甲持弓的神将。宋初人张唐英《蜀梼杌》记载：

> （乾德）二年八月，衍北巡，以宰相王锴判六军诸卫事。旌旗戈甲，百里不绝。衍戎装披金甲，珠帽锦袖，执弓挟矢，百姓望之，谓如灌口神。[2]

这是发生在 920 年前蜀后主王衍统治时期的事情。又清人吴任臣《十国春秋》卷 37《前蜀后主本纪》载："帝被金甲，冠珠帽，执戈矢而行，旌旗戈甲，连亘百余里不绝，百姓望之，谓如灌口祆神。"[3] 此书所载前蜀后主巡行形象与《蜀梼杌》略同，而多一"祆"字，"祆"通

1　（唐）崔令钦撰，任半塘笺订《教坊记笺订》，中华书局，2012，第 78 页。
2　（宋）张唐英撰，王文才、王炎校笺《蜀梼杌校笺》卷 2《前蜀后主》，巴蜀书社，1999，第 164 页。
3　（清）吴任臣：《十国春秋》卷 37《前蜀后主本纪》，徐敏霞、周莹点校，中华书局，1983，第 534 页。

"妖"，而又与"祆"字形相近，古人每相牵混，因而有学者认为"灌口祆神"当作"灌口祆神"，其原型应为从波斯传来的拜火教（火祆教）神祇，其后才逐渐本土化。[1]

到后蜀后主孟昶时，据说还发生了灌口神与阆中神大战的灵异事件：

> （明德二年）七月，阆州大雨，雹如鸡子，鸟雀皆死，暴风飘船上民屋。女巫云：灌口神与阆州神交战之所致。[2]

这是发生在 935 年后蜀后主孟昶统治时期的事情。相传阆中神为蜀汉名将张飞，有人认为"巫言二神交战，意谓灌口之神不应血食于阆州，故土主与之战也"。[3]

后蜀宫中还排演了以二郎神为题材的表演剧《灌口神队》：

> （广政十五年）六月朔宴，教坊俳优作《灌口神队》，二龙战斗之象，须臾天地昏暗，大雨雹。明日灌口奏："岷江大涨，锁塞龙处，铁柱频撼。"其夕，大水漂城，坏延秋门，水深丈余，溺数千家，摧司天监及太庙。令宰相范仁恕祷于青羊观，又遣使往灌州，下诏罪己。[4]

---

1 黎国韬认为二郎神原型为祆教风神维施帕卡（Veshparkar），元明清以来小说、戏曲中二郎神之形象为三眼，手持三尖两刃枪，牵一哮天犬，可以变化成三头六臂，此形象与祆教维施帕卡神形象正相一致。维施帕卡为祆教大神，其象三头六臂身披甲装，手执山形叉，臂上画有尖齿犬头，与文学描写中二郎神形象极为相似。故灌口神即祆神也。蜀国皇族颇为信奉祆教，故蜀王而作祆神之装扮，事出有因，当与其宗教信仰有关（见氏著《二郎神之祆教来源——兼论二郎神何以成为戏神》，《宗教学研究》2004 年第 2 期，第 78~83 页）。侯会则认为，二郎神信仰的源头应为祆教雨神得悉神（又作蒂什塔尔，Testar）崇拜（见氏著《二郎神源自祆教雨神考》，《宗教学研究》2011 年第 3 期，第 195~203 页）。刘宗迪亦赞成侯会的观点（见氏著《二郎骑白马远自波斯来》，《紫禁城》2018 年第 2 期，第 89~104 页）。
2 （宋）张唐英撰，王文才、王炎校笺《蜀梼杌校笺》卷 4《后蜀后主》，巴蜀书社，1999，第 335 页。
3 （宋）张唐英撰，王文才、王炎校笺《蜀梼杌校笺》卷 4《后蜀后主》"明德二年七月"条注，巴蜀书社，1999，第 335 页。
4 （宋）张唐英撰，王文才、王炎校笺《蜀梼杌校笺》卷 4《后蜀后主》，巴蜀书社，1999，第 388 页。

此事发生在 952 年后蜀后主孟昶时。有人指出，"成都二江皆出岷江大堰，江涨因致环成都四门大水，并由郫江故道自罗城西南入，先坏延秋门，次及市桥，漂荡玉局五门，又淹太庙。因归咎于宫廷舞戏，触怒灌口伏龙。锁龙铁柱见范成大《离堆》诗序：'相传秦李冰凿此以分江水，上有伏龙观，是冰锁孽龙处，下有猛龙拴铁锁。汉时已传，冰父子与水神斗，见《风俗通》。'唐大曲有《二郎神》，见《教坊记》，即演其事。蜀教坊之《灌口神队》，以舞队为水斗伏龙之戏。下及宋元杂剧院本，俱有《二郎神》目，亦演此戏"。[1] 按：《二郎神》属于唐代教坊杂曲，而非大曲。任半塘先生认为，"此戏当演灌口二郎神率天兵天将，收伏二龙，并穿插二龙之互斗"。《二郎神》曲名，"可能即为此戏所采用之曲调"。[2]

二　二郎神信仰与李冰父子治水的传说

灌口二郎神信仰显然与李冰父子治水的传说有关。关于李冰治水，最早见于《史记·河渠书》记载：

> 蜀守冰凿离碓，辟沫水之害，穿二江成都之中。此渠皆可行舟，有余则用溉浸，百姓飨其利。至于所过，往往引其水益用溉田畴之渠，以万亿计，然莫足数也。[3]

《汉书·沟洫志》基本上沿用了《史记》的这段话，而称其为李冰。[4] 到东汉时，已经出现神化李冰的传说，1974 年 3 月 3 日，在都江堰河底出土了一尊圆雕李冰石神人，高 2.9 米，胸前刻有三行铭文：

---

1 （宋）张唐英撰，王文才、王炎校笺《蜀梼杌校笺》卷 4《后蜀后主》"广政十五年六月"条注，巴蜀书社，1999，第 389 页。

2 任半塘：《唐戏弄》（上），上海古籍出版社，2006，第 714 页。

3 《史记》卷 29《河渠书》，中华书局，1982，第 1407 页。

4 《汉书》卷 28 下《沟洫志》，中华书局，1962，第 1677 页。

"故蜀郡守李府君讳冰。建宁元年闰月戊申朔廿五日，都水掾尹龙长陈壹造三神石人，珍（镇）水万世焉。"建宁是东汉灵帝的年号，该年为168年。铭文上说石人有三个，1975年1月18日，距李冰神石人出土处仅37米的同一河底，又出土了一个圆雕石人，双手胸前扶笏，高约2.2米，比李冰神石人矮小，可以断定是三神石人之一。究其身份，可能是李冰的侍从之一。另一个尚待出土。当时，这种侍从叫作"郎"，故二侍从称"二郎"，又因为它们都是石人，所以又叫"石二郎"。随着李冰治水的故事在民间广泛流传，渐渐衍生出了二郎的故事；后来两个"郎"合而为一，就成了一尊新造出来的神"二郎神"。这个造神过程大约历时四百年，在初唐以前完成。唐初词牌《二郎神》，又名《十二郎》，"十二郎"其实是"石二郎"一音之转。[1]东汉应劭《风俗通义》的一段佚文中也提到了助李冰治水、刺杀江神的属官主簿，其文曰：

> 秦昭王听田贵之议，遣李冰为蜀郡太守，开成都两江，溉田万顷，无复水旱之灾，岁大丰熟。江水有神，须取童女二人以为妇，不然，为水灾。主者白出钱百万以行聘，冰曰："不须，吾自有女。"到时，装饰其女，当以沉江水，径至神祠，上神座，举酒酹曰："今得傅九族，江君大神，当见尊颜，相为进酒。"冰先投杯，但澹澹不耗，冰厉声曰："江君相轻，当相罚耳。"拔剑，忽然不见。良久，有两苍牛斗于岸旁，有间，冰还，流汗，谓官属曰："吾斗太极，当相助耶，若欲知我，南向腰中正白者，我绶也。"主簿乃刺杀北面者，江神遂死，后无复患。蜀人慕其气决，凡壮健者，因名冰儿。[2]

这段佚文见于《水经注》、《北堂书钞》、《艺文类聚》及《史

1 杨继忠：《二郎神小考》，《文史知识》1982年第1期，第111~115页。
2 （汉）应劭撰，王利器校注《风俗通义校注》佚文《新秦》，中华书局，1981，第583页。

记·河渠书》正义等所引，讲述了李冰为蜀郡太守治水时，借嫁女化作苍牛与江神搏斗，其属官主簿助其刺杀亦化作苍牛的江神之事。这个助李冰治水的主簿大概就是他的侍从郎官，在后来故事流传的过程中，讹为二郎。

东晋人常璩在《华阳国志·蜀志》中也记载了李冰在治水过程中与水神搏斗及作三石人之事：

> 秦孝文王以李冰为蜀守……冰乃壅江作堋。穿郫江、检江，别支流，双过郡下，以行舟船。岷山多梓、柏、大竹，颓随水流，坐致材木，功省用饶。又溉灌三郡，开稻田。于是蜀沃野千里，号为陆海。旱则引水浸润，雨则杜塞水门，故记曰："水旱从人，不知饥馑。""时无荒年，天下谓之天府"也。外作石犀五头以厌水精……于玉女房下白沙、邮作三石人，立三水中。与江神要：水竭不至足，盛不没肩。时青衣有沫水，出蒙山下，伏行地中，会江南安；触山胁溷崖；水脉漂疾，破害舟船，历代患之。冰发卒凿平溷崖，通正水道。或曰：冰凿崖时，水神怒，冰乃操刀入水中，与神斗。迄今蒙福。[1]

以上这些有关李冰的传说故事，都没有提到李冰有子，而只有《风俗通义》中提到他有女。大约从南朝梁开始出现了李冰父子的传说，南宋王象之《舆地纪胜》卷 151 "伏龙观"条引李膺《治水记》载："蜀守父子擒健龟，囚于离堆之趾，谓之伏龙潭，后立观于其上。"[2] 李膺，四川广汉人，为南朝梁官吏，曾任益州别驾。该记载虽然提及蜀守之子参与擒拿水怪的活动，却还未明言是其子二郎。

到唐代，宫廷教坊杂曲中已经出现了曲名《二郎神》，说明二郎

---

1 （晋）常璩撰，任乃强校注《华阳国志校补图注》卷 3《蜀志》，上海古籍出版社，1987，第 132~133 页。

2 （宋）王象之原著，李勇先校点《舆地纪胜校点》卷 151《永康军》，四川大学出版社，2005，第 4524 页。按：李膺，原本"膺"作"注"，见中华书局 1992 年影印本，第 4077 页。今从点校本。

神信仰已经相当流行，但奇怪的是，没有留下有关其事迹的任何记载。而有关李冰治水斩江神的故事却在继续演变，白敏中修、卢求编纂的《成都记》中载：

> 李冰为蜀郡守，有蛟岁暴，漂垫相望。冰乃入水戮蛟。己为牛形，江神龙跃，冰不胜。及出，选卒之勇者数百，持强弓大箭，约曰："吾前者为牛，今江神必亦为牛矣。我以太白练自束以辨，汝当杀其无记者。"遂吼呼而入。须臾雷风大起，天地一色。稍定，有二牛斗于上。公练甚长白，武士乃齐射其神，遂毙。从此蜀人不复为水所病。至今大浪冲涛，欲及公之祠，皆弥弥而去……有石牛，在庙庭下。唐大和五年，洪水惊溃。冰神为龙，复与龙斗于灌口，犹以白练为志，水遂漂下。左绵梓潼，皆浮川溢峡，伤数十郡。唯西蜀无害。[1]

此故事讲述了李冰化作神牛与江神蛟龙展开搏斗，勇士助其射杀亦化作神牛的江神事迹。另外，还提到唐文宗大和五年，李冰之神再次显灵化为龙，与江神（龙）二龙斗于灌口的灵异事迹。

唐末五代人杜光庭《录异记》中也有"李冰祠"故事，讲述的是李冰显灵与泛滥的江水（神）搏斗的灵异事迹：

> 蜀朝庚午年夏，大雨，岷江泛涨，将坏京江。江灌堰上，夜闻呼噪之声，若千百人，列炬无数。大风暴雨，而火影不灭。及明，大堰移数百丈，堰水入新津江。李冰祠中所立旗帜皆湿……是时，新津、嘉、眉水害尤多，而京江不加溢焉。[2]

---

1 《太平广记》卷 291 "李冰"条引《成都记》，中华书局，1961，第 2316 页。
2 （唐）杜光庭：《录异记》卷 4《李冰祠》，载罗争鸣辑校《杜光庭记传十种辑校》，中华书局，2013，第 52 页。《太平广记》卷 313 "李冰祠"条引《录异记》作"天祐七年夏"。按天祐只四年，唐朝就灭亡了。又李冰祠错作"李阳冰祠"。

庚午年为前蜀主王建武成三年（910）。由此可见，后蜀后主孟昶宫中排演的《灌口神队》剧，应该就是吸收了有关李冰化作龙（牛）与江神（蛟龙）搏斗的传说附会而成的表现二郎神的神剧。因此唐五代时期的二郎神，应是从李冰治水演绎而出的李冰之子李二郎。从《二郎神》曲名和《灌口神队》戏名可知，唐五代时期，二郎神信仰已经非常流行。

北宋时，正式加封李冰次子灌口二郎神，《宋会要·礼二○·历代帝王名臣祠·李冰父子祠》载：

> 宋太祖乾德三年，平蜀，诏增饰导江县应圣灵感王李冰庙。开宝五年，庙成。七年，改号广济王，岁一祀。庙旁有显灵王庙，盖丹景山神，诏去其伪号。真宗大中祥符三年，诏本军判官专掌施物，庙宇隳坏，即以修饰。冰，秦孝文王时为蜀郡守，自汶山壅江作堋，穿郫江下流，以行舟舠；又灌溉三郡，广开稻田；作石犀、石人，以厌水怪。历代以来，蜀人德之，缯祀不绝。伪蜀封大安王，孟昶又号应圣灵感王。仁宗嘉祐八年八月，封灵应侯。神即冰次子，川人号护国灵应王。哲宗元祐二年七月，封应感公。[1]

从此记载可知，灌口李冰父子祠早已有之，历代受到蜀人的崇拜；李冰次子即二郎神，川人称之为护国灵应王。又同书同卷《杂神祠·郎君神祠》载：

> 郎君神祠，永康崇德庙广祐英惠王次子。仁宗嘉祐八年八月，诏永康军广济王庙郎君神特封灵应侯。差官祭告。神即李冰次子，川人号护国灵应王。开宝七年，命去王号，至是军民上

---

1 刘琳等校点《宋会要辑稿》第 2 册《礼·历代帝王名臣祠·李冰父子祠》，上海古籍出版社，2014，第 1000 页上栏。

言，神尝赞助其父除水患，故有是命。哲宗元祐二年七月，封灵
应公。徽宗崇宁二年，加封昭惠灵显王。政和八年八月，改封昭
惠灵显真人。高宗绍兴元年十二月依旧。[1]

　　据此可知，李冰父子祠又称崇德庙。宋人曾敏行（1118~1175）
《独醒杂志》就说："蜀道永康军城外崇德庙，乃祠李太守父子也。太
守名冰，秦时人，尝守其地。有龙为孽，太守捕之，且凿崖中断，分
江水一派入永康，锁孽龙于离堆之下。有功于蜀，至今德之，祠祭甚
盛……江乡人今亦祠之，号曰'灌口二郎'。"[2]

　　其他的一些宋代记载也说"二郎神"就是李冰次子，因助李
冰治水有功而受封。如赵抃（1008~1084）在《古今集记》（《成都
古今集记》，约成书于神宗熙宁七年）中说："李冰使其子二郎，作
三石人以镇湔江，五石犀以厌水怪，凿离堆山以避沫水之害，穿
三十六江，灌溉川西南十数州县稻田。自禹治水之后，冰能因其
旧迹而疏广之。"[3]所谓李冰命其子二郎造三石人镇水事，应即从都
江堰出土的东汉陈壹造三石人镇水事讹传而来。约稍后的张商英
（1043~1121，《蜀梼杌》的作者张唐英之弟）在《元祐初建三郎庙
记》中也说："李冰去水患，庙食于蜀之离堆，而其子二郎以灵化显
圣。"[4]元祐（1086~1094），为宋哲宗年号。此时与唐末五代相去还
不算太远，关于李冰及其子二郎治水的传说应该是民间长期流传的
结果。

1　刘琳等校点《宋会要辑稿》第2册《礼·杂神祠·郎君神祠》，上海古籍出版社，2014，第
　　1062页。
2　（宋）曾敏行：《独醒杂志》卷5，朱杰人标校，上海古籍出版社，1986，第46页。
3　（明）曹学佺：《蜀中名胜记》卷6，刘知渐点校，重庆出版社，1984，第79页。
4　傅增湘原辑，吴洪泽补辑《宋代蜀文辑存校补》卷13，重庆大学出版社，2014，第400页。

三　道教对二郎神信仰的改造

随着二郎神信仰的影响越来越大，道教又对其进行了改造，将其塑造成新二郎神赵昱。《龙城录》记载：

> 赵昱，字仲明，与兄冕，俱隐青城山，从事道士李珏。隋末，炀帝知其贤，征召不起。督让益州太守臧剌，强起昱至京师……拜嘉州太守。时犍为潭中有老蛟为害日久，截没舟船，蜀江人患之……昱大怒，率甲士千人及州属男一万人，夹江岸鼓噪，声振天地。昱乃持刀没水，顷江水尽赤，石崖半崩，吼声如雷。昱左手执蛟首，右手持刀，奋波而出。州人顶戴，事为神明。隋末大乱，潜亦隐去，不知所终。时嘉陵涨溢，水势汹然，蜀人思昱。顷之，见昱青雾中骑白马，从数猎者，见于波面，扬鞭而过。州人争呼之，遂吞怒。眉山太守荐章，太宗文皇帝赐封神勇大将军，庙食灌江口，岁时民疾病，祷之无不应。上皇幸蜀，加封赤城王，又封显应侯。昱斩蛟时，年二十六。[1]

此书旧题柳宗元撰，但从宋代开始就有人怀疑其为王铚（或曰刘焘）伪作，然而今人认为书中内容唐以来即广为人知，故不能排除是柳宗元所作。[2] 书中提到的这位赵昱原为道士，有兄赵冕，故可称二郎，

1　（唐）柳宗元:《龙城录》，载《大唐新语（外五种）》，曹中孚校点，上海古籍出版社，2012，第129~130 页。

2　程毅中认为:"尽管《龙城录》的出现不无疑问，但是前人怀疑的理由却不能成立。在找不出充分证据之前，柳宗元的著作权还不能轻易否定。"（见氏著《唐代小说史话》，文化艺术出版社，1990，第 166~169 页）。李剑国也说:"中唐文人本嗜小说，韩柳革新文章，尤重小说讽论之功、语言之妙……而子厚之寓言、传记皆有稗意，取其资而任其法……《龙城》乃为消遣之作，初无寓意，故与他作大不类。韩柳挚友，或于宗元生前已获《龙城》，或卒后方读其书。"（见氏著《唐五代志怪传奇叙录》，南开大学出版社，1993，第 493~507 页）。宁稼雨也认为，王铚或刘焘所作二说"均无确证，书中内容唐代以来即广为人知"，且也有人"力驳宋人之说，言之凿凿。故暂归柳宗元为妥"（见氏著《中国文言小说总目提要》，齐鲁书社，1996，第 105 页）。

俱师事于道士李珏，隐于青城山。此人不见于隋唐时期的其他著作记载，倒是东汉末年有一位赵昱，字元达，琅邪人，曾任广陵太守，显然此人应非彼人。后来，元代秦子晋编撰的《搜神广记》中所记赵昱斩蛟受封事与上书略同，续有增补曰：

> 民感其德，立庙于灌江口奉祀焉，俗曰"灌口二郎"……宋真宗朝，益卒大乱，帝遣张乖崖入蜀治之。公诣祠下求助于神灵，果克之，奏请于朝，追尊圣号曰"清源妙道真君"。[1]

赵昱斩蛟的故事显然是受到李冰传说的影响而形成的。一般认为此故事应出现于宋代，因赵宋皇姓而道教徒攀附之。所以此赵二郎应晚出于李二郎。

关于这位道教二郎神赵昱的出现，张政烺先生还提出是道教徒为了与从印度传来的神祇毗沙门天王次子独健相抗衡而推出的，所以他认为二郎神应该是"进口的"独健。他常领天兵护卫国界，在唐玄宗时随毗沙门天王信仰一起传入内地，在全国各地广建庙宇，轰动一时。大约在唐后期，这位二郎神独健又传到灌口，后来居上，庙大位尊。道教徒不能容忍这位外来的二郎神，"遂抬出一个赵昱进行偷换"。[2] 此说虽然曾引起学术界的重视，但还不足以令人信服。而民间老百姓（尤其是灌口当地）一般也认为，二郎神就是李冰次子。所以《朱子语类·鬼神篇》说："蜀中灌口二郎庙，当初是李冰因开离堆有功，立庙。今来现许多灵怪，乃是他第二儿子出来。初间封为王，后来徽宗好道，谓他是甚么真君，遂改封为真君。"[3]

在后代的《西游记》《封神演义》等文学作品中，又出现了二郎神杨戬的说法。有论者认为，此二郎神可以追溯到白马氏族所崇拜的

1　（元）秦子晋：《新编连相搜神广记》后集《清源妙道真君》，载《绘图三教源流搜神大全（外二种）》，上海古籍出版社，1990，第538页。

2　张政烺：《封神演义漫谈》，《世界宗教研究》1982年第4期，第56~64页。

3　（宋）黎靖德编《朱子语类》卷3《鬼神篇》，王星贤点校，中华书局，1994，第53~54页。

英雄祖先杨难当，难当有兄杨玄，故也可称二郎，他们都曾为后仇池国王，尤其是难当骁勇好战，自称大秦王，四处攻伐，使氐人势力达到极盛，因此被氐人尊为神。后来到南宋时，这位二郎神又被附会为杨戬，而被写入神话、演义小说中流传下来。[1]

　　日本学者金冈照光说：“民间信仰是道教信仰的民众基础。”[2] 大量民间信仰的神灵被纳入道教的神仙行列，极大地壮大了道教神仙的队伍。如唐玄宗时，司马承祯曾上言：“今五岳神祠，皆是山林之神，非正真之神也。五岳皆有洞府，各有上清真人降任其职，山川风雨，阴阳气序，是所理焉。冠冕章服，佐从神仙，皆有名数，请别立斋祠之所。”玄宗从其言，因敕五岳各置真君祠一所，其形象制度，皆令承祯推按道经，创意为之。[3] 又天宝七载五月，诏：“三皇已前帝王，宜于京城共置庙官。历代帝王肇迹之处，德业可称者，忠臣义士、孝妇烈女，所在亦置一祠宇。晋阳真人等并追赠，得道升仙处，度道士永修香火。”[4] 这样，就有一大批民间信仰的神灵进入了道教神仙队伍。又如代宗时道士李国祯，“请于昭应县南三十里山顶置天华上宫露台、大地婆父、三皇、道君、太古天皇、中古伏羲娲皇等祠堂，并置洒扫宫户一百户。又于县之东义扶谷故湫置龙堂，并许之”。[5] 可以说，广泛吸取民间信仰中的神灵，是道教不断壮大声势的重要途径，也是道教控制神权、吸引民众信仰的一个重要手段。

1　李思纯：《灌口氐神考》，载氏著《江村十论》，上海人民出版社，1957，第66~67页。又见李耀仙《二郎神考》，《四川师范学院学报》1998年第1期，第23~28页。

2　〔日〕福井康顺等监修，朱越利、冯佐哲等译《道教》第3卷，上海古籍出版社，1992，第156页。

3　《旧唐书》卷192《司马承祯传》，中华书局，1975，第5128页。

4　《旧唐书》卷24《礼仪志四》，中华书局，1975，第915~916页。

5　《旧唐书》卷130《王玙传附道士李国祯传》，中华书局，1975，第3618页。

第七章　岁时节俗中的道教印记
（上）

　　中国的传统节日历史悠久、数量众多，在长期的发展演变过程中，受到各种世俗的和宗教性的因素影响，形成了丰富多彩的节日民俗活动。宗教和民间信仰对传统节日的影响大多是综合性的，这样就使得传统节日中混合有多种宗教和民间信仰的因素，可以很好地适应各种不同需求的民众的口味。唐代是中国传统节日发展和定型的重要阶段，这主要体现在既有的各种传统节日从内涵上都得到了进一步的丰富，同时还涌现出来了一批新兴的节日，增加和扩容了传统节日的队列。唐代也是各种宗教和民间信仰发展的重要时期，尤其是佛教的中国化和道教的世俗化进程的不断加速，对传统节日的渗透和影响也更加剧烈。道教由于是本土所产生的宗教信仰，在与民俗节庆结合的过程中更胜一筹。

唐代的各种节日民俗活动，大都深刻地打上了道教的印记。道教对岁时节俗的影响，除了不断增添宗教性的内容外，还对时令节俗做出宗教性的诠释，从而在传统节日中留下了许多道教浸润过的痕迹。在唐代的岁时节俗中有一类宗教特征特别明显的道教节日，它们大都是在道教创立和发展过程中形成的一些特定的纪念、庆贺、朝诵、追荐之日，多为道教神仙降诞或成道之日，比较重要的有三元节与老子降圣节等。

第一节　道教节日：三元节

三元节的形成与民俗有很大的关系。在我国的传统节日中，有望日为节的习俗。望日即月圆之日，为农历的每月十五日。正月十五日为一年之中的第一个望日，七月十五日为下半年的第一个望日，十月十五日则为下半年中间的一个望日。这本来只是三个平常的月圆之日，但是古代术士和道士将"天官、地官、水官"的三官之说与之附会，形成了三个道教色彩非常浓厚的节日，合称"三元节"。《唐六典》卷4《尚书礼部》"祠部郎中员外郎"条载：

> 三元斋：正月十五日天官，为上元；七月十五日地官，为中元；十月十五日水官，为下元。皆法身自忏愆罪焉。[1]

所谓"三元斋"，就是道教以三元日为天、地、水三官考校罪福之期，每到此日举行沐浴斋戒，虔诚献礼香花灯水之仪，可上祈天恩，下谢诸过。《太上三元赐福赦罪解厄消灾延生保命妙经》（也作《三官真经》或《三官感应妙经》）宣称：三元日为"天官赐福、地官

1　（唐）李林甫等：《唐六典》卷4《尚书礼部》"祠部郎中员外郎"条，陈仲夫点校，中华书局，1992，第125页。

赦罪、水官解厄"之期。天官紫微大帝，"考校大千世界之内，录籍十方国土之中。福被万灵，主众生善恶之籍。恩覃三界，致诸仙升降之私。除无妄之灾，解释宿殃。……群生是赖，蠢动咸康"；地官清虚大帝，"主管三界十方九地，掌握五岳八极四维。吐纳阴阳，核男女善恶青黑之籍；慈育天地，考众生录籍祸福之名。法源浩大而能离九幽，浩劫垂光而能消万罪。群生父母，存殁沾恩"；水官洞阴大帝，"掌管江河水帝、万灵之事。水灾大会，劫数之期。正一法王，掌长夜死魂鬼神之籍；无为教主，录众生功过罪福之由。上解天灾，度业满之灵；下济幽扃，分人鬼之道。存亡皆泰，力济无穷"。[1] 所以道教宣称，只要持念三官宝号，就能除厄消难。《元始天尊说三官宝号经》（亦称《三官经》）则称："天尊言，得道神仙皆从三官保举。下方生人，但持三官宝号，能除厄难，悉皆消灭。"[2]

三官之说最早见于道教创立初期的五斗米道的请祷之法。《三国志·魏书·张鲁传》注引《典略》曰：

> 请祷之法，书病人姓名，说服罪之意。作三通，其一上之天，著山上，其一埋之地，其一沉之水，谓之三官手书。[3]

清人赵翼在《陔余丛考》中就认为："三官之名，实始于此。"但他同时又指出，此时"但有三官之称，而尚未谓之三元，其以正月、七月、十月之望为三元日，则自元魏始……盖其时方尊信道士寇谦之，三元之说盖即谦之等袭取张衡三官之说，而配以三首月为之节候耳"。[4]

1　《太上三元赐福赦罪解厄消灾延生保命妙经》，载《道藏》第34册，文物出版社、上海书店、天津古籍出版社，1988年影印本，第734页中栏～下栏。

2　《元始天尊说三官宝号经》，载《道藏》第2册，文物出版社、上海书店、天津古籍出版社，1988年影印本，第36页上栏。

3　《三国志》卷8《魏书·张鲁传》注引《典略》，中华书局，1982，第264页。

4　（清）赵翼：《陔余丛考》卷35《天、地、水三官》，栾保群、吕宗力校点，河北人民出版社，1990，第616~617页。

约成书于刘宋以前的道经《太上洞玄灵宝三元品戒功德轻重经》（简称《洞玄三元品戒经》）中就提到了天、地、水三官及三元之说，该经先具列上元天官、中元地官、下元水官各三宫三府凡一百二十曹之名次职司，次列三官所考"三元品戒罪恶"一百八十条。谓三元三官诸宫府曹无量众神，总司一切众生善恶功过、生死罪福，录善记恶，上奏所司，逐期考校，报应无爽。人身中亦有三宫六府百二十关节三万六千神，奏人善恶于三官，正月十五、七月十五、十月十五分别为三官校戒之日，此三日五帝五岳诸灵山众水府大小神灵同诣三天玄都三元宫中，上奏兆民过罪，诸天帝君、星斗众神亦共集会，共相校计众庶罪过，有善功者上名青簿，克得上仙，罪重者下名黑簿，当沦三涂。[1] 据此可知，三官专司记载人之生死功过，并且至晚在东晋时就与三元之说联系起来，并以正月十五、七月十五、十月十五为三元日。

不过，约成书于六朝时期的早期上清派重要经典《上清三元玉检三元布经》（一名《三元玉检三元布经》，简称《三元布经》）中也提到"三元"，却指的是天、地、仙，"上元检天大录，下元检地玉文，中元检仙真书"。其后附有《三元内存招真降灵上法》，提到"太素三元君"以及她的三个女儿紫素元君、黄素元君、白素元君，合称三素元君。还附有《三元隐朝内仙上法》，曰："凡受三元玉检修行三元之道，当于密室朝太素元君，常以正月十日、二月九日、三月八日、四月七日、五月六日、六月五日、七月四日、八月三日、九月二日、十月十一日、十一月十二日、十二月十三日夜半，于寝静之室烧香北向心拜讫，坐卧任意，稽首心祝。"[2] 故上清派的"三元"，并非指天、地、水三官。

---

1 《太上洞玄灵宝三元品戒功德轻重经》，载《道藏》第 6 册，文物出版社、上海书店、天津古籍出版社，1988 年影印本，第 879 页中栏。按：任继愈主编的《道藏提要（修订版）》认为该经"当出刘宋以前"（中国社会科学出版社，1995，第 339 页）。

2 《上清三元玉检三元布经》，载《道藏》第 6 册，文物出版社、上海书店、天津古籍出版社，1988 年影印本，第 211 页上栏、224~225 页、226 页中栏。按：任继愈主编的《道藏提要（修订版）》认为该经"当系六朝道经"（中国社会科学出版社，1995，第 268 页）。

　　然而，约成书于北周时的道教类书《无上秘要》卷 52《三元斋品》说："天尊言，常以正月十五日、七月十五日、十月十五日平旦、正中、夜半三时，沐浴身形，五香自洗……其三元品诚谢罪上法，三元宫中隐存，形神精思罪根……三元削罪于黑簿，北帝落死而上生。三官保举于学功，太玄记录于上仙。"[1] 据此可知，道教的"三官""三元"之说在南北朝时已成为定说。

　　道教认为天、地、水"三元"是产生天地万物的三个基本要素。《太上洞玄灵宝三元玉京玄都大献经》（简称《三元玉京玄都大献经》或《大献经》）题解曰："一切众生，生死命籍，善恶簿录，普皆系在三元九府，天、地、水三官考校功过，毫分无失。所言三元者，正月十五日为上元，即天官检勾；七月十五日为中元，即地官检勾；十月十五日为下元，即水官检勾。一切众生皆是天、地、水三官之所统摄。"又说："三元者，元，本也。但此上三官，为万物之行本，故曰三元。"[2] 故道教非常重视三元节。

　　道教徒还宣称："每岁三元大节，诸天各有上真，下游洞天，以观其善恶，人世死生兴废，水旱风雨，预关报洞中。"[3] 所以民间百姓也很重视三元节。唐王朝由于尊崇道教，对三元节也予以特别重视。唐玄宗开元二十二年（734）十月十三日下诏规定：

　　　　道家三元，诚有科戒，朕尝精意久矣，而物未蒙福。今月十五日，是下元斋日，禁都城内屠宰。自今已后，及天下诸州，每年正月、七月、十月三元日，十三日至十五日，并宜禁断

1　《无上秘要》卷 52《三元斋品》，载《道藏》第 25 册，文物出版社、上海书店、天津古籍出版社，1988 年影印本，第 189 页中栏、193 页中栏。

2　《太上洞玄灵宝三元玉京玄都大献经》，载《道藏》第 6 册，文物出版社、上海书店、天津古籍出版社，1988 年影印本，第 266 页下栏 ~267 页上栏。

3　《太平御览》卷 663《道部五·地仙》引《集仙录》，中华书局，1960 年影印本，第 2962 页下栏。又见（唐）杜光庭《墉城集仙录》卷 8《阳平治》，载罗争鸣辑校《杜光庭记传十种辑校》，中华书局，2013，第 693 页。

屠宰。[1]

到开元二十七年（739），又下诏，要求各地开元观及开元寺，"千秋节及三元行道设斋"。根据规定，三元节还要放假，敦煌写本文书S.6537背14分号郑余庆《大唐新定吉凶书仪》记载：

> 三元日，正月十五上元，廿（七）月十五日中元，十月十五日下元。右件上元准令格各休假三日，下元日休假一日，并宫观行道，设斋，役金龙。[2]

三元节除了禁屠、行道、设斋外，还根据各自的节日特点形成各具特色的节日习俗。尤其是上元节和中元节，由于分别对应着民间节日中的元宵节和鬼节，更是受到民间俗信的追奉，成为传统岁时节俗中的两个重要节日。

一　上元节：天官赐福之日

上元节，俗称元宵节，又称元夕或灯节，正式形成于隋唐时期。元宵节为农历正月的第一个望日，寓意着团圆和美满，所以特别受到古人的重视。隋朝人杜公瞻就说："每月皆有弦望晦朔，以正月为初年，时俗重以为节也。"[3] 元宵节有张灯、观灯习俗，故又称为"元宵灯节"。

关于元宵节的来历众说纷纭，其中影响最大的有两种说法：汉家祀太一说和佛家燃灯说。此外，还有汉文帝庆祝平定诸吕之乱说、汉明帝燃灯表佛说、庭燎（燎祭）说等诸多说法。

唐人认为元宵张灯习俗源于汉家祀太一。唐初欧阳询在《艺文类

1　《唐会要》卷50《杂记》，上海古籍出版社，1991，第1029页。

2　周一良、赵和平：《敦煌写本郑余庆〈大唐新定吉凶书仪〉残卷研究》附录，载《唐五代书仪研究》，中国社会科学出版社，1995，第185页。

3　（南朝梁）宗懔撰，（隋）杜公瞻注，姜彦稚辑校《荆楚岁时记》，中华书局，2018，第25页。

聚》卷4《岁时部中·正月十五日》中就说：

> 《史记》曰："汉家以望日祀太一，从昏时到明。"今夜游观灯，是其遗迹。[1]

盛唐时人徐坚等辑的《初学记》也采纳了这种说法。[2]此说对后世的影响很大。

最早提到正月十五节俗活动的是东晋初年陆翙的《石虎邺中记》，载："正月十五日，有登高之会。"[3]石虎为十六国时后赵国君，334~349年在位。石虎选择在正月十五举行登高之会，大概与民间于此日作"登高糜"祈祷蚕神的风俗有关。隋朝也流行登高之会，《隋书·元胄传》说："正月十五日，上（隋文帝）与近臣登高，时胄下值，上令驰召之。及胄见，上谓曰：'公与外人登高，未若就朕胜也。'赐宴极欢。"[4]

东晋以来，正月十五节俗中就开始渗透进道教文化的元素。葛洪《神仙传》卷9讲述了一个正月十五夜仙人尹思观月预言兵灾的故事：

> 尹思者，字小龙，安定人也。晋元康五年正月十五夜，坐屋中，遣儿视月中有异物否。儿曰："今年当大水，中有一人被蓑带剑。"思目视之曰："将有乱卒至。"儿曰："何以知之？"曰："月中人乃带甲仗矛。当大乱三十年，复当小清耳。"后果如其言。[5]

1　（唐）欧阳询：《艺文类聚》卷4《岁时部中》，汪绍楹校，上海古籍出版社，1999，第61页。

2　（唐）徐坚等辑《初学记》卷4《岁时部下·正月十五日》，韩放主校点，京华出版社，2000，上册，第106页。

3　该书已佚，引文见（南朝梁）宗懔撰，（隋）杜公瞻注，姜彦稚辑校《荆楚岁时记》，中华书局，2018，第19页。

4　《隋书》卷40《元胄传》，中华书局，1973，第1177页。

5　（晋）葛洪撰，谢青云译注《神仙传》卷9《尹思》，中华书局，2017，第377页。

正月望夜本为赏月佳辰，但故事却以仙人观月预言兵灾为题材，这反映了古人辟兵消灾的节日文化心态。

此外，南朝以来还流行正月十五日"祠门户"、夜迎"紫姑"（蚕神、厕神）等民俗活动。[1]可见这是一个重要的民间祭祀节日。南朝梁简文帝萧纲的《列灯赋》描写了正月十五日夜的张灯情景：

> 何解冻之嘉月，值萱荚之尽开。草含春而动色，云飞采而轻来。南油俱满，西漆争燃。苏征安息，蜡出龙川。斜晖交映，倒影澄鲜。[2]

"解冻之嘉月"指孟春正月；萱荚是传说中的瑞草，据说这种草每月从初一开始日生一荚，至十五日生满十五荚，从十六日开始又日落一荚，至月末落尽。萱荚盛开之日，正是十五日。所以这篇赋描写的是正月十五日夜张灯的情景：有油灯、有漆灯，或燃香、或燃蜡，灯月交辉，倒映水中。

元宵灯俗应该源自北朝，《资治通鉴》卷175长城公（陈后主）至德元年（隋文帝开皇三年，583）载：

> （柳）彧以近世风俗，每正月十五日夜，然（燃）灯游戏，奏请禁之。曰："窃见京邑，爰及外州，每以正月望夜，充街塞陌，聚戏朋游，鸣鼓聒天，燎炬照地，竭赀破产，尽室并孥，无问贵贱，男女混杂，缁素不分。秽行因此而成，盗贼由斯而起。因循弊风，曾无先觉。无益教化，实损于民，请颁天下，并即禁断。"诏从之。[3]

---

1 （南朝梁）宗懔撰，（隋）杜公瞻注，姜彦稚辑校《荆楚岁时记》载："正月十五日，作豆糜，加油膏其上，以祠门户。其夕，迎紫姑，以卜将来蚕桑，并占众事。"中华书局，2018，第18~20页。

2 《全梁文》卷8，载（清）严可均校辑《全上古三代秦汉三国六朝文》，中华书局，1958年影印本，第2997页上栏。

3 《资治通鉴》卷175，陈长城公至德元年，中华书局，1956，第5471页。

柳彧在上奏中提到正月望夜"燃灯游戏""燎炬照地"，应是后世元宵张灯的滥觞。

隋炀帝曾在正月十五日夜于东都通衢大道上张灯结彩，纵民观赏，从而将元宵观灯推广为一项大众性节日民俗活动。《隋书·音乐志下》载：自大业二年（606）以后，"每岁正月，万国来朝，留至十五日。于端门外，建国门内，绵亘八里，列为戏场。百官起棚夹路，从昏达旦，以纵观之，至晦而罢"。大业六年（610），又在"天津街盛陈百戏"，"大列炬火，光烛天地，百戏之盛，振古无比。自是每年以为常焉"。[1] 他曾作有《正月十五日于通衢建灯夜升南楼》诗描写元宵节张灯之盛：

> 法轮天上转，梵声天上来。灯树千光照，华焰七枝开。月影凝流水，春风含夜梅。幡动黄金地，钟发琉璃台。[2]

当时还有一位大臣诸葛颍作《奉和通衢建灯应教诗》云：

> 芳衢澄夜景，法炬灯参差。逐轮时徒焰，桃花生落枝。飞烟绕定室，浮光映瑶池。重阁登临罢，歌管乘空移。[3]

这两首诗把隋炀帝时正月十五日夜张灯盛况描写得非常生动传神。

到唐代，元宵节张灯作为一项重要的民俗节日活动被正式确定下来。唐人韦述《两京新记》卷2载：

> 正月十五日夜敕许金吾驰禁，前后各一日，以观灯。其寺观街巷灯明若昼，士女夜游，车马塞路。有足不蹑地，浮行数十步者。阡陌纵横，城关不禁。五陵年少，满路行歌，万户千门，笙

---

1 《隋书》卷15《音乐志下》，中华书局，1974，第381页。
2 《全隋诗》卷3，载逯钦立辑校《先秦汉魏晋南北朝诗》下册，中华书局，1983，第2671页。
3 《全隋诗》卷5，载逯钦立辑校《先秦汉魏晋南北朝诗》下册，中华书局，1983，第2704页。

簧未撤。[1]

唐代对城市实行封闭式管理，到了晚上，要关闭坊门，禁止夜间在城市内自由活动。为了赏灯，唐政府特别开放了正月十五前后的夜禁，让士民们纵情地游乐观灯。

唐中宗时，元宵观灯特别兴盛。唐人刘肃《大唐新语》卷8记载：

> 神龙之际（705~707），京城正月望日，盛饰灯影之会。金吾驰禁，特许夜行。贵游戚属，及下隶工贾，无不夜游。车马骈阗，人不得顾。王主之家，马上作乐，以相夸竞。文士皆赋诗一章，以纪其事。作者数百人，惟中书侍郎苏味道、吏部员外郭利贞、殿中侍御史崔液三人为绝唱。[2]

苏味道的诗题为《正月十五夜》（一作《上元》）：

> 火树银花合，星桥铁锁开。暗尘随马去，明月逐人来。游伎皆秾李，行歌尽落梅。金吾不禁夜，玉漏莫相催。[3]

郭利贞的诗题为《上元》：

> 九陌连灯影，千门度月华。倾城出宝骑，匝路转香车。烂漫惟愁晓，周游不问家。更逢清管发，处处落梅花。[4]

崔液更是一口气作了六首《上元夜》诗，其中有两首写得尤为精彩：

1　（唐）韦述撰，辛德勇辑校《两京新记辑校》卷2，三秦出版社，2006，第13页。

2　（唐）刘肃：《大唐新语》卷8，许德楠、李鼎霞点校，中华书局，1984，第127~128页。

3　《全唐诗》卷65，中华书局，1960，第752页。

4　《全唐诗》卷101，中华书局，1960，第1079页。

玉漏银壶且莫催，铁关金锁彻明开。谁家见月能闲坐，何处
闻灯不看来。

神灯佛火百轮张，刻像图形七宝装。影里如闻金口说，空中
似散玉毫光。[1]

从这些诗人的吟咏中可以看出中宗朝的上元张灯规模很大。

唐睿宗、玄宗父子也都十分热衷于上元观灯。《旧唐书·睿宗纪》
载：先天二年（713）春正月，"上元日夜，上皇御安福门观灯，出内
人连袂踏歌，纵百僚观之，一夜方罢……初，有僧婆陀请夜开门然
（燃）灯百千炬，三日三夜。皇帝御延喜门观灯纵乐，凡三日夜"。[2]上
皇就是指已经让位于其子的唐睿宗。这次上元灯会是在唐玄宗即位以
后不久举办的，后来即成为惯例，每年都要举办。《旧唐书·音乐志
一》记载："每初年望夜，又御勤政楼，观灯作乐，贵臣戚里，借看楼
观望。夜阑，太常乐府县散乐毕，即遣宫女于楼前缚架出眺，歌舞以
娱之。若绳戏竿木，诡异巧妙，固无其比。"[3]到天宝三载（744）十一
月，正式以敕令的形式规定每年元宵节前后三天都要举办灯会。《旧唐
书·玄宗纪》载：

每载依旧取正月十四日、十五日、十六日开坊市门燃灯，永
以为常式。[4]

从此以后，上元张灯作为一项重要的民俗节日活动被正式确定下
来。这种习俗，世代相传以至于今。

道教本来就有正月十五为上元节之说，到唐代与元宵节相结合，
使得这一节俗更是得到普及。民俗有元宵张灯狂欢之风俗，道教则有

1 《全唐诗》卷 54，中华书局，1960，第 667~668 页。
2 《旧唐书》卷 7《睿宗纪》，中华书局，1975，第 161 页。
3 《旧唐书》卷 28《音乐志一》，中华书局，1975，第 1052 页。
4 《旧唐书》卷 9《玄宗纪》，中华书局，1975，第 318 页。

上元节 "天官赐福" 之口彩，普通民众耽于娱乐而与 "忏愆罪" 并不相干。但由于是日附会上种种有关道教神仙的美丽传说，显得很有意思。唐人韩鄂《岁华纪丽》卷 1 中提到了许多上元节俗及其典故：

> 上元：祭户遗风，观灯故事。火树、灯楼。帝女巢成而得仙，僧徒云集而观雨。汉帝之建白马，玄宗之游凉州。神灯佛火，试鼓倾城。灯火千门，蚕桑百倍。无心、送酒。卜于紫姑，祀其太乙。南油西漆，渔阳操，龙川蜡。[1]

该书还在每一句下引经据典，叙述其故事及节俗来源。

上元 "祭户遗风"，杜公瞻注《荆楚岁时记》曰："今州里风俗，望日祭门户。其法先以杨枝插于左右门上，随杨枝所指，仍以酒脯饮食及豆粥、糕糜插箸而祭之。"[2]

上元传说为赤帝女升仙日。《广阳记》载："南方赤帝女入山学道，仙鹊以正月一日衔柴作巢，至十五日巢成，后得道升天。"[3] 又《太平御览》卷 921 引《广异记》曰："南方赤帝女学道得仙，居南阳愕山桑树上，正月一日衔柴作巢，至十五日成，或作白鹊，或女人。赤帝见之悲恸，诱之不得，以火焚之，女即升天，因名帝女桑。今人至十五日焚鹊巢作灰汁，浴蚕子招丝，象此也。"[4] 此俗似与祭祀桑蚕有关。

上元有祭蚕神之俗。《齐谐记》载："正月半，有神降陈氏之宅，云是蚕室，若能见祭，当令蚕桑百倍。"又《续齐谐记》也曰："吴县张成夜起，忽见一妇人立于宅东南角，谓成曰：'此地是君家蚕室，我即此地之神，明年正月半，宜作白粥，泛膏其上，以祭我，当令君家蚕桑百倍。'言绝而失之。成如言作膏粥，自此后年年大

---

1 （唐）韩鄂：《岁华纪丽》卷 1 "上元"条，中华书局，1985 年丛书集成初编影印本，第 19~22 页。

2 （南朝梁）宗懔撰，（隋）杜公瞻注，姜彦稚辑校《荆楚岁时记》，中华书局，2018，第 18 页。

3 （唐）韩鄂：《岁华纪丽》卷 1 "上元"条引，中华书局，1985 年丛书集成初编影印本，第 20 页。

4 《太平御览》卷 921《羽族部八·鹊》，中华书局，1960 年影印本，第 4086 页下栏。

得蚕。" [1]

　　上元有"迎紫姑"习俗。紫姑，民间祀其为厕神，或蚕神。后来，在元代秦子晋的《新编连相搜神广记》和《三教搜神大全》中紫姑又成为道教俗神。"迎紫姑"之俗在南朝时就已流行，《荆楚岁时记》曰："其夕，迎紫姑，以卜将来蚕事，并占众事。" [2] 关于紫姑神的来历，刘宋人刘敬叔《异苑》卷5载："世有紫姑神，古来相传云是人家妾，为大妇所嫉（一作妒），每以秽事相次役，正月十五日感激而死。故世人以其日作其形，夜于厕间或猪栏边迎之，祝曰：'子胥不在'，是其婿名也。'曹姑亦归'，曹即其大妇也。'小姑可出戏。'捉者觉重，便是神来。奠设酒果，亦觉貌辉辉有色，即跳躞不住。能占众事，卜未来（一作行年）、蚕桑。又善射钩，好则大舞，恶便仰眠。平昌孟氏恒不信，躬试往捉，便自跃茅（一作穿）屋而去，永失所在也。" [3] 以此观之，迎紫姑本来是与祭蚕神有关的。另有迎帝喾女之说，《荆楚岁时记》杜公瞻注引《洞览》云："是帝喾女将死，云：'生平好乐，至正月半可以见迎。'又其事也。"则又作迎帝喾女。杜注又引《杂五行书》曰："厕神名后帝。"《异苑》云："陶侃如厕，见人自云'后帝'，着单衣，平上帻，谓侃曰：'三年莫说，贵不可言。'"则"厕神"又为后帝，能预言人之富贵。故杜公瞻感慨说："将后帝之灵，凭紫姑而言乎？" [4] 也就是说"卜于紫姑"的习俗大概是附会自厕神后帝。这样在迎紫姑习俗流传过程中，就逐渐与厕神后帝合而为一，紫姑也就成为厕神了。

　　紫姑信仰在隋唐时期也一直在民间流行。很多诗人的诗作中曾

1　（南朝梁）宗懔撰，（隋）杜公瞻注，姜彦稚辑校《荆楚岁时记》注引，中华书局，2018，第19页。
2　（南朝梁）宗懔撰，（隋）杜公瞻注，姜彦稚辑校《荆楚岁时记》注引，中华书局，2018，第21页。
3　（南朝宋）刘敬叔：《异苑》卷5，黄益元校点，载《汉魏六朝笔记小说大观》，上海古籍出版社，1999，第638页。
4　（南朝梁）宗懔撰，（隋）杜公瞻注，姜彦稚辑校《荆楚岁时记》注引，中华书局，2018，第21页。

咏其事。如李商隐《正月十五夜闻京有灯恨不得观》诗就提到"紫姑神"说：

> 月色灯光满帝都，香车宝辇隘通衢。身闲不睹中兴盛，羞逐乡人赛紫姑。[1]

李商隐因未能观赏到京师的上元灯会而引以为恨，以至于都不好意思去参加乡人举行的报赛紫姑神活动。

上元"祀太乙"习俗传自汉代。"太一"，亦作"太乙""泰一"，本为星宿名，位于紫微垣，传说乃天帝居住之处，故为"帝星"。太乙神，为天神中最尊贵者。先秦时，屈原在《楚辞·九歌》中就有《东皇太一》章，汉代王逸注曰："太一，星名，天之尊神。祠在楚东，以配东帝，故云东皇。"南宋洪兴祖补注曰："《汉书·郊祀志》云：'天神贵者太一。太一佐曰五帝。'……知风雨、水旱、兵革、饥馑、疾疫。"[2]可见"东皇太一"是楚国神话中的最高神祇。后来，道教又将太上老君称为"太乙救苦天尊"，杜光庭《太上老君说常清静经注》曰："金阙帝君者也，应其名号，或太上分形化体，名号有殊。《上清经》云：'后圣金阙玄元黄（皇）帝，老君太上是也。'又《尹氏玄中记》曰：太上老君常居紫微官，或号天皇大帝，或曰太一救苦天尊，或号金阙圣君。故知太上随方设化，应号无穷。"[3]

唐人经常将"迎紫姑"和"祀太乙"并称，如熊孺登在《正月十五日》诗中就描写道：

> 汉家遗事今宵见，楚郭明灯几处张。深夜行歌声绝后，紫姑

1 （唐）李商隐著，（清）冯浩笺注《玉谿生诗集笺注》卷2，蒋凡标点，上海古籍出版社，1998，第538页。
2 （汉）刘向辑，（汉）王逸注，（宋）洪兴祖补注《楚辞》卷2《九歌章句·东皇太一》，孙雪霄校点，上海古籍出版社，2015，第66页。
3 （唐）杜光庭：《太上老君说常清静经注》，载《道藏》第17册，文物出版社、上海书店、天津古籍出版社，1988年影印本，第190页中栏。

神下月苍苍。[1]

所谓"汉家遗事"指的就是祀太乙张灯遗风，"紫姑神下"就是迎紫姑习俗。

"玄宗游凉州"是唐代广为流传的一个道教故事，讲的是正月十五，道士叶法善助玄宗夜游凉州观灯的传说。唐人薛用弱《集异记》载：

> 开元初，正月望夜，玄宗移仗于上阳宫以观灯。尚方匠毛顺心结构彩楼三十余间，金翠珠玉，间厕其内；楼高百五十尺，微风所触，锵然成韵；以灯为龙、凤、螭、豹腾踔之状，似非人力。玄宗见，大悦，促召师观于楼下，人莫知之。师曰："灯影之盛，固无比矣；然西凉府今夕之灯，亦不亚此。"玄宗曰："师顷尝游乎？"曰："适自彼来，便蒙急召。"玄宗异其言，曰："今欲一往，得乎？"曰："此易耳。"于是令玄宗闭目，约曰："必不得妄视，若误有所视，必有非常惊骇。"如其言，闭目距跃，已在霄汉。俄而足已及地。曰："可以观矣。"既睹影灯，连亘数十里，车马骈阗，士女纷委。玄宗称其盛者久之，乃请回。复闭目腾空而上，顷之已在楼下，而歌舞之曲未终。玄宗于凉州，以镂铁如意质酒，翌日命中使，托以他事，使于凉州，因求如意以还，验之非谬。[2]

此故事后来又被杜光庭收入《仙传拾遗》，成为历史上流传甚广的道教神话故事。

上元日民间有观灯风俗，道家也于是日燃灯以助兴。羊士谔《上元日紫极宫门观州民燃灯张乐》诗曰：

1 《全唐诗》卷467，中华书局，1960，第5419页。
2 （唐）薛用弱：《集异记》补编，中华书局，1980，第18页。

山郭通衢隘，瑶坛紫府深。灯花助春意，舞绥织欢心。闲似淮阳卧，恭闻乐职吟。唯将圣明化，聊以达飞沈。[1]

此外，道观还会举行一些宗教活动，吸引更多的善男信女参与布施，如张仲素《上元日听太清宫步虚》诗曰：

仙客开金箓，元辰会玉京。灵歌宾紫府，雅韵出层城。磬杂音徐彻，风飘声更清。纡余空外尽，断续听中生。舞鹤纷将集，流云住未行。谁知九陌上，尘俗仰遗声。[2]

的确，与热闹嘈杂的街市相比，道观自是那些喜好清静的人远离喧闹的极好去处，在这里听道士们唱起虚无缥缈的《步虚歌》，仿佛灵魂都有一种飞升的感觉，自有一种挣脱俗务、清静安宁之美。所以，平日里为俗务羁绊的文人士大夫于上元日多有来道观焚修的，陆龟蒙《上元日道室焚修寄袭美》诗曰：

三清今日聚灵官，玉刺齐抽谒广寒。执盖冒花香寂历，侍晨交佩响阑珊。（执盖、侍晨，皆仙之贵侣矣。）将排凤节分阶易，欲校龙书下笔难。唯有世法中小兆，夜来心拜七星坛。[3]

此外，他还作有一首《正月十五日惜春寄袭美》，袭美是他的好友皮日休的字。

李郢曾在上元节去道观参加了道士举行的斋醮活动，作有《紫极宫上元斋次呈诸道流》，诗曰：

1 《全唐诗》卷332，中华书局，1960，第3702页。
2 《全唐诗》卷367，中华书局，1960，第4135页。
3 （唐）陆龟蒙：《甫里先生文集》卷8，载何锡光校注《陆龟蒙全集校注》，凤凰出版社，2015，第509页。

碧简朝天章奏频，清宫仿佛降灵真。五龙金角向星斗，三洞玉音愁鬼神。风拂乱灯山磬□，露沾仙杏石坛春。明朝醮罢羽客散，尘土满城空世人。[1]

诗人描写了上元节紫极宫道士做法事活动时的情景，只见道士手持“碧简”奏折，对着上苍，念诵章奏内容，醮坛上好像有神灵降临一样。这是唐代上元斋会的进表科仪。唐末道士杜光庭还留下了两篇上元行道斋醮词，其一为《遂府相公周天醮词》，曰：

按灵宝玄科，《河图》秘格，设周天大醮，忏谢上元。伏冀万圣感通，众神照鉴，纳其恳志，介以福祥，解宿债前冤，赦深灾重过，续其祚禄，增其寿年。五星四景之中，永销危厄；天府地司之内，别注休祯。所疾蠲平，克赐安豫，益坚忠孝，上奉君亲。[2]

其二为《皇帝周天醮词》，曰：

敢因午日之嘉辰，聊答上元之厚贶。……斋洁选日，恳悃陈词。寂寂玄坛，俨威仪于乙夜；飘飘仙驭，降福祐于人寰。伏冀八表乂安，黎民清泰，邦家巩固，社稷永宁。六府孔修，九功攸叙，簪裾奉职，书轨同文。[3]

这两篇上元斋醮词，前一篇是祈祷周天万圣众神，解宿债前冤，赦深灾重过，赐福增寿；后一篇则是祈祷福佑人寰，国泰民安。

有的文人还在上元日梦见了西王母，丁泽《上元日梦王母献白玉环》诗曰：

---

1 《全唐诗》卷590，中华书局，1960，第6851页。

2 （唐）杜光庭：《广成集》卷8，董恩林点校，中华书局，2011，第118页。

3 （唐）杜光庭：《广成集》卷11，董恩林点校，中华书局，2011，第162页。

梦中朝上日，阙下拜天颜。仿佛瞻王母，分明献玉环。灵姿
趋甲帐，悟道契玄关。似见霜姿白，如看月彩弯。霓裳归物外，
凤历晓人寰。仙圣非相远，昭昭寤寐间。[1]

这些与道教有关的传说和事件，极大地丰富了唐代上元日的民俗
节庆活动内容。

当然，上元节也融入了佛教的元素，如上元观灯之俗就有来自佛
教一说。另外，《岁华纪丽》中提到的"观灯故事、火树、灯楼""僧
徒云集而观雨、汉帝之建白马""神灯佛火"等本事，都来自佛教传
说与风俗。

二　中元节：地官赦罪之期

中元节，民间称"鬼节"，佛教称"盂兰盆节"，别名七月半，这
是一个祭祀祖先鬼神的节日。一般认为这个节日源于早期的"秋尝"
祭祖习俗，在其形成和发展过程中又受到佛教极其强烈的影响。[2]

我国古代有在七月农作物收获季节举行祭祀祖先的传统。董仲舒
在《春秋繁露·四祭》中说：

古者岁四祭。四祭者，因四时之所生孰（熟），而祭其先祖
父母也。故春曰祠，夏曰礿，秋曰尝，冬曰蒸。此言不失其时，
以奉祭先祖也。过时不祭，则失为人子之道也。祠者，以正月始
食韭也。礿（禴）者，以四月食麦也。尝者，以七月尝黍稷也。
蒸（烝）者，以十月进初稻也。[3]

1　《全唐诗》卷 281，中华书局，1960，第 3197 页。
2　〔美〕太史文著，侯旭东译《幽灵的节日——中国中世纪的信仰与生活》，浙江人民出版社，
　　1999，第 31 页。
3　（汉）董仲舒撰，（清）苏舆注《春秋繁露义证》，钟哲点校，中华书局，1992，第 406~407 页。

这种四季之祭早在先秦时期就形成了，《周礼·春官·大宗伯》记载："以祠春享先王，以禴夏享先王，以尝秋享先王，以烝冬享先王。"[1]这是一种将新成熟的农作物荐享给先王品尝的祭礼，所以秋祭又称为"尝秋"或"秋尝"。由于秋天是收获的季节，人们举行向祖先亡灵献祭的仪式，把时令佳品先供神享，然后再品尝自己的劳动果实，并祈祝来年好收成，可见"秋尝"在四祭中最受重视。到秦汉时期，"秋尝"已经发展成为一种在七月举行的重要秋祭习俗。

东汉末期，五斗米道兴起，出现天官、地官、水官"三官"之说。到六朝时期，形成"三元"之说，对应"三官"，道教宣称七月十五为地官赦罪之期，同时又结合了民间的七月"秋尝"祭祀祖先亡灵习俗，于是演变成了中元节。

唐初（高祖武德七年，624）由欧阳询主持编撰的《艺文类聚》卷4"七月十五"条引道经曰：

> 七月十五，中元之日，地官校勾，搜选人间，分别善恶，诸天圣众，普诣宫中，简定劫数，人鬼传录，饿鬼囚徒，一时皆集。以其日作玄都大献于玉京山，采诸花果，珍奇异物，幢幡宝盖，清膳饮食，献诸圣众。道士于其日夜讲诵是经，十方大圣，齐咏灵篇，囚徒饿鬼俱饱满，免于众苦，得还人中。[2]

此道经据称即为《大献经》，原不题撰者，唐僧玄嶷《甄正论》称："道士刘无待又造《大献经》，以拟盂兰盆"。[3]这是僧人为了攻击

1　（清）孙诒让：《周礼正义》卷33《春官·大宗伯》，王文锦、陈玉霞点校，中华书局，1987，第1330页。

2　（唐）欧阳询：《艺文类聚》卷4《岁时部中》，汪绍楹校，上海古籍出版社，1999，第80页。

3　（唐）玄嶷：《甄正论》卷下，载《永乐北藏》第151册，线装书局，2000年影印本，第189页上栏。

道教的说辞。刘无待约活动于高宗、武则天时，而该经作于唐以前，[1]故他应该是为该经作过注疏。唐末韩鄂《岁华纪丽》卷3"中元"条也记载：

> 孟秋之望，中气之辰。道门宝盖，献在中元。释氏兰盆，盛于此日。地官考校之元日，天人集聚之良辰。[2]

韩鄂先叙述道教中元节俗，同时也引用了《大献经》进行解释；其次才说释氏盂兰盆节，并引用《盂兰盆经》进行了论证。

由于道教和佛教的宣传，在三元节俗中，民间最重中元节。道教宣称此日为地官生辰，地官降下，定人间善恶，故有"地官赦罪"之说。到时地狱开门，亡故祖先及其他孤魂野鬼，皆可获得救赎，因此才有"鬼节"之称。《太上灵宝三元三官消愆灭罪忏》（简称《三元三官忏》）卷中《太上灵宝中元地官消愆灭罪忏》称："尔时元始天尊在九土无极世界，广演大乘，敷说道要，度脱众生，离诸苦恼，咸令安乐。是时中元，一切道俗男女皆受护度，俱享逍遥。"[3]又《太上三元赐福赦罪解厄消灾延生保命妙经》也称：中元时节，"饿鬼穷魂，孤魂野鬼，九玄七祖，未离地狱之中"，都可得到超度。[4]故官民百姓非常重视此节。

道教宫观往往于此日举行各种法事活动，入夜后道士还要诵经超度，救拔亡魂。杜光庭在《墉城集仙录》中记载：七月十五日，"金母

---

1 任继愈主编的《道藏提要（修订版）》认为该经"当系唐以前道经"（中国社会科学出版社，1995，第279页）。
2 （唐）韩鄂：《岁华纪丽》卷3"中元"条，中华书局，1985年丛书集成初编影印本，第79~80页。
3 《太上灵宝三元三官消愆灭罪忏》卷中《太上灵宝中元地官消愆灭罪忏》，载《道藏》第9册，文物出版社、上海书店、天津古籍出版社，1988年影印本，第878页下栏。
4 《太上三元赐福赦罪解厄消灾延生保命妙经》，载《道藏》第34册，文物出版社、上海书店、天津古籍出版社，1988年影印本，第735页中栏。

降于庭"，"暂诣紫极宫，看中元道场，官吏士庶咸在"。[1] 诗人卢拱就作有《中元日观法事》诗，曰：

> 四孟逢秋序，三元得气中。云迎碧落步，章奏玉皇宫。坛滴槐花露，香飘柏子风。羽衣凌缥缈，瑶毂辗虚空。久慕餐霞客，常悲习蓼虫。青囊如可授，从此访鸿蒙。[2]

该诗描写中元节道观做法事的情景，只见醮坛上香烟缭绕，道士们迈着禹步，似在云中，羽衣飘飘，看上去就像神仙驾车在天空遨游；道士们一边洒着法水，一边将祈福的章奏焚奉给玉皇大帝，柏子香随风飘来，令诗人对神仙羡慕不已，发誓要改儒习道。

殷尧恭还在中元夜欣赏了道士吟唱"步虚"，写下了《府试中元观道流步虚》诗：

> 玄都开秘箓，白石礼先生。上界秋光静，中元夜景清。星辰朝帝处，鸾鹤步虚声。玉洞花长发，珠宫月最明。扫坛天地肃，投简鬼神惊。傥赐刀圭药，还留不死名。[3]

"步虚"是道士们在醮坛仪式上面对神座旋绕游走时唱诵的辞章，以此来表达对神灵的礼赞和感恩。传说"步虚"来自"三清"或"玉皇"等尊神说法讲道时，众神为表达感动和赞叹，步虚旋绕演奏吟诵仙乐，由于听起来宛如众仙缥缈旋行虚空，故得名"步虚声"或"步虚曲"。唐代许多文人道士甚至皇帝都曾经作有"步虚词"。诗人于中元夜在道观观赏了道士鸾行鹤步吟诵"步虚"以及投龙简仪式，也动

1　（唐）杜光庭：《墉城集仙录》卷10《谢自然》，载罗争鸣辑校《杜光庭记传十种辑校》，中华书局，2013，第728页。

2　《全唐诗》卷463，中华书局，1960，第5268页。

3　《全唐诗》卷472，中华书局，1960，第5360页。又卷492作殷尧藩诗《中元日观诸道士步虚》，第5566页。

了求仙学道的念头。

戎昱在中元节陪谏议大夫杜亚到长安开元观观赏节日活动，作有《开元观陪杜大夫中元日观乐》，诗云：

> 今朝欢称玉京天，况值关东俗理年。舞态疑回紫阳女，歌声似遏彩云仙。盘空双鹤惊几剑，洒砌三花度管弦。落日香尘拥归骑，清风油幕动高烟。[1]

诗作描写了民间以中元日为祭祖之节，京城的道观异常热闹。舞伎舞态优美，疑似天上仙女下凡；歌伎歌声悦耳，响遏彩云。剑器舞者技艺精湛，犹如双鹤盘旋飞舞。乐器演奏出美妙之曲，犹如繁花纷纷飘洒阶下。直到落日时分，诗人和杜大夫才在众人簇拥下骑马而归，油幕车过，清风吹拂香尘飞起如烟。

李商隐在中元节去道观观赏完法事活动以后，有感而发，写下了《中元作》，诗曰：

> 绛节飘摇空国来，中元朝拜上清回。羊权虽得金条脱，温峤终虚玉镜台。曾省惊眠闻雨过，不知迷路为花开。有娀未抵瀛洲远，青雀如何鸩鸟媒。[2]

清人冯浩认为此诗是为入道公主而作。今人多认为是诗人在早年学道期间，与一女冠（宋华阳）相恋而作，该女子是陪公主修道的宫女。诗作描写了中元日盛会空前，彩幡飘摇，士女如云。诗人去道观斋醮，朝拜上清，希望能见到日夜思念的情人。[3]

---

1 （唐）戎昱著，臧维熙注《戎昱诗注》，上海古籍出版社，1983，第 69 页。

2 （唐）李商隐著，(清) 冯浩笺注《玉谿生诗集笺注》卷 3，蒋凡标点，上海古籍出版社，1998，第 702 页。

3 滕学钦编著《李商隐情诗解读》第 1 辑《玉阳之恋·中元作》，中国海洋大学出版社，2015，第 28~30 页。

有一些文人士大夫，还会在这天作诗寄赠问候仰慕和熟识的道士，如令狐楚《中元日赠张尊师》云：

> 偶来人世值中元，不献玄都永日闲。寂寂焚香在仙观，知师遥礼玉京山。[1]

这位张尊师应该是一位深居简出、道行很高的"活神仙"，平时都难得一见，只有在中元节时才"偶来人世"，在道观焚香礼拜做法事，朝献天庭。

晚唐诗人陆龟蒙迷恋道教，与许多道士有交往，他曾作有《中元夜寄道侣》诗二首，曰：

> 学饵霜茸骨未轻，每逢真夕梦还清。丁宁独受金妃约，许与亲题玉篆名。月苦撼残临水佩，风微飘断系云缨。须臾枕上桐窗晓，露压千枝滴滴声。
>
> 橘斋风露已清余，东郭先生病未除。孤枕易为蛩破梦，短檐难得燕传书。广云披日君应近，倒影裁花我尚疏。唯羡羽人襟似水，平持旄节步空虚。[2]

从诗中描写可见，陆龟蒙与有些道士的关系非常密切，他亲切地称他们为"道侣"。其中也提到中元夜道士斋醮步虚仪式。

李郢在中元夜游寺观时，似乎经历了一次浪漫的邂逅，有感而作《中元夜》，诗曰：

> 江南水寺中元夜，金粟栏边见月娥。红烛影回仙态近，翠鬟光动看人多。香飘彩殿凝兰麝，露绕轻衣杂绮罗。湘水夜空巫峡

---

1 《全唐诗》卷334，中华书局，1960，第3751页。

2 《全唐诗》卷626，中华书局，1960，第7197页。

远，不知归路欲如何。[1]

中元夜彩灯高悬，红烛光照，彩殿华美，人头攒动，士女云集，诗人瞥见了一位美丽的姑娘，犹如月中仙子"嫦娥"，令诗人心驰神往。

李群玉在中元夜没有参加任何宗教活动，而是独自饮酒赏月，他在《七月十五夜看月》诗中写道：

> 朦胧南溟月，汹涌出云涛。下射长鲸眼，遥分玉兔毫。势来星斗动，路越青冥高。竟夕瞻光彩，昂头把白醪。[2]

诗作极言中元夜月与海潮相伴之雄壮气势及其皎洁明亮，诗人把酒通宵赏玩。作者还作有一首《请告南归留别同馆》诗，原题下注云"中元作"，诗曰：

> 一点灯前独坐身，西风初动帝城砧。不胜庾信乡关思，遂作陶潜归去吟。书阁乍离情黯黯，彤庭回望肃沈沈。应怜一别瀛洲侣，万里单飞云外深。[3]

此诗是诗人在宣宗大中十三年（859）由弘文馆校书郎辞官南归时写给同僚的，这首作于中元节的诗抒发了诗人的思乡之情。

罗隐北上长安，途经淮口时，正值中元时节，夜泊淮口，有感而作《中元夜泊淮口》，诗曰：

――――――――――

1 《全唐诗》卷590，中华书局，1960，第6848页。
2 （唐）李群玉著，羊春秋辑注《李群玉诗集·后集》卷2，岳麓书社，1987，第96页。又作罗隐诗《中元夜看月》，（唐）罗隐：《甲乙集补编》卷2，载李定广系年校笺《罗隐集系年校笺》，人民文学出版社，2013，第620页。
3 （唐）李群玉著，羊春秋辑注《李群玉诗集·后集》卷2，岳麓书社，1987，第51页。

木叶回飘水面平，偶因孤棹已三更。秋凉雾露侵灯下，夜静鱼龙逼岸行。欹枕正牵题柱思，隔楼谁转绕梁声。锦帆天子狂魂魄，应过扬州看月明。[1]

诗中描写中元节月明之夜，诗人在旅途，为前程辛苦奔波，夜深人静之时，连鬼都在听歌赏月，不由得让诗人想起奢侈享乐的隋炀帝，一生钟爱淮扬，他的魂魄也应到扬州观赏明月。

中元节还流传有仙人下凡的传说。乐史在《唐景云观碑》中记载：

> 景云观者，皇唐景云年中所建也，在崇仁县西北隅。巴山翠其槛，巴水漱其门。山水周遮，松萝堆拟。士君子赏为神仙之胜迹，斯言不诬矣。予家于观之北，童稚时闻耆老传云，往时观碑额故，将新之，因中元节，众道士推能书者，明日染翰。是日晚，有一道士，形容羸，衣褐荒，栖栖焉，人皆不物色，自言攻篆隶，请书之。众口哗然而阻截。迨夜参半，其道士于堂中张灯火，动笔砚，大书门扉上"景云观"三字。有未睡者潜观焉。迟明，观其笔力遒健，光彩射人目。于时令佐至，叹讶者数四。虽觉异人，发问未暇，请于新碑更书之，而辞不能也。斋罢告行，行至三门，令佐暨诸道士随而且留。自言曰："吾是萧子云。"众拜之，举首不见。于是圬其门扉，缘饰为碑。至危太傅全讽为川将，时人移于黄田寨上失之。得非神仙之物，容易而难留。子云者，梁黄门侍郎，于玉笥山得仙矣。[2]

萧子云是南朝萧梁时著名书法家，善草隶，效法钟繇、王羲之书，而微变字体，功力精进，其书亦雅，梁武帝赞其"笔力骏劲"。

---

1 （唐）罗隐：《甲乙集》卷8，载李定广系年校笺《罗隐集系年校笺》，人民文学出版社，2013，第389页。

2 《全唐文》卷888，中华书局，1983年影印本，第9285页。

《历世真仙体道通鉴·聂师道》载："早闻梅真人、萧侍郎皆隐玉笥山，时人多见之。梅即南昌尉梅福也，萧即梁之公子萧子云也。自东阳太守避侯景之乱，全家入山。二人俱得道于此。"[1] 此碑记载了中元节期间神仙萧子云下凡，并在景云观门扉上题"景云观"三字的传说。

杜光庭《墉城集仙录》记载：范阳民女边洞玄于中元日升仙，"七月十五日辰时，天乐满空，紫云蓊郁，萦绕观楼。众人见洞玄升天，音乐导从，幡旌罗列，直南而去"。唐明皇敕其观为登仙观，楼曰紫云楼，以旌其事。[2]

《裴铏传奇》还记载了南海人崔炜，于德宗贞元年间（785~805）中元节，去开元寺观百戏，遇到各路道教神仙，最后也修道成仙的惊险历程。[3]

唐代皇室崇道，多于是日举行各种各样的宗教活动，其中为皇室历代帝后祈福是重要内容。如《旧唐书·王缙传》载："代宗七月望日，于内道场造盂兰盆，饰以金翠，所费百万。又设高祖已下七圣神座，备幡节、龙伞、衣裳之制，各书尊号于幡上以识之。舁出内，陈于寺观。是日，排仪仗，百僚序立于光顺门以俟之。幡花鼓舞，迎呼道路，岁以为常。"[4] 寺观陈列着唐皇室自高祖至肃宗七代帝王的神座，显示了宗教服务于皇室的政治特征。

唐武宗好道排佛，曾发动会昌灭佛，日本僧人圆仁恰好在唐京长安目睹了会昌四年（844）武宗在中元日将佛寺供养全都搬到道观的经过。《入唐求法巡礼行记》卷4载：

---

1 （元）赵道一：《历世真仙体道通鉴》卷41《聂师道》，载《道藏》第5册，文物出版社、上海书店、天津古籍出版社，1988年影印本，第334页上栏。

2 （唐）杜光庭：《墉城集仙录》卷8《边洞玄》，载罗争鸣辑校《杜光庭记传十种辑校》，中华书局，2013，第688~690页。

3 （唐）裴铏著，周楞伽辑注《裴铏传奇·崔炜》，上海古籍出版社，1980，第14~21页。

4 《旧唐书》卷118《王缙传》，中华书局，1975，第3418页。按：《资治通鉴》卷224将其事系于大历三年（768）（中华书局，1956，第7202页）。

城中诸寺七月十五日供养，诸寺作花蜡花饼、假花果树等，各竞奇妙。常例，皆于佛殿前铺设供养，倾城巡寺随喜，甚是盛会。今年诸寺铺设供养，胜于常年。敕令诸寺佛殿供养花药等，尽搬到兴唐观祭天尊。十五日，天子驾幸观里，召百姓令看。[1]

唐五代时还有一些诗人作有描写皇室过中元节的诗。如王建《宫词》第二十六首曰：

灯前飞入玉阶虫，未卧常闻半夜钟。看著中元斋日到，自盘金线绣真容。[2]

唐代帝室在各地寺观供奉有老子及诸帝画像，称其为"真容"。《唐会要》卷50载："（开元）二十九年九月七日敕：诸道真容，近令每州于开元观安置，其当州及京兆、河南、太原等诸府有观处，亦各令本州府写貌，分送安置。"[3]王建此诗描写了皇室后宫妃嫔在中元节来临之际，为了斋醮供奉，连夜赶绣"真容"的一个细节。

三　下元节：水官解厄之节

下元节是道教节日，道教宣称十月十五日为水官生辰，有水官解厄之说，即水官根据考察，录奏天庭，为人解厄。《太上灵宝三元三官消愆灭罪忏》卷下《太上灵宝下元水官消愆灭罪忏》载：

天尊告曰：四时迁谢，阴阳律吕，运动皆委于天、地、水

1　〔日〕圆仁：《入唐求法巡礼行记》卷4，顾承甫、何泉达点校，上海古籍出版社，1986，第177页。
2　（唐）王建著，尹占华校注《王建诗集校注》卷10，巴蜀书社，2006，第479页。
3　《唐会要》卷50《杂记》，上海古籍出版社，1991，第1030页。

三官。至于四海三河、溪涧川源、池塘湖堰、渚穴流泉、水类鱼龙、鼋鼍龟鳖等湿居之类，并年岁丰歉，人民休咎，悉付下元水官校定……下元一百二十天尊，洗雪身中一切罪业。[1]

据此可知，下元水官乃是主管江河湖海溪泉池塘以及农业收成和人民休咎的神灵。由于此日过后，冬季就要来临，民间常于此日祭祀祖先，烧送寒衣，而道观则在此日举行法会，修斋设醮，祈福禳灾，拔苦谢罪。

唐玄宗曾于开元二十二年（734）十月下令，下元节期间不准杀牲、渔猎，不得茹荤等。《册府元龟·帝王部·尚黄老一》载：

> 今月十四日、十五日是下元斋日，都内人应有屠宰，令河南尹李适之勾当。总与赎取，其百司诸厨，日有肉料，亦责数奏来，并百姓间是日并停宰杀、渔猎等，兼肉料食。[2]

中唐诗人于鹄一生好道，曾于此日修斋，作有《宿西山修下元斋咏》，曰：

> 幽人在何处，松桧深冥冥。西峰望紫云，知处安期生。沐浴溪水暖，新衣礼仙名。脱屦入静堂，绕像随礼行。碧纱笼寒灯，长幡缀金铃。林下听法人，起坐枯叶声。启奏修律仪，天曙山鸟鸣。分行布菅茅，列坐满中庭。持斋候撞钟，玉函散宝经。焚香开卷时，照耀金室明。投简石洞深，称过上帝灵。学道能苦心，自古无不成。[3]

---

1 《太上灵宝三元三官消愆灭罪忏》卷下《太上灵宝下元水官消愆灭罪忏》，载《道藏》第9册，文物出版社、上海书店、天津古籍出版社，1988年影印本，第881页下栏。

2 《册府元龟》卷53《帝王部·尚黄老一》，中华书局，1960年影印本，第592页上栏。

3 《全唐诗》卷310，中华书局，1960，第3507页。

诗人在深夜沐浴更衣，脱鞋入静室。只见碧纱罩灯，长幡缀铃，斋醮行仪，绕神像步虚，启奏上苍，焚香礼拜，诵念玉函宝经，持斋撞钟，投龙简，虔诚至极。诗人坚信只要能吃苦，肯定能学道成功。

但总的来说，民众对下元节的重视程度远远不如对上元节和中元节。

四　三元节行道设斋

道教在三元节设三元斋，为灵宝六斋之一。陆修静《洞玄灵宝五感文》称："三元斋，学士一年三过，自谢涉学犯戒之罪。法以正月、七月、十月，皆用月半日，一日三时沐浴，三时行道，于斋堂中礼谢二十一方也。"[1] 可见三元斋是指每年在三元节所举行的斋法。

唐政府非常重视三元斋日活动，《唐六典》记载："凡道观三元日、千秋节日，凡修金箓、明真等斋及僧寺别敕设斋，应行道官给料。"[2] 道教在道观举行三元斋所需要的物料开销由政府来支出。

唐皇室在一些重大节日，一般都会在寺观行道设斋，三元节更是极为重视，为此还曾多次下诏，作过一些专门的规定。《唐会要》卷50 记载：

> （开元）二十二年十月十三日诏："道家三元，诚有科戒，朕尝精意久矣，而物未蒙福。今月十五日，是下元斋日，禁都城内屠宰。自今已后，及天下诸州，每年正月、七月、十月三元日，

1　（南朝宋）陆修静：《洞玄灵宝五感文》，载《道藏》第32册，文物出版社、上海书店、天津古籍出版社，1988年影印本，第620页中栏。

2　（唐）李林甫等：《唐六典》卷4《尚书礼部》"祠部郎中员外郎"条，陈仲夫点校，中华书局，1992，第126页。

十三日至十五日，并官禁断屠宰。"[1]

这是唐玄宗开元二十二年（734）下令禁止在三元节屠宰。过了几年，到开元二十七年（739）五月二十八日，祠部上奏："诸州县行道散斋观寺，准式，以同、华等八十一州郭下僧、尼、道士、女冠等，国忌日各就龙兴寺、观行道散斋，复请改就开元观、寺。"朝廷特下旨："京兆、河南府宜依旧观、寺为定，唯千秋节及三元行道设斋，宜就开元观、寺，余依。"开元规定只有81个州于玄宗生诞"千秋节"及三元节行道设斋。至德宗贞元五年（789）八月十三日，处州刺史齐黄又奏："当州不在行香之数，乞伏同衢、婺等州行香。"敕旨："依。其天下诸上州未有行香处，并宜准此，仍为恒式。"[2]贞元规定则将三元节行道设斋扩大到全国各地。

唐玄宗崇道，曾下令在三元节宣讲道经。《明皇杂录》载："三元日，宣令崇玄学士讲《道德》《南华》等经，群公咸就观礼。"[3]道士们本来就有在三元节念诵《老子经》《十方大圣经》等道经的习俗，明皇的提倡推动了民间咏学道经之风。

中唐时，颜真卿在《抚州临川县井山华姑仙坛碑铭》记载："仙台观道士谭仙岩、史元同、左通元等，每至三元，恒修斋醮。"[4]

唐末，黄巢兵兴，僖宗避难蜀中。淮南节度使高骈崇道，身为幕僚的新罗人崔致远曾代高骈写有多篇三元斋词，分为两组。[5]如表7-1所示。

1 《唐会要》卷50《杂记》，上海古籍出版社，1991，第1029页。
2 《唐会要》卷50《杂记》，上海古籍出版社，1991，第1030页。
3 （唐）郑处海：《明皇杂录》逸文，田廷柱点校，中华书局，1994，第55页。
4 （唐）颜真卿著，（清）黄本骥编订《颜真卿集》，凌家民点校、简注、重订，黑龙江人民出版社，1993，第116页。
5 （新罗）崔致远撰，党银平校注《桂苑笔耕集校注》卷15，中华书局，2007，第496~512页。

表7-1　崔致远三元斋词

题目	主要内容	出处
《上元黄箓斋词》	今则节已及于上元，灾未销于下界，谨修常醮，仰贡微诚。所愿枭覆顽巢，凤回仙驾，帝座与三台永耀，王畿与九牧皆安，雷惊而蛰户全开，风埽而妖氛静息。俾臣灵根日茂，至业天成	
《中元斋词》	今谨因中元素节，大庆良辰，依宝坛而醮设常仪，企仙阙而拜申精恳。伏愿真风荡涤，玄泽滂流，吾君享万岁于岩音……永复昌期；漏汤网之凶徒，咸归显戮……俾臣代勋善继，真位高迁，留形于烟阁云台，纵赏于芝田蕙圃。铸金追想，终荣圣主之恩；叱石闲游，得效仙人之术	
《下元斋词》二首	今则……敬设宝坛……伏乞太上三尊，十方众圣，曲垂玄鉴，俾遂丹诚，早回翠辇于长安，复振皇风于正始……波涛静寝于四溟，氛雾豁开于九野……使臣深结道缘，遥申斋愿，望三清于通路，资一溉于良田。此时枕越石之戈，暂妨高卧；他日把浮丘之袂，岂讶后来	（新罗）崔致远撰，党银平校注《桂苑笔耕集校注》卷15，中华书局，2007，第496～512页
	况当剪寇为期，弭兵未暇，今则月就盈数，日临下元，遥仿真仪，敬陈斋法，俨星坛而稽首，想风驭以驰魂。伏乞太上三尊，十方众圣，玄慈见荫，良愿克谐，翠华早耀于秦云，皇祚永兴于汉日，百官多庆，八斋同欢，寇戎则销燧象之灾，幽滞则假烛龙之照。然后使臣世官贞吉，道业滋成，遗荣待泛于五湖，企想潜通于三岛。作人间之都尉，删训无心；拜天上之侍郎，沈义有望。唯愿在家必达，终能直道而行	
《上元斋词》	今以日延和景，月满初元，遇吸新吐故之辰，忏噉腐吞腥之罪，俨陈醮礼，敬荐斋诚，灯耀九光，烬焚百和。寂寥尘外，幡幢静设于星坛；仿佛云中，环佩似传乎风驭。冀销妖祲，仰告威灵，伏乞大降玄慈，下从丹恳，万乘永资于万寿，百官皆荷于百祥，战场则荆棘丛生，农壤则麦禾花茂……然后俾臣援溺功成，奉身以退，冲灵道遂，鼓腹而游，饱琼蕊之糇粮，就瑶台之蹊径。遇圯上者，终谐素志，自有前踪；入壶中者，益感专心，宁无后望	
《中元斋词》	今则……当中元积庆之辰，谨修常醮，以下界攘灾之事，仰告玄慈……伏乞太上三尊，十方众圣，下从精恳，大庇生灵，使风雨常调，烟尘永息，兴圣祚于千秋万岁，振欢声于四海九州。然后俾臣功名则与国同休，道业则在家必达	
《下元斋词》	今者谨赍薄礼，仰黩玄慈，所愿转茂灵根，渐抛俗界，饵崦嵫之奇草，饮沆瀣之仙浆	

这些斋词的内容主要有两个方面：一是祈求道教神灵保佑，早日击败黄巢乱军，天下太平，李唐王朝基业千秋万代；二是希望府主高骈得到人神呵护，早日修炼成真。

唐末黄巢军逼长安时，僖宗避难蜀中，道士杜光庭也随驾入蜀。后来僖宗返京，他并未随驾北归，而是留在蜀地，受到前蜀政权的重用。他在蜀中积极发展道教，帮助官民修斋设醮，救拔超度，留下了许多行道斋醮词，其中有关三元节的斋醮词如表 7-2 所示。

表 7-2　杜光庭三元斋醮词

题目	主要内容	出处
《赵郜助上元、中元、下元黄箓斋词三首》	上元："臣以庸愚，叨逢圣运，早承宠禄，常戒满盈……辄因黄箓道场，虔申悔谢。仰希上圣，俯鉴冲襟，密赐福祥，潜祛灾咎，寿年增益，家眷康宜，存没幽明，同臻景祐。"	（唐）杜光庭：《广成集》卷 4，董恩林点校，中华书局，2011，第 58~59 页
	中元："律移朱夏，节应素秋。鼓夷则于西郊，敛火云于南极。裁非成恶，允属兹辰……辄因黄箓宝场，助营香供。冀蒙圣力，俯鉴愚衷。开罪书而解赦愆尤，豁尘累而荡蠲厄难。九玄受赐，举族沾荣。永承祐护之恩，誓竭归依之愿。"	
	下元："今属玄冥届节，水帝司辰……敢因九奏之坛，虔瞻上圣；尽沥万重之恳，愿降殊慈。赐臣罪咎消平，灾凶殄息。前冤宿债，乘功德以和宁；往世今生，荷忏祈而济拔。九玄享福，举族沾荣。克承悯祐之功，永励归依之恳。"	
《冯涓大夫助上元、中元、下元斋词三首》	上元：伏以大道垂文，泽周存殁，天尊演化，恩及幽冥。广敷九等之科，以拯重冥之苦，敢持哀恳，仰叩玄关。今月二十六日，亡妣陇西郡君赠陇西郡太夫人李氏忌辰，诣玉局灵坛，因上元胜会，同修香供，用祷福祥。伏愿亡妣炼景朱陵，栖神玄圃，悟恬澹希夷之道，契长生永劫之真。玄会无为，克臻妙果	《广成集》卷 4，第 60~61 页
	中元：伏闻黄箓明科，紫阳具典，玄元胜力，丹简宣恩，拯拔幽沈，照临冥夜。古今宗禀，生死衔恩，有感必通，所祈克应。今月二十六日，是臣亡妣赠陇西郡太夫人忌辰，辄因玉局坛场，中元斋荐，同申修奉，冀达真灵。伏愿亡妣乘此福缘，高升道境，游神碧落，蜕影丹台，永登快乐之乡，克证希夷之道	
	下元：伏以黑帝御时，元冥肇序，下元胜会，大有昌辰。所宜虔祝上真，励精下土，用祈祯贶，以福存亡。今以玉局灵墟，瑶坛展礼，辄持法信，用助斋诚。敢希众圣鉴临，万真昭祐。九玄开度，超离冥漠之乡；五族协和，长荷安贞之福。灾凶殄息，罪咎消平，永誓丹襟，仰承洪泽	

续表

题目	主要内容	出处
《卢蔚大夫助上元、中元、下元斋词四首》	伏以大道周行，三元立训，陟明考校，毫末无遗。臣早慕玄虚，夙宗清净，每展恪勤之恳，以祈昭祐之慈。今以玉局灵坛，上元福会，辄赍香烛，同助焚修。所祈消解灾凶，涤除罪咎，蠲平疾厄，延益年龄，善功克被于存亡，祯贶旁周于眷属 上元：伏以考校良辰，先春令序。当上元陟明之节，乃群生舒泰之期。式罄斋诚，以申虔祝。今属锦绣灵化，玉局瑶坛，启黄箓之真仪，展玄科之盛礼。辄持香信，同助良因。伏惟众圣垂慈，万真昭鉴。悯其修奉，锡以祯祥。惠普存亡，遐祛罪咎。解灾缠于未兆，增禄寿于惟新 中元：伏以四始周行，三元定箓，陟明显晦，考校无遗。臣素奉道科，早师玄寂，每逢良会，必励修崇。今以玉局朝元，霜坛藏事，辄赍香烛，洁助斋功。所祈大宥之恩，允降自天之泽。疾恙痊愈，禄算增延。仰荐先灵，旁沾眷属 下元：伏以水德配时，玄冬叶候，当二气谨藏之节，是诸天校会之期。所宜励志重玄，凝心至道，涤瑕悔过，请福希恩。况玉局皇坛，锦城福会，敢营香币，同助斋修。三日肃虔，九时朝忏，冀蒙昭祐，广锡休祥。赐臣玄祖超升，阴冥开泰，存亡济度，灾咎消平。释冤债于夜庭，落罪尤于地简。疾厄痊复，算纪遐长	《广成集》卷4，第62~63页
《周庠员外助上元、下元斋词二首》	上元：伏闻斋敷九等，节启三元，是万方祷福之辰，是众圣宣恩之日。今属玄元真化，玉局灵坛，陈黄箓之仪，按玄都之品，九时奏御，三日焚修，精助香灯，同申忏涤。伏冀高尊锡祐，大道流慈，采纳精诚，降颁洪福。九祖遂超升之愿，六亲沾覆护之仁。消厄滞于将来，解冤仇于既往。罪咎原释，疾苦痊平。寿祥增延，凶灾除荡 下元：伏以玄帝司辰，水官统序，乃请福延恩之节，是凝心涤虑之期。况玉局仙踪，瑶坛盛礼。九时焚祝，必介于休祯；三日斋庄，敢同于忏谢。所冀灾躔殄息，冤债消平，罪咎咸蠲，存亡共泰	《广成集》卷4，第61~62页
《上元玉局化众修黄箓斋词》	今属天官统序，木帝司方，当上元校戒之期，是下土精修之节。共赍法信，同诣灵坛。备玉笈金豆之仪，陈十极四华之礼。莲釭散焰，续阳景以烛幽关；兰炷飘烟，御星缠而达卑恳。必冀众真迁驾，万圣回轩，俯鉴群心，洪施巨福。上扶宸极，安帝业以天长；仰奉庙谟，镇坤维而地久。边烽不警，气序式和，谷稼滋丰，生灵舒泰，寰瀛辑睦，车轨混同，妖浸不兴，祯祥荐委。臣等存亡介福，七祖生天，族属沾荣，三灾弭息。或前生今世，罪网未祛；或往债宿冤，过尤未解；或刑章有失，或宰割不明；或故杀误伤，因成果报；或适心履行，有犯神明；或土木奢华，服用繁侈。三官纪过，五帝司非，凭此忏祈，皆希洗荡。赐臣等寿龄延永，禄祚遐长，灾厄蠲消，冤仇自释。其有同心事主，勠力勤王，风露先惊，古今俄隔，缅惟夜府，愿享福缘，爰伸济拔之因，俱遂超升之路。其次蒸尝旷绝，冥漠无依，亦俾往生，勿为沦滞。龙神正秩，五庙灵司，乘黄箓之殊恩，沐玄都之景贶。肃清风景，安镇方隅。疫毒无侵，干戈不作。蛸翘异品，动植殊形。六趣四生，三途五苦，九龙符命，三宝威光。普沐神功，并登真道	《广成集》卷5，第64~65页

题目	主要内容	出处
《中元众修金箓斋词》	况属三元令序，大宥昌辰，宜虔斋洁之诚，共祝君亲之寿。拂瑶坛而展礼，按金箓以陈仪，龙彩质心，香花备信。焰九光之莲炬，下照冥津；飘三素之檀烟，上闻真域。必冀三天降祐，万圣延慈，宗社隆昌，宝图安镇，齐乾坤于圣寿，等日月于睿明。文德武功，绥宁八极；天枝宝允，辉映万龄。储皇享椿桂之年，常扶大业；妃后洁蘋蘩之德，共翼宸居。朱邸清朝，弥臻景贶，外藩内辅，益履殊荣。常乐雍熙，皆登富寿。其有宿殃积衅，往债前冤，年辰命运之灾，算纪飞旗之厄，秉兹忏谢，并乞消平。即冀宗庙尊灵，生神三境，臣等九玄七祖，受福诸天，贻祚祥祥，传休无极。上愿天文昭著，象纬澄清，回直符太一之旗，息玉彗金芒之耀，荡忧患于井参之野，延福祥于梁益之墟。九谷无虞，五兵斯戢。螟蝗水旱，无肆沴于农功；疫疬凶荒，靡非灾于闾里。幽关舒泰，品类滋荣，海岳归仁，寰区禀化。至有立功将士，往逝都头，勋著勤王，忠推致命。每因斋荐，皆为忏祈，必离冥漠之乡，更遂逍遥之乐。或幽阴尚滞，涣泽未沾；或嗣续已无，奠荐多阙。九宫符命，即为迁神；三箓洪恩，俱令济苦。勿为疵疠，速诣福廷，动植飞沉，尽登真道	《广成集》卷4，第54~56页
《黄齐助中元黄箓斋词二首助然灯词》	伏闻三元大宥，乃诸天降福之辰；九夜长幽，是厚地重阴之境。将消积暗，爰假神灯，上纳三光，下照群爽。经科所重，济护攸先	《广成集》卷4，第57页
	今属序届中元，坛开黄箓，三时朝忏，万罪蠲消。辄备香油，同申供养。伏冀鸾辉凤焰，凝光地府之中；星布莲敷，散景泉扃之内。尽超苦趣，永出冥津。九祖生天，六亲介福。灾祛未兆，善洽无疆，奉上安家，并希元吉	
《遂府相公周天醮词》	按灵宝玄科，《河图》秘格，设周天大醮，忏谢上元。伏冀万圣感通，众神照鉴，纳其恳志，介以福祥，解宿债前冤，赦深灾重过，续其祚禄，增其寿年。五星四景之中，永销危厄；天府地司之内，别注休祯。所疾蠲平，克赐安豫，益坚忠孝，上奉君亲	《广成集》卷8，第118页
《皇帝周天醮词》	敢因午日之嘉辰，聊答上元之厚贶。……斋洁选日，悬恫陈词。寂寂玄坛，俨威仪于乙夜；飘飘仙驭，降福祐于人寰。伏冀八表义安，黎民清泰，邦家巩固，社稷永宁。六府孔修，九功攸叙，簪裾奉职，书轨同文	《广成集》卷11，第162页
《众修三元醮词》	太上无极大道元始天尊、太上大道君、太上老君、十方自然灵宝天尊、五老上帝、三元君、天地水三官、三十六部尊经、玄中大法师、太极真人、三天法师、天曹地府、三界真灵、三官曹府、一切玄司：……三元有考定之期，五帝无陛明之典。至或九玄七祖，犹滞三途，注讼相延，愆过委积。福极祸至，首悔何门。因今某官校录之辰，众申祈醮之礼。愿回玄鉴，俯察丹诚，介福垂恩，延生保命。九玄开度，除右简之罪名；众厄清销，上左宫之生录。永蒙道荫，常荷鸿休。上愿帝祚延洪，天元玄晏；生灵和泰，远近义安；九稼惟丰，五兵自偃。九幽六趣，罪爽穷魂，俱承旷荡之恩，各遂逍遥之性	《广成集》卷14，第201页

续表

题目	主要内容	出处
《马尚书醮词》	伏闻历象推移，运三元而成岁；阴阳变化，资大道以宣功……今则秋帝考功，地官校籍，罪福咸举，毫末无遗。或臣有尘忝之非，有杀伤之故，有六情之罪，有三业之辜，有注讼未除，有冤仇未释，事题黑簿，名挂阴曹，乞垂悔谢之缘，并降蠲消之泽，俾其克励，得以自新。至于宿曜垂灾，行年值厄，亦希超度，获保乂安。上祈九祖生天，三涂离苦，飞沉遂性，生植无伤，四方之戈甲早宁，万户之农桑毕就，俗闻谣咏，野息氛埃，咸归清净之风，大洽希夷之道。虔修醮酌，恳荐章词，遥祝仙坛，仰望真祐	《广成集》卷10，第140页
《皇后修三元大醮词》	节启三元，定罪福赏刑之柄……属中元大宥之辰，是率土希恩之节，冥心灵观。稽首醮坛，历真府以输诚；期回鉴祐，遍灵曹而露恳。愿释尤违，赐周氏以冤债和平，罪瑕除涤，灾凶消解，年禄延长；疾患无侵，福祥臻萃；九祖七祖，证品仙庭；眷属亲缘，臻荣圣日。上愿宗祧安镇，圣寿遐延。紫禁青宫，匡扶大业；维城磐石，保乂洪基。群僚毕契于忠贞，万宇咸归于抚御	《广成集》卷15，第207页
《前汉州令公宗蘷上元醮词》	臣闻裁成天地，陶铸阴阳，三元为布化之辰，五纬为主生之纪，总其宰制，归乎至真……今属天官御节，太皞司方，少阴敷煦育之仁，大宥布生成之令，是敢精持香火，恭启醮祈，仰景象以冥心，仁休祯之应念。上愿宝图悠久，圣寿延长，中外乐康，寰区宁泰。八纮九土，咸归一统之尊；岁稔气和，永叶无为之理。冥关朗晏，动植舒荣，率土普天，咸登寿域。臣某祈灾凶荡涤，冤债和平，罪咎蠲销，福祥臻萃。公私有泰，眷属长宁。誓倾忠孝之心，克赞休明之运	《广成集》卷16，第220页

从这些斋醮词的人员身份来看，既有为前蜀主王建皇后周氏修三元醮词，也有为官员冯捐大夫、卢蔚大夫、周痒员外、赵部等官员助修三元斋词，还有为黄齐及信众等修三元斋醮词。从这些斋醮词的内容来看，主要为：一是祈祝前蜀国泰民安、皇图永固；二是祈祷天下风调雨顺、五谷丰登；三是祈愿祖先亲眷亡灵，得拔救度；四是祈求大众除灾祛厄，延年增寿。由此可见，在唐五代时期三元节行道设斋已经成为官民日常生活非常流行的民俗活动。

第二节　降圣节与诞节中的道教因素

诞节是唐代新出现的一种节日类型，主要是以当朝皇帝的生辰为节日，不同皇帝的诞节往往还有自己的专名；另外，唐皇室追认道教教主老子为祖，追封为太上玄元皇帝，并规定他的诞辰也是节日。由于唐皇室崇道，诞节一般都会举行各种节日行道活动。

一　降圣节：太上玄元皇帝生辰斋仪（附花神节）

降圣节，又称玄元节、真元节、老君诞等，为太上玄元皇帝老子的诞节。降圣节为道门令节，北宋道士贾善翔编《犹龙传》，在序言中讲道：

> 老氏姓李讳耳，字伯阳，谥曰聃……即商二十二王武丁之九年，岁在庚辰，二月十五日卯时，生于楚国苦县厉乡（一作濑）曲仁里涡水之阴。[1]

南宋道士谢守灏在《混元圣纪》卷 1 中也载：

> 武丁九年，庚辰二月建寅十五日，商之二月望，老君降生……唐朝以生日为真元节。[2]

他又在《太上老君年谱要略》中说：

> 自太清仙境分光化气……托胎于玄妙玉女天水尹氏。已而孕，历八十一年，当殷二十二王武丁庚辰岁二月十五日，降诞于亳之苦县濑乡曲仁里，即今太清宫也。[3]

1　（宋）贾善翔：《犹龙传》序，载《道藏》第 18 册，文物出版社、上海书店、天津古籍出版社，1988 年影印本，第 1 页上栏。

2　（宋）谢守灏编《混元圣纪》卷 1，载《道藏》第 17 册，文物出版社、上海书店、天津古籍出版社，1988 年影印本，第 785 页上栏。

3　（宋）谢守灏编《太上老君年谱要略》，载《道藏》第 17 册，文物出版社、上海书店、天津古籍出版社，1988 年影印本，第 885 页上栏～中栏。

可见二月十五日为道门公认的老君降诞日。后世道教即在此日做道场，举行斋会及宣讲《道德经》等以示纪念。

道教认为，老子是大道之本、万化之主。《混元皇帝圣纪》曰："老子者，老君也，此即道之身也，元气之祖宗，天地之根本也。"[1] 早期道经《三天内解经》（南朝刘宋天师道士徐氏撰）卷上也说："幽冥之中，生乎空洞。空洞之中，生乎太无。太无变化玄气、元气、始气，三气混沌，相因而化生玄妙玉女。玉女生后，混气凝结，化生老子，从玄妙玉女左腋而生，生而白首，故号为老子。"[2] 道教宣称，老君世世化身人世，教化世间，救度众生。

老子生辰被立为诞节是在唐代崇道大背景之下逐渐形成的，其首倡于唐玄宗，终成于唐武宗，他们正是唐代最为崇道的两代帝王。

唐玄宗曾下令每年的老子降生日，天下诸州玄元皇帝庙都要设斋行道。《唐会要》卷 50 载：

　　（开元）二十五年十月二十七日敕："诸州玄元皇帝庙，自今已后，每年二月降生日，宜准西都福唐观，一例设斋。"[3]

唐代福唐观，东西京各有一座。西京福唐观具有典型的皇家道观性质。《唐两京城坊考》卷 4 载："福唐观，本新都公主宅。公主中宗长女，嫁武延晖。景云元年（710），公主生子武仙官，出家为道士，立为观。"[4] 福唐观原应有在老子降诞节设斋之惯例，故玄宗于开元二十五年（737）命天下诸州一律依照其例。

到天宝五载（746）二月十三日，太清宫使、门下侍郎陈希烈奏曰："谨案《高上本纪》：大圣祖玄元皇帝以二月十五日降生，既是吉

1　（宋）张君房编《云笈七签》卷 102《纪·混元皇帝圣纪》，李永晟点校，中华书局，2003，第 2205 页。
2　《三天内解经》卷上，载《道藏》第 28 册，文物出版社、上海书店、天津古籍出版社，1988 年影印本，第 413 页中栏。
3　《唐会要》卷 50《杂记》，上海古籍出版社，1991，第 1029 页。
4　（清）徐松撰，张穆校补《唐两京城坊考》卷 4，方严点校，中华书局，1985，第 95 页。

辰，即大斋之日，请同四月八日佛生日，准令休假一日。"得到玄宗批准。[1] 这样，老子的生辰就被正式确定为降诞节。

关于降圣节的设立，唐代还流传着一则故事，唐人吕道生《定命录》记载：

> 任之良应进士举，不第。至关东店憩食，遇一道士亦从西来，同主人歇。之良与语，问所从来。云："今合有身名称意，何不却入京？"任子辞以无资粮，到京且无居处。道士遂资钱物，并与一贴，令向肃明观本院中停。之良至京，诣观安置。偶见一道士读经，谓良曰："太上老君二月十五日生。"因上表，请以玄元皇帝生日燃灯。上皇览表依行，仍令中书召试，使与一官。李林甫拒，乃与别敕出身。[2]

按照这个说法，降圣节是根据落第举子任之良的建议设立的。但是宋人吴曾在《能改斋漫录》卷 5《辨误·老子与佛生日》中就指出这种说法是不确切的："唐明皇以任之良之言，遂以二月十五日为老子生日。殊不知周以建子为正，唐以建寅为正，失之矣。后世多以四月八日为佛生日，亦类此。"[3] 但是因其年代久远，相传成俗，唐王朝即以二月十五日为老子诞辰日。

敦煌写本文书 S.6537 背 14 分号郑余庆《大唐新定吉凶书仪》载："降诞日，玄元皇帝降诞二月十五日……敕休假一日行香。"[4] 郑余庆（745~820）为中唐人，《大唐新定吉凶书仪》约修成于宪宗元和六至七年间（811~812）。

到武宗会昌元年（841）二月十五日，正式命名该节为"降圣

---

1 《册府元龟》卷 54《帝王部·尚黄老二》，中华书局，1960 年影印本，第 601 页下栏。

2 《太平广记》卷 224 "任之良" 条引《定命录》，中华书局，1961，第 1724~1725 页。

3 （宋）吴曾：《能改斋漫录》卷 5《辨误·老子与佛生日》，上海古籍出版社，1979，第 115 页。

4 周一良、赵和平：《敦煌写本郑余庆〈大唐新定吉凶书仪〉残卷研究》附录，载《唐五代书仪研究》，中国社会科学出版社，1995，第 185 页。

节"，并休假三日。敕曰："玄元皇帝降诞日。近览天宝二年敕：'我圣祖澹然常在，为道之宗，既殊有尽之期，须展事生之礼。'今太清宫荐告皆用朝谒之仪，即降诞昌辰，理难停废。宜改为降神圣节，休假百官，庶表贻谋之庆，以申严敬之诚。"[1]据《册府元龟》和《历代崇道记》，都作休假三日。[2]

到五代时，降圣节仍然保持着休假的传统。后唐明宗天成三年（928）正月："中书奏：'假宁令，二月十五日玄元皇帝降圣节，休假三日。准会昌元年二月敕，休假一日，伏请准近敕。'从之。"[3]这样降圣节的休假时间从三日缩短为一日。

民间又有以二月十五日为花朝节之说。花朝节，传说为纪念百花（花神）的生日，简称"花朝"，俗称"花神节""百花生日""花神生日"等。据说"花神"名女夷，本是神话传说中主宰春夏万物生长的女神，《淮南子·天文训》云："女夷鼓歌，以司天和，以长百谷禽兽草木。"高诱注曰："女夷，主春夏长养之神也。"[4]《太平御览》卷837《百谷部·谷》又引注作"女夷，天帝之女，下司时，和春阳，喜乐鼓歌也"。[5]到唐宋时期，花神又被附会为道教女仙南岳夫人魏华存的弟子花姑，因其善于种花养花，于是花朝节就成为她的节日。明人冯应京《月令广义·春令》载："春圃祀花姑。《花木录》：'魏夫人弟子，善种花，号花姑。'"同书《岁令一》亦载："花姑亦为花神。"此说当本于唐末五代道士杜光庭《墉城集仙录》中有关花姑的传说："花

1 《唐会要》卷50《尊崇道教》，上海古籍出版社，1991，第1017页。按：《册府元龟》与《历代崇道记》皆作"降圣节"。

2 《册府元龟》卷54《帝王部·尚黄老二》载："武宗以开成五年（840）正月即位，二月敕：'二月十五日，玄元皇帝降生日宜为降圣节，休假三日。'"中华书局，1960年影印本，第607页下栏。又杜光庭《历代崇道记》也载："武宗会昌元年，敕以二月十五日大圣祖诞之日为降圣节，仍令两京及天下诸州府设斋，行道作乐，赐大酺三日，军期急速，亦不在此限，永为常式。"载罗争鸣辑校《杜光庭记传十种辑校》，中华书局，2013，第369页。

3 《册府元龟》卷54《帝王部·尚黄老二》，中华书局，1960年影印本，第608页下栏。参见《五代会要》卷12《杂记》，中华书局，1998，第155页。《旧五代史》卷39《后唐明宗纪》作"旧制"（中华书局，1976，第534页）。

4 何宁：《淮南子集释》卷3《天文训》，中华书局，1998，第232页。

5 《太平御览》卷837《百谷部·谷》引注，中华书局，1960年影印本，第3740页下栏。

姑者，女道士黄灵（或作令）微也。年八十而有少容，貌如婴孺，道行高洁，世人号为花姑。蹑履徐行，奔马不及，不知何许人也。自唐初来往江浙湖岭间，名山灵洞，无所不造……闻南岳魏夫人平昔渡江修道，有坛靖在临川郡，临汝水西石井山有仙坛，遂访求之。"[1] 又曰："（魏）夫人既游江南，遂于抚州并山立静室，又于临汝水西置坛宇。岁久芜梗，踪迹殆平。有女道士黄灵微，年迈八十，貌若婴孺，号为花姑，特加修饰，累有灵应。夫人亦寓梦以示之，后亦升天。"[2] 如所叙，魏夫人大概为花姑所奉祀，于是被附会为她的"弟子"，又臆造出"善种花"之说，被道教和民间改造成花神。

这实际上是一个民间游览赏花的节日。南朝梁元帝（时为湘东王）诗《春别应令》之一曰："花朝月夜动春心，谁忍相思不相见。"[3] 唐代诗人方干《镜中别业二首》（一作《镜湖别业》，亦作《镜湖西岛闲居》）诗也有："花朝连谷（一作'郭'）雾，雪夜隔湖钟。"[4] 司空图《早春》诗也曰："伤怀同客处，病眼即花朝。"[5] 唐末魏博节度使罗绍威是一个喜欢附庸风雅的军阀，《旧唐书·罗（绍）威传》载："威性明敏，达于吏道。伏膺儒术，招纳文人，聚书至万卷。每花朝月夕，与宾佐赋咏，甚有情致。"[6] 可见在南朝隋唐时期，花朝节可能就已出现。

到宋以后，花朝节大盛，尤其是在南方江浙一带颇为流行。宋人吴自牧《梦粱录》卷1《二月望》载："仲春十五日为花朝节，浙间

---

1 （唐）杜光庭：《墉城集仙录》卷7《花姑》，载罗争鸣辑校《杜光庭记传十种辑校》，中华书局，2013，第679~681页。

2 （唐）杜光庭：《墉城集仙录》卷9《魏夫人》，载罗争鸣辑校《杜光庭记传十种辑校》，中华书局，2013，第706页。

3 （南朝陈）徐陵编，（清）吴兆宜注，（清）程琰删补《玉台新咏》卷9，尚成校点，上海古籍出版社，2013，第436页。

4 （唐）方干著，胡才甫选注《方干诗选》，浙江古籍出版社，1987，第58页。按：《全唐诗》卷648作"花朝连郭雾"（中华书局，1960，第7443页）。

5 （唐）司空图撰，祖保泉、陶礼天笺校《司空表圣诗文集笺校》卷1，安徽大学出版社，2002，第13页。

6 《旧唐书》卷181《罗（绍）威传》，中华书局，1975，第4693页。

风俗，以为春序正中，百花争放之时，最堪游赏……天庆观递年设老君诞会，燃万盏华灯，供圣修斋，为民祈福。士庶拈香瞻仰，往来无数。"[1] 降圣节又逢花朝节，老子和女仙都为道教所奉祀。二节碰巧在同一天，人们在游春赏花的同时，还出入道观瞻礼天尊，行道设斋。宗教礼俗与世俗游乐完美地结合在一起。

二　诞节：唐皇生辰斋仪

诞节，礼典原本并无其说，到唐代渐有庆生之举，唐玄宗时正式设立诞节。唐人封演《封氏闻见记》卷 4 "降诞" 条引颜真卿奏曰："准《礼经》及历代帝王无降诞日，惟开元中始为之。又复推本意以为节者，喜圣寿无疆之庆，天下咸贺，故号节曰'千秋'。"[2] 中唐人李元素在《请禁以降诞日为节假奏》中也引太常博士王泾奏曰："按《礼经》及历代典故，并无降诞日为节假之说。惟国朝开元十七年，左丞相源乾曜以八月五日是玄宗降诞之辰，请以此日为千秋节，休假一日。群臣因献甘露万岁酎酒，士庶村社宴乐，由是天下以为常。"[3] 所以宋人洪迈在《容斋随笔》中就说："诞节之制，起于明皇，令天下宴集休假三日。"[4] 由此可见，诞节始创于唐玄宗。

1　（宋）吴自牧撰，符均、张社国校注《梦粱录》卷 1《二月望》，三秦出版社，2004，第 15 页。

2　（唐）封演撰，赵贞信校注《封氏闻见记校注》卷 4，中华书局，2005，第 29 页。

3　《全唐文》卷 695，中华书局，1983 年影印本，第 7133 页下栏。李元素此奏在唐宪宗元和二年（807）二月。又《唐会要》卷 29《节日》载："开元十七年八月五日，左丞相源乾曜、右丞相张说等上表，请以是日为千秋节。"上海古籍出版社，1991，第 631 页。《资治通鉴》卷 213，玄宗开元十七年也载："八月，癸亥，上以生日宴百官于花萼楼下，左丞相（源）乾曜、右丞相说帅百官上表，请以每岁八月五日为千秋节。"中华书局，1956，第 6786 页。（唐）刘𬣙《隋唐嘉话》也曰："（开元）十七年，宰相源乾曜、张说请以八月初五今上生之日，请为千秋节。"中华书局，1979，第 50 页。《册府元龟》卷 2《帝王部·诞圣》也作："开元十七年八月癸亥，以降诞之日大置酒，张乐宴百僚于花萼楼下。终宴，尚书左丞相源乾曜、右丞相张说率文武百官等上表。"中华书局，1960 年影印本，第 20 页下栏。诸书皆作左丞相源乾曜，右丞相张说。然而据张说自己撰写的《请八月五日为千秋节表》，当时上表请设诞节的是左丞相张说和右丞相宋璟，见（唐）张说著，熊飞校注《张说集校注》卷 15，中华书局，2013，第 758 页。

4　（宋）洪迈：《容斋随笔》卷 6《诞节受贺》，上海古籍出版社，1996，第 79 页。

关于生日之说，顾炎武在《日知录》中认为："生日之礼，古人所无……此礼起于齐、梁之间。逮唐宋以后，自天子至于庶人，无不崇饰。"[1] 生日最早可以追溯到商王以之为名，《白虎通·姓名》曰："殷以生日名子何？殷家质，故直以生日名子也。以《尚书》道殷家太甲、帝乙、武丁也。"[2] 到南朝梁元帝少时，每当诞辰，总要设斋讲经；唐太宗曾在降诞日对长孙无忌说"今日是朕生日，俗云'生日可喜乐'，以吾之情翻感思"，说着说着还流下了眼泪；唐中宗经常在降诞日宴侍臣贵戚于内庭，与学士联句《柏梁体》诗。所以唐人有"近代风俗，人子在膝下，每生日有酒食之会……国朝以来，此日皆有宴会"之说。[3]

到唐玄宗时，应大臣们（"百僚"）的请求（也许是授意），正式下令以自己的生日为诞节。《旧唐书·玄宗纪上》载：

> 十七年（729）……八月癸亥，上以降诞日，宴百僚于花萼楼下。百僚表请以每年八月五日为千秋节，王公已下献镜及承露囊，天下诸州咸令宴乐，休暇三日，仍编为令，从之。[4]

关于大臣们的这次上表，在张说文集中收录的由他起草的《请八月五日为千秋节表》曰：

> 左丞相臣说、右丞相臣璟等言：臣闻圣人出则日月记其初，王泽深则风俗传其后……孟夏有佛生之供，仲春修道祖之箓。追始寻源，其义一也。伏惟开元神武皇帝陛下……月惟仲秋，日在端五……群臣相贺诞圣之辰也，焉可不以为嘉节乎？比夫曲水禊亭，重阳射圃，五日彩线，七夕粉筵，岂同年而语也？臣等不胜

1　（清）顾炎武著，黄汝成集释《日知录集释》卷 13，秦克诚点校，岳麓书社，1994，第 506 页。

2　（清）陈立：《白虎通疏证》卷 9《姓名》，吴则虞点校，中华书局，1994，第 408 页。

3　（唐）封演撰，赵贞信校注《封氏闻见记校注》卷 4，中华书局，2005，第 28 页。

4　《旧唐书》卷 8《玄宗纪上》，中华书局，1975，第 193 页。

大愿，请以八月五日为千秋节，著之甲令，布于天下，咸令宴乐，休假三日。群臣以是日献甘露醇酎，上万岁寿酒，王公戚里，进金镜绶带，士庶以丝结承露囊，更相遗问，村社作寿酒宴乐，名为赛白帝，报田神。上明玄天，光启大圣，下彰皇化，垂裕无穷。异域占风，同见美俗。[1]

从这份上表中可以看出，这次奏请是由左丞相张说、右丞相宋璟等人领衔提议的，并很快得到玄宗批复。他在《答百僚请以八月五日为千秋节手诏》中说：

凡是节日，或以天气推移，或因人事表记。八月五日，当朕生辰，感先圣之庆灵，荷皇天之眷命。卿等请为令节，上献嘉名。胜地良游，清秋高兴，百谷方熟，万宝以成。自我作古，举无越礼，朝野同欢，是为美事。依卿来请，宣付所司。[2]

从此唐玄宗的生日就作为诞节正式确定下来，称为"千秋节"，意为千秋万岁。在《大唐开元礼》中就有"皇帝千秋节御楼受群臣朝贺（并会）"的嘉礼之名。[3]

按照张说等大臣百官的设计，千秋节要举行一系列的祝节活动，首先是放假三日，令全民聚会宴饮取乐（"宴乐"），群臣、王公贵戚则朝贺（"献甘露醇酎，上万岁寿酒"），并进献礼物（"进金镜绶带"），士庶则结承露囊互相馈送，秋社日活动（"赛白帝，报田神"）移到千秋节举行。此外，还有置寿星坛，祭老人星及角、亢七宿，[4]以

1　（唐）张说著，熊飞校注《张说集校注》卷15，中华书局，2013，第758页。
2　《全唐文》卷30，中华书局，1983年影印本，第337页上栏。
3　（唐）萧嵩等：《大唐开元礼》卷97，民族出版社，2000年影印本，第456页下栏。
4　《唐大诏令集》卷74《置寿星坛敕》："寿星，角、亢也，既为列星之长，复有福寿之名……盖秦时已有寿星祠，亦云旧矣。宜令所司特置寿星坛，恒以千秋节日，修其祀典。"（宋）宋敏求编《唐大诏令集》，洪丕谟等点校，学林出版社，1992，第381页。《宋史》卷103《礼志六》"寿星灵星"条："唐开元中，特置寿星坛，常以千秋节日祭老人星及角、亢七宿。"《宋史》，中华书局，1977，第2515页。

及禁屠等活动。

这些祭祀活动大多与道教有关，如白帝，相传为少昊金天氏，司秋之神，也是道教中的五方上帝之一，全称为"西方白帝皓灵皇老七炁天君"。田神，又称田主、农神，为主管农业生产的大神。秋天是农业收获的季节，所以"赛白帝，报田神"有感谢司秋之神和农业之神，祈求来年风调雨顺、五谷丰登之意。

寿星，又称南极老人星、南极仙翁，本来是神话传说中的长寿之神，后来道教称之为"南方南极长生大帝"（简称"长生大帝"）、"南极真君"，因为他主长生，所以又称"寿星"或"老人星"，成为道教福、禄、寿三星之一，反映了道教追求长生的信仰。设坛醮星，祈求长生，本是道教的一套斋醮仪式。玄宗千秋节置寿星坛，祭老人星及角、亢七宿是道教因素融入国家礼乐的表现。

唐玄宗还下令诞节在道观行道设斋。《唐会要》卷 50 载："（开元）二十七年五月二十八日敕……唯千秋节及三元行道设斋，宜就开元观寺。"[1] 为了纪念诞节，次年（740），唐玄宗还下令将一所道观改名为"千秋观"：长安待贤坊原来有一座会圣观，"隋开皇七年（587），文帝为秦孝王俊所立。开元二十八年，改千秋观"。[2]

到天宝七载（748），唐玄宗又根据大臣们的建议，将"千秋节"改名为"天长节"，寓意为天长地久。[3] 同时，也将"千秋观"改名为"天长观"。太子宾客贺知章因信仰道教，在天宝二载（743）十二月二十日，请求还乡，出家为道士，并捐出会稽府宅为千秋观，"至七年八月十五日，敕两京及诸郡所有千秋观寺，宜改'天长'名。"[4] 贺知章

---

1 《唐会要》卷 50《杂记》，上海古籍出版社，1991，第 1030 页。

2 《唐会要》卷 50《观》，上海古籍出版社，1991，第 1026 页。

3 《旧唐书》卷 9《玄宗纪下》载："七载……秋八月己亥朔，改千秋节为天长节。"中华书局，1975，第 222 页。又《册府元龟》卷 2《帝王部·诞圣》载："天宝七载七月，文武百官、刑部尚书兼京兆尹萧炤等，及宗子咸上表，请改千秋节为天长节。从之。"中华书局，1960 年影印本，第 21 页下栏。而《唐会要》卷 29 则载："天宝二年八月一日，刑部尚书、兼京兆尹萧炤及百僚请改千秋节为天长节，制曰：'可。'"上海古籍出版社，1991，第 631 页。今从《旧唐书》及《册府元龟》所记。

4 《唐会要》卷 50《杂记》，上海古籍出版社，1991，第 1031 页。

捐设的这座千秋观因此也改名为天长观。

　　由于唐玄宗对道教神仙信仰的追求越来越强烈，诞节庆祝活动中的道教色彩也愈加浓厚。《安禄山事迹》载：天宝九载（750），"天长节，禄山进山石功德及幡花香炉等，命于大同殿安置，朝夕礼谒焉。又进玉石天尊一铺，请于道场所安置。玄宗命置于内暖殿"。并注："天尊并侍坐真人、玉女神、天丁力士、六乐童子及师子、辟邪、香炉、玉案三十六事。"[1]安禄山为了迎合唐玄宗的崇道好尚，在诞节进献的礼物中大多是与道教有关的物品。

　　在天宝十四载（755）天长节，唐玄宗还颁布了一份《天长节推恩制》，其中有："今秋稼穑，颇胜常年，实赖灵祇，福臻稔岁。其五岳四渎所在山川，及得道升仙灵迹之处，宜委郡县长官，至秋后各令醮祭，务崇严洁，式展诚享，无广屠宰，以备牲牢。"[2]在诞节活动中，命各地长官祭祀五岳四渎及得道升仙之处灵迹，这些活动都与崇道有关。

　　从唐玄宗"自我作古"设置诞节开始，该做法便成为一项国家制度，以后李唐及五代诸帝纷纷效仿，以诞辰为节，全民庆贺。由于庆生本身就有祈长寿之意，而这又与道教所宣扬的长生观念正相契合，祝节活动就与道教发生了紧密的联系。

　　唐肃宗以九月三日诞辰为天成地平节，上元二年（761），"九月，甲申，天成地平节，上于三殿置道场，以宫人为佛菩萨，武士为金刚神王，召大臣膜拜围绕"。[3]肃宗崇佛信道，诞节设斋，相沿成习，既然有佛教道场，那么也应有道教道场。

　　唐代宗诞辰为十月十三日，太常博士独孤及曾于永泰元年（765）上《请降诞日置天兴节表》云："愿以十月十三日为天兴节。其王公士

1　（唐）姚汝能：《安禄山事迹》卷上，曾贻芬校点，上海古籍出版社，1983，第9页。
2　《全唐文》卷25，中华书局，1983年影印本，第291页。
3　《资治通鉴》卷222，肃宗上元元年九月甲申条，1956，第7115~7116页。

庶，上寿作乐，悉如开元、乾元故事。"[1]但是代宗似乎并没有采纳他的建议。[2]不过，诞节祝节活动却一直在举行，如"大历二年（767）十月降诞日，宰臣及常参官率钱修斋，度僧尼、道士，凡数百人；四年（769）十月降诞日，百僚于章敬寺修斋、行香、陈乐，大会；六年（771）十月降诞日，众僧斋于资圣寺，百僚行香，诸道使各献方物上寿；八年（773）十月降诞日，于资圣寺修一千僧斋，度僧尼，凡二百余人；九年（774）十月降诞日，百僚分寺、观行香，颁赐茶药"。[3]代宗诞节，时值安史大乱之后，国家财政困难，大臣们凑钱为皇帝在寺观行道修斋、行香、陈乐，度道士、僧尼。

唐德宗降诞日为四月十九，"贞元六年（790）四月乙酉，帝降诞日，京师诸司百官多于佛寺斋会。十二年四月庚辰，帝降诞之日，近岁常以其日会沙门、道士，于麟德殿讲论"。[4]德宗诞节除了循例在寺观行道设斋外，还将儒、佛、道三教讲论定于诞节举行，从此遂成定制。唐代诸帝大多迷恋道教金丹服饵术，德宗似乎也有此癖好，大臣吕颂曾在其诞节敬献长生不老药，并作有《降诞日进光明砂等状》和《降诞日进光明砂丹等状》。[5]丹砂除用作药物外，还常用来烧炼金丹，还来德宗也是一个迷恋道教金丹服饵术的帝王。

唐顺宗诞辰为正月十二，但他由于身体有病，在贞元二十一年（805）正月二十六日即位，到八月四日退位为太上皇，还不到一年时间，没有来得及过上一个诞节。

唐宪宗诞节为二月十四，"（元和）九年（814）二月降诞日，御麟德殿垂帘，命沙门、道士三百五十人斋会。于殿内食毕，较论于高座，晡而罢，颁赐有差"。[6]宪宗诞节先于内殿斋会，然后举行三教辩

1 （唐）独孤及：《毗陵集》卷4，上海古籍出版社，1993年四库唐人文集丛刊影印本，第25页下栏。

2 《唐会要》卷29《节日》载："表奏，不报。"上海古籍出版社，1991，第632页。

3 《册府元龟》卷2《帝王部·诞圣》，中华书局，1960年影印本，第22页上栏。

4 《册府元龟》卷2《帝王部·诞圣》，中华书局，1960年影印本，第22页下栏。

5 《全唐文》卷480，中华书局，1983年影印本，第4910页。

6 《册府元龟》卷2《帝王部·诞圣》，中华书局，1960年影印本，第23页上栏。

论，显然延续的是贞元之制。

唐穆宗诞节为七月六日，他即位之后，为了宣示以孝治天下，试图对诞节之礼有所变革，即以内殿受贺、再贺皇太后之礼代替斋会及三教讲论之礼。他在诏书中说："伏以今月六日，是载诞之辰，奉迎皇太后宫中上寿。朕既获申欢慰，亦欲公卿大夫同之。宜以今月六日平明，于光顺门集百僚及外命妇，进名，贺皇太后。朕御光顺门内殿，与百僚相见，永为常式。"但是随后穆宗却"又诏御麟德殿观僧道讲论，颁赐有差"。不过，在其后的长庆元年（821）、二年诞节仪式中，都是先由大臣朝贺于紫宸殿或内殿，再诣光顺门贺皇太后。穆宗对诞节之礼的变革并没有得到延续。[1]

唐敬宗即位以后，又恢复贞元诞节之礼，即内殿斋会及三教讲论。敬宗诞节为六月九日，中书门下奏请休假一日。"其日，帝御三殿，命浮图、道士讲论。内官及翰林学士、诸军士驸马皆从。既罢，赏赐有差。""（宝历）二年六月，降诞日御三殿，命兵部侍郎丁公著，太常少卿陆亘，前随州刺史李繁，与浮图道士讲论。内官、翰林学士及诸军使、公主、驸马皆从。既罢，赏赐有差。"[2]

唐文宗诞日为十月十日，设庆成节，他曾循贞元之例，于诞节设斋会及三教讲论。但到大和七年（833），他曾一度考虑革除贞元诞节斋会及僧道讲论之礼，恢复开元诞节之礼。其后诞节活动，除了接受大臣贺寿，就是下令于曲江欢宴文武百官。

唐武宗诞节为六月十二日，设庆阳节。他又恢复了贞元诞节内殿僧道讲论及寺观行道设斋之礼。但是由于武宗崇道，诞节僧道讲论，武宗以赏赐道士而不及僧徒之举，羞辱佛教，终至酿成会昌灭佛之举。

唐宣宗诞节为六月廿二日，设寿昌节，亦行贞元之礼，行道设斋及开三教讲论。"天下州府并置宴一日，以为庆乐，前后休假三日。"[3]

1　《册府元龟》卷2《帝王部·诞圣》，中华书局，1960年影印本，第23页。
2　《册府元龟》卷2《帝王部·诞圣》，中华书局，1960年影印本，第23页下栏~24页上栏。
3　《唐会要》卷29《节日》，上海古籍出版社，1991，第637页。

　　唐懿宗诞节为十一月十四，设延庆节，亦行三教讲论之礼。唐人高彦休在《唐阙史》中就记载：咸通年间（860~874），优人李可及曾在延庆节三教讲论后，作戏"三教论衡"，戏弄三教圣人孔子、老子、释迦如来皆为妇人，而懿宗也未怪罪。[1]

　　僖宗降诞日设为应天节，在五月八日。因黄巢军逼长安，僖宗也避难蜀中。唐王朝此时虽然已经摇摇欲坠，但祝节活动在各地依然举行。高骈主政的淮南节度使管内曾在应天节设斋行道，崔致远作有《应天节斋词》三首，其一曰：

　　　　道士某乙言：伏以圣人降生，王者嘉应……伏惟圣神聪睿仁哲明孝皇帝，紫府真宗，丹陵宝命……今者……乃当诞庆之辰……仰资圣寿，敢设仙斋……伏愿德乃日新，祸当天悔，暂兴时雨，遍洗妖氛，高整鸾旗，早回凤辇……普天率土，永贺升平。

　　斋词中的"圣神聪睿仁哲明孝皇帝"即僖宗，为乾符二年（875）正月群臣所上尊号；斋词称赞僖宗为仙界正宗（"紫府真宗"）、天命所归（"丹陵宝命"），希望扫平妖乱（"遍洗妖氛"），早日回京（"早回凤辇"）。

　　其二曰：

　　　　道士某乙言：……伏惟皇帝陛下龙握玉图……今者……谨设仙斋，仰陈善祝。伏愿尘销九野，波息四溟，早回西幸之仪，便举东封之礼……允谐大定，永贺中兴。

　　这首斋词的意思与前首斋词相似。

　　其三曰：

1　（唐）高彦休：《唐阙史》卷下《李可及戏三教》，阳羡生校点，载《唐五代笔记小说大观》，上海古籍出版社，2000，第1350~1351页。

伏以濑乡白鹿，既挂仙踪；函谷紫云，果资王气。积庆于天长地久，传华于圣子神孙，耀玉京而我李长春，演金箓而庄椿永茂。伏惟皇帝陛下……上天降圣……列土修齐……伏愿峒山顺轨，汾水回銮，迎万岁之岩音，归九重之天阙。享七百年之休运，寰宇中兴；守五千字之格言，兵戈大定。仰祈玄鉴，永护皇居。[1]

这三首斋词引用了许多典故，其中"濑乡白鹿"是借用了老子降生的典故，《艺文类聚》卷 95 引《濑乡记》云："老子乘白鹿，下托于李母也。"[2]《太平御览》卷 361 也引崔玄山《濑乡记》曰："老子者，道君也，始起乘白鹿下，托于李氏胞中，七十二年产于楚国淮阳苦县濑乡曲仁里。"[3] 崔玄山为曹魏时人，濑乡为老子故里，该书为记载老子事迹的著作。整首斋词表达了李唐王朝乃老君之后，国运长久，江山永固；祈愿大圣祖玄元皇帝，保佑僖宗早日回銮京师，唐朝中兴，永享盛世。由此可见，以上三首斋词都表达了同样的愿望，即祈求太上老君保佑，尽快平定黄巢乱军，唐僖宗早日返还京师，中兴唐朝。这三首斋词也成为唐帝诞节行道设斋中留存下来的仅有的道教斋词。

唐昭宗诞节二月廿二，设嘉会节。龙纪元年（889）二月诞节，宰臣在《上嘉会节贺表》中说："臣闻圣人受命，天必降其殊灵；王者应生，国必蒙其介祉……伏惟皇帝陛下……固可年同鹤算，岁比山呼，永符垂拱之风，长保后天之庆。"[4] 昭宗即位之时，遭逢唐末大乱之后，强藩跋扈，朱温已有代唐之心，宰臣祝节之词只不过是虚应故事而已。

1　（新罗）崔致远撰，党银平校注《桂苑笔耕集校注》卷 15，中华书局，2007，第 490~494 页。

2　（唐）欧阳询：《艺文类聚》卷 95《兽部下·鹿》，汪绍楹校，上海古籍出版社，1999，第 1648 页。

3　《太平御览》卷 361《人事部二·产》，中华书局，1960 年影印本，第 1663 页。

4　《册府元龟》卷 2《帝王部·诞圣》，中华书局，1960 年影印本，第 25 页下栏。

　　唐哀帝，虽为唐朝的末代皇帝，但他在天祐元年（904）八月，还是应大臣之请，下令将自己的诞日九月三日设为"乾和节"。中书门下在《请以降诞日为乾和节奏》中说："皇帝九月三日降诞……爰自我朝，乃崇令节。著为故事，抑播前文……臣等商量，以降诞日为'乾和节'……请依令式，休假献贺。"哀帝虽然为朱温迁唐于汴后拥立的傀儡皇帝，但是大臣们还是希望他能够复兴唐朝，就像《易经》中所说的那样"乾以自强不息，和则众汇皆同"。[1] 但是受制于强藩朱温的少年天子，也只能在诞节寺观循例行行道而已，《旧唐书·哀帝纪》载："敕：'乾和节文武百僚、诸军诸使、诸道进奏官，准故事于寺观设斋，不得宰杀，只许酒果脯醢。'"[2] 除此之外，他还能做什么！

　　天祐四年（907），朱温正式代唐建梁，历史进入了五代十国。五代十国诸君王大多仿效唐帝将生辰设为诞节，如后梁太祖朱温诞节为大明节、后唐庄宗李存勖诞节为万寿节、后晋高祖石敬瑭诞节为天和节、后汉高祖刘知远诞节为圣寿节、后周太祖郭威诞节为永寿节等。最为凑巧的是前蜀后主王衍的诞辰应圣节正好是中元节，双节合一，宫里宫外，寺观行道设斋，好不热闹。花蕊夫人《宫词》诗有曰："法云寺里中元节，又是官家诞降辰。满殿香花争供养，内园先占得铺陈。"[3] 中元节恰逢降诞节，一众幸臣宠姬争相供献各种香花、鲜果、珍品，后妃们近水楼台占得进殿铺陈的先机。

1 《全唐文》卷 968，中华书局，1983 年影印本，第 10056 页。
2 《旧唐书》卷 20 下《哀帝纪》，中华书局，1975，第 787 页。
3　曹明纲：《满堤红艳立春风——花蕊夫人诗注评》，上海古籍出版社，2004，第 129 页。

第八章　岁时节俗中的道教印记
（中）
——从春节到端午

　　道教对中国传统节日的影响很大，传统节日因受道教神仙传说和道教观念以及道教斋醮仪式的影响，大都被深刻地打上了道教的印记。日本学者中村裕一就说："道教是民间信仰和民众文化的代表。在显示中国民众生活节序的岁时节日中，当然包含着与道教信仰有密切关系的节令。"[1]唐代是中国古代道教发展的鼎盛时期，也是传统节日发展的重要阶段。道教因素对唐代节日的渗透是全方位的、综合性的，无论是从时令选择、庆祝内容，还是从信仰特色、祭祀方式，甚至是从娱乐形式、饮食特色等一系列节日活动来看，都有或多或少的体现，有

---

1 〔日〕福井康顺等监修，朱越利、徐远和等译《道教》第 2 卷，上海古籍出版社，1992，第 299 页。

些风俗甚至延续至今。关于唐代的节日风俗，在初唐欧阳询编撰的《艺文类聚》、盛唐徐坚等辑的《初学记》以及晚唐韩鄂编撰的《岁华纪丽》等书中都有集中描述，其中尤以韩鄂的记载最为详细，从中可以看出道教文化对唐代岁时节俗的影响。

第一节　春季节日中的道教元素

一　元日节俗与道教天腊日

元日即农历春节，为每年的正月初一，故称岁首，又称元旦、元正、正旦、正日、大年、新年、新春、新岁、岁旦、端日等，为传统意义上的年节。元有开始、开端之意，元日为一年之始、一季之始、一月之始，也是一年之中的第一个节日，真所谓"八节之端、三元之始。开甲子于新历，发风光于上春。七十二候之初，三百六旬之首"。[1]故有一阳复始、万象更新之说。

元日是中国民间最盛大的节日，其民俗的主要特征是合家团聚，欢庆节日。唐代元日祝节活动，形成了许多具有特色的祭祀、饮食、娱乐礼俗，从中也可以看出道教因素对节日习俗的渗透。

燃放爆竹是元日最重要的民俗活动之一，起源于古代的驱鬼逐疫之俗。道教兴起以后，打鬼辟疫成为道教法术的重要内容。在中国古代还没有火药和纸张时，人们直接使用火烧竹子，使之爆裂发声，以驱疫逐鬼，因竹子焚烧时发出"噼噼叭叭"的响声，故称爆竹。《初学记》有"庭前爆竹"之说，《岁华纪丽》也有"竹爆广庭"之载。唐人来鹄《早春》诗曰："新历才将半纸开，小庭犹聚爆竿灰。"[2]其俗在汉魏六朝时即已流行。《荆楚岁时记》载："正月一日，是三元之日

1　（唐）韩鄂：《岁华纪丽》卷1，中华书局，1985年丛书集成初编影印本，第11页。
2　《全唐诗》卷642，中华书局，1960，第7358页。

也。《史记》谓之端月。鸡鸣而起，先于庭前爆竹、燃草，以辟山臊恶鬼。"杜公瞻注："按《神异经》云：'西方山中有人焉，其长尺余，一足，性不畏人，犯之则令人寒热，名曰山臊。以竹著火中，烞煿有声，而山臊惊惮。'《玄黄经》所谓山獵鬼也。俗人以为爆竹、燃草起于庭燎。"[1]《神异经》和《玄黄经》大约都成书于汉魏时代，可见爆竹之俗起源很早。刘禹锡《畲田作》诗曰"照潭出老蛟，爆竹惊山鬼"[2]用的就是这个典故。宋以后发明了火药鞭炮，也习称爆竹。

饮屠苏酒、椒柏酒、桃汤，食胶牙饧、五辛盘、鸡蛋等，是元日饮食的重要习俗，这些习俗大多具有道教因素；另外，还有服却鬼丸、饵敷于散等习俗，则与道教服饵术有关。《荆楚岁时记》载："于是长幼悉正衣冠，以次拜贺。进椒柏酒，饮桃汤。进屠苏酒、胶牙饧。下五辛盘。进敷于散，服却鬼丸。各进一鸡子……凡饮酒次第，从小起。"这些习俗大都为唐代所传承，《初学记》《岁华纪丽》中就有类似的记载。

元日饮酒，讲究年少者先饮，年长者后饮。关于其来历，洪迈《容斋续笔》卷2说："今人元日饮屠苏酒，自小者起，相传已久，然固有来处。后汉李膺、杜密以党人同系狱，于狱中饮酒，曰：'正旦从小起。'"[3]后来遂演变为元旦饮酒礼俗，并赋予其特别的意义。汉魏时人董勋解释："俗以小者得岁，先酒贺之；老者失岁，故后与酒罚之。"[4]少者先饮，是祝贺其又长大了一岁；老者后饮，是戏罚其又减少了一岁，后饮还含有希望老人更长寿等祝福之意。

唐诗中有许多描写饮屠苏酒习俗的，像顾况《岁日作》："还丹寂寞羞明镜，手把屠苏让少年。"[5]诗人在岁日除饮屠苏酒外，还服饵炼制的大还丹。裴夷直《岁日先把屠苏酒戏唐仁烈》："自知年几偏应少，

1　（南朝梁）宗懔撰，（隋）杜公瞻校，姜彦稚辑校《荆楚岁时记》，中华书局，2018，第1页。
2　（唐）刘禹锡著，瞿蜕园笺证《刘禹锡集笺证》卷27，上海古籍出版社，1989，第839页。
3　（宋）洪迈：《容斋续笔》卷2，载氏著《容斋随笔》，上海古籍出版社，1996，第230页。
4　（三国魏）董勋：《问礼俗》，载《中华礼藏·礼俗卷·岁时之属》第1册，浙江大学出版社，2016，第19页。
5　（唐）顾况著，赵昌平校编《顾况诗集》卷4，江西人民出版社，1983，第107页。

先把屠苏不让春。"[1]方干《元日》："才酌屠苏定年齿，坐中惟笑鬓毛斑。"[2]成彦雄《元日》："好是灯前偷失笑，屠苏应不得先尝。"[3]这些诗句都讲到了这种先幼后长的饮酒习俗。

屠苏酒，又称岁酒。屠苏，亦作屠酥，据说原为一种草名。古人常用屠苏草盖房子屋顶，所以屠苏也就成了茅屋的雅称。《岁华纪丽》载："俗说'屠苏'乃草庵之名，昔有人居草庵之中，每岁除夜遗闾里一药，贴令囊浸井中。至元日取水置于酒樽，合家饮之，不病瘟疫。今人得其方而不知其人姓名，但曰'屠苏'而已。"[4]可见屠苏酒相传是因其发明者居所而命名的。因为饮屠苏酒最初是与辟瘟疫有关，所以"屠苏"一词又被赋予新的含义。《孙真人屠苏饮论》云："屠者，言其屠绝鬼气；苏者，言其苏醒人魂。其方用药八品，合而为剂，故亦名八神散。"[5]后来经过道医们的提倡，饮屠苏酒更加流行。东晋道医葛洪在《肘后备急方》卷8中引述晋初名医陈延之《小品方》曰：

> 《小品》，正朝屠苏酒法，令人不病温疫。大黄五分，川椒五分，（白）术、桂（心）各三分，桔梗四分，乌头一分，菝葜二分，七物细切，以绢囊贮之。十二月晦日正中时，悬置井中至泥，正晓拜庆前出之，正旦取药置酒中，屠苏饮之。于东向药置井中，能迎岁，可世无此病。此华佗法，武帝有方验中。从小至大，少随所堪。一人饮，一家无患，饮药三朝。一方，有防风一两。[6]

1 《全唐诗》卷513，中华书局，1960，第5860页。
2 （唐）方干著，胡才甫选注《方干诗选》，浙江古籍出版社，1987，第97页。
3 《全唐诗》卷759，中华书局，1960，第8628页。
4 （唐）韩鄂:《岁华纪丽》卷1，中华书局，1985年丛书集成初编影印本，第13页。
5 （宋）陈元靓:《岁时广记》卷5"屠苏散"条引，许逸民点校，中华书局，2020，第120页。
6 （晋）葛洪撰，汪剑等整理《肘后备急方》卷8，中国中医药出版社，2016，第187页。按:《道藏》本作《葛仙翁肘后备急方》，载《道藏》第33册，文物出版社、上海书店、天津古籍出版社，1988年影印本，第109页上栏。

　　据此可知，屠苏酒方最早可以追溯到东汉华佗，传说汉武帝就曾用过类似的验方。此方又为唐朝道医孙思邈《备急千金要方》所传载，称为"岁旦屠苏酒方"，声称可"避疫气，令人不染温病及伤寒"，又说"一家饮，一里无疫"。[1]韩鄂在《四时纂要》中也记载了屠苏酒的配方及制作方法，内容大同小异，但称其为"轩辕黄帝之神方"。[2]

　　椒柏酒，是将"椒花"与"柏叶"浸泡于酒中制作而成的一种药酒。因其气味芬芳，酒色碧绿，元日用以祭祖或献于家长，以示祝寿拜贺之意。汉代崔寔《四民月令》"正月"载："正月之旦，是谓'正日'。躬率妻孥，絜祀祖祢……及祀日，进酒降神。毕，乃家室尊卑，无小无大，以次列坐于先祖之前；子、妇、孙、曾，各上椒酒于其家长，称觞举寿，欣欣如也。"注曰："正日进椒柏酒。椒是'玉衡'星精，服之令人能（耐）老。柏亦是仙药。进酒次第，当从小起，以年少者为先。"[3]据此可知椒柏酒或可单称为椒酒或柏酒（也可能是单独制成的椒酒或柏酒），元日时饮。董勋也说："岁首用椒酒，以椒性芬香，又堪为药，故饮之，亦一时之礼。故此日采椒花以贡尊者。"[4]庾信《正旦蒙赵王赉酒》："正旦辟恶酒，新年长命杯。柏叶随铭至，椒花逐颂来。"[5]杜甫《元日示宗武》："飘零还柏酒""献寿更称觞"。[6]《岁华纪丽》也说："纳庆著椒花之颂，祛灾献柏叶之铭。"[7]可见饮椒柏酒与道教长生神仙之说有关。

1　（唐）孙思邈著，李景荣等校释《备急千金要方校释》卷9，人民卫生出版社，1998，第210页。按：《道藏》本作《孙真人备急千金要方》卷29，载《道藏》第26册，文物出版社、上海书店、天津古籍出版社，1988年影印本，第208页。

2　（唐）韩鄂原编，缪启愉校释《四时纂要校释》卷5《冬令卷·十二月》，农业出版社，1981，第262~263页。

3　（汉）崔寔原著，石声汉校注《四民月令校注》，中华书局，2013，第1页。

4　（三国魏）董勋：《问礼俗》，载《中华礼藏·礼俗卷·岁时之属》第1册，浙江大学出版社，2016，第19页。

5　（北周）庾信撰，（清）倪璠注《庾子山集注》卷4，许逸民校点，中华书局，1980，第343页。

6　（唐）杜甫著，（清）仇兆鳌注《杜诗详注》卷21，中华书局，1979，第1849页。

7　（唐）韩鄂：《岁华纪丽》卷1，中华书局，1985年丛书集成初编影印本，第15页。

　　桃汤，元日饮桃汤是为了治百鬼。《荆楚岁时记》杜公瞻注（以下简称《岁时记》杜注）引《典术》曰："桃者，五木之精，厌伏邪气，制百鬼也。"[1] 道教有元日治鬼之术，如早期道经《女青鬼律》讲："天下散民中有孝顺忠信者，可书六十日鬼名，着乌囊贮之，常以正月一日日中时以身诣师家受之，系着左右臂，以此行来，鬼不敢干。"[2] 饮桃汤不仅可以治鬼，而且能辟瘟疫，早期道经《太上洞玄灵宝素灵真符》卷上也说："初觉似瘟病，便作桃汤服此符，令汗出。"[3] 道教科仪中还有用桃皮、竹叶煮汤沐浴，驱邪除祟之说，《无上秘要》卷66引《真诰》曰："其法用竹叶十两，桃皮削取白四两，以清水一斛二斗，于釜中煮之，不令沸出，适寒温以浴形，即万殗消除也。既以除殗，又辟湿痹疮痒之疾。且竹芦青而内白桃，即却邪而折秽，故用此二物以削形中之滓浊。"[4]

　　胶牙饧，是以麦芽和谷芽等为原料熬制而成的一种黏性软糖。"饧"古通"糖"，"胶"通"固"，"胶牙者，盖以使其牢固不动"。[5] 可见元日食胶牙饧是为了达到固齿保健的目的。其俗在古代非常盛行，白居易《岁日家宴戏示弟侄等兼呈张侍御二十八丈殷判官二十三兄》诗曰："岁盏后推蓝尾酒，春盘先劝胶牙饧。"《七年元日对酒》诗也曰："三杯蓝尾酒，一碟胶牙饧。"[6] 道教养生非常讲究固齿，将其视为一种养生延年之术。道教认为长期坚持叩齿，可以固齿补肾、长寿延年。葛洪《抱朴子·杂应篇》就讲："或问坚齿之道。抱朴子曰：'能

1　（南朝梁）宗懔撰，（隋）杜公瞻注，姜彦稚辑校《荆楚岁时记》，中华书局，2018，第3页。

2　《女青鬼律》卷1，载《道藏》第18册，文物出版社、上海书店、天津古籍出版社，1988年影印本，第242页。

3　《太上洞玄灵宝素灵真符》卷上，载《道藏》第6册，文物出版社、上海书店、天津古籍出版社，1988年影印本，第345页。

4　《无上秘要》卷66引《真诰》，载《道藏》第25册，文物出版社、上海书店、天津古籍出版社，1988年影印本，第219页。

5　（南朝梁）宗懔撰，（隋）杜公瞻注，姜彦稚辑校《荆楚岁时记》，中华书局，2018，第4页。

6　（唐）白居易著，朱金城笺校《白居易集笺校》卷24、31，上海古籍出版社，1988，第1651、2099页。

养以华池，浸以醴液，清晨建齿三百过者，永不摇动。'"[1] 元日食胶牙饧就是古人重视牙齿保健并将其视作长寿之道的一种表现。

　　五辛盘，又称辛盘或春盘，是用五种辛香蔬菜制作而成的拼盘。《正一旨要》载："五辛者，大蒜、小蒜、韭菜、芸薹、胡荽是也。"[2] 食五辛盘，据说是为了"炼形"，即道家所讲的通过修炼身形，达到得道成仙的目的。《岁时记》杜注引周处《风土记》曰："元日造五辛盘，正月元日五熏炼形。"注："五辛所以发五藏之气。《庄子》所谓春正月饮酒茹葱，以通五藏也。"[3] 五辛菜可以使五脏通顺，还可辟疫。《孙真人食忌》说："正月之节，食五辛以辟疠气。"又《孙真人养生诀》说："元日取五辛食之，令人开五脏，去伏热，卫生必用。"[4] 关于五辛菜，还流传着一个仙道故事，《真诰》载："时有道士周太宾及巴陵侯姜叔茂者，来住句曲山下，又种五果并五辛菜。叔茂以秦孝王时封侯……此二人并已得仙……叔茂种五辛菜，常卖以市丹砂而用之。今山间犹有韭薤，即其遗种邪。"[5] 所以《岁华纪丽》有"盘号五辛，觞称万寿"之说。另外，"辛"与"新"谐音，食五辛盘还有迎接新年之意。

　　吞鸡子，即每人吃一个鸡蛋的习俗。《岁时记》杜注引周处《风土记》说："正旦，当生吞鸡子一枚，谓之练形。"又引葛洪《练化篇》说："正月旦，吞鸡子、赤豆七枚，辟瘟气。"[6] 道家方士所谓"练（炼）形"，乃指修炼形体，以求超脱成仙。如左思《吴都赋》曰："桂父练形而易色，赤须蝉蜕而附丽。"注引《列仙传》曰："桂父，象林

1　王明：《抱朴子内篇校释》卷15《杂应》，中华书局，1985，第274页。

2　（宋）陈元靓：《岁时广记》卷5"五辛盘"条引，许逸民点校，中华书局，2020，第122页。按：《正一旨要》应即《正一法文修真旨要》，又简称《正一法文》，为早期天师道经典，约出于南北朝时期。今《道藏》本有"先约束病人三日断五辛"句，但无"五辛"解释，见《道藏》第32册，文物出版社、上海书店、天津古籍出版社，1988年影印本，第578页下栏。

3　（南朝梁）宗懔撰，（隋）杜公瞻注，姜彦稚辑校《荆楚岁时记》，中华书局，2018，第3页。

4　（宋）陈元靓：《岁时广记》卷5"五辛盘"条引，许逸民点校，中华书局，2020，第122页。

5　（南朝梁）陶弘景编《真诰》卷13，载《道藏》第20册，文物出版社、上海书店、天津古籍出版社，1988年影印本，第568页上栏。

6　（南朝梁）宗懔撰，（隋）杜公瞻注，姜彦稚辑校《荆楚岁时记》，中华书局，2018，第4、6页。

人也。常服桂叶，以龟脑和之。颜色如童，时黑时白时赤。南海人尊事之累世。赤须子，丰人也。丰中传世见之，秦穆公之主鱼吏也，数道丰界灾异水旱，十不失一。食柏实石脂，绝谷，齿落更生，细发复出，后去之吴山。言此人等仙，如蝉之脱壳。"[1] 又晋张华《博物志》卷4引《神农经》曰："上药养命，谓五石之练形，六芝之延年也。"[2] 南朝宋人颜延之《庭诰二章》也曰："为道者，盖流出于仙法，故以练形为上……练形之家，必就深旷，反飞灵，粮丹石，粒芝精，所以还年却老，延华驻彩。"[3] 据此可知，生吃鸡蛋和道家辟瘟疫和练形修炼长生成仙有关。

却鬼丸，又名却鬼药、却鬼丹，与中古道教驱鬼防疫法术有关。相传来源于一个辟鬼典故，《岁时记》杜注引《天医方·序》云："江夏刘次卿以正旦至市，见一书生入市，众鬼悉避。刘问书生曰：'子有何术以至于此？'书生言：'我本无术。出之日，家师以一丸药，绛囊裹之，令以系臂，防恶气耳！'于是刘就书生借此药，至所见鬼处，诸鬼悉走。所以世俗行之。其方用武都雄黄丹散二两，蜡和，令调如弹丸。正月旦，令男左女右带之。"据此可知，却鬼丸似为用雄黄制作的一味丹药。雄黄是道教炼丹服食的重要药物，其中尤以武都（今甘肃武威一带，或言今四川绵竹、江油一带）雄黄为上品，极珍贵，价同赤金，葛洪称其为"仙药"。《抱朴子内篇·仙药》载："雄黄当得武都山所出者，纯而无杂，其赤如鸡冠，光明晔晔者，乃可用耳……饵服之法，或以蒸煮之，或以酒饵，或先以硝石化为水乃凝之，或以玄胴肠裹蒸之于赤土下，或以松脂和之，或以三物炼之，引之如布，白如冰。服之皆令人长生，百病除。"[4] 到唐初，武都雄黄大量出产，竟与瓦石同价。但《黄帝九鼎神丹经诀》卷5载："却鬼药法，以光明

1　（南朝梁）萧统编，（唐）李善注《文选》卷5，华慧等点校，岳麓书社，2002，第149~181页。
2　（晋）张华撰，范宁校证《博物志校证》卷4《药论》，中华书局，2014，第48页。
3　（南朝梁）僧祐撰，刘立夫等译注《弘明集》卷13，中华书局，2013，第920页。又见（南朝梁）僧祐撰，李小荣校笺《弘明集校笺》卷13，上海古籍出版社，2013，第732页。
4　王明：《抱朴子内篇校释》卷11《仙药》，中华书局，1985，第203页。

砂、雄黄、雌黄、麝香、附子、白术、鬼臼、鬼箭，各二等，蜜丸之带。"[1]此却鬼药（丸）是一剂复方。此外，《备急千金要方》卷9还记载了两种"杀鬼丸"配方，都是此类药。其中"虎头杀鬼丸"，以虎头、朱砂、雄黄、雌黄、鬼臼、皂荚、芜荑等药物，捣成末，"以蜜蜡和为丸，如弹子大，绛袋盛系臂，男左女右，及悬屋四角"，可以避瘟疫；另一"杀鬼丸"，也说可以避瘟疫，"熏百鬼恶气"，其法以雄黄、雌黄、羖羊角、虎骨、龙骨、龟甲、鲮鲤甲、猬皮、樗鸡、空青、芎䓖、真珠、东门上鸡头等药物，捣成末，"烊蜡二十两，并手丸如梧子。正旦，门户前烧一丸，带一丸，男左女右。避百恶。"关于此方，据说还与道法有关。"汉建宁二年（169），太岁在西，疫气流行，死者极众。即有书生丁季回从蜀青城山来，东过南阳，从西市门入，见患疫疠者颇多，遂于囊中出药，人各惠之一丸，灵药沾唇，疾无不瘥。市中疫鬼数百千余，见书生施药，悉皆惊怖而走。乃有鬼王见书生谓：有道法，兼自施药，感众鬼等奔走若是。遂诣书生，欲求受其道法。书生曰：吾无道法，乃囊中之药，呈于鬼王。鬼王睹药，惊惶叩头，乞命而走。"[2]此故事与刘次卿事相仿，应是在此类故事流传过程中，经道士加工而成的不同版本。唐朝诗人司空曙《酬卫长林岁日见呈》诗有"朱泥一丸药，柏叶万年杯"句，[3]佚名唐人诗也云："书生但恐寒为祟，不用朱泥却鬼丹。"[4]反映的都是唐朝元日服却鬼丸的风俗。

　　敷于散，中古道教有服散之风。《岁时记》杜注曰："敷于散，出葛洪《炼化篇》，方用柏子仁、麻仁、细辛、干姜、附子等分为散，

1　《黄帝九鼎神丹经诀》卷5，载《道藏》第18册，文物出版社、上海书店、天津古籍出版社，1988年影印本，第810页中栏。

2　（唐）孙思邈著，李景荣等校释《备急千金要方校释》卷9，人民卫生出版社，1998，第210~211页。按：《道藏》本作《孙真人备急千金要方》卷29，载《道藏》第26册，文物出版社、上海书店、天津古籍出版社，1988年影印本，第209页上栏。

3　（唐）司空曙著，文航生校注《司空曙诗集校注》，人民文学出版社，2011，第337页。

4　（宋）陈元靓：《岁时广记》卷5"弹鬼丸"条引，许逸民点校，中华书局，2020，第123页。

井华水服之。"[1] 唐人王焘《外台秘要》卷 4 也载："《古今录验》，许季山所撰。干（于）敷散，主辟瘟疫疾恶，令不相染。著气方……正旦举家以井华水各服方寸匕。服药一日，十年不病；二日，二十年不病；三日，三十年不病。受师法，但以三日服。岁多病，三日一服之。"自注曰："《肘后》作敷（于），《抱朴子》作敷干（于）。"[2] 敷干，即敷于散。许季山为东汉时人，相传他曾受仙人张巨君指点，精于《易》道卜筮。[3] 可见这是一个很古老的道教方散。

元旦避瘟疫、驱鬼之术还有很多。《荆楚岁时记》载正旦之俗还有：

> 熬麻子、大豆，兼糖散之。帖画鸡，或斫镂五采及土鸡于户上，悬苇索于其上，插桃符其傍，百鬼畏之。岁旦，绘二神披甲持钺，贴于户之左右，左神荼，右郁垒，谓之门神。又以钱贯系杖脚，回以投粪扫上，云"令如愿"。[4]

食麻子、大豆。《备急千金要方》卷 9 载："正旦吞麻子、赤小豆各二七枚，又以二七枚投井中。又方：新布袋盛大豆一升，纳井中一宿，出，服七枚。"[5] 据说可以避瘟疫。

贴画鸡、悬苇索、插桃符，据《岁时记》杜注讲是来自庄周之说："有挂鸡于户，悬苇索于其上，插桃符于旁，百鬼畏之。"又董勋云："今正、腊旦，门前作烟火、桃神，绞索松柏，杀鸡著门户，逐疫，礼也。"[6]《备急千金要方》也有正月旦"以绳度所住户中壁，屈绳即断之"以治瘟，令不相染。又有桑木避邪之方："正月旦，取东行桑根，

1　（南朝梁）宗懔撰，（隋）杜公瞻注，姜彦稚辑校《荆楚岁时记》，中华书局，2018，第 3 页。又见葛洪《肘后备急方》卷 2《治瘴气疫疠温毒诸方》所载 "避瘟疫药干散" 方及服用法同。

2　（唐）王焘：《外台秘要》卷 4，人民卫生出版社，2000 年影印本，第 131 页下栏。

3　《太平广记》卷 33 "张巨君" 条引，中华书局，1961，第 214 页。

4　（南朝梁）宗懔撰，（隋）杜公瞻注，姜彦稚辑校《荆楚岁时记》，中华书局，2018，第 6~10 页。

5　（唐）孙思邈著，李景荣等校释《备急千金要方校释》卷 9，人民卫生出版社，1998，第 211~212 页。

6　（南朝梁）宗懔撰，（隋）杜公瞻注，姜彦稚辑校《荆楚岁时记》，中华书局，2018，第 8 页。

大如指，长七寸，以丹涂之，悬门户上，又令人戴之。断温病，令人不相染著方。"[1]这些习俗都与道术有关。

门神神荼、郁垒，则与桃制百鬼的传说有关，早在先秦时期就有记载。《岁华纪丽》注引《山海经》云："东海度朔山，有大桃树，下有二神人，一曰神荼，一曰郁垒，能啖百鬼。故今元日设桃符于门以象之。"[2]《岁时记》杜注引《括地图》（即《河图括地象》）和应劭《风俗通义》引《黄帝书》都有类似的记载。[3]道教兴起以后，神荼、郁垒逐渐被道教所吸纳，进入神仙谱系。葛洪在《元始上真众仙记》（简称《众仙记》，一名《枕中书》）中记载了"五方鬼帝"，就有"蔡郁垒为东方鬼帝，治桃丘山"之说。[4]元刻本道书《搜神广记》吸收了《论衡》所引《山海经》文，也称："今世画神像于板上，犹于其下书'左神荼''右郁垒'，以元日置之门户也。"[5]到元代以后，民间所贴门神画像又演变为唐初两位武将秦琼（叔宝）、尉迟恭。

钱系杖脚，投粪帚，祈如愿，也是一个道术，出自一个有关"如愿"的道教故事。《岁时记》杜注引《录异记》云："有商人区明者，过彭泽湖。有车马出，自称青洪君。要明过，厚礼之，问何所须。有人教明：'但乞如愿。'及问，以此言答。青洪君甚惜如愿，不

1　（唐）孙思邈著，李景荣等校释《备急千金要方校释》卷9，人民卫生出版社，1998，第211页。按：《道藏》本作《孙真人备急千金要方》卷29，载《道藏》第26册，文物出版社、上海书店、天津古籍出版社，1988年影印本，第209页。

2　（唐）韩鄂：《岁华纪丽》卷1，中华书局，1985年丛书集成初编本，第14页。（东汉）王充《论衡·订鬼》也引《山海经》曰："沧海之中，有度朔之山。上有大桃木，其屈蟠三千里，其枝间东北曰鬼门，万鬼所出入也。上有二神人，一曰神荼，一曰郁垒，主阅领万鬼。恶害之鬼，执以苇索，而以食虎。于是黄帝乃作礼以时驱之，立大桃人，门户画神荼、郁垒与虎，悬苇索以御凶魅。"载黄晖：《论衡校释（附刘盼遂集解）》卷22《订鬼》，中华书局，1990，第938~939页。按：今本《山海经》无此文，惟《大荒西经》有"有榣木千里"语，疑即"屈蟠三千里"之"大桃木"之属。

3　（南朝梁）宗懔撰，（隋）杜公瞻注，姜彦稚辑校《荆楚岁时记》，中华书局，2018，第8页。

4　（晋）葛洪：《元始上真众仙记》（《枕中书》），载《道藏》第3册，文物出版社、上海书店、天津古籍出版社，1988年影印本，第271页上栏。

5　（元）秦子晋：《新编连相搜神广记》后集，载《绘图三教源流搜神大全（外二种）》，上海古籍出版社，1990年影印本，第569页。又见道藏本《搜神记》卷6，明刻本《三教源流搜神大全》，此二书皆出于明代，内容相同。

得已，许之，乃其婢也。既而送出。自尔，商人或有所求，如愿并为，即得。后至正旦，如愿起晚，乃打如愿，如愿走，入粪中。商人以杖打粪扫，唤如愿，竟不还也。"¹ 这应是"如愿以偿""称心如愿"等典故的由来。按：《录异记》为唐末道士杜光庭所撰的道教灵验故事，今本并无此条，且隋朝人杜公瞻注《荆楚岁时记》不可能引自后人书，恐为南朝刘宋时佚名《录异传》之误。《初学记》卷18即引《录异传》"请如愿"故事的部分内容，大同小异，其中"区明"作"欧明"（"区"作姓，与"欧"同音），并称其为"庐陵贾客"，即今江西吉安商人，"道经彭泽湖，每以舟中所有多少投湖中，云以为礼"，过了几年再次经过，"青洪君感君前后有礼，故要君，必有重遗"，欧明请得如愿以归，"所愿辄得，数年大富"。² 《岁华纪丽》则注引自《搜神记》，又续加有："后至岁旦，如愿起晏（晚），明鞭之，如愿以头钻粪帚中，渐没，失所在，明家渐贫。故今人岁旦，粪帚不出户者，恐如愿在其中也。"³ 今本《搜神记》与《录异传》同，后者应来白前者。青洪君即彭泽湖神，彭泽湖就是今鄱阳湖，六朝时又称为宫亭湖，有神庙，称宫亭湖神庙。葛洪《神仙传》曾载，湖神经常自称道教神祇"天官"，受到人们的奉祀，后来道教方士栾巴作符，令其现出原形。⁴ 唐代"祈如愿"成为元日祝富贵的一种美好愿望，元稹《酬复言长庆四年元日郡斋感怀见寄》诗云："富贵祝来何所遂，聪明鞭得转无机。"自注云："祝富贵、鞭聪明，皆正旦童稚俗法。"⁵ "祝富贵、鞭聪明"应是从"祈如愿、鞭粪帚"典故化用而来。新年祝福吉祥如愿，恭喜发财，自古皆然。

　　画虎头、书'聻'字。《酉阳杂俎》载："（元日）俗好于门上画

1　（南朝梁）宗懔撰，（隋）杜公瞻注，姜彦稚辑校《荆楚岁时记》，中华书局，2018，第10页。

2　（唐）徐坚等辑《初学记》卷18，韩放主校点，京华出版社，2000，下册，第90页。

3　（唐）韩鄂：《岁华纪丽》卷1，中华书局，1985年丛书集成初编本，第12~13页。又见（晋）干宝撰，汪绍楹校注《搜神记》卷4《青洪君附如愿》，中华书局，1979，第52页。

4　《太平广记》卷11"栾巴"条引，中华书局，1961，第75页。今本《神仙传》所记较为简略，见胡守为《神仙传校释》卷5《栾巴》，中华书局，2010，第195页。

5　（唐）元稹著，周相录校注《元稹集校注》卷22，上海古籍出版社，2011，第663页。

虎头，书'聻'字，谓阴刀鬼名，可息疟疠也。予读《汉旧仪》，说
傩逐疫，又立桃人、苇索、沧耳、虎等，'聻'为合沧耳也。"[1]此条
源自三国吴《裴玄新语》（一作《裴氏新言》），称为元日风俗。到唐
代，又形成了一个有关术士冯渐（一作裴渐）因善制鬼而受到人们崇
拜的道教故事。唐人张读《宣室志》载："河东冯渐，名家子，以明经
入仕。性与俗背，后弃官隐居伊水上。有道士李君以道术闻，尤善视
鬼。朝士皆慕其能。李君后退归汝颖，适遇渐于伊洛间，知渐有奇术，
甚重之。大历中，有博陵崔公者，与李君为僚，甚善。李君寓书于崔
曰：'当今制鬼，无过渐耳。'是时朝士咸知渐有神术数，往往道其名。
别后长安中人率以'渐'字题其门者，盖用此也。"[2]"聻"，俗称鬼死为
"聻"，鬼见怕之。故元日篆书此字，贴于门上，能够祛邪治煞辟鬼。

此外，正旦还流传着栾巴"销蜀郡之火灾"的道教神话。《岁华
纪丽》注引《神仙传》曰："栾巴，蜀人。为尚书，正旦大会，得酒
不饮，向西南噀之。有司奏巴不恭。谢曰：'臣里失火，以此酒为雨救
之。'后蜀郡奏：'元日成都大火，其日东北有大雨至，救火。雨中有
酒气。'"[3]栾巴，东汉顺帝、灵帝时人，一生好道。《后汉书·栾巴传》
称其为"魏郡内黄（今河南内黄）人"，应是他原籍。又说他"素有
道术，能役鬼神"。[4]他在生前就因"能治鬼护病"，被人们视作"神仙"
而立庙祭祀。

元日在道教又称为"天腊日"，为道教"五腊""八解"日之一。
《云笈七签》卷37《斋戒·说杂斋法》引《八道秘言》云："正月一日
名天腊……宜修斋，并祭祀先祖。"又引《三洞奉道科》云："正旦为
献寿斋。"又在《阴阳杂斋日》中解释说："正月一日，名天腊斋……
当祠献先亡，名为孝子，得福无量……皆可设净供求福焉！"[5]"天腊

1　（唐）段成式撰，许逸民校笺《酉阳杂俎校笺》续集卷4《贬误》，中华书局，2015，第1645页。
2　（唐）张读：《宣室志》辑佚《冯渐制鬼》，张永钦、侯志明点校，中华书局，1983，第168页；
　　《太平广记》卷75"冯渐"条引，中华书局，1961，第470页。
3　（唐）韩鄂：《岁华纪丽》卷1，中华书局，1985年丛书集成初编本，第14～15页。
4　《后汉书》卷57《栾巴传》，中华书局，1965，第1841页。
5　（宋）张君房编《云笈七签》卷37《斋戒》，李永晟点校，中华书局，2003，第815、822～823页。

日"为五帝会聚之日，在此日斋戒行道，可得福免祸。《赤松子章历》卷 2 载：

> 正月一日天腊：五帝校定生人神气，时限长短，益添年命。求祷子孕，祭祀先亡，升达玄祖。其日不可壅滞沟涧，用力色欲。可吟咏歌赞，导引神气。[1]

据此可知，"天腊日"是五帝校定人们的精气神以及寿命长短之日，主要节俗诉求是求孕祈子、延年增寿等，因此是日要举行祭祀祖先仪式，吟咏歌赞、导引神气，不可贪图色欲。以此观之，这是一个行道吉日。

元日道观还要举行宗教活动。贾岛《元日女道士受箓》诗云："元日天（一作'更'）新夜，斋身称净衣。数星连斗出，万里断云飞。霜下磬声在，月高坛影微。立听师语了，左肘系符归。"[2]道观乘新年之机，给出家的女道士授符箓，象征着新年新生活的开始。

二　人日节俗与道教上会日

人日，又称人节、人七、人胜节，为正月初七。《荆楚岁时记》载：

> 正月七日为人日，以七种菜为羹。剪彩为人，或镂金薄为人，以贴屏风，亦戴之头鬓。又造华胜以相遗。登高赋诗。[3]

1 《赤松子章历》卷 2，载《道藏》第 11 册，文物出版社、上海书店、天津古籍出版社，1988 年影印本，第 187 页上栏。

2 （唐）贾岛著，齐文榜校注《贾岛集校注》卷 7，人民文学出版社，2001，第 360 页。按：元日，又作吉日解。然从首句"元日天（一作'更'）新夜"来看，似乎是元旦。

3 （南朝梁）宗懔撰，（隋）杜公瞻注，姜彦稚辑校《荆楚岁时记》，中华书局，2018，第 11 页。

　　关于人日的来历，《岁时记》杜注引董勋《问礼俗》曰："正月一日为鸡，二日为狗，三日为羊，四日为猪，五日为牛，六日为马，七日为人。正旦画鸡于门，七日帖人于帐。"据此可知，人日风俗似乎与新年初占验家畜与人口繁衍及年景收成丰俭有关。相传为东方朔所作的《占书》就说："岁正月一日占鸡，二日占狗，三日占猪，四日占羊，五日占牛，六日占马，七日占人，八日占谷。其日晴明温和，为蕃息安泰之候；阴寒惨烈，为疾病衰耗之征。"[1]唐时流传的《月令占候图》也称："自元日至八日占禽兽：一日为鸡，天晴气朗，人安国泰，四夷来贡。二日为狗，无风雨即大熟。三日为猪，天气明朗，君安。四日为羊，气色和暖，无灾，臣顺君命。五日为马，如晴明，天下丰稔。六日为牛，日月光晴，岁大熟。七日为人，从旦至暮，日色晴朗，夜见星辰，民安国宁，君臣和会。八日为谷，如昼晴夜见星辰，五谷丰熟。其日晴明，则所主之物蕃息；阴晦则衰耗。"[2]据此还形成了一日不杀鸡，二日不杀狗，三日不杀羊，四日不杀猪，五日不杀牛，六日不杀马，七日不行刑的风俗。

　　人日节俗在汉代就已经出现，到魏晋南北朝时期开始受到重视，隋唐时期大盛。其节俗有：食七种菜羹，剪彩、戴"人胜"，登高赋诗等。

　　七种菜羹，又称七样菜、七样羹、七宝羹等。由于各地食材多有不同，当为应时节令蔬菜加谷物做成的菜羹，故有人日"食新菜"之说。戴叔伦《和汴州李相公勉人日喜春》诗云："独献菜羹怜应节，遍传金胜喜逢人。"[3]此俗应与道家养生术有关。

　　剪彩戴胜。每到人日，有剪彩为人，或镂金箔为人之俗，称为"人胜"。《岁时记》杜注曰："剪彩人者，人入新年，形容改从新也。"

1　（宋）高承撰，（明）李果订《事物纪原》卷1《正朔历数部》，金圆、许沛藻点校，中华书局，1989，第10页。
2　（唐）韩鄂原编，缪启愉校释《四时纂要校释》卷1《春令卷·正月》"岁首杂占"，农业出版社，1981，第6页。
3　（唐）戴叔伦著，蒋寅校注《戴叔伦诗集校注》卷1，上海古籍出版社，2010，第84页。

剪人胜有祈福新年新面貌之意。此俗还被记入人日礼仪，《岁华纪丽》注引刘臻妻陈氏《进见仪》曰："正月七日，上人胜于人是也。"陈氏为晋人，可见魏晋时已有此俗。此外，人们还会剪出各种花鸟动物，称为"华胜"或"彩胜"。《岁时记》杜注曰："华胜，起于晋代，见贾充《李夫人典戒》，云：'像瑞图金胜之形，又取像西王母戴胜也。'"此俗源自传说中的神仙西王母典故，《岁华纪丽》注曰："西王母头戴华胜，以正月七日会（汉武）帝于承华殿。"在道教神话中，西王母是女仙之首，既是主宰阴气、修仙、生育万物的创世女神，又是掌管不死药、罚恶、预警灾疠的长生女神，因此人日戴胜有模仿西王母、祈求长寿、辟恶之意。唐代有许多描写剪彩的诗文，如李商隐《人日即事》诗云："镂金作胜传荆俗，剪彩为人起晋风。"[1] 剪好的"彩胜"既可贴在屏风上，也可戴在头发上。如李适《人日宴大明宫恩赐彩缕人胜应制》诗曰："宝帐金屏人已帖，图花学鸟胜初裁。"[2] 人日这天，唐宫宝帐金屏风上贴着各种"彩胜"，受邀参加宴会的大臣们还得到了皇帝赏赐的彩缕人胜。另外，人胜剪纸还有招魂之意，杜甫《彭衙行》诗中就有"剪纸招我魂"句，[3] 在新疆吐鲁番阿斯塔那唐墓中也发现有人胜剪纸七枚，也是招魂之意。

　　登高赋诗，其俗大约起源于魏晋时期。《岁时记》杜注引晋人郭缘生《述征记》云："寿张县安仁山，魏东平王翕凿山顶为会人日望处，刻铭于壁，文字犹在。铭云：'正月七日，厥日为人；策我良驷，陟彼安仁。'……春日登临，自古为适，但不知七日竟起何代。晋代桓温参军张望，亦有正月七日登高诗。近代以来，南北同耳。"魏东平王翕，为曹操之孙、曹徽之子，寿张即在其受封域内。曹翕精通道家服饵养生之术，曾撰有《解寒食散方》和《黄帝明堂偃侧人图》，七日登高也有避疫祈长寿之意。《岁华纪丽》注引刘宋王玄谟《寿阳记》

1　（唐）李商隐著，（清）冯浩笺注《玉谿生诗集笺注》卷3，蒋凡标点，上海古籍出版社，1998，第661页。

2　《全唐诗》卷70，中华书局，1960，第777页。

3　（唐）杜甫著，（清）仇兆鳌注《杜诗详注》卷5，中华书局，1979，第415页。

云："正月七日，宋王登望仙楼，会群臣父老，集于城下，令皆饮一爵，文武十人拜贺上寿。"又云："赵阳符为豫州刺史，立义楼。每至元日、七日、月半，乃于楼上作乐。楼下男女，盛饰游看作乐。"古代登高是一种祓禳除凶仪式，意在辟邪求长生。人日"宋王登望仙楼"和"赵阳符登义楼"，都具有浓厚的道教养生祈寿色彩。

唐代道教更加盛行，文人雅士多好登高赋诗，乔侃《人日登高》诗就有"登高一游目""还似出嚣尘"句，登高四望，竟有超凡脱俗之意。[1] 人日这天，唐室君臣也往往举行欢会，登高饮酒赋诗。唐中宗是个喜欢热闹的帝王，他经常于节日欢聚群臣，饮酒赋诗。《景龙文馆记》载："中宗景龙三年（709）正月七日，上御清晖阁登高遇雪，因赐金彩人胜，令学士赋诗。是日甚欢。"清晖阁在大明宫中蓬莱殿西侧。当时应制赋诗的大臣有宗楚客、刘宪、苏颋、李峤、李乂、赵彦昭等。"景龙四年七日宴大明殿，赐王公以下彩缕人胜，又观打球。"大明殿，即大明宫含元殿，武后时改。含元殿建筑在俯视整个京城的高地上，巍峨壮丽，视野开阔，极为壮观。当时参加宴会的大臣李乂、马怀素、苏颋、李峤、崔日用、韦元旦、武平一、李适、刘宪、赵彦昭、阎朝隐、沈佺期、郑愔等纷纷应制赋诗。[2]

此外，人日还有饮竹叶酒、食煎饼、挼狗耳禳鬼鸟等风俗。《岁华纪丽》载："（人日）熏天，挼狗耳，饮竹叶之一觞。"讲的就是这些风俗。

竹叶酒，是道家传统养生药酒。饮此酒，有祛风热、除心烦之功效。骆宾王《代女道士王灵妃赠道士李荣》诗就有："鹦鹉杯中浮竹叶，凤凰琴里落梅花。"[3] 人日登高饮竹叶酒，取开心畅意、祈寿望仙之意，深受道教长生成仙思想影响。

食煎饼，《岁时记》杜注曰："北人此日食煎饼，于庭中作之，云

1 《全唐诗》卷81，中华书局，1960，第878页。
2 （唐）武平一撰，陶敏辑校《景龙文馆记》卷2、卷3，中华书局，2015，第46~49、107~111页。
3 骆祥发：《骆宾王诗评注》，北京出版社，1989，第269页。

'熏天'。未知所出。"《岁华纪丽》则云注引自《述征记》。因人日占晴，于人为瑞，故有"熏天"之举。由此又生发出招魂之意。在我国西北的甘肃、宁夏一带，就有人日食饼招魂的习俗，如嘉庆三年《宁夏府志》载："七日，食饼面，击铜器相呼叫，名为'招魂'。"《花马池志迹》也载："七日黄昏后，弱女幼子怀藏麦饼，手执香，赴街相呼，名为'招魂'。比屋皆然，亦古人煎饼熏天之遗意。"[1] 此俗与道教招魂术有关。

　　捩狗耳禳鬼鸟。"鬼鸟"又作"鬼车鸟"，神话传说中的一种妖鸟。因为在夜里飞行时发出"轧轧"的叫声，像车走声，故名。《岁华纪丽》注引《荆楚岁时记》云："人日夜多鬼鸟过人家，槌床打户，捩狗耳，灭灯烛，以禳之。"[2] "鬼鸟"传说是由产妇死后变化而成的，又说是源于九头鸟，还说是天帝游女，又名姑获，一说是乳母鸟。此鸟昼伏夜飞，能摄人魂魄，尤其好取人家小孩儿，但却怕狗，所以在人日夜有"鬼鸟"飞过时，揪狗耳朵，发出吠叫声，惊走此鸟。唐人陈藏器《本草拾遗》载："姑获，能收入魂魄。今人一云乳母鸟，言产妇死变化作之，能取人之子以为己子，胸前有两乳。《玄中记》云：姑获，一名天帝少女，一名隐飞，一名夜行游女，好取人小儿养之。有小子之家，则血点其衣以为志。今时人小儿衣不欲夜露者为此也。时人亦名鬼鸟。《荆楚岁时记》云：姑获，一名钩星，衣毛为鸟，脱毛为女。"又云："鬼车，晦暝则飞鸣，能入人室，收人魄气，一名鬼鸟。此鸟昔有十首，一首为犬所噬，今犹余九首，其一常下血，滴人家则凶。夜闻其飞鸣，则捩狗耳，犹言其畏狗也。亦名九头鸟。《荆楚岁时记》云：姑获夜鸣，闻则捩耳。"[3] 段成式《酉阳杂俎》所记略

1　丁世良、赵放主编《中国地方志民俗资料汇编·西北卷》，北京图书馆出版社，1989，第232、250页。

2　（唐）韩鄂：《岁华纪丽》卷1，中华书局，1985年丛书集成初编本，第19页。《太平御览》卷927也引，作"鬼车鸟"（中华书局，1960年影印本，第4122页下栏）。按：今本《荆楚岁时记》无此条。

3　（唐）陈藏器撰，尚志钧辑释《〈本草拾遗〉辑释》卷5《禽兽部》，安徽科学技术出版社，2003，第219~220页。

同，[1] 刘恂《岭表录异》也有类似记载。[2] 陈藏器所引《玄中记》，据说是东晋郭璞所撰，则此俗在晋时已有流传。关于"鬼鸟"，与道教所宣扬的人家宅院树木栖止鸟类易生鬼魅邪祟之说有关。早期道经《女青鬼律》卷 4 就讲："人家宅上有树或竹林，为乌鸠止，白鹭、群鸟所依，此皆有邪魅。"[3] 古人认为乌鸠喧噪，栖于人家树木，为不祥之兆；而白鹭则相传善幻化为白衣女子，或窃人物，或魅惑人，故栖止人家树木，亦不祥。

人日这天，据《太上秘法镇宅灵符》，是道教"圣降"之日，"供养之仪，笺、沈、降真（各只宜一炷，不宜合和，悉有麝）、木樨、栀子、梅花、松、柏、净茶、枣汤。"[4] 人日也是道教"三会日"之一[5]，道观还会做法事。《云笈七签》卷 37《斋戒·说杂斋法》引《三元品戒经》云："正月七日，天地水三官检校之日，可修斋。"《圣纪》云："正月七日名举迁赏会斋。"《三洞奉道科》云："七日为延神斋。"又在

1　（唐）段成式撰，许逸民校笺《酉阳杂俎校笺》前集卷 16《广动植·羽》，中华书局，2015，第 1156~1157 页。其云："夜行游女，一曰天帝女，一名钓星。夜飞昼隐，如鬼神。衣毛为飞鸟，脱毛为妇人。无子，喜取人子。胸前有乳。凡人饴小儿，不可露处，小儿衣亦不可露晒。毛落衣中，当为鸟祟，或以血点其衣为志。或言产死者所化。"又云："鬼车鸟，相传此鸟昔有十首，能取人魂，一首为犬所噬。秦中天阴，有时有声，声如力车鸣，或言是水鸡过也。《白泽图》谓之苍鸆，《帝鸪书》谓之逆鸪……是九头鸟也。"

2　（唐）刘恂撰，商璧、潘博校补《岭表录异校补》卷中《鬼车》，广西民族出版社，1988，第 128~129 页。其云："鬼车，春夏之间，稍遇阴晦，则飞鸣而过。岭外尤多。爱入人家，炼人魂气。或云九首，曾为犬啮其一，常滴血，血滴之家，则有凶咎。《荆楚岁时记》云：'闻之，当唤犬耳！'"又云："鸺鹠，即鸱也，为鼹，可以聚诸鸟。昼目，目无所见，夜则飞撮蚊虻，乃鬼车之属也。皆夜飞昼藏，或好食人爪甲，则知吉凶。凶者辄鸣于屋上，其将有咎耳。故人除指甲，埋之户内，盖忌此也。亦名夜行游女，与婴儿作祟。故婴孩之衣，不可星露下，畏其祟耳。"

3　《女青鬼律》卷 4，载《道藏》第 18 册，文物出版社、上海书店、天津古籍出版社，1988 年影印本，第 247 页上栏。

4　《太上秘法镇宅灵符》载："每月圣降之日：正月初七日，二月初八日，三月初三日圣诞、初九日，四月初四日，五月初五日，六月初七日，七月初七日，八月十三日，九月初九日，十月二十一日，十一月初七日，十二月二十七日。"载《道藏》第 2 册，文物出版社、上海书店、天津古籍出版社，1988 年影印本，第 186 页下栏。

5　"三日会"之上会也有正月初五日之说，见《赤松子章历》卷 2，载《道藏》第 11 册，文物出版社、上海书店、天津古籍出版社，1988 年影印本，第 183 页上栏。

《阴阳杂斋日》中说："三会日：正月七日，举迁赏会斋。"[1] 在早期道教信仰中，有三会斋，又称三会日。陆修静《陆先生道门科略》载："以正月七日、七月七日、十月五日，一年三会。民各投集本治师，当改治录籍，落死上生，隐实口数，正定名簿，三宣五令，令民知法。其日天官地神咸会师治，对校文书，师民皆当清静肃然，不得饮酒食肉，喧哗言笑。会竟，民还家，当以闻科禁威仪教敕大小，务共奉行。"[2] 据此可知，此三日为"三官考核（道民）功过"的日子，也是早期正一道（即五斗米道和天师道时期）道民聚会的三个日子。在此三日里，道民须赴本师治所，申报家口录籍，听道官宣讲科戒，接受三官考核功过，以定受箓之等次。

三　从晦日到中和节（附二月二）

晦日，为农历每月的最后一天，俗称月有大、小尽，大尽三十日，小尽二十九日。正月晦日作为一年之中的第一个晦日，特别受到古人的重视，称为"初晦"，设为节日。《岁华纪丽》卷 1 说："月晦之初年，时俗以为节。"注引《荆楚岁时记》曰："每月皆有弦、望、晦、朔，以正月为初年，时俗重以为节也。"晦日为节，有聚饮、泛舟、湔裳、送穷之俗，寄托了古人的祛邪、避灾、祈福的美好愿望。

晦日聚饮、泛舟之俗，南北朝时即已流行。《荆楚岁时记》曰："元日至于月晦，并为酺聚饮食。士女泛舟，或临水宴乐。"杜注引隋朝人杜台卿《玉烛宝典》曰："元日至月晦，今并酺食，渡水。士女悉湔裳，酹酒于水湄，以为度厄。""湔裳"，亦称为"湔裙"，是一种妇女于水边洗衣以避灾祸、平安度过灾难的祓除仪式。沈佺期《晦日浐

1　（宋）张君房编《云笈七签》卷 37《斋戒·说杂斋法》引，李永晟点校，中华书局，2003，第 815、822 页。

2　（南朝宋）陆修静：《陆先生道门科略》，载《道藏》第 24 册，文物出版社、上海书店、天津古籍出版社，1988 年影印本，第 780 页上栏。

水侍宴应制》诗说："素浐接宸居，青门盛祓除。"[1]祓除，即除去凶咎及污垢的仪式。张说《晦日》诗也曰："晦日嫌春浅，江浦看湔衣。"[2]严维《晦日夜游》诗云："晦日湔裾俗，春楼置酒时。"[3]这些诗作反映的都是水边洗衣消灾度厄的习俗。道教认为人有灾难，可以通过禳除逃过，谓之"度厄"。《神仙传》就讲："按《九宫》及《三五经》及《元辰经》云：人生各有厄会，到其时，若易名字，以随元气之变，则可以延年度厄。今世有道者，亦多如此。"[4]《九宫经》《三五经》《元辰经》都是道教早期经典。

晦日最重要的习俗是送穷。《荆楚岁时记》载："晦日，送穷。"杜注曰："按《金谷园记》云：'高阳氏子瘦约，好衣敝食糜。人作新衣与之，即裂破，以火烧穿着之，宫中号曰"穷子"。正月晦日巷死。'今人作糜，弃破衣，是日祀于巷，曰'送穷鬼'。"[5]据此可知，"穷鬼"相传是颛顼高阳氏之子，由于他死在正月晦日，就形成了"送穷"习俗。大文豪韩愈作有《送穷文》，曰："元和六年（811）正月乙丑晦，主人使奴星结柳作车，缚草为船，载糗舆粮；牛系轭下，引帆上樯；三揖穷鬼而告之曰：'闻子行有日矣，鄙人不敢问所涂，窃具船与车，备载糗粮。日吉时良，利行四方。'"[6]虽是戏谑之文，却也反映了当时的风俗。姚合《晦日送穷三首》诗曰：

> 年年到此日，沥酒拜街中。万户千门看，无人不送穷。
> 送穷穷不去，相泥欲何为。今日宫家宅，淹留又几时。
> 古人皆恨别，此别恨消魂。只是空相送，年年不出门。[7]

1 （唐）沈佺期著，陶敏、易淑琼校注《沈佺期集校注》卷3，中华书局，2001，第172页。
2 （唐）张说著，熊飞校注《张说集校注》卷9，中华书局，第436页。
3 《全唐诗》卷263，中华书局，1960，第2922页。
4 《太平广记》卷1"老子"条引，中华书局，1961，第2页。按：《神仙传》为东晋时道士葛洪所撰，今人胡守为有校释本，而无此篇。
5 （南朝梁）宗懍撰，（隋）杜公瞻注，姜彦稚辑校《荆楚岁时记》，中华书局，2018，第26页。
6 （唐）韩愈撰，马其昶校注，马茂元整理《韩昌黎文集校注》卷8，上海古籍出版社，1986，第570页。
7 （唐）姚合著，吴河清校注《姚合诗集校注》卷6，上海古籍出版社，2012，第328页。

　　每年到这天，千家万户都要到街巷中去洒酒祭拜，没有不送穷的。但是年年送穷穷不去，穷鬼老是缠身，总也送不走，只是年年白白地相送。

　　晦日为唐代重要节日之一。唐德宗曾在贞元四年（788）九月诏书中说："其正月晦日、三月三日、九月九日三节日，宜任文武官僚选胜地追赏为乐……永为常式。"[1] 但因为"晦"意不吉利，所以到次年下令设"中和节"以取代晦日，德宗在《以二月一日为中和节敕》中说：

　　　　四序佳辰，历代增置，汉崇上巳，晋纪重阳。咸说禊除，虽因旧俗，与众共乐，咸合当时。朕以春方发生，候及仲月，勾萌毕达，天地和同，俾其昭苏，宜助畅茂。自今宜以二月一日为中和节，以代正月晦日，备三令节之数。内外官司，休假一日。[2]

　　中和节设立以后，和三月三日上巳节、九月九日重阳节，合称为"三令节"。吕渭在《皇帝移晦日为中和节》诗中说：

　　　　皇心不向晦，改节号中和。淑气同风景，嘉名别咏歌。湔裙移旧俗，赐尺下新科。历象千年正，酺醵四海多。花随春令发，鸿度岁阳过。天地齐休庆，欢声欲荡波。[3]

　　改晦日为中和节主要是为了起个好听的节名。中和节除了保存了晦日寻胜游宴、湔裙等旧俗外，还增加了一些新的节俗内容，如进农书、献种子（献生子）、上春服、赐尺赐衣等。《邺侯外传》载："（贞元）五年春，德宗以二月一日为中和节。泌奏今有司上农书、献穜稑之种，王公戚里上春服，士庶乃各相问讯。泌又作中和酒，祭勾芒

<hr>

1　《旧唐书》卷 13《德宗纪下》，中华书局，1975，第 366 页。
2　（宋）宋敏求编《唐大诏令集》卷 80，洪丕谟等点校，学林出版社，1992，第 416~417 页。
3　《全唐诗》卷 307，中华书局，1960，第 3488 页。

神，以祈年谷，至今行之。"[1]勾芒神，相传为春神（木神），主管大地的万物生长，属东方青帝太昊。在道教神仙谱系中，为五方天帝之一，称"东方安宝华林青灵始老九炁天君"。南北朝时流行的《元始五老赤书玉篇真文天书经》卷上说："东方安宝华林青灵始老，号曰苍帝，姓焖，讳开明，字灵威仰。头戴青精玉冠，衣九炁青羽飞衣。常驾苍龙，建鹑旗，从神甲乙官将九十万人。其精始生，上号东方青牙九炁之天，中为岁星，下为泰山。其炁如春草之始萌，其光如晖日之初降……上导九天之和气，下引九泉之流芳。养二仪以长存，护阴阳以永昌。天致元精于太极，地保山岳于句芒。"[2]阎朝隐《奉和圣制春日幸望春宫应制》诗曰："句芒人面乘两龙，道是春神卫九重。"[3]可见这是一个综合了晦日、春日等多种节俗的新节日。

古人有重日为节的习俗，所以唐代还以二月二日为"迎富"之日。《岁华纪丽》载："巢人乞子以得富：昔巢氏时，二月二乞得人子归养之，家便大富。后以此日出野，曰'采蓬'。兹向门前以祭之，云'迎富'。"晦日送穷、二日迎富，当与道教的迎财福赐富贵有关。

赐尺，也是二月二之俗。《唐六典》卷22《少府监北都军器监》"中尚署"条提到：中尚署令每年二月二日，要向皇帝提供"镂牙尺及木画紫檀尺"，用来在节日赏赐大臣。[4]以此勉励臣下治理政事，裁度有方。所以到后代，中和节又逐渐固定在二月二日，此日又称"龙抬头日"、春耕节、农事节、青龙节、春龙节等。

四　上巳节俗

上巳节，在三月三日，为唐代"三令节"之一。上巳节起源

1 《太平广记》卷38"李泌"条引，中华书局，1961，第241页。
2 《元始五老赤书玉篇真文天书经》卷上，载《道藏》第1册，文物出版社、上海书店、天津古籍出版社，1988年影印本，第784页中栏。
3 《全唐诗》卷69，中华书局，1960，第771页。
4 （唐）李林甫等：《唐六典》卷22《少府监北都军器监》"中尚署"条，陈仲夫点校，中华书局，1992，第573页。

很早，一般认为可以追溯到先秦时期的女巫祓除仪式。《周礼·春官·女巫》载："掌岁时祓除、衅浴。"东汉郑玄注："岁时祓除，如今三月上巳，如水上之类。衅浴，谓以香薰草药沐浴。"唐贾公彦疏："一月有三巳，据上旬之巳而为祓除之事，见今三月三日水上戒浴是也。"[1] 据此，"上巳"源自女巫在河边为人们举行的沐浴祓除仪式。

到春秋战国时期，上巳节已经发展成为人们的游春祓除之日。《诗经·郑风·溱洧》曰："溱与洧，方涣涣兮。士与女，方秉兰兮。"据说描写的就是郑国三月上巳节青年男女在溱水、洧水旁游春祓除的情景。《韩诗章句》曰："郑国之俗，三月上巳，之溱、洧两水之上，招魂续魄，秉兰草，祓除不祥。"[2] 看来上巳除了祓禊沐浴，还有招魂续魄之俗。

汉代传承此俗，上巳正式成为节日。《后汉书·礼仪志上》载："三月上巳，官民皆絜于东流水上，曰洗濯祓除，去宿垢疢，为大絜。絜者，言阳气布畅，万物讫出，始洁之矣。"[3] 古人认为上巳日在水边"祓禊"，洗濯身体，可以去污垢、除疾病、通阳气，确保一年平安。但这时的上巳是指三月上旬的巳日，每年日期还不固定。

到魏晋时期，为了便于记忆和统一，就把三月初三确定为上巳节。《晋书·礼志下》明确指出："汉仪，季春上巳，官及百姓皆禊于东流水上，洗濯祓除去垢。而自魏以后，但用三日，不以上巳也。"[4] 同时上巳节还被赋予新的节俗传说，并形成了"曲水流觞"之俗。[5]《荆

1　（清）孙诒让：《周礼正义》卷 50《春官·女巫》，王文锦、陈玉霞点校，中华书局，2013，第 2075 页。
2　程俊英、蒋见元：《诗经注析》，中华书局，1991，第 260 页。
3　《后汉书·礼仪志上》，中华书局，1965，第 3110~3111 页。
4　《晋书》卷 21《礼志下》，中华书局，1974，第 671 页。
5　曲水流觞，即三月三日人们在水边举行祓禊仪式之后，大家坐在水渠两边，将酒盛于带有双翅的酒杯"羽觞"或曰"耳杯"内，令其顺着宛曲的流水漂浮游动。流杯（流觞、泛觞）漂到谁的面前，谁就可以取杯饮酒，意为除灾祛祸，消除不吉。到魏晋时，已经发展成为文人墨客诗酒唱酬的一种雅事。最著名的就是，东晋永和九年（353）上巳节，著名书法家王羲之与谢安、孙绰等 42 位著名的文人士大夫，在会稽（今浙江绍兴）兰亭修禊后，举行饮酒赋诗的"曲水流觞"活动，引为千古佳话，流传后世。

楚岁时记》载："三月三日，士民并出江渚池沼间，为流杯曲水之饮。"
杜注引南朝梁吴均《续齐谐记》曰："晋武帝问尚书挚虞曰：'三日曲
水，其义何指？'答曰：'汉章帝时，平原徐肇以三月初生三女，而
三日俱亡。一村以为怪，乃相携之水滨盥洗，遂因流水以滥觞。曲
水之义起于此。'"尚书郎束晳反驳说："昔周公卜成洛邑，因流水以泛
酒……又，秦昭王三月上巳置酒河曲……乃因其处立为曲水祠。二汉
相沿，皆为盛集。"周处、吴徽注《吴地记》，"则又引郭虞三女，并以
元巳日死，故临水以消灾"。[1]郭虞也是东汉人，其事见《后汉书·礼仪
志上》刘昭注。[2]无论是徐肇或郭虞三女夭亡的传闻，还是周公流流水泛
酒、秦昭王置酒河曲的传说，都说明上巳节俗的人文色彩越来越浓厚。

到唐代，上巳祓禊之风得到延续，而游宴娱乐之风更为盛行。
《景龙文馆记》载："唐制，上巳祓禊，赐侍臣细柳圈各一，云带之免
虿毒瘟疫。中宗四年上巳，祓禊于渭滨，赋七言诗，赐细柳圈。"大
臣们纷纷作《奉和三日祓禊渭滨》诗，韦嗣立诗曰："乘春祓禊逐风
光，扈跸陪銮渭渚傍。"徐彦伯诗曰："晴风丽日满芳洲，御色春筵祓
锦流。"刘宪诗曰："此时御跸来游处，愿奉年年祓禊觞。"沈佺期诗
曰："宝马香车清渭滨，红荷碧柳祓堂春。"张说诗曰："青郊上巳艳阳
年，紫禁皇游祓渭川。"[3]这些诗作都提到了"祓禊"之风。

唐代上巳节俗明显受到道教因素的渗透，如赐细柳圈，源于道
教的柳树辟邪之说。俗传鬼怕柳树，神荼、郁垒捉住危害人间的鬼以
后，就用柳枝捆住喂食老虎；柳条也可以用来打鬼，所以人家常以门
户插柳条以避鬼；道教还有吕洞宾度化柳树精学道成仙的故事，由柳

1　（南朝梁）宗懔撰，（隋）杜公瞻注，姜彦稚辑校《荆楚岁时记》，中华书局，2018，第33~34页。

2　《后汉书·礼仪志上》刘昭注引："后汉有郭虞者，三月上巳产二女，二日中并不育，俗以为大
忌，至此月日讳止家，皆于东流水上，为祈禳自絜濯，谓之禊祠。引流行觞，遂成曲水。"中华
书局，1965，第3111页。《宋书·礼志》《南齐书·礼志》的说法与刘昭注相仿，只是在产女数
量及时间上略有不同。《宋书》卷15《礼志五》载："旧说后汉有郭虞者，有三女。以三月上辰
产二女，上巳产一女。二日之中，而三女并亡。俗以为大忌。至此月此日，不敢止家，皆于东
流水上为祈禳，自絜濯，谓之禊祠。分流行觞，遂之曲水。"中华书局，1974，第385~386页。

3　（唐）武平一撰，陶敏辑校《景龙文馆记》卷2、卷3，中华书局，2015，第128~129页。

树精度化的柳灵童（又名柳灵郎）成为捉鬼降妖的护法仙童。另外，柳谐音"留"，有留住之意，即留住家人不使其被鬼神捉走，还有留住财富不使其溜掉之意。另外，三月初三日还是道教圣诞日。[1]

上巳节文人士大夫还会在道观聚饮祓禊。权德舆《上巳日贡院考杂文不遂，赴九华观祓禊之会，以二绝句申赠》（一作《上巳日贡院赠内》）诗曰：

> 三日韶光处处新，九华仙洞七香轮。老夫留滞何由往，珉玉相和正绕身。
>
> 禊饮寻春兴有余，深情婉婉见双鱼。同心齐体如身到，临水烦君便祓除。

另有《和九华观见怀贡院八韵》诗曰：

> 上巳好风景，仙家足芳菲。地殊兰亭会，人似山阴归。丹灶珠缀掩，白云岩径微。真官集女士，虚室含春辉。拘限心杳杳，欢言望依依。滞兹文墨职，坐与琴觞违。丽曲涤烦虑，幽缄发清机。支颐一吟想，恨不双翻飞。[2]

九华观，位于通义坊。开元二十八年（740），蔡国公主舍宅置观。九华观中有池沼，与御沟相连，逶迤曲折。武元衡《题故蔡国公主九华观上池院》诗就有"曲沼天波接"句，薛逢《九华观废月池》也提到"寒沼""水槛"。上巳时节，权德舆与京城文士欢聚于九华观，临池祓禊，举行曲水流觞之会，"仙家""丹灶""白云""真官""虚室"，这些道家词语，给这次雅集涂抹上了许多道教色彩。

另外，上巳节在某些地方还是道教受符箓日。如杜光庭在《道教

---

1 《太上秘法镇宅灵符》，载《道藏》第 2 册，文物出版社、上海书店、天津古籍出版社，1988 年影印本，第 186 页下栏。

2 （唐）权德舆:《权德舆诗文集》卷 10，郭广伟校点，上海古籍出版社，2008，第 169~170 页。

灵验记》中就记载："成都贾琼，年三岁。其母因看蚕市，三月三日，过龙兴观门，众斋受箓，遂诣观，受《童子箓》一阶。"从此贾琼名系天曹黄簿之内，不属地司。[1] 在《神仙感遇传》中还记载了成都乐官于满川，在三月三日于蚕市遇化作卖水老人的神仙的故事。又有侯天师，也是在蚕市遇神仙授予道符，可以为人治病，称《天师符》。[2]

五 寒食、清明节

寒食节，又称冷食节、禁火节、禁烟节。关于寒食节的起源，有多种说法，大致说来主要有：古代改火说、周代禁火说、纪念介子推说。[3]

关于改火说。古代钻木取火，四季所用树木种类不同，故名改火。唐人李涪《刊误》"火"条载："《论语》曰：'钻燧改火。'春榆、夏枣、秋柞、冬槐，则是四时皆改其火。自秦以降，渐至简易，唯以春是一岁之首，止一钻燧。而适当改火之时，是为寒食节之后……故以钻燧证之。"[4]

关于周代禁火说。《荆楚岁时记》"寒食"杜注曰："案《周礼·司烜氏》：'仲春，以木铎循火禁于国中。'注云：'为季春将出火也。'今寒食准节气是仲春之末，清明是三月之初，然则禁火盖周之旧制。"

关于纪念春秋时被焚死的晋国高士介子推，是民间流传最广的一种说法。介子推，一名介子绥。最早记载其事迹的是《左传·僖公廿四年》："晋侯赏从亡者，介子推不言禄，禄亦弗及……遂隐而死。晋侯求之不获，以绵上为之田。曰：'以志吾过，且旌善人。'"[5] 此应为

---

1 （唐）杜光庭：《道教灵验记》卷 11《贾琼受正一箓验》，载罗争鸣辑校《杜光庭记传十种辑校》，中华书局，2013，第 261 页。

2 （唐）杜光庭：《神仙感遇传》卷 1《于满川》《侯天师》，载罗争鸣辑校《杜光庭记传十种辑校》，中华书局，2013，第 432、433 页。

3 张勃：《寒食节起源新论》，《西北民族研究》2004 年第 3 期。

4 （唐）李涪：《刊误》卷上，载吴企明点校《苏氏演义（外三种）》，中华书局，2002，第 239 页。

5 杨伯峻编著《春秋左传注》，中华书局，1990，第 417~419 页。

介子推传说的原型。到战国时期，出现了介子推被焚死的情节。《庄子·盗跖》说："介子推至忠也，自割其股，以食文公。文公后背之，子推怒而去，抱木而燔死。"[1]屈原《九章章句·惜往日》也说："介子忠而立枯兮，文君寤而追求。封介山而为之禁兮，报大德之优游。思久故之亲身兮，因缟素而哭之。"东汉王逸注曰："昔文公被郦姬之谮，出奔齐、楚，介子推从行，道乏粮，割股肉以食文公。文公得国，赏诸从行者，失忘子推。子推遂逃介山隐。文公觉寤，追而求之，子推遂不肯出。文公因烧其山，子推抱树烧而死，故言立枯也。"[2]后来《吕氏春秋》和《史记·晋世家》都有记载，都是在《左传》的基础上又进行了增续。[3]而刘向《新序》则是发挥了《庄子》之说；《说苑》却又未提焚死之事。[4]刘向二说还未记禁火寒食之事，稍后桓谭《新论》首记其事曰："太原郡民，以隆冬不火食五日，虽有疾病缓急，犹不敢犯，为介子推故也。"[5]据此在西汉时即已出现禁火五日寒食之俗，时间是在冬季。到东汉时，禁火时间延长到一个月，《后汉书·周举传》载："太原一郡，旧俗以介子推焚骸，有龙忌之禁。至其亡月，咸言神灵不乐举火，由是士民每冬中辄一月寒食，莫敢烟爨。"李贤注曰："俗传云子推以此日被焚而禁火。"[6]但此俗似乎仅在太原一带流行，还没有成为一个全国性的节日。汉末蔡邕《琴操》也载其事，但作"介

1　陈鼓应注译《庄子今注今译》，中华书局，2016，第778页。
2　（汉）刘向辑，（汉）王逸注，（宋）洪兴祖补注《楚辞》卷4《九章章句·惜往日》，孙雪霄校点，上海古籍出版社，2015，第187~188页。
3　（战国）吕不韦著，陈奇猷校释《吕氏春秋校释》卷12《季冬纪·介立》（上海古籍出版社，2002，第634页），其文略云："晋文公反国，介子推不肯受赏……遂背而行，终身不见。"《史记》卷39《晋世家》（中华书局，1958，第1662页）大致曰：晋文公返国，"赏从亡者及功臣"，未及介子推，子推遂携母逃入绵山。文公求之不得，于是"环绵上山中而封之，以为介推田，号曰介山，'以记吾过，且旌善人。'"
4　（汉）刘向编著，石光英校释，陈新整理《新序校释》卷8《义勇》，中华书局，2001，第957~962页。其文曰："晋文公反国……介子推无爵……遂去而之介山之上。文公使人求之不得……以谓焚其山宜出，及焚其山，遂不出而焚死。"向宗鲁校证《说苑校证》卷6《复恩》，中华书局，1987，第120~122页。其文略云："文公即位，赏不及推……使人召之，则亡，遂求其所在，闻其绵上山中。于是文公表绵上山中而封之，以为介推田，号曰介山。"
5　（汉）桓谭：《新论》卷下《离事》，上海人民出版社，1976，第47页。
6　《后汉书》卷61《周举传》，中华书局，1956，第2024~2025页。

子绥"，并且说"令民五月五日不得举火。"[1] 此又在时间上与寒食节不符，《岁时记》杜注也注意到了这一点。笔者认为"五月"或为衍文，故推测原文应作"令民五日不得举火"。

关于寒食节的时间，最早有明确记载的是曹操，他在《明罚令》中讲："闻太原、上党、西河、雁门，冬至后百有五日，皆绝火寒食，云为介子推。"有人理解为寒食节是从冬至后长达 105 天，这是不对的，也是不合情理的，应该是指冬至后 105 天为寒食节，太原等地"皆绝火寒食"。但是关于寒食时长，诸书记载又多有不同。曹魏时周斐《汝南先贤传》记"太原旧俗，以介子推焚骸，一月寒食"；晋人陆翙《邺中记》则作"并州俗，冬至后百五日，为介子推断火，冷食三日"。[2] 如此则有一个月、五日、三日多种说法，且魏晋诸书所记皆为太原（并州）旧俗，可见此时寒食节仅为一地方性节日。

到南北朝时，寒食才成为全国性的节日。北魏贾思勰《齐民要术》说："寒食，盖清明节前一天也。中国流行，遂为常俗。"[3] 南朝梁宗懔《荆楚岁时记》也说："去冬至节一百五日，即有疾风甚雨，谓之寒食。禁火三日，造饧大麦粥。春日榆荚雨。寒食，挑菜。斗鸡，镂鸡子，斗鸡子。"[4] 由此观之，约在五、六世纪时，南北各地才普遍流行寒食节。

到唐代，寒食节发展到极盛，并且开始出现了与新兴节日清明节合流的趋势。清明节，源于二十四节气中的清明，时当阳春三月，天气清朗，春光明媚，鲜花盛开，绿草如茵，正是一年之中游春的大好时节。由于寒食在清明节前一天，二节相连，所以从唐代开始出现寒食、清明两节合流的趋势。《岁华纪丽》"寒食"条载：

禁火之辰，游春之月。寒食是仲春之末，清明当三月之初。

1　（汉）蔡邕著，吉联抗辑《琴操（两种）》，人民音乐出版社，1990，第 13 页。
2　（唐）徐坚等辑《初学记》卷 4《岁时部下·寒食》引，韩放主校点，京华出版社，2000，上册，第 109 页。
3　（北魏）贾思勰，缪启愉、缪桂龙注《齐民要术》卷 9《醴酪》，上海古籍出版社，2006，第 650 页。
4　（南朝梁）宗懔撰，（隋）杜公瞻注，姜彦稚辑校《荆楚岁时记》，中华书局，2018，第 29~32 页。

禁其烟，周之旧制。不断火，魏之新规。桐始开花，榆方出火。二三之月，百五之辰。魏武之令，周举之书。一月寒食，三日断火。画鸭、斗鸡、蹴鞠，秋千，遗麦粥，祭酪盂。内火，司烜，白鸟，新烟。介子推之遗风，魏武帝之旧令。餐盘，饧粥。[1]

此记载首先将"寒食"与"清明"并举，点出其两节合一之意，然后用骈体文的形式，列举了有关寒食节的几乎所有典故，如周禁烟旧制，古改火之俗，介子推遗风，魏武帝禁令，周举移风易俗等，还指出寒食民俗活动，如画鸭、斗鸡、蹴鞠、秋千，赐新火，麦粥、饧粥，杏仁酪粥等。这些风俗共同构成了寒食、清明节的主要内容。

寒食、清明节合流，在初唐已露端倪。沈佺期《岭表逢寒食》诗曰："岭外逢寒食，春来不见饧。洛中新甲子，何日是清明？"作者诗题是"寒食"，开篇也讲"寒食"，却又想起了"清明"。[2] 李峤《寒食清明日早赴王门率成》诗曰："游客趋梁邸，朝光入楚台。槐烟乘晓散，榆火应春开。日带晴虹上，花随早蝶来。雄风乘令节，余吹拂轻灰。"诗中以"槐烟""榆火"，点出"春榆"易"冬槐"的改火旧俗，并称"寒食清明日"为"令节"，可见从初唐始，已开寒食、清明合流之势。

到盛唐时，寒食、清明二节往往连过，敦煌文书 P.3608 王泠然《寒食篇》诗曰：

天运四时成一年，八节相迎尽可怜。秋贵重阳冬贵腊，不如寒食在春前。禁火初从太原起，风俗流传几千祀。算取去年冬至时，一百五日今朝是。今年寒食胜常春，总缘天子在东巡。能令气色随河洛，斗觉风光竞逐人。上阳遥见青春见，洛水横流绕城殿。波上楼台列岸明，风光所吹皆流遍。画阁盈盈出半天，依稀

---

1 （唐）韩鄂：《岁华纪丽》卷 1，中华书局，1985 年丛书集成初编本，第 35~37 页。

2 （唐）沈佺期撰，陶敏、易淑琼校注《沈佺期集校注》卷 2，中华书局，2001，第 98 页。

云里见秋千。来疑神女从云下，去似恒娥到月边。金闺待看红妆
早，先过陌上垂杨好。花场共斗汝南鸡，春游遍在东郊道。千金
宝帐缀流苏，簸环还坐锦筵铺。莫愁光景重窗暗，自有金瓶照乘
珠。心移向者游遨处，乘舟欲骋凌波步。池中弄水白鹇飞，树下
抛球彩莺去。别殿前临走马台，金鞍更送彩球来。球落画楼攀柳
取，枝摇香径踏花回。良辰更重宜三月，能成昼夜芳菲节。今夜
无明月作灯，街衢游赏何曾歇。南有龙门对洛城，车马倾都满路
行。纵使遨游今日罢，明朝尚自有清明。[1]

　　王泠然是盛唐诗人。此诗开篇首先概括了寒食节的来源（太原
禁火旧俗）、时间（冬至后 105 日）及重要性（四时八节中最重要），
然后对寒食节的主要民俗活动，如秋千、斗鸡、马球、划船、春游、
宴饮等，都进行了非常传神的描述，生动地刻画出盛唐时期人们对
此节的热衷。白天风光旖旎，郊野、洛水两岸游人竞逐，入夜大街
上仍然是车马倾城，士女如织，仿佛展现出一幅东都盛世清明图。
最后说人们虽然游兴未尽，但是一想到明日连着清明，就又有了新
的期待。
　　盛唐以来，寒食、清明节的合流，其标志是唐廷在放假规定中已
将二节合而为一。《唐会要》卷 82《休假》载：

　　　　（开元）二十四年（736）二月十一日敕："寒食、清明，四
　　日为假。"至大历十三年（778）二月十五日，敕："自今已后，寒
　　食通清明休假五日。"至贞元六年（790）三月九日，敕："寒食、
　　清明，宜准元日节，前后各给三日。"[2]

　　据此，唐玄宗时寒食、清明节放假 4 天，代宗时为 5 天，德宗时

1　王重民等辑录，陈尚君校订《全唐诗外编》第 1 编《补全唐诗》，载陈尚君辑校《全唐诗补编》，
　　中华书局，1992，第 23~24 页。
2　《唐会要》卷 82《休假》，上海古籍出版社，1991，第 1798 页。

为 6 天，到宪宗时又延长到 7 天。敦煌写本文书 S.6537 背 14 分号郑余庆《大唐新定吉凶书仪》载：

> 寒食通清明休假七日。寒食禁火，为介子推投绵上山，怨晋文帝（公），公及禁（焚）山，子推抱树而烧死。文公乃于太原禁火七日，天下禁火一日。[1]

中唐诗人在描写寒食时可能提清明，歌咏清明时也可能举寒食，还可能在诗中将寒食、清明对举。如窦常《之任武陵，寒食日途次松滋渡，先寄刘员外禹锡》诗曰："看春又过清明节，算老重经癸巳年。"[2] 癸巳年，应为元和八年（813）。诗题"寒食日"，诗文却说"清明节"。又如白居易《清明日观妓舞听客诗》曰："辞花送寒食，并在此时心。"[3] 诗题"清明日"，诗文却说"送寒食"。再如王表《清明日登城春望寄大夫使君》诗曰："寒食花开千树雪，清明日出万家烟。"[4] 诗题为"清明日"，诗中却将"寒食"与"清明"对举。可见寒食、清明自盛唐以来已经合流为一个节日了。

从唐代开始，民间出现了寒食节扫墓习俗。唐高宗龙朔二年（662）四月十五日诏书中就提到"寒食上墓"之俗，到唐玄宗开元二十年（732）四月二十四日敕书中又说："寒食上墓，礼经无文，近世相传，浸以成俗。士庶有不合庙享，何以用展孝思？宜许上墓，用拜扫礼……仍编入礼典，永为常式。"[5] 从此寒食扫墓由民间风俗上升为国家礼制，在《大唐开元礼》中就有"寒食拜扫"礼。[6] 寒食、清明合流以后，祭祖、扫墓也成为清明节的主要节俗内容，俗称"鬼节"。

1　周一良、赵和平：《唐五代书仪研究》，中国社会科学出版社，1995，第 185 页。

2　《全唐诗》卷 271，中华书局，1960，第 3033 页。

3　（唐）白居易著，朱金城笺校《白居易集笺校》卷 20，上海古籍出版社，1988，第 1361 页。

4　《全唐诗》卷 281，中华书局，1960，第 3199 页。

5　《唐会要》卷 23《寒食拜扫》，上海古籍出版社，1991，第 512 页。

6　（唐）萧嵩等：《大唐开元礼》卷 78《王公以下拜扫附寒食拜扫》，民族出版社，2000 年影印本，第 358 页下栏 ~359 页上栏。

　　清明节也受到道教的重视。道教强调"清明"是一种内在修炼的心境，是洞隐见微、摆脱凡俗、长生成仙过程中的一种自我升华。故《老子想尔注》云："清静能睹众微，内自清明，不欲于俗。"[1]而清明节所在的三月正是盛德至旺时节，万物萌动，生机勃勃，故宜出游，《太平经》就说："三月盛德在九五，辰，上及天之中，盛道时在外道巷，故万物皆出居外也。"[2]对道家人来说，身处大自然之中，感受生命之本真，才能达到追求永恒之境界。

　　白居易一生乐道好佛，有很高的道、佛修养。他在《清明日登老君阁望洛城赠韩道士》诗中说：

　　　　风光烟火清明日，歌哭悲欢城市间。何事不随东洛水？谁家又葬北邙山？中桥车马长无已，下渡舟航亦不闲。冢墓累累人扰扰，辽东怅望鹤飞还。[3]

　　老君阁，在东都北邙山老君庙（后改称玄元皇帝庙，简称玄元庙或玄元观），相传为道教始祖太上老君炼丹悟道处。作者在清明日登临老君阁，俯瞰东都洛阳城，这是一个"风光烟火"的日子，这是一座充满"歌哭悲欢"的城市。只见北邙山上墓冢累累，拜扫的车马人流纷纷扰扰，中桥舟渡呈现出一派繁忙的景象。最后用"丁令威化鹤归辽"的仙道典故，感慨物是人非，表达了对韩道士学仙以脱生死的慨叹。丁令威是道教崇奉的著名仙人，最早见于相传为东晋陶潜（渊明）编撰的《搜神后记》，其卷1载：

　　　　丁令威，本辽东人，学道于灵虚山。后化鹤归辽，集城门华表柱。时有少年，举弓欲射之。鹤乃飞，徘徊空中而言曰："有鸟有鸟丁令威，去家千年今始归。城郭如故人民非，何不学仙冢垒

1　饶宗颐：《老子想尔注校证》，上海古籍出版社，1991，第33页。
2　王明编《太平经合校》卷44，中华书局，2014，第109页。
3　（唐）白居易著，朱金城笺校《白居易集笺校》卷33，上海古籍出版社，1988，第2253页。

垒？"遂高上冲天。[1]

　　丁令威还出现在唐人李玫《纂异记》中，有一则题为《嵩岳嫁女》的道教神话，记述了西王母宴会周穆王、汉武帝的场面。席间，麻姑弹琴，谢自然击筑，王子晋吹笙，丁令威唱歌。[2]他的事迹还被编入《洞仙传》《云笈七签》《三洞群仙录》《道门通教必用集》《上方大洞真元阴阳陟降图复解》《无上黄箓大斋立成仪》《逍遥墟经》《玉清无极总真文昌大洞仙经注》等道教经典。在医籍中也有关于他的事迹，如宋人王衮《博济方》卷5《丹药》记载了一个"张果老先生服杏仁法"，其中就提到了丁令威服生杏仁，不觉身飞，"经二十年，仙来迎接，乘龙驾鹤，以致升腾"。[3]可见道家有服食杏仁法秘方，而寒食清明节恰好有食杏仁酪粥的风俗。《岁时记》杜注引陆翔《邺中记》曰："寒食三日为醴酪，又煮糯米及麦为酪，捣杏仁煮作粥。"又引隋杜台卿《玉烛宝典》曰："今人悉为大麦粥，研杏仁为酪，引饧沃之。"[4]此俗应是受到道家养生长寿术的影响。

　　清明节扫墓，还要先祭拜后土。这是因为民间认为人死之后，入土为安，而后土是主宰大地之神。《楚辞·招魂章句》曰："君无下此幽都些。"王逸注曰："幽都，地下，后土所治也。地下幽冥，故称幽都。"[5]所以，祭墓之时先祭后土之俗就流传下来。钱大昕《十驾斋养新录》说："今世营葬，必于其侧立石，题'后土之神'。临葬，设酒脯祀之。其来已久。"[6]中唐诗人杨巨源《清明日后土祠送田彻》诗曰：

1　（晋）陶潜撰，汪绍楹校注《搜神后记》卷1，中华书局，1981，第1页。
2　（唐）李玫：《纂异记》，李宗为校点，上海古籍出版社，1991，第1~5页。
3　（宋）王衮：《博济方》，王振国、宋咏梅点校，上海科学技术出版社，2003，第187页。
4　（南朝梁）宗懔撰，（隋）杜公瞻注，姜彦稚辑校《荆楚岁时记》，中华书局，2018，第29~32页。
5　（汉）刘向辑，（汉）王逸注，（宋）洪兴祖补注《楚辞》卷9《招魂章句》，孙雪霄校点，上海古籍出版社，2015，第254、258页。
6　（清）钱大昕《十驾斋养新录》卷2《礼地神》，陈文和、孙显军校点，江苏古籍出版社，2000，第29页。

清明千万家，处处是年华。榆柳芳辰火，梧桐今日花。祭祠结云绮，游陌拥香车。惆怅田郎去，原回烟树斜。[1]

后土，是道教尊神"四御"或"六御"中的第四位天帝，全称为"承天效法厚德光大后土皇地祇"，掌阴阳，育万物。《三教源流搜神大全》就将"后土皇地祇"列为与"玉皇"对掌天地的道教尊神。[2]清明日诗人到后土祠送别田彻，看到前来祭祠的士女如云，香火旺盛。也许这位田郎就是一位修道的高士，否则为何会选取这样一个热闹的场合和时间？

清明节道教还会举行各种法会，邀请善男信女及文人雅士到道观做法事。孟浩然《清明日宴梅道士房》诗曰：

林卧愁春尽，开轩览物华。忽逢青鸟使，邀入赤松家。金灶初开火，仙桃正发花，童颜若可驻，何惜醉流霞。[3]

梅道士，是诗人的朋友，作者在多首诗中曾提到他，其中有《梅道士水亭》称赞他"傲吏非凡吏，名流即道流。隐居不可见，高论莫能酬"。[4]作者在诗中用"青鸟"（西王母信使）、"赤松"（上古仙人）、"金灶"（炼丹灶）、"仙桃"（西王母种食之桃）、"童颜"（修炼成仙者容颜）、"流霞"（仙酒）等道教事典，来描述清明节受梅道士相邀去道观赴宴的情景，表达了对道教神仙的向往之情。

唐代道士对清明节也有自己独特的感悟。如中唐著名道士施肩吾《越中遇寒食》诗云："去岁清明雪溪口，今朝寒食镜湖西。信知天地心不易，还有子规依旧啼。"[5]诗人曾于唐宪宗元和十五年（820）

1　《全唐诗》卷333，中华书局，1960，第3720页。
2　《绘图三教源流搜神大全（外二种）》，上海古籍出版社，1990，第31页。
3　（唐）孟浩然著，佟培基笺注《孟浩然诗集笺注》卷下，上海古籍出版社，2000，第302页。
4　（唐）孟浩然著，佟培基笺注《孟浩然诗集笺注》卷下，上海古籍出版社，2000，第104页。
5　《全唐诗》卷494，中华书局，1960，第5598页。

中进士，然淡于名利，性慕神仙，辞归修道，潜心炼丹。该诗是他在越中求仙访药的过程中，遇寒食清明节，或在雪溪口，或在镜湖西，通过子规啼声，感悟到天地永恒，从而深化了对生命永恒的执着信念。

清明游戏活动也透露出某种道教的精神意味，如秋千。唐人戏称这种游戏为"半仙之戏"。《开元天宝遗事》卷下记载："天宝宫中，至寒食节，竞竖秋千，令宫嫔辈戏笑，以为宴乐，帝呼为'半仙之戏'。都中士民，因而呼之。"[1]高无际在《汉武帝后庭秋千赋并序》中说："秋千者，'千秋'也。汉武祈千秋之寿，故后宫多秋千之乐。"此赋名为咏汉武帝，实为喻唐明皇。唐明皇曾将自己诞辰设为千秋节，故"秋千"又有祈祝千秋万岁、长生不老之意。高赋接着描写道：

> 当是时也，初度祺燕之辰，未届亲蚕之日。斗春服，竞新裳……下珠楼，巡玉砌，并伍徐出，丛三连袂……丛娇乱立以推进，一态婵娟而上跻，乍龙伸而蠖屈，将欲上而复低。擢纤手以星曳，腾弱质而云齐。一去一来，斗舞空之花蝶；双上双下，乱晴野之虹霓。径如风，捷如电。倏忽顾盼，万人皆见。香裾飒以牵空，珠汗集而光面。时进时退，以游以遨……期必高而让高……观其天仙步虚，飞鸟颉颃。飞鸟不离于羽族，天仙不举而自上。[2]

荡秋千时衣袂飘飘于半空之中，就像天仙步虚，乘风飞舞，又如飞鸟上下翻飞，羽化冲天。正如前引王泠然《寒食篇》诗所咏："画阁盈盈出半天，依稀云里见秋千。来疑神女从云下，去似恒娥到月边。"清明荡秋千，使人在飘飘欲仙中，能感受到一种对神仙世界的体悟以及生发出对长生成仙理想的向往。

---

1 （五代）王仁裕：《开元天宝遗事》卷下，曾贻芬点校，中华书局，2006，第41页。
2 《全唐文》卷950，中华书局，1983年影印本，第9863页上栏。

放纸鸢（风筝）也是清明节的主要游戏活动之一，其中亦寓含着一种希冀飞升成仙的美好愿望。刘得仁《访曲江胡处士》诗云：

> 何况归山后，而今已似仙。卜居天苑畔，闲步禁楼前。落日明沙岸，微风上纸鸢。静还林石下，坐读养生篇。[1]

这位胡处士是一位修真养性的高士，虽然已经"归山似仙"，却卜居曲江，闲步禁楼，微风放纸鸢，静读养生篇。"纸鸢"与"养生"成为这位"神仙"的修道生活。放纸鸢为道家提倡的一种养生方法，清明时节，放飞纸鸢，引颈远眺，极目云天，呼吸新鲜空气，改善新陈代谢，清火散郁，有祛病健身、延年益寿之功效。晚唐诗人罗隐思想本属道家，他在《寒食日早出城东》诗中也表达了超凡脱世、达于仙真的意蕴：

> 青门欲晓天，车马已喧阗。禁柳摇风细，墙花拆露鲜。向谁夸丽景？只此是流年。不得高飞便，回头望纸鸢。[2]

作者在寒食节早晨出长安城东春游，这时外出拜扫、踏青的车马已经纷纷攘攘，而他对这早春丽景，却感慨万千，叹时光流逝，受尘世俗累，不能高飞，因而徒羡纸鸢能直冲霄汉。

对道教来说，清明不仅是一个时令节气，更是一种至高无上的天道，《太平经》云："夫道，乃天也，清且明，不欲见污辱也。"[3] 天道清明不但是道教所追求的一种理想生存状态，也是全体中国人孜孜以求的一种梦想。

---

1 《全唐诗》卷544，中华书局，1960，第6296页。
2 （唐）罗隐：《甲乙集》卷5，载李定广系年校笺《罗隐集系年校笺》，人民文学出版社，2013，第246页。
3 王明编《太平经合校》卷117，中华书局，2014，第672页。

第二节　夏季节日中的道教因子

一　民间端午，道门地腊

　　端午节，为五月初五。"端午"又称"端五"，《太平御览》卷31引周处《风土记》曰："仲夏端五。端，初也。俗重五月五日，与夏至同。"[1] "端"意为开端、初始，古人以干支记历，五月为午月，五日为午日，故称"重午"，又称"重五"。而午日又为阳辰，所以也称"端阳"，此外还有龙舟节、粽子节、浴兰节、采艾节、菖蒲节、天中节[2]等许多专名。

　　关于端午节的起源，民间流传着多种说法，如吴地（今江苏苏州）有纪念忠臣伍子胥说，会稽（今浙江绍兴）有纪念孝女曹娥说，苍梧（今广西梧州）有纪念廉吏陈临说，并州（今山西太原）有纪念高士介子推说，还有勾践操练水军说，但其中流传最广、影响最大的是纪念楚国伟大的爱国主义诗人屈原说。关于纪念介子推说，当为讹传，已在前节辨误。关于纪念伍子胥说，见《岁时记》杜注引汉末邯郸淳《曹娥碑》曰："五月五日，时迎伍君。"评曰："斯又东吴之俗，事在子胥，不关屈平也。"[3] 至于其余诸说则皆见《岁华纪丽》"端午"节俗条记载：

　　　　日叶正阳，时当中（仲）夏。采蟾蜍之令节，语鸲鹆之佳

---

[1] 《太平御览》卷31《时序部》，中华书局，1960年影印本，第146页下栏。按：《艺文类聚》卷4《岁时部中》"五月五"也引，略同；《初学记》卷4《岁时部下》"五月五日"则引作"端午"，注云"端，始也，谓五月五日"。今从"端五"。

[2] 关于"天中节"之说，见杜光庭《录异记》佚文《张仁宝》：校书郎张仁宝素有才学，年少而逝，自成都归葬阆中，"端午日，又闻扣门声，其父于门罅伺之，乃见其子，身长三丈许，足不践地。门上题'五月午日天中节'"。见罗争鸣辑校《杜光庭记传十种辑校》，中华书局，2013，第124页。

[3] （南朝梁）宗懔撰，（隋）杜公瞻注，姜彦稚辑校《荆楚岁时记》，中华书局，2018，第47~48页。

辰。锦标、鬼字，角黍之状，浴兰之月。朱索、赤符，祭屈、祠陈，长命缕、辟兵缯。结庐、蓄药，斗百草、缠五丝。忌盖屋，勿曝荐。午位初杓，一阴潜发，当赤帝炎威之际，是朱明炽毒之时。救屈原以为俗，因勾践以成风。月号正阳，时惟端午……胡广生，曹娥死，时当采艾，节及浴兰……包菰、挂艾，百索绕臂，五彩缠筒。[1]

其中"祭屈"注引南朝梁吴均《续齐谐记》曰："屈原五月五日，投汨罗江死。楚人哀之，至此日，以筒贮米，投水祭之。汉建武元年（25），长沙有人见三闾大夫，曰：'常苦蛟龙所窃，今若有惠愿，以蒲叶裹五色丝缠之，则蛟龙畏也。'"这是纪念屈原说的由来，也是唐代最为流行的一种说法。

"祠陈"注引三国吴谢承《后汉书》曰："陈临为苍梧太守，推诚以理。临征去后，本郡以五月五日祠之东门城上，令小童洁服而舞。"这是纪念陈临说的本事。

"悼曹娥"，注引南朝宋刘敬叔《异苑》曰："曹娥父以五月五日溺死，娥巡江号哭七日，遂投江死。三日后，与父尸俱出。"这是纪念曹娥的传说。其实有关曹娥的事迹，最早见于汉末邯郸淳撰写的《曹娥碑》："孝女曹娥者，上虞曹盱之女也……盱能抚节安歌，婆娑乐神。汉安二年（143）五月，迎伍君，逆涛而上，为水所淹，不得其尸。时娥年十四岁，号慕思盱，哀吟泽畔，旬有七日，遂自投江死，经五日抱父尸出。"后来东晋虞预《会稽典录》、范晔《后汉书·列女传》中也均有记载。

"因勾践"，注引《越地传》云："竞渡起于越王勾践。"有人认为《越地传》即《越绝书》的《外传记地传》。[2]那么它不会晚于汉末晋初。

端午节民俗活动非常丰富，有食角黍（粽子）、赛龙舟（龙舟竞

1　（唐）韩鄂：《岁华纪丽》卷2，中华书局，1985年丛书集成初编本，第47~50页。
2　李步嘉：《〈越绝书〉研究》，上海古籍出版社，2003，第37页。

渡）、踢百草（斗百草）、采杂药、挂艾、兰浴、系长命缕（五色丝）等。这些习俗都是传统文化长期积淀而形成的，每一项活动都有一个流传已久的传说和典故。

道教对端午节俗的影响很大。道教称端午节为"地腊节"，为"五腊""八解"斋祭日之一，[1]是祭祀祖先和请求赎罪解厄的重要日子。《赤松子章历》卷2载：

> 五月五日地腊：五帝校定生人官爵，血肉衰盛，外滋万类，内延年寿，记录长生名字。此日可谢罪，求请移易官爵，祭祀玄祖。其日不可伐损树木、血食，可服气，消息四大。[2]

据此可知，地蜡节的主要目的是请求赎罪、升迁官爵、祭祀祖先、长生延年等。而端午节的许多民俗活动，如贴符佩印，采蟾蜍，饮菖蒲酒（食菖蒲）、雄黄酒，采杂药、合药，兰浴，系长命缕（五色丝）等都与道教文化有千丝万缕的关联。

端午节贴符佩印习俗，来自古代禁忌。《荆楚岁时记》说："五月，俗称恶月，多禁。忌曝床荐席，及忌盖屋。"[3]农历五月，时当仲夏，天气燥热，正如《岁华纪丽》"端午"条所说："午位初杓，一阴潜发，当赤帝炎威之际，是朱明炽毒之时。"此时各种毒虫滋长繁殖，易伤人和出现瘟疫流行，这样就形成了有关五月的许多禁忌。如忌曝床之俗，大概源于刘敬叔《异苑》的一则诡异传说："新野庾寔，尝于五月五日曝席荐，忽见一小儿死于荐下，俄失所在。其后，寔女遂亡。因相传以为忌。"忌盖屋之俗，据说起于应劭《风俗通义》，曰："此日

1　道教有所谓的"五腊日"：正月一日名天腊，五月五日名地腊，七月七日名道德腊，十月一日名民岁腊，十二月节日名王侯腊。又有"三会日"：正月五日上会，七月七日中会，十月五日下会。合称"八解日"。

2　《赤松子章历》卷2，载《道藏》第11册，文物出版社、上海书店、天津古籍出版社，1988年影印本，第187页上栏。

3　（南朝梁）宗懔撰，（隋）杜公瞻注，姜彦稚辑校《荆楚岁时记》，中华书局，2018，第43页。

盖屋，令人头秃。"[1] 唐人段成式《酉阳杂俎·广知》也记载了另一种说法："俗讳五月上屋，言五月人蜕，上屋见影，魄当去。"[2] 又有"五月五日生子不举"之说，《岁华纪丽》引《世说》曰："胡广本姓黄，以五月五日生，父恶之。盛胡芦弃江中，居人见之，收养以为己子。托胡芦生乃姓胡。"[3] 可见"五月五日生子不举"之俗，战国时即已流行。

为解"恶月"之毒，在汉代就出现了用"五色桃印（符）"避恶之术。《后汉书·礼仪志》载："仲夏之月，万物方盛。日夏至，阴气萌作，恐物不楙。其礼：以朱索连荤菜，弥牟（朴）蛊钟。以桃印长六寸，方三寸，五色书文如法，以施门户……故以五月五日，朱索五色印为门户饰，以难止恶气。"[4] 这种悬挂桃木印符除恶之俗，为后来道教所继承，在道教法器中就有桃木法印，常用于驱邪除鬼和符箓斋醮。另外，还有枣木印，如《三皇内文遗秘》中就讲道："太清黄神越章秘印：用雷震枣木心，于五月五日，或春甲子日，或夏丙午日刻之……黄神越章秘印，能制伏万邪，及诸祆（妖）怪灾害急难……

1　（唐）韩鄂：《岁华纪丽》卷 2，中华书局，1985 年丛书集成初编本，第 48~49 页。

2　（唐）段成式撰，许逸民校笺《酉阳杂俎校笺》前集卷 11《广知》，中华书局，2015，第 805 页。此俗来自《荆楚岁时记》注引："或问董勋曰：'俗五月不上屋，云五月人或上屋见影，魂便去？'"见姜彦稚辑注本，中华书局，2018，第 43 页。

3　（唐）韩鄂：《岁华纪丽》卷 2，中华书局，1985 年丛书集成初编本，第 49 页。关于此俗，最早见于战国时孟尝君田文，"以五月五日生"，其父田婴对其母说"勿举也"，理由是"五月子者，长与户齐，将不利其父母"。见《史记》卷 75《孟尝君列传》，中华书局，1982，第 2251 页。王充《论衡·四纬》解释说："讳举正月、五月子。以为正月、五月子杀父与母，不得举也。已举之，父母祸死。夫正月、五月何故杀父与母？……夫正月岁始，五月盛阳，子以（此月）生，精炽热烈，厌胜父母，父母不堪，将受其患。传相放（仿）效，莫谓不然。"见黄晖：《论衡校释（附刘盼遂集解）》卷 23《四纬》，中华书局，1990，第 978~979 页。应劭《风俗通义·正失篇》也说："今俗间多有禁忌，生三子者，五月生者，以为妨害父母。"见（汉）应劭撰，吴树平校释《风俗通义校释》，天津人民出版社，1980，第 95 页。此俗流传甚广，如葛洪《西京杂记》卷 2 还举王凤例曰："王凤以五月五日生，其父欲不举。曰：'俗谚：举五日子，长及户则自害，不则害其父母。'其叔父曰：'昔田文以此日生……以古事推之，非不祥也。'遂举之。"中华书局，1985，第 14 页。又东晋名将王镇恶，"以五月五日生，家人以俗忌，欲令出继疏宗"，其祖父王猛见而奇之，曰："此非常儿，昔孟尝君恶月生而相齐，是儿亦将兴吾门矣。"故名之为"镇恶"。见《宋书》卷 45《王镇恶传》，中华书局，1974，第 1365 页。《太平御览》卷 31《时序部·五月五日》引《孝子传》曰："纪迈五月五日生，其母弃之，村人纪淳妻养之。年六岁，本父母云：'汝是我儿。'迈递泣，佣所得，辄上母。"中华书局，1960 年影印本，第 146 页上栏。

4　《后汉书·礼仪志》，中华书局，1965，第 3122 页。

所求遂心。常带腰袖间，阴兵护助。"[1] 黄神越章是道教信奉之神，又称"黄神""黄越之神"，为天帝或黄老君的使者，有驱邪护神之能。《太上正一咒鬼经》曰："天师曰，吾上太山谒见黄老君，教吾杀鬼语……左契佩带印章，头戴华盖，足蹑魁罡，左扶六甲，右扶六丁，前有黄神，后有越章，神师诛伐，不避豪强，先杀邪神，后灭游光，何神敢前，何鬼敢当。"[2] "太清黄神越章印"于端午日制作，应是吸收了民间祛邪除病的节日风俗观念。葛洪在《抱朴子内篇·杂应》中提到"辟五兵之道"时曰："或以五月五日作赤灵符，著心前。"[3] 北齐魏收《五日诗》云："辟兵书鬼字，神印题灵文。"[4] 反映了端午贴符佩印习俗。

　　端午采蟾蜍也是道教辟兵祛灾术之一。早在道家《文子·上德篇》中就说："蟾蜍辟兵，寿在五月之望。"宋末元初著名道士杜道坚注引《淮南万毕术》曰："蟾蜍五月中杀，涂五兵，入军阵而不伤。"[5] 所谓"五兵"是指矛、戟、弓、剑、戈等五种兵器，泛指各种兵器。《抱朴子内篇·仙药》中也说道："肉芝者，谓万岁蟾蜍，头上有角，颔下有丹书八字再重，以五月五日日中时取之，阴干百日，以其左足画地，即为流水，带其左手于身，辟五兵。"[6] 万岁蟾蜍显然为

1　《三皇内文遗秘》，载《道藏》第 18 册，文物出版社、上海书店、天津古籍出版社，1988 年影印本，第 582 页下栏 ~583 页中栏。

2　《太上正一咒鬼经》，载《道藏》第 28 册，文物出版社、上海书店、天津古籍出版社，1988 年影印本，第 367 页下栏。

3　王明：《抱朴子内篇校释》卷 15《杂应》，中华书局，1985，第 269~270 页。

4　（唐）徐坚等辑《初学记》卷 4《岁时部下》引，韩放主校点，京华出版社，2000，上册，第 120 页。

5　（春秋）辛妍（文子）著，（元）杜道坚注《文子》卷 6《上德篇》，上海古籍出版社，1989 年影印本，第 40 页下栏。按：《文子》，道教又称《通玄真经》，杜注又名《通玄真经缵义》。又《淮南子·说林训》也曰："鼓造辟兵，寿尽五月之望。"高诱注："鼓造，盖谓枭。一曰虾蟆。今世人五月望作枭羹，一作虾蟆羹。"朱芹云："望，谓五月五日也。"见何宁：《淮南子集释》卷 17，中华书局，1998，第 1187~1188 页。

6　王明：《抱朴子内篇校释》卷 11《仙药》，中华书局，1985，第 201 页。陆机《要览》也曰："万岁蟾蜍，头上有角，颔下有丹书，重八字，名曰肉芝。以五月五日取，阴干，以其足画地，即流水，带之于身，能辟兵。"见（明）陶宗仪等编《说郛三种》卷 59，上海古籍出版社，2012 年影印本，第 2738 页。

夸大其词，他在《杂应》篇中讲到"辟五兵之道"时，还有"或以月蚀时刻，三岁蟾蜍喉下有八字者血，以书所持之刀剑……亦有明效。"[1]道家宣扬在五月时以蟾蜍血涂在兵器上，可以起到刀枪不入的"辟兵"作用。

　　端午饮菖蒲酒，其最初是用菖蒲叶浸制而成的一种养生酒。菖蒲，为天南星科多年生草本植物，叶呈剑形，多生于沼泽和溪水边，气味芳香浓郁，可用作香料或驱蚊虫，自古以来就被视作修炼成仙的神草。汉代古诗曰："石上生菖蒲，一寸八九节。仙人劝我餐，令人好颜色。"[2]梁代江淹也有《采石上菖蒲》诗曰："冀采石上草，得以驻衰颜。"[3]《水经注》也说："石上菖蒲，一寸九节，为药最妙，服久化仙。"[4]古人认为服食菖蒲可以长生不老、青春永驻。《神农本草经》载：菖蒲，"久服轻身，不忘，不迷惑，延年。"[5]《列仙传》中也提到，神仙务光服蒲韭根、商邱子胥食菖蒲根。[6]蒲韭，即菖蒲，因其叶似韭，故名。《本草纲目·菖蒲》引《典术》云："尧时天降精于庭为韭，感百阴之气为菖蒲，故曰'尧韭'。方士隐为水剑，因叶形也。"[7]《典术》为南朝宋时建平王刘宏（一作梁建平王）主持编撰的一部医书。葛洪在《抱朴子内篇·仙药》中也说："韩终服菖蒲十三年，身生毛，日视书万言，皆诵之，冬袒不寒。又菖蒲须生得石上，一寸九节以上，紫花者尤善也。"[8]他在《神仙传》中还说：咸阳王典食菖蒲得长生；安期

1　王明：《抱朴子内篇校释》卷15《杂应》，中华书局，1985，第270页。
2　（明）杨慎撰，杨文生校笺《杨慎诗话校笺》之《诗话补遗·汉古诗逸句》，四川人民出版社，1990，第345页。
3　（南朝梁）江淹著，丁福林、杨胜朋校注《江文通集校注》卷3，上海古籍出版社，2017，第486页。
4　（北魏）郦道元撰，陈桥驿校证《水经注校证》卷15"伊水"条，中华书局，2007，第376页。
5　马继兴主编《神农本草经辑注》卷2《上药》，人民卫生出版社，1995，第41页。
6　王叔岷：《列仙传校笺》卷上《务光》、卷下《商邱子胥》，中华书局，2007，第33、140页。
7　（明）李时珍编著，张守康等校注《本草纲目》卷19《草部·菖蒲》，中国中医药出版社，1998，第583页。
8　王明：《抱朴子内篇校释》卷11《仙药》，中华书局，1985，第208页。

生采一寸九节菖蒲服，仙去。[1] 其中有一个"王兴坚持服食菖蒲长生成仙"的故事，颇具传奇色彩：

> 王兴者，阳城人也，常居一谷中，本凡民，不知书，无学道意也。汉武帝元封二年，上嵩山，登大愚石室，起道宫，使董奉君、东方朔等，斋洁思神。至夜，忽见仙人长二丈余，耳下垂至肩，武帝礼而问之，仙人曰："吾九疑仙人也，闻中岳有石上菖蒲，一寸九节，服之可以长生，故来采之。"言讫，忽然不见。武帝顾谓侍臣曰："彼非欲学道服食者，必是中岳之神，以此教朕耳。"乃采菖蒲服之。且二年，而武帝性好热食，服菖蒲每热者，辄烦闷不快，乃止。时从官多皆服之，然莫能持久。唯王兴闻仙人使武帝常服菖蒲，乃采服之不息，遂得长生。[2]

这个故事主要叙述了"九疑仙人"教汉武帝服食菖蒲，而武帝不能持之以恒，结果没能获得长生。王兴原是一介"凡民"，本来无心学道，却因常年坚持服食菖蒲，后来竟得长生，以此来宣扬道教的神仙可学论。李白的《嵩山采菖蒲者》诗曰："神仙多古貌，双耳下垂肩。嵩岳逢汉武，疑是九疑仙。我来采菖蒲，服食可延年。言终忽不见，灭影入云烟。喻帝竟莫悟，终归茂陵田。"[3] 歌咏的就是此事。

唐人多相信服食菖蒲可以令人长生不老，如李白《送杨山人归嵩山》诗曰："尔去掇仙草，菖蒲花紫茸。"[4] 张籍《寄菖蒲》诗曰："石上生菖蒲，一寸十二节。仙人劝我食，令我头青面如雪。逢人寄君一绛囊，书中不得传此方。君能来作栖霞侣，与君同入丹玄乡。"[5] 王贞白

1　（明）李时珍编著，张守康等校注《本草纲目》卷19《草部·菖蒲》，中国中医药出版社，1998，第584页。按：咸阳王典食菖蒲得长生、安期生服一寸九节菖蒲仙去二事，不见今本《神仙传》。

2　（晋）葛洪撰，胡守为校释《神仙传校释》卷10《王兴传》，中华书局，2013，第354页。

3　（唐）李白著，瞿蜕园、朱金城校注《李白集校注》卷25，上海古籍出版社，1980，第1458页。

4　（唐）李白著，瞿蜕园、朱金城校注《李白集校注》卷17，上海古籍出版社，1980，第1041页。

5　（唐）张籍撰，余恕诚、徐礼节校注《张籍集系年校注》卷7，中华书局，2011，第834页。

《送芮尊师》诗曰："石上菖蒲节节灵，先生服食得长生。"[1]沈麟《送道士曾昭莹》诗曰："丹霄人有约，去采石菖蒲。"[2]采食菖蒲是唐人养生服食的重要习俗。

唐代还出现了一部专门神化服食菖蒲功效的道经《神仙服食灵草菖蒲丸方传》（简称《菖蒲传》），其中言："夫菖蒲者，水之精，神仙之灵草，大圣之珍方，游山隐士，遁世潜人，皆服之。"它还引扁鹊语曰："菖蒲能治积年风疾，广济世人，男女有疾，悉宜服之。"又引东汉时得道仙人刘根语曰："服菖蒲者，博览群书，日夕无倦，昼夜不寐，百神皆为侍奉。"它还列举了许多服食菖蒲得道成仙的例子，较著名的如下。

相传汉武帝时仙人东方朔，"惟敬尚服菖蒲"。

梁武帝，"效而服之，百病消除，聪明爽利"，称赞其为"仙草"，"能广救诸病，延年益寿强志，童颜日驻"，"朝夕依法服之，甚有验矣，不唯男女老少服之，尤有增益。每为鬼神之所保护，世人莫测其由，服之百无所忌"。

陶潜（渊明），"五月五日采之，以蜜为丸"，其服食法，"老幼服之，永无患害，百无所忌。每日早辰二十五丸，日午二十五丸，晚后三十丸，不得阙废时日，一年已后，出三尸九虫，无复搔扰"。

河内县道者叶敬原母，"年三十五，因疾中风，四肢不举，手足瘫痪，羸瘦弱损，一似鬼形，应是方书，寻览皆遍，千药无效。时有少室仙人，令服此药。一年已后，百病并除，四体充悦，肌肤红白，步轻行速，耳目聪明。至五年，形容转少，其功莫能测度也"。

天师寇谦之，"每服菖蒲得仙，至今庙前生菖蒲"。

此外，还有许多坚持服食菖蒲成仙者，如郑鱼、盖绰、道士官和、周鹿、紫弘原母子、王良、少室仙人鲁原、萧光、少室山严存真母子、河内王兴、河阳张士衡、王屋县令周忠道、初县百姓容弘、海沂人李亮、处州王陪等，都是在坚持服食菖蒲10~20年后得道成仙的。

1　（唐）王贞白：《王贞白诗集》，江西人民出版社，2013，第64页。

2　《全唐诗》卷770，中华书局，1960，第8746~8747页。又卷861有沈廷瑞《赠僧昭莹》诗："何期早相遇，乐共煮菖蒲。"第9731页。

　　该书还强调，除五月初五端午日采菖蒲，还可以在其他重日采撷，"《太清经》说神仙灵草菖蒲采取法，以三月三日、四月四日、五月五日、六月六日、七月七日、八月八日、九月九日、十月十日，采之时，须是清静石上水中生者，仍须南流水者，北流水者不堪"。陶渊明也说，"但以九月九日，采取菖蒲，炎日干之，杵为散，以糯米糊，合之成丸"。又一法，"拣净地生处采之，当日收采，于当处去根上毛，令净，以物盛之，水中净洗，去浊汁，坚头薄切，以好日色曝干，杵罗，好日合之作糊，法用陈糯米，经宿浸淘，去坩汁，砂盆中细研，澄滓煮熟，以散搅和熟溲，众人为丸，如梧桐子大，曝干，合中贮之，初服十丸，嚼一口饭，和丸一时咽下，后即酒下。便吃点心饭，尤佳。百无所忌。服经十（一）月，能消食。两月，除冷疾。三月，百病痊。而至四年，精神有余。五年，骨髓充满。六年，颜色光泽，状如童子。七年，发白再黑。八年，齿落重生。九年，皮肤滑腻。十年，面如桃花。十一年，骨轻。十二年，永是真人，长生度世，颜如芙蓉，役使万灵，精邪不近，祸患永消……其得之者，镇心益气，强志壮神，填髓补精，发髭皆黑。若能志服，永保长生也"。又法三，"百三十岁亦有加者，长生度世，其菖蒲功不可当也……五日采之俱佳，刮去粗皮，薄切曝干，一如前法，杵罗，研粳米糊和药末，得所成团，然后入铁臼中，重捣三千下为丸"。作者反复强调，此乃"神仙"之方，"学道之人……如能一志采取，依法服之，必可以延年"。[1]

　　正因为服食菖蒲有这么多好处，所以才出现了端午节饮菖蒲酒的习俗。相传此日饮菖蒲酒，可以驱邪防疫，延年益寿。《荆楚岁时记》载："五月五日……以菖蒲或镂或屑，以泛酒。"[2]孙思邈《千金月

---

1 《神仙服食灵草菖蒲丸方传》，载《道藏》第18册，文物出版社、上海书店、天津古籍出版社，1988年影印本，第502页下栏~504页上栏。

2 （南朝梁）宗懔撰，（隋）杜公瞻注，姜彦稚辑校《荆楚岁时记》，中华书局，2018，第44~45页。

令》也有类似的记载。[1]菖蒲酒，性温味辛，饮之有益肺胃。梁简文帝萧纲《对烛赋》就描写了饮菖蒲酒的场面："菖蒲传酒座欲阑，碧玉舞罢罗衣单。"[2]王焘在《外台秘要》中还记载了一个制作生菖蒲酒的方子：

> 生菖蒲酒方：陆地菖蒲细切一石别煮，天门冬一斤去心，天雄三两去皮生用，麻子人（仁）一升，茵芋、干漆、干地黄、远志去心各三两，露蜂房五两，苦参一斤，黄耆半斤，独活、石斛各五两，柏子人（仁）二升，蛇皮长三尺，大蓼子一升。右（上）十六味哎咀之。以绢囊盛著。先以水二斛五斗煮菖蒲根，取八斗，以酿一斛五斗米许。用七月七日造，冬月酒成，漉糟停药，著器中下消减，令人延年益寿，耳目聪明，气力兼倍……更重煮菖蒲，去滓取汁，以渍洗悉益佳……十日酒定熟，须去滓佳。[3]

此方出自唐初名医甄权的《古今录验方》，且强调于七月七日造，[4]而不是五月五日，不过也是《太清经》所说的重日采制之一。这种生菖蒲酒主要是用来治疗白癜风（"白驳"）的一种药酒，同时也有令人延年益寿、耳聪目明、增强气力之功效。故端午饮菖蒲酒受到唐人追捧，殷尧藩《端午日》诗就说："少年佳话倍多情，老去谁知感慨生。不效艾符趋习俗，但祈蒲酒话升平。"作者感叹人生易老，年华易逝，虽不能效仿人们在端午节悬挂艾草和驱邪符之俗，但还是希望饮一杯菖蒲酒，祈愿天下太平。

雄黄酒，是用研磨成粉末的雄黄泡制而成的一种药酒。雄黄是道教炼丹的主要药物之一，葛洪在《抱朴子》中多处讲到雄黄制作的丹

1　（唐）孙思邈：《千金月令》，窦怀永点校，载《中华礼藏·礼俗卷·岁时之属》第 1 册，浙江大学出版社，2016，第 276 页。

2　（唐）欧阳询：《艺文类聚》卷 80《火部·烛》，汪绍楹校，上海古籍出版社，1999，第 1372 页。

3　（唐）王焘：《外台秘要》卷 15，人民卫生出版社，1982 年影印本，第 428 页上栏。

4　（唐）甄权撰，谢盘根辑校《古今录验方》，中国医药科技出版社，1996，第 385 页。

药及服用之法、佩带雄黄辟鬼及避虫蛇之毒功效，其中在《仙药篇》中还说道："雄黄当得武都山所出者……饵服之法，或以蒸煮之，或以酒饵……服之皆令人长生，百病除，三尸下，瘢痕灭，白发黑，堕齿生。"[1] 这种服食雄黄法，强调用酒作药引子。

原题为隋朝京里先生撰、约出于唐代的《神仙服饵丹石行药法》中记载了多种服食雄黄之法。如"神仙饵雄黄"法，"轻身益气，莫过雄黄……日三服，十日即知病悉愈……服之百日，肠中肥厚，皮肤坚，筋骨强，耳目聪明，无众患……日吞如大豆一丸，常服之，与天地相保"。

又法，"真人饵雄黄，价直（值）千金，服之与天地无极"；又"饵雄黄"法，治病、辟毒、延年，"常服之，与天地相毕，神仙度世，与神明通，上为太一使，下伏百鬼，任使之"。

又"神仙炼饵白雄黄方"，延年不老，保精神，制魂魄，却百病，"服之一旬，三虫皆消。靡散服一月，魂魄内守。服之百日，百病皆除，身体轻便。服之一年，皮肤蛇蜕，寒温不能伤，贼鬼不能殃""辟百邪诸凶之属，能十反互之益良，令人通神明"。

又"太一仙二物饵水银雄黄"法，"服之一十日，卧温地不能伤，百鬼不敢当。服之二十日，与神明通，道毕矣。服之百日，为太一使。服之三年，与天地无极，役使鬼神，凌云轻举，忽荒无垠，腾跃云间，上谒天皇，列为仙人"。

又"神仙饵鸡子雄黄"法，"使人玉泽润色，冬则能温，夏则能凉，辟除诸寒气"。

又"延年神仙一物饵雄黄"法，"吞之即延年不老矣"。

又"神仙饵雄黄致玉女"法，"旦服一枚，如弹丸。至十日，腹中伏尸三虫下，面黚皆除。服之二十日，百病除，耳目聪明。减药，旦服如小豆二枚，百日，东常阳女来。二百日，青腰素女形如玉来……自是之后，长与玉女，载华羽之车，徘徊九天之上，展转六合

1　王明：《抱朴子内篇校释》卷 11《仙药》，中华书局，1985，第 203 页。

之中"。

此外，还有"东方朔饵雄黄"法等，林林总总，不一而足。其中有"神仙酒炼雄黄"法：

> 雄黄一斤，熟捣下细筵。清酒五升渍之，置器中……炊之以桑薪……药汁尽，以酒五升，当五益之。合为二斗五升，调适其火，炊之可九乃止……药成，食如小豆者二枚，常送药，以水服之，百日入髓，腹中三虫伏尸皆去，心开目明，使人有威武，入水辟蛟龙，入山辟虎狼，入军辟五兵。服雄黄者，人不敢当之。[1]

这是一种以用酒煮炼雄黄之法，最后制成丹丸，以水送服。后世雄黄酒的制作方法大概就是根据这种原理而来。道家认为饮雄黄酒有驱鬼避邪、杀虫解毒之功效。不过，端午饮雄黄酒之俗，在唐宋以前似乎还不太流行，故在《荆楚岁时记》《岁华纪丽》中都没有记载。现在看来，雄黄是一种有毒的矿物，饮雄黄酒对人体是有害的。

端午采艾、采杂药、合药等风俗，也含有道教文化和巫术的因素。《荆楚岁时记》载：五月五日，"采艾以为人形，悬门户上，以禳毒气"。杜注曰："按：宗则字文度，常以五月五日鸡未鸣时采艾。见似人处，揽而取之，用灸有验。"又说："今人以艾为虎形，或剪彩为小虎，粘艾叶以戴之。"[2]艾为多年生蒿属草本植物，有浓烈香味，可入药，有去湿、散寒、消炎、平喘、止咳、抗过敏等功效。艾叶晒干捣碎得"艾绒"，还可制成艾条供艾灸用。传说艾有祛毒辟邪之功用，故民间有端午挂艾草之习俗，人们把艾草扎成人形，或编成虎形，或剪彩为虎形，挂在门上，或贴在头上。这些做法与道教法术和巫术有关，如《赤松子章历》中就提到在道教斋醮仪式中，有用到"金

---

1 《神仙服饵丹石行药法》，载《道藏》第6册，文物出版社、上海书店、天津古籍出版社，1988年影印本，第600~602页。

2 （南朝梁）宗懔撰，（隋）杜公瞻注，姜彦稚辑校《荆楚岁时记》，中华书局，2018，第45页。

人""银人（银箔人）""锡人"等，厌解疾病。[1]

端午采杂药、合药风俗，也与道家所提倡的养生治病有关。《荆楚岁时记》曰："是日，……竞采杂药。"注引《夏小正》云："此日蓄药，以蠲除毒气。"[2] 历代医书中有许多端午采药、合药的案例，如孙思邈《备急千金要方》在《肝脏·坚症积聚》类下，有治卒暴症方：蒜，十片，取五月五日户上者，去皮；还有桂、灶中黄土，"三味合捣，以淳苦酒和，涂布上以掩病处，不过三日消"。[3]

在《肾脏·补肾》类下，有补五劳方："五月五日采五加茎，七月七日采叶，九月九日取根，治下筛。"[4]

还有"疗肿"诸方："治十三种疗方：用枸杞……凡四时初逢建日，取枝叶子根等四味，并曝干。若得五月五日午时合和，大良。"

又"齐州荣姥方"，凡是疗肿皆用之，用牡蛎、钟乳、枸杞根皮、白石英、桔梗、白姜石等六味药各捣烂，"绢筛之，合和令调"，"合药以五月五日为上时，七月七日为次，九月九日、腊月腊日并可合。若急须药，他日亦得"。

又"赵姥方"，用姜石、牡蛎、茯苓、枸杞根皮四味药各捣烂，"筛，合和""如预造，取五月五日、七月七日、九月九日、腊月腊日造者尤良，神验"。[5]

在这些药方中，都突出了端午节这一特定的时日。杜光庭在《神仙感遇传》中还记载了相国卢钧于五月五日午时，在万山顶受神仙赐

---

1 《赤松子章历》卷1，载《道藏》第11册，文物出版社、上海书店、天津古籍出版社，1988年影印本，第176页。

2 （南朝梁）宗懔撰，（隋）杜公瞻注，姜彦稚辑校《荆楚岁时记》，中华书局，2018，第47~48页。

3 （唐）孙思邈著，李景荣等校释《备急千金要方校释》卷11，人民卫生出版社，1998，第261页。

4 （唐）孙思邈著，李景荣等校释《备急千金要方校释》卷19，人民卫生出版社，1998，第427页。

5 （唐）孙思邈著，李景荣等校释《备急千金要方校释》卷22，人民卫生出版社，1998，第469~470页。

予的金丹十粒的故事。[1]

端午兰浴风俗，《荆楚岁时记》曰："五月五日，谓之浴兰节。"注引《大戴礼记》曰："五月五日，蓄兰为沐浴。"又引《楚辞》曰："浴兰汤兮沐芳华。"[2]《岁华纪丽》也称端午为"浴兰之月"。兰草为多年生兰科草本植物，《神农本草经》将其列为养生延命之上药，曰："兰草，味辛，平。主利水道，杀毒蛊，辟不祥。久服益气轻身，不老，通神明。一名水香。"[3]古人认为兰草有杀毒去蛊、避不祥之功效，故有以兰汤沐浴清洁身体之风俗。此俗为道教所吸收，道士在斋醮前常有沐浴之仪，如《云笈七签》卷41《七签杂法·沐浴》引《太上素灵经》云："太上曰：兆之为道，存思《大洞真经》，每先自清斋，沐浴兰汤。"又引《太上灵宝无量度人上品妙经》云："道言：'行道之日，皆当香汤沐浴。'"[4]道士在沐浴时，通常要调制"兰汤"或"香汤"，加入各种芳香料，其中最常见的有各种"五香汤"，如《三皇经》云："凡斋戒沐浴，皆当盥汰五香汤。五香汤法：用兰香一斤、荆花一斤、零陵香一斤、青木香一斤、白檀一斤，凡五物切之，以水二斛五斗煮取一斛二斗，以自洗浴也。此汤辟恶，除不祥炁，降神灵用之以沐，并治头风。"[5]而《三元品戒》则记载了另外一种"五香汤"的调制配方："沐浴香汤用竹叶、桃枝、柏叶、兰香等分内水中，煮十数沸，布囊滤之去滓，加五香用之最精。"[6]这两种"五香汤"在调制中都加入了兰香，还保留了最初兰汤沐浴的痕迹。还有一些"五香汤"则没有加兰香，而是用别的香药调制而成，如《沐浴身心经》说："五香者：一者白芷，能去三尸；二者桃皮，能辟邪气；三者柏叶，能降真仙；四者

---

1 （唐）杜光庭：《神仙感遇传》卷3《相国卢钧》，载罗争鸣辑校《杜光庭记传十种辑校》，中华书局，2013，第466页。

2 （南朝梁）宗懔撰，（隋）杜公瞻注，姜彦稚辑校《荆楚岁时记》，中华书局，2018，第44~45页。

3 （清）莫枚士辑注，郭君双等校注《神农本草经校注》卷上，中国中医药出版社，2017，第45页。

4 （宋）张君房编《云笈七签》卷41《七签杂法·沐浴》，李永晟点校，中华书局，2003，第888页。

5 （宋）张君房编《云笈七签》卷41《七签杂法·沐浴》，李永晟点校，中华书局，2003，第891页。

6 （宋）张君房编《云笈七签》卷41《七签杂法·沐浴》，李永晟点校，中华书局，2003，第889页。

零陵，能集灵圣；五者青木香，能消秽召真。"[1]而《太上七晨素经》记载的"五香汤"又是"鸡舌、青木香、零陵香、薰陆香、沉香五种"。[2]还有一种很特别的"五香汤"，只用青木香一种香药调制而成，只因其"华叶五节"而取其意。《太丹隐书洞真玄经》云："五香沐浴者，青木香也。青木华叶五节，五五相结，故辟恶气，检魂魄，制鬼烟，致灵迹。以其有五五之节，所以为益于人耶！此香多生沧浪之东，故东方之神人名之为青木之香焉。"除了"五香汤"，还有其他各种香汤，如《黄气阳精三道顺行经》云："上学之士，服日月皇华金精飞根黄气之道，当以立春之日清朝，煮白芷桃皮青木香三种，东向沐浴。"此可称之为"三香汤"。又《太上九变十化易新经》曰："若履殗秽及诸不净处，当洗澡浴盥解形以除之。其法用竹叶十两、桃皮削取白四两，以清水一斛二斗于釜中煮之，令一沸出，适寒温以浴形，即万殗消除也。既以除殗，又辟湿痹疮痒之疾。且竹虚素而内白，桃即却邪而折秽，故用此二物以消形中之滓浊也。天人下游既返，未尝不用此水以自荡也……若浴者益佳。"[3]此则又是"二香汤"。奉道者沐浴，要择吉日良时，就方位，按一定的法仪进行。

用"兰汤"和"香汤"沐浴，不仅可以洁身、除垢、养颜、美肤、健身，而且可由洁身达到洁心，使人内心清洁、虚静，神清气朗，以待神灵，从而有助于行道、修道、证道。当然道教还宣扬沐浴能令人无厄、无讼、避兵、无忧、无畏、长寿、除过、进道、避恶气、解殗秽、真气入等奇验，甚至还会感动天人、玉女、太一皇帝等天神，随香气而降。由此可见，从民间的兰汤沐浴之俗，到道教发展出各种香汤沐浴之法，道教对中国古代的沐浴文化贡献良多。

端午系长命缕，其名称有多种，其俗起源很早。《荆楚岁时记》

1　（宋）张君房编《云笈七签》卷 41《七签杂法·沐浴七事获七福》，李永晟点校，中华书局，2003，第 893 页。
2　（宋）张君房编《云笈七签》卷 41《七签杂法·沐浴》，李永晟点校，中华书局，2003，第 891 页。
3　（宋）张君房编《云笈七签》卷 41《七签杂法·沐浴》，李永晟点校，中华书局，2003，第 890~891 页。

载：端午，"以五彩丝系臂，名曰辟兵，令人不病瘟。又有条达等织组杂物，以相赠遗"。杜注曰："按《孝经·援神契》曰：'仲夏茧始出。妇人染练，咸有作务。'日月、星辰、鸟兽之状，文绣、金缕，贡献所尊。一名长命缕，一名续命缕，一名辟兵缯，一名五色丝，一名朱索，名拟甚多。青、赤、白、黑以为四方，黄为中央，襞方缀于胸前，以示妇人蚕功也。"可见民间早就有用金箔雕刻或用彩色丝线织成日月星辰、鸟兽虫鱼等图案，于端午日敬献给家中的尊者，祝其健康长寿之俗。到东汉时期，演变为五色丝。《风俗通义》曰："五月五日，以五彩丝系臂者，辟兵及鬼，令人不病瘟。"司马彪《续汉书》也曰："五月五日，朱索五色为门户饰，以止恶气。"[1]《岁华纪丽》也有"朱索""长命缕、辟兵缯""缠五丝""百索绕臂，五彩缠筒"等说法。长命缕一般是拴系缠绕在手臂，或戴在胸前，主要是为了辟疫、辟邪、辟兵。五色丝为青、赤、白、黑、黄五色丝线，象征五方五行。

早期道教也有五色缯辟兵祛灾之说，东晋葛洪在《抱朴子内篇·登涉》中就说："入名山，以甲子开除日，以五色缯各五寸，悬大石上，所求必得……无所不辟。"[2]意即将五寸五色丝织品挂于山中大石头上，召唤五方鬼神来护佑，有求必应，无所不辟。此即以五色象征五方鬼神。在《元始五老赤书玉篇真文天书经》（又名《洞玄灵宝赤书真文》）卷上也讲到"五色缯符"为白、黑、青、赤、黄，在上面分别写有五方帝君的"符命"，元始青帝（东方）真符，青书绛缯；元始赤帝（南方）真符，赤书黄缯；元始黄帝（中央）真符，黄书白缯；元始白帝（西方）真符，白书黑缯；元始黑帝（北方）真符，黑书青缯。以此佩身可消灾去祸。[3]在《洞玄灵宝长夜之府九幽玉匮明真

1　（唐）徐坚等辑《初学记》卷 4《岁时部下》引，韩放主校点，京华出版社，上册，2000，第 118~119 页。按：今本《风俗通义》佚文。

2　王明：《抱朴子内篇校释》卷 17《登涉》，中华书局，1985，第 303 页。按：《太上洞玄灵宝五符序》卷下也有类似的说法。载《道藏》第 6 册，文物出版社、上海书店、天津古籍出版社，1988 年影印本，第 338 页。

3　《无上秘要》卷 26 引《元始五老赤书玉篇真文天书经》，载《道藏》第 25 册，文物出版社、上海书店、天津古籍出版社，1988 年影印本，第 76~78 页。

科》中也说："又以五色纹缯之信，以镇五帝有灾之身，随年赍紫文之缯，拔度身命，安镇国祚，禳解天灾，明星列宿。"以此达到"天地安宁，星宿复位，四时和平，万灾咸消，兵疾不行，天人欢泰，国祚兴隆"。[1] 由此可见，道教所宣扬的五色缯是一种镇厌灾祸的法术。道教还有五月五日作续命斋之说，[2] 无非为辟邪去祸，祈求长寿。

二 伏日：禳毒成节

伏日是一个古代祭祀的日子，一般认为在先秦时期就已经出现。最早记载伏日的是《史记·秦本纪》，云："德公二年（前676），初伏，以狗御蛊。"关于秦德公"初伏"之意，历来就有不同说法。《集解》引孟康曰："六月伏日，初也。周时无，至此乃有之。"又引徐广曰："伏，祠社，磔狗邑四门也。"《正义》曰："六月三伏之节，起秦德公为之，故云初伏。伏者，隐藏避盛暑也。""蛊者，热毒恶气，为伤害人故磔狗以御之。""磔，禳也。狗，阳畜也。以狗张磔于郭四门，禳却热毒气也。"[3] 据此伏有避暑禳毒之意。

伏日，在秦汉时期是民间两大祭祀节日之一，所谓"岁时伏腊"，指的就是在伏日和腊日，民间都要举行隆重的祭祀活动。《四民月令》"六月"条曰："六月初伏，荐麦、瓜于祖祢。"[4] 也就是说伏日这天要举行隆重的祭祖仪式。由于伏日正值盛夏时节，暑热难当，故汉代又有"伏闭门，止行及作田者"之俗。[5]《后汉书·和帝纪》载：永元六年（94）六月己酉，诏曰："初令伏闭尽日。"李贤注引《汉官旧仪》曰：

---

1 《洞玄灵宝长夜之府九幽玉匮明真科》，载《道藏》第34册，文物出版社、上海书店、天津古籍出版社，1988年影印本，第387页。

2 （宋）张君房编《云笈七签》卷37《斋戒·说杂斋法》引《三洞奉道科》，李永晟点校，中华书局，2003，第815页。

3 《史记》卷5《秦本纪》，中华书局，1982，第184页。

4 （汉）崔寔撰，石声汉校注《四民月令校注》，中华书局，2013，第49页。

5 张家山二四七号汉墓竹简整理小组编著《张家山汉墓竹简（二四七号墓）（释文修订本）》，文物出版社，2006，第51页。

"伏日万鬼行，故尽日闭，不干它事。"[1]可见这是一个驱邪避鬼祭祖的节日。伏日避鬼驱邪认识的出现，与汉代鬼神观念盛行和道教酝酿形成的大背景有关。盛夏之时，易阴阳失序、水旱违度、瘟疫流行，古人认为这都与鬼神横行有关，而"伏日"尤为厉害，所以就形成了种种禁忌习俗。

魏晋南北朝时期，伏日又出现新的民俗——"食汤饼"。《荆楚岁时记》载："六月伏日，并作汤饼，名为辟恶饼。"杜注曰："按《魏氏春秋》：'何晏以伏日食汤饼，取巾试汗，面色皎然，乃知非傅粉。'则伏日汤饼，自魏已来有之。"[2]汤饼，即面片或面条汤。

唐代伏日继承前代传统，节俗内容更加丰富。《岁华纪丽》载：

> 伏日，秋夏交会之辰，金火伏藏之日。三伏之秋，一时之暑。秦修祠，汉择日。祠黄石，餐白粥。当谢安食白粥之辰，是方朔割肉之日。进汤饼，荐麦瓜。[3]

伏日是指"三伏"之中初伏的第一天，一般是在夏至后第三个庚日。《阳阳书》曰："夏至后第三庚为初伏，四庚为中伏，立秋后初庚为末伏。"[4]唐诗中有很多关于伏日的诗作，如包佶《同李吏部伏日口号呈元庶子路中丞》诗曰："火炎逢六月，金伏过三庚。"[5]刘言史《广州王园寺伏日即事寄北中亲友》诗曰："南越逢初伏""山毒火威饶"。[6]都是描写的伏日炎热苦夏的情景。

对于如何平安度过炎炎苦夏，道教发明了很多辟暑之法，如吞符，行气，胎息，服玄冰丸、飞霜散、辟暑丹，等等。葛洪在《抱朴子内篇·杂应》记载"不热之道"曰："或以立夏日，服六壬六癸之

1　《后汉书》卷4《和帝纪》，中华书局，1965，第179页。

2　（南朝梁）宗懔撰，（隋）杜公瞻注，姜彦稚辑校《荆楚岁时记》，中华书局，2018，第54页。

3　（唐）韩鄂：《岁华纪丽》卷2，中华书局，1985年丛书集成初编本，第67~69页。

4　（唐）韩鄂：《岁华纪丽》卷2，中华书局，1985年丛书集成初编本，第67页。

5　《全唐诗》卷205，中华书局，1960，第2129页。

6　《全唐诗》卷468，中华书局，1960，第5325页。

符，或行六癸之炁，或服玄冰之丸，或服飞霜之散。"在五行中，"壬癸"属水，主阴凉，故所吞符为"六壬六癸之符"，行气之法为"行六癸之炁"。但是这些方法都不是能够轻易做到的，如"玄冰丸"，是夏日用厚冰制成的冰丸。炼制"飞霜散"，则需要"用萧丘上木皮，及五月五日中时北行黑蛇血，故少有得合之者也。"原因是"萧丘"为传说中的海上仙岛，上有寒火，春生秋灭，生长着一种焚而不死的神树，得其树皮即可合成飞霜之散。但是，很少有人能够到达此岛，因此他说只有幼伯子、王仲都两人，曾炼制出这种仙药。[1] 还有一种闭气胎息法，他在《释滞》篇中说："予从祖仙公，每大醉及夏天盛热，辄入深渊之底，一日许乃出者，正以能闭气胎息故耳。"[2] 这是一种潜入水底的游泳避暑之法。

　　到唐代，道士们还发明了一种较为简易的避暑药炼制方法，唐人沈知言在《通玄秘术》中就记载了一种"辟暑丹"的制作方法：将雌黄、白石脂、丹砂研磨后，包在曲滩黄泥里烧制，再于磁石上捣碎，注入乳汁后，再以融化的白松脂裹成丹药。据说服用之后，"夏月可以衣裘，并无炎气相逼"。此法是奉唐懿宗命令修制合炼的，他也曾服用过此丹药，而且甚有功效。[3] 此方后来被收入北宋官修方书《太平圣惠方》及明人所辑《普济方》中，在后世流传甚广。但是丹方中的雌黄含有三硫化二砷，是剧毒药物，炼制不当很可能变成催命毒药。

　　沐浴是夏日消暑的重要方法，《四时纂要》载：六月，"一日沐吉，七日、八日、二十一日浴，令人去病除疾"。[4] 这也是道教提倡的消暑之法，《云笈七签》卷41《七签杂法·沐浴吉日》载：

1　王明：《抱朴子内篇校释》卷15《杂应》，中华书局，1985，第269页。
2　王明：《抱朴子内篇校释》卷8《释滞》，中华书局，1985，第150页。
3　（唐）沈知玄：《通玄秘术》，载《道藏》第19册，文物出版社、上海书店、天津古籍出版社，1988年影印本，第361页上栏～中栏。
4　（唐）韩鄂原编，缪启愉校释《四时纂要校释》卷3《夏令卷》，农业出版社，1981，第151页。

正月十日沐浴，令人齿坚。二月八日沐浴，令人轻健。三月六日沐浴，令人无厄。四月四日沐浴，令人无讼。五月一日沐浴，令人身光。六月二十七日沐浴，令人轻健。七月二十五日沐浴，令人进道。八月二十二日沐浴，令人无非祸。九月二十日沐浴，令人辟兵。十月十八日沐浴，令人长寿。十一月十五日沐浴，令人不忧畏。十二月十三日沐浴，得玉女侍房。

又引《洞玄真一五称符上经》记载的 13 个"沐浴吉日"，并称"此皆当天炁月宿东井时，与神仙合会，此日兰汤沐浴，神降已也。"又引《老君河图修身戒》说，定时沐浴还可以除过。[1] 其中六月二十七日，正值伏日前后，此日兰汤沐浴显然与消暑有关。

顺便说一下"夏至节"和六月六日"天贶节"。夏至为节，是源于二十四节气，其早于"伏日"，而在端午节前后。《荆楚岁时记》载："夏至节日，食粽。《风俗通》：'獬豸食楝。'蛟龙畏楝。民斩新竹笋为筒粽，楝叶插头，五彩缕投江，以为辟水厄。士女或取楝叶插头，彩丝系臂，谓为长命缕。"杜注曰："按周处谓为角黍。屈原以夏至赴湘流，百姓竞以食祭之。常苦为蛟龙所窃，以五色丝合楝叶缚之。又以为獬豸食楝，将以言其志。"[2] 可见此节俗与端午近似。夏至节又见于郑余庆《大唐新定吉凶书仪》：夏至日，"休假三日，前后各一日"。[3]《云笈七签》卷 105《传》引邓云子《清灵真人裴君传》载："夏至之日日中时，天上三官会于司命河侯，校定万民罪福，增年减算。"故道教有夏至为朱明斋之说。[4]

至于"天贶节"，也是重日为节之意，因宋真宗梦见神人降天书而命名，在唐代似乎还未形成节日。不过，由于六月六在伏日前后，

1　（宋）张君房编《云笈七签》卷 41《七签杂法·沐浴吉日》，李永晟点校，中华书局，2003，第 893~896 页。

2　（南朝梁）宗懔撰，（隋）杜公瞻注，姜彦稚辑校《荆楚岁时记》，中华书局，2018，第 52~53 页。

3　周一良、赵和平：《唐五代书仪研究》，中国社会科学出版社，1995，第 185 页。

4　（宋）张君房编《云笈七签》卷 105《传·清灵真人裴君传》，李永晟点校，中华书局，2003，第 2267 页。

正是天气炎热之时，故在隋唐时期，道教已有六月六日为清暑斋之说。[1]另外，六月六日相传还是大禹的生日，《舆地纪胜》卷152《成都府路·石泉军》载："郡人以禹六月六日生，是日熏修裸裎，岁以为常。"[2]此祭祀大禹生日之俗不知起于何时，唐宋以来当也为道教参与的祀典。

---

1 （宋）张君房编《云笈七签》卷37《斋戒·说杂斋法》引《三洞奉道科》，李永晟点校，中华书局，2003，第815页。

2 （宋）王象之编著《舆地纪胜》卷152《成都府路·石泉军》，赵一生点校，浙江古籍出版社，2012，第3254页。论者大多以这句话前有引西晋皇甫谧《帝王世纪》云"鲧纳有莘氏，臆胸坼而生禹于石纽"而认为这句话是皇甫言，笔者认为该理解有误。这句话应是王象之言。生日之说宋以来才开始流行。

第九章　岁时节俗中的道教印记（下）
——从七夕到岁除

第一节　秋季节日中的道教成分

一　七夕乞巧节，道门中会日

农历七月七日是我国传统节日七夕节，又称乞巧。这是一个非常古老的民间节日，源于中国传统历法中的重日为节习俗，同时又结合了古代的星宿崇拜，形成了以妇女乞求智巧为主要文化内涵的节日民俗，后来又被赋予了牛郎、织女相会的美丽神话传说而使其成为象征爱情的节日。[1]

关于七夕节的起源有多种说法，其中最重要的

1　参阅拙作《七夕家家乞巧忙——七夕节俗的起源与文化内涵》，《文史知识》2018 年第 8 期，第 102~109 页。

一个起因是，在中国传统历法中，有重日为节的习俗，如正月初一春节、二月二日中和节、三月三日上巳节、五月五日端午节、六月六日天贶节、九月九日重阳节、十月十日天宁节等，因此七月七日乞巧节也是属于重日设节。

七月七日在发展成为节日的同时，又结合了人们对自然星宿的崇拜。早在原始社会末期，随着农业和畜牧业的发展，人类就产生了对日月星辰、风雨雷电等自然现象的崇拜。七夕节祭拜的牵牛、织女星，远在商周时期就有了记录。《诗·小雅·大东》载："维天有汉，监亦有光；跂彼织女，终日七襄。虽则七襄，不成报章；睆彼牵牛，不以服箱。"[1]

最初人们认为牵牛、织女二星对人类的生产和生活有重要影响。《淮南子·天文训》载：牵牛星，"一时不出，其时不和；四时不出，天下大饥"。[2]《史记·天官书》曰："牵牛为牺牲，其北为河鼓……婺女，其北织女。织女，天孙女也。"唐人张守节《正义》曰："牵牛为牺牲，亦为关梁……占：明大，关梁通；不明，不通，天下牛疫死，移入汉中，天下乃乱。"又曰："织女三星，在河北天纪东，天女也，主果瓜丝帛珍宝。占：王者至孝于神明，则三星俱明；不然，则暗而微，天下女工废；明，则理，大星怒而角，布帛涌贵；不见，则兵起。"[3]据此可见，牵牛星已经具有农耕社会生活的象征；织女星则被看作人间女工兴废的标志。所谓男耕女织正好代表了传统自然经济社会里典型的生产生活方式。因此，在七夕节形成过程中，先民们又将对自然天体星辰的崇拜与人类社会的生产与生活联系在了一起。

与此同时，民间开始流行"牛郎织女"的爱情悲剧传说。湖北云梦睡虎地出土的战国时代秦简《日书》甲种第一五五简记录"取（娶）妻"忌日云："戊申、己酉，牵牛以取（娶）织女，不果，三弃。"另一简文（三背壹）也云："戊申、己酉，牵牛以取（娶）织女

1　程俊英、蒋见元：《诗经注析》，中华书局，1991，第634页。
2　何宁：《淮南子集释》卷3《天文训》，中华书局，1998，第194页。
3　《史记》卷27《天官书》，中华书局，1982，第1310~1311页。

不果，不出三岁，弃若亡。"[1]以传说中的牵牛娶织女的爱情悲剧发生日子为婚嫁禁忌，说明早在先秦时期就出现了有关"牛郎织女"的传说故事。

到秦汉时期，关于牛郎织女神话故事的内容在继续层累。在汉末流传的《古诗十九首》第十首就描写道：

> 迢迢牵牛星，皎皎河汉女。纤纤擢素手，札札弄机杼。终日不成章，泣涕零如雨。河汉清且浅，相去复几许。盈盈一水间，脉脉不得语。[2]

此诗已经包含牛郎织女隔河相望却不得相见等爱情故事要素。到魏晋南北朝时期，较为完整的牛郎织女神话传说已经初步形成，并且正式和七月七日相结合，如牛郎织女结为夫妇，两人隔银河遥遥相望，只有每年的七月七日夜才能相会等情节。晋人傅玄在《拟天问》中就说："七月七日，牵牛、织女会天河。"最为值得注意的是，道教也开始将牛郎织女的故事吸纳进仙话传说，如张华《博物志》就记载：

> 天河与海通。近世有人居海渚者……乘槎而去……去十余日，奄至一处，有城郭状，屋舍甚严。遥望宫中多织妇，见一丈夫牵牛渚次饮之。牵牛人乃惊问曰："何由至此？"此人具说来意，并问此是何处。答曰："君还至蜀郡访严君平则知之。"……后至蜀，问君平，曰："某年月日有客星犯牵牛宿。"计年月，正是此人到天河时也。[3]

在这个仙话故事中，善于观察天象的严君平是一位道行高深的道

1　吴小强：《秦简日书集释》，岳麓书社，2000，第108、113页。

2　张清钟：《古诗十九首汇说赏析与研究》，台湾商务印书馆，1988，第64页。

3　（晋）张华撰，范宁校证《博物志校证》卷10《杂说下》，中华书局，2014，第111页。

家学者，受到当时道家和后世道教的尊奉；而牛郎织女则是生活在天上的神仙。道书中也开始出现牛郎织女的故事，南朝梁宗懔在《荆楚岁时记》中说："七月七日，为牵牛、织女聚会之夜。"杜注曰："尝见道书云：牵牛娶织女，借天帝二万钱下礼，久不还，被驱在营室中。"[1]按照道教的这个说法，牛郎的形象俨然是一个欠钱不还的"老赖"。牛郎织女七夕相会的故事还见于同时期吴均《续齐谐记》中记载的道教仙话：

> 桂阳成武丁，有仙道，常在人间，忽谓其弟曰："七月七日，织女当渡河，诸仙悉还宫。吾向已被召，不得停，与尔别矣。"弟问曰："织女何事渡河？去当何还？"答曰："织女暂诣牵牛，吾复三年当还。"明日失武丁，至今云织女嫁牵牛。[2]

仙人成武丁，又名成仙公，东汉桂阳郡临武县（今湖南临武）乌里人。相传遇异人传授丹药，食之得道成仙。东晋葛洪《神仙传》中记有其事迹。[3] 唐末道士杜光庭《仙传拾遗》中也记有其事迹，后为《三洞群仙录》所收录。[4]

殷芸《小说》还说织女是天帝之女，居于天河之东，"年年机杼劳役，织成云锦天衣，容貌不暇整。帝怜其独处，许嫁河西牵牛郎，嫁后遂废织纴。天帝怒，责令归河东，但使一年一度相会"。[5] 此事又见

1　（南朝梁）宗懔撰，（隋）杜公瞻注，姜彦稚辑校《荆楚岁时记》，中华书局，2018，第 56 页。

2　（南朝梁）吴均：《续齐谐记》，王根林校点，载《汉魏六朝笔记小说大观》，上海古籍出版社，1999，第 1007~1008 页。

3　（晋）葛洪：《神仙传》卷 9，中华书局，1991 年丛书集成初编本，第 72 页。

4　（唐）杜光庭：《仙传拾遗》卷 4，载罗争鸣《杜光庭记传十种辑校》，中华书局，2013，第 851~852 页；（宋）陈葆光：《三洞群仙录》卷 7，载《道藏》第 32 册，文物出版社、上海书店、天津古籍出版社，1988 年影印本，第 282 页中栏。

5　南朝梁殷芸《小说》久已佚，今人辑本中并无此条。见明代陈耀文《天中记》卷 2 及冯应京辑《月令广义》卷 14《七月令》初七日引作《小说》，一般认为，此即殷芸《小说》。

任昉《述异记》。[1] 按照这个仙话的说法，织女是在嫁给牛郎后，因为荒废了纺织，惹得天帝非常生气，将二人分开在银河东西两岸，一年才允许相会一次。由此可见，在最初的仙话传说中，牛郎织女一个是借钱不还，一个是懒惰废织，形象并不怎么样。

在后来的民间传说中，牛郎变成了一位勤劳朴实的农夫，织女则变成了一位美丽善良的仙女。织女也由天帝之女或孙女，变成道教玉皇大帝或王母娘娘的女儿。她偷偷下凡嫁给牛郎，婚后两人相亲相爱，男耕女织，生儿育女，过着幸福美满的生活。后来，玉帝得知此事，恼羞成怒，派王母娘娘强行接回织女。牛郎闻讯，用担子挑着一双儿女追赶织女，眼看就要追上。王母见状，遂拔出银簪往空中一划，瞬间形成一条宽广的天河（银河），将二人生生分开，隔河相望，只有在每年七月七日晚上才可相会一次，这样才形成了七夕节。[2] 唐代诗人曹唐，曾做过道士，他写有一组以道教仙话为主要内容的诗作，其中有一首七言律诗《织女怀牵牛》曰："北斗佳人双泪流，眼穿肠断为牵牛。封题锦字凝新恨，抛掷金梭织旧愁。桂树三春烟漠漠，银河一水夜悠悠。欲将心向仙郎说，借问榆花早晚秋。"[3]

相传，每年七夕之夜，牛郎、织女相会之时，灵鹊就会飞来搭成鹊桥，使隔在银河两边的牛郎、织女渡河相会。《岁华纪丽》卷3"七夕"条曰："鹊桥已成，织女将渡。"注引《风俗通》云："织女七夕当渡河，使鹊为桥。"[4] 唐诗也有许多相关的吟咏，如赵璜《七夕诗》（一作李郢诗）曰："乌鹊桥头双扇开，年年一度过河来。莫嫌天上稀相见，犹胜人间去不回。"[5] 讲的就是牛郎织女鹊桥相会的悲欢离合的爱情故事。所以在七夕，民间有搭仙桥、仙楼之俗。

在七月七形成节日的过程中，道教也有自己的一套说法。道教有

1　传世的南朝梁任昉《述异记》无此条。明人颜文选为唐人骆宾王《骆丞集》作注时，在卷2注引。又清康熙时官修《佩文韵府》卷26牛字"牵牛"条下又引作《荆楚岁时记》，今本无。

2　（晋）葛洪撰，胡守为校释《神仙传校释》卷3《王远》，中华书局，2010，第92~96页。

3　（唐）曹唐撰，陈继明注《曹唐诗注》，上海古籍出版社，1996，第23~25页。

4　（唐）韩鄂：《岁华纪丽》卷3，中华书局，1985年丛书集成初编本，第77页。

5　《全唐诗》卷542，中华书局，1960，第6263页。

"五腊""三会"之说，都是一些祭祀斋醮的重要日子，七月七日就是其中之一。关于"五腊日"，已见前论述，七月七日为"道德腊"，《赤松子章历》载：

> 七月七日道德腊：五帝校定生人骨体枯盛，学业文籍，名官降益。其日可谢罪、请福、服气、沐浴、祭祀先亡。其日不可伐树碎石，食啖酸咸，乘骑临险。可导引摄理，展舒筋骨。[1]

据此可知，道德腊节是一个五帝校定人们身体好坏、学业优劣、官位升降的重要日子，人们在这一天可谢罪、祈福、导引、服气、沐浴、养生、祭祀祖先。

关于"三会日"，《赤松子章历》载："三会日，正月五日上会，七月七日中会，十月五日下会。右此日宜上章言功，不避疾风暴雨，日月昏晦，天地禁闭。其日，天帝一切大圣俱下，同会治堂，分形布影，万里之外，响应齐同。此日上章，受度法箓，男女行德施功，消灾散祸，悉不禁制。"[2]可见这是一个善男信女上章斋醮、受度法箓、施行功德、消灾去祸的佳节。七月七日要举行"庆生中会斋"和"迎秋斋"，《云笈七签》卷37《斋戒·说杂斋法》引《圣纪》曰："正月七日名举迁赏会斋，七月七日名庆生中会斋，十月五日名建生大会斋，三官考核功过，依日斋戒，呈章赏会，可祈景福。"又引《三洞奉道科》云："七月七日为迎秋斋。"[3]道教举行这些斋会，无非为了祈福求长生。

七月七作为道教"三会日"之一，也是一个天帝及各路大圣（神）下降的良辰吉日。中古时期，七夕流传着许多仙人降临飞升的

1　《赤松子章历》卷2，载《道藏》第11册，文物出版社、上海书店、天津古籍出版社，1988年影印本，第187页上栏。

2　《赤松子章历》卷2，载《道藏》第11册，文物出版社、上海书店、天津古籍出版社，1988年影印本，第183页上栏。

3　（宋）张君房编《云笈七签》卷37《斋戒》，李永晟点校，中华书局，2003，第815页。

神话故事，如《岁华纪丽》"七夕"条就说道："王乔则举手谢世，蔡经则鸣鼓还家。白鹤翔山上，青鸟来殿前。"[1]这都是一些道教的仙话典故。

王乔，又称王子乔，本名晋，也称王子晋。因遇仙人接引，于七月七日成仙而去。其仙迹见《列仙传》，云："王子乔者，周灵王太子晋也。好吹笙，作凤凰鸣。游伊、洛之间，道士浮丘公接以上嵩高山。三十余年后，求之于山上，见桓良曰：'告我家，七月七日，待我于缑氏山巅。'至时，果乘白鹤驻山头。望之不得到，举手谢时人，数日而去。"[2]这就是王子晋驾鹤成仙的传说。唐代诗人宋之问《缑山庙》诗描写道："王子宾仙去，飘摇笙鹤飞。徒闻沧海变，不见白云归。"[3]钟辂也作有《缑山月夜闻王子晋吹笙》诗，曰："月满缑山夜，风传子晋笙。初闻盈谷远，渐听入云清。"[4]

蔡经，东汉时吴（今江苏苏州）人，因遇仙人王方平指点，得道成仙。《神仙传》载：东海（今山东临沂）人王远，字方平，举孝廉，授郎中，官至中散大夫。后辞官入山修炼，得道成仙。后来，东游去括苍山，过吴，住胥门百姓蔡经家。蔡经虽然是俗民，却骨骼清奇，有仙人之相，故方平去其家，点化蔡经。后来，蔡经也蝉蜕仙去。过了十几年，忽然回家，对家人说："七月七日，王君当来过，到其日，可多作数百斛饮食，以供从官。"到时，王方平果然来，还未到蔡经家，就听到空中有金鼓箫管人马之声，从天而下。王方平还派人请来仙人麻姑，在蔡经家大摆宴席。[5]曹唐《王远宴麻姑蔡经宅》诗描写的就是这个仙话传说，诗曰："好风吹树杏花香，花下真人道姓王。大篆龙蛇随笔札，小天星斗满衣裳。闲抛南极归期晚，笑指东溟饮兴长。

1　（唐）韩鄂：《岁华纪丽》卷3，中华书局，1985年丛书集成初编本，第77~78页。

2　王叔岷：《列仙传校笺》卷上，中华书局，2007，第65页。

3　（唐）宋之问撰，陶敏、易淑琼校注《宋之问集校注》卷4，载《沈佺期宋之问集校注》，中华书局，2001，第600页。

4　《全唐诗》卷516，中华书局，1960，第5903页。

5　（晋）葛洪撰，胡守为校释《神仙传校释》卷3《王远》，中华书局，2010，第92~96页。

要唤麻姑同一醉，使人沽酒向余杭。"[1]

"青鸟来殿前"事，见《汉武帝内传》及《汉武故事》等记载。相传汉武帝以七月七日生，好长生之术，经常祭祀名山大川，以求神仙。忽一日，见一女子，着青衣，极美丽，自称"王母使者"，传话说："至七月七日，王母暂来也。"到期，汉武帝于承华殿候斋，忽见有青鸟从西方来集殿前，王母果然降临，与汉武帝宴乐。[2]青鸟，传说中的三足神鸟，西王母的使者。西王母降临前，总有青鸟先来报信。《汉武帝内传》约出于魏晋时期，道教意味浓郁，后被收入《道藏》；[3]《汉武故事》约出于汉魏间，其中描写了汉武帝为求长生不老而求仙问道之事，也多有道教痕迹。曹唐写有两首诗以咏其事，其一《汉武帝将候西王母下降》诗曰："昆仑凝想最高峰，王母来乘五色龙。歌听紫鸾犹缥缈，语来青鸟许从容。风回水落三清月，漏苦霜传五夜钟。树影悠悠花悄悄，若闻箫管是行踪。"其二《汉武帝于宫中宴西王母》诗曰："鳌岫云低太一坛，武皇斋洁不胜欢。长生碧字期亲署，延寿丹泉许细看。剑佩有声宫树静，星河无影禁花寒。秋风袅袅月朗朗，玉女清歌一夜阑。"[4]

道教还有七夕织女下降的传说。《神仙感遇传》说：郭子仪从军，在银州（今宁夏银川），于七月七日夜，遇织女下降，求赐长寿富贵，织女笑曰："大富贵，亦寿考。"言毕，冉冉升天而去。"子仪后立功贵盛，威望烜赫"，年九十而逝。[5]在另一则传说中，甚至还有织女下凡婚配凡夫俗子的事情：御史姚生有子一人，外甥二人，修学于中条山。忽一夕，有夫人年可三十许，降临山舍，以其三女配三人。有儒

1　（唐）曹唐撰，陈继明注《曹唐诗注》，上海古籍出版社，1996，第25~26页。

2　佚名：《汉武帝内传》《汉武故事》，王根林校点，载《汉魏六朝笔记小说大观》，上海古籍出版社，1999，第140~141、166~174页。

3　《汉武帝内传》，载《道藏》第5册，文物出版社、上海书店、天津古籍出版社，1988年影印本，第47页下栏~57页下栏。

4　（唐）曹唐撰，陈继明注《曹唐诗注》，上海古籍出版社，1996，第8~12页。

5　（唐）杜光庭：《神仙感遇传》卷6《郭子仪》，载罗争鸣《杜光庭记传十种辑校》，中华书局，2013，第514~515页。

者夜观天象说：“吾见织女、婺女、须女星，皆无光，是三女星降下人间，将福三子。”[1]

此外，《列仙传》还记载了汉代六安冶铸师陶安公，于七月七日骑赤龙升仙的传说。[2]又相传北魏天师寇谦之，生日为七月七日，《神仙感遇传》说他每年七月七日都要写一本《阴符经》藏于名山石岩当中。后来唐代李筌于嵩山石室得到一册，遇骊山老母点化成仙。[3]

在织女星神信仰的影响下，七夕形成了以妇女乞巧、求福为主要内容的风俗。乞巧是在七夕之夜陈列酒食瓜果于庭中，遥拜牛郎、织女星，同时向织女星乞求智巧，预卜未来命运的风俗。在民间传说中，织女是灵巧智慧的象征，她拥有一双巧手，织成了天上的七彩云霞，所以妇女们在此夜除了观牛郎、织女星相会，还会在月下穿针乞巧。

乞巧风俗起源很早，葛洪《西京杂记》卷1“七夕穿针开襟楼”条就记载：“汉彩女常以七月七日穿七孔针于开襟楼，俱以习之。”[4]可见早在西汉时期，宫中就开始流行七夕穿七孔针乞巧风俗。

到魏晋南北朝时期，乞巧节俗活动内容更加多样化。《荆楚岁时记》载：

> 七月七日，为牵牛、织女聚会之夜……是夕，妇人结彩缕，穿七孔针，或以金、银、鍮石为针，陈瓜果于庭中以乞巧。有喜子网于瓜上，则以为符应。

杜注：“周处《风土记》曰：‘七月七日，其夜洒扫庭中，露施几筵，设酒脯时果，散香粉于筵上，以祀河鼓、织女。’言此二星神当

1　（唐）杜光庭：《神仙感遇传》卷3《御史姚生》，载罗争鸣《杜光庭记传十种辑校》，中华书局，2013，第460~462页。

2　（汉）刘向撰，王叔岷校笺《列仙传校笺》卷下，中华书局，2007，第144页。

3　（唐）杜光庭：《神仙感遇传》卷1《李筌》，载罗争鸣《杜光庭记传十种辑校》，中华书局，2013，第438~439页。

4　（晋）葛洪：《西京杂记》卷1，中华书局，1985，第3页。

会。守夜者咸怀私愿。或云见天汉中有奕奕白气，或光耀五色，以为征应。见便拜，得福。"[1] 七夕之夜，除了祭拜牵牛、织女星，观二星神相会，还会守夜许愿，祈求福寿子嗣。所谓喜子，又作蟢子，是一种长脚蜘蛛。以之结网于瓜果之上、视其稀密程度，形成蛛丝乞巧风俗。

到唐代，乞巧风俗大盛。《开元天宝遗事》卷下《乞巧楼》记载宫中乞巧风俗曰：

> 宫中以锦结成楼殿，高百尺，上可以胜数十人，陈以瓜果酒炙，设坐具，以祀牛、女二星。嫔妃各以九孔针、五色线，向月穿之，过者为得巧之候。动清商之曲，宴乐达旦，士民之家皆效之。[2]

唐宫为了在七夕举行乞巧活动，还专门设立了主管进献七孔针的机构。《唐六典》卷 22《少府监北都军器监》"中尚署"条记载，"（每年）七月七日，进七孔金细针"，[3] 供后宫妇女乞巧之用。王建《宫词》曰："画作天河刻作牛，玉梭金镂采桥头。每年宫里穿针夜，敕赐诸亲乞巧楼。"[4] 描写了宫廷七夕穿针乞巧之俗。唐代画家还创作了许多反映宫廷乞巧风俗的画作，如张萱的《宫中七夕乞巧图》等。

民间乞巧之风也极盛。《丽情集》载："七月，牵牛、织女相见之夕。秦人风俗，是夜张锦绣缯绮，树瓜花，陈饮食，焚香于庭，谓之乞巧。三拜毕，镂针于月，衽线于裳。"[5] 唐诗中有许多描写乞巧风俗的诗作，如林杰《乞巧》诗曰："七夕今宵看碧霄，牵牛织女渡河

1　（南朝梁）宗懔撰，（隋）杜公瞻注，姜彦稚辑校《荆楚岁时记》，中华书局，2018，第 56、59 页。

2　（五代）王仁裕：《开元天宝遗事》卷下《乞巧楼》，曾贻芬点校，中华书局，2006，第 50 页。

3　（唐）李林甫等：《唐六典》卷 22《少府监北都军器监》"中尚署"条，陈仲夫点校，中华书局，1992，第 573 页。

4　（唐）王建著，尹占华校注《王建诗集校注》卷 10，巴蜀书社，2006，第 533 页。

5　《文苑英华》卷 794 陈鸿《长恨歌传》注引《丽情集》，中华书局，1966 年影印本，第 4202 页上栏。

桥。家家乞巧望秋月，穿尽红丝几万条。"[1]从中可以看出唐代乞巧风俗之盛。

唐代也流行蛛丝乞巧风俗，其具体做法是将蜘蛛放入小盒中，至天亮视其结网的疏密程度来定得巧之多寡。《开元天宝遗事》卷下《蛛丝卜巧》记载：

> 帝与贵妃每至七月七日夜，在华清宫游宴。时宫女辈陈瓜花酒馔列于庭中，求恩于牵牛、织女星也。又各捉蜘蛛于小合中，至晓开视蛛网稀密，以为得巧之候；密者言巧多，稀者言巧少。民间亦效之。[2]

这种蛛丝乞巧风俗，在唐诗中也有反映。如刘言史《七夕歌》云"碧空露重彩盘湿，花上乞得蜘蛛丝"，[3]讲的就是这种蛛丝乞巧风俗。

唐代妇女在乞巧时，一般还要举行拜星仪式，向月许愿，内容多为求子、求婚配如意、夫妻恩爱、爱情永驻、心灵手巧之类。无论是穿针乞巧，还是蛛丝乞巧，都寄托了妇女们对美满幸福生活的向往。白居易《长恨歌》描写了唐明皇与杨贵妃的爱情故事，就选取了七夕许愿的场景："七月七日长生殿，夜半无人私语时。在天愿作比翼鸟，在地愿为连理枝。"可见七夕乞巧的另一主题是婚姻爱情，所以此日才会成为妇女们热衷的一个节日。

七夕民俗活动除了乞巧之外，还有系五色缕、制曲、合药、曝书、晒衣、做干粮、采葸耳等其他许多内容。

系五色缕起源于西汉宫廷，《西京杂记》载：戚夫人侍儿贾佩兰说，在宫内时，"至七月七日，临百子池，作《于阗乐》。乐毕，以五色缕相羁，谓为相连爱"。[4]这也是一种祈求子嗣、夫妻恩爱和长寿的

---

1 《全唐诗》卷 472，中华书局，1960，第 5361 页。
2 （五代）王仁裕：《开元天宝遗事》卷下《蛛丝卜巧》，曾贻芬点校，中华书局，2006，第 38 页。
3 《全唐诗》卷 468，中华书局，1960，第 5322 页。
4 （晋）葛洪：《西京杂记》卷 3 "高帝侍儿言宫中乐事"，中华书局，1985，第 19~20 页。

风俗。

曝衣、晒书诸俗，主要是为了防止衣物、书籍被虫蛀或霉变。东汉崔寔《四民月令》"七月条"载："七月七日，遂作曲及磨。是日也，可合药丸及蜀漆丸；曝经书及衣裳；作干糗；采葸耳也。"[1]可见这种风俗在汉代就很流行。到唐代，这种风俗依然盛行，如崔国辅《七夕》诗"阁下陈书籍，闺中曝绮罗"[2]描写的就是民间晒书、晾衣风俗。

至于七月七日合药，则与道家所提倡的养生延年之说有关。《四时纂要》"秋令卷·七月"条下载有合成"八味丸"药方，称其为"张仲景八味地黄丸，治男子虚赢百病，众所不疗者。久服轻身不老，加以摄养，则成'地仙'"。[3]唐代道医孙思邈在《备急千金要方》中多有记载，见前有关端午节采药、合药风俗的论述，在这些药方中，大都突出了七月七日这一特定的时日，此处不再赘述。

道教仙话、牛郎织女的爱情神话传说以及对织女星神的崇拜，乞巧、求福、乞子、求长寿等美好愿望，共同组成了七夕丰富多彩的节日民俗活动内容。

二　中秋节的形成与道教仙话

中秋节，又称仲秋节、拜月节、祭月节、月夕等，为农历八月十五，是中国民间的传统节日。中秋，又作仲秋，时当八月，为秋季的第二个月，故《礼记·月令》称之为"仲秋之月"。[4]"中秋"一词，最早见于《周礼》所载"中秋献良裘""中秋夜迎寒"等。[5]中秋节一般认为是源自古代的天象崇拜，由秋夕祭月演变而来。最初祭月

1　（汉）崔寔撰，石声汉校注《四民月令校注》，中华书局，2013，第55页。

2　《全唐诗》卷119，中华书局，1960，第1201页。

3　（唐）韩鄂原编，缪启愉校释《四时纂要校释》卷4《秋令卷》，农业出版社，1981，第179页。

4　王文锦译解《礼记译解·月令第六》，中华书局，2001，第221页。

5　（清）孙诒让：《周礼正义》卷13《天官·司裘》、卷46《春官·籥章》，王文锦、陈玉霞点校，中华书局，2013，第493、1911页。

的日期为二十四节气中的"秋分"，《尚书·尧典》中"宵中星虚，以殷仲秋"，[1] 指的就是秋分时节正当仲秋。秋分祭月在先秦时期就已成为礼俗，《周礼·春官·典瑞》载："（王）以朝日。"郑玄注曰："天子常春分朝日，秋分夕月。"[2] 夕月就是祭月。但是由于"秋分"时日每年都不固定，加之这一天还不一定是月圆之日，所以后来就将"祭月""拜月"之礼逐渐选择为八月十五月圆之日，这样就形成了中秋节。

中秋节的主要民俗活动是赏月、拜月。古人虽然认为月圆每月都会有，但是中秋夜月却最不寻常。八月十五正值秋高气爽、寒暑适中之时，故为一年之中赏月的最佳时节。诗僧栖白《八月十五夜玩月》诗就说：

> 寻常三五夜，不是不婵娟。及至中秋满，还胜别夜圆。清光凝有露，皓魄爽无烟。自古人皆望，年来又一年。[3]

诗人许棠《中秋夜对月》诗也说：

> 月月势皆圆，中秋朗最偏。万方期一夕，到晓是经年。影蔽星芒尽，光分物状全。惟应苦吟者，目断向遥天。[4]

唐人普遍认为八月十五不但秋高气爽，而且是一年之中月最圆的时候，所以特别适合赏月、玩月。许昼《中秋月》诗说："应是蟾宫别有情，每逢秋半倍澄清。"[5] 白居易《八月十五日夜同诸客玩月》诗也

1　顾颉刚、刘起釪：《尚书校释译论》，中华书局，2005，第 32 页。

2　（清）孙诒让：《周礼正义》卷 39《春官·典瑞》，王文锦、陈玉霞点校，中华书局，2013，第 1574~1576 页。

3　《全唐诗》卷 823，中华书局，1960，第 9276 页。

4　《全唐诗》卷 604，中华书局，1960，第 6982 页。

5　《全唐诗》卷 715，中华书局，1960，第 8220 页。

说："月好共传唯此夜，境闲皆道是东都。"[1]所以，中秋玩月、赏月成为唐人最喜欢的一项民俗活动。

唐人中秋赏月、玩月之风特别盛行。诗僧皎然《南楼望月》诗曰："夜月家家望，亭亭爱此楼。"[2]刘禹锡《奉和中书崔舍人八月十五日夜玩月二十韵》诗也说："远近同时望，晶荧此夜偏。"[3]家家户户，不问远近，同时望月，说明中秋赏月已经成为千家万户共度的佳节。

但是，在唐代有关时令典章制度的文献记载中，却基本上没有中秋节被明确定为节日的信息。[4]直到宋代，中秋节才被正式确定为节日。这说明中秋节在唐代还只是个约定俗成的节日，还没有正式进入国家的礼制之中。虽然如此，但在中秋节俗形成的过程中，各种美丽的道教神话传说为催生中秋节并使之最终定型起了关键作用。

嫦娥奔月。嫦娥是神话传说中的月宫仙子，早在《山海经·大荒西经》中就有"常羲浴月"的神话传说："有女子方浴月。帝俊妻常羲，生月十有二，此始浴之。"帝俊是上古传说中的天帝，又说是五帝之一帝喾。常羲又作常仪，为帝俊之妻。清人毕沅注曰："常仪，古读仪为何，后世遂有嫦娥之鄙言。"[5]嫦娥的原型即为常羲。最早记录嫦娥奔月事迹的是秦代王家台秦简《归藏》中的《归妹》卦辞："昔者恒我（嫦娥）窃毋（不）死之□（药）〔于西王母？〕，□□（服之）奔月。而枚占□□□〔有黄。有黄占之曰：'吉。翩翩归妹，独将西行。逢天晦芒，毋惊毋恐，后且大昌。'恒我遂托身于月，是为

---

1 （唐）白居易著，朱金城笺校《白居易集笺校》卷32，上海古籍出版社，1988，第2194页。

2 《全唐诗》卷815，中华书局，1960，第9177页。

3 （唐）刘禹锡著，瞿蜕园笺证《刘禹锡集笺证》卷22，上海古籍出版社，1989，第600页。

4 （唐）李林甫等：《唐六典》卷2《尚书吏部》"吏部郎中员外郎"条"内外官吏则有假宁之节"中提到，八月十五放假三日。见陈仲夫点校本，中华书局，1992，第35页。但据池田温先生《天长节管见》（青木和夫先生还历纪念会编《日本古代の政治と文化》，吉川弘文馆，1987。后该文收入池田温《东亚文化交流史》，吉川弘文馆。后由吴毓华译改名为《从中国的千秋节到日本的天长节》，收入王宝平主编的《中国文化交流史研究》，上海辞书出版社，2008，第226~250页）一文考证，"八月十五日"应为"八月五日"之误，也即此节是指玄宗诞节"千秋节"（后改为"天长节"），丸山裕美子《唐宋节假制度的变迁——兼论"令"和"格敕"》（《中国社会历史评论》第3卷，中华书局，2001，第366~373页）一文，也赞同池田温先生的观点。

5 袁珂校注《山海经校注》卷11《大荒西经》，巴蜀书社，1993，第463页。

蟾蜍〕。"[1] 后来许多文献中提到了《归藏》中这段卜辞，如《文心雕龙·诸子》曰："《归藏》之经，大明迂怪，乃称羿毙十日，嫦娥奔月。"[2] 唐人李善注《文选》，在谢庄（希逸）《月赋》"引玄兔于帝台，集素娥于后庭"下也注引："《归藏》曰：昔常娥以不死之药奔月。"[3]《淮南子·览冥训》中也引用了"嫦娥奔月"的传说，并指出她是后羿之妻："羿请不死之药于西王母，姮娥窃以奔月。"高诱注曰："姮娥，羿妻。羿请不死之药于西王母，未及服之，姮娥盗食之，得仙，奔入月中为月精也。"[4] 后来，道教吸纳了这个民间传说，于是嫦娥就成了月宫仙子。唐末道士杜光庭在《墉城集仙录》中记载："吴姮娥，羿妻也。羿司射卫黄帝之宫，入宫得琼药之丹，以与姮娥，服，飞入月宫，为月中之官。"[5]

由嫦娥奔月的神话传说，人们又想象出月宫、桂树、蟾蜍、月兔（玉兔）以及仙人吴刚等许多仙灵异说。月宫，又称广寒宫，道教早就有此说法。据《上清黄庭内景经》梁丘子注释曰："广寒，北方仙宫之名。"又引《洞真经》云："冬至之日，月伏于广寒之宫，其时育养月魄于广寒之池。"[6]《曲素决辞经》也引《高上玉皇辞》"意合广寒宫"句。[7] 传说嫦娥奔月时随身携带了一只白兔，在月宫陪伴她，故称月兔，也叫玉兔。玉兔捣药也是一个美丽的神话传说，《艺文类聚》卷 1 引晋傅咸《拟天问》曰："月中何有？白兔捣药，兴福降祉。"[8] 原来玉兔捣药能给人们带来福祉，后便将月兔也作月亮的代称。月中有

1　王辉、王伟编著《秦出土文献编年订补》，三秦出版社，2014，第 211 页。按：《归藏》中的这段卦辞又见《后汉书·天文志上》刘昭注补引张衡《灵宪》，中华书局，1966，第 3216 页。

2　（南朝梁）刘勰著，王利器校笺《文心雕龙校证》卷 4《诸子》，上海古籍出版社，1980，第 120 页。

3　（南朝梁）萧统编，（唐）李善注《文选》卷 13，华慧等点校，岳麓书社，2002，第 419~421 页。

4　何宁：《淮南子集释》卷 6《览冥训》，中华书局，1998，第 501 页。

5　（唐）杜光庭《墉城集仙录》卷 5《洛川宓妃》，载罗争鸣《杜光庭记传十种辑校》，中华书局，2013，第 647 页。

6　（宋）张君房编《云笈七签》卷 11《三洞经教部·上清黄庭内景经》梁丘子注释引，李永晟点校，中华书局，2013，第 203 页。

7　（唐）徐坚等辑《初学记》卷 23《观》引，韩放主校点，京华出版社，2000，下册，第 259 页。

8　（唐）欧阳询：《艺文类聚》卷 1，汪绍楹校，上海古籍出版社，1999，第 8 页。

桂树，称月桂，亦借指月亮。唐人段成式《酉阳杂俎》记载："旧言月中有桂，有蟾蜍。故异书言，月桂高五百丈，下有一人常斫之，树创随合。人姓吴，名刚，西河人。学仙，有过，谪令伐树。"[1] 吴刚，一作吴质。李贺《李凭箜篌引》诗曰："吴质不眠倚桂树，露脚斜飞湿寒兔。"[2] 月中有蟾蜍，传说为三足，有神异，能招财辟邪，故称金蟾，月宫又称蟾宫，唐人经常借用"蟾宫折桂"来比喻士人科举应试及第。如杜光庭《录异记》载："礼部尚书庾朴举进士，时甚有声称，必就册名。梦入桂宫，折得桂枝。"[3] 李商隐《同学彭道士参寥》诗曰："莫羡仙家有上真，仙家暂谪亦千春。月中桂树高多少，试问西河斫树人。"[4] 诗人借用吴刚伐桂的仙话抒发的是自己未及第的感受。

　　唐代广为流传的另一个道教仙话故事是"唐明皇中秋游月宫"。唐明皇喜欢中秋赏月，曾下令在太液池西岸修筑了一座百尺高台，专作赏月之用，称为"望月台"。《开元天宝遗事》卷下载："玄宗八月十五日夜，与贵妃临太液池，凭栏望月，不尽，帝意不快。"[5] 据此遗事，唐五代时期敷衍出了许多版本的唐明皇夜游月宫的传说。

　　道士叶法善版。中唐薛用弱《集异记》载："尝因八月望夜，师与玄宗游月宫，聆月中天乐，问其曲名，曰《紫云曲》。玄宗素晓音律，默记其声，归传其音，名之曰《霓裳羽衣》。自月宫还，过潞州城上，俯视城郭悄然，而月光如昼。师因请玄宗以玉笛奏曲，时玉笛在寝殿中，师命人取，顷之而至。奏曲既，投金钱于城中而还。旬日，潞州奏，八月望夜，有天乐临城，兼获金钱以进。"[6] 诗人郑嵎曾在《津阳

1　（唐）段成式撰，许逸民校笺《酉阳杂俎校笺》前集卷1《天咫》，中华书局，2015，第84~85页。

2　（唐）李贺著，（清）王琦等评注《三家评注李长吉歌诗》卷1，上海古籍出版社，1998，第35~36页。按：三国时曹魏有大臣吴质（177~230），字季重，兖州济阴（今山东定陶）人，文学家。此人无学仙事迹，也非西河人，应该不是他。

3　（唐）杜光庭：《录异记》卷3，载罗争鸣点校《杜光庭记传十种辑校》，中华书局，2013，第47页。

4　（唐）李商隐著，（清）冯浩笺注《玉谿生诗集笺注》卷3，蒋凡标点，上海古籍出版社，1998，第548页。

5　（五代）王仁裕：《开元天宝遗事》卷下，曾贻芬点校，中华书局，2006，第60页。

6　（唐）薛用弱：《集异记》补编《叶法善》，中华书局，1980，第18~19页。

门诗并序》中咏其事曰："蓬莱池上望秋月，无云万里悬清辉。上皇夜半月中去，三十六宫愁不归。月中秘乐天半间，丁珰玉石和埙篪。宸聪听览未终曲，却到人间迷是非。"自注曰："叶法善引上入月宫，时秋已深。"[1]

道士罗公远版。唐末道士杜光庭《神仙感遇传》载："开元中，中秋望夜，时玄宗于宫中玩月。公远奏曰：'陛下莫要至月中看否？'乃取拄杖向空掷之，化为大树，其色如银，请玄宗同登。约行数十里，精光夺目，寒色侵人，遂至大城阙。公远曰：'此月宫也。'见仙女数百，皆素练宽衣，舞于广庭。玄宗问曰：'此何曲也？'曰：'《霓裳羽衣》也。'玄宗默记其声调，遂回。却顾其桥，随步而灭。且召伶官，依其声调作《霓裳羽衣曲》。"[2]卢肇《逸史》也载有其事，大同小异，作"天宝初"事，取一桂枝，向空掷之，化为桥。[3]杜书应本于此。

道士申天师版。题为柳宗元《龙城录》有"明皇梦游广寒宫"仙话："开元六年，上皇与申天师、道士鸿都客，八月望日夜，因天师作术，三人同在云上游月中。过一大门，在玉光中飞浮，宫殿往来无定，寒气逼人，露濡衣袖皆湿。顷见一大宫府，榜曰'广寒清虚之府'。其守门兵卫甚严，白刃粲然，望之如凝雪。时三人皆止其下，不得入。天师引上皇起跃，身如在烟雾中，下视王城崔巍，但闻清香霭郁，视下若万里琉璃之田。其间见有仙人道士，乘云驾鹤，往来若游戏。少焉，步向前，觉翠色冷光，相射目眩，极寒不可进。下见有素娥十余人，皆皓衣乘白鸾往来，舞笑于广陵大桂树之下。又听乐音嘈杂，亦甚清丽。上皇素解音律，熟览而意已传。顷天师亟欲归，三人下若旋风。忽悟，若醉中梦回尔……上皇因想素娥风中飞舞袖，被

1 《全唐诗》卷567，中华书局，1960，第6563页。
2 （唐）杜光庭：《神仙感遇传》卷6《罗公远》，载罗争鸣《杜光庭记传十种辑校》，中华书局，2013，第517页。
3 （宋）乐史：《杨太真外传》卷上引，载丁如明辑校《开元天宝遗事十种》，上海古籍出版社，1985，第131~132页。

编律成音，制《霓裳羽衣舞曲》。"[1] 唐人陈翰编辑的《异闻录》（或作《异闻集》）也收有这个版本。申天师，即申元之，杜光庭《仙传拾遗》有其传，称其游名山，博采方术，修得内真度世之道，善三五禁咒法。开元中，召入上都开元观，有名于时。[2] 鸿都客，应即白居易《长恨歌》中提到的为唐明皇寻找杨贵妃魂魄的那位四川道士："临邛道士鸿都客，能以精诚致魂魄。为感君王辗转思，遂教方士殷勤觅。排空驭气奔如电，升天入地求之遍。上穷碧落下黄泉，两处茫茫皆不见。忽闻海上有仙山，山在虚无缥缈间。楼阁玲珑五云起，其中绰约多仙子。中有一人字太真，雪肤花貌参差是……风吹仙袂飘摇举，犹似霓裳羽衣舞……回头下望人寰处，不见长安见尘雾。惟将旧物表深情，钿合金钗寄将去……但令心似金钿坚，天上人间会相见。"陈鸿《长恨歌传》亦云："适有道士自蜀来，知上心念杨妃如是，自言有李少君之术。玄宗大喜，命致其神。方士乃竭其术以索之，不至。又能游神驭气，出天界，没地府以求之，不见。又旁求四虚上下，东极天海，跨蓬壶。见最高仙山，上多楼阙，西厢下有洞户，东向，阖其门，署曰'玉妃太真院'。"[3] 这位"临邛道士鸿都客"，应即四川什邡道士杨通幽。杜光庭《仙传拾遗》有其传曰："杨通幽，本名什伍，广汉什邡人。幼遇道士，教以檄召之术，受《三皇天文》，役命鬼神，无不立应。驱毒疠，剪氛邪，禳水旱，致风雨，是皆能之，而木讷疏傲，不拘于俗。其术数变异，远近称之。玄宗幸蜀，自马嵬之后，属念贵妃，往往辍食忘寐。近侍之臣，密令求访方士，冀少安圣虑。或云：'杨什伍有考召之法。'征至行朝。上问其事，对曰：'虽天上地下，冥寞之中，鬼神之内，皆可历而求之。'上大悦，于内置场，以行其术。是夕奏曰：'已于九地之下，鬼神之中，遍加搜访，不知其

---

1 （唐）柳宗元：《龙城录》，曹中孚校点，载《唐五代笔记小说大观》，上海古籍出版社，2000，第143页。

2 （唐）杜光庭：《仙传拾遗》卷2《申元之》，载罗争鸣《杜光庭记传十种辑校》，中华书局，2013，第810~811页。

3 （唐）陈鸿：《长恨歌传》，载丁如明辑校《开元天宝遗事十种》，上海古籍出版社，1985，第126页。

所。'上曰：'妃子当不坠于鬼神之伍矣。'二日夜，又奏曰：'九天之上，星辰日月之间，虚空杳冥之际，亦遍寻访而不知其处。'上悄然不怿曰：'未归天，复何之矣？'炷香冥烛，弥加恳至。三日夜，又奏曰：'于人寰之中，山川岳渎祠庙之内，十洲三岛江海之间，亦遍求访，莫知其所。'后于东海之上，蓬莱之顶，南宫西庑。有群仙所居，上元女仙太真者，即贵妃也。谓什伍曰：'我太上侍女，隶上元宫。圣上太阳朱宫真人，偶以宿缘世念，其愿颇重，圣上降居于世，我谪于人间，以为侍卫耳。此后一纪，自当相见，愿善保圣体，无复意念也。'乃取开元中所赐金钗钿合各半，玉龟子一，寄以为信，曰：'圣上见此，自当醒忆矣。'言讫，流涕而别。什伍以此物进之，上潸然良久。"[1]这个故事显然是经过道士杜光庭的加工，杨贵妃被塑造成上元宫太上老君的侍女，而唐明皇则是"太阳朱宫真人"，大概是道教尊奉的太阳神太阳星君，或掌管东方的天神青帝（鲍防《元日早朝行》诗曰："玄冥无事归朔土，青帝放身入朱宫。"）宫中的仙人。因宿缘世念，降临人间，才演绎出一场轰轰烈烈的李杨爱情悲剧。

道士叶净能版。主要见敦煌文书《叶净能诗》，曰："八月十五夜，皇帝与净能及随驾侍从，于高处玩月。皇帝谓净能曰：'月中之事，其可测焉？'净能奏曰：'臣说亦恐无益，臣愿将陛下往至月宫游看可否？'……皇帝大悦龙颜……净能作法，须臾便到月宫内。观看楼殿台阁，与世人不同，门窗户牖，全殊异世。皇帝心看楼殿，及入重门，又见楼处宫阁，直到大殿，皆用水精琉璃玛瑙，莫测涯际。以水精为窗牖，以水精为楼台。又见数个美人，身着三殊（铢）之衣，手中皆擎水精之盘，盘中有器，尽是水精七宝合成。皇帝见皆存礼度。净能引皇帝直至娑罗树边看树，皇帝见其树，高下莫测其涯，枝条直赴三千大千世界。其叶颜色，不异白银，花如同云色。皇帝树下徐行之次……谓净能曰：'寒气甚冷，朕欲归宫。'……净能再闻帝说……便乃

1　（唐）杜光庭：《仙传拾遗》卷2《杨通幽》，载罗争鸣《杜光庭记传十种辑校》，中华书局，2013，第778~779页。

作法，须臾却到长安……皇帝至明晨，群臣朝参，帝曰：'朕昨夜三更，与叶天师同往月宫观看，见内外清霄迥然，楼殿台阁悉异，皆是七宝装饰。'群臣共贺皇帝：'三皇五帝周秦以来，未有似陛下者也。若道教通神，符箓绝妙，天下无过叶天师耶？'皇帝遂命太史官，批在《唐录》。'[1]这是诸种文本中出现最晚、最完整的一个版本。叶净能，又作叶静能，相传为叶法善的叔祖，因参与劝进韦皇后效则天革唐命称帝，在太平公主与临淄王李隆基发动的宫廷政变中被杀，断无可能在玄宗朝又复活过来。此诗话应糅合了大量叶法善的事迹敷衍而成。

唐明皇游月宫的神异故事文本很多，差异较大。但大都将仙话背景置于八月十五中秋之夜，通过道士作法携帝王游月宫，展示了瑰丽奇幻的月宫仙境，真是令人无限向往，并烘托出了道法之神奇，以此来宣扬道教。

此外，唐代八月十五还流传着一些美丽的道教仙话传说。如九华山道士赵知微中秋雨夕登天柱峰玩月，《三水小牍》卷上载：九华山道士赵知微，"少有凌云之志，入兹山，结庐于凤凰岭前，讽诵道书，练志幽寂。蕙兰以为服，松柏以为粮。隐迹数十年，遂臻玄牝，由是好奇之士多从之"。懿宗咸通十一年（870），"中秋，自朔霖霪，至于望夕"。门生们抱怨中秋良宵而天空阴雨，不能赏月。知微于是命侍童准备酒食，召集门生们说："谁跟我去攀登天柱峰赏月？"诸生虽然勉强答应，但都怀疑像这样阴云密布、大雨如注的夜晚能够成行。这时，知微已经拄杖先行，门生们也只好随行跟上。一路上披荆斩棘，飞岩走壁，很快就登临峰顶。只见长天廓清，皓月如昼，芳草如茵。道徒们围着师傅席地而坐，或举酒吟诵郭璞的《游仙诗》，或清啸步虚，或鼓琴玩月，皆遂心意。一直到明月隐于远山，才恋恋不舍地回到住所。而山下仍然是天空阴沉、一片凄风苦雨的景象。门生们这才纷纷佩服师傅的道法高超。[2]

1　黄征、张涌泉校注《敦煌变文校注》卷2，中华书局，1997，第339页。
2　（唐）皇甫枚：《三水小牍》卷上，中华书局，1958，第1~2页。

　　唐代还流传着中秋夜女仙吴彩鸾与书生文箫相恋的美丽仙话故事。《裴铏传奇·文箫》说：文宗太和末年，有书生文箫因与钟陵郡（今江西南昌）紫极宫道士柳栖乾是朋友，于是暂住在他那里。"钟陵有西山，山有游帷观，即许仙君逊上升地也。每岁至中秋上升日，吴、越、楚、蜀人，不远千里而携挈名香、珍果、绘绣、金钱，设斋醮，求福祐。时钟陵人万数，车马喧阗，士女栉比，数十里若阛阓。其间有豪杰，多以金召名姝善讴者，夜与丈夫闲立，握臂连踏而唱，其调清，其词艳，惟对答敏捷者胜。"当时文箫也前往游观，艳遇一位气质非凡、美丽异常的仙女吴彩鸾，她自称是西山吴真君吴猛之女，因泄露天机，被贬凡间为人妻十二年。于是，她与书生携手下山到钟陵。到武宗会昌二年（842），彩鸾忽然题笔作诗曰："一斑与两斑，引入越王山。世数今逃尽，烟萝得再还。箫声宜露滴，鹤翅向云间。一粒仙人药，服之能驻颜。"第二天凌晨有打柴者在越山看见他们，"各跨一虎，行步如飞，陟峰峦而去"，据说是过神仙俦侣的日子去了。[1]

　　唐人李玫《纂异记》有"嵩岳嫁女"传奇故事，也是以中秋玩月为背景展开的道教神话故事。洛阳书生田璆、邓韶二人，熟读群书，学识渊博。宪宗元和八年（813），"中秋望夕，携觞晚出建春门，期望月于韶别墅"。道遇另外两个书生，相邀他们去自家庄园赏月。"行数里，桂轮已升"，过一车门不久，"有异香迎前而来，则豁然真境矣：泉瀑交流，松桂夹道；奇花异草，照烛如昼；好鸟腾翥，风和月莹"。到一门，书生请二位客人下马，告诉他们："今夕中天，群仙会于兹岳。"原来这两位书生是大名鼎鼎的神仙卫符卿和李八百。在这里，田、邓二位书生有幸见到了神仙西王母、刘纲、茅盈、麻姑、谢自然、穆天子、汉武帝、唐明皇、丁令威、王子晋、叶静能等一干众仙。他们聚会宴乐，歌舞吟诗，飞觞举白，奏《霓裳羽衣》之曲，饮百花瑞露之酒。更有老轩辕，"今夕主张（持）月宫之醮（宴）"。这样的仙界生活，逍遥快活，令二人羡慕不已。后来，田璆、邓韶二位也

1　（唐）裴铏著，周楞伽辑注《裴铏传奇》，上海古籍出版社，1980，第88~89页。

弃家入道，同往少室山修仙去了。[1]

这些美丽的仙话传说，为中秋节俗的形成增添了无限的魅力。人们在举头赏月之时，传诵着这些动人的神话故事，使得节俗活动的人文意蕴绵远而流长，具有浓厚的浪漫气氛。

三　道教仙话催生重阳登高

重阳节为农历九月九日。古人以九为阳数，日月逢九，两阳相重，名曰"重阳"，又称"重九""双九"，或"九九重阳"。魏文帝曹丕《与钟繇九日送菊书》（又作《九日与钟繇书》）说："岁往月来，忽复九月九日。九为阳数，而日月并应，俗嘉其名，以为宜于长久，故以享宴高会。"[2] 重阳实际上也是一个以重数为节的节日。

重阳节是一个很古老的节日。其源头可以追溯到先秦时代，季秋为了庆祝丰收，古人要举行祭天、祭祖等活动。《吕氏春秋·季秋纪》载："（九月）命冢宰，农事备收，举五种之要，藏帝籍之收于神仓，祗敬必饬……是月也，大飨帝，尝牺牲，告备于天子。"[3] 可见在古代，早就有在九月农作物收获季节，举行祭谢天帝、祭拜祖先恩德的活动，同时还会举行聚饮活动。

从汉代开始，重阳节出现了佩茱萸、饮菊花酒、登高等寓意着避疫驱邪求长寿等愿望的节日民俗活动，这些活动的形成都与道教的传说和记载有关。东晋道士葛洪《西京杂记》载：

> 戚夫人侍儿贾佩兰……说在宫内时……九月九日，佩茱萸、食蓬饵、饮菊花酒，令人长寿。菊花舒时，并采茎叶，杂黍米酿

1　（唐）李玫：《纂异记》，李宗为校点，上海古籍出版社，1991，第1~7页。

2　（三国魏）曹丕著，夏传才、唐绍忠校注《曹丕集校注》，河北教育出版社，2013，第221页。

3　（战国）吕不韦著，陈奇猷校释《吕氏春秋新校释》卷9《季秋纪》，上海古籍出版社，2002，第473页。

之，至来年九月九日始熟就饮焉，故谓之菊花酒。[1]

登高是重阳节的主要节俗活动，其来源于道教仙话关于道术之士费长房的传说。南朝梁吴均《续齐谐记》载：

> 汝南桓景随费长房游学累年，长房谓曰："九月九日，汝家中当有灾。宜急去，令家人各作绛囊，盛茱萸，以系臂，登高饮菊花酒，此祸可除。"景如言，齐家登山。夕还，见鸡犬牛羊一时暴死。长房闻之曰："此可代也。"今世人九日登高饮酒，妇人带茱萸囊，盖始于此。[2]

费长房为东汉时人，传说他有道术，曾跟随一个叫"壶公"的神仙学道，"能医疗众病，鞭笞百鬼，及驱使社公"。[3]《后汉书》有费长房传，应是改编自东晋葛洪的《神仙传·壶公传》中有关费长房的记载。[4]此后重阳节俗活动大都与这个道教仙话故事有关。

到魏晋南北朝时期，重阳宴集活动开始大盛。唐德宗在贞元五年（789）正月乙卯诏书中说："四序嘉辰，历代增置，汉崇上巳，晋纪重阳。或说禳除，虽因旧俗，与众共乐，咸合当时。"[5]说明重阳节在晋代即受到当时人的重视。《荆楚岁时记》载："九月九日，四民并籍野饮宴。"隋朝人杜公瞻注云："九月九日宴会，未知起于何代。然自汉至宋未改。今北人亦重此节。佩茱萸，食饵，饮菊花酒，云令人长寿。近代皆宴设于台榭。"可见重阳宴集，由来已久。

到唐代，重阳节被确定为节假日，休假一日，与中和节、上巳

---

1 （晋）葛洪：《西京杂记》卷 3 "高帝侍儿言宫中乐事"，中华书局，1985，第 19~20 页。

2 （南朝梁）吴均：《续齐谐记》，王根林校点，载《汉魏六朝笔记小说大观》，上海古籍出版社，1999，第 1007 页。

3 《后汉书》卷 82 下《方术·费长房传》，中华书局，1965，第 2744 页。

4 （晋）葛洪撰，胡守为校释《神仙传校释》卷 9《壶公传》，中华书局，2010，第 307~309 页。

5 《旧唐书》卷 13《德宗纪下》，中华书局，1975，第 367 页。

节并称为"三令节"。[1] 朝廷往往也会在这天举行盛大的宴会，招待大臣百官和外国使节，有时还会赐大臣钱，令选择胜地宴乐。唐中宗景龙二年（708）重阳节，登慈恩寺大雁塔设宴，"群臣上菊花寿酒，赋诗"；同年闰九月九日，又登总持寺阁，"作宴赋诗"，群臣亦应制奉和，敬菊花酒上寿；次年重阳，"幸临渭亭登高，分韵赋诗"，应制者24 人。[2] 唐德宗也曾于贞元四年（788）九月九日，"赐百僚宴于曲江亭，仍作《重阳赐宴诗》六韵赐之。群臣毕和，上品其优劣"。[3] 重阳节在唐代俨然变成了赛诗节。

重阳节俗的多项民俗活动与道教所倡导的养生保健术有关。据唐人卢撰《卢公家范》曰："凡重阳日，上五色糕、菊花枝、茱萸树，饮菊花酒，佩茱萸囊，令人长寿也。"[4] 诗人李颀《九月九日刘十八东堂集》诗曰：

> 风俗尚九日，此情安可忘。菊花辟恶酒，汤饼茱萸香。[5]

重阳节饮菊花酒是为了辟恶，食"汤饼"意祝长寿。唐代重阳节还保留了先秦时期庆丰收的习俗，武瓘《九日卫使君筵上作》诗曰：

> 佳晨登赏喜还乡，谢宇开筵晚兴长。满眼黄花初泛酒，隔烟红树欲迎霜。千家门户笙歌发，十里江山白鸟翔。共贺安人丰乐岁，幸陪珠履侍银章。[6]

---

1 《新唐书》卷 139《李泌传》载："帝（德宗）以'前世上巳、九日，皆大宴集，而寒食多与上巳同时，欲以二月名节，自我为古，若何而可？'泌请：'废正月晦，以二月朔为中和节。'……帝悦，乃著令，与上巳、九日为'三令节'，中外皆赐缗钱燕（宴）会。"中华书局，1975，第4637 页。

2 （唐）武平一撰，陶敏辑校《景龙文馆记》卷 1、卷 2，中华书局，2015，第 13~20、72~79 页。

3 《旧唐书》卷 13《德宗纪下》，中华书局，1975，第 366 页。

4 《太平御览》卷 32《岁时部·九月九日》，中华书局，1960 年影印本，第 154 页上栏。

5 （唐）李颀著，王锡九校注《李颀诗歌校注》卷 1，中华书局，2008，第 97 页。

6 《全唐诗》卷 600，中华书局，1960，第 6941 页。

"黄花"，即菊花。诗中涉及的重阳节俗事项，有登高、饮菊花酒、宴集、奏乐、娱乐、贺太平安乐年景、庆丰收、祝长寿等多项民俗活动。

重阳登高是一项有益于健康的有氧运动。被称为"药王"的道医孙思邈在《齐人月令》中说："重阳之日，必以糕、酒，登高远眺，迥为时宴之游赏，以畅秋志。酒必采茱萸、甘菊以泛之，既醉而归。"[1]重阳时节，已届深秋，风清气爽，的确非常适合登高远眺。

重阳节登高要佩系茱萸囊或头插茱萸、饮茱萸酒，所以又称"茱萸节"。张说《湘州九日城北亭子》诗曰：

西楚茱萸节，南淮戏马台。宁知沉水上，复有菊花杯。[2]

茱萸是一种具有芳香气味的常绿小乔木，有很多品种，主要有山茱萸和吴茱萸。唐代《新修本草》载：山茱萸，"主心下邪气，寒热，温中，逐寒湿痹，去三虫……强阴，益精，安五脏，通九窍，止小便利。久服轻身，明目，强力，长年……九、十月采实，阴干"。吴茱萸，"主温下气，止痛咳逆，寒热，除湿血痹，逐风邪，开腠理……九月九日采，阴干"。[3]可见重阳插戴茱萸和饮茱萸酒主要是为了避恶益寿。

佩系茱萸囊是从汉代流传下来的古俗，唐人也很重视佩茱萸囊。郭元振《相和歌辞·子夜四时歌·秋歌》曰："辟恶茱萸囊，延年菊花酒。"[4]李颀《杂兴》诗也曰："千年魑魅逢华表，九日茱萸作佩囊。"[5]佩茱萸囊可以辟恶驱鬼，显然与道教驱鬼观念有关。

头插茱萸大概是从晋代头插茱萸囊的习俗演化而来的。据周处

1　《太平御览》卷32《岁时部·九月九日》引，中华书局，1960 年影印本，第 154 页上栏。

2　（唐）张说著，熊飞校注《张说集校注》卷9，中华书局，2013，第 437 页。

3　（唐）苏敬等撰，尚志钧辑校《新修本草》卷13，安徽科学技术出版社，2004，第 187 页。

4　《全唐诗》卷 21，中华书局，1960，第 264 页。

5　（唐）李颀著，王锡九校注《李颀诗歌校注》卷 2，中华书局，2008，第 459 页。

《风土记》称："俗上（尚）九月九日，谓为上九，茱萸到此日，气烈，熟色赤，可折。茱萸囊以插头，云辟恶气，御冬。"[1]可见晋代有头插茱萸囊的风俗。到唐代，头插茱萸囊演变成头插茱萸。如杨衡《九日》诗曰：

> 黄菊紫菊傍篱落，摘菊泛酒爱芳新。不堪今日望乡意，强插茱萸随众人。[2]

诗人喜欢摘取黄菊、紫菊等各种颜色的菊花，浸制成芳香甘醇的菊花酒，重九日大家都头插茱萸，诗人也只好从众，勉强以茱萸插头。

头插茱萸是为了长寿，王昌龄《九日登高》诗说："茱萸插鬓花宜寿，翡翠横钗舞作愁。"[3]诗人为了好看，钗上还别着漂亮的羽毛。

在历代重阳诗中，最为脍炙人口的一首是王维的《九月九日忆山东兄弟》：

> 独在异乡为异客，每逢佳节倍思亲。遥知兄弟登高处，遍插茱萸少一人。[4]

这首流传千古的重阳登高诗，抒发了一种思念亲人的真挚感情，道出了无数人的共同心声，已经凝结为中华节庆文化的重要内容。

饮茱萸酒也是传之久远的一项古俗。常衮在《重九谢赐糕酒等状》中说："茱萸清酒，尝闻旧俗之传。"[5]相传饮茱萸酒可以治病。孙思邈的徒弟孟诜撰写的《食疗本草》记载了几种茱萸浸酒的食疗养生方法，其中有：治牙疼，"取茱萸一升，清酒五升，二味和煮，取半升

---

1 《太平御览》卷991《药部·茱萸》，中华书局，1960年影印本，第4386页下栏。
2 《全唐诗》卷465，中华书局，1960，第5289页。
3 （唐）王昌龄撰，李云逸注《王昌龄诗注》卷3，上海古籍出版社，1984，第111页。
4 （唐）王维撰，赵殿成笺注《王右丞集笺注》卷14，上海古籍出版社，1984，第260页。
5 《全唐文》卷418，中华书局，1983年影印本，第4277页下栏。

去滓，以汁微暖洗"；治中风，"取茱萸一升，美清酒四升，和煮四五沸，冷服之半升，日二服，得小汗为差"。[1]唐诗中有许多描写饮茱萸酒的诗作，如王建《酬柏侍御答酒》诗曰："茱萸酒法大家同，好是盛来白碗中。"[2]权德舆《九日北楼宴集》诗也曰："风吟蟋蟀寒偏急，酒泛茱萸晚易醺。"[3]这些诗作描写的都是重阳节饮茱萸酒的风俗。

重阳节还有赏菊花、饮菊花酒和头插菊花的习俗，所以又称"菊花节""黄花节"。王维《奉和圣制重阳节宰臣及群官上寿应制》诗曰："无穷菊花节，长奉柏梁篇。"[4]王涯《九月九日勤政楼下观百僚献寿》诗曰："御气黄花节，临轩紫陌头。"[5]菊花除了具有观赏价值外，还有药用价值。深秋时节，百花多已凋残，唯有菊花还在迎霜怒放，正是一年之中赏菊的最佳季节。

魏晋以来，菊花还被赋予了一种坚贞不屈的品格，象征着健康长寿，所以特别受到中古时期文人雅士的钟爱。曹丕在《与钟繇九日送菊书》信中盛赞菊花在深秋时节灿烂独放，"含乾坤之纯和体芬芳之淑气……故屈平悲冉冉之将老，思餐秋菊之落英，辅体延年，莫斯之贵"。他还特意将一束菊花赠送给老臣钟繇，希望他能借菊花之力，"以助彭祖之术"，就像传说中活了八百岁的神仙彭祖那样身康体健、延年益寿。[6]钟会在《菊花赋》中称赞菊花有五种美德："圆花高悬，准天极也；纯黄不杂，后土色也；早植晚登，君子德也；冒霜吐颖，象劲直也；流中轻体，神仙食也。"并说人们在重阳节，纷纷"置酒华堂，高会娱情"，为赏菊之会。[7]东晋大诗人陶渊明特别喜爱菊花，他曾在《九日闲居并序》中说："余闲居，爱重九之名，秋菊盈园，而

1　（唐）孟诜撰，张鼎增补，尚志钧辑校《食疗本草（考异本）》卷2《草木果实部》"吴茱萸"条，安徽科学技术出版社，2003，第76页。

2　（唐）王建著，尹占华校注《王建诗集校注》卷9，巴蜀书社，2006，第414页。

3　（唐）权德舆：《权德舆诗文集》卷6，郭广伟校点，上海古籍出版社，2008，第101页。

4　（唐）王维撰，陈铁民校注《王维集校注》卷4，中华书局，1997，第373页。

5　《全唐诗》卷346，中华书局，1960，第3874页。

6　（三国魏）曹丕著，夏传才、唐绍忠校注《曹丕集校注》，河北教育出版社，2013，第221页。

7　（唐）欧阳询：《艺文类聚》卷81《药香草部·菊》引，汪绍楹校，上海古籍出版社，1999，第1391页。

持醪靡由。空服九华，寄怀于言。"诗曰："世短意常多，斯人乐久生。日月依辰至，举俗爱其名。露凄暄风息，气澈天象明……酒能祛百虑，菊解制颓龄。"[1] 在诗人眼中，菊花酒能消忧解虑、长生延年。《宋书·陶潜传》载，陶渊明归隐后闲居家中，有一年重阳节，宅边的菊花正在怒放，然而穷困潦倒的诗人却无酒赏菊，于是在菊花丛中怅坐良久。正在感伤之时，忽然看见江州刺史王弘身着白衣，偕人载酒而来。诗人也不推辞，打开酒坛，就在菊花丛中举杯豪饮，并赋诗纪事。表现了诗人不拘礼仪，纯任自然的天性。从这首诗的小序来看，所描述的情景与史载略同。[2] 陶公咏菊、白衣送酒，从此成为千古流传的佳话。

唐人也非常喜欢赏菊花。元稹偏爱菊花，他在《菊花》诗中说："不是花中偏爱菊，此花开尽更无花。"[3] 令狐楚也喜欢菊花，重阳登高就是为了专门赏菊花，他在《奉和严司空重阳日同崔常侍崔郎及诸公登龙山落帽台佳宴》诗中说："谢公秋思渺天涯，蜡屐登高为菊花。"[4] 白居易也喜欢菊花，自称"爱菊高人"，为了赏菊，他打算在重阳节断斋一日，他在《酬皇甫郎中对新菊花见忆》诗中说："爱菊高人吟逸韵，悲秋病客感衰怀。黄花助兴方携酒……拟废重阳一日斋。"[5] 殷尧藩非常喜欢菊花，为了不耽误重阳赏菊，甚至强撑病体，他在《九日病起》诗中说："重阳开满菊花金，病起支床惜赏心。"[6] 刘禹锡喜欢菊花是因为其不畏严霜的品格非常符合他的性格，他在《和令狐相公九日对黄白二菊花见怀》诗中说："素蕚迎寒秀，金英带露香"，"满丛佳色在，未肯委严霜"。[7] 诗人在佳节赏菊的同时，抒发了一种高洁的情怀。总之，唐人爱菊、赏菊、玩菊、咏菊，兴味无穷。

---

1 （晋）陶渊明著，逯钦立校注《陶渊明集》卷2，中华书局，1979，第39页。

2 《宋书》卷93《隐逸·陶潜传》，中华书局，1974，第2288页。

3 （唐）元稹著，周相录校注《元稹集校注》卷16，上海古籍出版社，2011，第501页。

4 《全唐诗》卷334，中华书局，1960，第3746页。

5 （唐）白居易著，朱金城笺校《白居易集笺校》卷32，上海古籍出版社，1988，第2197页。

6 《全唐诗》卷492，中华书局，1960，第5568页。

7 （唐）刘禹锡著，瞿蜕园笺证《刘禹锡集笺证》外集卷3，上海古籍出版社，1989，第1209页。

饮菊花酒也是一个很古老的习俗。汉代刘向在《列仙传》中说，神仙文宾教一个年逾九旬老妇人"服菊花、地肤、桑上寄生、松子，以益气"，又过了一百多年她仍然健在。[1] 所以，东晋道医葛洪曾将菊花列为仙家养生之上药，他在《抱朴子内篇·仙药》中说：

> 南阳郦县山中有甘谷水，谷水所以甘者，谷上左右皆生甘菊，菊花堕其中，历世弥久，故水味为变。其临此谷中居民，皆不穿井，悉食甘谷水，食者无不老寿，高者百四五十岁，下者不失八九十，无夭年人，得此菊力也。故司空王畅太尉、刘宽太傅、袁隗，皆为南阳太守，每到官，常使郦县月送甘谷水四十斛以为饮食。此诸公多患风痹及眩冒，皆得愈。[2]

唐人徐坚等辑的《初学记》也引道书《太清诸草木方》曰："九月九日，采菊花与茯苓、松脂，久服之，令人不老。"[3] 唐人认为饮菊花酒具有延年益寿之功效。孙思邈《千金翼方》卷16《中风上·诸酒》中记载有菊花酒的制作方法及其功效：

> 菊花酒，主男女风虚寒冷，腰背痛，食少羸瘦无色，嘘吸少气，去风冷，补不足。

其方是用菊花、杜仲、独活、萆薢、钟乳、茯苓、紫石英、附子、防风、黄芪、苁蓉、当归、石斛、桂心等14味中药浸制而成。[4] 这显然不是简单用菊花浸泡而成的酒，而是属于道家的养生药酒。所以饮菊花酒也是唐代重阳日的一大节俗，岑参《奉陪封

1 王叔岷：《列仙传校笺》卷下《文宾》，中华书局，2007，第138页。
2 王明：《抱朴子内篇校释》卷11《仙药》，中华书局，1985，第205~206页。
3 （唐）徐坚辑《初学记》卷4《岁时部下·九月九日》，韩放主校点，京华出版社，2000，上册，第129页。
4 （唐）孙思邈撰，朱邦贤、陈文国等校注《千金翼方校注》卷16《中风上·诸酒》，上海古籍出版社，1999，第444~445页。

大夫九日登高》诗曰："九日黄花酒，登高会昔闻。"[1]孟浩然《和贾主簿弁九日登岘山》诗也曰："楚万重阳日，群公赏宴来。共乘休沐暇，同醉菊花杯。"[2]这些诗句描写的都是唐代重九日饮菊花酒的习俗。

头插菊花也是源于消灾辟恶的美好愿望。徐夤《菊花》诗就说："桓景登高事可寻，黄花开处绿畦深。消灾辟恶君须采，冷露寒霜我自禁。"[3]所以唐人登高宴集时，多会将菊花插在鬓发之上。杜牧《九日齐山登高》诗曰：

> 江涵秋影雁初飞，与客携壶上翠微。尘世难逢开口笑，菊花须插满头归。但将酩酊酬佳节，不用登临恨落晖。古往今来只如此，牛山何必独沾衣。[4]

他如郑谷的《重阳夜旅怀》诗曰："强插黄花三两枝，还图一醉浸愁眉。"[5]殷尧藩的《九日》诗曰："酣歌欲尽登高兴，强把黄花插满头。"[6]描写的都是重阳登高头插菊花的风俗。

重阳节还形成了具有节日特色的食品。从汉代开始，人们在重阳节有食"蓬饵"之俗。到南北朝时，重阳食"饵"的花色品种越来越多。金秋九月，正是丰收季节，人们将自己的劳动果实制成各种各样的"饵"食，分赠亲友，共享收获的喜悦，于是重阳互赠食品亦流变成为一种习俗。《初学记》引《玉烛宝典》曰："食饵者，其时黍秫并收，以因粘米嘉味，触类尝新，遂成积习。"又引晋干宝注曰："糗饵者，豆末屑米，而烝之以枣豆之味。今饵馇也。"这是一种类似于枣

---

1 （唐）岑参著，陈铁民、侯忠义校注《岑参集校注》卷 2，上海古籍出版社，2004，第 197 页。

2 （唐）孟浩然著，佟培基笺注《孟浩然诗集笺注·宋本集外诗》，上海古籍出版社，2000，第 396 页。

3 《全唐诗》卷 708，中华书局，1960，第 8152 页。

4 （唐）杜牧著，吴在庆校注《杜牧集系年校注》卷 3，中华书局，2008，第 371 页。

5 （唐）郑谷著，严寿澂等笺注《郑谷诗集笺注》卷 4，上海古籍出版社，2009，第 445 页。

6 《全唐诗》卷 492，中华书局，1960，第 5568 页。

糕的点心。又引《方言》曰："饵谓之糕，或谓之糍。"[1] 这样，重阳食糕的风俗就逐渐形成。"糕"与"高"同音，寓意年年登高、鸿运高照。《唐六典》卷4《尚书礼部》"膳部郎中员外郎"条记载：节日食料，"九月九日麻葛糕"；同书卷15《光禄寺》"太官署"条也说道："九月九日加糕"。[2] 可见食糕已经成为重阳节的一项重要民俗活动。白居易《九日登西原宴望》诗曰："移座就菊丛，糕酒前罗列。"[3] 薛逢《九日雨中言怀》诗也曰"糕果盈前益自愁"。[4] 这些诗句都提到重阳宴集食品中有糕。常衮在《重九谢赐糕酒等状》中也说："御膳分旨，膏以粉饵，蒸以糖馂，绿芋金茅，紫蔗筠节。茱萸清酒，尝闻旧俗之传；薏苡调肠，今睹灵珍之味。"[5] 这里也提到重阳御赐膳食中有粉糕和茱萸清酒。

重阳节还有竞射风俗。相传，重阳竞射源自南朝，到唐代正式确定为军礼。此俗除了具有重视武备的传统之意外，也与道家所强调的强身健体有关。

总之，围绕着登高野游而展开一系列的民俗活动，已经成为唐代重阳节俗的重要特色。由于重阳始终是以道家长寿为主题的，所以这个节日到今天已经发展成为以尊老敬老为主的老年节。

第二节　冬季节日中的道教符号

一　冬至亚岁，道教圣诞

冬至，为二十四节气之一，也是中国古代的传统节日。古人对冬

1　（唐）徐坚等辑《初学记》卷4《岁时部下·九月九日》，韩放主校点，京华出版社，2000，上册，第129页。

2　（唐）李林甫等：《唐六典》卷4《尚书礼部》"膳部郎中员外郎"条、卷15《光禄寺》"太官署"条，陈仲夫点校，中华书局，1992，第129、446页。

3　（唐）白居易著，朱金城笺校《白居易集笺校》卷6，上海古籍出版社，1988，第325页。

4　《全唐诗》卷548，中华书局，1960，第6328页。

5　《全唐文》卷418，中华书局，1983年影印本，第4277页下栏。

至非常重视，将它作为冬季的一个大节，故又名"冬节"。民间还有
"冬至大如年"的说法，所以又称其为"亚岁"或"小年"。从汉代
始，冬至还有敬献鞋袜给长辈以表吉祥之意，马缟《中华古今注》云：
"汉有绣鸳鸯履，昭帝令冬至日上舅姑。"[1] 曹植《冬至献袜履颂表》就
说："亚岁迎祥，履长纳庆。"[2] 因此冬至又有"履长节"之称。

　　关于冬至节的来历，宋人陈元靓《岁时广记》引唐人马总《通
历》及高峻、高迥父子撰写的《高氏小史》曰："地皇氏以十一月为
冬至。"[3] 所谓地皇氏，简称地皇，本是传说中的上古神话人物，被道
教奉为神仙。《云笈七签》卷 3《道教本始部·天尊老君名号历劫经
略》说："太极老君又授《地皇内经》十四篇。地皇氏得此经，以治天
下三十六万岁，乃白日升天，上素虚玉皇天宫中，万帝朝尊。"[4]《历
义疏》云："冬至，十一月中气也。言冬至者极也，太阴之气，上干于
阳；太阳之气，下极于地，寒气已极，故曰冬至。气当易之，王者闭
门闾，商旅不行，以其阳气乘踊，君寿益长，是以冬贺也。"[5] 古人认
为，冬至是阴阳二气交替转折之际，这天白昼最短，黑夜最长，也是
一年中阳气最弱的一天，故又有"长至日"之称。过了冬至，白昼逐
渐变长，阳气渐渐回升，民谚有"吃了冬至面，一天长一线"之说。

　　自古以来，我国就非常重视冬至节。先秦时期，就有冬至祭祀
鬼神之礼。《周礼·春官·大司乐》载："冬日至，于地上之圜丘奏
之，若乐六变，则天神皆降，可得而礼矣。"又《神仕》也载："以冬
日至，致天神人鬼。"[6] 从汉代开始，冬至已经成为令节。蔡邕《独断》

1　（五代）马缟：《中华古今注》卷中，载吴企明校点《苏氏演义（外三种）》，中华书局，2012，第
　　104 页。
2　（三国魏）曹植著，赵幼文校注《曹植集校注》卷 3，中华书局，2018，第 597 页。
3　（宋）陈元靓：《岁时广记》卷 38《冬至》，许逸民点校，中华书局，2020，第 687 页。
4　（宋）张君房编《云笈七签》卷 3《道教本始部·天尊老君名号历劫经略》，李永晟点校，中华书
　　局，2003，第 43 页。
5　（宋）陈元靓：《岁时广记》卷 38《冬至》，许逸民点校，中华书局，2020，第 687 页。
6　（清）孙诒让：《周礼正义》卷 43《春官·大司乐》、卷 53《神仕》，王文锦、陈玉霞点校，中华
　　书局，2013，第 1757、2232 页。

曰："冬至，阳气起，君道长，故贺。"[1] 把阳气与君道联系起来，朝贺之仪自然就会更加隆重。魏晋时期，冬至已有"亚岁"之称。《宋书·礼志》载："魏、晋则冬至日受万国及百僚称贺，因小会。其仪亚于岁旦。"[2]

到唐代，冬至已视同元旦。如《唐六典》卷4《尚书礼部》载："凡冬至大陈设，如元正之仪。"[3] 敦煌写本郑余庆《大唐新定吉凶书仪》也载："元正日、冬至日，右已上二大节，准令休假七日，前三后四日。"[4] 不但冬至陈设如元旦之仪，而且放假也相同。

冬至正值隆冬季节，天寒地冻，不宜开展太多户外活动，所以祝节活动主要集中在拜贺、聚宴、造历、数九消寒等民俗。与道教相关的节俗也有一些,《荆楚岁时记》载：

> 十一月冬至日，作赤豆粥。说者云：共工氏有不才子以冬至日死，为人厉，畏赤小豆。故作粥以禳之。[5]

关于共工氏有不才之子的说法固然并不可信，但道家却普遍相信赤小豆有驱鬼避瘟的神奇功效。如《齐民要术》引《杂五行书》云："常以正月旦，亦用月半，以麻子二七颗，赤小豆七枚，置井中，辟疫病，甚神验。"又云："正月七日，七月七日，男吞赤小豆七颗，女吞十四枚，竟年无病，令疫病不相染。"[6] 又如《荆楚岁时记》杜注引葛洪《炼化篇》云："正月旦，吞鸡子、赤（小）豆各七枚，辟瘟气。"又引葛洪《肘后方》云："元旦及七日，吞麻子、（赤）小豆各二七枚，

1　（汉）蔡邕：《独断》卷下，上海古籍出版社，1990年四库全书影印本，第16页下栏。
2　《宋书》卷14《礼志一》，中华书局，1975，第345~346页。
3　（唐）李林甫等：《唐六典》卷4《尚书礼部》，陈仲夫点校，中华书局，1992，第113页。
4　周一良、赵和平：《唐五代书仪研究》，中国社会科学出版社，1995，第185页。
5　（南朝梁）宗懔撰，（隋）杜公瞻注，姜彦稚辑校《荆楚岁时记》，中华书局，2018，第70页。
6　（北魏）贾思勰撰，缪启愉、缪桂龙注《齐民要术》卷2《小豆第七》，上海古籍出版社，2006，第110~111页。

消疾疫。"[1]孙思邈《备急千金要方》记载的避瘟疫方曰: "正旦吞麻子、赤小豆各二七枚, 又以二七枚投井中。"又方, "新布袋盛赤小豆, 纳井中三日, 出, 举家服二七枚。"又方, "常以七月七日合家吞赤小豆, 向日吞二七枚。"还有赤小豆丸, 将赤小豆、鬼箭羽、鬼臼、丹砂、雄黄等五味中药, 捣成末, 加蜜和成丸, 服之。又治疫病方: "白蜜和上色朱砂粉一两, 常以太岁日平旦, 大小勿食, 向东方立, 吞服三七丸, 如麻子大, 勿令齿近之。并吞赤小豆七枚, 投井泉中, 终身勿忘此法。"[2]在这些稀奇古怪的道家药方中, 都强调了赤小豆的辟瘟驱疫效果。道家还有"撒豆成兵"法术, 所用也有赤小豆, 如《太上通玄灵应经》说: "若使豆子为兵者, 用赤 (小) 豆一千枚。"[3]撒赤小豆使之化作鬼兵, 显然也是赋予了其灵异的神通。

另外, 道教还强调在十一月冬至或其前后要设斋行道。《云笈七签》卷37《斋戒·洞玄灵宝六斋十直》说道: "年六斋, 正月、三月、五月、七月、九月、十一月。"又在《说杂斋法》中引《明真科》云: "正月、三月、五月、七月、九月、十一月, 一岁六斋月能修斋, 上三天帝令太一使者除人十苦。"又引《八道秘言》云: "正月、三月、四月、六月、七月、八月、九月、十月、十一月, 此九真斋月。"[4]可见十一月是道教强调的所谓"六斋月"或"九真斋月"之一。又卷105《传》引邓云子《清灵真人裴君传》曰: "冬至之日日中时, 天真众仙皆诣方诸东华大宫, 见东海青童君, 刻定众仙籍金书内字。"[5]故冬至日有各种斋醮活动。

冬至有祭祀昊天上帝、五方天帝及日月星辰之仪。《岁华纪丽》卷4"冬至"条有"祀星辰", 自注曰: "《月令》: '祀昊天上帝于圜丘。'注:

---

1 （南朝梁）宗懔撰,（隋）杜公瞻注, 姜彦稚辑校《荆楚岁时记》, 中华书局, 2018, 第6页。

2 （唐）孙思邈著, 李景荣等校释《备急千金要方校释》卷9, 人民卫生出版社, 1998, 第211~212页。

3 《太上通玄灵应经》, 载《道藏》第18册, 文物出版社、上海书店、天津古籍出版社, 1988年影印本, 第614页下栏。

4 （宋）张君房编《云笈七签》卷37《斋戒》, 李永晟点校, 中华书局, 2003, 第807、815页。

5 （宋）张君房编《云笈七签》卷105《传·清灵真人裴君传》, 李永晟点校, 中华书局, 2003, 第2267页。

冬至日祀五方帝及日月星辰礼坛。"[1] 这些祭祀既是国家祀典，也是道教斋醮仪礼。如昊天上帝，在道教即为玉皇大帝，全称为"昊天金阙玉皇玄穹高上大帝"；五方天帝，道教又称五方五帝（东方青帝、南方赤帝、西方白帝、北方黑帝、中央黄帝）或五老天君（东方安宝华林青灵始老九炁天君、南方梵宝昌阳丹灵真老三炁天君、西方七宝金门皓灵皇老七炁天君、北方洞阴朔单郁绝五灵玄老五炁天君、中央玉宝元灵元老一炁天君）。至于日月星辰，更是道教经常斋醮祭祀的对象。

民间又将冬至当作元始天尊圣诞日。元始天尊，全称"青玄祖炁玉清元始天尊妙无上帝"，又名"玉清紫虚高妙太上元皇大道君"，是道教最高神"三清"之一。元始天尊生于混沌之前，太无之先，元气之始，故名"元始"。《云笈七签》卷2《混元混洞开辟劫运部·混洞》引《太真科》云："元始天尊……为万物之初始也。极道之宗元，挺生乎自然，寿无亿之数，不始不终，永存绵绵……居上境为万天之元，居中境为万化之根，居下境为万帝之尊。"[2] 道教认为，冬至是阴阳转化的关键节气。冬至这天正是阴极阳升之始，有"冬至一阳生"之说，故以是日为元始天尊圣诞。

二　岁末腊日，道门嘉节

农历十二月腊日，也是道教的"王侯腊（也作'侯王腊'）日"[3]。关于腊日的起源众说纷纭，但考其源流，应是远承自先秦时期的岁末大祭"蜡赛百神"与"腊享先祖"习俗，在此基础上又融合了一些道教与民间信仰的元素而形成的。[4]

1　（唐）韩鄂：《岁华纪丽》卷4"冬至"条，中华书局，1985年丛书集成初编影印本，第111页。

2　（宋）张君房编《云笈七签》卷2《混元混洞开辟劫运部》，李永晟点校，中华书局，2003，第19页。

3　《赤松子章历》卷2作"王侯腊"，载《道藏》第11册，文物出版社、上海书店、天津古籍出版社，1988年影印本，第187页中栏；《云笈七签》卷37《斋戒》作"侯王腊"，李永晟点校，中华书局，2003，第815页。

4　参阅拙作《从腊日到腊八：本土文化与外来文化的结合》，《文史知识》2019年第1期，第94~102页。

（一）岁末大祭：蜡赛百神与腊享先祖

先秦时期，人们受到"万物有灵"观念的影响，于是产生了很多神灵崇拜，如对祖先的崇拜，对天神地祇、日月星辰以及动植物等自然神的崇拜，并且根据季节和时间的不同安排各种祭祀活动。其中冬季有两个重要的祭祀：蜡祭和腊祭。

在古代，蜡祭之蜡，音 zhà，同醋，是年终祭祀之名；另有蜡音 là，后简化为"蜡"，是指动植物分泌的脂质，也作为蜡烛的简称。而腊祭之腊则应作"臘"，音 là，同臈，亦祭祀名，后简化为"腊"；另外也有"腊"字，音 xī，是指干肉。蜡祭和腊祭最初是两个既有区别又有关联的祭祀，即"蜡祭百神"和"腊祭先祖"。

蜡祭是年终大祭，传说始于伊耆氏。《礼记·郊特牲》记载：

> 天子大蜡八。伊耆氏始为蜡。蜡也者，索也，岁十二月，合聚万物而索飨之也。蜡之祭也，主先啬而祭司啬也，祭百种以报啬也……既蜡而收，民息已。

蜡祭有八神，东汉大儒郑玄注曰："先啬一，司啬二，农三，邮表畷四，猫虎五，坊六，水庸七，昆虫八。"[1]先啬、司啬分别是指发明农业和掌管农业的神，如神农氏、后稷；农是指勤勉督理农事与田法的官员之神，如"古之田畯，有功于民"；邮表畷是指督农官在田间的办公处所，亦有神灵；猫、虎是指猫神和虎神，因为猫吃损害庄稼的田鼠，虎食糟蹋庄稼的野猪，所以要迎来它们的神灵加以祭享；坊同防，指堤防，庸指水沟，都与农田水利有关，故祭其神灵，以防洪涝灾害；祭昆虫，则是为了避免虫害。伊耆氏，据说是上古天子号，或

1　（汉）郑玄注，（唐）孔颖达正义，吕友仁整理《礼记正义》卷36《郊特牲》，上海古籍出版社，2008，第1071~1080页。

曰神农，或曰帝尧，也都对原始农业的发展做出了巨大贡献。可见，蜡祭的对象都是与农业生产密切相关的神祇，故有蜡祭百神之说。

由于蜡祭是对保佑农业生产诸神的报谢，所以场面非常热闹，形同狂欢。孔子曾以嘉宾的身份参加了鲁国的蜡祭。[1]子贡在观看过蜡祭后，孔子问他是否快乐。子贡回答："一国之人皆若狂，我不知道这有什么好快乐的。"孔子说："人民辛苦了一年，才有这一天的享乐，其中的道理不是你所能明白的。所谓一张一弛，文武之道也。"[2]因此可以看出，这实际上是一个庆祝丰收的日子。

腊祭也是岁末大祭，主要是祭祀祖先和与住宅出行有关的神灵，但不知其始于何时，至晚到周代即已有腊祭。《礼记·月令》记载：

> 孟冬之月……天子乃祈来年于天宗，大割祠于公社及门闾，腊先祖、五祀，劳农以休息之。

郑玄注曰："此《周礼》所谓蜡祭也。天宗，谓日月星辰也。大割，大杀群牲割之也。腊，谓以田猎所得禽祭也。五祀，门、户、中霤、灶、行也。或言'祈年'，或言'大割'，或言'腊'，互文。"[3]按照郑玄的解释，祈天宗是指祭祀日月星辰，大割祠是指大杀群牲以祭祀公社和门闾，腊祭是指猎取禽兽以祭祀先祖及五祀。这些祭祀活动，总称为蜡。但是唐初大儒孔颖达则认为，这样的解释太过笼统，其实可以仔细区分，即祭天宗、公社、门闾等属于蜡祭百神的范畴，而祭先祖、五祀才是腊祭。五祀中，门、户、中霤（主家土神）、灶都与住宅有关，行则是指出行时的道路神。可见腊祭的对象主要是祖先和与人们生活密切相关的神灵。

1　（汉）郑玄注，（唐）孔颖达正义，吕友仁整理《礼记正义》卷29《礼运》，上海古籍出版社，2008，第874页。

2　（汉）郑玄注，（唐）孔颖达正义，吕友仁整理《礼记正义》卷52《杂记下》，上海古籍出版社，2008，第1675页。

3　（汉）郑玄注，（唐）孔颖达正义，吕友仁整理《礼记正义》卷25《月令》，上海古籍出版社，2008，第718~726页。

由于腊祭祖先事关社稷兴废，所以古人将其视作国家存亡的象征。公元前 665 年，晋国向虞国借道攻打虢国，虞国大夫宫之奇以唇亡齿寒的道理劝说虞国国君，虞君不听，宫之奇预言虞国将过不了年终腊祭的日子，果然晋国在灭虢国后的回师途中，又顺道灭掉虞国。[1] 从这个故事可知，腊祭主要是年终祭祀祖先的一个重要日子。

腊祭虽然有孟冬之月也即十月举行的说法，但它和蜡祭其实都是在岁末举行，只是由于历代使用的历法不同而已。周以十月为岁终之月，而商和夏则分别为十一月和十二月。孔颖达就说："十二月者，据周言之。若以夏正言之，则十月，以殷言之，则十一月，谓建亥之月也，以万物功成报之。"[2] 所以，无论是蜡祭，还是腊祭，按照后代通行的历法，都是在十二月举行，故又称此月为腊月，标志着辛勤劳作一年的人们要开始休息，迎接新的一年的到来了。

（二）腊日为节：蜡、腊合流与道教影响

秦汉以后，国家祭祀基本上沿袭了先秦时期腊月祭祀的旧制，而又有所改革。蜡祭和腊祭虽然有时还分别举行，但已出现蜡、腊不分并逐渐混同的现象。

秦国在秦惠文君十二年（前 326）才效仿前代，开始腊祭。[3] 秦始皇为了追求长生之术，又于三十一年（前 216）十二月，恢复夏代祭号，"更名腊曰'嘉平'"。裴骃集解引道书《太原真人茅盈内纪》曰："始皇三十一年九月庚子，盈曾祖父濛，乃于华山之中，乘云驾龙，白日升天。先是其邑谣歌曰：'神仙得者茅初成，驾龙上升入泰清，时下玄洲戏赤城，继世而往在我盈，帝若学之腊嘉平。'始皇闻谣歌而问其故，父老具对此仙人之谣歌，劝帝求长生之术。于是始皇欣然，

1　杨伯峻编著《春秋左传注·僖公五年》，中华书局，1990，第 307~310 页。
2　（汉）郑玄注，（唐）孔颖达正义，吕友仁整理《礼记正义》卷 29《礼运》，上海古籍出版社，2008，第 876 页。
3　《史记》卷 5《秦本纪》，中华书局，1982，第 206 页。

乃有寻仙之志，因改腊曰'嘉平'。"司马贞索隐也曰："道书：茅濛字初成。"[1]据此可知，秦始皇改"腊"为"嘉平"是受到道教神仙思想的影响。此事后来为东晋道士葛洪编入《神仙传》，曰：

> 茅君者，名盈，字叔申，咸阳人也。高祖父濛，字初成，学道于华山，丹成，乘赤龙而升天，即秦始皇时也。有童谣曰："神仙得者茅初成……"其事载史纪详矣。秦始王（皇）方求神仙长生之道，闻谣言，以为己姓符合谣谶，当得升天，遂诏改腊为嘉平，节以应之。望祀蓬莱，使徐福将童男童女，入海求神仙之药。[2]

汉代又改为腊。东汉应劭在《风俗通义·祀典》中说："谨按《礼传》：'夏曰嘉平，殷曰清祀，周曰大蜡，汉改为腊。'腊者，猎也，言田猎取兽以祭祀其先祖也。或曰腊者，接也，新故交接，故大祭以报功也。"[3]曹魏张揖《广雅·释天》的说法则是："腊，索也。夏曰清祀，殷曰嘉平，周曰大禣，秦曰腊。"[4]湖北荆州关沮秦墓出土简牍《历谱》记载，秦始皇三十四年十二月辛酉下标注曰"嘉平"。[5]可见应劭的引证是正确的。不过，从《风俗通义》和《广雅》的记载可以看出，汉魏时人已经开始将蜡（禣）、腊（臘）混为一谈了。因此，隋朝人杜台卿在《玉烛宝典》卷12《十二月季冬》中说："旧解蜡得兼臘，臘不兼蜡。今谓枝而折之，蜡报八神，臘主先祖。总而言之，蜡即是臘（腊），臘亦是蜡。"[6]到盛唐重定礼仪时，干脆将蜡祭并入了腊祭，唐代杜佑《通典·礼典四》在《吉礼·大禣》下说："开元中，制仪：季冬

---

1 《史记》卷6《秦始皇本纪》，中华书局，1982，第251页。

2 （晋）葛洪撰，胡守为校释《神仙传校释》卷5《茅君传》，中华书局，2010，第182页。

3 （汉）应劭撰，吴树平校释《风俗通义校释》，天津人民出版社，1980，第316页。

4 （三国魏）张揖撰，（隋）曹宪注音《广雅》卷9《释天》，中华书局，1985年丛书集成初编本，第114页。

5 湖北省荆州市周梁玉桥遗址博物馆编《关沮秦汉墓简牍》，中华书局，2001，第94页。

6 （隋）杜台卿：《玉烛宝典》卷12《十二月季冬》，中华书局，1985年丛书集成初编本，第413页。

腊日，褚百神于南郊之坛。"[1] 在蜡、腊逐渐混同为腊的过程中，腊日最终为节，并融入岁时节日体系中，成为重要的民俗节日。

从汉代开始，腊日就成为一个宗族团聚、祭祀祖先、休息宴饮的节日。东汉蔡邕在《独断》中说："腊者，岁终大祭，纵吏民宴饮。"[2] 汉代民众已有"腊日休家作"的传统。[3] 郑玄十二岁时，随母回家，赶上"正腊宴会，同列十数人，皆美服盛饰，语言闲通"，场面十分热闹。[4] 汉代腊日，朝廷还有赐钱、赐食的惯例，如赐羊，寓意吉祥如意，赐牛肉、粳米等，则皆为贵重食料。

此外，汉魏时期驱傩打鬼也是一项重要的腊节民俗活动。驱傩是从先秦时期流传下来的一种岁末驱疫逐鬼、送阴（寒）迎阳（温）仪式。《礼记·月令》载："季冬之月……命有司大难（傩），旁磔，出土牛，以送寒气。"[5]《论语·乡党》提到"乡人傩"。[6] 汉代驱傩在腊日前一天举行，称为腊除或逐疫。《后汉书·礼仪志》记载："先腊一日，大傩，谓之逐疫。"其仪式是：选中黄门子弟年 10 岁以上、12 岁以下 120 人为侲子，皆赤帻皂制，执大鼗。有人扮成方相氏，黄金四目，蒙熊皮，玄衣朱裳，执戈扬盾。还有人衣毛角扮十二兽，逐恶鬼于禁中。中黄门领歌，侲子和。方相氏和十二兽不断跳跃舞蹈，众人齐声呐喊鼓噪，四周前后搜索三遍，然后手持火把，将疫鬼驱赶出端门；门外驺骑将火把传递出宫，司马阙门外五营骑士又接传火把，最后将其扔于洛水之中。"百官官府各以木面兽能为傩人师讫，设桃梗、郁櫑、苇茭毕，执事陛者罢。"[7] 苇戟、桃杖以赐公、卿、将军、特侯、诸侯。一说上古五帝之一的颛顼氏，有三个儿子，死后变成恶鬼，专

1 （唐）杜佑：《通典》卷 44《礼典·吉礼》，王文锦等点校，中华书局，1988，第 1240 页。
2 （汉）蔡邕：《独断》卷上，中华书局，1985 年丛书集成初编本，第 12 页。
3 （汉）刘向：《列女传》卷 1《鲁之母师》，刘晓东校点，辽宁教育出版社，1998，第 11~12 页。
4 （唐）欧阳询：《艺文类聚》卷 5《岁时部下》引《郑玄别传》，汪绍楹校，上海古籍出版社，1999，第 93 页。
5 （汉）郑玄注，（唐）孔颖达正义，吕友仁整理《礼记正义》卷 25《月令》，上海古籍出版社，2008，第 735 页。
6 杨伯峻译注《论语译注》，中华书局，1980，第 105 页。
7 《后汉书·礼仪志》，中华书局，1965，第 3127~3128 页。

门出来惊吓孩子，"汉世以五营千骑自端门传炬送疫，弃洛水中"。[1]由此又演变出"赤豆打鬼"的说法，这是受到道教所宣称的"鬼怕赤豆"之说的影响。所以，在腊日这天也有喝红豆粥以祛疫迎祥的习俗。后代傩仪又在此基础上不断演变，如南北朝时荆楚一带民间驱傩，戴胡头，扮金刚、力士逐疫，《荆楚岁时记》载："十二月八日为腊日。谚语：'腊鼓鸣，春草生。'村人并击细腰鼓、戴胡公头及作金刚力士以逐疫，沐浴转除罪障。"[2]其实这段话讲的是腊日节俗，因为腊日日期一直并未固定，所以有学者指出这段文字开头应是"十二月为腊月""八日"是在传抄过程中混入的，"腊月"又被误改成"腊日"，从而导致混乱。[3]但从戴胡公头、扮金刚力士以逐疫的情形来看，与汉魏时方相氏"黄金四目，蒙熊皮"的形象明显不同，这说明在传统腊除节俗中已经渗透进外来佛教文化的元素。

到唐时腊日，更是规定放假三天，与民休息，欢会娱乐。腊日除了传统的祭祖、祭百神和打猎活动，朝廷还要赐宴、赐食，赐衣，赐新历，赐中和尺，赐金花，赐头膏、面脂、口脂、澡豆等清洁用品和红雪、紫雪、香药等药物。唐代武平一在《景龙文馆记》卷2载："三年腊日，帝（唐中宗）于苑中召学士、近臣，赐猎……晚自北门入，于内殿赐食，加口脂、腊脂，盛以翠碧缕牙筒。"[4]唐代有许多腊日谢赐口脂面药的诗文表状，如唐代大诗人杜甫《腊日》诗就有："口脂面药随恩泽，翠管银罂下九霄。"[5]口脂面药是用来美容养颜和防冻御寒的，其配制过程极为复杂，多为宫廷秘方，并非能够轻易得到，所以极受唐人重视。孙思邈在《千金翼方·妇人面药》中就说："面脂手膏，衣香藻豆，仕人贵胜，皆是所要。然今之医门，极为秘惜，不许子弟泄

1　（南朝梁）宗懔撰，（隋）杜公瞻注，姜彦稚辑校《荆楚岁时记》"腊日"条引晋郭璞《玄中记》，中华书局，2018，第72页。
2　（南朝梁）宗懔撰，（隋）杜公瞻注，姜彦稚辑校《荆楚岁时记》，中华书局，2018，第71页。
3　〔日〕守屋美都雄：《中国古岁时记の研究：资料复元を中心として》，东京帝国书院，1963，第122页。
4　（唐）武平一撰，陶敏辑校《景龙文馆记》卷2，中华书局，2015，第88~89页。
5　（唐）杜甫著，（清）仇兆鳌注《杜诗详注》卷5，中华书局，1979，第426页。

漏一法，至于父子之间亦不传示。"他为了"家家悉解，人人自知"，即让更多人受惠，搜罗了许多制作方剂。仅举一例，如面脂方：用杏仁、白附子、密陀僧、生白羊髓、真珠、白鲜皮、鸡子白、胡粉八味各适量，"以清酒二升半，先取杏仁盆中研之如膏。又下鸡子白研二百遍。又下羊髓研二百遍，捣筛诸药，内之，研五百遍至千遍，弥佳。初研杏仁，即少少下酒薄，渐渐下使尽。药成，以指捻看如脂，即可用也"。[1]这些原料有油脂、色料、香料、矿物等，多为天然原料制成，不仅安全无害，而且色泽纯正，香味怡人，制作方法及过程也极为精细。

民间还有制腊酒、腊肉的风俗。《四时纂要》就记载了制腊酒、腊肉的方法："造腊酒：腊日取水一石，置不津器中，浸曲末三斗，便下四斗米饭。至来年正月十五日，又下三斗米饭。又至二月二日，又下三斗米饭。至四月二十八日外开之。其瓮但露着，不用穰草，则三伏停之，不败。"唐代诗人韩翃（一作张继）《褚主簿宅会毕庶子钱员外郎使君》诗有"开瓮腊酒熟"句，[2]反映了唐人制腊酒、喝腊酒的风俗。腊肉的制作方法则是："取牛、羊、獐、鹿肉，五味淹二宿；又以葱、椒、盐汤中猛火煮之，令熟后，挂着阴处。经暑不败。"[3]这样制作出来的腊肉就成为旅行和居家烹饪的美味。

腊日日期由于受历法变更以及阴阳五行、五德终始学说的影响，历代并不固定。《初学记》引《魏台访议》说："王者各以其行盛日为祖，衰日为腊。"故水德辰腊，火德戌腊，木德未腊，金德丑腊，土德辰腊。又说："汉以戌日为腊，魏以辰，晋以丑。"汉火德，火衰于戌，故以戌日为腊。[4]具体而言，汉代腊日在冬至后的第三个戌日，东

1　（唐）孙思邈撰，朱邦贤、陈文国等校注《千金翼方校注》卷5《妇人面药》，上海古籍出版社，1999，第157~162页。
2　《全唐诗》卷242，中华书局，1960，第2726页。
3　（唐）韩鄂原编，缪启愉校释《四时纂要校释》卷5《冬令卷·十二月》，农业出版社，1981，第244~245页。
4　（唐）徐坚等辑《初学记》卷4《岁时部下·腊》，韩放主校点，京华出版社，2000，上册，第135页。

汉许慎《说文解字》就说："冬至后三戌，腊祭百神。"三国时期，曹魏自认为是土德，本应以辰日为腊，却采用了丑日为腊，魏文帝解释说："朕承唐、虞之美……但腊日用丑耳，此亦圣人之制也。"[1]晋金德，以丑日为腊。之后，刘宋和北魏都自认为是水德，以辰日为腊；隋又是火德，以戌日为腊；唐为土德，即以辰日为腊；宋又是火德，也以戌日为腊。由于汉、隋、宋皆以戌日为腊，而宋以后腊节又逐渐衰微，所以民间误以为腊日就在戌日。

正因为历代腊日日期不固定，所以容易引起混乱，这是造成宋以后腊节衰微的主要原因之一。元明时期官方已不再举行蜡祭，到清乾隆十年（1745），正式下令停止蜡祭，从此腊日节也随着蜡祭百神的废除而消失了。

在腊日节逐渐走向衰落的时候，唐宋时期腊八作为一个新兴节日正在慢慢形成，它传承了一些腊日节俗，又吸收了佛祖成道传说，最终取代腊日成为腊月里的一个重要节日。

道教与腊日也颇有些关系，这在前面论述中已多有涉及。道教也有腊日，不过一年有"五腊"日，是祭祀祖先和请求赎罪解厄的重要日子。《云笈七签》卷37《斋戒·说杂斋法》引《八道秘言》云："正月一日名天腊，五月五日名地腊，七月七日名道德腊，十月一日名民岁腊，十二月节日名侯王腊，此五腊日并宜修斋，并祭祀先祖。"又在《阴阳杂斋日》中解释说："五腊日：正月一日，名天腊斋。五月五日，名地腊斋。七月七日，名道德腊斋。十月一日，名民岁腊斋。十二月节日，名侯王腊斋。五腊日，常当祠献先亡，名为孝子，得福无量……通前三元（会）日为八解日，皆可设净供求福焉！"[2]关于"五腊日"的来历，相传与道教创始人张道陵有关。《赤松子章历》卷2记载：

1 《宋书》卷14《礼志一》，中华书局，1974，第328页。
2 （宋）张君房编《云笈七签》卷37《斋戒》，李永晟点校，中华书局，2003，第815、822~823页。

　　　　五腊日：王长谓赵升真人曰："子知五腊日乎？"赵升真人
　　曰："吾于鹤鸣洞侍右，闻先师与郁华真人论之。五腊日者，五行
　　旬尽，新旧交接，恩赦求真，降注生气，添神请算之良日也。此
　　日五帝朝会玄都，统御人间地府、五岳四渎、三万六千阴阳，校
　　定生人，延益之良日也。学道修真求生之士，此日可斋戒沐浴，
　　朝真行道。今故明传妙旨，可宜勤行之。"

　　王长、赵升为道教（五斗米道）创始人张道陵的弟子。据此可
知，"五腊日"早在张道陵创立道教时即已确立。所谓"五腊日"为五
帝会聚之日，在此日斋戒行道，可得福免祸。
　　关于"十二月王侯腊"，《赤松子章历》又记载：

　　　　十二月王侯腊：五帝校定生人处所、受禄分野，降注
　　三万六千神气。其日可谢罪、求延年益寿、安定百神、移易名
　　位、回改贫乏、沐浴、祭祀先亡、大醮天官，令人所求从愿，求
　　道必获。此日不得聚会饮乐。可清净经行山林有坛庭之处，行道
　　有念，三魂七魄，不得经营俗事，逢腊日即是。[1]

　　据此可知，"王侯腊"的主要节俗诉求是请求赎罪、延年益寿、安
定百神、移易名位、解脱贫乏等，因此要举行沐浴、祭祀祖先、斋醮
天官等仪式，只要认真执行，就会有求必应、求道必获。以此观之，
这是一个行道的黄道吉日。
　　腊日还有祭灶神的习俗，《荆楚岁时记》曰："其日，并以豚酒祭
灶神。"[2] 灶神很早就被道教纳入神仙体系，《道藏》中还有关于灶神的
经书，前已论述，不再赘言。
　　腊日还是祭祀道教仙人黄石公的日子。《岁华纪丽》卷 4 "腊"条

---

1 《赤松子章历》卷 2，载《道藏》第 11 册，文物出版社、上海书店、天津古籍出版社，1988 年
　影印本，第 187 页上～中栏。
2 （南朝梁）宗懔撰，（隋）杜公瞻注，姜彦稚辑校《荆楚岁时记》，中华书局，2018，第 73 页。

载："祠黄石。"自注引《史记》曰："张良于下邳圯桥见老人，得书云：'他日谷城见，黄石即我也。'果见，取而宝祀之。留侯死，并黄石葬之。每伏、腊上冢，祠黄石。"[1] 此事见于《史记·留侯世家》。黄石公（约公元前 292~ 前 195），秦汉时道家代表人物，别称圯上老人、下邳神人，后被道教纳入神谱。《史记·留侯世家》称其避秦世之乱，隐居东海下邳，其时张良因谋刺秦始皇不果，亡匿下邳，于下邳桥上遇黄石公，经三试其诚意后，授予《太公兵法》。张良后来以此助汉高祖刘邦夺得天下。张良晚年，"弃人间事，欲从赤松子游""乃学辟谷，道（导）引轻身"。[2] 因此，张良后来被道教塑造成神仙，而授予他兵法的黄石公自然也就是更高明的神仙。早在魏晋时期，《史记》中有关黄石公的事迹就被皇甫谧收入他所编著的《高士传》中。[3] 唐末道士杜光庭在《仙传拾遗》中又将张良塑造成神仙，其中在记载张良成仙的过程时，也收入了黄石公传道授书之事，"后人谓其书为《黄石公书》，修之于身，能炼气绝粒，轻身羽化"。张良成仙后，"位为太玄童子，常从老君于太清之中"。相传创立道教的张道陵，就是他的子孙后代。[4] 今本《道藏》还收有题为黄石公著的《黄石公素书》。[5]

腊日合药习俗也是受到道教传说的影响。《岁华纪丽》卷 4 "腊"条载："祖日为盛，腊日为衰……尹轨或赐于神药。"自注引葛洪《神仙传》曰："尹轨者，字公度。晋太康元年（280）腊日，过洛阳城西一家求宿，主人以明旦是腊，意不容。又以曾闻公度名，因为设酒。至旦，乃赐主人神药一丸而去。"[6] 相传尹轨是魏晋时期知名度很高的"神仙"，当时已经有数百岁，"而颜色美少"，"颜状常如五十岁人"，

1　（唐）韩鄂：《岁华纪丽》卷 4，中华书局，1985 年丛书集成初编本，第 127 页。
2　《史记》卷 55《留侯世家》，中华书局，1982，第 2034~2048 页。
3　（晋）皇甫谧著，（清）任渭长、沙英绘，刘晓艺撰文《高士传》，上海古籍出版社，2014，第 169 页。
4　（唐）杜光庭：《仙传拾遗》卷 1《张子房》，载罗争鸣辑校《杜光庭记传十种辑校》，中华书局，2013，第 762~763 页。
5　（秦）黄石公：《黄石公素书》，载《道藏》第 27 册，文物出版社、上海书店、天津古籍出版社，1988 年影印本，第 421 页中栏。按：有宋代魏鲁及张商英两种注本。
6　（唐）韩鄂：《岁华纪丽》卷 4，中华书局，1985 年丛书集成初编本，第 126 页。

自称其远祖即遇老君说经的尹喜，曾数次与其相见，授以道要，因此得"坐在立亡，变化之事"的法术，还能预知天下盛衰治乱之期和安危吉凶所在，后来到南阳太和山升仙而去。[1]

唐人韩鄂《四时纂要》在《冬令卷·十二月》记载了许多腊月腊日合药方法，如英粉（一种香粉）、红雪、犀角丸、温白丸、备急丸、茵陈丸、面脂、澡豆、香油方、薰衣香、乌金膏、乌蛇膏、神明散、屠苏酒等，并且说"此月好合药饵，经久不竭耳"。其中有一些怪异的躲避瘟疫及治疗流行病的方法，如"辟瘟法"，引《养生术》云："腊夜持椒三七粒，卧井傍，勿与人言，投椒井中，除瘟疫病。"又如"腊日取皂角，烧为末。遇时疾，晨旦以井花水调一钱匕服之，必差。"[2] 这些方法都与道教传说和道教方术有关。

由此可见，在腊日节俗大流行的过程中，道教也多有所贡献。这些美丽的道教仙话传说为腊日节俗增加了许多神奇的色彩。

三　月尽岁除，辞旧迎新

除夕日，唐人称为"岁除日"，或"除日"，为岁末的最后一天，也称"月尽"。夕，又指夜晚，因此除夕又称大年夜、除夕夜、岁除夜、除夜。因除夕常在农历的十二月二十九或三十日，所以又称该日为大年三十。除夕日是除旧迎新、阖家团圆、祭祀祖先、迎神接福的重要节日。因它与新年首尾相连，故谓"岁穷月尽日，挨年近晚时"。

岁除之日是唐代最为盛大的节日，受到全社会的普遍重视。千家万户忙忙碌碌，清扫庭舍，张灯结彩，换新桃符，做年夜饭，祭祖接神，歌舞宴乐，守岁迎新，一片欢乐祥和的节日气氛。

唐代流行岁除日举行驱傩打鬼仪式。傩仪本为汉魏时腊日的重

1　（晋）葛洪撰，胡守为校释《神仙传校释》卷9《尹轨》，中华书局，2010，第318~319页。

2　（唐）韩鄂原编，缪启愉校释《四时纂要校释》卷5《冬令卷·十二月》，农业出版社，1981，第246~264页。

要节俗活动，但在北魏孝文帝时，"诏罢腊前傩，唯年一傩"，[1] 将傩仪由腊节前一日改为正旦前的岁除日举行。唐代傩仪程式与汉代大致相似，但参加的人数却由一二百人增加到上千人，歌舞戏乐的成分也大为丰富。宫廷傩仪通常由太常寺经办，钱易《南部新书》记载了一次唐代宫廷驱傩的盛况：

> 岁除日，太常卿领官属乐吏，并护僮侲子千人，晚入内。至夜于寝殿前进傩。燃蜡炬，燎沉檀，莹煌如昼，上与亲王妃主已下观之，其夕赏赐甚多。是日，衣冠家子弟多觅侲子之衣，着而窃看宫中。[2]

这次傩仪，规模空前，参与者达千余人。皇帝、亲王、公主、妃嫔及百官大臣，都兴致勃勃地观赏了傩仪表演。傩仪进入高潮时，只见寝殿前灯火通明，香火缭绕，如同白昼。许多官僚贵族子弟为了观看宫中傩仪，竟然假扮成"侲子"模样，混入驱傩队伍。甚至还有一些老年人也夹杂其中凑热闹，结果耽误了正事。中唐士大夫乔琳作有《大傩赋》，描写了宫廷傩仪的盛况：

> 岁惟大傩，国著成命……一人垂拱，万方同庆者也。且傩之为义，其来自久；实驱厉以名之，于诣神而何有？若乃率旧典，饬有司；上士下士，左之右之。或嚣声以作气，或诡貌以呈姿。示以直道，扬乎傩辞……则有侲童丹首，操缦杂弄；舞服惊春，歌声下凤。夜耿耿而将尽，鼓喧喧而竟送……皇帝御寝殿，正元冠；侍臣济济，宫妓珊珊……肃肃穆穆，南面而看……观其执戈扬盾，黄金四目。其视眈眈，其威肃肃；将前驱以戒道，必启行而分逐。国人称之曰：……福穰穰兮共苍生，恩湛湛兮莫与

1　《南齐书》卷 57《魏虏传》，中华书局，1972，第 991 页。

2　（宋）钱易：《南部新书》卷乙，黄寿成点校，中华书局，2002，第 22 页。

京……愿吾君兮千万寿，保巍巍兮唐之室。[1]

宫廷傩仪将国家典礼与歌舞活动相结合，在庄重中又不失娱乐成分，同时还突出了政治性特征，既为苍生祈福，也为皇帝益寿，更祝唐室江山社稷永保。

相比之下，民间驱傩的形式和内容则更加充满了世俗野趣，如李绰《秦中岁时记》载："岁除日进傩，皆作鬼神之状。内二老人为傩公、傩母。"[2]傩公、傩母被装扮成一对老年夫妇的形象，具有典型的民间生活气息。孟郊《弦歌行》诗写道：

驱傩击鼓吹长笛，瘦鬼染面惟齿白。暗中举举拽茅鞭，保足朱裈行戚戚。相顾笑声冲庭燎，桃弧射矢时独叫。[3]

这是诗人眼中民间驱傩的热闹场景：驱傩开始时人们击鼓吹笛，化妆成黑脸的瘦鬼露着雪白的牙齿跳跃着，驱鬼人手中挥舞着茅草编的鞭子，发出"嗖、嗖"的响声，穿着红裤赤足的"倀子"急促地追逐着恶鬼，人们围着庭中的篝火互相看着跳着笑着，大声叫着，用桃木制的弓矢乱射向空中，表示打鬼。这种民间傩仪生动活泼而不拘礼典。尤其值得注意的是，在中晚唐时期的敦煌民间傩仪中已经出现了钟馗驱傩的形象，取代了原先傩仪中方相氏的角色。这说明道教神祇对传统傩仪的影响越来越大。

由于除夕和新年首尾相连，许多祝节仪式和活动都是从年末一直持续到年初。如晚唐诗人薛能《除夜作》诗曰：

和吹度穹旻，虚徐接建寅。不辞加一岁，唯喜到三春。燎

---

1 《全唐文》卷 356，中华书局，1983 年影印本，第 3613~3614 页。

2 （唐）李绰撰，陶敏整理《秦中岁时记》，载陶敏主编《全唐五代笔记》，三秦出版社，2015，第 2750 页。

3 （唐）孟郊撰，华忱之、喻学才校注《孟郊诗集校注》卷 1，人民文学出版社，1995，第 31 页。

照云烟好，幡悬井邑新……兰荽残此夜，竹爆和诸邻。祝寿思明圣，驱傩看鬼神。团圆多少辈，眠寝独劳筋。茜旆犹双节，雕盘又五辛。[1]

诗中提到悬幡（即"茜旆"，红色旗子）、爆竹、驱傩、庭燎、团圆、守岁、祝寿、五辛盘等许多过年节俗，都是从除夕一直延续到新年。

"悬幡"，日本僧人圆仁在《入唐求法巡礼行记》中记载，他曾目睹了武宗会昌二年（842）都城长安年节悬幡习俗，"正月一日，家家立竹杆悬幡子，新岁祈长命"。[2]悬幡是道教醮坛中常见的一种威仪，一般是用于召请神灵，盟天告地，常悬挂于神像两侧，故称"灵幡"。道教认为悬幡具有悔过修真、化恶为善之功用。幡的种类有很多，不同的科仪要设置不同的灵幡。道教大斋，要预期扬幡。在斋坛附近空隙之地立长竿，建告盟宝幡，普告万灵。立幡时要举行仪式，科仪中有专门的扬幡仪。孙思邈在《千金翼方》中记载了各种"受禁法"，其中有一种"太白仙人受法"就提到悬幡，具体做法是："立道场，四面悬幡盖，烧香燃灯，启醮五方五帝、五方禁师、五方吞精啖毒、夜叉神王。"[3]唐人过年悬幡祈长寿，显然是受到这种道教仪式影响的结果。

贴春书，又作春帖子、贴春条。盛唐诗人张子容在《除日》诗中说："腊月今知晦，流年此夕除。拾樵供岁火，帖牖作春书。"[4]可见除日有在窗户上帖春书之俗，有论者以为此俗源自立春日贴"宜春"二字之俗，《荆楚岁时记》载："立春之日，悉剪彩为燕以戴之……帖

1 《全唐诗》卷558，中华书局，1960，第6478页。

2 〔日〕圆仁：《入唐求法巡礼行记》卷3，顾承甫、何泉达点校，上海古籍出版社，1986，第153页。

3 （唐）孙思邈撰，朱邦贤、陈文国等校注《千金翼方校注》卷29《禁经上·受禁法》，上海古籍出版社，1999，第817页。

4 《全唐诗》卷116，中华书局，1960，第1178页。

'宜春'二字。或错缉为幡胜，谓之春幡。"[1]《玉烛宝典》也载："立春多在此月之始，俗间悉剪彩为燕子，置之檐楹以戴，帖'宜春'之字。"[2]春书最初大约是于立春日张贴，由于年节正处于立春日前后，更兼年节本有春节之称，亦有迎春之意，故而也加以张贴。[3]又两书皆引晋人傅咸《燕赋》曰："御青书以赞时，著'宜春'之嘉祉。""青书"本意为青色书写的字，后常用来比喻道教典籍。如梁简文帝《仙客》诗曰："青书长命箓，紫水芙蓉衣。"[4]《云笈七签》卷105《传》引邓云子《清灵真人裴君传》也载：西汉时清灵真人裴玄仁，学仙时，"一老人巾青巾，著青衣，柱青杖，带通光阳霞之符，乃东方岁星之大神也。以青华之芝见赐，出青书一卷，是《紫微始青道经》也"。[5]北宋任广在《书叙指南》卷12《道家流语》中引《道君列纪经》解释说："神仙书曰'琳（珠）札青书'。"[6]可见贴春书之俗应是受到道教青书长命符箓的影响，有迎春益寿之意。

"庭燎""张灯""守岁"，每到除夕夜，唐人都会在庭院中点燃火堆或张灯烛，守岁宴乐，辞旧迎新。牛肃《纪闻》"隋主"条描写隋唐时期皇家"庭燎"盛况曰：

> 唐贞观初，天下乂安，百姓富赡，公私少事。时属除夜，太宗盛饰宫掖，明设灯烛，殿内诸房，莫不绮丽。后妃嫔御皆盛衣服，金翠焕烂。设庭燎于阶下，其明如昼。盛奏歌乐……殿前所

1　（南朝梁）宗懔撰，（隋）杜公瞻注，姜彦稚辑校《荆楚岁时记》，中华书局，2018，第14~15页。

2　（隋）杜台卿：《玉烛宝典》卷1《正月孟春第一》，中华书局，1985年丛书集成初编本，第53页。

3　张勃：《唐代节日研究》，中国社会科学出版社，2013，第174页。

4　（南朝梁）萧纲著，肖占鹏、董志广校注《梁简文帝集校注》卷3，南开大学出版社，2015，第229页。

5　（宋）张君房编《云笈七签》卷105《传·清灵真人裴君传》，李永晟点校，中华书局，2003，第2269页。

6　（宋）任广：《书叙指南》卷12《道家流语》引《道君列纪经》，中华书局，1985年丛书集成初编本，第145页。又《太平御览》卷673《仙经下》引《道君列传》曰："若三元宫有'珠札青书'者，则紫脑锦舌，此为仙相也。"见中华书局，1960年影印本，第3002页上栏。按：《道君列纪经》与《道君列传》应为同一书。

焚，尽是柴木。殿内所烛，皆是膏油。

即使如此，与隋炀帝相比，仍未算奢华，萧后回忆：

> 隋主每当除夜，殿前诸院，设火山数十，尽沉香木根也。每一山焚沉香数车，火光暗，则以甲煎沃之，焰起数丈。沉香、甲煎之香，旁闻数十里。一夜之中，则用沉香二百余乘，甲煎过二百石。又殿内房中，不燃膏火，悬火珠一百二十以照之，光比白日。又有明月宝、夜光珠，大者六七寸，小者犹三寸。一珠之价，直数千万。[1]

唐宫庭燎，已如同白昼；而隋主庭燎，则堆积起几十个火山，焚烧沉香木，浇甲煎（一种以甲香、沉香、麝香等香料制成的香膏）助燃，悬挂夜明珠照明，光照如同白日，真是穷奢极欲！故王建《宫词》描写道：

> 金吾除夜进傩名，画裤朱衣四队行。院院烧灯如白日，沉香庭燎坐吹笙。[2]

除夜皇宫驱傩，张灯结彩，点燃庭燎，吹笙奏乐，热闹非凡。民间"庭燎"也很热闹，晚唐诗人曹松《江外除夜》诗描写南方除夕风俗曰：

> 千门庭燎照楼台，总为年光急急催。半夜腊因风卷去，五更春被角吹来。[3]

---

1 （唐）牛肃撰，李剑国辑校《纪闻辑校》卷5"隋主"条，中华书局，2018，第94页。
2 （唐）王建著，尹占华校注《王建诗集校注》卷10，巴蜀社社，2006，第526页。
3 《全唐诗》卷717，中华书局，1960，第8240页。

除夕夜千门万户点燃"庭燎"，火光映照着楼台，新年的脚步已匆匆临近，角声吹响，腊去春来，新年就要到了。

除夕夜，人们通宵不眠，欢聚饮宴，迎接新年的来临，称为"守岁"。守岁之俗，由来已久，《荆楚岁时记》载："岁暮，家家具肴蔌，谓宿岁之储，以迎新年。相聚酣饮，请为送岁……一岁之中，盛于此节。"[1] 唐代有许多描写守岁的诗文，如丁仙芝《京中守岁》诗曰："守岁多燃烛，通宵莫掩扉。"[2] 储光羲《秦中守岁》诗也曰："阖门守初夜，燎火到清晨。"[3] 人们通宵达旦守岁，燎火灯烛也是整夜未熄。

唐人守岁时，除了聚宴，还有各种娱乐活动。张说写有三首《岳州守岁》诗，曰：

> 除夜清樽满，寒庭燎火多。舞衣连臂拂，醉坐合声歌。
>
> 夜风吹醉舞，庭户对酣歌。愁逐前年少，欢迎今岁多。
>
> 桃枝堪辟恶，爆竹好惊眠。歌舞留今夕，犹言惜旧年。[4]

这三首诗中提到了桃枝辟恶、爆竹、庭燎、饮宴等过年常见诸事项，还对歌舞娱乐活动反复进行了描写。

除夕还有一种"藏钩"游戏，据说与道教女仙钩弋夫人有关。《荆楚岁时记》载："岁前，又为藏彄之戏。"杜注曰："按辛氏《三秦记》曰：'汉昭帝母钩弋夫人，手拳而国色，世人藏钩起于此。'……叟妪各随其侪为藏彄。分二曹以校胜负，得一筹者为胜。其负者起拜谢胜者。"[5] 由此可见，这是一种传统猜物游戏，参加者多为妇女儿童老人。关于钩弋夫人，《列仙传》载：

---

1 （南朝梁）宗懔撰，（隋）杜公瞻注，姜彦稚辑校《荆楚岁时记》，中华书局，2018，第 77 页。

2 《全唐诗》卷 114，中华书局，1960，第 1156 页。

3 （唐）储光羲《储光羲诗集》卷 5，上海古籍出版社，1992 年四库全书影印本，第 35 页上栏。

4 （唐）张说著，熊飞校注《张说集校注》卷 9，中华书局，2013，第 430 页。

5 （南朝梁）宗懔撰，（隋）杜公瞻注，姜彦稚辑校《荆楚岁时记》，中华书局，2018，第 75 页。

　　　　钩翼夫人者，齐人也，姓赵。少时好清净，病卧六年，右手
　　拳屈，饮食少。望气者云：“东北有贵人气。”推而得之。召到，
　　姿色甚伟。武帝披其手，得一玉钩，而手寻展，遂幸而生昭帝。
　　后武帝害之，殡，尸不冷，而香一月间。后昭帝即位，更葬之，
　　棺内但有丝履。故名其宫曰“钩翼”。后避讳，改为弋庙。闻有
　　神祠，阁在焉。[1]

　　据此可知，钩弋夫人本为汉武帝的宠妃、汉昭帝的生母。道教
色彩深厚的汉末笔记小说《汉武故事》中也有关于钩弋夫人的仙话
传说：

　　　　上巡狩过河间，见有青紫气自地属天。望气者以为其下有
　　奇女，必天子之祥。求之，见一女子在空馆中，姿貌殊绝，两
　　手一拳。上令开其手，数百人擘莫能开，上自披，手即申。由
　　是得幸，为拳夫人。进为婕妤，居钩弋宫。解黄帝素女之术，大
　　有宠，有身，十四月产昭帝……卒。既殡，香闻十里余，因葬云
　　陵。上哀悼，又疑非常人，发冢，空棺无尸，唯衣履存焉。起通
　　灵台于甘泉，常有一青鸟集台上往来。[2]

　　看来钩弋夫人是一位精通“黄帝素女之术”的得道女仙。素女
术是道教所宣扬的一种房中养生道术。东晋道士葛洪在《抱朴子内
篇·遐览》中就著录有早期道经《素女经》。[3]据此藏钩游戏应与钩弋
夫人的道教仙话有关。唐人也很喜欢在除夕守岁时玩这种游戏，杜审
言《守岁侍宴应制》诗写道：

1　王叔岷：《列仙传校笺》卷下《钩翼夫人》，中华书局，2007，第 106 页。
2　（汉）佚名：《汉武故事》，王根林校点，载《汉魏六朝笔记小说大观》，上海古籍出版社，1999，
　　第 175~176 页。
3　王明：《抱朴子内篇校释》卷 19《遐览》，中华书局，1985，第 333 页。

季冬除夜接新年，帝子王孙捧御筵。宫阙星河低拂树，殿廷灯烛上薰天。弹弦奏节梅风入，对局探钩柏酒传。欲向正元歌万寿，暂留欢赏寄春前。[1]

诗篇生动反映了唐宫守岁情景：季年除夜连着新年，在灯火辉煌的殿廷之上，皇家大摆筵席，皇帝皇子、王孙贵族、大臣们共度佳节，在优美的音乐歌舞声中，举杯祝寿。其中特别提到"对局探钩"，就是分成两队玩藏钩游戏。

除夕还有镇宅避邪节俗，《荆楚岁时记》载："十二月暮日掘宅四角，各埋一大石为镇宅。"[2]镇宅石是民间俗信，后来演变出"泰山石敢当"，现代奠基石也是其流风。镇宅也是道教法术之一，不过道教镇宅一般是用符箓，今本《道藏》还收录有《太上秘法镇宅灵符》一卷，记载了七十二道镇宅灵符。相传此灵符出现于汉代，汉文帝时有一刘姓凶宅因用此符镇宅转吉，于是下令颁行天下，此七十二道镇宅灵符不仅用于保宅，而且兼管宅内人口安康、孕妇顺产、多添男丁、家庭和睦、敬老爱幼、行人平安归来，家畜兴旺、五谷丰登，驱鬼避邪等许多方面。[3]道教镇宅符的诉求与保佑内容更加具体明确与丰富多样。

辟瘟驱邪也是除夕的重要节俗。《荆楚岁时记》又曰："除夕，宜焚辟瘟丹，或苍术、皂角、枫、芸诸香，以辟邪祛湿，宣郁气，助阳德。"[4]辟瘟丹，是道教养生神丹，相传为神医华佗所传。《华佗养生秘方》载其配方及用法：雄黄、雌黄、曾青、鬼臼、珍珠、丹砂、虎头骨、桔梗、白术、女青、川芎、白芷、鬼督邮、芜荑、鬼箭羽、藜

---

1 （唐）杜审言著，徐定祥注《杜审言诗注》，上海古籍出版社，1982，第26页。

2 （南朝梁）宗懔撰，（隋）杜公瞻注，姜彦稚辑校《荆楚岁时记》，中华书局，2018，第77页。

3 《太上秘法镇宅灵符》，载《道藏》第2册，文物出版社、上海书店、天津古籍出版社，1988年影印本，第180页上栏~186页下栏。

4 （南朝梁）宗懔撰，（隋）杜公瞻注，姜彦稚辑校《荆楚岁时记》，中华书局，2018，第78页。

芦、石菖蒲、皂荚等十八味，各适量，捣成末，制成蜜丸，"如弹子大，绢袋。男左女右带之，卒中恶病及时疫，吞如梧桐子一丸，烧弹大一丸户内，极效"。[1] 此丹药历代有各种不同配伍及用法，多为主治时症伤寒，四时瘟疫、疟疾等。

1　柳书琴主编《华佗养生秘方》，上海科学技术文献出版社，2016，第 25 页。

第十章　道教与儒、释之间的互动
和融合

　　唐代统治者采取了三教并重的文化政策，在思想文化领域形成了儒、释、道三家鼎立的格局。三家各有自己的一套宗旨和理论体系，都想争取更多的思想文化阵地，所以在理论上和利益上必然会发生摩擦；加之佛教是外来宗教，它与儒、道之间又多了一层中外文化冲突的色彩。另外，宗教势力与国家政府在政治利益与经济利益上也经常发生矛盾。因此，三教之间的对立和冲突是不可避免的。道教虽然侥幸与李唐皇室攀上了亲戚关系，格外得到统治者的恩宠，几乎被尊为国教，可是从其实际发展形势而言，却远不如儒、释两家发达。这是因为儒学在经过两汉魏晋南北朝时期的发展后，已经被统治者奉为正宗思想；佛教尽管不时受到来自儒、道两方面的攻击与诘难，甚至经常面临着被统治者禁毁的威胁，却异常的兴旺发达。面对从理论到实践两方面都有着比自己传统深厚和势力强大的儒、释两家，道教一方面与之进行了顽强的抗争，另一方面也积极吸纳儒、释两家的思想精华，以利于自己的理论化建设。由于道教在与王权政治尽力保持一致方面和儒、释两家具有共同点，加之它们之间在理论上也不无相通之处，所以三教之间的相互融摄就成为时代思潮的主流。

第一节　儒、道论争与士大夫对道教的抨击和批判

道教与儒学虽然都属于本土传统文化，但由于它们在理论体系上存在着较大的差异，加之儒学通常以正统思想的面目出现，成为维护国家利益的代表，而与道教宗教势力之间在政治利益和经济利益上难免发生矛盾，所以儒、道之间的摩擦与冲突不断。

唐王朝建立以后，追认道教教主太上老君李耳为祖，从而与道教攀上了亲戚关系，同时又重新确立了儒学的正宗地位，使儒、道共同成为辅翼统治的思想工具。加之在三教论争中，道教常常以本土传统文化的面目出现，背靠儒学与佛教展开抗争，所以在许多问题上与儒学具有共同点和相近点。所以，从表面上来看，儒、道之间的冲突不如儒、释与道、释之间的冲突显得激烈，儒生士大夫对道教的直接抨击也较少。但在一些具体问题上，如在关于追求服饵金丹成仙、大建宫观与度人入道等问题上，儒、道之间的矛盾也很尖锐，儒生士大夫对道教的抨击与批判有时也非常激烈。

一　文人士大夫对度人入道及兴建道观的抨击

唐代常因度人入道与兴建道观而引发文人士大夫对道教的猛烈抨击。其中最著名的一次当数唐睿宗时为出家的金仙、玉真两位公主修建道观，在朝野引发的一场文人士大夫对道教的激烈批判。

　　金仙、玉真两位公主是唐睿宗的女儿、唐玄宗的亲妹妹。唐睿宗即位以后，两位公主为了给祖父母唐高宗、武则天祈福入道。《资治通鉴》卷210睿宗景云元年（710）条记载：

　　　　十二月，癸未，上以二女西城、隆昌公主为女官，以资天皇天后之福，仍欲于京城西造观。谏议大夫宁原悌上言：以为"先朝悖逆庶人以爱女骄盈而及祸，新城、宜都以庶孽抑损而获全。又释、道二家皆以清净为本，不当广营寺观，劳人费财。梁武帝致败于前，先帝取灾于后，殷鉴不远。今二公主入道，将为之置观，不宜过为崇丽，取谤四方。又，先朝所亲狎诸僧，尚在左右，宜加屏斥。"上览而善之。[1]

同书同卷景云二年（711）五月条又载：

　　　　辛酉，更以西城为金仙公主，隆昌为玉真公主，各为之造观。逼夺民居甚多，用功数百万。右散骑常侍魏知古、黄门侍郎李乂谏，不听。[2]

　　"隆昌"，《新唐书·诸帝公主传》作"崇昌"，"崇"为避唐玄宗李隆基讳。"隆昌"应作"昌隆"，《旧唐书·睿宗纪》载：景云二年五月"辛丑，改西城公主为金仙公主，昌隆公主为玉真公主，仍置金仙、玉真两观"。[3]《唐会要》卷50《观》也载："玉真观……景云元年十二月七日，为第九女昌隆公主立为观。"[4]睿宗《令西城、昌隆公主入道制》曰：

1　《资治通鉴》卷210，唐睿宗景云元年十二月癸未条，中华书局，1956，第6659页。

2　《资治通鉴》卷210，唐睿宗景云二年五月辛酉条，中华书局，1956，第6665页。

3　《旧唐书》卷7《睿宗纪》，中华书局，1975，第157页。

4　《唐会要》卷50《观》，上海古籍出版社，1991，第1020页。

> 玄元皇帝，朕之始祖，无为所庇，不亦远乎。第八女西城公主，第九女昌隆公主，性安虚白，神融皎昧，并令入道，奉为天皇天后。宜于京城右造观，仍以来年正月令二公主入道。[1]

这道诏书应下于景云元年十二月，到次年正月两位公主正式入道，改称为金仙公主、玉真公主。又《新唐书·诸帝公主传》载：

> 金仙公主，始封西城县主。景云初进封。太极元年，与玉真公主皆为道士，筑观京师，以方士史崇玄为师。[2]

据此两位公主似乎又是太极元年（712年，五月改为延和元年，八月又改作先天元年）入道的。那么，两位公主究竟是何时入道的呢？唐代道士张万福《传授三洞经戒法箓略说》卷下载：

> 窃见金仙、玉真二公主，以景云二年岁次辛亥春正月十八日甲子，于大内归真观中，诣三洞大法师金紫光禄大夫、鸿胪卿、河内郡开国公、上柱国、太清观主史尊师受道，破《灵宝自然券》，受《中盟八帙经》四十七卷、《真文》二箓，佩符策杖……又以先天元年壬子岁冬十月二十八日甲子，复受五法，上清经法，具依科格，别院建坛，法天象地，内圆外方，装严妙丽，乃至法物、信物、镇彩、命缯等物，皆胜于前百千万倍……万福自惟凡鄙，戒行无取，谬奉恩旨，滥预临坛大德、证法三师，既睹兹法会，实怀悚作缘，公主受道，并别有记。今粗书之，冀万代之后，知道法之尊重也。大唐先天元年岁次壬子十二月丙申十二日丁未，太清观道士张万福谨记。[3]

---

1 《全唐文》卷18，中华书局，1983年影印本，第216页下栏。

2 《新唐书》卷83《诸帝公主·金仙公主传》，中华书局，1975，第3656页。

3 （唐）张万福：《传授三洞经戒法箓略说》卷下，载《道藏》第32册，文物出版社、上海书店、天津古籍出版社，1988年影印本，第196页下栏~197页下栏。

　　张万福是两位公主入道受法的亲历者，据其所言，两位公主应为景云二年正月十八日，在大内归真观（位于西内宫城安仁殿北）随著名道士史崇玄受灵宝法箓；先天元年（五月前作太极元年）十月二十八日，又随史崇玄受上清法箓。唐代道士受箓，按位阶层次，先正一法箓，次灵宝法箓，再上清法箓。

　　唐睿宗为两位公主入道修建了金仙、玉真两座豪华的道观，并命宰相窦怀贞（又名从一）和道士史崇玄监造。《通鉴》卷 210 睿宗景云二年条载：

　　　　九月，庚辰，以窦怀贞为侍中……时修金仙、玉真二观，群臣多谏，怀贞独劝成之，身自督役。时人谓怀贞前为皇后阿𡜍，今为公主邑司。[1]

　　又《新唐书·诸帝公主传》载："观始兴，诏崇玄护作，日万人。"[2] 为修建二观，每日竟然役使上万人，可见工程量之浩大。

　　此事在朝廷内外掀起了轩然大波，成为轰动一时的大事。对于如此劳民伤财之举，代表正统儒家立场的文人士大夫议论纷纷，上疏劝谏。群臣所上奏疏，现尚存多件。《通鉴》提到最先上疏提出反对意见的是谏议大夫宁原悌，他在《论时政疏五篇》其四中曰：

　　　　伏以公主入道，京城置观。虽昭报之诚，有切于天旨，而社稷之计，莫逾于安人。若使广事修营，假饰图像，尽宇内之功巧，倾万国之资储，为福则靡效于先朝，树怨则取谤于天下。[3]

　　该疏又见于《唐会要》，作宁悌原。该疏重在说明造观浪费严重，不但无益于为先朝祈福，反而招致天下人的抱怨与批评。

1　《资治通鉴》卷 210，唐睿宗景云二年九月庚辰条，中华书局，1956，第 6667 页。
2　《新唐书》卷 83《诸帝公主·金仙公主传》，中华书局，1975，第 3656~3657 页。
3　《全唐文》卷 278，中华书局，1983 年影印本，第 2819 页下栏 ~2820 页上栏。

接着左散骑常侍魏知古又先后上两封谏疏，其一为《谏造金仙、玉真观疏》，曰：

> 今陛下为公主造观，将树功德，以祈福佑。但两观之地，皆百姓之宅，卒然迫逼，令其转徙，扶老携幼，投窜无所，发剔椽瓦，呼嗟道路，乖人事，违天时，起无用之作，崇不急之务，群心震摇，众口藉籍。陛下为人父母，欲何以安之？……臣愚必以为不可。伏愿俯顺人欲，仰稽天意，降德音，下明策，速罢功役，收之桑榆，其失不远。

这封谏疏提到为了修建两座道观，竟然强拆民宅，引发民怨沸腾。但是睿宗并未听从他的劝谏，而是继续建造，所以他才有了第二封上疏《又谏营道观疏》，曰：

> 自陛下戡翦凶逆，君临宝位，苍生颙颙，以谓朝有新政。今风教颓替，日甚一日，府藏空虚，人力凋敝，营作不息，官员日增。诸司试补员外、检校等官，仅至二千余人。太府之布帛以殚，太仓之米粟不支。又金仙、玉真等观，造作咸非急务，臣先请奏停，竟亦未止。今岁前水后旱，五谷不熟，若至来春，必甚饥馑……臣所论者，事甚急切，伏愿特垂详察。[1]

这封谏疏主要是提到官僚队伍膨胀，冗官增多，开支剧增，财政空虚，人力凋敝，加之受水旱灾害影响，粮食歉收，而兴建金仙、玉真二观，纯属不急之务，希望睿宗引起足够重视，紧急叫停。

和魏知古同时上疏的还有黄门侍郎李乂，他的谏疏虽然已经不存，但新、旧《唐书》本传都提到此事。《旧唐书·李乂传》载："寻转黄门侍郎。时睿宗令造金仙、玉真二观，乂频上疏谏，帝每优容

---

1 《全唐文》卷237，中华书局，1983 年影印本，第 2397 页上栏 ~2398 页上栏。

之。"[1]《新唐书·李乂传》也载："改黄门侍郎……谏罢金仙、玉真二观，帝虽不从，优容之。"[2]从"频上疏谏"语来看，李乂还不止一次上疏劝谏。

《通鉴》还提到右补阙辛替否的上疏，题名为《谏造金仙、玉真两观疏》，洋洋洒洒，旁征博引，以唐太宗和唐中宗作为正反两个方面的典型，分别论述了节俭与浪费的利害关系，其文云：

> 伏惟陛下爱两女，为造两观，烧瓦运木，载土填坑，道路流言，皆云计用钱百余万贯……臣闻出家修道者，不干预于人事，专清其身心，以虚泊为高，以无为为妙；依两卷《老子》，视一躯天尊，无欲无营，不损不害，何必璇台玉榭，宝像珍龛，使人困穷，然后为道哉？且旧观足可归依……伏惟陛下行非常之惠，权停两观，以俟丰年。[3]

这篇谏疏认为修道者应以清心虚无为宗旨，不应干预人事，损害社会，所以他吁请睿宗立即停止建造两观。

吏部员外郎崔莅在《谏为金仙、玉真二公主造观疏》中也说："伏承陛下缘两公主造观，可为尊德敬道矣。割慈忍爱，上为七圣崇福，下为万邦作因，岂不愿神力潜资，灵功密祐，社稷永固，宗庙长存者乎？臣谓功夺其成，凶与其败，宁邦致乱，修福招殃。"[4]他认为从表面上看起来，给两位公主修建道观是为祖先祈福，保佑社稷，体现了尊德敬道之心，但实际上由此产生的征发民力，大兴土木，造成的巨大浪费，却使良好的愿望适得其反，招致祸殃。

中书舍人裴漼的《谏春旱造寺观疏》虽然没有明确提到反对建造

---

1 《旧唐书》卷 101《李乂传》，中华书局，1975，第 3136 页。

2 《新唐书》卷 119《李乂传》，中华书局，1975，第 4296 页。

3 《全唐文》卷 272，中华书局，1983 年影印本，第 2762 页上栏 ~2764 页上栏。又见《资治通鉴》卷 210，唐睿宗景云二年十月条，中华书局，1956，第 6668 页。

4 （唐）崔莅：《谏为金仙、玉真二公主造观疏》，载《全唐文》卷 278，中华书局，1983 年影印本，第 2817 页下栏 ~2818 页下栏。

金仙、玉真二观，却尖锐地指出："今自春将夏，时雨愆期，下人忧心，莫知所出。陛下虽有哀矜之旨，两都仍有寺观之作，时旱之应，实此之由。"所以他强烈要求睿宗下令停止一切土木工程，"两京公私营造及诸司市木，并请且停"，以顺应天时人望。[1]

在大臣们的强大压力之下，睿宗被迫于太极元年四月十七日下诏曰：

> 为金仙、玉真出家造观，报先慈也。外议不识朕意，书奏频烦。将为公主所置，其造两观宜停。其观便充金仙、玉真公主邑司，令窦怀贞检校，所有财物、瓦木一事已上，附公主邑司收掌。朕别更创造，终不烦劳百姓。此度修营，公私无损，若有干误，当置严刑。[2]

睿宗表面上好像叫停了两观的修建，实际上还在观内大修。因此大理少卿韦凑又上《谏造寺观疏》，阐述了省徭薄赋的道理，最后请求：

> 伏愿陛下究道家之旨，备不虞之机，缓非急之作，务实府库，以育黎甿……臣伏见敕停金仙、玉真两观，以救农时，可谓为得矣。今仍使司市木仍旧，又大修观内，所费不停，国用将空，何以克济？支度一失，天下不安。[3]

综观这些奏疏，其大多是站在传统儒家思想的立场上来立论，广征博引儒家经典和历史经验教训，来论证建造两观不合先圣仁德之义，这些大臣所指出的问题主要集中在三个方面：一是水旱灾害频

---

1 （唐）裴漼：《谏春旱造寺观疏》，载《全唐文》卷279，中华书局，1983年影印本，第2832页下栏~2833页上栏。

2 《唐会要》卷50《观》，上海古籍出版社，1991，第1023页。

3 （唐）韦凑：《谏造寺观疏》，载《全唐文》卷200，中华书局，1983年影印本，第2020页下栏。

发，五谷未熟，突厥又屡屡兴兵犯边，此时兴建二观不合时宜；二是两观之地多为百姓居处，侵占民宅，严重害民；三是土木工程用功甚巨，耗费甚多，造成惊人的浪费。这些言辞恳切的谏疏颇为朝野所瞩目，形成了代表儒家谏臣立场的一股强大势力。虽然两观在稍后次第完成，但这次因为兴建两观所引发的朝野上下声势浩大的反对大兴道教宫观的浪潮，影响颇为深远。玄宗即位初，"救时宰相"姚崇在上疏十事中就有一条以"上皇造金仙、玉真观，皆费巨百万，耗蠹生灵"事，来劝谏唐玄宗应以之为鉴。[1] 从此以后，虽然唐代公主多有好道、入道者，但是却很少见到由国家出面来为她们兴建宫观，而多为其自己舍宅置观。

二　文人士大夫对神仙服饵术的抨击与批判

在对待神仙服饵术的问题上，虽然有大量的儒生士大夫孜孜以求，甚至达到了如醉如痴的地步，但毕竟谁也没有亲眼见过或亲身体验过那种成仙的乐趣和不死的神通，所有的这一切都只是从道士的宣传和道书的描述或传说中得来的，而在现实生活中，他们看到的却是道士们也都要经历生老病死的过程。所以诗人姚合在《哭砚山孙道士》诗中就说："修短皆由命，暗怀师出尘。岂知修道者，难免不亡身。"[2] 这真是对道教所宣扬的修道成仙说的辛辣讽刺。所以，从唐初以来有许多较为清醒的文人士大夫对神仙道教进行了猛烈的抨击与批判。如中宗神龙元年（705），因任用道士郑普思、叶静能，大臣桓彦范、崔玄晖固执以为不可，左拾遗李邕上疏指出："若有神仙能令人不死，则秦始皇、汉武帝得之矣……尧、舜所以为帝王首者，亦修人事而已。尊宠此属，何补于国！"[3]

1　《资治通鉴》卷 210，唐玄宗开元元年十月甲辰条考异引吴兢《升平源》，中华书局，1956，第6689 页。

2　（唐）姚合著，吴河清校注《姚合诗集校注》卷 10，上海古籍出版社，2012，第 558 页。

3　《资治通鉴》卷 208，唐中宗神龙元年四月庚午条，中华书局，1956，第 6589 页。

到唐后期，对道教所宣扬的长生不死观点持怀疑态度的人越来越多。如诗人刘叉的《自古无长生劝杨勉酒》诗云：

　　　　奉子一杯酒，为子照颜色。但愿腮上红，莫管额下白。自古无长生，生者何戚戚。登山勿厌高，四望都无极。丘陇逐日多，天地为我窄。祇见李耳书，对之空脉脉。何曾见天上，著得刘安宅。若问长生人，昭昭孔丘籍。[1]

诗人认为自古以来没有什么长生不老之人，人们也不必对神仙之说心动。与其追求长生，还不如多读点孔子的书。

随着社会上越来越多的人死于服饵金丹，许多人从追求金丹服饵术的狂热中逐渐冷静下来，开始深刻地反思这一社会现象。像白居易虽然也曾追求炼丹服饵养生，希望能延年益寿，但他并没有完全沉溺于道教的长生不死成仙之说而不能自拔。他曾对道教的成仙鼓吹进行深刻的揭露与批判。作为新乐府运动的倡导者，他在以诗歌"美刺"时政的同时，也对当时的求仙热潮有所"讽喻"。他的新乐府诗《海漫漫》，就自注曰"戒求仙也"：

　　　　海漫漫，直下无底傍无边。云涛烟浪最深处，人传中有三神山。山上多生不死药，服之羽化为天仙。秦皇汉武信此语，方士年年采药去。蓬莱今古但闻名，烟水茫茫无觅处。海漫漫，风浩浩，眼穿不见蓬莱岛。不见蓬莱不敢归，童男丱女舟中老。徐福文成多诳诞，上元太一虚祈祷。君看骊山顶上茂陵头，毕竟悲风吹蔓草。何况玄元圣祖五千言，不言药，不言仙，不言白日升青天。[2]

1　《全唐诗》卷395，中华书局，1960，第4445页。

2　（唐）白居易著，朱金城笺校《白居易集笺校》卷3，上海古籍出版社，1988，第149页。

他以传说中的海上"神山"为题材，回顾了秦皇、汉武相信海上有瀛洲、方丈、蓬莱三神山，有长生不死药，服之可以羽化为天仙的传说，多次派方士去寻找仙药的往事，指出这些都是虚妄荒诞之举，否则后人就不会见到骊山脚下秦皇、汉武陵上被风飒飒吹动的衰草了，以此来说明自古以来那些迷恋于求仙的皇帝，到头来都难免一死的结局。最后他还深刻地指出：被唐王朝尊为"玄元圣祖"的老子《道德经》五千言，既不讲长生药，也不讲成仙，更不讲白日飞升之类的荒诞事，目的是希望大家不要再沉迷于道教的神仙之说。他还对当时因求仙服饵而被"药误"的事屡表遗憾。他的《梦仙》诗就嘲讽了那些心存幻想、抛家弃子，以致一生荒废者的可悲结局，诗曰：

> 人有梦仙者，梦身升上清。坐乘一白鹤，前引双红旌。羽衣忽飘飘，玉鸾俄铮铮。半空直下视，人世尘冥冥。渐失乡国处，才分山水形。东海一片白，列岳五点青。须臾群仙来，相引朝玉京。安期美门辈，列侍如公卿。仰谒玉皇帝，稽首前致诚。帝言当仙才，努力勿自轻。却后十五年，期汝不死庭。再拜受斯言，既窃喜且惊；秘之不敢泄，誓志居岩扃。恩爱舍骨肉，饮食断膻腥。朝餐云母散，夜吸沆瀣精。空山三十载，日望辎軿迎。前期过已久，鸾鹤无来声。齿发日衰白，耳目减聪明。一朝同物化，身与粪壤并。神仙信有之，俗力非可营。苟无金骨相，不列丹台名。徒传辟谷法，虚受烧丹经。只自取勤苦，百年终不成。悲哉梦仙人，一梦误一生！[1]

该诗描写了一个终日梦想成仙的人，相信了梦境中神仙说他15年后可以成仙的预言，以为通过自己的勤修苦练可以得道成仙。于是他就隐居深山，割舍亲情，不食荤腥，早晨服食云母粉，夜晚饮用露水。就这样苦苦修炼了30年，天天盼望着神仙降临，迎接他去仙境，

---

[1] （唐）白居易著，朱金城笺校《白居易集笺校》卷1，上海古籍出版社，1988，第10页。

结果盼到齿衰发白，耳聋眼花，最后到死也没有盼到成仙。这真是对沉溺于求仙学道者的一种莫大嘲讽。他在《对酒》诗中进一步说：

> 人生一百岁，通计三万日。何况百岁人，人间百无一。贤愚共零落，贵贱同埋没。东岱前后魂，北邙新旧骨。复闻药误者，为爱延年术。又有忧死者，为贪政事笔。药误不得老，忧死非因疾。谁人言最灵，知得不知失。何如会亲友，饮此杯中物。能沃烦虑消，能陶真性出。所以刘阮辈，终年醉兀兀。[1]

诗人认为人生百岁，也不过才三万日。何况百岁之人，在人间一百个人当中也难有一人。不管是聪明还是愚笨、高贵还是低贱，结局都一样，最终都会去世。那些相信长生不老药的人，为的是追求延年益寿，结果大都误入歧途，不得善终。与其整日怕死，患得患失，还不如会会亲友，这样才能消除烦恼忧虑，陶冶出真性情！说明作者对道教所宣扬的长生成仙之类的说教还是具有较为清醒的认识的。

白居易还以自己的亲身实践建议人们不要追求服食道教的长生药，而改学佛教的坐禅，为此他还专门写了一首《罢药》诗曰：

> 自学坐禅休服药，从他时复病沈沈。此身不要全强健，强健多生人我心。[2]

实际上所谓"坐禅"也不是最好的办法，因为身体生病并不会因坐禅而自动痊愈。但是与盲目相信道教的长生药而导致的严重后果相比，还是要好一些。所以他又作有《戒药》诗曰：

1　（唐）白居易著，朱金城笺校《白居易集笺校》卷2，上海古籍出版社，1988，第530页。
2　（唐）白居易著，朱金城笺校《白居易集笺校》卷15，上海古籍出版社，1988，第936页。

促促急景中，蠢蠢微尘里。生涯有分限，爱恋无终已。早夭
羡中年，中年羡暮齿。暮齿又贪生，服食求不死。朝吞太阳精，
夕吸秋石髓。徼福反成灾，药误者多矣。以之资嗜欲，又望延甲
子。天人阴骘间，亦恐无此理。域中有真道，所说不如此。后身
始身存，吾闻诸老氏。[1]

在滚滚红尘中，人的贪欲是无止境的，早夭者羡慕中年人，中
年人又羡慕老年人，到老年了又贪生怕死，服食长生不老药，希望不
死。早晨吞吸太阳精气，晚上服秋石丹药。本来是为了求福，结果反
成了灾难，因服食"仙药"而被误的人比比皆是。白居易对同辈士人
中因痴迷于服食"仙药"而产生的危害进行了深刻的反思，他在《感
事》诗中说：

服气崔常侍，烧丹郑舍人。常期生羽翼，那忽化灰尘。每遇
凄凉事，还思潦倒身。唯知趁杯酒，不解炼金银。睡适三尸性，
慵安五藏神。无忧亦无喜，六十六年春。[2]

诗中在崔常侍下自注曰"晦叔"，即崔玄亮；郑舍人下自注居
中。崔玄亮中过进士，好学，善诗文，是个典型的文人士大夫，但
他却颇沉迷于道教的神仙术。白居易曾作有崔玄亮墓志铭说："公讳
玄亮，字晦叔……公夙慕黄、老之术，斋心受箓，伏气炼形。暑不流
汗，冬不挟纩。肤体颜色，冰清玉温。未识者望之如神仙中人也。在
湖三岁，岁修三元道斋，辄有彩云灵鹤，回翔坛上，久之而去。前后
致斋七八，而鹤来仪者凡三百六十。其内修外感也如此。可不谓通于
大道乎？"[3]崔玄亮向来好黄、老道术，受过道箓，修炼过道教的服气

1 （唐）白居易著，朱金城笺校《白居易集笺校》卷36，上海古籍出版社，1988，第2476页。
2 （唐）白居易著，朱金城笺校《白居易集笺校》卷33，上海古籍出版社，1988，第2306页。
3 （唐）白居易著，朱金城笺校《白居易集笺校》卷70《唐故虢州刺史赠礼部尚书崔公墓志铭并
　序》，上海古籍出版社，1988，第3750页。

炼形之术，每逢三元节都虔诚地行道设斋，是个沉迷于神仙术的士人官僚。

郑居中，也喜好道术，在唐代就被认为是神仙之类的人物。2000年9月，在洛阳市伊川县彭婆镇许营村出土了唐人高锴撰写的郑居中墓志铭曰：

> 公讳居中，字贞位，荥阳人……弱冠博涉群书，举进士登第……迁中书舍人，三表陈让……志不可夺，遂卜居于汉之上，而足病渐已。开成二年春二月，拜墓东洛。事毕，游王屋，陟嵩少。仙坛灵境，无不斋醮；窈冥之间，盼响如答。将归，行次山下，禅师隐公兰若，无病而终，其年四月六日也，享年五十有四……公之先君子，素深于道门。唯公一子，龆龀之岁，命之加黄冠，隶于玄都观。年过幼学，先子云殁，姑叔以其蒸尝无嗣，遂令反初。然后，始为儒家子，耽阅坟史，深奥自得，及长，举进士。……公虽反儒服而慕道斯甚，身佩上清箓。自仙冠之徒，以至于岩栖谷隐，炼丹养气者，朝夕游处，无不宗礼。及止足之限，不知为灵仙异人告之耶？为精爽感通自知耶？遍游洞府，欻然而逝。为数极时尽自终耶？为浮丘令威相携耶？

同时出土的还有郑居中与夫人崔氏合葬墓志也载："公家承积庆，名播盛朝；孤高自贯于精诚，霜霰不侵于劲节。必期叶梦审像，卜畋非熊。一旦性识玄珠，心存止水。嵩少独陟，逍遥不回，果副生平栖意高尚之志也。"[1] 从这两方墓志可知，由于郑居中的父亲郑汲信仰道教，所以身为独子的郑居中在童年时就在东都玄都观出家做了道士。他的父亲去世后，亲戚们担忧无人继承家业，于是让他还俗，读书中举，然后入仕。但是幼时入道的经历对他影响很大，以至于他终生好道。晚年又遍游道教洞府，最后猝死于山寺。这样的经历，很快

1　赵振华：《唐郑居中夫妇墓志发覆》，《洛阳工学院学报》2002年第4期，第5~16页。

就被当时人演绎成"得道成仙"的故事。《册府元龟》卷 899《总录部·致政》载：

> 郑居中以中书舍人致仕。居中少有时名，杨历清贞。晚年尤薄名利，以疾辞官，恣游名山。一日，搦管为诗，才书五字曰："云山游已遍。"纸犹在手，笔忽坠地而终。[1]

这则有关郑居中临终之事的记载与墓志相比，已经明显有神异之处。到晚唐卢肇《卢子逸史》中郑居中已经被完全神化，其文曰：

> 郑舍人居中，高雅之士，好道术。常遇张山人者，多同游处，人但呼为"小张山人"，亦不知其所能也。居襄汉间。除中书舍人，不就。开成二年春，往东洛嵩岳，携家僮三四人，与僧登历，无所不到。数月淹止。日晚至一处，林泉秀洁，爱其忘返。会院僧不在，张烛蓺火将宿，遣仆者求之，兼取笔，似欲为诗者。操笔之次，灯灭火尽。一僮在侧，闻郑公仆地之声，喉中气粗，有光如鸡子，绕颈而出。遽吹薪照之，已不救矣。纸上有四字云："香火愿毕。""毕"字仅不成。后居山者及猎人时见之，衣服如游涉之状。当应是张生潜出言其终竟之日，郑公舍家以避耳。若此岂非达命者欤！[2]

郑居中生活的年代距卢肇还不算太远，但其事迹已经被神化，可见其好道的名声在当时是很大的。后来，《太平广记》在"神仙"类下也收录了这则故事，题名为《郑居中》。其实不仅仅是郑居中本人好道术，他的夫人崔氏也好道术，墓志曰："夫人克志黄庭，凝神紫府，洞颐希微之境，深知要妙之门。"看来郑居中一家都对道教有很深的

---

1 《册府元龟》卷 899《总录部·致政》，中华书局，1960 年影印本，第 10651 页下栏。又见《太平御览》卷 222《职官部·中书舍人》，中华书局，1960 年影印本，第 1057 页上栏。
2 《太平广记》卷 55 "郑居中"条引《逸史》，中华书局，1961，第 341~342 页。

信仰。

白居易在《感事》诗中提到的崔玄亮和郑居中两个人，一个好服气，一个好炼丹，都是希望能像鸟一样生出羽翼飞升成仙，但最后都不免一死，化作了灰尘。这实际上也是对世人好道求仙的一种嘲讽。

白居易还作有一首《思旧》诗，列举了更多士人官员求仙好道的例子，说明道教所宣扬的服食"仙药"可以长生不老的说法多么的荒诞不经，诗曰：

> 闲日一思旧，旧游如目前。再思今何在，零落归下泉。退之服流（硫）黄，一病讫不痊。微之炼秋石，未老身溘然。杜子得丹诀，终日断腥膻。崔君夸药力，经冬不衣绵。或疾或暴夭，悉不过中年。唯予不服食，老命反迟延。况在少壮时，亦为嗜欲牵。但耽荤与血，不识汞与铅。饥来吞热物，渴来饮寒泉。诗役五藏神，酒汩三丹田。随日合破坏，至今粗完全。齿牙未缺落，支体尚轻便。已开第七秩，饱食仍安眠。且进杯中物，其余皆付天。[1]

诗中提到的"微之"为元稹，"杜子"系杜元颖，"崔君"即崔玄亮。[2]唯有"退之"是谁争议较大，有五种不同的说法，分别是韩愈、卫中立、李建、郑居中、白行简，[3]但是除了韩愈和卫中立两人的字是"退之"外，其余诸人都不是，所以宋代以来，关于退之到底是谁，主要集中在韩愈和卫中立两人的争论中。从宋代开始，为韩愈辩护者，大都认为"服流（硫）黄"的"退之"不是韩愈，而是卫中立，但是陈寅恪先生却认为："乐天之旧友至交，而见于此诗之诸人，如元稹、杜元颖、崔群（按：应为崔玄亮），皆当时宰相、藩镇大臣，且为文学词科之高选，所谓第一流人物也。若卫中立则既非由进士出身，位止边帅幕僚之末职，复非当日文坛之健者，断无与微之并述之

---

1 （唐）白居易著，朱金城笺校《白居易集笺校》卷29，上海古籍出版社，1988，第2023页。

2 陈寅恪先生认为"崔君"为崔群，据朱金城先生笺证可能有误，应为崔玄亮。

3 卞孝萱：《"退之服硫黄"五说考辨》，《东南大学学报》1999年第4期，第84~88页。

理。然则此诗中之退之，固舍昌黎莫属矣……至昌黎何以如此言行相矛盾，则疑当时士大夫为声色所累，即自号超脱，亦终不能免。"[1]其后许多学者赞成此说，还有学者为韩愈服食硫磺辩解，说他是为了治疗"脚弱"之病，而不是为了声色。[2]不过卫中立也是当时名士，也相信道教长生术，韩愈曾作有《唐故监察御史卫府君墓志铭》说：

> 君讳某，字某，中书舍人御史中丞讳某之子，赠太子洗马讳某之孙。家世习儒学词章。昆弟三人俱传父祖业，从进士举，君独不与俗为事，乐弛置自便。父中丞薨，既三年，与其弟中行别曰："……我闻南方多水银、丹砂，杂他奇药，爈为黄金，可饵以不死。今天若丐我，我即去。"遂逾岭厄南出。药贵不可得。以干容帅，帅且曰："若能从事于我，可一日具。"许之，得药试如方，不效，曰："方良是，我治之未至耳。"留三年，药终不能为黄金，而佐帅政成，以功再迁监察御史。帅迁于桂，从之。帅坐事免，君摄其治，历三时，夷人称便。新帅将奏功，君舍去。南海马大夫使谓君曰："幸尚可成，两济其利。"君虽益厌，然不能无万一冀。至南海，未几竟死，年五十三。[3]

此墓志一般认为就是卫中立墓志，则其人沉迷于道教服饵术颇深。据此白诗所言"退之"是卫中立的可能性要大一些。

白居易之所以列举他的几个老朋友的事例，是因为他们都相信道教的服饵术可以让人长生之说，结果却都一病不起，或暴毙，而只有诗人不相信"仙药"，反而活过了古稀之年。此外，白居易还写过不少质疑服食长生药的诗篇。虽然白居易经常反思和批判道教的神仙服

1　陈寅恪：《元白诗笺证稿》附论《白乐天之思想行为与佛道关系》，生活·读书·新知三联书店，2001，第335页。

2　胡阿祥、胡海桐：《韩愈"足弱不能步"与"退之服硫黄"考辨》，《中华文史论丛》2010年第2期。

3　（唐）韩愈撰，马其昶校注，马茂元整理《韩昌黎文集校注》卷7，上海古籍出版社，1986，第457~458页。

饵术，但是他也没有经得住长生术的诱惑，也有过烧炼丹药之举，如他在《同微之赠别郭虚舟炼师五十韵》诗中说：

> 我为江司马，君为荆判司。俱当愁悴日，始识虚舟师。师年三十余，白皙好容仪。专心在铅汞，余力工琴棋……授我参同契，其辞妙且微。六一闶扃镝，子午守雄雌。我读随日悟，心中了无疑。黄芽与紫车，谓其坐致之。自负因自叹，人生号男儿。若不佩金印，即合餐玉芝。高谢人间世，深结山中期。泥坛方合矩，铸鼎圆中规。炉橐一以动，瑞气红辉辉。斋心独叹拜，中夜偷一窥。二物正诉合，厥状何怪奇。绸缪夫妇体，狎猎鱼龙姿。简寂馆钟后，紫霄峰晓时。心尘未净洁，火候遂参差。万寿觊刀圭，千功失毫厘。先生弹指起，姹女随烟飞。始知缘会间，阴骘不可移。药灶今夕罢，诏书明日追……师从庐山洞，访旧来于斯。寻君又觅我，风驭纷逶迤。帔裾曳黄绢，须发垂青丝。逢人但敛手，问道亦颔颐。孤云难久留，十日告将归。款曲话平昔，殷勤勉衰羸。后会杳何许，前心日磷缁。俗家无异物，何以充别资？素笺一百句，题附元家诗。朱顶鹤一只，与师云间骑。云间鹤背上，故情若相思。时时摘一句，唱作步虚辞。[1]

这首诗讲的是白居易在元和十三年（818）江州司马任上结识了道士郭虚舟，教他炼丹之事。白居易时年47岁，正值中年。穆宗长庆二年（822），白居易又作《予与故刑部李侍郎早结道友，以药术为事，与故京兆元尹晚为诗侣，有林泉之期。周岁之间，二君长逝。李住曲江北，元居升平西。追感旧游，因贶同志》诗曰：

> 从哭李来伤道气，自亡元后减诗情。金丹同学都无益，水竹

1　（唐）白居易著，朱金城笺校《白居易集笺校》卷21，上海古籍出版社，1988，第1408~1409页。

邻居竟不成。月夜若为游曲水，花时那忍到升平。如年七十身犹在，但恐伤心无处行。[1]

刑部李侍郎为李建，京兆元尹为元宗简。白诗自谓与李建"早结道友，以药术为事"，为"金丹同学"，可见诗人也曾醉心于金丹药术。李建，字杓直。新、旧《唐书》有传，元稹为他作有墓志铭，[2]白居易为他作有墓碑。[3]从相关记载来看，李建应该是贞元十四年（798）举进士，元和十二年（817）任刑部侍郎，长庆元年（821）二月二十三日卒，享年58岁。韩愈在《故太学博士李君墓志铭》中提到因服食金丹而死的诸君中就有李建。

白居易还在唐文宗开成二年（837）66岁时，作有《烧药不成命酒独醉》诗曰：

白发逢秋王，丹砂见火空。不能留姹女，争免作衰翁。赖有杯中绿，能为面上红。少年心不远，只在半酣中。[4]

可见直到晚年他还有炼丹烧药之举，药未炼成还颇有感慨，借酒自解。所以陈寅恪先生说，"炼丹烧药"之成为唐代士大夫阶级风尚，盖因"声色之累""乐天于炼丹烧药问题，行为言语之相矛盾，亦可依此解释。但白、韩二公，尚有可注意之点，即韩公排斥佛道，而白公则外虽信佛，内实奉道是。韩于排佛老之思想始终一致，白于信奉老学，在其炼服丹药最后绝望以前，亦始终一致"。[5]

1　（唐）白居易著，朱金城笺校《白居易集笺校》卷19，上海古籍出版社，1988，第1278页。

2　（唐）元稹著，周相录校注《元稹集校注》卷54《唐故中大夫尚书刑部侍郎上柱国陇西县开国男赠工部尚书李公（建）墓志铭》，上海古籍出版社，2011，第1333~1336页。

3　（唐）白居易著，朱金城笺校《白居易集笺校》卷41《有唐善人墓碑》，上海古籍出版社，1988，第2676~2678页。

4　（唐）白居易著，朱金城笺校《白居易集笺校》卷33，上海古籍出版社，1988，第2312页。

5　陈寅恪：《元白诗笺证稿》附论《白乐天之思想行为与佛道关系》，生活·读书·新知三联书店，2001，第337页。

唐代对道教神仙思想批判最激烈的当数韩愈。韩愈在《进学解》中以"觝排异端，攘斥佛老"，恢复儒家道统为己任。[1]他对佛道给予猛烈的抨击，在《原道》中指责佛道耗费大量财富，加重百姓负担，使民"穷且盗也"，所以他主张止塞佛道，勒令僧道还俗，烧掉佛经道书，把寺观改作民房，发扬儒家之道以取代佛道的宗教理论。[2]韩愈对道教所宣扬的金丹服食理论更是给予了无情的批判与揭露，他的侄孙女婿太学博士李干，由于受方士的蛊惑服饵金丹中毒而死，年仅48岁，留下3个幼子。为此韩愈痛心疾首地写下了《故太学博士李君墓志铭》，他以亲眼看见的并与他有过交游的7位文人士大夫服食金丹中毒而死的例子，深刻地揭露了金丹服饵术的危害与欺骗性，他沉痛地写道：

> 太学博士顿丘李干，字子渐，余兄孙女婿也。年四十八，长庆三年正月五日卒。其月二十六日，穿其妻墓而合葬之，在某县某地。子三人，皆幼。初，干以进士为鄂岳从事，遇方士柳泌，从受药法，服之往往下血。比四年，病益急，乃死。其法以鈆（铅）满一鼎，按中为空，实以水银，盖封四际，烧为丹砂云。余不知服食说自何世起，杀人不可计，而世慕尚之益至，此其惑耶？在文书所记及耳闻相传者不说，今直取目见亲与之游而以药败者六七公，以为世诫。工部尚书归登、殿中（侍）御史李虚中、刑部尚书李逊、逊弟刑部侍郎建、襄阳节度使工部尚书孟简、东川节度御史大夫卢坦、金吾将军李道古。此其人皆有名位，世所共识。工部既食水银得病，自说若有烧铁杖自颠贯其下者，摧而为火，射窍节以出，狂痛呼号乞绝，其茵席常得水银，发且止，唾血十数年以毙。殿中疽发其背死。刑部且死，谓余

1 （唐）韩愈撰，马其昶校注，马茂元整理《韩昌黎文集校注》卷1，上海古籍出版社，1986，第45页。

2 （唐）韩愈撰，马其昶校注，马茂元整理《韩昌黎文集校注》卷1，上海古籍出版社，1986，第12页。

曰："我为药误。"其季建，一旦无病死。襄阳黜为吉州司马，余自袁州还京师，襄阳乘舸邀我于萧洲，屏人曰："我得秘药，不可独不死，今遗子一器，可用枣肉为丸服之。"别一年而病，其家人至，讯之，曰："前所服药误，方且下之，下则平矣。"病二岁，竟卒。卢大夫死时，溺出血肉，痛不可忍，乞死，乃死。金吾以柳泌得罪，食泌药，五十死海上，此可以为诫者也。蕲（祈）不死，乃速得死，谓之智，可不可也？……不信常道而务鬼怪，临死乃悔。后之好者又曰："彼死者皆不得其道也，我则不然。"始病，曰："药动故病，病去药行，乃不死矣。"及且死，又悔。呜呼，可哀也已！可哀也已！[1]

韩愈在文中所提到的这几位文人士大夫，在服食金丹以后所产生的严重后果，可谓触目惊心。分述如下。

工部尚书归登是受方士欺骗服饵金丹，《新唐书·归登传》载："登字冲之，事继母笃孝。大历中，举孝廉高第。贞元中，策贤良，为右拾遗……进工部尚书，累封长洲县男。卒，年六十七，赠太子少师，谥曰宪。登性温恕……有遗金石不死药者，绐曰：已尝。及登服几死，讯之，乃未之尝，人皆为怒，而登不为愠。"[2]道士们为了诱惑他服食金丹，竟撒谎骗人，而被骗者也是心甘情愿上当受骗，可见其人中毒之深。从李干墓志可见，归登在服食金丹后，出现了非常可怕的中毒反应。

殿中侍御史李虚中的情况，还可参照韩愈为他撰写的墓志铭："殿中侍御史李君名虚中，字常容……年少长，喜学；学无不通，最深于五行书……星官历翁莫能与其校得失。进士及第，试书判入等，补秘书正字……分部东都台，迁殿中侍御史。元和八年（813）四月，诏征，既至，宰相欲白以为起居舍人。经一月，疽发背，六月乙酉卒，

1 （唐）韩愈撰，马其昶校注，马茂元整理《韩昌黎文集校注》卷7，上海古籍出版社，1986，第553~555页。
2 《新唐书》卷164《归登传》，中华书局，1975，第5038~5039页。

年五十二……君昆弟六人，先君而殁者四人。其一人尝为郑之荥泽尉，信道士长生不死之说。既去官，绝不营人事。故四门之寡妻孤孩，与荥泽之妻子，衣食百须，皆由君出……君亦好道士说，于蜀得秘方，能以水银为黄金，服之冀果不死。将疾，谓其友卫中行大受、韩愈退之曰：'吾梦大山裂，流出赤黄物如金。左人曰，是所谓大还者，今三矣。'"李虚中死后留下 3 男 9 女，共 11 个孩子，最小的儿子才 3 岁。[1]李虚中兄弟俩都迷信道士的金丹服饵术，他有一个弟弟因信道士的长生不死之说，先他而死；李虚中也好道士金丹说，在服食金丹后，因中毒而出现幻觉，最后背部生疮溃烂而死，真是人间惨剧！

　　刑部尚书李逊和刑部侍郎李建是兄弟俩，也都痴迷于道教金丹术。李逊，字友道。贞元五年（789），登进士第。长庆三年（823）正月二十三日，拜刑部尚书；二十七日，卒，年 63 岁。李逊直到临死，方醒悟是被道士所谓"仙药"给骗了。而李建则在服药后，在毫无征兆的情况下去世，应该是暴毙。

　　襄阳节度使、工部尚书孟简，新、旧《唐书》有传。孟简，字几道，德州平昌人。擢进士第，登宏辞科，永贞年间（805）为仓部员外郎，元和十三年任检校工部尚书、襄州刺史、山南东道节度使（即襄阳节度使），十五年贬吉州司马，长庆二年（822）十二月癸丑，病卒。孟简本来佞佛，还翻译过佛教经典，《旧唐书·孟简传》载："简明于内典，（元和）六年，诏与给事中刘伯刍、工部侍郎归登、右补阙萧俛等，同就醴泉佛寺翻译《大乘本生心地观经》，简最擅其理……然溺于浮图之教，为儒者所诮。"[2]但他却在晚年，听信了道士的金丹服饵术，不但自己服食了"仙药"，而且还送给自己的好友韩愈一小罐"仙药"，最后卧病两年才痛苦地死去。他也是直到死时，才醒悟是被"仙药"所害。

　　东川节度使、御史大夫卢坦，字保衡，河南洛阳人。新、旧《唐

1　（唐）韩愈撰，马其昶校注，马茂元整理《韩昌黎文集校注》卷 6《殿中侍御史李君墓志铭》，上
　　海古籍出版社，1986，第 439~441 页。
2　《旧唐书》卷 113《孟简传》，中华书局，1975，第 4257~4258 页。

书》有传，权德舆曾为他作有碑铭，李翱也为他作有传。[1] 卢坦"早精六学，尤邃三礼。晚节究观历代史，端诚正义，宏达卓越"。[2] 元和八年（813）五月出任东川节度使，十二年九月戊戌病卒，终年 69 岁。卢坦死于服食丹药事，不见于诸史碑传记载。但韩愈的碑记，却特别生动地记载了卢坦服用丹药之后，便溺中带有血肉，痛不欲生，在挣扎中死去的惨状。

金吾将军李道古，陇西成纪人，出身于李唐宗室，著有《文舆》三十卷。新、旧《唐书》有传，韩愈曾为他写有墓志铭。道古因受方士柳泌蛊惑，也相信道教金丹术。《旧唐书·李道古传》载：道古早年中进士，元和十三年入为宗正卿，"乃荐山人柳泌以媚于上。后又为左金吾卫将军。宪宗季年颇信方士，锐于服食，诏天下搜访奇士。宰相皇甫镈方谀媚固宠，道古言柳泌有道术，镈得而进之，待诏翰林。宪宗服饵过当，暴成狂躁之疾，以至弃代。穆宗在东宫，扼腕于其事，及居丧，皆窜逐诛之。镈既贬责，授道古循州司马，终以服丹药，呕血而卒"。[3] 穆宗即位后，立刻贬逐李道古，在《贬李道古循州司马诏》中列举其罪状说："左金吾卫将军兼御史大夫李道古，幸以宗枝，早参名级……持左道以事君，将行险以侥幸，因缘药术，荐达妖庸。上惑先朝，俯招物议，迹其事状，合正刑章。朕以临御之初，务在宽大……可守循州司马。"[4] 韩愈在《唐故昭武校尉守左金吾卫将军李公墓志铭》中也说："公以进士举及第……十三年，征拜宗正，转左金吾。上即位，以先朝时尝信妄人柳泌能烧水银为不死药荐之，泌以故起闾阎氓为刺史，不效，贬循州司马。其年九月三日，以疾卒于贬所，年五十三。"[5] 李道古给宪宗推荐方士柳泌烧炼丹药，宪宗服食丹药后，中毒身亡；结果他还不接受教训，也服食了柳泌的丹药，也吐血

1 （唐）李翱：《李文公集》卷 12，上海古籍出版社，1993 年影印本，第 62 页上栏 ~65 页上栏。

2 （唐）权德舆：《权德舆诗文集》卷 13，郭广伟校点，上海古籍出版社，2008，第 218~222 页。

3 《旧唐书》卷 131《李道古传》，中华书局，1975，第 3641~3642 页。

4 《全唐文》卷 65，中华书局，1983 年影印本，第 690 页上栏。

5 （唐）韩愈撰，马其昶校注，马茂元整理《韩昌黎文集校注》卷 7，上海古籍出版社，1986，第 515~517 页。

而死。与李逊和孟简在临死时还有所醒悟是被丹药所害不同，李道古是至死不悟。

韩愈在痛惜那些沉溺于金丹服饵术的文人士大夫的同时，还称赞那些不相信道教神仙说的士大夫，如他为河南少尹李素作的墓志铭说："元和七年二月一日，河南少尹李公卒，年五十八……公讳素，字某……以明经选……拜河南少尹，行大尹事。吕氏子炅弃其妻，着道士衣冠，谢母曰：'当学仙王屋山。'去数月复出。间诣公，公立之府门外，使吏卒脱道士冠。给冠带，送付其母。"[1]这件事在当时影响很大，韩愈专门作诗《谁氏子》咏其事曰：

> 非痴非狂谁氏子，去入王屋称道士。白头老母遮门啼，挽断衫袖留不止。翠眉新妇年二十，载送还家哭穿市。或云欲学吹凤笙，所慕灵妃媲萧史。又云时俗轻寻常，力行险怪取贵仕。神仙虽然有传说，知者尽知其妄矣。圣君贤相安可欺，乾死穷山竟何俟。呜呼余心诚岂弟，愿往教诲究终始。罚一劝百政之经，不从而诛未晚耳。谁其友亲能哀怜，写吾此诗持送似。[2]

诗中描写的正是吕炅别母弃妻入王屋山学道之事。韩愈说吕炅不疯不傻，却受道教思想影响颇深，羡慕传说中的弄玉、萧史吹箫引凤飞升成仙之事，也入山学道；但他学道的目的又不纯，实际上是想走"终南捷径"以"取贵仕"，所以入山仅几个月就又复出，投到河南少尹李素门下，希望得到荐举，李素命人将他的道士衣冠剥去，换成儒生服，送还其母。韩愈在诗中明确讲到，神仙只是一个传说，聪明人都知道这是虚妄不经的，所以他主张对那些痴迷于道术的人要教诲其醒悟，实在不行就罚一儆百。

另外，韩愈也很推崇江南西道观察使王仲舒，因为他在任上，"禁

---

1 （唐）韩愈撰，马其昶校注，马茂元整理《韩昌黎文集校注》卷6《河南少尹李公墓志铭》，上海古籍出版社，1986，第369~370页。

2 （唐）韩愈著，钱仲联集释《韩昌黎诗系年集释》卷7，上海古籍出版社，1994，第790页。

浮屠及老子为僧道士，不得于吾界内因山野立浮屠老子像，以其诳丐渔利，夺编人之产"。[1]韩愈因此专门为他作有墓志铭，提及此事，大加褒扬。

除白居易和韩愈外，唐代还有许多人对道教所宣扬的长生成仙之说进行了嘲讽，如张籍的《求仙行》诗云：

> 汉皇欲作飞仙子，年年采药东海里。蓬莱无路海无边，方士舟中相枕死。招摇在天回白日，甘泉玉树无仙实。九皇真人终不下，空向离宫祠太乙。丹田有气凝素华，君能保之升绛霞。[2]

这首诗作于元和末。据说是讽刺唐宪宗宠幸山人柳泌，任命柳泌为台州刺史，为他在天台山采仙药，后来又服食了柳泌为他烧炼的金丹，中毒身亡。诗人借汉武帝求仙事，讽喻唐宪宗迷信方士求仙。他还作有《学仙》诗云：

> 楼观开朱门，树木连房廊。中有学仙人，少年休谷粮。高冠如芙蓉，霞月披衣裳。六时朝上清，佩玉纷锵锵。自言天老书，秘覆云锦囊。百年度一人，妄泄有灾殃。每占有仙相，然后传此方。先生坐中堂，弟子跪四厢。金刀截身发，结誓焚灵香。弟子得真诀，清斋入空房。守神保元气，动息随天罡。炉烧丹砂尽，昼夜候火光。药成既服食，计日乘鸾凤。虚空无灵应，终岁安所望。勤劳不能成，疑虑积心肠。虚羸生疾疹，寿命多夭伤。身殁惧人见，夜埋山谷傍。求道慕灵异，不如守寻常。先王知其非，戒之在国章。[3]

---

1 （唐）韩愈撰，马其昶校注，马茂元整理《韩昌黎文集校注》卷7《故江南西道观察使赠左散骑常侍太原王公墓志铭》，上海古籍出版社，1986，第535页。

2 （唐）张籍撰，徐礼节、余恕诚校注《张籍集系年校注》卷1，中华书局，2011，第44页。

3 （唐）张籍撰，徐礼节、余恕诚校注《张籍集系年校注》卷7，中华书局，2011，第866页。

　　诗中描写了唐代著名道教圣地楼观学仙人中，有一虔诚少年修炼辟谷术，头戴芙蓉冠，身披霞月帔，六时朝拜上清，佩玉锵锵作响。自称神仙天老授书，秘盛于锦囊之中。据说一百年才超度成仙一个人，所以天书不可泄露，否则会有灾祸。每当求仙问卜，都说他有神仙骨相，所以才得以传授天书。先生在传授经书前，截发歃血焚香发誓为盟。弟子得受真诀后，洁身静心，入室修炼，动止随星辰。昼夜守候丹灶，烧炼金丹仙药，仙丹炼成后服食，算计着成仙的日子，可老天却始终没有反应，终年也没有盼来什么希望。既然如此虔诚学道而一无所成，心中不免疑虑重重。身体也越来越虚弱，最后竟致一病不起而亡。身殁之后又怕被人看见笑话，乘夜草草掩埋在山谷旁。因为羡慕神仙而学道，却还不如过平平常常的生活。此诗也是讽刺时人迷信金丹服食，故白居易在《读张籍古乐府》诗中称赞："读君《学仙》诗，可讽放佚君。"[1]

　　在唐人传奇小说中也有揭露和批判神仙道教骗人害命的故事。五代王仁裕在《玉堂闲话》中就收录有两则这样的故事，其一为《选仙场》，曰：

　　　　南中有选仙场，场在峭崖下，其绝顶有洞穴，相传为神仙之窟宅也。每年中元日，拔一人上升。学道者筑坛于下，至时，则远近冠帔咸萃于斯。备科仪，设斋醮，焚香祝祷。七日而后，众推一人道德最高者，严洁至诚，端简立于坛上。余人皆摻袂别而退……其道高者，冠衣不动，合双掌，蹑祥云而上升。观者靡不涕泗健羡，望洞门而作礼。如是者年一两人。

　　　　次年有道高者合选，忽有中表间一比丘，自武都山往与诀别。比丘怀雄黄一斤许，赠之曰："道中唯重此药，请密置于腰腹之间，慎勿遗失之。"道高者甚喜，遂怀而升坛。至时，果蹑云而上。后旬余，大觉山岩臭秽。数日后，有猎人自岩旁攀缘造

1　（唐）白居易著，朱金城笺校《白居易集笺校》卷1，上海古籍出版社，1988，第5页。

其洞，见有大蟒蛇，腐烂其间，前后上升者骸骨，山积于巨穴之间。盖五色云者，蟒之毒气。常呼吸此无知道士充其腹，哀哉！[1]

　　故事的发生地"南中"约为今西南地区的巴蜀一带。巴蜀地区原为道教五斗米道（天师道）的创立区域，求仙学道之风本来就很盛。故事中所说的"选仙场"，在每年的中元节都要推德高道行深者为飞升人选。在这个故事中出现了一个比丘赠雄黄与"飞升者"，终于揭开了"选仙场"的秘密，所谓传说中的"神仙之窟"原来是个大蟒蛇洞，升仙者也都成了蟒蛇的腹中餐。由此观之，这个故事还带有一点佛道相争的意味。与此故事相近的另一则为《狗仙山》：

　　巴賨之境，地多岩崖，水怪木怪，无所不有。民居溪流，以弋猎为生涯。嵌空之所，有一洞穴，居人不能测其所往。猎师纵犬于此。则多呼之不回，瞪目摇尾，瞻其崖穴，于时有彩云垂下，迎猎犬而升洞。如是者年年有之，好道者呼为"狗仙山"。偶有智者，独不信之，遂绁一犬，挟弦孤往之。至则以粗绁系其犬腰，系于拱木，然后退身而观之。及彩云下，犬萦身而不能随去，吠叫者数四，旋见有物，头大如瓮，双目如电，鳞甲光明，冷照溪谷，渐垂身出洞中观其犬。猎师毒其矢而射之，既中，不复再见。顷经旬日，臭秽满山。猎师乃自山顶，縆索下观，见一大蟒，腐烂于岩间。狗仙山之事，永无有之。[2]

　　巴賨之境也是指巴中一带。故事的情节与《选仙场》有类似之处，只不过"殉道"者不是人而是换成了狗，"狗仙山"也不是什么神仙之窟，而是大蟒蛇洞。猎人至此，猎犬多被蟒蛇所吃。人们不明白其道理，而有好道者却称其为"狗仙山"，以为狗也能升仙。偏偏有勇敢不信邪的"智者",终于揭开了"狗仙山"的真面目。那些冤死的狗,也都成了蟒蛇口中的美味。

另外,唐人谷神子的《博异志》还记载了一则有关张竭忠的故事,也是揭露道教神仙之说骗人害命之事:

> 天宝中,河南缑氏县东太子陵仙鹤观,常有道士七十余人,皆精专修习,法箓斋戒皆全。有不专者,自不之住矣。常每年九月三日夜有一道士得仙,已有旧例。至旦,则具姓名申报以为常。其中道士,每年到其夜,皆不扃户,各自独寝,以求上升之应。后张竭忠摄缑氏令,不信。至时,乃令二勇者持兵器潜觇之。初无所睹,至三更后,见一黑虎入观来,须史,衔出一道士。二人射之,不中,奔弃道士而往,至明,并无人得仙,具以此白竭忠。竭忠申府,请弓矢大猎,于太子陵东石穴中,格杀数虎,有金简玉箓泪冠帔,或人之发骨甚多。斯皆谓每年得仙道士也。自后仙鹤观中,即渐无道士。今并休废,为守陵使所居也。[1]

此事发生在唐玄宗天宝年间(742~756)。缑氏县为今河南偃师缑氏镇。太子陵为唐高宗与武则天长子李弘的陵墓,又称恭陵、孝敬皇帝陵,俗称"太子冢"。相传在太子陵仙鹤观,每年九月三日夜都有一道士成仙。后来,张竭忠出任缑氏县令,不相信有这种事。于是到这天夜里,派了两名手持兵器的勇士悄悄地潜伏起来,观察动静。到三更天,发现有一只老虎潜入道观。不一会儿,叼起一名道士就往外跑。二勇士一起放箭,吓跑了老虎,救下了道士。后来又在太子陵东的一个石洞里发现了虎穴,射杀了好几只老虎。同时还发现了许多投龙金简、玉箓、道士衣冠霞帔和人的毛发骨头。终于解开了所谓每年有道士得道成仙的真相。

这些揭露和批判神仙道教的诗文及小说,促使讲求烧炼服食的道

---

1 (唐)谷神子:《博异志》,中华书局,1980,第7页。

教外丹术在唐以后逐渐走向衰落，而以主张个人内修、面向大众的道教内丹学却逐渐兴起，并最终成为道教中的主流修炼派别。

第二节　佛、道之争与统治集团之间的政争

道教是中国土生土长的宗教，而佛教却是外来宗教，所以佛道之间的矛盾与冲突由来已久。这种冲突有时比较缓和，有时非常激烈。大致说来，唐前期的佛、道之争比较尖锐复杂，唐后期除武宗时期比较激烈外，相对趋向于缓和。佛、道之争的原因，主要表现为两教之间争取统治者的恩宠，争夺社会信徒，提高政治地位，从而获取更大的政治利益与经济利益的门户倾轧。佛、道之争的焦点，主要集中在夷夏之辨，两教的异同、优劣、位次以及《化胡经》的真伪等问题上。[1]佛道势力的消长，与政治气候的关系紧密相连，在一定程度上反映了统治集团内部的矛盾和斗争。

一　傅奕反佛与唐初佛、道论战

唐王朝建立以后，统治者出于抬高门第、神化统治的需要，追认道教教主太上老君为祖，转而扶植和崇信道教，道教势力得到迅速发展。这样佛、道之间的矛盾更为激化，佛、道之争也更加频繁。

傅奕反佛虽然是站在传统儒家的立场上来立论的，但他所主张的兴复孔（儒学）、李（道教）之教而破佛的观点，客观上也带有佛、道之争的意味。加之佛教徒攻击傅奕做过道士，实际上是佛教不愿和不敢与有着强大且深厚的传统底蕴的儒学对阵，而将反击的矛头指向了道教，这样就使得唐初的这场佛、道之争性质更为明显。

1　孙文德认为三方争论的焦点为：伦理问题，如孝顺父母、蓄养妻子；君臣关系；华夷之辨；财经、劳役与兵役，强弱与治乱等。见氏著《晋南北朝隋唐佛道争论中之政治课题》，台北：台湾中华书局，1972。

傅奕，相州邺（今河南安阳）人。[1] 隋文帝开皇年间（581~601），曾以仪曹事汉王杨谅。杨谅举兵失败后，迁居扶风（今陕西扶风）。隋炀帝大业年间（605~618），李渊任扶风太守时，对傅奕礼待有加。李渊建唐称帝后，任命傅奕为太史丞，后又升任其为太史令。傅奕的思想兼有儒、道色彩，他曾注《老子》，并撰《音义》，尤其精通天文历数。而在佛教徒的记载中，他又被刻意描述成一个对佛教怀有很深敌意的道教徒。唐僧道宣《广弘明集》卷6《辨惑篇·叙历代王臣滞惑解上》载：

> 有唐太史傅奕者，本宗李老，猜忌佛门。潜图芟翦，用达其部……奕素本道门，起家贫贱，投僧乞贷，不遂所怀，蓄愤致嫌，固其本志。武德之始，西来入京，投道士王岊。岊左道之望，都邑所知。见其饥寒，延居私宅。岊通人也，待以上宾。三数日间，遂通其妇，入堂宴语，曾不避人。岊有兄子为僧，寺近岊宅，因往见之。奕大瞋怒，僧便告岊。岊初不信，曰："傅奕贫士，我将接在宅，岂为不轨耶？"僧曰："叔若有疑，可一往视。"相将至宅，果如所言。岊掩气而旋。[2]

佛教徒为了攻击傅奕，说他之所以嫉恨佛门，是因为他本人宗奉道教。傅奕原来做过道士，出身贫贱，曾向僧人借钱未遂而挟私愤。唐初，他来到京城，投奔著名道士王岊，却与王岊妻私通，此事是王岊的僧人侄子告诉王岊的。这些事情的真实性如何，大都不可考，但傅奕当过道士，对道教有好感而憎恶佛教，则是有一定道理的。

又同书卷7《辨惑篇·叙历代王臣滞惑解下》载：

---

1 《旧唐书》卷79《傅奕传》，中华书局，1975，第2715页。又道宣《广弘明集》卷7《辨惑篇》作："唐傅奕，北地泥阳人。"汉代北地郡泥阳县在今甘肃宁县，而《后汉书》以后史籍中记载的北地郡泥阳县皆在今陕西耀州区。道世《法苑珠林》卷79《十恶篇》中则又作："唐太史令傅奕，本太原人。"今从旧书本传。

2 （唐）道宣：《广弘明集》卷6《辨惑篇·叙历代王臣滞惑解上》，上海古籍出版社，1991年影印本，第128~129页。

唐傅奕，北地泥阳人。其本西凉，随魏人伐齐，平，入周土通道观。隋开皇十三年，与中山李播请为道士。[1]

李播是李淳风的父亲，在隋朝曾任县衙小吏，以秩卑不得志，弃官而为道士，颇有学问，自号黄冠子，注《老子》，撰《方志图》十卷、《天文大象赋》等。看来傅奕是在隋文帝开皇十三年（593），与李播一起出家为道士的。

又同书卷12《辨惑篇》释明槩《决对傅奕废佛僧事并表》曰：

（傅）奕曾为道士，恶妒居怀，故毁圣劣凡，赞愚胜智，以下夸上，用短加长。违理悖情，一至于此。[2]

释明槩攻击傅奕说他之所以反佛，也是出于他当过道士的嫉妒及险恶用心。唐僧道宣《集古今佛道论衡》卷丙也载：

太史令傅奕者，先是黄巾，深忌缁服，既见国家别敬，弥用疲心，乃上《废佛法事十有一条》。[3]

道宣之说明显继承了释明槩的观点。后来元僧念常在《佛祖历代通载》卷12中也说：

（傅）奕在隋为黄冠，甚不得志。既承革政，得志朝廷。及为令，有道士傅仁均者，颇娴历学，奕举为太史丞。遂与之附合，上疏请除罢释教事十有一条。[4]

1　（唐）道宣：《广弘明集》卷7《辨惑篇·叙历代王臣滞惑解下》，上海古籍出版社，1991年影印本，第139页。

2　（唐）道宣：《广弘明集》卷12《辨惑篇》，上海古籍出版社，1991年影印本，第175页。

3　（唐）道宣撰，刘林魁校注《集古今佛道论衡校注》卷丙《大唐高祖问僧形服利益事一》，中华书局，2018，第165页。

4　（元）念常：《佛祖历代通载》卷12，载《中华大藏经》（汉文部分）第82册，中华书局，1994年影印本，第946页。

以上这些记载，都将傅奕反佛之举指向他曾经的道教徒身份，虽然不免有转移矛盾之嫌，但也是有一定道理的。

傅奕最早上疏请废佛法是在唐高祖武德四年（621）六月二十一日，他在《请废佛法表》中说：

> 臣闻牺农轩顼，治合李老之风；虞夏汤姬，政符周孔之教……当此之时，共遵李孔之教而无胡佛故也。自汉明夜寝，金人入梦……降斯已后，妖胡滋盛，大半杂华。缙绅门里，翻受秃丁邪戒。儒士学中，倒说妖胡浪语。曲类蛙歌，听之丧本；臭同鲍肆，过者失香。兼复广置伽蓝，壮丽非一。劳役工匠，独坐泥胡。撞华夏之鸿钟，集蕃僧之伪众。动淳民之耳目，索营私之货贿。女工罗绮，翦作淫祀之幡；巧匠金银，散雕舍利之冢。秔梁面米，横设僧尼之会；香油蜡烛，枉照胡神之堂。剥削民财，割截国贮……伏惟陛下定天门之开阖，更新宝位。通万物之迭否，再育黔黎。布李老无为之风，而民自化；执孔子爱敬之礼，而天下孝慈。且佛之经教，妄说罪福，军民逃役，剃发隐中，不事二亲，专行十恶。岁月不除，奸伪逾甚。

大意是指责佛教本是"胡神"，佛教徒剃发易服，不事双亲，不拜皇帝，广建寺院，浪费民财，不服徭役，逃避租税，以生死祸福蛊惑人心。所以，他提出："请胡佛邪教，退还天竺，凡是沙门，放归桑梓。令逃课之党，普乐输租，避役之曹，恒忻效力，勿度小秃，长揖国家。"若能如此，"则大唐廓定，作造化之主；百姓无事，为牺皇之民"。傅奕在排佛的同时，还多次提到李、孔之教，可见他是站在传统文化儒学与道教（学）的立场上来排佛的。《全唐文》在收录此表时，还在表末附有《益国利民事十一条》，称："其文已佚，惟释氏书所引，尚存梗概。"其大略曰：

> 一曰众僧剃发染衣，不调帝王，违离父母，非忠孝者……二

曰……大唐丁壮僧尼二十万众，共结胡法，足得人心，宁可不预备之哉？三曰诸州及县减省寺塔，则民安国治者……四曰僧尼衣布省斋，则贫人不饥，蚕无横死者……五曰断僧尼赔贮，则百姓丰满，将士皆富……六曰帝王无佛则大治年长，有佛则虐政祚短者……七曰封周孔之教，送与西域，而胡必不肯行。八曰……外事胡佛，内生邪见……据佛邪说，不近人情……奢侈造作，罪深桀纣，入家破家，入国破国者。九曰隐农安近，市廛度中，国富民饶者。十曰帝王受命，皆革前政者。十一曰直言忠谏，古来出口，祸及其身者。[1]

傅奕认为"欲求忠臣孝子，佐世治民，惟《孝经》一卷，《老子》二篇，不须广读佛经"。可见他把道家（教）思想放在与儒家同等重要的地位。

道宣在《集古今佛道论衡》中也记载了其事的大致经过。武德四年，太史令傅奕上《废佛法事十有一条》云："佛经讹诞，言妖事隐，损国破家，未闻益世。请胡佛邪教，退还天竺，凡是沙门，放归桑梓，则家国昌大，李、孔之教行焉。"唐高祖采纳了傅奕的上疏，下诏责问僧人曰："弃父母之须发，去君臣之章服，利在何门之中？益在何情之外？损益二宜，请动妙适（释）。"[2]针对傅奕的发难，佛教徒法琳逐条进行了驳斥，并对高祖之问进行了回应，据说"时高祖览法师对，竟亦无辞。法师频诣阙庭，不蒙臧否。但傅氏所陈之事，高祖未遣颁行"。不过，由于傅奕将上疏内容"公然宣布遐迩。秃丁之诮，闾里盛传。胡鬼之谣，昌言酒席。致使明明佛日，翳以亏光；济济法流，壅之无润"。[3]可见傅奕反佛在当时社会上产生了巨大影响。

武德五年（622）正月，法琳又撰《上秦王论启》，力斥傅奕之说。

1 （唐）傅奕：《请废佛法表》，载《全唐文》卷133，中华书局，1983年影印本，第1345~1346页。
2 （唐）道宣撰，刘林魁校注《集古今佛道论衡校注》卷丙《大唐高祖问僧形服利益事一》，中华书局，2018，第165页。
3 （唐）彦琮：《唐护法沙门法琳别传》卷上，载《中华大藏经》（汉文部分）第61册，中华书局，1993年影印本，第197页。

同时法琳与普应又各著《破邪论》，东宫学士李师政也撰《内德论》《正邪论》，驳斥傅奕之说。法琳还在武德六年（623）五月二日，将《破邪论》进呈给太子李建成，由太子上奏高祖，于是傅奕所奏暂时被搁置。

武德七年（624），傅奕又上疏，请除去释教，他在疏中指斥佛教说："佛在西域，言妖路远，汉译胡书，恣其假托。故使不忠不孝，削发而揖君亲；游手游食，易服以逃租赋。演其妖书，述其邪法，伪启三途，谬张六道，恐吓愚夫，诈欺庸品……乃追既往之罪，虚规将来之福……遂使愚迷，妄求功德，不惮科禁，轻犯宪章……规免其罪……窃人主之权，擅造化之力，其为害政，良可悲矣！"最后他主张："今之僧尼，请令匹配，即成十万余户，产育男女，十年长养，一纪教训，自然益国，可以足兵。四海免蚕食之殃，百姓知威福所在，则妖惑之风自革，淳朴之化还兴。"[1]傅奕上疏，请除佛教，言辞恳切，再次挑起了佛、道论战。

面对傅奕的指责，沙门明槩作《决对傅奕废佛法僧事表》（又称《决对论》）反驳傅奕之论。[2]武德九年（626），清虚观道士李仲卿著《十异九迷论》，刘进喜著《显正论》，也对佛教进行了驳斥，并托傅奕奏上。道教徒的直接参战，使佛、道之争更加明朗化、公开化。佛教徒们纷纷撰文予以回击，法琳撰《辩正论》八卷，反驳李仲卿、刘进喜之作，同时还致书太子李建成、宰辅杜如晦及信佛大臣。[3]

1　（唐）傅奕：《请除释教疏》，载《全唐文》卷133，中华书局，1983年影印本，第1347页。

2　（唐）道宣：《广弘明集》卷13《辨惑篇》，上海古籍出版社，1991年影印本，第175页中栏～182页上栏。

3　（唐）彦琮：《唐护法沙门法琳别传》卷上，载《中华大藏经》（汉文部分）第61册，中华书局，1993年影印本，第200～201页。又唐代僧人道宣《集古今佛道论衡》叙述了"道士李仲卿著论毁佛，琳师抗辩事"始末曰："武德九年，清虚观道士李仲卿、刘进喜，猜忌佛法，恒加讪谤，与傅奕唇齿结构，诛翦释宗。卿著《十异九迷论》，喜《显正论》，仍托傅氏上闻天听。孟春下敕：'京立三寺，僧限千人，余并放丛梓。有才用者，八品处分。'严敕行下，无敢抗言。五众哀号，四俗惊叹。不久震方出帝，氛祲廓清，太宗素袭启闻，薄究宗领。登即大赦，一切休宁。僧还本寺，佛日还朗。沙门法琳前造《破邪论》，道俗具瞻，道士新论，犹未笔削。乃因刘、李二论，造《辩正论》以拟之，一帙八卷。纶综终古，立信当今。绝后光前，布露惟远。"载刘林魁校注《集古今佛道论衡校注》卷丙，中华书局，2018，第189～190页。

于是高祖将傅奕之疏交付群臣详议。太仆卿张道源称傅奕所奏合理。中书令萧瑀与之争论说："佛，圣人也。奕为此议，非圣人者无法，请置严刑。"傅奕回答说："礼本于事亲，终于奉上，此则忠孝之理著，臣子之行成。而佛逾城出家，逃背其父，以匹夫而抗天子，以继体而悖所亲。萧瑀非出于空桑，乃遵无父之教。臣闻非孝者无亲，其瑀之谓矣！"萧瑀被驳斥得无言以对，只好合掌诅咒说："地狱所设，正为是人。"[1]唐高祖本来是想通过崇道来神化王权政治，他曾亲自到终南山的楼观拜谒老子庙，并发布过"老先、次孔、末后释宗"的诏令；[2]为了解决国家的财政困窘问题，他还打算采纳傅奕的排佛建议，但在僧徒和王公贵族及大臣们的强烈反对下，高祖最后权衡利弊，采取了名为沙汰佛道二教，实为抑佛而对道教有利的做法，于同年五月颁布了《沙汰佛道诏》。即便如此，也因为是年六月发生了"玄武门之变"，高祖被迫退位，太宗登基，而沙汰佛道之事最后也不了了之。

唐太宗即位后，虽然停止了沙汰佛道的政策，但是出于"尊祖固本"的需要，仍旧继续推行崇道抑佛的政策。傅奕因于武德九年五月密奏"太白见秦分，秦王当有天下"而继续受到太宗的重用，傅奕坚持反佛的立场，对太宗产生了很大的影响。太宗曾在临朝时问傅奕："佛道玄妙，圣迹可师，且报应显然，屡有征验，卿独不悟其理，何也？"傅奕回答说："佛是胡中桀黠，欺诳夷狄，初止西域，渐流中国。遵尚其教，皆是邪僻小人，模写庄、老玄言，文饰妖幻之教耳。于百姓无补，于国家有害。"太宗深以为然。贞观十一年（637），唐太宗东巡洛阳，听说道士与僧人论辩，于是下诏说："老君垂范，义在清虚。释迦贻训，则理存因果。求其教也，汲引之迹殊途。求其宗也，弘益之风齐致。然大道之兴，肇于遂古……故能经邦致治，反朴返淳。至如佛教之兴，基于西域，逮于后汉，方被中土……洎于近

1　《旧唐书》卷 79《傅奕传》，中华书局，1975，第 2715~2716 页。

2　（唐）道宣撰，刘林魁校注《集古今佛道论衡校注》卷丙《隋高祖下诏述绛州天火焚老君像事五》，中华书局，2018，第 155 页。

世，崇信滋深，人冀当年之福，家惧来生之祸。由是，滞俗者闻玄宗而大笑，好异者望真谛而争归……遂使殊俗之典，郁为众妙之先；诸华之教，翻居一乘之后。流遁忘返，于兹累代。今鼎祚克昌，既凭上德之庆；天下大定，亦赖无为之功。宜有解张，阐兹玄化。自今以后，斋供行立，至于称谓，道士、女道士可在僧、尼之前。"此诏一出，佛、道之争顿趋尖锐。京邑僧徒纷纷诣阙上表反对，有司统统不予理睬。年轻沙门智实，决心以死护法，他会同京师的一些高僧大德，如法常、慧净、法琳等十几人，随驾上表称："僧某等言：某年迫桑榆……伏见诏书，国家本系，出自柱下，尊祖之风，形于前典，颁告天下，无德而称。令道士等在僧之上，奉以周旋，岂敢拒诏。寻老君垂范，治国治家，所佩服章，亦无改异。不立馆寺，不领门人，处柱下以全真，隐龙德而养性……今之道士，不遵其法，所着冠服，并是黄巾之余，本非老君之裔；行三张之秽术，弃五千之妙门，反同张禹，漫行章句。从汉魏以来，常以鬼道化于浮俗，妄托老君之后，实是左道之苗。若位在僧尼之上，诚恐真伪同流，有损国化。"他还收集了道经及史书中自汉魏以来"佛先道后之事，如别所陈"。太宗览表大怒，敕令凡不伏者杖责。那些年高体弱者，见势不妙，只好忍气吞声不再说话了。而智实仍不知收敛，于是被杖责，不久就死去，年仅30多岁。[1]

　　智实死后，道教徒们仍不肯罢休，他们乘机攻击僧徒。贞观十三年（639）九月，道士秦世英告发僧徒法琳诋毁老子，"讪谤皇宗，毁黜先人，罪当罔上"。太宗大怒，即令沙汰僧尼，并下令捉拿

1　（唐）道宣撰，刘林魁校注《集古今佛道论衡校注》卷丙《太宗敕道先佛后，僧等上谏事四》，中华书局，2018，第191~196页。又道宣《续高僧传》卷25《智实传》载："(贞观）十一年驾往洛州，下诏云：'……道士、女道士可在僧、尼之前……' 时京邑僧徒各陈极谏，语在别纪。实惟像运湮沉，开明是属，乃携大德法常等十人随驾至关，上表曰：'法常等言：年迫桑榆……' 敕遣中书侍郎岑文本宣敕语僧等：'明诏久行，不伏者与仗。' 诸大德等咸思命难，饮气吞声。实乃勇猛先见……遂杖之放还……少时卒于大总持寺，春秋三十有八，即贞观十二年正月也。"又彦琮《唐护法沙门法琳别传》卷中作法琳上表："时京邑僧众，咸诣阙庭上表，乃推法师为表，曰：'琳年迫桑榆……'"

法琳，"囚禁州庭，絷之缧绁"。十月，派刑部尚书刘德威、礼部侍郎令狐德棻、侍御史韦悰、司空毛明素等负责审讯。十一月十五日，刘德威等将审讯情况具状奏闻，太宗又亲自出面进行了审问："朕本系老聃，东周隐德，末叶承嗣，起自陇西……朕所以尊乎祖风，高出一乘之上；敦乎本化，超逾百氏之先。何为诡刺师资，妄陈先后？无言即死，有说即生！"法琳仍然顽固地坚持自己的观点，进而揭唐王朝之祖说："琳闻，拓跋达阇，唐言李氏，陛下之李，斯即其苗，非柱下陇西之流也。谨案：老聃之李，牧母所生，若据陇西，乃皆仆裔……老聃父姓韩名虔，字元卑。瘫跛下贱，胎即无耳，一目不明，孤单乞贷。年七十二无妻，遂与邻人益寿氏宅上老婢……野合怀胎而生老子……至汉成帝时，有李隐抗烈，毁上被诛，徙其族于张掖，在路暴死。其奴隶等将其印绶，冒凉得仕。所谓陇西之李，自此兴焉……窃以拓跋元魏，北代神君，达阇达系，阴山贵种。经云：以金易鍮石，以绢易镂褐，如舍宝女与婢交通，陛下即其人也。弃北代而认陇西，陛下即其事也。"法琳攻击老子，不仅丑化道教教主，而且还直接侮辱了太宗。太宗听后，非常愤怒，指斥法琳："爬毁朕之祖祢，谤黩朕之先人。如此要君，理有不恕！"遂于十一月二十日，降敕说："汝所著《辩正论·信毁交报篇》言：'念观音者，临刀不伤。'既有斯灵，朕今赦汝七日之内，尔其念哉。俟及刑科，能无断不？"到第七日早晨，刘德威奉命去问法琳："今赦斯已满，当届临刑，比念观音，有何灵应？"法琳说："琳于七日已来，唯念陛下。"德威重问法琳："敕旨令师诵念观音，因何不念？"法琳回答说："今陛下子育群品，如经即是观音。"太宗闻状后说："法琳虽毁朕宗祖，非无典据，特可赦其极犯，徙在益部为僧。"也即将法琳流放到益州。贞观十四年七月二十三日，法琳病死于流放途中，终年69岁。[1]

---

1 （唐）彦琮：《唐护法沙门法琳别传》卷中、卷下，载《中华大藏经》（汉文部分）第61册，中华书局，1993年影印本，第205~218页。

就在法琳死前一年，即贞观十三年，傅奕也病逝，终年 85 岁。他在临终前留给儿子的遗言中说："老、庄玄一之篇，周、孔六经之说，是为名教，汝宜习之。妖胡乱华，举时皆惑，唯独窃叹，众不我从，悲夫！汝等勿学也。"他还曾集魏晋以来驳斥佛教者为《高识传》十卷，行于世。[1]《高识传》今已佚，但从道宣《广弘明集》为了反驳该书而撰写的《列代王臣滞惑解》中，可以一窥其大概。道宣说："（傅奕）乃引古来王臣讪谤佛法者二十五人，撰次品目，名为《高识传》一帙十卷，抄于市卖，欲广其尘，又加润饰，增其罪状……奕学周子史，意在诛除，搜扬历代论佛法者，莫委存废。通疏二十五人，大略有二：初则崇敬佛法，恐有淫秽，故须沙汰，务得住持；其二则憎嫉昌显，危身挟怨，故须除荡，以畅胸襟。初列住持王臣一十四人，傅奕《高识传》通列为废除者，今简则兴隆之人：宋世祖、唐高祖、王度、颜延之、萧摹之、周朗、虞愿、张普惠、李玚、卫元嵩、顾欢、邢子才、高道让、卢思道。一列毁灭王臣一十一人，傅奕《高识传》列为高识之人，今寻乃是废灭者：魏太武、周高祖、蔡谟、刘昼、杨衒之、荀济、章仇子陀、刘惠琳、范缜、李绪、傅奕。"[2]由此可见，这是一本盛赞南北朝隋唐以来反佛"王臣"的著作。

至此，唐初围绕傅奕反佛而展开的一场佛、道之争，在统治者的强力政治干预之下，以道教徒暂时占了上风而告一段落。

二　高宗、武则天时期的佛道论争

唐高宗、武则天时期及其后的中宗、睿宗时期，围绕着沙门应否致拜君亲、《化胡经》之真伪、佛道位次先后以及争夺皇权之需要，佛、道之争又趋激烈。

唐高宗执政前期，对佛、道二教都很尊崇。他曾多次召集佛、道

1　《旧唐书》卷 79《傅奕传》，中华书局，1975，第 2716~2717 页。
2　（唐）道宣：《广弘明集》卷 6《辨惑篇·列代王臣滞惑解上》，上海古籍出版社，1991 年影印本，第 128 页下栏 ~129 页上栏。

名流在宫廷论议，调和二教矛盾。后来，他看到道教徒在论议中总是失败，狼狈不堪，社会上也出现了一些道徒背道宗佛之事，特别是佛教徒积极寻求新的政治势力的支持，而对佛教颇有好感的武则天在政治上正在崛起，于是成为僧人关注的对象。在此情形下，道教开始处于劣势。唐高宗感到这对皇权巩固非常不利，为了更好地发挥道教神化王权的功能，以维护唐王朝的统治，他采取了许多措施，如追认老子为"太上玄元皇帝"，亲赴亳州参拜老子庙，命道士隶属管理皇族的宗正寺，贡举人加试《老子》等，扶植道教。

不过，由于佛教势力远大于道教，道徒根本不是僧徒的对手。加之高宗病魔缠身，力不从心，大权逐渐转移到武则天手中。所以他所做的这些努力，并未能从根本上扭转既成之势。

关于沙门应否致拜君亲的问题，在高宗朝发生了激烈的争论。佛教对世俗王权提出的僧徒应致拜君亲的要求采取了非常强烈的抵触行动。龙朔二年（662）四月十五日，高宗下《制沙门等致拜君亲敕》曰："令道士、女冠、僧、尼，于君、皇后及皇太子、其父母所致拜。"诏敕一经发布，立即在僧俗界引起轩然大波。

二十一日，大庄严寺僧威秀等首先上《沙门不合拜俗表》，加以反对，"谨列众经不拜俗文，轻用上简"。

紧接着京邑僧徒二百余人前往蓬莱宫（大明宫），上表恳请高宗收回成命。左相许圉师、右相许敬宗言于群僧："敕令详议，拜不拜未定，可待后集。"群僧乃退，于是齐聚西明寺，谋划向高宗及当朝权贵上表，以便争取更大范围的支持，以达到废止该诏敕的目的。

二十五日，西明寺僧道宣等上雍州牧、沛王李贤《论沙门不应拜俗启》。李贤是武则天的次子，当时年仅8岁，佛教此举明显是为了讨好武则天。

二十七日，道宣又上书武则天的母亲荣国夫人杨氏《论沙门不合拜俗启》。杨氏向来信佛，佛教此举也是为了向武则天示好。

同时，道宣等又撰《叙佛教隆替事简诸宰辅等状》，列举了列代不拜俗事及佛经论明沙门不敬俗者，"谨列内经及以故事具举如前，用简朝议，请垂议采"。佛教此举是为了争取更多朝廷大臣的支持。

五月十五日，"大集文武官僚九品已上并州县官等千有余人，总坐中台都堂，将议其事。时京邑西明寺沙门道宣、大庄严寺沙门威秀、大慈恩寺沙门灵会、弘福寺沙门会隐等三百余人，并将经文及以前状，陈其故事，以伸厥理。时司礼太常伯、陇西郡王博乂谓诸沙门曰：'敕令俗官详议，师等可退。'"中台，即尚书省。唐王朝召集文武百官一千多人，于中台都堂讨论此事，众说纷纭，始终无法达成共识。宗室李博乂建议由司礼大夫（祠部郎中）孔志约执笔先拟出一份意见，然后赞同者签名，反对者可以不签，结果签名者将近大半。左肃机（尚书左丞）崔余庆又建议："敕令司别立议，未可辄承司礼。请散，可各随别状送台。"李博乂将众官议状收拢起来，又将孔志约执笔的议状一起上奏高宗，同时统计出 1539 人议请不拜，354 人议请拜，并分别附以大司成（国子祭酒）令狐德棻等、司平太常伯（工部尚书）阎立本等人议状作为两种对立意见的代表。

六月八日，面对众官员如此悬殊的商讨结果，高宗只好做出让步，发出《停沙门拜君诏》，下令："今于君处勿须致拜。其父母之所，慈育弥深，祗伏斯旷，更将安设？自今已后，即不宜跪拜。"这样围绕着沙门是否应向王者致敬的事件才逐渐平息下来。[1]

在这种冲突中，道教一般是站在世俗王权方面，反对佛教。因为像道教这种在本土文化中孕育成长起来的宗教，在致拜君亲这类问题上，和世俗政权之间一般是没有什么太大冲突的。所以，虽然高宗令僧道致拜君亲的诏令并不只是针对佛教而言，但反对最激烈的却是佛教，而道教始终未见有发声，就是因为对道教来说这并不是什么大不了的问题，所以在这类斗争中，道教往往是拥护世俗政权而反对佛教的，这也反映出佛、道之间的矛盾与分歧。

1 （唐）道宣：《广弘明集》卷 25《僧行篇》，上海古籍出版社，1991 年影印本，第 295 页中栏 ~303 页上栏。

　　麟德元年（664），又爆发了围绕着送新造老子像于邙山的事件而展开的佛、道之间的对抗。事情的起因是：唐高宗新造了一尊老子像，准备送往邙山老君庙供奉，并下令洛阳地方官预备车服旌旗仪仗。"时长史韩孝威妄托天威，黄巾扇惑，私嘱僧尼，普令同送。威遂勒州部二十二县五众通集洛州，各事幢幡，克日齐举。"五众是指出家的五种僧人，即比丘（指受具足戒的出家男众）、比丘尼（指受具足戒的出家女众）、式叉摩那（śikṣamāṇā，乃沙弥尼成为比丘尼之前两年的称呼）、沙弥（指受十戒之出家男众）、沙弥尼（指受十戒之出家女众）。此举遭到僧徒的普遍抵制，东都天宫寺僧人明导带头反对说："佛、道二门，由来天绝，邪正位殊，本自硕异。如何合杂，雷同将引？既无别敕，不敢闻命。"韩孝威生气地说："是何道人，辄拒国命？"于是命人剥去明导的袈裟，表示将对他进行弹劾禁锢。明导凛然回应说："袈裟，敕度所著，非敕不可妄除。无敕令僧送道，所以不违国命。"韩孝威又怒曰："道人欲反。"明导应声对六曹（功曹、仓曹、户曹、兵曹、法曹、士曹）官员说："长吏总召僧尼唱反，此则长吏自反，众僧不反。须告御史。"于是明导等众僧一哄而出。这时韩孝威害怕事情闹大，最终取消了僧尼参与这次活动。[1]

　　关于《老子化胡经》之真伪，历来是佛、道之争中最为敏感的一个问题。这时佛教徒乘势抨击《化胡经》，要求唐高宗下令禁毁。显庆五年（660）八月十八日，高宗召僧人静泰与道士李荣在洛阳宫中辩论《化胡经》之真伪。高宗问僧人："《老子化胡经》述化胡事，其事如何？可备详其由绪。"

　　静泰奏言："《老子》二篇，《庄生》内外，或以虚无为主，或以自然为宗，固与佛教有殊，然是一家恬素。降兹以外，制自下愚……大唐贞观之际，下诏普焚此《化胡经》者，泰据《晋代杂录》及裴子野《高僧传》，皆云：道士王浮与沙门帛祖对论每屈，浮遂取《汉书·西

1　（唐）道宣：《续高僧传》卷23《明导传》，郭绍林点校，中华书局，2014，第882页。

域传》，拟为《化胡经》。《搜神记》《幽明录》等，亦云王浮造伪之过。"关于贞观年间下令焚毁《化胡经》一事，不见有他书记载。

道士李荣反驳说："静泰无知，浪为援引。荣据《化胡经》云：老子化胡为佛。又《老子序》云：西适流沙。此即化胡之事显矣。"

静泰奏言："李荣重引《化胡》，静泰前已指伪……又荣引《老子经序》，竟无西迈流沙之论……又道士诸经，唯有《庄》《老》，余皆伪诳。"

李荣云："道人亦浪译经，据白马将经，唯有《四十二章》，余者并是道人伪作。"

静泰奏言："李荣苟事往来，莫知史籍……翻译皆有年月，详诸国史……岂比汝之伪经……并涉凭虚，未闻崇有。"

李荣重云："荣据《道劫经》云：道生于佛，佛还小道。化胡之事，断亦不虚。"

静泰奏言："道士语称檀越，已窃僧言。经引劫文，还偷梵语。蹶角受化，尚戴黄巾。既渐佛风，不披缁服。食我桑椹，不见好音。人之无良，胡不遄死。劫是梵语，岂是道言。边境有人，其名窃矣。"

这场辩论，双方针锋相对，引经据典，各执一词，辩到后来，二人甚至口出不逊，互做人身攻击。直到夜深更阑，尚无结果，但道士一方已明显落败，高宗于是下令暂时停止辩论。参加这次辩论的佛、道双方人士可谓都是高手，道士李荣有"老宗魁首"之称，曾多次参加佛、道论辩；静泰则"素有远识之量，虽略通玄理，而以才辩见知"。[1]所以这次佛、道激辩异常精彩。

佛教徒们还强烈要求调整道先佛后的政策。显庆元年（656）五月，玄奘病，高宗派遣御医前去探视，又派北门使者（宦官），"伺气候递报消息"，玄奘因附奏曰："先朝以释氏名位次道流之下，先帝晚年，许为改正。"高宗答曰："佛道名位，先朝处分，事须平章。"显庆

---

1 （唐）道宣撰，刘林魁校注《集古今佛道论衡校注》卷丁《上在东都，令洛邑僧静泰与道士李荣对论事五》，中华书局，2018，第280~294页。

二年（657）六月，唐高宗召法师惠（慧）立与道士张惠先辩二教之先后，大臣临证，道士失利。[1]朝中大臣也有乘机附和者，如御史冯神德《上释在道前表》曰："沙门者，求未来之胜果；道士者，信有生之自然……诱济源虽不同，从善终归一致……今乃定道佛之尊卑，抑沙门之拜伏。拜伏有同常礼，未是出俗之因；尊卑物我之情，岂曰无为之妙？陛下道风攸阐，释教载陈，每至斋忌，皆令祈福，一依经教，二者何独乖违？……舍尊就爱，弃重违轻，缘情犹尚不通，据教若为行用？……愿陛下因天人之志，顺万物之心，停拜伏之新仪，遵尊卑之旧贯。"[2]此表大概上于龙朔二年高宗颁布《命有司议沙门等致拜君亲敕》之后，在议论沙门不拜的同时，委婉地建议高宗改变道先佛后的政策。到上元元年（674）八月二十四日，唐高宗为了平息佛、道之间的矛盾，下诏规定："公私斋会及参集之处，道士、女冠在东，僧、尼在西，不须更为先后。"[3]让佛道二教平起平坐，这才暂时平息了这场风波。

唐高宗死后，武则天临朝称制，佛教徒为她改朝换代大造舆论，于是她在革唐命、建立武周政权时，于永昌元年（689）下令取消了老子"太上玄元皇帝"的尊号，[4]又于天授二年（691）下令："释教开革命之阶，升于道教之上。"并于长寿二年（693）罢贡举人习《老子》，更习太后所造《臣轨》。[5]僧徒得此助力，如虎添翼。而道徒在佛道之争中，虽有叶法善之流"雅不喜浮屠法，常力诋毁"的著名道士，[6]但总的来说，处境更趋艰难，甚至出现了僧徒霸凌道士的情况。《资治通鉴》记载："太后（武则天）修故白马寺，以僧怀义为寺主。怀义，鄠人，本姓冯，名小宝，卖药洛阳市，因千金公主以进，得幸

1 （元）念常：《佛祖历代通载》卷14，载《中华大藏经》（汉文部分）第82册，中华书局，1994年影印本，第971页上栏、中栏。

2 《全唐文》卷202，中华书局，1983年影印本，第2041页上栏。

3 《唐会要》卷49《僧道立位》，上海古籍出版社，1991，第1006页。

4 《唐会要》卷50《尊崇道教》，上海古籍出版社，1991，第1013页。

5 《资治通鉴》卷204，则天后天授二年夏四月条，中华书局，1956，第6473、6490页。

6 《新唐书》卷204《方技·叶法善传》，中华书局，1975，第5805页。

于太后；太后欲令出入禁中，乃度为僧，名怀义。又以其家寒微，令与驸马都尉薛绍合族，命绍以季父事之。出入乘御马，宦者十余人侍从，士民遇之者皆奔避，有近之者，辄挝其首流血，委之而去，任其生死。见道士则极意殴之，仍髡其发而去。"[1]薛怀义为武则天男宠，为进出宫掖方便，才度为僧人。此人专横跋扈，上至朝廷百官，下至平民百姓，都惧怕他三分，因此欺凌道士之事也时有发生。有一方墓志还记载了薛怀义逼大弘道观主侯敬忠叛道入佛之事："永昌之岁（689），有逆僧怀义，恃宠作威，抑尊师为僧。经四载，怏怏不得其志。"[2]薛怀义依仗武则天之宠，欺侮道徒，甚至强迫道士为僧，而道徒也只能忍气吞声。

在道教处于极端不利的形势下，出现了一些主动叛教皈佛者。如道士郭行真是京城西华观道士，他曾主持了显庆六年（661）的东岳泰山行道活动，还出入宫禁，成为武则天的御用道士。《大唐新语》卷2载："时有道士郭行真，出入宫掖，为则天行厌胜之术。"[3]但就是这样一位著名的道士，却在僧人道宣《集古今佛道论衡》中留下了一批舍道归佛文，对道教进行了无情的批判，其文云：

> 维唐龙朔元年，京师西华观道士朝散大夫郭行真，自惟昭告于十方先觉、无极大圣、能仁化主、慈氏法王：行真禀自凡庸，隶斯观伍，形虽草化，心造弥勒……今改操回信，钦仰佛宗。敬造经像，恩程心用……
>
> 盖以老氏之教，不出流沙；释君之宗，化行环海……所以归依正觉，承受至乘，造佛书经，流通士俗。愿反本之道，控精爽于天衢；回向之门，毕构衡于地轴。是使天师受道，恒礼佛于鹤鸣；隐居立敬，常拜释于茅岭。自余未悟，事等效尤，详核升玄，无宜冰执……

1　《资治通鉴》卷203，则天后垂拱元年十一月，中华书局，1956，第6436~6437页。

2　周绍良主编《唐代墓志汇编》开元076，上海古籍出版社，1992，第1207页。

3　（唐）刘肃：《大唐新语》卷2，许德楠、李鼎霞点校，中华书局，1984，第24页。

真闻道本虚通，义非摧结，灵智洞照，须知大归。自古同门英秀，咸尚佛宗，叔代暗识诸生，雷奔轻侮，是不遵往哲，不读金科，遂生此见，未曰通敏。至如张族三师，相从拜佛，陶、寇两杰，摄敬释宗，详于梁、魏之书，备例蜀川之纪。岂非择木而处得，至身而达性？知几其神，悟佛性之非朽。[1]

他反复强调自己"虽隶处黄冠，心存玄化。讨寻邪诰，佛为道父"，并且声言"佛称道父，僧曰上宾，圣教明文，无容隐匿"，他还说自己"夙知希向，早预法流，形虽黄老，心染缁释。经像福本，每事经营。用资景业，通被存没"。郭行真在这批舍道归佛文中对道教百般指责，对佛教肉麻地吹捧，如称佛教为道教之父，僧人为"上宾"，佛教为"圣教"，佛教"化行环海"；而道教"不出流沙"，道教所宣扬的"大罗天""玉京山"等都是子虚乌有之说，甚至不惜造谣说道教初创时期五斗米道的宗师张道陵、张衡、张鲁等所谓"三张"礼佛，改革道教形成南、北天师道的陶弘景、寇谦之等宗师，也都礼敬佛法。[2]并且反复申明自己"钦仰佛宗""心染缁释"，要"改操回信"、"返本"释宗。

郭行真的这批舍道归佛文作于龙朔元年（661），但在唐初僧人道世的《法苑珠林》中记载："至龙朔三年（663），西华观道士郭行真，家业卑贱，素是寒门，亦薄解章醮，滥承供奉。敕令投龙寻山采药。上托天威，惑乱百姓，广取财物，奸谋极甚。并共京城道士杂糅佛经，偷安道法。圣上鉴照，知伪付法。法官拷挞，苦楚方承。敕恩恕死，流配远州，所有妻财并没入官。"又载："至麟德元年，西京诸观道士郭行真等。时诸道士见行真恩敕驱使，假托天威，惑

_____

1　（唐）道宣撰，刘林魁校注《集古今佛道论衡校注》卷丁《郭行真舍道归佛文》，中华书局，2018，第315~325页。

2　所谓"三张"礼佛，不见记载；而陶、寇敬释，只有陶弘景有之。《梁书》卷51《陶弘景传》载："曾梦佛授其菩提记，名为胜力菩萨。乃诣鄮县阿育王塔自誓，受五大戒。"又法琳《辩正论》卷6也说："冲和子与陶隐居，常以敬重佛法为业，但逢众僧，莫不礼拜。岩穴之内，悉安佛像。自率门徒，受学之士，朝夕忏悔，恒读佛经。"

乱百姓，更相扇动。"[1] 据此，郭行真似乎又没有真正脱下道袍、改入佛门。

当然，有比郭行真更为彻底的叛道者为杜乂（玄嶷）。《宋高僧传·玄嶷传》载：

> 释玄嶷，俗姓杜氏。幼入玄门，才通经法，黄冠之侣，推其明哲，出类逸群，号杜乂炼师。方登极箓，为洛都大恒观主。游心七略，得理三玄，道术之流，推为纲领。天后心崇大法，杨阐释宗，义悟其食蓼非甘，却行远舍，愿反初服，向佛而归。遂恳求剃落，诏许度之，住佛授记寺，寻为寺都焉……续参翻译，悉彼宗之乖谬，知正教之可凭。或问之曰："子何信佛邪？"嶷曰："生死飙疾，宜早图之，无令临衢整辔，中流仁枻乎？有若环车望斗，勒鬼求仙，以此用心，非究尽也。"乃造《甄正论》一部，指斥其失，令归正真，施设主客问答，极为省要焉。

杜乂上表请求弃道为僧事在当时产生了很大的轰动效应，"玄嶷曾寄黄冠，熟其本教。及归释族，斥彼妄源。不须四月而试之，已纳一城之款矣"。[2] 他为了使所谓的"倒踬之徒，革心于昏昧之俗；弘通之士，悬解于真如之理"，也就是为了使更多的道教徒像他一样叛道，撰写了一部《甄正论》，共上、中、下三卷，用主客问答的形式，对道教教主、道经，乃至道教的各个方面，进行了全面而系统的否定。[3] 他说佛道之争是由于道徒"见佛法兴盛，俗薄其教，苟怀嫉忌"。由于杜乂不是普通的道士，而是作为当时政治中心东都洛阳的著名皇家道观大弘道观主，为当时道教领袖，所以他从自己的营垒中跳出来，

1　（唐）释道世撰、周叔迦、苏晋仁校注《法苑珠林校注》卷 55《破邪篇》，中华书局，2003，第 1665、1660 页。
2　（宋）赞宁：《宋高僧传》卷 17《玄嶷传》，范祥雍点校，中华书局，1987，第 414 页。
3　（唐）玄嶷：《甄正论》卷上，载《中华大藏经》（汉文部分）第 62 册，中华书局，1993 年影印本，第 650~679 页。

又杀了个回马枪，在当时社会上和宗教界的震动很大，成为唐代佛道之争中的一件大事。

武则天尊佛抑道的政策，使佛教在这一回合的佛、道之争中获得了空前的胜利。

武则天佛先道后的政策，加剧了佛、道二教之间的冲突。为了调和佛、道矛盾，缓和道教的对立情绪，武则天晚年的佛、道政策有些微变化，也就是提出了道、佛并重的方针。对唐高宗时关于《化胡经》的真伪问题再次进行了辩论。万岁通天元年（696），僧徒惠澄上表再次请求禁毁《老子化胡经》，挑起新一轮的《化胡经》纠纷。武则天召集大臣详议此事，最后否决了僧徒的请求，并将这一次讨论辑为《议〈化胡经〉状》一卷。[1]《混元圣纪》载："万岁通天元年丙申，东都福先寺僧惠澄表乞除毁《老子化胡经》。敕秋官侍郎集成均监、弘文馆学士详议《化胡经》。"太中大夫、守秋官侍郎、上柱国刘如璿和宣德郎、行右补阙、弘文馆学士张思道都认为老子化胡，实有其事。刘如璿说："李释元同，未始有异，法身道体，应现无方，降迹诞灵，各行其化。且老子发自东方，远之西域，虽莫知其终，而事见之前史……历考经典，焕乎可瞩，则知化胡是实，为经不虚。"张思道也说："老君见形东土，演教西方，事著前书，迹彰往谋，化胡是实，为经不虚。"

其他人的态度虽然模棱两可，但基本上倾向于化胡说。如朝散大夫、行太子宫尹兼弘文绾学士张元简议曰："大道圆通，随方感应，在胡在汉，只转我身。居中夏则畅清净之真风，适西戎则现神通之变化。"

中散大夫、行太子典膳郎、上柱国张太元议曰："道本中华，释垂西域，随方设教，同体异名。且老君变化无方，易形改号。或在天为帝，或在世为师，随物见形，灵应难测。纵使史籍无据，释教不异老君。"

1　《新唐书》卷 59《艺文志三》，中华书局，1975，第 1521 页。

成均监大学士王方回议曰："《史记》云：'老子过关，为尹喜说
《道德经》五千余言，而莫知所终。'又刘向《列仙传》曰：'老子好养
气，重无名，久而入大秦。乃知真圣人也。'又《西域传》云：'老子
与尹喜俱至流沙，莫知所终。'"

成均监太学博士吴扬昊议曰："《史记》云：老子，楚人也，生于
商时，为守藏史。孔子适周，问礼于老子……孔子归，谓弟子曰：吾
今日见老君，其犹龙耶。若子出关……莫知所终……又刘向《列仙
传》云：老子好养气，重无名，久而入大秦。乃知其圣人也。"

弘文馆学士、赐紫金鱼袋员半千议曰："谨按范蔚宗《后汉
（书）·裴楷传》、《魏略·西域传》兼《北史·西域传》及周、隋等十
余家书传，并云：老子西入流沙，皆称化胡。"

弘文馆大学士、仍守诸王侍读崔元悟议曰："据《佛普曜瑞应》
《长阿含》等经，并《中元记》《高士传》及晋、宋、齐、梁、周、隋
等十余家书传，并云：佛生周庄王九年癸巳岁四月八日。"[1]

鉴于大臣们的这些意见，于是武则天在同年六月十五日下《僧道
并重敕》曰：

> 老君化胡，典诰攸著，岂容僧辈，妄请削除。故知偏辞，难
> 以凭据，当依对定，佥议惟允。倘若史籍无据，俗官何忍虚承，
> 明知化胡是真，作佛非谬。道能方便设教，佛本因道而生。老、
> 释既自元同，道、佛亦合齐重。自今后僧人入观，不礼拜天尊；
> 道士入寺，不瞻仰佛像。各勒还俗，仍科违敕之罪。[2]

关于《化胡经》的真伪问题，在武则天时期的这轮辩论中，由于
得到大多数大臣的支持，道教总算占了上风。

但是到中宗返正以后，形势又发生了逆转。中宗复位，下令恢复

---

[1] （宋）谢守灏编《混元圣纪》卷8，载《道藏》第17册，文物出版社、上海书店、天津古籍出版
　　社，1988，第859页上栏~860页上栏。
[2]《全唐文》卷96，中华书局，1983年影印本，第990页下栏~991页上栏。

老君"玄元皇帝"的尊号和贡举人习《老子》的政策。道教徒以为时来运转，又大肆宣扬"老子化胡"之说，这样就在佛、道之间重新挑起新一轮的关于《化胡经》真伪的大辩论。神龙元年（705），中宗重新召集僧、道于内殿，裁定《化胡经》之真伪，文武百官临朝听证。"诸高位龙象，抗御黄冠，翻覆未安，觑觎难定。（法）明初不预其选，出场擅美，问道流曰：'老子化胡成佛，老子为作汉语化？为作胡语化？若汉语化胡，胡即不解。若胡语化，此经到此土，便须翻译。未审此经是何年月，何朝代，何人诵胡语，何人笔受？'时道流绝救无对。（法）明由此公卿叹赏，则神龙元年也。"法明此问，可谓难住了道流。

其年九月十四日，中宗下令："仰所在官吏废此伪经，刻石于洛京白马寺，以示将来……如闻天下诸道观皆画化胡成佛变相，僧寺亦画玄元之形，两教尊容，二俱不可。制到后，限十日内并须除毁。若故留，仰当处官吏科违敕罪。其《化胡经》累朝明敕禁断，近知在外仍颇流行，自今后其诸部《化胡经》及诸记录，有化胡事，并宜除削。若有蓄者，准敕科罪。"

此诏令一经颁发，立即引起道流的强烈抗议，洛京大弘道观主桓彦道等上表，中宗又下敕批复说："矧夫三圣重光，玄元统序，岂忘老教，偏意释宗。朕志款还淳，情存去伪。理乖事舛者，虽在亲而亦除；义符名当者，虽有怨而必录。顷以万机余暇，略寻三教之文。至于《道德》二篇，妙绝希夷之境。天竺有空二谛，理秘真如之谈。莫不敷畅玄门，阐扬至赜，何假化胡之伪，方盛老君之宗。义有差违，文无典故。成佛则四人不同，论弟子则多闻舛互。尹喜既称成佛，已甚凭虚。复云化作阿难，更成乌合。鬼谷、北郭之辈，未践中天；舍利、文殊之伦，妄彰东土。胡汉交杂，年代亦乖。履水而说涅槃，曾无典据；蹈火而谈妙法，有类俳优。诬诈自彰，宁烦缕说。经非老君所制，毁之则匪曰孝亏；文是鄙人所谈，除之则更彰先德。来言虽切，理实未安。宜悉朕怀，即断来表。"桓彦道，当作桓道彦。

　　宋代僧人赞宁盛赞法明说："明之口给，当代无伦。援护法门，由之御侮。"又说：《化胡经》也，二教不平，其争多矣。无若法明一言蔽之……道士无言。观夫（法）明之垂问，义含两意……其犹一箭射双兔，又若一发两豵之谓欤！"[1]

　　这次佛、道之间关于《老子化胡经》真伪之辩，以道徒失利、佛徒大获全胜而告终。唐中宗不但下令搜集天下《化胡经》全部焚烧，并宣布其不在道经之列，而且驳回了道士的全部请求。这样，自南北朝以来，频繁引发佛、道纠纷的《化胡经》真伪问题，总算暂时了结了。

　　睿宗雅尚道教，对武则天佛先道后的政策做了彻底的调整，他在《僧道齐行并进敕》中宣布："自今每缘法事集会，僧尼、道士女冠等，宜齐行并进。"[2]这样，长期以来，困扰佛、道的关于先后位次之争问题，终于以二教并重、不许互争雄长的办法，作为永久性政策确定下来。在这之后，虽然佛、道之间的公开冲突渐趋缓和，但他们之间的明争暗斗却一直没有停止，有时甚至还非常激烈。如睿宗为入道的金仙、玉真公主修建了两座道观，让当时著名道士史崇玄督造，"群浮屠疾之，以钱数十万赂狂人段谦冒入承天门，升太极殿，自称天子，有司执之，辞曰：'崇玄使我来。'诏流岭南，且敕浮屠、方士无两竞。太平败，崇玄伏诛。"[3]因修建二观，竟然挑起了佛、道之争，佛教借机

1　（宋）赞宁：《宋高僧传》卷17《法明传》，范祥雍点校，中华书局，1987，第415~416页。又元代僧人念常《佛祖历代通载》卷15记载，则作高宗总章元年事："改总章，诏僧道会于百福殿，定夺《化胡经》真伪，百官临证。僧法明者，预选入方。三教首座，议论纷纭。明察其非是，即排众出曰：'老子化胡成佛之际，为作华言化之耶？为作胡语诱之？若作华言，则胡人未善，必作胡语。既传此土，须假翻译。未审流所谓《化胡经》者，于何朝代翻译？笔授证义，当复为谁？'于是举众愕然，无能应者。公卿列辩，咸服其切当，忻跃而罢。有敕：'搜聚天下《化胡经》焚弃，不在道经之数。'既而洛京恒道观桓彦道等奉表乞留，诏曰：'三圣重光，玄元统叙。岂忘老教，偏崇释宗。朕志欲还淳，情存去伪。理乖事舛者，虽在亲而亦除；义符名当者，虽有冤而必录。自今道经诸部，有记及化胡事者，并宜削除。有司条为罪制。'"载《中华大藏经》（汉文部分）第82册，中华书局，1994年影印本，第977页下栏。《旧唐书》卷7《中宗纪》载：神龙元年九月，"禁《化胡经》"。故从僧传。

2　（宋）宋敏求编《唐大诏令集》卷113，洪丕谟等点校，学林出版社，1992，第538页。

3　《新唐书》卷83《诸帝公主·金仙公主传》，中华书局，1975，第3656~3657页。

攻击道教，还用数十万钱收买了一个脑子有毛病的人，设计陷害声名显赫的道士史崇玄，虽然由于有太平公主的庇护，史崇玄当时没有受到此事的牵连，但不久即因卷入太平公主与唐玄宗之间的政治斗争而招致杀身之祸。

三　佛、道之间在经济利益上的斗争

唐代的佛、道之争还体现在经济利益的争夺上。唐初就发生过僧徒勾结官府赶走道流、强占道观财产的事。《续高僧传·释道会传》载：有道士宋冀，在隆山县（今四川彭山）新立道观，"屋宇成就，置三十人"。释道会勾结总管段伦，改观为寺，道众不服，拒绝迁移。释道会又勾结安抚大使李袭誉，引兵到县，四面鸣鼓，将道众全部驱赶而出。道众不服，集会诉怨，要求归还道观。释道会恨不得将天下所有的道观都改为僧寺，已经夺得的这一所是绝对不可能归还的，所以他恶狠狠地说："未能令天下改观为寺，此之一所，终不可夺。"[1]于是这座道观就这样变成了佛寺。由此可见，僧徒勾结官府强夺道观，行为极其恶劣。

类似抢夺甚至破坏道观资产的事例还有很多，《道教灵验记》就载有如下数例：

> 《城南文铢台验》：文铢者，长安人也……后乃得道而去。其所居处，相传号曰"文铢台"，而救苦天尊之像犹在。忽有僧人，游行见之，曰："既是文铢圣迹，何得有道士功德？固知道士无良，侵我古迹已多年矣。"因拔得大木，二僧共击其顶，未能致损。
>
> 《云顶山铁天尊验》：云顶山铁像天尊，高三四尺，亦是则天朝濮阳匠人廖元立所铸。其山本是仙居观，有两处洞门及卢照邻

1　（唐）道宣：《续高僧传》卷25《释道会传》，郭绍林点校，中华书局，2014，第961页。

碑。近无道士住持，为僧徒所夺为寺。碑及洞穴亦已掩蔽摧损，惟天尊一躯。每有僧徒创意欲毁之，立有祸患。捶击不坏，锤锻不伤。僧徒托言山神有灵，掩闭天尊之验，远近莫能知之。

《青城绝顶上清宫天池验》：青城绝顶上清宫，有天池焉……其所出处，在天仓巨岩之前，宗玄观之南，三师坛侧。其下有明皇御容碑……乾符己亥年（879），观未兴修，水常如旧。忽有飞赴寺僧，窃据明皇真碑舍中，拟侵占灵境，创为佛院。[1]

第一例为僧人借"文铢"与"文殊"字形和读音相似之故（当然也不排除因僧人文化水平低劣而误将二者混同），有意破坏道教尊像；第二例为僧人见仙居观无道士住持，占为僧寺，又破坏天尊像；第三例为僧人见青城山顶天池为灵山圣境，其旁只有唐明皇御容碑舍，却未兴建有道观，于是便趁机侵占碑舍，想在此创设佛寺。

此外，《道教灵验记》还提到许多公然抢夺道观大（古）钟的事例：

《眉州彭山观钟验》：眉州彭山市观有大钟，数千斤。观去州二十余里，每扣钟之时，声应州郭。顷年，僧辈诳陈文状，云："观无道士，钟在草中，当用运之。"……遂移于州寺……寺当州门，扣击之声，不闻州内。群僧别铸大钟，此钟不还本观，卖与嘉州寺中。

《玉霄宫钟验》：天台山玉霄宫古钟，高二尺，所重百余斤，制度浑厚，形如铎，上有三十六乳，隐起之文，亦甚精妙。相传云夏禹所铸，或云是越王乐器……累有名僧求，欲彰其异，而皆廉问不与。咸通中……禹迹寺僧频求此钟不得……因有衲僧与不逞辈十余人，夜入玉霄宫，伏于版阁之下，中夜逾栏而上于道

1　（唐）杜光庭：《道教灵验记》卷1、4、13、17，载罗争鸣辑校《杜光庭记传十种辑校》，中华书局，2013，第161、195、279、281、284、339页。

场中，取香鸭、香龟、金龙道具实于囊中，縻钟于背，出门群和善而去。

《洪州许真君钟验》：洪州游帷观有二钟：一是观司特敕所铸，一是许真君修行钟，历代传之，在真君殿，稍小于观钟耳。节度使严譔创置节制，咸令风行，素重禅主长老，增修其院。长老欲取许君钟，严差官吏取而授之，道士皆不敢论其曲直。[1]

在这三则故事中，眉州彭山（今四川眉州彭山区）观的大钟，重达数千斤，僧徒以欺骗的手法强行将大钟移于州寺；浙江天台山玉霄宫为道教著名宫观，其内古钟虽然不大，但历史悠久，且铸造精妙，僧徒在求请不成的情况下，公然出动十几人偷盗抢夺；洪州（今江西南昌）游帷观也是道教名观，观中有许真君修行时铸造的一口古钟，钟虽不大，但历代相传，珍贵异常，只因佛寺长老觊觎，就通过节度使严譔之手强行抢夺，道士都不敢和其理论。

唐代最著名的僧徒霸占道观资产的事件发生在盛唐时期，即开元年间（713~741）蜀州青城山常道观及其资产被僧徒侵夺案。青城山为道教圣地，常道观为著名道观，相传原址乃黄帝古祠，张道陵曾在此修行，故又称天师洞。隋大业年间（605~618）建观，名延庆宫，唐代改名为常道观。常道观被僧徒抢夺事件在当时闹得沸沸扬扬，甚至惊动了唐明皇，最后由朝廷派遣官员会同当地长官处理此事，并刻石永久为证，此即《青城山常道观敕并表》，其敕曰：

敕益州长史张敬忠：……蜀州青城先有常道观，其观所置，元（原）在青城山中，闻有飞赴寺僧夺以为寺。州既在卿节度检校，勿令相侵，观还道家，寺依山外旧所，使道佛两所，各有区

1 （唐）杜光庭：《道教灵验记》卷13，载罗争鸣辑校《杜光庭记传十种辑校》，中华书局，2013，第279、281、284页。

分。今使内品官毛怀景、道士王仙卿，往蜀川等州，故此遣书，指不多及。

其碑阴又刻有当地官员张敬忠处理此事的奏状，称：

> 伏奉闰十二月十一日墨敕……臣差判官、宣义郎、彭州司仓参军杨踌往青城山，准敕处置。其飞赴寺佛事及僧徒等，以今月九日并移于山外旧所安置讫，又得常道观三纲甘道荣等状称：奉敕移飞赴寺依山外旧所，观还道家。今蒙使司对州县官及僧等，准敕勒还观讫，更无相侵者。其山中先缘寺界所有竹木等，寺既出居山外，观今置在山中，务使区分，不令侵竞。臣已牒所管州县，亦许观家收领讫。谨附采药使、内品官毛怀景奉状以闻。[1]

从敕表可知，僧徒不但将常道观抢夺为佛寺，而且霸占了道观竹木等财产。而如此嚣张的僧徒本为飞赴寺僧，该寺原在山外旧所。《方舆胜览》载："飞赴寺，在青城县飞赴山下，名昌圣院。"[2] 飞赴寺是一所至晚在南朝梁初就已有的古寺，《续高僧传·香阇梨传》载："香阇梨者，莫测其来，以梁初至益州青城山飞赴寺。"[3] 但就是这样一座历史悠久的佛寺却曾数度抢夺道观资产，由此可见佛、道矛盾已经延伸到经济利益。

在该碑右侧还刻有道士王仙卿等奉敕在青城山修功德并投龙之事，曰：

> 金紫光禄大夫、行太常少卿专知礼仪、集贤院修撰、上柱国、沛郡开国公韦韬，中大夫、行内给事、上柱国张奉及等，并

1　陈垣编纂，陈智超、曾庆瑛校补《道家金石略》（唐部分），文物出版社，1988，第110页。

2　（宋）祝穆撰，祝洙增订《方舆胜览》卷55《成都府路·永康军》，施和金点校，中华书局，2003，第987页。

3　（唐）道宣：《续高僧传》卷27《香阇梨传》，郭绍林点校，中华书局，2014，第1042页。

亲奉圣旨，令检校内供奉精勤道士、东明观主王仙卿，就此青城丈人灵山修斋设醮并奉龙璧。庚午岁开元十八年六月七日庚申，入净斋醮，十一日甲子，敬投龙璧礼一。

碑左侧刻有参加这次行道活动的朝廷及地方官员名单，计有：

修功德使下傔、内侍省内供奉皇甫承恩，尊师侍者、道士韦宾王，道士张守化、张仙宾。

朝议郎行青城县令薛椅，通直郎、行主簿杨晓，专知功德、儒林郎、行尉高赵宾，刺史从官、太医监郭孝宗。

银青光禄大夫、蜀州刺史、上柱国昌平县开国侯杨励本，刺史孔目判官、前益州新繁县主簿韦婴。[1]

唐王朝规定每年春秋两季要在青城山举行行道设斋活动，《唐六典》卷4《尚书礼部》"祠部郎中员外郎"条载："蜀州青城丈人山，每岁春、秋二时享以蔬馔，委县令行。"注曰："侧近以三两人洒扫。"[2]这次行道活动正好借朝廷派员前往处理青城山飞赴寺僧抢夺常道观财产案，一并举行，所以参加的官员较多，规格也较高。

当然，在佛、道之争中，有时候道教徒对待僧徒，也是恶毒有加。《尚书故实》载：迷信道教的泽潞节度使李抱真，因军资匮乏，计无所出。管下有一老僧，颇为郡人所信服，李抱真欲借和尚之名，筹集军费。因此同老僧商量说：你宣称在球场焚身，我在后面掘一条地道直通节度使宅，等火烧起来后，你就可进入地道躲避到我家来。于是老僧就同意了，假意上书申请做七日道场，然后焚身。佛教信徒，男女信众，听闻此事，纷纷前往施舍钱财，"士女骈填，舍财亿计"。七日期满，灌油点火，击钟念佛。而李抱真却派人悄悄堵塞了

1　陈垣编纂，陈智超、曾庆瑛补校《道家金石略》（唐部分），文物出版社，1988，第110~111页。
2　（唐）李林甫等：《唐六典》卷4《尚书礼部》，"祠部郎中员外郎"条，陈仲夫点校，中华书局，1992，第123页。

地道，老僧被一阵猛火烧成灰烬。李抱真将信众所布施的财物全都纳入军资库。[1] 由此可见，佛、道之争有时候真是发展到血淋淋的你死我活的地步。

唐后期，肃、代佞佛，僧道之争又渐趋激烈。除了继续唇枪舌剑的论辩以外，还增添了上刀梯、下烈焰、探油锅、餐铁叶、嚼钉线等斗法邪术。如代宗年间就发生了太清宫道士史华与章信寺和尚崇惠之间的斗法故事，极富戏剧性。《宋高僧传·崇惠传》载：

> （大历）三年戊申岁九月二十三日，太清宫道士史华上奏："请与释宗当代名流角佛力道法胜负。"于时代宗钦尚空门，异道愤欺偏重，故有是请也。遂于东明观坛前架刀成梯，史华登蹑如常磴道焉。时缁伍互相顾望推排，且无敢蹑者。惠闻之，谒开府鱼朝恩，鱼奏请于章信寺庭树梯，横架锋刃，若霜雪然，增高百尺。东明之梯极为低下。时朝廷公贵、市肆居民，骈足摩肩而观此举。时惠徒跣登级下层，有如坦路，曾无难色。复蹈烈火，手探油汤，仍餐铁叶，号为馎饦，或嚼钉线，声犹脆饴。史华怯惧惭惶，掩袂而退。[2]

诸如此类的斗法令观者惊心动魄，已经超出了正常的义理相争，而具有必欲置之死地而后快的味道。

另外，佛、道之争还体现在争夺社会信徒方面。中唐以后，随着讲唱文学的不断发展，僧人们常常借助在寺院和街道开俗讲的形式，用引人入胜的佛教经变，再穿插以民间传说和历史故事等通俗易懂的内容，讲唱结合，吸引听众。道徒不甘落后，也模仿僧徒开俗讲，与僧徒争夺听众。韩愈的《华山女》诗，就生动形象地反映了唐中期以后佛、道利用俗讲争夺信众的斗争，诗曰：

---

1 （唐）李绰：《尚书故实》，载罗宁点校《大唐传载（外三种）》，中华书局，2019，第137~138页。
2 （宋）赞宁：《宋高僧传》卷17《崇惠传》，范祥雍点校，中华书局，1987，第425~426页。

　　街东街西讲佛经，撞钟吹螺闹宫庭。广张福罪资诱胁，听众狃恰排浮萍。黄衣道士亦讲说，座下寥落如明星。华山女儿家奉道，欲驱异教归仙灵。洗妆拭面著冠帔，白咽红颊长眉青。遂来升座演真诀，观门不许人开扃。不知谁人暗相报，訇然振动如雷霆。扫除众寺人迹绝，骅骝塞路连辎輧。观中人满坐观外，后至无地无由听。抽钗脱钏解环佩，堆金迭玉光青荧。天门贵人传诏召，六宫愿识师颜形。玉皇颔首许归去，乘龙驾鹤来青冥！豪家少年岂知道，来绕百匝脚不停。云窗雾阁事恍惚，重重翠幔深金屏。仙梯难攀俗缘重，浪凭青鸟通丁宁。[1]

　　这首诗描写了佛教徒在京城长安街东、西开俗讲，配合撞钟吹螺和威胁利诱的说教，一下子招揽了许多听众，道教因此受到冷落。家世奉道的华山女儿靠卖弄姿色，一下子又把佛门听众都吸引了过去，不但赢得了人们的大量施舍，甚至还被请到皇宫里去。诗中所描写的僧徒讲经"闹宫廷"，以及华山女奉诏入宫，说明了在佛、道冲突的背后，都是为了争取统治者的支持。

四　唐武宗崇道灭佛

　　唐武宗即位以后，恶佛好道，在佛、道之争中袒护道教而贬抑佛教。《佛祖历代通载》云："帝自幼稚不喜释氏。"[2]所以道教徒乘势攻击佛教徒，《旧唐书·武宗纪》载：

　　帝在藩时，颇好道术修摄之事，是秋，召道士赵归真等八十一人入禁中，于三殿修金箓道场。帝幸三殿，于九天坛亲受法箓……会昌元年……六月……以衡山道士刘玄靖为银青光禄大

1　（唐）韩愈著，钱仲联集释《韩昌黎诗系年集释》卷11，上海古籍出版社，1994，第1093页。
2　（元）念常：《佛祖历代通载》卷23，载《中华大藏经》（汉文部分）第83册，中华书局，1994年影印本，第24页上栏。

夫，充崇玄馆学士，赐号广成先生，令与道士赵归真居禁中修法
箓。……四年……三月……以道士赵归真为左右街道门教授先生。
时帝志学神仙，师归真。归真乘宠，每对，排毁释氏，言非中国
之教，蠹耗生灵，尽宜除去，帝颇信之。……五年春正月己酉朔，
敕造望仙台于南郊坛。时道士赵归真特承恩礼……归真自以涉物
论，遂举罗浮道士邓元起有长年之术，帝遣中使迎之。由是与衡
山道士刘玄靖及归真胶固，排毁释氏，而拆寺之请行焉。……夏
四月……敕祠部检括天下寺及僧尼人数，大凡寺四千六百，兰若
四万，僧尼二十六万五百。[1]

会昌年间（841~846），每逢武宗诞节，虽然也按惯例设斋，召僧
道进宫论议，但道士往往获赐紫衣，僧徒却没有份。紧接着，武宗又
焚弃宫内佛教经像，废内斋、内道场，以老君、天尊像取代佛像，令
原供养佛像者，统统挪至道观改奉天尊。日本僧人圆仁《入唐求法巡
礼行记》载：

> 今上偏信道教，憎嫉佛法，不喜见僧，不欲闻三宝言。长生
> 殿内道场，自古已来，安置佛像经教。抽两街诸寺解持念僧三七
> 人，番次差人，每日持念，日夜不绝。今上便令焚烧经教，毁拆
> 佛像，起出僧众，各归本寺。于道场安置天尊老君之像，令道士
> 转道经，修炼道术。[2]

这是会昌四年的事。这次会昌灭佛，道士赵归真起了很大的作
用，另外他所举荐的罗浮山道士邓元起和南岳道士刘玄靖等也推波助
澜，同谋毁佛。僧人对"会昌灭佛"之事痛彻心扉，宋僧赞宁在《宋
高僧传》中痛心疾首地说："从汉至唐，凡经数厄，钟厄爰甚，莫甚武

---

1 《旧唐书》卷18上《武宗纪》，中华书局，1975，第585~604页。
2 〔日〕圆仁：《入唐求法巡礼行纪》卷4，顾承甫、何泉达点校，上海古籍出版社，1986，第
176页。

宗焉。初有道士赵归真者，授帝留年之术，宠遇无比。每一对扬，排毁释氏，宜尽除之。……京邑诸僧竞生诮谤。归真痛切心骨，何日忘之。还遇武皇，因缘狎昵，署为两街教授先生。……奏迎罗浮邓元起、南岳刘玄靖入，帝谓神仙坐致。由是共为犄角，同毁释门，意报僧议诮之雠耳。"[1]

　　武宗灭佛是中古史上著名的"三武一宗"灭佛事件之一，对佛教是一次沉重的打击。在这次佛难中，有许多僧人被迫还俗，有些佛教徒还被迫改投道教，如《唐鸿胪卿致仕赠工部尚书琅耶支公长女炼师墓志铭并序》中说道："师姊第卅二，法号志坚，小字新娘子……九岁奉浮屠之教，洁行晨夕，不居伽蓝。或骨肉间有疴恙灾咎，南北支离，未尝不系月长斋，克日持念……中涂佛难，易服玄门。"[2]会昌灭佛后不久，武宗即因惑于道徒所炼的"仙丹"而中毒身亡。唐宣宗即位以后，以道士祸乱先朝，毁废佛教之罪名，将赵归真等道徒捕杀。下令全面恢复佛教。此后，佛、道之间再未发生大的冲突。

　　此外，佛教主张来生、转世和果报观念，而对道教所宣扬的长生不老思想则不以为然，所以也极尽讽刺、挖苦之能事。如僧人贯休《行路难》诗云："负薪为炉复为火，缘木求鱼应且止。君不见烧金炼石古帝王，鬼火荧荧白杨里。"[3]他认为炼丹服药不过是缘木求鱼，徒费工夫而已，自古以来那些追求长生不死的帝王，哪个最后的归宿不是野外鬼火荧荧的坟冢。另一位僧人齐己《与聂师道话道》诗也云："药中迷九转，心外觅长生。毕竟荒原上，一盘蒿陇平。"[4]所谓"九转"又称"九还"，是指金丹在烧炼过程中须经反复提炼。道士认为，丹药烧炼时间越久，提炼次数（即"转"数）越多，便越贵重，服之成仙也越快。葛洪在《抱朴子内篇·金丹》中就说："一转之丹，服之三年得仙；二转之丹，服之二年得仙；三转之丹，服之一年得仙；四转之

1　（宋）赞宁：《宋高僧传》卷17《论》，范祥雍点校，中华书局，1987，第435页。
2　周绍良主编《唐代墓志汇编》咸通020，上海古籍出版社，1992，第2393页。
3　（唐）贯休著，胡大浚笺注《贯休歌诗系年笺注》卷1，中华书局，2011，第25页。
4　（唐）齐己著，王秀林校注《齐己诗集校注》卷6，中国社会科学出版社，2011，第325页。

丹，服之半年得仙；五转之丹，服之百日得仙；六转之丹，服之四十日得仙；七转之丹，服之二十日得仙；八转之丹，服之十日得仙；九转之丹，服之三日得仙。若取九转之丹……取而服之一刀圭，即白日升天……其转数少，其药力不足，故服之用日多，得仙迟也。其转数多，药力盛，故服之用日少，而得仙速也。"[1]据此宣扬之语，九转金丹应是道教丹药中的极品，服之三日即可白日升仙。但齐己却说即使是"九转神丹"也不能使人长生不老，否则荒原之上也就不会有累累荒冢了。这真是对道教长生成仙思想的辛辣讽刺，也反映了佛、道二教之间在思想上的尖锐对立和冲突。

佛、道之争，从形式上而言是两个出世宗教之间的矛盾，但拨开神学的迷雾，实际上反映的是世俗政治的冲突。尤其是李唐王朝和道教结成了特殊的关系，这样就使唐代的佛、道之争有了一层更为特殊的含义。

第三节　从三教论议到三教融合

由于唐王朝采取了三教并存的文化政策，在思想文化领域内不搞一家一说的独尊，而是在调和三教的基础上，兼而用之，从而形成了三教并行、优容诸说的多元文化格局和较为自由诘难论争的学术氛围，有力地促进了道教与儒、释两家之间的相互吸收与融合。

一　三教论议

三教论议，一般是由朝廷举行，偶尔也有地方政府和个别寺观举行的儒、佛、道三教论辩。它是由皇帝出面主持，召集儒、释、

1　王明：《抱朴子内篇校释》卷4《金丹》，中华书局，1985，第77页。

道三家各若干人（有时人数相同，有时不同）参加，让大臣列席听讲的辩论。论议时，先由道徒（或僧，或儒）一人（或两人），立一个（或两个）议（即提出一两个问题），由儒（或僧、道解答），展开你言我语的交锋。辩论期间，主持者可以随时插话、发问，某一方不服，允许申辩、提问。有时主持者允许双方互相讽刺、挖苦。辩论激烈时，可持续至深夜。当天辩不完，还可改日再辩。论议结束后，主持者或赐物封官，或事后派人分别传谕评语，或以诏令等形式做出决定。[1] 三教论议（有时只召僧、道参加），在隋及唐前期，或在内殿御前举行，或在国子学召开，没有定规，也不是定期举行。到唐后期，德宗贞元年间，传统的内殿论议逐渐演化为诞节讲论。昔日朝廷之上激烈论辩的情形，变成三家各自互相标榜义理、斯文酬对的程式。[2]

隋文帝时，就曾因"老子化胡说"而召集沙门、道士论辩。《续高僧传·释彦琮传》载：

> 开皇三年（583），隋高祖幸道坛，见画《老子化胡像》，大生怪异，敕集诸沙门、道士共论其本，又敕朝秀苏威、杨素、何妥、张宾等，有参玄理者，详计奏闻。时琮预在此筵，当掌言务，试举大纲，未及指复，道士自伏，陈其矫诈。因作《辩教论》，明道教妖妄者有二十五条，词理援据，宰辅褒赏。[3]

"老子化胡说"是个敏感话题，自南北朝以来就经常引起佛、道之间的论争。隋文帝下令召集沙门彦琮、道士张宾以及大臣苏威、杨素、何妥等，共同讨论。彦琮引经据典，作有《辩教论》，指斥道教妖妄二十五条，受到宰辅大臣们的赞赏。其实关于"老子化胡"

---

1 李斌城：《唐代佛道之争研究》，《世界宗教研究》1981 年第 2 期，第 99~108 页。

2 张弓：《隋唐儒释道论议与学风流变》，《历史研究》1993 年第 1 期，第 46~59 页。

3 （唐）道宣：《续高僧传》卷 2《释彦琮传》，郭绍林点校，中华书局，2014，第 49 页。

之说，向来颇多歧说，还有一种说法："聃（老子）往化胡，胡人不受，乃令尹喜为佛化胡，胡人方服。"据说奉佛大臣尚书令杨素路过楼观时，看到壁画上有尹喜化胡之像，杨素就跟诸道士说："承闻老君化胡，胡人不受，令喜变身作佛，胡人方受。是则佛能化胡，胡人奉佛，道不能化，云何言老子化胡？"[1] 在对待"化胡之争"的问题上，奉佛的隋王朝难免有助佛抑道之倾向。隋文帝晚年，努力想平衡佛、道之争，但佛、道论辩仍时有所见。《续高僧传·释僧粲传》载：

> 时李宗有道士褚揉者，乡本江表，陈破入京，既处玄都，道左之望，探微辩析，妙拟三玄，学勘宗师，情无推尚。每讲《庄》《老》，粲必临听，或以义求，或以机责，随揉声相，即势沉浮，注辩若悬泉，起哳如风卷。故王公大人莫不解颐抚髀，讶斯权变。尝下敕令揉讲《老经》，公卿毕至，唯沙门不许预坐。粲闻之，不忍其术，乃率其门人十余携以行床，径至馆所，防卫严设，都无畏惮，直入讲会，人不敢遮。揉序王将了，都无命及，粲因其不命，抗言激刺，词若俳谑，义寔张诠，既无以通，讲席因散。[2]

此事约发生在仁寿二年（602）。褚揉为江左道士，精通《老》《庄》《易》三玄，为当时道门宗师，所以受到隋文帝的礼遇，经常讲论道教（家）经典。每当褚揉开讲，沙门僧粲就到场与之论辩。有一次，褚揉奉敕开讲，文帝特意下令不许和尚参与，结果僧粲带领十几个门徒，强行闯入讲堂，与褚揉发生激烈论辩，嬉笑嘲讽，搅散了讲席。

隋炀帝大业初，始平（今陕西兴平）令杨宏在智藏寺召集僧道

1　（唐）道宣撰，刘林魁校注《集古今佛道论衡校注》卷丙《隋高祖下诏述绛州天火焚老君像事五》，中华书局，2018，第155页。

2　（唐）道宣：《续高僧传》卷9《释僧粲传》，郭绍林点校，中华书局，2014，第331页。

辩论。杨宏本来想让道士率先开讲道经，结果引起僧人慧净的不满，并当场责问："明府盛结四部，铨衡两教……岂于佛寺而令道先为主乎？"为僧人争得先声。参加这场辩论的僧人慧净，"家世儒宗，乡里称美"，"生知天挺，雅怀篇什，风格标峻，器宇冲邈。年在弱冠，早习丘坟，便晓文颂，荣冠闾里"，"罕有其比。游听讲肆，咨质硕疑，征究幽微，每臻玄极"。而参加论辩的道士于永通，也是"颇挟时誉，令怀所重"。于永通先以《老子》立义："有物混成，先天地生，吾不知其名，字之曰道。"僧人慧净发问："'有物混成'，为体一故混，为体异故混？若体一故混，正混之时，已自成一，则一非道生。若体异故混，未混之时，已自成二，则二非一起。先生道冠余列，请为稽疑。"于永通"茫然，忸怩无对"。[1]这是见诸记载的隋唐时期涉及佛道哲学命题的较早的论对。

　　唐王朝建立以后，百废待举。武德四年，在平定盘踞东都的王世充集团之后，唐高祖到国子学参加了释奠礼，首开三教论对。高祖召集儒生徐文远讲《孝经》、沙门慧乘讲《波若经》，道士刘进喜讲《老子》，再命儒学大师陆德明"难此三人，各因宗指，随端立义，众皆为之屈"。[2]

　　武德八年，高祖又亲临国子学行释奠礼，召集三教论对，"堂列三座，拟叙三宗"。当时以国子祭酒和国子博士为主，以佛道为宾，参加者有胜光寺僧慧乘法师以及道士李仲卿、潘诞等。慧乘向以"游谈玄路，天下称焉"。他率先向道士发问，就老子《道德经》所言"道"展开诘难，问得道士李仲卿"周憧神府，抽解无地，忸赧无答"，"黄巾之党，结舌无报。博士祭酒，张喉愕视，束体辕门"。道士还不甘心，由潘诞进奏，高祖下诏问慧乘："道能生佛，佛由道生。道是佛之师父，佛乃道之弟子……若以此验，道大佛小，于事可知。"于是慧乘又旁征博引，予以驳斥，将道教所宣扬的大罗天、玉京山等说教斥

1　（唐）道宣：《续高僧传》卷3《慧净传》，郭绍林点校，中华书局，2014，第72页。
2　《旧唐书》卷189上《儒学上·陆德明传》，中华书局，1975，第4945页。

为"乌有之说""亡是之谈"。据说当时慧乘"独据词锋，举朝瞩目，致使异宗无何而退"。[1] 这两次论对都是在国子学释奠礼上举行的三教辩论，所以以儒为主。前者为史书所记，儒生获胜；后者则为僧传所载，释教大赢。

唐太宗时，于贞观十二年（638）由太子李承乾召集，在弘文殿进行过一次三教论议，参加者有儒学大师国子祭酒孔颖达、纪国寺僧慧净、道士蔡晃等。慧净开讲《法华经》，蔡晃与之辩论。问难之间，充满敌意。慧净以蔡晃未懂其答词，当场嘲讽蔡晃耳聋眼瞎、智力低下。孔颖达为道士打抱不平，助道难僧，讥刺佛家"无净"，形成儒、道联合共同对抗释僧的局面。慧净见状，反唇相讥曰"君子不党"，结果以释教获胜而告终。[2]

唐高宗崇尚义理，朝廷之上三教论对的气氛空前活跃。《旧唐书·贾公彦附李玄植传》载："时有赵州李玄植，又受《三礼》于公彦，撰《三礼音义》行于代……高宗时，屡被召见，与道士、沙门在御前讲说经义，玄植辩论甚美，申规讽，帝深礼之。"[3] 高宗虽然崇道，但也尊佛，在他统治下政治环境相对宽松，这样就给三教发展提供了较大的空间。高宗时期，佛、道之争再兴。《集古今佛道论衡》记载，高宗"归心佛道，宗尚义理"，在两京内殿曾先后十次召集僧道论对（见表 10-1）。

1　（唐）道宣撰，刘林魁校注《集古今佛道论衡校注》卷丙《高祖幸国学，统集三教，问道是佛师事二》，中华书局，2018，第176~189页。关于这次论辩，又见唐僧道宣《续高僧传》卷25《慧乘传》，郭绍林点校，中华书局，2014，第940页。

2　（唐）道宣撰，刘林魁校注《集古今佛道论衡校注》卷丙《皇太子集三教学者详论事五》，中华书局，2018，第198~208页。关于这次论辩，唐僧道宣《续高僧传》卷3《慧净传》将此事系于贞观十三年。郭绍林点校，中华书局，2014，第79页。今从《论衡》。

3　《旧唐书》卷189上《儒学上·贾公彦附李玄植传》，中华书局，1975，第4950页。又宋僧赞宁《大宋僧史略》卷下《诞辰谈论》载："唐高宗召贾公彦于御前与道士、沙门讲说经义。"

表 10-1　高宗朝内殿佛、道论对

序号	年代	论对情况
1	显庆二年（657）六月十二日	因西明寺建成，"追僧道各七人入。上幸百福殿，内官引僧在东，道士在西，俱时上殿"。高宗令佛、道二教论辩，参加者有僧人慧立、会隐，清都观道士张惠元、李荣等
2	显庆三年（658）四月	下敕，追僧、道各七人入内论义。"时会隐法师竖五蕴义，神泰法师立九断知义。道士黄赜、李荣、黄寿等次第论义。"
3	显庆三年冬十一月	高宗以冬雪未降，在内殿立斋祀，召大慈恩寺沙门义褒，东明观道士张惠元、李荣等入内，"于别中殿讲道论始于斯时也。内外宫禁，咸集法筵，释问搜扬，选穷翘楚，即斯荣观，终古无之。天子亲问褒所来邑，于座具答。"
4	显庆五年（660）四、五月间	高宗巡幸东都，召西京僧、道士等论义。参加者有僧人义褒、慧立等，道士方面不详
5	显庆五年八月十八日	召僧人静泰、道士李荣在洛阳宫中议论《化胡经》之真伪
6	龙朔二年（662）十二月八日	于长安蓬莱宫碧宇殿，令僧人灵辩与道士论对
7	龙朔三年（663）四月十四日	于长安蓬莱宫月陂北亭，道士姚义玄、方惠长等五人，与西明寺僧子立、灵辩等四人讲论
8	龙朔三年五月十六日	于蓬莱宫又与道士论难。具体论辩内容及双方参加者情况不详
9	龙朔三年六月十二日	于蓬莱宫蓬莱殿论义，参加者有僧人灵辩和道士李荣等
10	具体时间不详	高宗在国子监，召道士范义颐与僧灵辩论难《庄》《易》。范义颐"洞晓儒宗，兼精李释"

资料来源：（唐）道宣撰，刘林魁校注《集古今佛道论衡校注》卷丁，中华书局，2018，第 245~314 页。

　　这 10 次论对，儒家都没有参加，只有僧道双方辩难争胜，互不相让。僧道论辩，皆就释典道经竖义，诸项竖义问难多已涉及佛道哲学的本体论、发生论和认识论，如"道生万物义""老子名义""说因缘义""六洞义""本际义"等。如显庆三年四月的论对，道士李荣立"道生万物义"，僧慧立问，双方就《老子》的最高理念"道"是有意识的还是无意识的，展开辩论。同年十一月论对，李荣立"本际义"，与僧义褒展开问对。此论题亦触及《老子》本体论要旨。龙朔三年六月十二日的论议，李荣开《升玄经》题曰："道玄，不可以言象诠义。"与僧灵辩展开了一场关于"玄"的性质的辩论。这些辩论显示出佛、道两家由最初单纯的意气之争，向着探讨义理方面的趋势发展。

在论辩过程中，唐高宗努力引导双方在激烈与理智、严肃与轻松交织的氛围中进行论对。他在显庆三年六月的百福殿论对中，首先致辞，提出“佛、道二教，同归于善”“共谈名理，以相启沃”的论对方针。在历次论对现场，唐高宗或评论，或调侃，时而“怡然大笑”，时而“解颐大笑”，使佛道之间的对立竞争情绪大为缓解。如百福殿论对时，李荣开“六洞义”，僧慧立诘难，李荣理屈词穷，恳求慧立手下留情。慧立虽然将内殿论席喻为沙场战阵，不容姑息，但表示论罢出得内殿，尽可“别叙暄凉”，生动地反映了僧道理智相待的情景。同年十一月的中殿论对，道士张元一度“忸怩无对，尘尾顿垂，声气俱下”。但论毕，僧、道“相从还栖公馆”。僧义褒还希望道士博涉立义之法，详熟名理，以期日后论对。这样就使佛道论对已经跳出了两教角力的传统模式，向着共求名理的学术“沙龙”演变。正如有的学者所论及的那样：“显庆、龙朔论对显示的佛道两教关系，仍然是共戴王道基础上的对立竞争关系。但在高级僧道之间，彼此的对立心理已比唐太宗时大为缓解。”[1]

不过，佛道竞争对立的情绪毕竟由来已久，所以有时候僧、道之间还难免以粗俗的语言，甚至是互相对骂或人身攻击来取代论辩。如显庆三年论对中，僧人慧立挖苦李荣“鬒发不剪，裤袴未除，手把桃符，腰悬赤袋，巡门厹鬼，历巷魔儿”。道士李荣大怒回骂道：“汝若以剪发为好，何不剔眉！”慧立马上讽刺道：“何为角发不角髭？”又如显庆五年论辩，僧静泰对骂李荣：“额前垂发已比羊头，口上生须还同鹿尾”，“屡申驴项丞蹙蛇腰，举手乍奋驴蹄，动脚时摇鹤膝”。而在总章年间（668~669），京城大兴善寺发生火灾，寺舍、佛像皆化为灰烬时，李荣竟然幸灾乐祸，作诗嘲讽道：“道善何曾善，云兴遂不兴。如来烧亦尽，唯有一群僧。”[2]可见高宗、武后时期，佛道之争有

1　张弓：《隋唐儒释道论议与学风流变》，《历史研究》1983年第1期，第46~58页。

2　（唐）刘肃：《大唐新语》卷13“谐谑”类，许德楠、李鼎霞点校，中华书局，1984，第190页。

时候还是相当激烈的。

通过论对，道教徒们也认识到自身的不足，即单凭唐王朝的扶持，并不能真正确立政治上的优先地位。可以说如果没有王权政治的强力支持，在这种学术味极浓的争辩中，面对具有精细缜密的哲学理论体系的佛教徒们的连连诘难，道教徒们往往王顾左右，词不达意，有时甚至装聋作哑，敷衍了事。所以每次论对，道徒几乎是连连失败。道教要想摆脱这种尴尬局面，必须放弃一些不切实际的幻想，老老实实地钻研理论，思考对策，进行理论化方面的建设。高宗曾明确指出"道士等何不学佛经"，提倡道教向佛教学习，以充实、提高、发展自己。

到武则天执政时期，虽然抬高了佛教地位，但统治者基本上还是遵循着以儒为本、调和三教的宗旨。所以在载初元年（689）二月，武则天"御明堂，大开三教，内史邢文伟讲《孝经》。命侍臣及僧、道士等以次论议"。[1] 这次三教论辩就体现了统治者的这一意图。

到盛唐时期，社会相对安定，学术繁荣，文化昌明，儒、释、道三家都得到重大发展。特别是道教的发展尤其令人瞩目，统治者大肆尊崇道教，求仙学道之风盛行。三教论对规模空前，论对主要集中在定释道之优劣上。

开元时，大理评事韦玎请求开三教论对，"表请释道二教定其胜负，言释道蠹政可除。玄宗诏三教各选一百人，都集内殿"，论对的主要参加者有韦玎、僧思明和利涉及道士叶法善[2]等。"韦玎先陟高座，挫叶静能（法善）及空门思明，例皆辞屈。涉次登高座，解疑释结，

<hr />

1 《旧唐书》卷22《礼仪志二》，中华书局，1975，第864页。

2 《宋高僧传》卷17《利涉传》作"叶静能"，大概是叶法善之误。因叶静能依附于韦、武一党，而于景龙四年（710）夏六月，死于太平公主与临淄王（即后来的唐玄宗）发动的宫廷政变。早在唐代，人们就常把叶静能与叶法善相混，如在敦煌变文中有《叶静能诗》（见《敦煌变文集》，人民文学出版社，1957），但实际上描写的却是叶法善的事迹。叶法善曾参与唐代统治阶级的内部斗争，据说先后保护过中宗、睿宗与玄宗，得到唐皇室的宠信。唐玄宗即位以后，官拜鸿胪卿，封越国公，"当时尊宠，莫与为比"。（《旧唐书》卷191《叶法善传》）叶法善死于开元八年（720），那么这次三教论对也应该在此之前。

临敌有余，与韦往返百数千言，条绪交乱，相次抗之，棼丝自理，正直有归。"但僧人利涉捕风捉影，暗示韦玎与韦庶人（中宗韦皇后）为同宗，致使唐玄宗凛然变色曰："玎（可能）是庶人宗族，敢尔轻蔑朕玄元祖教及凌轹释门。"判定道释胜，将韦玎流放到岭南象州（今广西来宾），但道释胜负终未判定。[1] 这次论对，儒、释、道三教各选一百人参加，论对规模远超以往，显示出盛唐气象。

开元十八年（730），玄宗再次召僧人道氤与道士尹谦在兴庆宫花萼楼论对，以"定二教优劣，氤雄论奋发，河倾海注。道士尹谦对答失次，理屈辞殚，论宗乖舛"。玄宗"诏赐绢五百匹"，也未立即判定道释优劣。[2]

开元二十三年（735）八月诞日千秋节，再次开三教论议，"命诸学士及僧道讲论三教同异"，中书令张九龄上言曰："臣闻好尚之论，事颛于偏方；至极之宗，理归于一贯。非夫上圣，孰采要旨。伏惟陛下道契无为，思谈玄妙，考六经之同异，筌二教之幽赜，将以降炤群疑，敷化率土，屏浮词于玉殿，缉精义于金门。一变儒风，再扬道要，凡百士庶，罔不知归。臣等幸侍轩墀，亲承至训，抃跃之极，实倍常情。望宜付史馆。"玄宗手诏答曰："略举三教，求之精义，会三归一，初分渐顿，理皆共贯，使自求之。卿等论议庙堂，化源何远，事关风教，任付史官。"辩论结果呈现出三教调和的倾向。[3]

调和三教（尤其是调和佛道）的趋势在民间也有反映，如晋昌人唐晅问妻："佛与道孰是非？"答曰："同源异派耳。"[4]

同一时期，唐玄宗还亲自注释并颁布了儒、释、道三家经典《孝经》《金刚经》《道德经》，更是有力地促进了三家调和与融摄的趋势。

安史之乱以后，三教调和的趋势更为明显。肃宗时，战乱还没有平息，即自灵武（今宁夏灵武）回到刚刚收复的长安，召集僧道讲

1　（宋）赞宁：《宋高僧传》卷17《利涉传》，范祥雍点校，中华书局，1987，第420页。

2　（宋）赞宁：《宋高僧传》卷5《道氤传》，范祥雍点校，中华书局，1987，第97页。

3　《册府元龟》卷37《帝王部·颂德》，中华书局，1960年影印本，第414页上栏。

4　《太平广记》卷332 "唐晅" 条引《通幽记》，中华书局，1961，第2635页。

论。上元二年（761）七月癸巳，肃宗命"于景龙观设高座，讲论道、释二教。丁酉，遣公卿百僚，悉就观设醮讲论，自宰臣以下，赐钱有差"。[1]

唐代宗时，重开三教讲论。永泰二年（766）二月一日，代宗亲临国学释奠，"集诸儒、道、僧，质问竟日。此礼久废，一朝能举"。代宗虽然佞佛，但在治国理政上还不得不倚重于儒学，他公开宣布："朕志求理体，尤重儒术，先王大教，敢不底行。"[2] 所以永泰释奠，质问三教，显然还是以儒为主。大历二年（767）十月，《资州刺史叱干公三教道场文》中，虽然声称三教"殊途同归"，但又特别赞扬儒学"首唱忠孝，迹重仁贤。其道不朽，今古称先"。[3] 表明在思想文化领域，儒学的引领作用仍然受到重视，同时也显示出中唐以来三教调和、佛道融摄的发展趋势。

唐德宗将传统的内殿三教论议，正式确定为诞节三教讲论。《新唐书·徐岱传》载：

> 帝以诞日，岁岁诏佛、老者大论麟德殿，并召岱及赵需、许孟容、韦渠牟讲说。始三家若矛盾然，卒而同归于善。帝大悦。[4]

这次讲论发生在贞元十二年（796）四月，《旧唐书·韦渠牟传》载："贞元十二年四月，德宗诞日，御麟德殿，召给事中徐岱、兵部郎中赵需、礼部郎中许孟容与（四门博士）渠牟及道士万参成、沙门谭延等十二人，讲论儒、释、道三教。渠牟枝词游说，捷口水注；上谓其讲耨有素，听之意动。"[5] 这次讲论，以僧鉴虚对韦渠牟，许孟容对赵

1　《册府元龟》卷 54《帝王部·尚黄老二》，中华书局，1960 年影印本，第 605 页下栏。又见（宋）钱易《南部新书》卷丁，黄寿成点校，中华书局，2002，第 49 页。

2　《旧唐书》卷 24《礼仪志四》，中华书局，1975，第 922~923 页。

3　（清）王昶辑《金石萃编》卷 96，中国书店，1985。

4　《新唐书》卷 161《徐岱传》，中华书局，1975，第 4984 页。

5　《旧唐书》卷 135《韦渠牟传》，中华书局，1975，第 3728 页。按：《佛祖统纪》卷 41 中，万参成作葛参成，谭延作覃延；《刘宾客嘉话录》也作覃延。

需，僧谭延对道士都惟素。诸人谈论毕，鉴虚总结道："玄元皇帝，天下之圣人；文宣王，古今之圣人；释迦如来，西方之圣人；今皇帝陛下，是南赡部洲之圣人"。德宗听毕，面有喜色。[1] 这次讲论将老子、孔子、释迦如来和唐德宗并称为"四圣人"，体现了三教调和与融摄的趋势已经成为时代发展的潮流。

次年（797），德宗又召集过一次三教论议。《佛祖统纪》载："十三年，敕沙门端甫入内殿与儒道论议，赐紫方袍，令侍皇太子（李诵）于东朝。"[2] 关于这次三教论议及儒道双方参加者的情况不详。除此之外，德宗朝未再见有其他三教论议。

表 10-2　唐代皇帝诞节一览

皇帝庙号	诞节名称	诞节时间	备　注
唐玄宗	千秋节	八月五日	后改名天长节
唐肃宗	天成地平节	九月三日	
唐代宗	天兴节	十月十三日	
唐德宗		四月十九日	不设诞节名
唐顺宗		正月十二日	不设诞节名
唐宪宗		二月十四日	不设诞节名
唐穆宗		七月六日	不设诞节名
唐敬宗		六月九日	不设诞节名
唐文宗	庆成节	十月十日	
唐武宗	庆阳节	六月十一日	《入唐求法巡礼行纪》又作德阳节
唐宣宗	寿昌节	六月廿二日	
唐懿宗	延庆节	十一月十四日	
唐僖宗	应天节	五月八日	
唐昭宗	嘉会节	三月廿二日	
唐哀帝	乾和节	九月三日	

1　（宋）王谠撰，周勋初校证《唐语林校证》卷 6《补遗》，中华书局，1987，第 519 页。
2　（宋）志磐撰，释道法校注《佛祖统纪校注》卷 42，上海古籍出版社，2012，第 967 页。

　　顺宗在位时间短暂，无暇开三教论议。宪宗、穆宗两朝（806~824），也不见有关于三教论议的记载。直到敬宗宝历元年（825），"敕沙门、道士四百余人，于大明宫谈论，设斋"。[1]这也是唐代所见规模最大的佛道论对。但这次论对，未见召儒臣参加，也不是在诞节举行的。

　　唐文宗时又见诞节三教论议，这就是大和元年（827）和七年的两次诞节三教论议。尤其是大和元年的论议，具有"圣唐御区宇二百年，皇帝承祖宗十四叶"的双重纪念意义，所以特别隆重。这次论议在麟德殿内道场举行，唐文宗亲临观看，第一座论者为秘书监白居易、安国寺引驾沙门义林、上清宫道士杨宏元，都是谙熟三教经典的学者。白居易虽然是代表儒家出对，但他又精通释典、道经，而义林、杨宏元也旁通儒经，所以这次论议气氛祥和，论对典雅，论题切要。白居易《三教论衡》记载，第一座问难及答对顺序依次是：僧问儒对，僧难儒对，儒问僧答，儒难僧答，儒问道答，儒难道答，道答儒对，道难儒对，然后退。[2]这次论议已经没有了以往三教论对中互争雄长、怒目相向的浓烈火药味，而更像是一种程式化的诞节仪式。

　　大和七年的诞节论议，由翰林承旨学士王源中等与僧道讲论于麟德殿。第二天，文宗对宰臣说："降诞日设斋，起自近代。朕缘相承已久，未可便革，虽置斋会，唯对王源中等暂入殿，至僧道讲论，都不临听。"[3]表明文宗对这样的三教论议已无太大兴趣。

　　武宗时期，诞节三教论议简化为释道论议，从此以后直到昭宗朝的诞节论议基本上是以佛道论议的形式举行。

1　（宋）志磐撰，释道法校注《佛祖统纪校注》卷43作"宝历二年"，上海古籍出版社，2012，第983页。又《册府元龟》卷54《帝王部·尚黄老二》载："（宝历元年）八月癸丑，幸蓬莱殿，会沙门、道士共四百人，赐食，兼给茶绢有差。"今从《册府元龟》。

2　（唐）白居易著，朱金城笺校《白居易集笺校》卷68《三教论衡》，上海古籍出版社，1988，第3673~3683页。又《旧唐书》卷166《白居易传》载："文宗即位，征拜秘书监，赐金紫。九月上诞节，召居易与僧惟澄、道士赵常盈对御讲论于麟德殿。居易论难锋起，辞辨泉注，上疑宿构，深嗟抱之。"中华书局，1975，4353页。所载僧惟澄、道士赵常盈与此记载有异。

3　《旧唐书》卷17下《文宗纪下》，中华书局，1975，第552页。

　　武宗崇道抑佛，会昌元年（841）"六月十一日，今上降诞日，于内里设斋。两街供养大德及道士集谈经。四对论议，二个道士赐紫，释门大德总得不着"。

　　二年（842）"六月十一日，上德阳日，大内降诞降斋。两街大德对道士，御前论议。道士二人得紫，僧门不得着紫"。

　　三年（843）"（六月）十一日，今上德阳日，内里设斋，两街大德及道士御前论议……令简择大德，每街各七人，依旧例入内。大德对道士论议，道士二人敕赐紫衣，而大德总不得着紫"。[1]

　　这三次释道论辩成为会昌灭佛的先声。四年（844），武宗因忙于对藩镇泽潞用兵，大概无暇搞释道论议，故不见有记载。五年（845）四月，武宗颁布检括天下佛寺及僧尼的诏书，会昌灭佛达到高潮。在武宗的大力支持下，道徒主动公开向僧徒挑战。就在这年的德阳节，赵归真请与释氏辩论，武宗下诏于麟德殿召集僧道，手付《老子》"治大国若烹小鲜"议。僧徒知玄从容登座答辩，大讲帝王治国理政教化根本。"辩说精壮，道流不能屈。"知玄还针对神仙是否可学，上言"神仙羽化，山林匹夫独善之事，神仙之术乃山林匹夫所为，非帝王所宜留神"。[2]他还写诗讽刺武宗学仙曰："生天本自生天业，未必求仙便得仙。鹤背倾危龙背滑，君王且住一千年。"[3]结果，知玄因为忤旨，被赶出京城。

　　宣宗信重佛法，即位以后，一反会昌之政，下令全面复兴佛教，三教论议也随之恢复。大中元年（847）诞节讲论，知玄应诏讲赞，"赐紫袈裟，署为三教首座。帝以旧藩邸造法乾寺，诏玄居寺之玉虚亭"；大中三年（849）诞节，"诏谏议李贻孙、给事杨汉公，缁黄鼎列论议，大悦帝情。因奏天下废寺基各敕重建，大兴梵刹，玄有力焉。

1　〔日〕圆仁：《入唐求法巡礼行记》卷3、卷4，顾承甫、何泉达点校，上海古籍出版社，1986，第152、157、171页。
2　（宋）志磐撰，释道法校注《佛祖统纪校注》卷43作"会昌五年正月"。上海古籍出版社，2012，第988页。又《宋高僧传》卷6《知玄传》作"德阳节"。今从僧传。
3　（宋）赞宁：《宋高僧传》卷6《知玄传》，范祥雍点校，中华书局，1987，第130页。

命画工图形于禁中，其优重如是。与相国裴公休友善，同激扬中兴教法事"。[1]参加过大中年间三教辩论的僧人还有玄畅、辩章等。玄畅"于大中中，凡遇诞辰，入内谈论，即赐紫袈裟，充内外临坛大德"；[2]辩章则为"三教首座"。[3]这两次三教论议，恰逢会昌法难之后宣宗再倡兴教，所以备受重视。

懿宗也信佛法，重视释道论辩。京城大安国寺僧彻，"每属诞辰，升麟德殿法座讲谈，敕赐紫袈裟。懿宗皇帝留心释氏，颇异前朝。遇八斋日，必内中饭僧数盈万计。帝因法集，躬为赞呗"。咸通十一年（870），"以十一月十四日延庆节，麟德殿召京城僧道赴内讲论，尔日彻述皇猷，辞辩浏亮，帝深称许。而又恢张佛理，旁慑黄冠，可谓折冲异论者，当时号为'法将'。帝悦，敕赐号曰净光大师"。[4]而《唐摭言》中则记载道士陈磻叟与僧徒论辩，屡挫其锋：

> 陈磻叟者，父名岵，富有辞学，尤溺于内典。长庆中，尝注《维摩经》进上……磻叟形质短小，长喙疏齿，尤富文学，自负王佐之才，大言骋辩……弱冠度为道士，隶名于昊天观。咸通中，于降圣之辰，二教论议，而黄衣屡奔，上小不怿。宣下，令后辈新入内道场，有能折冲浮屠者，许以自荐。磻叟摄衣奉诏，时释门为主论，自误引《涅槃经疏》。磻叟应声叱之曰："皇帝山呼大庆，阿师口称献寿，而经引《涅槃》，犯大不敬。"初其僧谓磻叟不通佛书，既而错愕，殆至颠坠。自是连挫数辈，圣颜大悦，左右呼"万岁"。其日，帘前赐紫衣一袭。磻叟由是恣其轻侮，高流宿德多患之。潜闻上听云："磻叟衣冠子弟，不愿在冠帔，颇思理一邑以自效耳。"于是中旨授至德县令。[5]

1 （宋）赞宁：《宋高僧传》卷6《知玄传》，范祥雍点校，中华书局，1987，第131页。
2 （宋）赞宁：《宋高僧传》卷17《玄畅传》，范祥雍点校，中华书局，1987，第430页。
3 （宋）赞宁：《宋高僧传》卷16《慧灵传》，范祥雍点校，中华书局，1987，第392页。
4 （宋）赞宁：《宋高僧传》卷6《僧彻传》，范祥雍点校，中华书局，1987，第133~134页。
5 （五代）王定保撰，陶绍清校证《唐摭言校证》卷9《四凶》，中华书局，2021，第141~142页。

陈磻叟从小饱读诗书，富有文学修养，又受精通释典的父亲的影响，成年后度为道士，可谓博通三教，所以他才能在释道论议中，引释典而驳僧徒。咸通年间，三教论辩结束后，往往还有优人演出以助兴。唐人高彦休《唐阙史》卷下记载：

> 咸通中，优人李可及者……尝因延庆节缁黄讲论毕，次及倡优为戏。可及乃儒服险巾，褒衣博带，摄齐以升崇座，自称三教论衡。其隔座者问曰："既言博通三教，释迦如来是何人？"对曰："是妇人。"问者惊曰："何也？"对曰："《金刚经》云：'敷座而坐。'或非妇人，何烦夫坐然后儿坐也？"上为之启齿。又问曰："太上老君何人也？"对曰："亦妇人也。"问者益所不喻。乃曰："《道德经》云：'吾有大患，是吾有身。及吾无身，吾复何患。'倘非妇人，何患于有娠乎？"上大悦。又曰："文宣王何人也？"对曰："妇人也。"问者曰："何以知之？"对曰："《论语》云：'沽之哉，沽之哉，我待价者也。'向非妇人，待嫁奚为？"上意极欢，宠锡甚厚。翌日，授环卫之员外职。[1]

地位低下的优人李可及在内廷释道论辩结束后的演出中，敢于戏弄三教教主，说明三教论辩已经完全演变成为诞节活动的一项程式。

唐昭宗即位初举行过一次诞节论议，《大宋僧史略》载："昭宗文德初（888），生辰号嘉会节，诏两街僧道讲论至暮，各赐分物银器。"[2]这是史载所见唐王朝举行的最后一次佛道论辩。此时距唐亡已经不远，诞节三教论议已无多大实际意义。

宫廷三教论议影响很大，流风所及影响到民间。在穷乡僻壤、荒山野岭甚至湖畔泽国都能见到有关三教论议的场景。如元和中

1　（唐）高彦休：《唐阙史》卷下《李可及戏三教》，阳羡生校点，载《唐五代笔记小说大观》，上海古籍出版社，2000，第1350~1351页。

2　（宋）赞宁撰，富世平校注《大宋僧史略校注》卷下《赐师号　德号附》，中华书局，2015，第169页。

（806~820），有高昱处士以钓鱼为业，夜三更不寐，见三美女，各言其所好，分别曰：习释、道、儒，"各谈本教道义，理极精微"。[1] 又在王屋山，有道士主动找和尚论"佛道优劣"，《潇湘录》载：

> 王屋山有老僧，常独居一茅庵，朝夕持念，唯采药苗及松实食之。每食后，恒必自寻溪涧以澡浴。数年在山中，人稍知之。忽一日，有道士衣敝衣，坚求老僧一宵宿止。老僧性僻，复恶其尘杂甚，不允。道士再三言曰："佛与道不相疏，混沌已来，方知有佛。师今佛弟子，我今道弟子，何不见容一宵，陪清论耳？"老僧曰："我佛弟子也，故不知有道之可比佛也。"道士曰："夫道者，居亿劫之前，而能生天、生人、生万物，使有天地、有人、有万物，则我之道也。亿劫之前，人皆知而尊之，而师今不知，即非人也。"老僧曰："我佛恒河沙劫，皆独称世尊，大庇众生，恩普天地。又岂闻道能争衡。我且述释迦佛世尊，是国王之子。其始也，舍王位，入雪山，乘曩劫之功，证当今之果，天上天下，惟我独尊，故使外道邪魔，悉皆降伏。至于今日，就不闻之。尔之老君，是谁之子？何处修行？教迹之间，未闻有益。岂得与我佛同日而言。"道士曰："老君降生于天，为此劫之道祖，始出于周，浮紫气，乘白鹿，人孰不闻。至于三岛之事，十洲之景，三十六洞之神仙，二十四化之灵异，五尺童子，皆能知之，岂独师以庸庸之见而敢蔑耶？若以尔佛，舍父逾城，受穿膝之苦，而与外道角胜，又安足道哉。以此言之，佛只是群魔之中一强梁者耳。我天地人与万物，本不赖尔佛而生，今无佛，必不损天地人之万物也。千万勿自言世尊。自言世尊，世必不尊之。无自称尊耳。"老僧作色曰："须要此等人，设无此等，即顿空却阿毗地狱矣。"道士大怒，伸臂而前，拟击老僧，僧但合掌闭目。

---

1 《太平广记》卷 470 "高昱" 条引《传奇》，中华书局，1961，第 3874 页。

　　须臾，有一负薪者过，见而怪之，知老僧与道士争佛道优劣。[1]

　　传统的三教论议或佛道论衡，由于留传下来的相关材料大都是佛教方面的，所以在论议中总是佛教徒咄咄逼人，道教徒理屈词穷，最后狼狈而退；而在这一则记载中，却是道教徒主动找佛教徒论战，且辩论的话题非常的简单，即争论佛与老君究竟孰先孰后的问题。最后佛教徒辩不过道教徒，却以坠入"阿毗地狱"来诅咒道士，道士也毫不示弱，竟然挥动老拳来对付老僧。由此可见，即使是在民间，三教论衡与佛道论议有时火药味也很浓。

　　三教论议促进了三教之间的调和与融摄。一方面，在隋唐时期，佛教的中国化过程已经逐渐完成，佛学吸收了儒家的忠孝伦理观以及道教的神仙迷信观，建立了中国化的哲学体系，过去那种"华夷"之辨的色彩已大为减弱，有利于三教的融摄。另一方面，为了建立新的儒学体系，中唐以来援佛入儒、援道入儒，蔚然成风，文人士大夫大多热衷于交结僧道，谈玄参禅；而作为本土宗教的道教，为了进行理论化方面的建设，也纷纷援佛入道，至于儒家思想更是道教所依傍的主要思想。在此氛围中，三教合流成为社会主潮。当时三教或二教兼习者，比比皆是。如德宗朝宰相韦处厚，服膺儒学，又栖心空门，外而君子儒，内修菩萨行；又如参加过三教论议的大臣韦渠牟，初读儒经，后做道士，又做和尚，出入三教，游刃有余。文士刘轲也是同样情况，《唐摭言》载："刘轲，慕孟轲为文，故以名焉。少为僧，止于豫章高安县南果园。复求黄老之术，隐于庐山，既而进士登第。文章与韩、柳齐名。"[2]贾岛初为和尚，后又脱去袈裟，参加科举考试。即使像反佛异常激烈的韩愈、李翱等人，在建构他们的理论体系时，也从佛教学说中吸取营养。这些情况都表明，儒、佛、道三教共存融摄趋势，已经成为当时思想文化界发展的潮流。

1 《太平广记》卷 370 "王屋薪者"条引《潇湘录》，中华书局，1961，第 2944 页。
2 （五代）王定保撰，陶绍清校证《唐摭言校证》卷 11《反初及第》，中华书局，2021，第 163 页。

到五代十国时期，三教论议作为一种和合三教的独特学术形式，已经完成了它的历史使命，而很少见诸记载了。

二　道教的理论化建设

道教是以中国古代的鬼神崇拜为基础，又吸收了原始巫术和神仙方术的成分，混杂了道家学说（黄老思想）、阴阳五行理论、儒家谶纬神学，甚至还包容有墨家、兵家、医家以及少数民族信仰成分在内而形成的一个庞杂体系，带有浓厚的万物有灵论和泛神论性质。这种性质，决定了它在兴起时就没有形成统一的组织、完整的体系和稳定的信仰。早期道教的两大派别五斗米道和太平道都是以反抗暴政的面目出现的，后来道教在发展过程中也经常出现和现实政权相对立的情况。所以，早在南北朝时期，就有寇谦之、陶弘景、陆修静等道士清理道教，进行道教的理论化建设。到唐代，道教的理论化建设进入高潮，在统治者的扶植与倡导下，道教积极向儒学和佛教学习，道教学者们一方面融入儒家的政治思想与伦理道德观念，另一方面又模仿和吸纳了佛教一些概念和思想，并依托道家，加强了道教的理论化建设，使道教进一步向义理化方向发展。

第一，用神仙信仰来阐发老子思想，大兴注老解老之风，老子正式由先秦时期道家的创始人成为道教所尊奉的教主。

老子作为先秦时期著名的道家创始人，其本身在历史上就非常神秘。司马迁在《史记·老子韩非子列传》中列举了三个有可能是老子的人。

其一，"老子者，楚苦县厉乡曲仁里人也，姓李氏，名耳，字聃，周守藏室之史也"。孔子曾问礼于老子，老子告以："去子之骄气与多欲，态色与淫志，是皆无益于子之身。"孔子曾对弟子描述老子说："鸟，吾知其能飞；鱼，吾知其能游；兽，吾知其能走。……至于龙，吾不能知其乘风云而上天。吾今日见老子，其犹龙邪！"又说："老子修道德，其学以自隐无名为务。居周久之，见周之衰，乃遂去。

至关，关令尹喜曰：'子将隐矣，强为我著书。'于是老子乃著书上下篇，言道德之意五千余言而去，莫知其所终。"据此可知，这个老子约与孔子生活于同一时代，且年长于孔子，孔子曾问礼于老子，老子诫之以去除色、欲、骄等无益之气。孔子感慨说，老子如飞龙在天，不可捉摸。后来，老子见周道衰，于是辞官而去。过函谷关时，应关令尹喜之请，著书上下篇，即《老子》，又名《道德经》，然后不知所终。

其二，"或曰：老莱子亦楚人也，著书十五篇，言道家之用，与孔子同时云"。这是司马迁所列举的第二个老子，又名老莱子，也是楚人，也与孔子同时代。

其三，"自孔子死之后百二十九年，而史记周太史儋见秦献公……或曰儋即老子，或曰非也，世莫知其然否"。这是司马迁提到的第三个老子，即孔子死后 129 年的战国时期朝见过秦献公（公元前 424~前 362）的周太史儋。此人大概已经 160 多岁，或 200 多岁，"以其修道德而养寿也"。

司马迁还提到，老子有一个儿子名宗，"为魏将，封于段干"。宗为魏将约当魏文侯时（公元前 472~前 396）。宗子注，注子宫，宫玄孙假，"仕于汉孝文帝。而假之子解为胶西王卬太傅，因家于齐焉"。从老子到卬共历 9 代。

司马迁提出了三个老子，显然是因为他也无法确定究竟哪个才是真正的老子，所以他才感慨地说："老子，隐君子也。"[1] 所谓 "隐君子" 是指那些品德高尚而又避世隐居的人，类似于后世的隐士。这样一个神秘莫测的先秦道家创始人，再加上他所提出的一套高深的道家理论，为后世道教神化他提供了草蛇灰线。后世道教神化老子的《犹龙传》，就是根据孔子言其 "犹龙邪" 而命名的；后世道教流传的 "老子化胡说" 也是在老子西出关而不知所终的基础上敷衍想象演义出来的；后世道士隐居修道行为也是受老子隐君子之风的影响；甚至道教

1　《史记》卷 63《老子韩非子列传》，中华书局，1982，第 2139~2143 页。

之称也是受到他所提出的"道"和创立的道家学说的影响而命名的；至于道教吸收老子理论以构建自身的宗教神学体系则更是其题中应有之义。所以日本学者石井昌子说："构成'道'的教——'道教'的基本资料，在《老子道德经》中已经齐备了。《老子道德经》是道教的根本圣典，同老子一起组成道教的核心，没有他们就无法谈论道教。老子不是道教的创教始祖。但在道教形成的过程中，他被神化为道教教祖。"[1]

老子被神化始于汉代。西汉末年刘向所撰的《列仙传》中已经正式把老子列为神仙之一，传曰：

> 老子姓李名耳，字伯阳，陈人也。生于殷时，为周柱下史。好养精气，贵接而不施。转为守藏史，积八十余年。《史记》云：二百余年，时称为隐君子，谥曰聃。仲尼至周见老子，知其圣人，乃师之。后周德衰，乃乘青牛车去，入大秦。过西关，关令尹喜待而迎之，知真人也，乃强使著书，作《道德经》上、下二卷。[2]

《列仙传》与《史记》所载大致相同，稍有改动。一是将老子的字改为"伯阳"；二是将老子的出生时间，大大地往前推到殷时，距孔子见老子时已有 500 多岁；三是说他是"好养精气，贵接而不施"的"真人"，已经把他当作善于修炼房中术的神仙；四是乘青牛西出关。后世对老子的继续神化基本上是沿着这几个线索而展开的。

到东汉时期，皇室贵族已经开始奉祀老子。汉明帝的弟弟楚王刘英，"晚节更喜黄老，学为浮屠斋戒祭祀"。明帝下诏勉之曰："楚王诵黄老之微言，尚浮屠之仁祠。"[3] 把黄老与浮屠（佛教）相提并论，已有将黄老宗教化的意思。明帝、章帝时，有蜀郡成都人王

1　〔日〕福井康顺等监修，朱越利译《道教》第 1 卷，上海古籍出版社，1990，第 101~102 页。

2　王叔岷：《列仙传校笺》卷上《老子》，中华书局，2007，第 18 页。

3　《后汉书》卷 42《光武十王·楚王英传》，中华书局，1965，第 1428 页。

阜（又作王追，字世公，明帝时任重泉令，章帝时迁益州太守）撰《老子圣母碑》称："老子者，道也。乃生于无形之先，起于太初之前，行于太素之元，浮游六虚，出入幽冥，观混合之未别，窥清浊之未分。"[1] 直接将老子视作"道"的化身，认为他出生于天地开辟、宇宙形成之前，具有道源的特性。这种将老子当作创世主的说法，奠定了后世道教创世说的雏形，也为老子被神化为道祖开了先声。汉桓帝时，派人祭祀老子，并将其正式列入祀典。《后汉书·祭祀志》载：

> 桓帝即位十八年，好神仙事。延熹八年，初使中常侍之陈国苦县祠老子。九年，亲祠老子于濯龙。文罽为坛，饰淳金扣器，设华盖之坐，用郊天乐也。[2]

关于延熹八年（165）桓帝派中常侍到苦县祭祀老子事，《后汉书·桓帝纪》也有记载，共有两次，一次是春正月派中常侍左悺，另一次是十一月派中常侍管霸前往。李贤注曰：当地有神庙，"故就祠之"。[3] 管霸祭祀老子，陈相边韶还奉命撰有《老子铭》曰：

> 老子姓李，字伯阳，楚相县人也……相县虚荒，今属苦……老子为周守臧（藏）室史。当幽王时，三川实震，以夏、殷之季，阴阳之事，鉴喻时王。孔子以周灵王二十年（前552）生，到景王十年（前535），年十有七，学礼于老聃。计其年纪，聃时已二百余岁。聃然，老旄之貌也。孔子卒后百二十九年，或谓周

1　《全后汉文》卷32，载（清）严可均较辑《全上古三代秦汉三国六朝文》，中华书局，1958年影印本，第651页下栏~652页上栏。又据《水经注》卷23"涡水"注曰："涡水之侧又有李母庙，庙在老子庙北，庙前有李母冢，冢东有碑，是永兴元年谯令长沙王阜所立。"永兴为汉桓帝年号，是则有蜀郡与长沙两王阜。

2　《后汉书》志第8《祭祀志中》，中华书局，1965，第3188页。

3　《后汉书》卷7《桓帝纪》，中华书局，1965，第313、316页。

大史儋为老子，莫知其所终。其二篇之书，称天地所以能长且久
者，以不自生也……或有浴神不死，是谓玄牝之言。由是世之好
道者，触类而长之，以老子离合于混沌之气，与三光为终始；观
天作谶，降升斗星；随日九变，与时消息；规矩三光，四灵在旁；
存想丹田，大一紫房；道成身化，蝉蜕渡世。自羲农以来，世为
圣者作师……延熹八年八月甲子，皇上尚德弘道，含阆光大，存
神养性，意在凌云，是以潜心黄轩，同符高宗，梦见老子，尊而
祀之。[1]

　　该碑继续增饰老子的神迹，如老子为什么字伯阳，原来是边韶
将周太史伯阳父（甫）论地震的事安在了老子头上，这样就使老子变
成了李伯阳；又如《老子》书中"称天地所以能长且久者，以不自生
也""浴神不死，是谓玄牝"的思想，成为"世之好道者"神化老子
的依据；老子不但创造了宇宙万物，而且还"世为圣者作师"。汉桓
帝之所以祭祀老子，是因为想成为神仙，梦见了老子。

　　老子已经被时人当作仙道之祖，受到求长生者的追捧。汉灵
帝熹平二年（173），有人告发陈国愍王刘宠与前相魏愔，"共祭天
神，希幸非冀"，有司按验，原来是"愔与王共祭黄老君，求长生福
而已"。[2]

　　在尚黄老、修仙道的社会思潮中，还出现了主要以修道长生观点
解说《老子》的著作，即《老君道德经河上公章句》（或称《老子河
上公注》），它是神仙方术与黄老思想逐步结合的历史产物，也是《老
子》由道家学说向道教理论过渡的重要标志。[3]

　　汉末张陵创立的五斗米道和张角兄弟创立的太平道标志着道教
的正式创立。张陵创立的五斗米道，尊奉老子，每日诵五千言，相传

1　《全后汉文》卷62，载（清）严可均校辑《全上古三代秦汉三国六朝文》，中华书局，1958年影
　　印本，第813页上栏。
2　《后汉书》卷50《孝明八王传》，中华书局，1965，第1669页。
3　卿希泰主编《中国道教史》第1卷，四川人民出版社，1988，第75~76页。

他还作有《老子想尔注》（或云为其孙张鲁所作，或云为魏晋时人所作）。张角兄弟创立的太平道则自称"大贤良师""奉事黄老道"，老子也是崇奉的对象。

不过，道教兴起之后，尊老、注老、解老，以老子书作为道教的根本经典，对其进行大量的宗教性诠释，作为建构自身理论的材料，应该是隋唐时期的事情，尤其是唐朝。

由于李唐王室追认老子为其祖先，竭力神化老子，于是老子被尊为道教最高的主神，并被尊为道教教祖。老子《道德经》被尊为最高经典，其思想也被视为最根本的信仰。老、庄、文、列诸子被钦定为道教的四大经书，这样，注老解老之风开始大兴。唐末五代的著名道教学者杜光庭曾就注老诸家做过一番整理和总结，他在《道德真经广圣义序》中追述了历代注解《道德经》者不下 60 家，仅隋唐时期就有 32 家，占半数还多（见表 10-3）。其中较著名者有王玄览、成玄英、唐玄宗和杜光庭等。

表 10-3　历代老子《道德经》注疏

年代	注解名	作者	备注
春秋	《道德经节解》上、下	老君与尹喜	
春秋	《道德经内解》上、下	尹喜	以内修之旨解注
西汉	《河上公章句》	河上公	汉文帝时降，居陕州河滨，今有庙见存
西汉	《老子指归》十四卷	严君平	汉成帝时蜀人，名遵
东汉	《老子想尔注》二卷	三天法师张道陵	
曹魏	《道德经注》	山阳王弼	字辅嗣，魏时为尚书郎
曹魏	《道德经注》	南阳何晏	字平叔，魏驸马都尉
曹魏	《道德经注》	颍川钟会	字士季，魏明帝时人
曹魏	《道德经注》	隐士孙登	字公和，魏文、明二帝时人
魏晋	《道德经注》	河南郭象	字子玄，向秀弟子
西晋	《道德经注》四卷	仆射羊祜	字叔子

年代	注解名	作者	备注
前秦	《老子注》二卷	沙门鸠摩罗什	本西胡人，符坚时自玉门关入中国
后赵	《老子注》上、下	沙门佛图澄	西胡国胡僧
东晋	《老子注》四卷	沙门僧肇	
东晋	《老子注》二卷	河东裴恩	
南朝宋	《老子注》四卷	河南张凭	字长宗，明帝太常博士
南朝梁	《道德经注》四卷	梁武帝萧衍	证以因果为义
南朝梁	《道德经述义》十卷	梁简文帝萧纲	
	《老子注》四卷	清河张嗣	不知年代
南朝梁	《老子注》四卷	陶弘景	陶隐居，贞白先生
南朝梁	《道德经疏》四卷	道士臧玄静	字道宗
南朝梁	《老子注》五卷	道士孟智周	号小孟
南朝梁	《老子注》四卷	道士窦略	与武帝、罗什所宗无异
北魏	《老子注》二卷	卢裕	国子博士，一名白头翁
北魏	《老子注》二卷	草莱臣刘仁会	伊川梁县人
南朝齐	《老子注》四卷	吴郡征士顾欢	字景怡，博士
	《老子注》	松灵仙人	隐青溪山，无名氏年代
东魏、北齐	《老子注》二卷	京兆杜弼	
南朝陈	《道德经玄览》六卷	道士褚糅（又作揉）	
隋	《道德经疏》六卷	道士刘进喜	
隋	《老子注》上、下	道士李播	
唐	《道德经义》二卷	道士孟安排	号大孟。原文误作南朝梁人，今改
唐	《老子注》二卷、《老子音义》	太史令傅奕	
唐	《道德经要义》五卷	嵩山道士魏徵	为太宗宰相
唐	《道德经义泉》五卷	法师宗文明	
唐	《道德经义疏》十卷	仙人胡超	西山得道
唐	《道德经指归》五卷	道士安丘	
唐	《道德经简要义》五卷	道士尹文操	
唐	《道德经注兼义》四卷	道士韦录	字处玄

续表

年代	注解名	作者	备注
唐	《河上公释义》十一卷	道士王玄辩	
唐	《道德经新义》十五卷	道士尹愔	谏议大夫、肃明观主
唐	《道德经注》四卷	道士徐邈	
唐	《道德经旨趣》二卷、《道德经玄示》八卷	直翰林道士何思远	
唐	《道德经金绳》十卷、《道德经事数》一卷	衡岳道士薛季昌	
唐	《道德经注》二卷、《玄珠（录）》三卷、《道德经诀》二卷	洪源先生王鞮	一作洪元先生，此人疑即王玄览，俗名王晖
唐	《道德经讲疏》六卷	法师赵坚	
唐	《道德集注真言》二十卷	杨上善	高宗时人，太子司义郎
唐	《道德经述义》十一卷、《道德经金钮》一卷	吏部侍郎贾至	
唐	《道德经疏》七卷	道士车（玄）弼	
唐	《道德经注》上、下	任真子李荣	
唐	《道德经注义》四卷	成都道士黎元兴	
唐	《道德经契源注》二卷	太原少尹王光庭	
唐	《道德经志玄疏》四卷	道士张惠超	
唐	《道德经集解》四卷	龚法师	
唐	《道德经注》二卷	通义郡道士任太玄	
唐	《道德经疏》五卷	道士申甫	冲虚先生、殿中监
唐	《道德经集解》四卷	岷山道士张君相	
唐	《道德经讲疏》六卷	道士成玄英	
唐	《道德经论兵述义》上、下	汉州刺史王真	
唐	《老子道谱策》二卷	道士符少明	
唐	《道德经注》上、下 《道德经讲疏》六卷	唐玄宗李隆基	

　　资料来源：(唐）杜光庭：《道德真经广圣义序》，载《道藏》第14册，文物出版社、上海书店、天津古籍出版社，1988年影印本，第309页上栏~310页上栏。

　　在60余家注解老子《道德经》中，最多的是道士，几乎占了2/3，这反映了道教对该经典的重视程度之高。另外，还有儒生、僧人、隐士、官吏乃至帝王将相等，说明该经流传之广，影响之深。[1]

这股注老解老之风主要是以道教神仙信仰来阐发老子道家思想，通过竭力神化老子以及他所提出的"道"，来论证长生不老观念。从此，老子成为无所不能、无所不包、神力无边，甚至先天地而生的道教尊神，并最终完成了其作为道教教祖的神化。

第二，道教着力于融摄佛教的思辨成果，援佛入道，用以建构自身的理论体系。

学术界一般认为，隋唐时期道教理论化建设的重要成果，即道教"重玄"学盛极一时。卢国龙认为："隋及唐初，是道教重玄学理论发展的顶峰时期。其所以发展，既与佛道二教的激烈论争分不开，又取决于重玄学自身的内在逻辑。"[2]重玄派始于注解老子《道德经》，其重要特色就是融摄佛教的思辨成果以发挥老庄的哲学思想，被称为"老庄哲学在佛学影响下的新发展或道家、佛学融合的产物"。[3]

所谓"重玄"，语出《道德经》第一章"玄之又玄，众妙之门"。杜光庭《道德真经广圣义》卷5载，发明"重玄"之旨的是东晋时期的孙登："孙登以重玄为宗。宗旨之中，孙氏为妙矣。"后来，"梁朝道士孟智周、臧玄静，陈朝道士诸（应作褚）糅（又作揉），隋朝道士刘进喜，唐朝道士成玄英、蔡子晃、黄玄赜、李荣、车玄弼、张惠超、黎元兴，皆明重玄之道"。[4]唐代重玄学者中最有代表性的人物有成玄英、李荣、王玄览等，他们大约生活在唐太宗、唐高宗和武则天时期，形成隋唐道教理论建构中的主干思想。

成玄英是个政治活动能力较强的道士，他在贞观五年（631）受唐太宗征召至京师，赐号"西华法师"。唐高宗永徽四年（653），因

1　关于唐以前历代注解老子《道德经》者，其实远不只杜光庭所提到的这60余家，据今人董恩林综合新、旧《唐书》及《老子考》等史书著录，仅唐人诠释《老子》的文献就多达62种。见氏著《唐代〈老子〉诠释文献研究》，齐鲁书社，2003，第11~15页。

2　卢国龙:《道教哲学》，华夏出版社，2007，第215页。

3　任继愈主编《中国道教史》，上海人民出版社，1990，第250页。

4　（唐）杜光庭:《道德真经广圣义》卷5，载《道藏》第14册，文物出版社、上海书店、天津古籍出版社，1988年影印本，第341页上栏、340页下栏。

语涉禁忌而被流放郁州（今江苏连云港）。在流放期间注释《老》《庄》，并撰写了其他著作，"书成，道王元庆遣文学贾鼎就授大义，嵩高山人李利涉为序，唯《老子注》《庄子疏》著录"。[1]

李荣，道号任真子，绵州巴西（今四川绵阳）人。高宗时受到征召，住长安东明观，长期活动于长安和洛阳两京，并多次代表道教方面参加佛、道论辩，成为当时京师著名的道门领袖。李荣不但善辩，而且颇有诗才，在当时非常活跃。李荣曾对僧人会隐说"荣在蜀日，已闻师名"，他自称是"蜀郡词人"，又称"道门英秀，蜀郡李荣"。僧人灵辩讽其曰："区区蜀地老，窃号道门英。"[2]王维在《大荐福寺大德道光禅师塔铭并序》中说："禅师讳道光，本姓李，绵州巴西人……其季父荣，为道士，有文知名。"[3]《启颜录》载："唐有僧法轨，形容短小，于寺开讲，李荣往共论议，往复数番。僧有旧作诗咏荣，于高座上诵之，云：'姓李应须李，言荣又不荣。'此僧未及得道下句，李荣应声接曰：'身长三尺半，头毛犹未生。'四座欢喜，伏其辩捷。"[4]又《旧唐书·儒学上·罗道琮传》载："罗道琮，蒲州虞乡人也……以明经登第。高宗末，官至太学博士。每与太学助教康国安，道士李荣等讲论，为时所称。"[5]他曾与"初唐四杰"中的骆宾王、卢照邻以及驸马薛曜等人皆有交往。骆宾王曾作有长诗《代女道士王灵妃赠道士李荣》，其中曰："自言少小慕幽玄，只言容易得神仙。……漫道烧丹只七飞，空传化石曾三转。"[6]说明李荣从小就羡慕神仙，后学道炼丹。卢照邻也写有《赠李荣道士》诗曰："锦节衔天使，琼仙驾羽君。投金翠山曲，奠璧清江濆。圆洞开丹鼎，方坛聚绛云。宝贶幽难识，空歌迥易分。风摇十洲影，日乱九江文。敷诚归上帝，应诏佐明君。独有南

1　《新唐书》卷 59《艺文志三》，中华书局，1975，第 1517 页。

2　（唐）道宣撰，刘林魁校注《集古今佛道论衡校注》卷丁，中华书局，第 263、288、308 页。

3　（唐）王维撰，陈铁民校注《王维集校注》卷 8，中华书局，1997，第 752~753 页。

4　（隋）侯白撰，董志翘笺注《启颜录笺注》下编《李荣》，中华书局，2014，第 130 页。

5　《旧唐书》卷 189 上《儒学上·罗道琮传》，中华书局，1975，第 4957 页。

6　（唐）骆宾王著，（清）陈熙晋笺注《骆宾王集》卷 4，王群栗点校，浙江古籍出版社，2015，第 211~219 页。

冠客，耿耿泣离群。遥看八会所，真气晓氤氲。"[1]诗中盛赞李荣有王佐之才。驸马薛曜也作有《登绵州富乐山别李道士荣》诗曰："珠阙昆山远，银宫涨海悬。送君从此路，城郭几千年。云雾含丹景，桑麻覆细田。笙歌未尽曲，风驭独泠然。"[2]

成玄英、李荣的重玄学思想在当时和后世产生了重要影响。卿希泰先生评价说："成玄英、李荣作为唐代重玄派的代表人物，其思想在当时道教中最富于义理性和思辨性，这与他们善于继承老庄哲学和消化佛教中观思想是分不开的。他们的《老子注》有两大共同特征：一为援《庄》入老，一为援佛入老。通过对佛老的巧妙结合，发展了道教的教理教义，对后来道教思想的演变产生了深远的影响。王玄览的道体论即受到过此种影响。"[3]

王玄览也是唐代重要的重玄学者，他遍研道家、佛教经典，他的思想深受佛教思想的影响。他的生平见其门徒王太霄所撰《玄珠录序》：

> 先师族王氏，俗讳晖，法名玄览。先祖自晋末从并州太原移来，今为广汉绵竹普闰人也……年十五时，忽异常日，独处静室，不群希言。自是之后，数道人之死生，童儿之寿命，皆如言，时人谓之洞见。至年三十余，亦卜筮数年，云不定，弃之不为，而习弄玄性。燕反折法，捷利不可当。耽玩大乘，遇物成论。抄严子《指归》于三字，后注《老经》两卷。及乎神仙方法，丹药节度，咸心谋手试。既获其要，乃携二三乡友往造茅山，半路觉同行人非仙才，遂却归乡里。叹长生之道无可共修，此身既乖，须取心证，于是坐起行住，唯道是务。二教经论，悉遍披讨，究其源奥，慧发生知，思穷天纵，辩若悬河泻水，注而

1 （唐）卢照邻著，祝尚书笺注《卢照邻集笺注》卷1，上海古籍出版社，1994，第49页。
2 《全唐诗》卷882，中华书局，1960，第9968页。原诗作《登绵州富乐山别李道士策》，"策"应为"荣"之误。
3 卿希泰主编《中国道教史》第2卷，四川人民出版社，1992，第204~205页。

不竭。而好为人相蚕种，逆知丰损。别宅地之利害，见墓田之气色，识鬼神之情状，况众咸信重之……亦教人九宫六甲，阴阳术数，作《遁甲四合图》，甚省要。年四十七，益州长史李孝逸召见，深礼爱，与同游诸寺，将诸德对论空义，皆语齐四句，理统一乘，问难虽众，无能屈者，李公甚喜。时遇恩度为道士，隶籍于至真观……既处成都，遐迩瞻仰，四方人士，钦挹风猷，贵胜追寻，谈经问道，将辞之际，多请著文，因是作《真人菩萨门》两卷，贻诸好事……年六十余，渐不复言灾祥，恒坐忘行心。时被他事系狱一年，于狱中沉思，作《混成奥藏图》。晚年又著《九真任证颂道德诸行门》两卷。益州谢法师、彭州杜尊师、汉州李炼师等及诸弟子，每咨论妙义，询问经教，凡所受言，各录为私记。因解洪元义，已后诸子因以号师曰"洪元先生"，师亦不拒焉。又请释《老经》，随口便书，记为《老经口诀》两卷，并传于世，时年七十二。则天神功元年戊戌（按：应为"丁酉"）岁，奉敕使张昌期就宅拜请，乘驿入都。闰十月九日，至洛州三乡驿羽化。[1]

从以上记载可知，王玄览为其法名，俗名晖，是一名"恩度"道士。他好为人卜筮看相，预测灾祥祸福，曾因事被下狱一年，中年时曾受到益州长史李孝逸的礼爱，晚年又受到女皇武则天的召请，精通佛、道二教之学，勤于著述，善于辩论。但他的著作多已亡佚，仅门人王太霄根据诸人私记汇集而成的《玄珠录》两卷流传至今。从这部著作的内容来看，他所倡导的道教思想，明显杂糅有佛教理论。可以说他是继成玄英、李荣之后又一位重玄思想的重要继承者和发展者。

重玄学的内容丰富，包罗万象，在思想体系上融会佛、道而又

<hr>

1 （唐）王太霄:《玄珠录序》，载《道藏》第23册，文物出版社、上海书店、天津古籍出版社，1988年影印本，第619页中栏~620页上栏。

兼及儒学，富有很强的思辨性和理论性，在当时道教中非常具有特色，对当时及后世产生了一定的影响，甚至影响到佛、儒二教，如佛教禅宗北祖神秀自称，"我之道法，总会归'体用'两字，亦曰重玄门"。[1] 又如中唐儒学复兴运动的重要代表人物李翱，也受到重玄家们的影响，他的《复性书》除受到佛教思想的影响外，还明显受到成玄英"复归真性"思想的启发，所以韩愈说"今之言性者……杂佛老而言也者"。[2]

第三，纳儒入道，将孔孟之道融入老庄之道，使之更适合统治者的口味，更好地为王权政治服务。

道教是中国土生土长的宗教，在长期的发展和不断完善中，把许多伦理教条变成道教的教义，以符合统治者的需要。从表面上看起来，道教与王权政治所倡导的主流思想儒学有许多矛盾之处，但在实质上却又有相通之处。重玄家成玄英所提倡的重玄之道就深受儒家思想"内圣外王"之道的影响，他说："既能反朴还淳，归于妙本，次须从本降迹，以救苍生，布此淳朴而为化用。"[3] 其中就包含了儒家经世致用的观念，显示了儒道合一的精神。

唐玄宗时道士吴筠纳儒入道的思想更为明显，这大概与他本人曾经是"鲁中儒士"的经历有关，据说他"少通经，善属文"，曾参加科举考试而落第，之后入嵩山师从茅山派道士潘师正，受正一之法。他喜好与文士交结，以诗名闻。玄宗征召其至京师，待诏翰林。问以道法，对曰："道法之精，无如五千言，其诸枝词蔓说，徒费纸札尔。"又问以神仙修炼之事，对曰："此野人之事，当以岁月功行求之，非人

1　（唐）净觉：《楞伽师资记·神秀传》，载蓝吉富主编《禅宗全书·史传部一》，台北：文殊出版社，1988，第 19 页下栏。

2　（唐）韩愈撰，马其昶校注，马茂元整理《韩昌黎文集校注》卷 1《原性》，上海古籍出版社，1986，第 22 页。

3　参见（五代）强思齐《道德真经玄德纂疏》卷 7《成玄英疏》，载《道藏》第 13 册，文物出版社、上海书店、天津古籍出版社，1988 年影印本，第 426 页中栏。

主之所宜适意"。每有所陈,"但名教世务而已"。[1]可见他的思想明显
受到儒家思想的影响。

　　唐末五代的杜光庭,学识渊博,精通儒、道经典,"为时名
儒",[2]"初意喜读经史,工辞章、翰墨之学。懿宗(按:应为僖宗)设
万言科选士,光庭试其艺不中,乃弃儒衣冠入道游"。[3]他的思想体现
了以道为主、融合儒道的倾向。他称道教为"本朝家教",[4]以老子为至
尊,既是道教的需要,也是唐王朝政治的需要。他的这一思想趋势,
为后世道教所继承。[5]

　　此外,道教还吸收了儒家的一些伦理道德观。如敦煌文书中就有
关于道教孝道文献,[6]这显然也反映了传统儒家理论对道教思想的渗透。

　　第四,道教斋醮科仪的整理及其完善和制度化,初步完成了道教
从理论到形式的系统化。

　　道教自创立始,就存在着组织混乱、科律废弛的现象。南朝刘
宋时道士陆修静,针对这一情况进行过整理道教斋醮仪范的努力,但
由于当时国家分裂,他所倡导的以斋仪为主的道教,仅局限于南朝行
道,故又称为南天师道。隋唐大一统局面的相继出现,为道教科仪的
重新整理提供了有利的社会条件。这个时期道教科仪的整理卓有成
效,对此做出重要贡献的主要有张万福和杜光庭等人。[7]南宋道士金允

1　《权德舆诗文集》辑遗《吴尊师传》,郭广伟校点,上海古籍出版社,2008,第815页。《旧唐书》
　　卷192《隐逸·吴筠传》,中华书局,1975,第5129页。
2　(宋)吕太古:《道门通教必用集》卷1《杜天师》,载《道藏》第32册,文物出版社、上海书店、
　　天津古籍出版社,1988年影印本,第8页中栏。
3　(宋)佚名:《宣和书谱》卷5《正书三·道士杜光庭》,顾逸点校,上海书画出版社,1984,第
　　40页。
4　(唐)杜光庭:《道德真经广圣义序》,载《道藏》第14册,文物出版社、上海书店、天津古籍出
　　版社,1988年影印本,第310页中栏。
5　关于杜光庭的思想及贡献可参阅孙亦平《杜光庭思想与唐宋道教的转型》,南京大学出版社,
　　2004。
6　郑阿财:《敦煌道教孝道文献的研究之一——〈慈善孝子报恩成道经要品第四〉的成立与流
　　行》,《杭州大学学报》1998年第1期。
7　关于张万福和杜光庭对道教科仪的整理的详细情况,请参阅卿希泰主编《中国道教史》第2卷,
　　四川人民出版社,1992,第282~290、473~477页。

中在《上清灵宝大法》中说：

> 斋法起于中古晋宋之间，简寂先生（陆修静）始分三洞之目，别四辅之源，疏列科条，校迁斋法。又唐时张清都（张万福）经理之余，尚未大备。至广成先生（杜光庭）荐加编集，于是黄箓之科仪典格，灿然详密矣。后世遵行，莫敢越也。[1]

由此可见，在道教史上，陆修静、张万福、杜光庭是奠定斋醮科仪形式的关键性人物，所以被后世尊称为"科教三师"。

张万福，生平事迹不详，约活动于中宗、睿宗、玄宗时期的帝都长安。他曾居长安清都观，故后世的道教文献中常称他为张清都。又曾居长安太清观，参与过唐代《道藏》的编纂，故所撰科仪书或题"三洞弟子京太清观道士张万福编录"，或题"京三洞弟子清都观张万福"。他在陆修静斋法的基础上，进一步进行了完善。他所编撰的科仪经文计有《传授三洞经戒法箓略说》《三洞众戒文》《洞玄灵宝道士受三洞经戒法箓择日历》《醮三洞真文五法正一盟威箓立成仪》《三洞法服科戒文》《洞玄灵宝三师名讳形状居观方所文》等。

《传授三洞经戒法箓略说》分为上、下两卷，成书于唐玄宗先天元年（712）。该书简述了道教的各种经戒，并说明根据信教对象的品位、贤愚、禀气清浊等而分别授予不同的戒律。他认为道教经戒是修道者必修的科范，否则不得成仙。他说："道学当以戒律为先，道家之宗尊焉……凡初入法门，皆须持戒。戒者防非止恶，进善登仙，众行之门，以之为键。"[2]

《三洞众戒文》分为上、下两卷，是一部整理、阐发道教戒律、科仪的文献，也是一部研究中古道教戒律的重要文献。他在序言中阐

1　（南宋）金允中编《上清灵宝大法》卷39，载《道藏》第31册，文物出版社、上海书店、天津古籍出版社，1988年影印本，第608页中栏。

2　（唐）张万福：《传授三洞经戒法箓略说》卷上，载《道藏》第32册，文物出版社、上海书店、天津古籍出版社，1988年影印本，第185页中栏。

明了道教戒律的意义："学道求真，莫不先持斋戒……夫戒者，戒诸恶行，防众行之最。若不持戒，道无由得。"[1]在他看来，戒律是道教徒得道的第一步，作用在于防非止恶、善道教化。所以他所制定的道教戒律，根据修道者的品性差异、修道次序，受戒也是不同的。从中可以看出隋唐时期戒目的繁多。

《洞玄灵宝道士受三洞经戒法箓择日历》（以下简称《择日历》），则是说明道士受经戒法箓，应预择吉日良辰，以为受道之期。他批评了当时经戒传授的混乱现象，说："窃见男女同坛，或师弟不相对斋，或师弟各自游行，或结斋之后始来告赴，或不投辞誓，或抱素尽空，或师借经法及假人经法，或师为出法信，或数师同坛，或不书表刺、不分契券，或法次交互、不期良日，或虚注保证及广书名德。如此之流，情所不忍。复有无经法，恃其豪富势力及名望高远，耻人不归，强相招引，为他传授。亦有曾受一法、两法，或道德十戒，乃唱言自云：凡诸道法，我并师受。或薄解符章、禁祝小技，出入天庭。或富贵人驱使，或百姓信向，丰衣足食，少有僮仆，使人传唱，招致弟子，为传经法。或恃以年高德重，俄然戴冠，为人师范。此之流例，举目皆是。"又说："昔尝游江淮吴蜀，而师资付度，甚自轻率，至于斋静，殊不尽心，唯专醮祭，夜中施设。近来此风，少行京洛，良由供奉道士，多此中人，持兹鄙俗，施于帝里。"他目睹了当时道教在科仪方面的种种弊病，这也是他下决心整理道教戒律科仪的原因。他说："万福仰惟积善，庆及庸微，既厕道流，又参真秘，自升净域，向五十许年，从师结誓，亦四十余载，敢窥琼检，窃诵金章，香灯之暇，辄此撰录，祇望示之门人，未敢闻之于外。先修《三洞众戒》，已具二十一卷中，恐披卷轴繁多，罕能存录，今指行此一卷，庶弟子志之。"[2]由此可见，张万福先修有《三洞众戒》二十一卷，今已不传。

1　（唐）张万福：《三洞众戒文序》，载《道藏》第3册，文物出版社、上海书店、天津古籍出版社，1988年影印本，第396页中栏。

2　（唐）张万福：《洞玄灵宝道士受三洞经戒法箓择日历》，载《道藏》第32册，文物出版社、上海书店、天津古籍出版社，1988年影印本，第184页上栏～中栏、182页上栏～中栏。

一般认为，《择日历》本是《三洞众戒》的一部分，因担心卷帙浩繁、流传不便而单独成6卷。

《醮三洞真文五法正一盟威箓立成仪》是他对醮仪方面所做的整理。他认为："凡醮者，所以荐诚于天地，祈福于冥灵。若不精专，则不足以通感。"故须诚心诚意，建醮设坛，器物供品，皆有讲究。醮坛以设在"名山洞穴"为最佳，其次选"幽闲虚寂"之地，"器物座具，时果芳馔，必在丰新"，"道法清虚，特忌殄秽"。这是设醮的基本要求。他所修订的醮仪程式，从设坛位开始，中经请神、送神，直到醮后处理醮食等诸禁忌，都有明确的规定，从中可见唐代道教醮仪的大致情况。[1]

《三洞法服科戒文》则是他对道教服饰制度所做的解说。他借太上老君之口说："衣服者，身之章也。随其禀受品次不同，各有科仪，凡有九等。"道士修行，"舍俗出家，当须持奉三洞符箓经戒，依此制服，随其经戒高下，勿得叨谬，混杂仙真"。道士，"常须备其法服，整饰形容，沐浴冠带，朝奉天真，教化一切。勿得暂舍法服，不住威仪，无使非人，犯法服也"。为此他制定了关于法服的四十六条科戒，如果违犯这些科戒，就将受到相应的惩罚，这反映了唐代道教的服饰制度。[2]

《洞玄灵宝三师名讳形状居观方所文》则记录了唐代道教的参师仪式。所谓三师即度师、籍师、经师。道士行仪之先礼三师，他说："非师不度，非师不仙。又云，先存三师，然后行道。凡厥读经、讲诵、行道、烧香、入室、登坛，皆先礼师存念，次当起愿，开度九祖及以己身。此法不遵，真灵靡降。"又说："礼师则须知方所，存念则审识形容。受道之辰，师当指授，故自正一以上，至乎洞真，参受三师名讳形状、住观方所。"唐代祖师在授受之际，会将写有三师名讳

1　（唐）张万福：《醮三洞真文五法正一盟威箓立成仪》，载《道藏》第28册，文物出版社、上海书店、天津古籍出版社，1988年影印本，第492页上栏。

2　（唐）张万福：《三洞法服科戒文》，载《道藏》第18册，文物出版社、上海书店、天津古籍出版社，1988年影印本，第228页中栏~231页中栏。

的黄布授予弟子，要求存念三师名讳、形状、住观和方所。如果有谱系，也要抄写一份。"其六明、五保、三证，虽非存念之限，是我成就之因，亦宜存忆，为入真之阶。"[1]可见礼三师在唐代道教科仪中已经成为一项重要内容。

　　张万福还整理编辑过《黄箓仪》《灵宝五炼生尸斋》等科仪。南宋蒋叔舆编的《无上黄箓大斋立成仪》卷16，题为陆修靖（静）撰，"大唐清都三洞法师张万福补正"。[2]他所编的科仪有很多都散佚了，但仅从现存资料来看，他是继陆修静之后、杜光庭之前对道教科仪做出过重要贡献的一位著名道士。他对道教斋醮科仪的整理工作为杜光庭集道门科仪之大成奠定了基础。[3]

　　杜光庭（850~933），字宾圣（一作宾至，或圣宾），号东瀛子（一作登瀛子），处州缙云（今属浙江）人（一说括苍人，或云京兆杜陵人），生活在晚唐五代时期，是道门科仪的集大成者。他曾于唐懿宗咸通年间（860~873）应九经举不中，于是入天台山学道，师从道士应夷节。后受僖宗召见，赐号弘教大师，充麟德殿文章应制、内供奉，成为道门领袖，受到当时人推崇，五代后蜀何光远称赞他为："学海千寻，词林万叶，凡所著述，与乐天（白居易）齐肩。"[4]南宋道士吕太古则更是推崇他"扶宗立教，天下第一"。[5]中和元年（881），杜光庭随僖宗避难成都，此后留蜀不返，受到前蜀主王建赏识，命为光禄大夫、尚书户部侍郎、上柱国、蔡国公，赐号广成先生。后主王衍立，受道箓于苑中，以为传真天师、崇真馆大学士。晚年隐居青城山，"奉

1　（唐）张万福：《洞玄灵宝三师名讳形状居观方所文》，载《道藏》第6册，文物出版社、上海书店、天津古籍出版社，1988年影印本，第754页上栏~755页中栏。

2　（宋）蒋叔舆编《无上黄箓大斋立成仪》卷16，载《道藏》第9册，文物出版社、上海书店、天津古籍出版社，1988年影印本，第471页上栏。

3　卿希泰主编《中国道教史》第2卷，四川人民出版社，1992，第290页。

4　（五代）何光远撰，邓星亮等校注《鉴诫录校注》卷5《高尚士》，巴蜀书社，2011，第119页。

5　（宋）吕太古：《道门通教必用集》卷1《杜天师》，载《道藏》第32册，文物出版社、上海书店、天津古籍出版社，1988年影印本，第8页中栏；（宋）佚名：《宣和书谱》卷5《正书三·道士杜光庭》，顾逸点校，上海书画出版社，1984，第40页。

行上清紫虚吞日月气法"，年八十三卒，葬于青城山清都观后。[1]

他一生著述甚丰，仅存世著作就多达三十余种。他认为"道法科教，自汉天师暨陆修静撰集以来，岁月绵邈，几将废坠，遂考真伪，条列始末，故天下羽褐，永远受其赐"。[2]他所修订的道门科仪有很多种，《十国春秋·杜光庭传》称："至道门诸科醮仪，始自光庭，所著凡十余种。"[3]今《道藏》中尚保留有经他修订、编写的道教斋醮科仪十多种近二百卷，如《太上黄箓斋仪》《无上黄箓大斋立成仪》（卷19~21）《太上正一阅箓仪》《太上三五正一盟威阅箓醮仪》《太上三洞传授道德经紫虚箓拜表仪》《太上灵宝玉匮明真斋忏方仪》《太上洞渊三昧神咒斋十方忏仪》《太上洞渊三昧神咒斋清旦行道仪》《太上洞渊三昧神咒斋忏谢仪》《太上洞神太元河图三元仰谢仪》《金箓斋启坛仪》《金箓斋忏方仪》《洞神三皇七十二君斋方忏仪》《道门科范大全集》等。特别是《道门科范大全集》87卷，[4]将道教主要道派的斋醮科仪加以统一并使之规范化，集唐代道教斋醮科仪之大成。

他所制定的道门科范影响深远，成为唐以后斋醮活动的范本。[5]南宋道士宁全真（1101~1181）就说："广成先生杜君光庭，于是总稽三十六部之经诠，旁及古今之典籍，极力编校，斋法大成。"[6]金允中也说："至唐广成先生杜君光庭……科条大备，典格具彰，跨古越今，以成轨范。"[7]又说："广成先生编集斋科……著书立言，各有经据，天下

---

1 （清）吴任臣：《十国春秋》卷47《杜光庭传》，徐敏霞、周莹点校，中华书局，1983，第674页。

2 （元）赵道一编《历世真仙体道通鉴》卷40《杜光庭》，载《道藏》第5册，文物出版社、上海书店、天津古籍出版社，1988年影印本，第330页下栏。

3 （清）吴任臣：《十国春秋》卷47《杜光庭传》，徐敏霞、周莹点校，中华书局，1983，第676页。

4 （唐）杜光庭：《道门科范大全集》，载《道藏》第31册，文物出版社、上海书店、天津古籍出版社，1988年影印本，第758页下栏~966页下栏。

5 张泽洪：《论科教三师》，《宗教学研究》1998年第4期，第33~39页。

6 （南宋）宁全真授，王契真纂《上清灵宝大法》卷54，载《道藏》第31册，文物出版社、上海书店、天津古籍出版社，1988年影印本，第201页上栏。

7 （南宋）金允中编《上清灵宝大法·总序》，载《道藏》第31册，文物出版社、上海书店、天津古籍出版社，1988年影印本，第345页上栏。

后世，无不遵行。"[1] 可以说，他最终完成了道教斋醮科仪的制定，他所制定的道门科范，至今仍为道教所沿用。

　　总之，唐代统治者出于政治目的抬高道教，尊奉《道德经》，道教徒便从宗教的角度来阐发老庄思想，造作或文饰其以神仙信仰为核心的教义，援佛入道，纳儒入道，从而完成了道教斋醮科仪的规范，使道教从低层次的、粗鄙的宗教形式发展成为相对具有较高层次的、有教养的理论形态。这不能不说是中国道教发展史上的一大重要转变。

1　（南宋）金允中编《上清灵宝大法》卷 40，载《道藏》第 31 册，文物出版社、上海书店、天津古籍出版社，1988 年影印本，第 625 页中栏。

参考文献

一　史料

（宋）朱熹注《周易》，上海古籍出版社，1987年影印本。

顾颉刚、刘起釪:《尚书校释译论》，中华书局，2005。

袁珂校注《山海经校注》，巴蜀书社，1993。

（清）孙诒让:《周礼正义》，王文锦、陈玉霞点校，中华书局，2013。

杨天宇:《仪礼译注》，上海古籍出版社，2004。

（汉）郑玄注，（唐）孔颖达正义，吕友仁整理《礼记正义》，上海古籍出版社，2008。

王文锦译解《礼记译解》，中华书局，2001。

程俊英、蒋见元：《诗经注析》，中华书局，1991。

（汉）刘向辑，（汉）王逸注，（宋）洪兴祖补注《楚辞》，孙雪霄校点，上海古籍出版社，2015。

饶宗颐：《老子想尔注校证》，上海古籍出版社，1991。

（春秋）辛妍（文子）著，（元）杜道坚注《文子》（《通玄真经缵义》），上海古籍出版社，1989年影印本。

杨伯峻译注《论语译注》，中华书局，1980。

杨伯峻编著《春秋左传注》，中华书局，1990。

（春秋）左丘明传，（晋）杜预集解《春秋左传集解》，上海人民出版社，1977。

（晋）杜预集解《春秋经传集解》，上海古籍出版社，1988。

陈鼓应注译《庄子今注今译》，中华书局，2016。

（清）王先谦集解《庄子集解》，中华书局，2012。

（清）程夔初集注，程朱昌、程育全编《战国策集注》，上海古籍出版社，2013。

（战国）左丘明著，（三国吴）韦昭注《国语》，胡文波校点，上海古籍出版社，2015。

（战国）吕不韦编，（汉）高诱注《吕氏春秋》，（清）毕沅校，徐小蛮标点，上海古籍出版社，2014。

（战国）吕不韦编，陈奇猷校释《吕氏春秋校释》，上海古籍出版社，2002。

（唐）房玄龄注，（明）刘绩补注《管子》，刘晓艺校点，上海古籍出版社，2015。

徐宗元辑《帝王世纪辑存》，中华书局，1964。

（汉）司马迁：《史记》，中华书局，1982。

（汉）班固：《汉书》，中华书局，1962。

（清）陈立：《白虎通疏证》，吴则虞点校，中华书局，1994。

（汉）崔寔原著，石声汉校注《四民月令校注》，中华书局，

1965。

（汉）蔡邕：《独断》，中华书局，1985年丛书集成初编本。

（汉）蔡邕：《独断》，上海古籍出版社，1990年四库全书影印本。

（汉）蔡邕著，吉联抗辑《琴操（两种）》，人民音乐出版社，1990。

（汉）董仲舒撰，苏舆注《春秋繁露义证》，钟哲点校，中华书局，1992。

（汉）桓宽著，王利器校注《盐铁论校注》，天津古籍出版社，1983。

（汉）桓谭：《新论》，上海人民出版社，1976。

（汉）焦延寿撰，（元）无名氏注《易林》，马新钦点校，凤凰出版社，2017。

何宁：《淮南子集释》，中华书局，1998。

（汉）刘安撰，孙冯翼辑《淮南万毕术》，中华书局，1985年丛书集成初编本。

（汉）刘向编著，石光英校释，陈新整理《新序校释》，中华书局，2001。

王叔岷：《列仙传校笺》，中华书局，2007。

（汉）刘向：《列女传》，刘晓东校点，辽宁教育出版社，1998。

黄晖：《论衡校释（附刘盼遂集解）》，中华书局，1990。

（汉）王符撰，（清）汪继培笺《潜夫论》，上海古籍出版社，1978。

（汉）张衡撰，张震泽校注《张衡诗文集校注》，上海古籍出版社，1986。

（汉）许慎：《说文解字》，中华书局，1963年影印本。

（汉）应劭撰，吴树平校释《风俗通义校释》，天津人民出版社，1980。

（汉）应劭撰，王利器校注《风俗通义校注》，中华书局，1981。

马烈光等主编《〈黄帝内经〉通释》，人民军医出版社，2014。

马继兴主编《神农本草经辑注》，人民卫生出版社，1995。

（清）莫枚士辑注，郭君双等校注《神农本草经校注》，中国中医药出版社，2017。

干明编《太平经合校》，中华书局，2014。

佚名:《汉武帝内传》，王根林校点，载《汉魏六朝笔记小说大观》，上海古籍出版社，1999。

佚名:《汉武故事》，王根林校点，载《汉魏六朝笔记小说大观》，上海古籍出版社，1999。

（三国魏）董勋:《问礼俗》，载《中华礼藏·礼俗卷·岁时之属》第1册，浙江大学出版社，2016。

（三国魏）曹丕著，夏传才、唐绍忠校注《曹丕集校注》，河北教育出版社，2013。

（三国魏）曹植著，赵幼文校注《曹植集校注》，中华书局，2018。

（三国魏）吴普等述，（清）孙星衍、孙冯翼撰《神农本草经》，戴铭等点校，广西科学技术出版社，2016。

（三国魏）王肃注《孔子家语》，上海古籍出版社，1990年影印本。

（三国魏）张揖撰，（隋）曹宪注音《广雅》，中华书局，1985年丛书集成初编本。

（晋）陈寿:《三国志》，中华书局，1982。

（晋）常璩著，刘琳校注《华阳国志校注》，巴蜀书社，1985。

（晋）常璩著，任乃强校注《华阳国志校补图注》，上海古籍出版社，1987。

（晋）崔豹撰，牟华林校笺《〈古今注〉校笺》，线装书局，2015。

王明:《抱朴子内篇校释》，中华书局，1985。

（晋）葛洪撰，胡守为校释《神仙传校释》，中华书局，2010。

（晋）葛洪撰，谢青云译注《神仙传》，中华书局，2017。

（晋）葛洪:《西京杂记》，中华书局，1985。

（晋）葛洪撰，汪剑等整理《肘后备急方》，中国中医药出版社，2016。

（晋）干宝撰，汪绍楹校注《搜神记》，中华书局，1979。

（晋）皇甫谧著，（清）任渭长、沙英绘，刘晓艺撰文《高士传》，上海古籍出版社，2014。

（晋）陆机:《要览》，载（明）陶宗仪等编《说郛三种》卷59，上海古籍出版社，2012年影印本。

（晋）陶潜撰，汪绍楹校注《搜神后记》，中华书局，1981。

（晋）陶渊明著，逯钦立校注《陶渊明集》，中华书局，1979。

（晋）张华著，范宁校证《博物志校证》，中华书局，1980。

（南朝宋）范晔:《后汉书》，中华书局，1965。

（南朝宋）刘敬叔:《异苑》，范宁校点，中华书局，1996。

（南朝宋）刘敬叔:《异苑》，黄益元校点，载《汉魏六朝笔记小说大观》，上海古籍出版社，1999。

（南朝齐）谢朓著，曹融南校注《谢宣城集校注》，上海古籍出版社，1991。

（南朝梁）鲍至:《南雍州记》，载（清）王谟辑《汉唐地理书钞》，中华书局，1961年影印本。

（南朝梁）江淹著，丁福林、杨胜朋校注《江文通集校注》，上海古籍出版社，2017。

（南朝梁）刘勰著，王利器校笺《文心雕龙校证》，上海古籍出版社，1980。

（南朝梁）任昉:《述异记》，吉林大学出版社，1992。

（南朝梁）沈约:《宋书》，中华书局，1974。

（南朝梁）吴均:《续齐谐记》，王根林校点，载《汉魏六朝笔记小说大观》，上海古籍出版社，1999。

（南朝梁）萧子显:《南齐书》，中华书局，1972。

（南朝梁）萧纲著，肖占鹏、董志广校注《梁简文帝集校注》，南开大学出版社，2015。

（南朝梁）萧统编，（唐）李善注《文选》，华慧等点校，岳麓书社，2002。

（南朝梁）殷芸编纂，周楞伽辑注《殷芸小说》，上海古籍出版社，1984。

（南朝梁）宗懔撰，（隋）杜公瞻注，姜彦稚辑校《荆楚岁时记》，中华书局，2018。

（南朝梁）僧祐撰，刘立夫等译注《弘明集》，中华书局，2013。

（南朝梁）僧祐撰，李小荣校笺《弘明集校笺》，上海古籍出版社，2013。

（南朝陈）徐陵编，（清）吴兆宜注，（清）程琰删补《玉台新咏》，尚成校点，上海古籍出版社，2013。

（北魏）崔鸿撰，（清）汤球辑《十六国春秋辑补》，中华书局，1985 年丛书集成初编本。

（北魏）贾思勰，缪启愉、缪桂龙注《齐民要术》，上海古籍出版社，2006。

（北魏）郦道元撰，陈桥驿校证《水经注校证》，中华书局，2007。

（北齐）魏收：《魏书》，中华书局，1974。

（北周）庾信撰，（清）倪璠注《庾子山集注》，许逸民校点，中华书局，1980。

（隋）巢元方撰，丁光迪主编《诸病源候论校注》，人民卫生出版社，1991。

（隋）杜台卿：《玉烛宝典》，朱新林点校，载《中华礼藏·礼俗卷·岁时之属》第 1 册，浙江大学出版社，2016。

（隋）杜台卿：《玉烛宝典》，中华书局，1985 年丛书集成初编本。

（隋）侯白撰，董志翘笺注《启颜录笺注》，中华书局，2014。

（唐）房玄龄：《晋书》，中华书局，1974。

（唐）姚思廉：《梁书》，中华书局，1973。

（唐）姚思廉：《陈书》，中华书局，1972。

（唐）令狐德棻：《周书》，中华书局，1971。

（唐）李百药：《北齐书》，中华书局，1972。

（唐）魏徵：《隋书》，中华书局，1973。

（唐）李延寿：《北史》，中华书局，1974。

（唐）李延寿：《南史》，中华书局，1975。

（唐）欧阳询：《艺文类聚》，汪绍楹校，上海古籍出版社，1999。

（唐）徐坚等辑《初学记》，韩放主校点，京华出版社，2000。

（唐）杜佑：《通典》，王文锦等点校，中华书局，1988。

（唐）李林甫等：《唐六典》，陈仲夫点校，中华书局，1992。

（唐）长孙无忌等：《唐律疏议》，刘俊文点校，中华书局，1983。

（唐）萧嵩等：《大唐开元礼》，民族出版社，2000 年影印本。

（唐）林宝撰，岑仲勉校记，郁贤皓、陶敏整理，孙望审订《元和姓纂（附四校记）》，中华书局，1994。

（唐）李吉甫：《元和郡县图志》，贺次君点校，中华书局，1983。

（唐）韦述撰，辛德勇辑校《两京新记辑校》，《两京新记辑校 大业杂记辑校》，三秦出版社，2006。

（唐）樊绰著，向达校注《蛮书校注》，中华书局，1962。

（唐）玄奘、辩机原著，季羡林等校注《大唐西域记校注》，中华书局，2000。

（唐）义净著，王邦维校注《南海寄归内法传校注》，中华书局，1995。

（唐）法琳：《辩正论》，陈子良注，载《永乐北藏》第 151 册，线装书局，2000 年影印本。

（唐）玄嶷：《甄正论》，载《永乐北藏》第 151 册，线装书局，2000 年影印本。

（唐）玄嶷：《甄正论》，载《中华大藏经》（汉文部分）第 62 册，中华书局，1993 年影印本。

（唐）释道世撰，周叔迦、苏晋仁校注《法苑珠林校注》，中华书局，2003。

（唐）道宣:《广弘明集》，上海古籍出版社，1991 年影印本。

（唐）道宣撰，刘林魁校注《集古今佛道论衡校注》，中华书局，2018。

（唐）道宣:《续高僧传》，郭绍林点校，中华书局，2014。

（唐）慧琳:《一切经音义》，载徐时仪校注《一切经音义三种校本合刊》，上海古籍出版社，2008。

（唐）彦琮:《唐护法沙门法琳别传》，载《中华大藏经》（汉文部分）第 61 册，中华书局，1993 年影印本。

（唐）净觉:《楞伽师资记》，载蓝吉富主编《禅宗全书·史传部一》，台北：文殊出版社，1988。

（唐）苏敬等撰，尚志钧辑校《新修本草》，安徽科学技术出版社，2004。

（唐）孙思邈:《千金月令》，窦怀永点校，载《中华礼藏·礼俗卷·岁时之属》第 1 册，浙江大学出版社，2016。

（唐）孙思邈著，李景荣等校释《备急千金要方校释》，人民卫生出版社，1998。

（唐）孙思邈撰，朱邦贤、陈文国等校注《千金翼方校注》，上海古籍出版社，1999。

（唐）王焘:《外台秘要》，人民卫生出版社，1955 年影印本。

（唐）陈藏器撰，尚志钧辑释《〈本草拾遗〉辑释》，安徽科学技术出版社，2003。

（唐）甄权撰，谢盘根辑校《古今录验方》，中国医药科技出版社，1996。

（唐）孟诜撰，张鼎增补，尚志钧辑校《食疗本草（考异本）》，安徽科学技术出版社，2003。

（唐）陆德明:《经典释文》，上海古籍出版社，2013 年影印本。

（唐）温大雅:《大唐创业起居注》，李季平、李锡厚点校，上海古籍出版社，1983。

（唐）吴兢:《贞观政要》，上海古籍出版社，1978。

（唐）谷神子：《博异志》，收入《博异志　集异记》，中华书局，1980。

（唐）薛用弱：《集异记》，收入《博异志　集异记》，中华书局，1980。

（唐）李玫撰，李宗为校点《纂异记》，上海古籍出版社，1991。

（唐）戴孚：《广异记》，载方诗铭辑校《冥报记　广异记》，中华书局，1992。

（唐）唐临：《冥报记》，载方诗铭辑校《冥报记　广异记》，中华书局，1992。

（唐）段成式撰，许逸民校笺《酉阳杂俎校笺》，中华书局，2015。

（唐）崔令钦撰，任半塘笺订《教坊记笺订》，中华书局，2012。

（唐）韩鄂原编，缪启愉校释《四时纂要校释》，农业出版社，1981。

（唐）韩鄂：《岁华纪丽》，中华书局，1985 年丛书集成初编影印本。

（唐）李绰：《辇下岁时记》，高云萍点校，载《中华礼藏·礼俗卷·岁时之属》第 1 册，浙江大学出版社，2016。

（唐）李绰：《辇下岁时记》，陶敏整理，载陶敏主编《全唐五代笔记》，三秦出版社，2015。

（唐）李绰：《秦中岁时记》，陶敏整理，载陶敏主编《全唐五代笔记》，三秦出版社，2015。

（唐）李绰：《尚书故实》，载罗宁点校《大唐传载（外三种）》，中华书局，2019。

（唐）李冗：《独异志》，张永钦、侯志明点校，收入《独异志　宣室志》，中华书局，1983。

（唐）张读：《宣室志》，张永钦、侯志明点校，收入《独异志　宣室志》，中华书局，1983。

（唐）李冗：《独异志》，萧逸校点，载《唐五代笔记小说大观》，上海古籍出版社，2000。

（唐）苏鹗:《杜阳杂编》，阳羡生校点，载《唐五代笔记小说大观》，上海古籍出版社，2000。

（唐）韦绚:《刘宾客嘉话录》，阳羡生校点，载《唐五代笔记小说大观》，上海古籍出版社，2000。

（唐）高彦休:《唐阙史》，阳羡生校点，载《唐五代笔记小说大观》，上海古籍出版社，2000。

（唐）康骈:《剧谈录》，萧逸校点，载《唐五代笔记小说大观》，上海古籍出版社，2000。

（唐）孙棨:《北里志》，曹中孚校点，载《唐五代笔记小说大观》，上海古籍出版社，2000。

（唐）郑綮:《开天传信记》，载丁如明辑校《开元天宝遗事十种》，上海古籍出版社，1985。

（唐）陈鸿:《长恨歌传》，载丁如明辑校《开元天宝遗事十种》，上海古籍出版社，1985。

（唐）柳宗元著，曹中孚校点《龙城录》，载《大唐新语（外五种）》，上海古籍出版社，2012。

（唐）李涪:《刊误》，载吴企明点校《苏氏演义（外三种）》，中华书局，2002。

（唐）刘肃:《大唐新语》，许逸民、李鼎霞点校，中华书局，1984。

（唐）郑处诲:《明皇杂录》，收入《明皇杂录　东观奏记》，田廷柱点校，中华书局，1994。

（唐）裴庭裕:《东观奏记》，收入《明皇杂录　东观奏记》，田廷柱点校，中华书局，1994。

（唐）刘𫗧:《隋唐嘉话》，程毅中点校，收入《隋唐嘉话　朝野佥载》，中华书局，1979。

（唐）张鷟:《朝野佥载》，赵守俨点校，收入《隋唐嘉话　朝野佥载》，中华书局，1979。

（唐）李肇：《唐国史补》，载《唐国史补　因话录》，上海古籍出版社，1979。

（唐）赵璘：《因话录》，载《唐国史补　因话录》，上海古籍出版社，1979。

（唐）裴铏著，周楞伽辑注《裴铏传奇》，上海古籍出版社，1980。

（唐）陈翰编，李小龙校证《异闻集校证》，中华书局，2019。

（唐）李复言：《续玄怪录》，载《玄怪录　续玄怪录》，程毅中点校，中华书局，2006。

（唐）范摅撰，唐雯校笺《云溪友议校笺》，中华书局，2017。

（唐）皇甫枚：《三水小牍》，中华书局，1958。

（唐）张彦远：《历代名画记》，俞剑华注释，上海人民美术出版社，1964。

（唐）张彦远：《历代名画记》，周晓薇校点，辽宁教育出版社，2001。

（唐）傅亮：《灵应录》，载（明）陶宗仪等编《说郛三种》卷117，上海古籍出版社，2012年影印本。按：又作于逖撰。

（唐）姚汝能：《安禄山事迹》，曾贻芬校点，上海古籍出版社，1983。

（唐）封演撰，赵贞信校注《封氏闻见记校注》，中华书局，2005。

（唐）刘恂撰，商壁、潘博校补《岭表录异校补》，广西民族出版社，1988。

（唐）牛肃撰，李剑国辑校《纪闻辑校》，中华书局，2018。

（唐）王勃著，（清）蒋清翊注《王子安集注》，汪贤度校点，上海古籍出版社，1995。

（唐）卢照邻著，祝尚书笺注《卢照邻集笺注》，上海古籍出版社，2011。

骆祥发：《骆宾王诗评注》，北京出版社，1989。

（唐）骆宾王著，（清）陈熙晋笺注《骆宾王集》，王群栗点校，浙江古籍出版社，2015。

（唐）骆宾王著，（明）颜文选注《骆丞集》，上海古籍出版社，1992 年四库唐人义集丛刊本。

（唐）杜审言著，徐定祥注《杜审言诗注》，上海古籍出版社，1982。

（唐）沈佺期著，陶敏、易淑琼校注《沈佺期集校注》，收入《沈佺期宋之问集校注》，中华书局，2001。

（唐）宋之问著，陶敏、易淑琼校注《宋之问集校注》，收入《沈佺期宋之问集校注》，中华书局，2001。

（唐）李白著，瞿蜕园、朱金城校注《李白集校注》，上海古籍出版社，1980。

（唐）杜甫著，（清）仇兆鳌注《杜诗详注》，中华书局，1979。

（唐）杜甫著，谢思炜校注《杜甫集校注》，上海古籍出版社，2016。

（唐）王维撰，赵殿成笺注《王右丞集笺注》，上海古籍出版社，1961。

（唐）王维撰，陈铁民校注《王维集校注》，中华书局，1997。

（唐）王昌龄撰，李云逸注《王昌龄诗注》，上海古籍出版社，1984。

（唐）岑参著，陈铁民、侯忠义校注《岑参集校注》，上海古籍出版社，2004。

（唐）孟浩然著，佟培基笺注《孟浩然诗集笺注》，上海古籍出版社，2013。

（唐）张说著，熊飞校注《张说集校注》，中华书局，2013。

（唐）张九龄撰，熊飞校注《张九龄集校注》，中华书局，2008。

（唐）刘长卿著，杨世明校注《刘长卿集编年校注》，人民文学出版社，1999。

（唐）张籍撰，余恕诚、徐礼节校注《张籍集系年校注》，中华书局，2011。

（唐）颜真卿著，（清）黄本骥编订《颜真卿集》，凌家民点校、简注、重订，黑龙江人民出版社，1993。

（唐）韦应物著，陶敏、王友胜校注《韦应物集校注》，上海古籍出版社，1998。

（唐）独孤及:《毗陵集》，上海古籍出版社，1993 年四库唐人文集丛刊影印本。

（唐）李颀著，王锡九校注《李颀诗歌校注》，中华书局，2008。

（唐）卢纶撰，刘初棠校注《卢纶诗集校注》，上海古籍出版社，1989。

（唐）顾况著，赵昌平校编《顾况诗集》，江西人民出版社，1983。

（唐）王建著，尹占华校注《王建诗集校注》，巴蜀书社，2006。

（唐）权德舆:《权德舆诗文集》，郭广伟校点，上海古籍出版社，2008。

（唐）元稹:《元稹集》，冀勤点校，中华书局，1982。

（唐）元稹著，周相录校注《元稹集校注》，上海古籍出版社，2011。

（唐）韩愈撰，马其昶校注，马茂元整理《韩昌黎文集校注》，上海古籍出版社，1986。

（唐）韩愈著，钱仲联集释《韩昌黎诗系年集释》，上海古籍出版社，1994。

（唐）柳宗元著，王国安笺释《柳宗元诗笺释》，上海古籍出版社，1993。

（唐）贾岛著，齐文榜校注《贾岛集校注》，人民文学出版社，2001。

（唐）孟郊著，华忱之、喻学才校注《孟郊诗集校注》，人民文学出版社，1995。

（唐）李德裕著，傅璇琮、周建国校笺《李德裕文集校笺》，河北教育出版社，2000。

（唐）戎昱著，臧维熙注《戎昱诗注》，上海古籍出版社，1982。

（唐）方干著，胡才甫选注《方干诗选》，浙江古籍出版社，1987。

（唐）李贺著，（清）王琦等评注《三家评注李长吉歌诗》，上海古籍出版社，1998。

（唐）姚合著，吴河清校注《姚合诗集校注》，上海古籍出版社，2012。

（唐）郑谷著，严寿澂等笺注《郑谷诗集笺注》，上海古籍出版社，2009。

（唐）司空曙著，文航生校注《司空曙诗集校注》，人民文学出版社，2011。

（唐）司空图撰，祖保泉、陶礼天笺校《司空表圣诗文集笺校》，安徽大学出版社，2002。

（唐）戴叔伦著，蒋寅校注《戴叔伦诗集校注》，上海古籍出版社，2010。

（唐）储光羲:《储光羲诗集》，上海古籍出版社，1992 年四库全书影印本。

（唐）曹唐著，陈继明注《曹唐诗注》，上海古籍出版社，1996。

（唐）张谓著，陈文华注《张谓诗注》，上海古籍出版社，1997。

（唐）刘禹锡著，瞿蜕园笺证《刘禹锡集笺证》，上海古籍出版社，1989。

（唐）李商隐著，（清）冯浩笺注《玉谿生诗集笺注》，蒋凡标点，上海古籍出版社，1998。

（唐）李商隐著，（清）冯浩详注，钱振伦、钱振常笺注《樊南文集》，上海古籍出版社，2015。

（唐）杜牧著，吴在庆校注《杜牧集系年校注》，中华书局，2008。

（唐）李群玉著，羊春秋辑注《李群玉诗集》，岳麓书社，1987。

（唐）施肩吾著，陈才智、王益庸编《施肩吾集》，中国文联出版社，2009。

（唐）薛涛撰，张篷舟笺，张正则等续笺《薛涛诗笺（修订版）》，人民文学出版社，2012。

（唐）李翱：《李文公集》，上海古籍出版社，1993 年影印本。

（唐）温庭筠著，（清）曾益等笺注《温飞卿诗集笺注》，王国安标点，上海古籍出版社，1998。

（唐）韩偓撰，吴在庆校注《韩偓集系年校注》，中华书局，2015。

（唐）孙樵：《孙可之文集》，上海古籍出版社，1994 年影印本。

（唐）寒山、拾得著，项楚注《寒山诗注　附拾得诗注》，中华书局，2000。

（唐）贯休著，胡大浚笺注《贯休歌诗系年笺注》，中华书局，2011。

（唐）齐己著，王秀林校注《齐己诗集校注》，中国社会科学出版社，2011。

（唐）罗隐著，李定广系年校笺《罗隐集系年校笺》，人民文学出版社，2013。

（唐）陆龟蒙著，何锡光校注《陆龟蒙全集校注》，凤凰出版社，2015。

（唐）王贞白：《王贞白诗集》，江西人民出版社，2013。

（唐）杜光庭：《广成集》，董恩林点校，中华书局，2011。

（唐）武平一撰，陶敏辑校《景龙文馆记》，中华书局，2015。

（唐）高仲武编《中兴间气集》，载《唐人选唐诗（十种）》，上海古籍出版社，1978。

（唐）杜光庭：《道教灵验记》，载罗争鸣辑校《杜光庭记传十种辑校》，中华书局，2013。

（唐）杜光庭：《仙传拾遗》，载罗争鸣辑校《杜光庭记传十种辑校》，中华书局，2013。

（唐）杜光庭:《墉城集仙录》，载罗争鸣辑校《杜光庭记传十种辑校》，中华书局，2013。

（唐）杜光庭:《神仙感遇传》，载罗争鸣辑校《杜光庭记传十种辑校》，中华书局，2013。

（唐）杜光庭:《历代崇道记》，载罗争鸣辑校《杜光庭记传十种辑注》，中华书局，2013。

（唐）杜光庭:《录异记》，载罗争鸣辑校《杜光庭记传十种辑校》，中华书局，2013。

（唐）杜光庭:《毛仙翁传》，载罗争鸣辑校《杜光庭记传十种辑校》，中华书局，2013。

（唐）杜光庭:《青城山记》，载罗争鸣辑校《杜光庭记传十种辑校》附录，中华书局，2013。

（唐）杜光庭:《天坛王屋山圣迹记》，载罗争鸣辑校《杜光庭记传十种辑校》，中华书局，2013。

（五代）韦庄著，聂安福笺注《韦庄集笺注》，上海古籍出版社，2002。

（五代）何光远撰，邓星亮等校注《鉴诫录校注》，巴蜀书社，2011。

（五代）王定保撰，陶绍清校证《唐摭言校证》，中华书局，2021。

（五代）王仁裕:《开元天宝遗事》，曾贻芬点校，中华书局，2006。

蒲向明:《玉堂闲话评注》，中国社会出版社，2007。

（五代）马缟:《中华古今注》，载吴企明校点《苏氏演义（外三种）》，中华书局，2012。

（后晋）刘昫:《旧唐书》，中华书局，1975。

（后蜀）韦縠编《才调集》，载《唐人选唐诗（十种）》，上海古籍出版社，1978。

曹明纲:《满堤红艳立春风——花蕊夫人诗注评》，上海古籍出版社，2004。

（后蜀）花蕊夫人著，徐式文笺注《花蕊宫词笺注》，巴蜀书社，1992。

（宋）欧阳修、宋祁:《新唐书》，中华书局，1975。

（宋）薛居正:《旧五代史》，中华书局，1976。

（宋）欧阳修:《新五代史》，中华书局，1974。

（宋）司马光:《资治通鉴》，中华书局，1956。

（宋）范祖禹:《唐鉴》，上海古籍出版社，1984 年影印本。

（宋）王溥:《唐会要》，上海古籍出版社，1991。

（宋）王溥:《五代会要》，上海古籍出版社，1998。

（宋）李昉:《文苑英华》，中华书局，1982 年影印本。

（宋）李昉:《太平广记》，中华书局，1961。

（宋）李昉:《太平御览》，中华书局，1960 年影印本。

（宋）王钦若:《册府元龟》，中华书局，1960 年影印本。

（宋）宋敏求编《唐大诏令集》，洪丕谟等点校，学林出版社，1992。

（宋）乐史:《太平寰宇记》，王文楚等点校，中华书局，2007。

（宋）王象之:《舆地纪胜》，中华书局，1992 年影印本。

（宋）王象之原著，李勇先校点《舆地纪胜校点》，四川大学出版社，2005。

（宋）王象之:《舆地纪胜》，赵一生点校，浙江古籍出版社，2012。

（宋）祝穆撰，祝洙增订《方舆胜览》，施和金点校，中华书局，2003。

（宋）邓名世:《古今姓氏书辩证》，王力平点校，江西人民出版社，2006。

（宋）张君房编《云笈七签》，李永晟点校，中华书局，2003。

（宋）王应麟辑《玉海》，广陵书社，2003 年影印本。

（宋）徐铉:《稽神录》，白化文点校，中华书局，1996。

（宋）孙光宪:《北梦琐言》，林艾园校点，上海古籍出版社，1981。

（宋）孙光宪：《北梦琐言》，贾二强点校，中华书局，2002。

（宋）张唐英撰，王文才、王炎校笺《蜀梼杌校笺》，巴蜀书社，1999。

（宋）钱易：《南部新书》，黄寿成点校，中华书局，2002。

（宋）王谠撰，周勋初校证《唐语林校证》，中华书局，1987。

（宋）乐史：《杨太真外传》，载丁如明辑校《开元天宝遗事十种》，上海古籍出版社，1985。

（宋）计有功撰，王仲镛校笺《唐诗纪事校笺》，中华书局，2007。

（宋）叶梦得撰，宇文绍奕考异《石林燕语》，侯忠义点校，中华书局，1984。

（宋）宋敏求：《长安志》，收入《长安志·长安志图》，辛德勇、郎洁点校，三秦出版社，2013。

（宋）章渊：《槁简赘笔》，载（明）陶宗仪等编《说郛三种》卷24，上海古籍出版社，2012年影印本。

（宋）赵与时：《宾退录》，傅成校点，上海古籍出版社，2012。

（宋）朱弁：《曲洧旧闻》，王根林校点，上海古籍出版社，2012。

（宋）文同撰，胡问涛、罗琴校注《文同全集编年校注》，巴蜀书社，1999。

《陆游集》，中华书局，1976。

（宋）陈思编著《宝刻丛编》，浙江古籍出版社，2012年影印本。

（宋）葛立方：《韵语阳秋》，中华书局，1985年丛书集成初编本。

（宋）高承撰，（明）李果订《事物纪原》，金圆、许沛藻点校，中华书局，1989。

（宋）陈元靓：《岁时广记》，许逸民点校，中华书局，2020。

（宋）祝穆：《古今事文类聚》，上海古籍出版社，1992年四库类书丛刊影印本。

胡道静：《新校正梦溪笔谈　梦溪笔谈补证稿》，上海人民出版社，2011。

（宋）黄休复撰，何韫若、林孔翼注《益州名画录》，四川人民出版社，1982。

（宋）郭若虚著，邓白注《图画见闻志》，四川美术出版社，1986。

（宋）李廌：《德隅斋画品》，载于安澜编《画品丛书》，上海人民美术出版社，1982。

（宋）佚名撰，岳仁译注《宣和画谱》，湖南美术出版社，1999。

（宋）佚名：《宣和书谱》，顾逸点校，上海书画出版社，1984。

（宋）佚名：《迷楼记》，载王洪延、周济人选注《五代宋小说选》，中州书画社，1983。

（宋）居白：《幸蜀记》，刘石校点，载傅璇琮等主编《五代史书汇编（丙编）》第10册，杭州出版社，2004。

（宋）蔡绦：《铁围山丛谈》，冯惠民、沈锡麟点校，中华书局，1983。

（宋）吴自牧撰，符均、张社国校注《梦粱录》，三秦出版社，2004。

（宋）曾敏行：《独醒杂志》，朱杰人标校，上海古籍出版社，1986。

（宋）黎靖德编《朱子语类》，王星贤点校，中华书局，1994。

（宋）洪迈：《容斋随笔》，上海古籍出版社，1996。

（宋）吴曾：《能改斋漫录》，上海古籍出版社，1979。

（宋）王衮：《博济方》，王振国、宋咏梅点校，上海科学技术出版社，2003。

（宋）任广：《书叙指南》，中华书局，1985年丛书集成初编本。

（宋）赞宁：《宋高僧传》，范祥雍点校，中华书局，1987。

（宋）赞宁著，富世平校注《大宋僧史略校注》，中华书局，2015。

（宋）志磐撰，释道法校注《佛祖统纪校注》，上海古籍出版社，2012。

（清）徐松辑录《宋会要辑稿》，刘琳等校点，上海古籍出版社，2014。

（元）脱脱：《宋史》，中华书局，1977。

（元）马端临：《文献通考》，中华书局，1986年影印本。

《虞集全集》，王颋点校，天津古籍出版社，2007。

（元）秦子晋：《新编连相搜神广记》，载《绘图三教源流搜神大全（外二种）》，上海古籍出版社，1990年影印本。

（元）念常：《佛祖历代通载》，载《中华大藏经》（汉文部分）第82册，中华书局，1994年影印本。

（明）胡应麟：《少室山房笔丛》，上海书店出版社，2009。

（明）杨慎著，杨文生校笺《杨慎诗话校笺》，四川人民出版社，1990。

（明）杨慎撰，王大淳笺证《丹铅总录笺证》，浙江古籍出版社，2013。

（明）王罃编集《群书类编故事》，冯惠民点校，书目文献出版社，1993。

（明）陈耀文：《天中记》，广陵书社，2007年影印本。

（明）郎瑛：《七修类稿》，中华书局，1959。

（明）曹学佺：《蜀中名胜记》，刘知渐点校，重庆出版社，1984。

（明）李时珍编著，张守康等校注《本草纲目》，中国中医药出版社，1998。

（明）冯应京辑《月令广义》，齐鲁书社，1996年影印本。

（清）张廷玉：《明史》，中华书局，1974。

（清）张玉书等编《佩文韵府》，上海古籍书店，1983年影印本。

（清）彭定求等编《全唐诗》，中华书局，1960。

（清）董诰等编《全唐文》，中华书局，1983年影印本。

（清）郝懿行：《尔雅义疏》，上海古籍出版社，2017年影印本。

（清）吴景旭：《历代诗话》，中华书局，1958。

（清）孙承泽：《春明梦余录》，王剑英点校，北京出版社，2018。

（清）顾炎武著，黄汝成集释《日知录集释》，秦克诚点校，岳麓书社，1994。

（清）赵翼著，王树民校证《廿二史札记校证》，中华书局，1984。

（清）赵翼：《陔余丛考》，栾保群、吕宗力校点，河北人民出版社，2003。

（清）钱大昕：《十驾斋养新录》，陈文和、孙显军校点，江苏古籍出版社，2000。

（清）龚自珍：《龚自珍全集》，王佩诤校，上海古籍出版社，1999。

（清）王昶辑《金石萃编》，中国书店，1985年影印本。

（清）王念孙：《广雅疏证》，上海古籍出版社，1983年影印本。

（清）陈寿祺：《五经异义疏证》，曹建墩点校，上海古籍出版社，2013。

（清）陈其元：《庸闲斋笔记》，杨璐点校，中华书局，1989。

（清）蒲松龄著，朱其铠主编《全本新注聊斋志异》，人民文学出版社，1989。

（清）吴任臣：《十国春秋》，徐敏霞、周莹点校，中华书局，1983。

（清）严可均校辑《全上古三代秦汉三国六朝文》，中华书局，1958年影印本。

（清）徐松撰，张穆校补《唐两京城坊考》，方严点校，中华书局，1985。

（清）劳格、赵钺：《唐尚书省郎官石柱题名考》，徐敏霞、王桂珍点校，中华书局，1992。

（日本）圆仁：《入唐求法巡礼行记》，顾承甫、何泉达点校，上海古籍出版社，1986。

（新罗）崔致远著，党银平校注《桂苑笔耕集校注》，中华书局，2007。

傅增湘原辑，吴洪泽补辑《宋代蜀文辑存校补》，重庆大学出版社，2014。

胡奇光、方环海：《尔雅译注》，上海古籍出版社，2004。

王重民等编《敦煌变文集》，人民文学出版社，1957。

王重民原编，黄永武新编《敦煌古籍叙录新编》第9册，台北：新文丰出版公司，1986。

陈垣编纂，陈智超、曾庆瑛校补《道家金石略》（唐部分），文物出版社，1988。

赵超：《汉魏南北朝墓志汇编》，天津古籍出版社，2008。

周绍良主编《唐代墓志汇编》，上海古籍出版社，1992。

周绍良、赵超主编《唐代墓志汇编续集》，上海古籍出版社，2001。

北京大学图书馆金石组，胡海帆、汤燕、陶诚编《北京大学图书馆藏历代墓志拓片目录》，上海古籍出版社，2013。

洛阳市第二文物工作队，乔栋、李献奇、史家珍编著《洛阳新获墓志续编》，科学出版社，2008。

赵君平、赵文成编《秦晋豫新出墓志搜佚》第4册，国家图书馆出版社，2012。

赵力光主编《西安碑林博物馆新藏墓志续编》，陕西师范大学出版社，2014。

李慧主编《陕西石刻文献目录集存》，三秦出版社，1990。

张沛编著《昭陵碑石》，三秦出版社，1993。

吴钢主编《隋唐五代墓志汇编·陕西卷》第4册，天津古籍出版社，1991。

吴钢主编《全唐文补遗》第8辑，三秦出版社，2005。

逯钦立辑校《先秦汉魏晋南北朝诗》，中华书局，1983。

曾昭岷等编撰《全唐五代词》，中华书局，1999。

陈尚君辑校《全唐诗补编》，中华书局，1992。

陈尚君辑校《全唐文补编》，中华书局，2005。

任半塘编著《敦煌歌辞总编》，上海古籍出版社，2006。

郝春文主编《英藏敦煌社会历史文献释录》第1卷，科学出版社，2001。

郝春文主编《英藏敦煌社会历史文献释录》第4卷，社会科学文献出版社，2006。

郝春文主编《英藏敦煌社会历史文献释录》第9卷，社会科学文献出版社，2012。

郝春文主编《英藏敦煌社会历史文献释录》第12卷，社会科学文献出版社，2015。

郝春文主编《英藏敦煌社会历史文献释录》第13卷，社会科学文献出版社，2015。

黄征、吴伟校注《敦煌愿文集》，岳麓书社，1995。

黄征、张涌泉校注《敦煌变文校注》，中华书局，1997。

《英藏敦煌文献》（汉文佛经以外部分）第3卷，四川人民出版社，1990。

武汉大学历史系、新疆维吾尔自治区博物馆、国家文物局古文献研究室编《吐鲁番出土文书》第2册，文物出版社，1981。

李应存、李金田、史正刚：《俄罗斯藏敦煌医药文献释要》，甘肃科学技术出版社，2008。

吴小强：《秦简日书集释》，岳麓书社，2000。

湖北省荆州市周梁玉桥遗址博物馆编《关沮秦汉墓简牍》，中华书局，2001。

张家山二四七号汉墓竹简整理小组《张家山汉墓竹简（二四七号墓）（释文修订本）》，文物出版社，2006。

丁世良、赵放主编《中国地方志民俗资料汇编·西北卷》，北京图书馆出版社，1989。

〔日〕安居香山、中村璋八辑《纬书集成》，河北人民出版社，1994。

二 道藏引书

《高上玉皇本行集经》，载《道藏》第 1 册，文物出版社、上海书店、天津古籍出版社，1988 年影印本。

《上清大洞真经》，载《道藏》第 1 册，文物出版社、上海书店、天津古籍出版社，1988 年影印本。

《元始天尊说梓潼帝君应验经》，载《道藏》第1册，文物出版社、上海书店、天津古籍出版社，1988 年影印本。

《元始天尊说梓潼帝君本愿经》，载《道藏》第1册，文物出版社、上海书店、天津古籍出版社，1988 年影印本。

《元始五老赤书玉篇真文天书经》，载《道藏》第 1 册，文物出版社、上海书店、天津古籍出版社，1988 年影印本。

《元始天尊说三官宝号经》，载《道藏》第 2 册，文物出版社、上海书店、天津古籍出版社，1988 年影印本。

《太上洞真安灶经》，载《道藏》第 2 册，文物出版社、上海书店、天津古籍出版社，1988 年影印本。

《太上秘法镇宅灵符》，载《道藏》第 2 册，文物出版社、上海书店、天津古籍出版社，1988 年影印本。

《清河内传》，载《道藏》第 3 册，文物出版社、上海书店、天津古籍出版社，1988 年影印本。

《梓潼帝君化书》，载《道藏》第 3 册，文物出版社、上海书店、天津古籍出版社，1988 年影印本。

（晋）葛洪:《元始上真众仙记》(《枕中书》)，载《道藏》第 3 册，文物出版社、上海书店、天津古籍出版社，1988 年影印本。

（南朝梁）陶弘景:《真灵位业图》，载《道藏》第 3 册，文物出版社、上海书店、天津古籍出版社，1988 年影印本。

《东厨司命灯仪》，载《道藏》第 3 册，文物出版社、上海书店出版社、天津古籍出版社，1988 年影印本。

（唐）张万福:《三洞众戒文序》，载《道藏》第 3 册，文物出版社、上海书店、天津古籍出版社，1988 年影印本。

《汉武帝内传》，载《道藏》第 5 册，文物出版社、上海书店、天津古籍出版社，1988 年影印本。

《太上黄庭内景玉经》，载《道藏》第 5 册，文物出版社、上海书店、天津古籍出版社，1988 年。

（南唐）沈玢:《续仙传》，载《道藏》第 5 册，文物出版社、上海书店、天津古籍出版社，1988 年影印本。

（元）赵道一:《历代真仙体道通鉴》，载《道藏》第 5 册，文物出版社、上海书店、天津古籍出版社，1988 年影印本。

（元）赵道一:《历世真仙体道通鉴后集》，载《道藏》第 5 册，文物出版社、上海书店、天津古籍出版社，1988 年影印本。

（南朝梁）陶弘景:《登真隐诀》，载《道藏》第 6 册，文物出版社、上海书店、天津古籍出版社，1988 年影印本。

《太上洞玄灵宝素灵真符》，载《道藏》第 6 册，文物出版社、上海书店、天津古籍出版社，1988 年影印本。

《太上洞渊神咒经》，载《道藏》第 6 册，文物出版社、上海书店、天津古籍出版社，1988 年影印本。

《太上洞玄灵宝业报因缘经》，载《道藏》第 6 册，文物出版社、上海书店、天津古籍出版社，1988 年影印本。

《太上灵宝五符序》，载《道藏》第 6 册，文物出版社、上海书店、天津古籍出版社，1988 年影印本。

《太上灵宝补谢灶王经》，载《道藏》第 6 册，文物出版社、上海书店、天津古籍出版社，1988 年影印本。

《太上洞玄灵宝三元品戒功德轻重经》，载《道藏》第 6 册，文物出版社、上海书店、天津古籍出版社，1988 年影印本。

《太上洞玄灵宝三元玉京玄都大献经》，载《道藏》第 6 册，文物出版社、上海书店、天津古籍出版社，1988 年影印本。

《上清三元玉检三元布经》，载《道藏》第 6 册，文物出版社、上海书店、天津古籍出版社，1988 年影印本。

《神仙服饵丹石行药法》，载《道藏》第 6 册，文物出版社、上海书店、天津古籍出版社，1988 年影印本。

（唐）张万福：《洞玄灵宝三师名讳形状居观方所文》，载《道藏》第 6 册，文物出版社、上海书店、天津古籍出版社，1988 年影印本。

《云阜山申仙翁传》，载《道藏》第 6 册，文物出版社、上海书店、天津古籍出版社，1988 年影印本。

（南朝宋）陆修静：《洞玄灵宝斋说光烛戒罚灯祝愿仪》，载《道藏》第 9 册，文物出版社、上海书店、天津古籍出版社，1988 年影印本。

（唐）杜光庭：《太上黄箓斋仪》，载《道藏》第 9 册，文物出版社、上海书店、天津古籍出版社，1988 年影印本。

（唐）杜光庭：《金箓斋启坛仪》，载《道藏》第 9 册，文物出版社、上海书店、天津古籍出版社，1988 年影印本。

（唐）杜光庭：《太上灵宝玉匮明真斋忏方仪》，载《道藏》第 9 册，文物出版社、上海书店、天津古籍出版社，1988 年影印本。

（唐）杜光庭：《太上灵宝玉匮明真大斋忏方仪》，载《道藏》第 9 册，文物出版社、上海书店、天津古籍出版社，1988 年影印本。

（宋）蒋叔舆编《无上黄箓大斋立成仪》，载《道藏》第 9 册，文物出版社、上海书店、天津古籍出版社，1988 年影印本。

《太上灵宝三元三官消愆灭罪忏》，载《道藏》第 9 册，文物出版社、上海书店、天津古籍出版社，1988 年。

《灵宝六丁秘法》，载《道藏》第 10 册，文物出版社、上海书店、天津古籍出版社，1988 年影印本。

《赤松子章历》，载《道藏》第 11 册，文物出版社、上海书店、天津古籍出版社，1988 年影印本。

（唐）杜光庭：《道德真经玄德纂序》，载《道藏》第 13 册，文物出版社、上海书店、天津古籍出版社，1988 年影印本。

（五代）强思齐：《道德真经玄德纂疏》，载《道藏》第 13 册，文物出版社、上海书店、天津古籍出版社，1988 年影印本。

（唐）杜光庭：《道德真经广圣义》，载《道藏》第 14 册，文物出版社、上海书店、天津古籍出版社，1988 年影印本。

（晋）郭象注，（唐）成玄英疏《南华真经注疏》，载《道藏》第 16 册，文物出版社、上海书店、天津古籍出版社，1988 年影印本。

（唐）杜光庭：《太上老君说常清静经注》，载《道藏》第 17 册，文物出版社、上海书店、天津古籍出版社，1988 年影印本。

（宋）谢守灏编《混元圣纪》，载《道藏》第 17 册，文物出版社、上海书店、天津古籍出版社，1988 年影印本。

（宋）谢守灏编《太上老君年谱要略》，载《道藏》第 17 册，文物出版社、上海书店、天津古籍出版社，1988 年影印本。

《三皇内文遗秘》，载《道藏》第 18 册，文物出版社、上海书店、天津古籍出版社，1988 年影印本。

《神仙服食灵草菖蒲丸方传》，载《道藏》第 18 册，文物出版社、上海书店、天津古籍出版社，1988 年影印本。

《女青鬼律》，载《道藏》第 18 册，文物出版社、上海书店、天津古籍出版社，1988 年影印本。

《黄帝九鼎神丹经诀》，载《道藏》第 18 册，文物出版社、上海书店、天津古籍出版社，1988 年影印本。

《太清经断谷法》，载《道藏》第 18 册，文物出版社、上海书店、天津古籍出版社，1988 年影印本。

《正一威仪经》，载《道藏》第 18 册，文物出版社、上海书店、天津古籍出版社，1988 年影印本。

（唐）孙思邈：《孙真人摄养论》，载《道藏》第 18 册，文物出版社、上海书店、天津古籍出版社，1988 年影印本。

（唐）张万福：《三洞法服科戒文》，载《道藏》第 18 册，文物出版社、上海书店、天津古籍出版社，1988 年影印本。

（宋）贾善翔：《犹龙传》，载《道藏》第 18 册，文物出版社、上海书店、天津古籍出版社，1988 年影印本。

《太上通玄灵应经》，载《道藏》第 18 册，文物出版社、上海书店、天津古籍出版社，1988 年影印本。

（元）张天雨：《玄品录》，载《道藏》第 18 册，文物出版社、上海书店、天津古籍出版社，1988。

《悬解录》，载《道藏》第 19 册，文物出版社、上海书店、天津古籍出版社，1988 年影印本。

《雁门公妙解录》，载《道藏》第 19 册，文物出版社、上海书店、天津古籍出版社，1988 年影印本。

（宋）程了一：《丹房奥论》，载《道藏》第 19 册，文物出版社、上海书店、天津古籍出版社，1988 年影印本。

《庚道集》，载《道藏》第 19 册，文物出版社、上海书店、天津古籍出版社，1988 年影印本。

《还丹肘后诀》，载《道藏》第 19 册，文物出版社、上海书店、天津古籍出版社，1988 年影印本。

（唐）沈知玄：《通玄秘术》，载《道藏》第 19 册，文物出版社、上海书店、天津古籍出版社，1988 年影印本。

《宫观碑志》，载《道藏》第 19 册，文物出版社、上海书店、天津古籍出版社，1988 年影印本。

（南朝梁）陶弘景：《真诰》，载《道藏》第 20 册，文物出版社、上海书店、天津古籍出版社，1988 年影印本。

（唐）李淳风注《金锁流珠引》，载《道藏》第 20 册，文物出版社、上海书店、天津古籍出版社，1988 年影印本。

（唐）吴筠：《宗玄先生文集》，载《道藏》第 23 册，文物出版社、上海书店、天津古籍出版社，1988 年影印本。

（唐）吴筠：《玄纲论》，载《道藏》第 23 册，文物出版社、上海书店、天津古籍出版社，1988 年影印本。

（唐）王太霄：《玄珠录》，载《道藏》第 23 册，文物出版社、上海书店、天津古籍出版社，1988 年影印本。

（南朝宋）陆修静：《陆先生道门科略》，载《道藏》第 24 册，文物出版社、上海书店、天津古籍出版社，1988 年影印本。

太极太虚真人：《洞玄灵宝学道科仪》，载《道藏》第 24 册，文物出版社、上海书店、天津古籍出版社，1988 年影印本。

（唐）孟安排：《道教义枢》，载《道藏》第 24 册，文物出版社、上海书店、天津古籍出版社，1988 年影印本。

（唐）史崇等：《一切道经音义妙门由起》，载《道藏》第 24 册，文物出版社、上海书店、天津古籍出版社，1988 年影印本。

《洞玄灵宝三洞奉道科戒营始》，载《道藏》第 24 册，文物出版社、上海书店、天津古籍出版社，1988 年影印本。

《无上秘要》，载《道藏》第 25 册，文物出版社、上海书店、天津古籍出版社，1988 年影印本。

（唐）王悬河：《三洞珠囊》，载《道藏》第 25 册，文物出版社、上海书店、天津古籍出版社，1988 年影印本。

（唐）孙思邈：《孙真人备急千金要方》，载《道藏》第 26 册，文物出版社、上海书店、天津古籍出版社，1988 年影印本。

《太上老君中经》，载《道藏》第 27 册，文物出版社、上海书店、天津古籍出版社，1988。

（秦）黄石公：《黄石公素书》，载《道藏》第 27 册，文物出版社、上海书店、天津古籍出版社，1988 年影印本。

（南朝宋）徐氏：《三天内解经》，载《道藏》第 28 册，文物出版社、上海书店、天津古籍出版社，1988 年影印本。

《洞玄灵宝太上六斋十直圣纪经》，载《道藏》第 28 册，文物出版社、上海书店、天津古籍出版社，1988 年影印本。

《太上三五正一盟威箓》，载《道藏》第 28 册，文物出版社、上海书店、天津古籍出版社，1988 年影印本。

《太上正一咒鬼经》，载《道藏》第 28 册，文物出版社、上海书店、天津古籍出版社，1988 年影印本。

（唐）张万福：《醮三洞真文五法正一盟威箓立成仪》，载《道藏》第 28 册，文物出版社、上海书店、天津古籍出版社，1988 年影印本。

《高上大洞文昌司禄紫阳宝箓》，载《道藏》第 28 册，文物出版社、上海书店、天津古籍出版社，1988 年影印本。

《道法会元》，载《道藏》第 30 册，文物出版社、上海书店、天津古籍出版社，1988 年影印本。

（南宋）宁全真授，王契真纂《上清灵宝大法》，载《道藏》第 30、31 册，文物出版社、上海书店、天津古籍出版社，1988 年影印本。

（唐）杜光庭：《道门科范大全集》，载《道藏》第 31 册，文物出版社、上海书店、天津古籍出版社，1988 年影印本。

（宋）吕元素：《道门定制》，载《道藏》第 31 册，文物出版社、上海书店、天津古籍出版社，1988 年影印本。

（南宋）金允中编《上清灵宝大法》，载《道藏》第 31 册，文物出版社、上海书店、天津古籍出版社，1988 年影印本。

（南朝宋）陆修静：《洞玄灵宝五感文》，载《道藏》第 32 册，文物出版社、上海书店、天津古籍出版社，1988 年影印本。

《正一修真略仪》，载《道藏》第 32 册，文物出版社、上海书店、天津古籍出版社，1988 年影印本。

《洞玄灵宝课中法》，载《道藏》第 32 册，文物出版社、上海书店、天津古籍出版社，1988 年影印本。

《灵宝炼度五仙安灵镇神黄缯章法》，《道藏》第 32 册，文物出版社、上海书店、天津古籍出版社，1988 年影印本。

（南朝梁）张辩：《受箓次第法信仪》，载《道藏》第 32 册，文物出版社、上海书店、天津古籍出版社，1988 年影印本。

（五代）刘若拙撰，（宋）孙夷中编《三洞修道仪》，载《道藏》第 32 册，文物出版社、上海书店、天津古籍出版社，1988 年影印本。

《正一旨要》（《正一法文修真旨要》，又简称《正一法文》），载《道藏》第 32 册，文物出版社、上海书店、天津古籍出版社，1988 年影印本。

（唐）张万福：《传授三洞经戒法箓略说》，载《道藏》第 32 册，文物出版社、上海书店、天津古籍出版社，1988 年影印本。

（唐）张万福：《洞玄灵宝道士受三洞经戒法箓择日历》，载《道藏》第 32 册，文物出版社、上海书店、天津古籍出版社，1988 年影印本。

（宋）陈葆光：《三洞群仙录》，载《道藏》第 32 册，文物出版社、上海书店、天津古籍出版社，1988 年影印本。

（宋）吕太古：《道门通教必用集》，载《道藏》第 32 册，文物出版社、上海书店、天津古籍出版社，1988 年影印本。

（晋）葛洪：《葛仙翁肘后备急方》，载《道藏》第 33 册，文物出版社、上海书店、天津古籍出版社，1988 年影印本。

《洞玄灵宝长夜之府九幽玉匮明真科》，载《道藏》第 34 册，文物出版社、上海书店、天津古籍出版社，1988 年影印本。

《太上老君说城隍感应消灾集福妙经》，载《道藏》第 34 册，文物出版社、上海书店、天津古籍出版社，1988 年影印本。

《太上三元赐福赦罪解厄消灾延生保命妙经》，载《道藏》第 34 册，文物出版社、上海书店、天津古籍出版社，1988。

（明）周玄贞：《皇经集注》（全称为《高上玉皇本行集经注》），载《道藏》第 34 册，文物出版社、上海书店、天津古籍出版社，1988 年影印本。

《搜神记》，载《道藏》第 36 册，文物出版社、上海书店、天津古籍出版社，1988 年影印本。

（宋）林灵真：《上清灵宝济度大成金书》，载《藏外道书》第 16~17 册，巴蜀书社，1992 年影印本。

三　著作

陈寅恪：《元白诗笺证稿》，生活·读书·新知三联书店，2001。
陈国符：《道藏源流考》，中华书局，1963。
陈国符：《中国外丹黄白法考》，上海古籍出版社，1997。

陈于柱:《区域社会史视野下的敦煌禄命书研究》，民族出版社，2012。

程毅中:《唐代小说史话》，文化艺术出版社，1990。

董恩林:《唐代〈老子〉诠释文献研究》，齐鲁书社，2003。

傅璇琮:《李德裕年谱》，齐鲁书社，1984。

高国藩:《敦煌古俗与民俗流变——中国民俗探微》，河海大学出版社，1989。

胡孚琛:《魏晋神仙道教——〈抱朴子内篇〉研究》，人民出版社，1989。

胡梧挺:《信仰·疾病·场所：汉唐时期疾病与环境观念探微》，黑龙江人民出版社，2017。

黄正建:《敦煌占卜文书与唐五代占卜研究（增订版）》，中国社会科学出版社，2014。

侯忠义:《隋唐五代小说史》，浙江古籍出版社，1997。

黄世中:《唐诗与道教》，漓江出版社，1996。

黄永锋:《道教服食技术研究》，东方出版社，2008。

焦杰:《唐代女性与宗教》，陕西人民教育出版社，2016。

金正耀:《道教与炼丹术论》，宗教文化出版社，2001。

刘乐贤:《睡虎地秦简日书研究》，台北：文津出版社，1993。

刘咸炘:《道教征略》，浙江古籍出版社，2012。

李步嘉:《〈越绝书〉研究》，上海古籍出版社，2003。

李剑国:《唐五代志怪传奇叙录》，南开大学出版社，1993。

李养正:《道教概说》，中华书局，1989。

林雪玲:《唐诗中的女冠》，台北：文津出版社，2002。

柳书琴主编《华佗养生秘方》，上海科学技术文献出版社，2016。

陆萼庭:《钟馗考》，上海古籍出版社，2017。

卢国龙:《道教哲学》，华夏出版社，2007。

宁稼雨:《中国文言小说总目提要》，齐鲁书社，1996。

卿希泰主编《中国道教史》第1卷，四川人民出版社，1988。

卿希泰主编《中国道教史》第 2 卷，四川人民出版社，1992。

任半塘：《唐戏弄》，上海古籍出版社，2006。

任继愈主编《中国道教史》，上海人民出版社，1990。

任继愈主编《道藏提要（修订版）》，中国社会科学出版社，1995。

容志毅：《中国炼丹术考略》，上海三联书店，1998。

苏雪林：《玉溪诗谜》，收入氏著《苏雪林文集》第 4 集，安徽文艺出版社，1996。

孙文德：《晋南北朝隋唐俗佛道争论中之政治课题》，台北：台湾中华书局，1972。

孙亦平：《杜光庭思想与唐宋道教的转型》，南京大学出版社，2004。

滕学钦编著《李商隐情诗解读》，中国海洋大学出版社，2015。

王国维著，赵利栋辑校《王国维学术随笔》，社会科学文献出版社，2000。

王辉、王伟编著《秦出土文献编年订补》，三秦出版社，2014。

王卡：《敦煌道教文献研究——综述·目录·索引》，中国社会科学出版社，2004。

王河、真理整理《宋代佚著辑考》，江西人民出版社，2003。

王涛：《唐宋时期城市保护神研究——以毗沙门天王和城隍神为中心》，中国社会科学出版社，2012。

王永平：《道教与唐代社会》，首都师范大学出版社，2002。

王永平：《从"天下"到"世界"：汉唐时期的中国与世界》，中国社会科学出版社，2015。

吴羽：《唐宋道教与世俗礼仪互动研究》，中国社会科学出版社，2013。

谢贵安：《中国谶谣文化研究》，海南出版社，1998。

张泽洪：《道教斋醮科仪研究》，巴蜀书社，1999。

周振甫：《鲁迅诗歌注（修订本）》，浙江人民出版社，1980。

周一良、赵和平:《唐五代书仪研究》,中国社会科学出版社,1995。

周高德:《道教文化与生活》,宗教文化出版社,1999。

郑土有、王贤淼:《中国城隍信仰》,上海三联书店,1994。

张勃:《唐代节日研究》,中国社会科学出版社,2013。

张清钟:《古诗十九首汇说赏析与研究》,台北:台湾商务印书馆,1988。

张泽洪:《道教斋醮科仪研究》,巴蜀书社,1999。

钟肇鹏:《谶纬论略》,辽宁教育出版社,1991。

〔美〕太史文著,侯旭东译《幽灵的节日——中国中世纪的信仰与生活》,浙江人民出版社,1999。

〔英〕崔瑞德编,中国社会科学院历史研究所西方汉学研究课题组译《剑桥中国隋唐史(589~906)》,中国社会科学出版社,1990。

〔英〕巴瑞特著,曾维加译《唐代道教——中国历史上黄金时期的宗教与帝国》,齐鲁书社,2012。

〔德〕马克斯·韦伯著,王容芬译《儒教与道教》,商务印书馆,1995。

〔日〕吉冈义丰:《道教经典史论》,大正大学道教刊行会,1955。

〔日〕守屋美都雄:《中国古岁时记の研究:资料复元を中心として》,东京帝国书院,1963。

〔日〕大渊忍尔:《道教史の研究》,冈山大学共济会书籍部,1964。

〔日〕福井康顺等监修,朱越利译《道教》第1卷,上海古籍出版社,1990。

〔日〕福井康顺等监修,朱越利、徐远和等译《道教》第2卷,上海古籍出版社,1992。

〔日〕福井康顺等监修,朱越利、冯佐哲等译《道教》第3卷,上海古籍出版社,1992。

〔日〕小林正美著,王皓月、李之美译《唐代的道教与天师道》,

齐鲁书社，2013。

〔俄〕孟列夫（Л.Н.缅希科夫）主编，袁学箴、陈华平译《俄藏敦煌汉文写卷叙录》，上海古籍出版社，1999。

四　论文

卞孝萱：《"退之服硫黄"五说考辨》，《东南大学学报》1999 年第 4 期。

常建华：《"虚耗"鬼的由来与禳除习俗——中国岁时节日体现的民众心态》，载郑振满、陈春声主编《民间信仰与社会空间》，福建人民出版社，2003。

陈寅恪：《冯友兰中国哲学史下册审查报告》，载氏著《金明馆丛稿二编》，生活·读书·新知三联书店，2001。

丁煌：《唐代道教太清宫制度考》，载氏著《汉唐道教论集》，中华书局，2009。

董永俊：《钟馗研究——钟馗观念在文献中的映现与流变》，硕士学位论文，中央美术学院，2014。

樊光春：《陕西新发现的道教金石》，《世界宗教研究》1993 年第 2 期。

高世瑜：《唐玄宗崇道浅论》，《历史研究》1985 年第 4 期。

耿鉴庭：《西安南郊唐代窖藏里的医药文物》，《文物》1972 年第 6 期。

葛承雍：《曹野那姬考》，《中国史研究》2007 年第 4 期。

公维章：《唐宋间敦煌的城隍与毗沙门天王》，《宗教学研究》2005 年第 2 期。

郝宪爱：《唐宋之际敦煌作灶信仰研究》，硕士学位论文，兰州大学，2015。

侯会：《二郎神源自祆教雨神考》，《宗教学研究》2011 年第 3 期。

胡阿祥、胡海桐：《韩愈"足弱不能步"与"退之服硫黄"考辨》，

《中华文史论丛》2010 年第 2 期。

胡小节:《三教论衡与唐代俗讲》,载《周绍良先生欣开九秩庆寿文集》,中华书局,1997。

姜伯勤:《〈本际经〉与敦煌道教》,载氏著《敦煌艺术宗教与礼乐文明》,中国社会科学出版社,1996。

姜伯勤:《论敦煌本〈本际经〉的道性论》,载氏著《敦煌艺术宗教与礼乐文明》,中国社会科学出版社,1996。

金正耀:《唐代道教外丹》,《历史研究》1990 年第 2 期。

黎国韬:《二郎神之袄教来源——兼论二郎神何以成为戏神》,《宗教学研究》2004 年第 2 期。

李斌城:《唐代佛道之争研究》,《世界宗教研究》1981 年第 2 期。

李思纯:《灌口氏神考》,载氏著《江村十论》,上海人民出版社,1957。

李耀仙:《二郎神考》,《四川师范学院学报》1998 年第 1 期。

刘连香:《唐中宗、睿宗驸马裴巽墓志考略》,《洛阳师范学院学报》2004 年第 3 期。

刘琴丽:《〈新唐书·公主传〉拾遗补正》,《古籍整理研究学刊》2007 年第 6 期。

刘永明:《S.2729 背〈悬象占〉与蕃占时期的敦煌道教》,《敦煌学辑刊》1997 年第 1 期。

刘永明:《敦煌占卜与道教初探——以 P.2859 文书为核心》,《敦煌学辑刊》2004 年第 2 期。

刘永明:《敦煌道教的世俗化之路——敦煌〈发病书〉研究》,《敦煌学辑刊》2006 年第 1 期。

刘锡诚:《钟馗论》,载氏著《民间文艺学的诗学传统》,上海文化出版社,2018。

刘宗迪:《二郎骑白马 远自波斯来》,《紫禁城》2018 年第 2 期。

刘子凝:《武元衡诗文校注》,硕士学位论文,广西民族大学,2017。

雷闻：《碑志所见的麻姑山邓氏——一个唐代道教世家的初步考察》，载荣新江主编《唐研究》第 17 卷，北京大学出版社，2011。

雷闻：《被遗忘的皇妃——新见〈唐故淑妃玉真观女道士杨尊师（真一）墓志铭〉考释》，《华中师范大学学报》（人文社会科学版）2016 年第 1 期。

卿希泰：《试论〈太上洞渊神咒经〉的乌托邦思想及其年代问题》，原载《四川大学学报丛刊》第 25 辑《宗教学研究论集》，1985。后收入氏著《道教文化新探》，四川人民出版社，1988。

任军：《灶神考源》，《中国史研究》1999 年第 1 期。

饶宗颐：《吴县玄妙观石础画迹》，《历史语言研究所集刊》第 45本第 2 分，1974。

饶宗颐：《从石刻论武后之宗教信仰》，《历史语言研究所集刊》第45 本第 3 分，1974。

陕西省博物馆文管会写作小组：《从西安南郊出土的医药文物看唐代医药的发展》，《文物》1972 年第 6 期。

忻丽丽：《道教"抟颡"仪式考证》，《宗教学研究》2016 年第 3 期。

唐兰：《〈唐写本王仁煦刊谬补缺切韵〉跋》，载氏著《唐兰文集》第 2 册《论文集上编》（二），上海古籍出版社，2015。

陶敏：《刘禹锡诗中九仙公主考》，《云梦学刊》2001 年第 5 期。

田启涛：《抟颡：一种已消失的道教仪式》，《中国宗教》2011 年第 5 期。

田启涛：《也谈道经中的"抟颡"》，《敦煌研究》2012 年第 4 期。

王永平：《试释唐代诸帝多饵丹药之谜》，《历史研究》1999 年第4 期。

王永平：《李德裕与道教》，《文史知识》2000 年第 1 期。

王永平：《唐代道士获赠俗职、封爵及紫衣、师号考》，《文献》2000 年第 3 期。

王永平：《从泰山道教石刻看武则天的宗教信仰》，《东岳论丛》2007 年第 3 期。

王永平:《一方流失海外的珍贵道教铭刻——唐代〈彭尊师墓志铭〉研究》,载荣新江主编《唐研究》第12卷,北京大学出版社,2012。

王永平:《一篇道教史研究的珍贵文献——唐代〈薛赜墓志铭〉探析》,《文献》2013年第2期。

王永平:《徘徊于信教与限教之间:唐代名相姚崇对佛教的复杂心态》,《陕西师范大学学报》2017年第2期。

王永平:《道门威仪 玄坛领袖——唐代〈玄济先生墓志铭〉研究》,载杜文玉主编《唐史论丛》第24辑,三秦出版社,2017。

王永平:《七夕家家乞巧忙——七夕节俗的起源与文化内涵》,《文史知识》2018年第8期。

王永平:《唐高宗、武则天与印度长生师》,载王双怀等主编《一代明君武则天》,中国文史出版社,2018。

王永平:《从腊日到腊八:本土文化与外来文化的结合》,《文史知识》2019年第1期。

王扬真:《方干诗歌校注(玄英先生诗集)》,硕士学位论文,广西民族大学,2016。

汪桂平:《从天台道士应夷节的受道过程看唐代道教的授箓制度》,载连晓鸣主编《天台山暨浙江区域道教国际学术研讨会论文集》,浙江古籍出版社,2008。

吴泽:《〈周礼〉司命、灶神与近世东厨司命新论——读王国维〈东山杂记〉》,载吴泽主编,袁英光选编《王国维学术研究论集》(二),华东师范大学出版社,1987。

吴真:《从杜光庭六篇罗天醮词看早期罗天大醮》,《中国道教》2008年第2期。

萧登福:《道教符箓咒印对佛教密宗之影响》,《台中商专学报》第24期,1992年。

杨堃:《灶神考》,载氏著《杨堃民族研究文集》,民族出版社,1991。

杨继忠:《二郎神小考》,《文史知识》1982 年第 1 期。

余欣:《敦煌灶神信仰稽考》,《敦煌学辑刊》2005 年第 3 期。

袁珂:《漫话灶神与祭灶》,《散文》1980 年第 2 期。

张勃:《寒食节起源新论》,《西北民族研究》2004 年第 3 期。

张达宏、王自力:《西安东郊田家湾唐墓》,载中国考古学会编《中国考古学年鉴 1995》,文物出版社,1997。

张弓:《隋唐儒释道论议与学风流变》,《历史研究》1993 年第 1 期。

张全民:《〈唐玄济先生墓志铭〉与有关道教问题考略》,载杜文玉主编《唐史论丛》第 14 辑,陕西师范大学出版社,2012。

张全民:《〈唐故普康公主墓志铭〉与道教五方真文镇墓石》,载杜文玉主编《唐史论丛》第 16 辑,陕西师范大学出版社,2013。

张全民:《〈唐昌公主墓志铭〉考释》,载荣新江主编《唐研究》第 20 卷,北京大学出版社,2014。

张庆捷、张童心:《唐代薛儆墓志考释》,《文物季刊》1997 年第 3 期。

张政烺:《封神演义漫谈》,《世界宗教研究》1982 年第 4 期。

张政烺:《玉皇张姓考》,载氏著《张政烺文史论集》,中华书局,2004。

张泽洪:《论科教三师》,《宗教学研究》1998 年第 4 期。

张泽洪:《论道教的文昌帝君》,《中国文化研究》2005 年第 3 期。

张泽洪:《道教灵宝派授箓论略》,《世界宗教研究》2010 年第 4 期。

张东光:《唐代的内供奉官》,《社会科学辑刊》2005 年第 1 期。

赵力光、王庆卫:《新见唐代内学士尚宫宋若昭墓志考释》,《考古与文物》2014 年第 5 期。

赵耀辉:《读〈杨法行墓志〉》,《青少年书法》2017 年第 7 期。

赵振华:《唐郑居中夫妇墓志发覆》,《洛阳工学院学报》2002 年第 4 期。

赵冬梅:《唐五代供奉官考》,《中国史研究》2000 年第 1 期。

郑阿财:《敦煌道教孝道文献的研究之一——〈慈善孝子报恩成道

经道要品第四〉的成立与流行》,《杭州大学学报》1998 年第 1 期。

郑华达:《唐代宫人释放问题初探》,载《中华文史论丛》第 53 辑,上海古籍出版社,1994。

〔日〕池田温:《天长节管见》,青木和夫先生还历纪念会编《日本古代の政治と文化》,吉川弘文馆,1987。后该文收入池田温《东亚文化交流史》,吉川弘文馆。后由吴毓华译改名为《从中国的千秋节到日本的天长节》,收入王宝平主编《中国文化交流史研究》,上海辞书出版社,2008。

〔日〕丸山裕美子:《唐宋节假制度的变迁——兼论"令"和"格敕"》,《中国社会历史评论》第 3 卷,中华书局,2001。

〔日〕小林正美著,李之美译《天师道的受法教程和道士位阶制度》,载程恭让主编《天问》(丙戌卷),江苏人民出版社,2006。

〔日〕气贺泽保规:《新发现的彭尊师墓志及其镇墓石——兼谈日本明治大学所藏墓志石刻》,载杜文玉主编《唐史论丛》第 14 辑,陕西师范大学出版社,2012。

〔韩〕任大熙:《武后政权与山南、剑南——关于则天武后的僧侣招聘》,载《新韩学报》第 22 卷,1986。

后　记

　　拙著终于在迎来老父亲八十三岁大寿之际写完了，今年也是老母亲八十寿诞之年，谨将拙著敬献给二老，祝愿他们寿比南山、福如东海！

　　回首拙著从酝酿到成书，真是感慨良多！有关中古道教史的研究一直是我学术生涯中非常关注的课题，我对道教与民间社会，尤其是道教与民众的日常生活充满了浓厚的兴趣，这大概源自小时候生活的乡土社会。

　　故乡小城地处龙、凤、虎三山环抱之中。城北为凤山，我家老宅即位于山下，抬眼望去，可见半山腰有一座庙，名曰天贞观。小时候总是兴致勃勃地和小朋友们一起爬上去玩耍。时值"文革"后期，在经过横扫一切牛鬼蛇神和"破四旧"运动后，山庙早已经变得残破不堪，但是那些古老的楼阁殿宇，精美的壁画，随处散落可见的碑刻，以及盘虬卧龙般的苍松翠柏，仍然透露出气象非凡的感觉。在当地乡民中悄悄流传着有关这座山庙的种种神奇传说，乡民还偷偷地奉祀着山庙中据说极其灵验的神仙"真人"。后来，我非常喜欢由罗大佑作词作曲的歌曲《童年》，其中有一句歌词"没有人能够告诉我，山里面有没有住着神仙"，特别能引起我的无限遐想。

那时候老百姓普遍生活艰难，缺医少药，谁要是有个头疼脑热的，经常会跑到庙里去虔诚地祈祷神明显灵。从我记事起，姥姥就一直体弱多病，吃斋念佛，供奉着庙里的"真人"菩萨，终生不渝。有一天，有个慈眉善目、银发飘飘的长白胡子老头跑到庙里，穿起道袍，一副仙风道骨的模样，从此再不肯回家。村里谁家要是有个红白喜事，也会请庙里的"老神仙"给占个卜、算个卦、看看风水。如果家里有啼哭不止的婴儿，或忽发癔症的大姑娘、小媳妇，乡民们大都会相信是有妖怪附体。这时就会请庙里的老道作法驱邪，老道口里还念念有词，大都是"急急如律令"之类的咒语。有的人家还会从庙里求得些画在黄表纸上、如同天书般神秘的符箓，挂在门楣窗楣之上，据说这样可以驱鬼避邪。

逢年过节，长辈们都会告诉小孩子们这些岁时节俗的来历，如介子推与清明节的起源、屈原与端午节的形成、牛郎织女与七夕节的传说等。父母亲还经常提起他们小时候过节时的一些有趣风俗，如除夕夜迎神接福，中元节祭奠亡灵，中秋节拜月赏月等。腊月祭灶时，还会在灶台墙壁上贴上一幅灶王爷和灶王奶奶的木刻年画，左右两边贴上一副对联，分别写着"上天言好事，回宫降吉祥"，小孩子们还会分到些糖瓜之类的麦芽糖。过年时，在床头、家门、水井、土地龛、厕所、碾子、果树、牲畜棚、马车……一切可以想到的地方，都会贴上写满各种祝词敬语的条幅，如"开门见喜""出入通顺""风调雨顺""国泰安民""六畜兴旺""五谷丰登"之类的吉祥话。

凡是有村落处，就会有各种庙宇祠堂。佛寺、道观、神祠杂陈，是乡土社会的普遍景象。有的祠庙甚至神佛、鬼怪、圣人杂处一堂，各得其所。各种信仰的力量都会在民间社会寻得其合适的生存土壤，顽强地扎下根来。乡民们大多不管它们是属于哪宗哪教、哪门哪派，反正求神拜佛，讲究的就是个心诚则灵！所以，在乡土社会里，会经常见到同时邀请僧、道一起做法事的场景。像这种多元宗教信仰和谐相处的情景，既是民间社会的客观需求，也是历史上儒佛道三教互动融摄过程中自发形成的格局。

这些乡风民俗给我留下了难以磨灭的印象。改革开放以后，国家倡导思想解放，弘扬优秀传统文化，保护和传承那些有价值的文化遗产。家乡的那座古老山庙作为文物古迹，经过文保工作者的细致修复和精心呵护，重新恢复了昔日的风采，现在已经成为全国重点文物保护单位。后来我虽然考上了大学，离开了家乡，但每次休假回乡省亲，都会登临古观，俯瞰日新月异的山城风貌，不禁常常生发出幽幽思古之情。

我对道教民俗的兴趣大概就是源自这种从小对民间社会的深刻记忆。屈指算来，真正开始研究道教已经有三十多年的光景了。20世纪80年代中期，在读研究生时就曾想以道教作为硕士毕业论文选题，但最后却确定了一个更好玩的课题"唐代游艺"。经过近十年的准备工作，到1995年终于完成了《道教与唐代政治》一文，获得了博士学位。经过对博士学位论文的大幅度修改与扩充，到2002年出版了《道教与唐代社会》一书，全书由"政治篇""经济篇""文化篇""社会生活篇"四部分组成。最近几年，我一直在琢磨着重新修订该书，计划再版。然而，真正动起手来，感觉想论述的问题又太多，于是干脆放弃了原来的打算，重新进行了构思，这样就形成了现在的这部主要是从社会文化史的视角来考察道教与唐代民众日常生活的论著。

本书在写作过程中，恰逢庚子年疫情，几近禁足在家，终日神游在道教神仙世界，终于草成此作，也算是敬献给当年勉励我努力向学的几位恩师王永兴、吴宗国、罗元贞、宁可先生的一份纪念吧！亲人的离去，最是令人神伤，再过一个月，就是岳父大人的仙游周年祭，本书在写作期间，岳父遽归道山，他老人家生前一直关注我的研究，非常愿意倾听我的创作计划与"宏伟"目标，拙著也算是对他老人家的一份纪念吧！本书的写作还得到吾妻和爱女的大力支持，她们是我不敢懈怠、终有所收获的强大动力。社会科学文献出版社历史学分社郑庆寰社长的不断鼓励与督促，也给了我很大的信心与决心。本书的出版还得到首都师范大学历史学院出版资金的资助。在此一并致以衷心的感谢！

王永平

2020 年 9 月 29 日于北京西府景园寓所

图书在版编目（CIP）数据

信仰与习俗：社会文化史视野下的唐代道教 / 王永
平著. -- 北京：社会科学文献出版社，2023.1（2024.3重印）
（九色鹿·唐宋）
ISBN 978-7-5228-1140-6

Ⅰ.①信… Ⅱ.①王… Ⅲ.①道教-研究-中国-唐
代 Ⅳ.①B959.2

中国国家版本馆CIP数据核字（2023）第010148号

·九色鹿·唐宋·

信仰与习俗：社会文化史视野下的唐代道教

著　　者 / 王永平

出 版 人 / 冀祥德
组稿编辑 / 郑庆寰
责任编辑 / 赵　晨
文稿编辑 / 徐　花 等
责任印制 / 王京美

出　　版 / 社会科学文献出版社·历史学分社（010）59367256
　　　　　　地址：北京市北三环中路甲29号院华龙大厦　邮编：100029
　　　　　　网址：www.ssap.com.cn
发　　行 / 社会科学文献出版社（010）59367028
印　　装 / 三河市东方印刷有限公司

规　　格 / 开　本：787mm×1092mm　1/16
　　　　　　印　张：45.75　字　数：658千字
版　　次 / 2023年1月第1版　2024年3月第2次印刷
书　　号 / ISBN 978-7-5228-1140-6
定　　价 / 128.80元

读者服务电话：4008918866